U0930794

王光照　著

歸園集

王光照史学论文集

合肥工業大學出版社

王光照

中国科学技术大学人文与社会科学学院教授，1953年生于安徽合肥。1987年毕业于西北大学历史系，获历史学硕士学位；1987年—2000年，历任安徽省社会科学界联合会《学术界》编辑部主任，杂志社总编；2000年至今，在中国科学技术大学任教。1996年，获安徽省人民政府特殊津贴；1999年，晋升为历史学研究员。

主要的学术研究方向：中国古代史（魏晋南北朝隋唐断代史）；中国古代思想文化史（魏晋玄学南北朝道教隋唐佛教）。30年间，先后发表学术论文60余篇，出版著作3部，主编《安徽通史》第三卷《隋唐五代十国卷》。

2010年上海世博会唯一指定奶粉

西北大学

萬象皆空
華陽洞

中国科学技术大学

目　录

记隋文帝先君杨忠

杨忠是隋文帝杨坚之父，隋立国后被“追尊为武元皇帝”（《北史·隋本纪》）。然魏徵等编纂《隋书》无其传；李延寿作《北史》，抄撮《周书》记其事，并置于文帝杨坚的本纪之中。这固有援旧史成例的一面，但个中恐亦不乏轻轻带过隋帝先君创业立勋以为建隋之基的私心。唐太宗称杨坚禅周，是“欺孤儿寡妇以得天下”（《贞观政要·政事》），此语就事论事，似亦不失太偏，却一笔抹杀了杨氏渐积而兴的家族发展史，盖同此事。

其实，早在北魏初年，杨坚的五世祖杨元寿即为北魏边镇武川镇（今内蒙古武川县西南）司马，这在当时重备边以捍平城的北魏军职中是非强宗子弟莫属的荣职。尔后，杨氏“子孙因家焉”（《隋书·文帝本纪》）；其家族“为北方的非汉族王朝效劳至少已有两个世纪”（《剑桥中国隋唐史·隋朝》），任郡守、将军者代不乏人，衍至杨忠而愈显，于其时所新崛起之“关陇集团”中亦占举足轻重之位置。

杨忠，弘农华阴（今陕西华阴县）人，生于北魏宣武帝正始四年（507），小名奴奴，生地当在武川镇。北魏孝明帝正光五年（524），年届 18 岁的杨忠“客游泰山”（《周书·杨忠传》，下引同书同传者不再出注）；此时，中国北部属多事之秋，“六镇起义”业已爆发。

早在正光四年，率“镇民府户”起事于沃野镇的破六韩拔陵，首先将战戈指向近在咫尺的怀朔、武川二镇。翌年四月，其部将卫可孤攻下二镇。镇破兵溃，故园不守，这才是杨忠南下泰山的真实原因。所谓“客游”盖可视为史家的讳笔。

《资治通鉴》“梁武帝普通五年（524）”记：“冬，十月，戊寅，（梁将）裴邃、元树攻魏建陵城，克之，辛巳，拔曲木（当作‘曲沭’，今山东新沂县东南）；扫虏将军彭宝孙拔琅琊（北魏琅琊郡治所，即丘县，今山东临沂县西）”。此时，杨忠正由泰山继续南下流徙，被转战于此地的梁军俘获，遂被“执至江左”。

杨忠“身长七尺八寸，壮貌瑰伟，武艺绝伦”，且为将门之后，虽被俘为囚仍以武见重于梁。梁武帝大通二年（528）四月，契胡酋长尔朱荣进入洛阳，溺杀北魏胡太后及少帝元钊，并于河阴之地杀魏丞相元雍以下 2000 余人，立元子攸为帝（孝庄帝），北方政局危乱。梁武帝萧衍决定抓住时机拓疆北土。是年十月，萧衍任命降梁的前北魏北海王元颢为魏王，遣派名将陈庆之护其北返。杨忠受命为直阁将军参予萧梁谋夺中原的战争。

次年四五月间，元颢、陈庆之在连克睢阳、荥阳之后，迫使魏孝庄帝北走黄河，梁军进入洛阳。然而这只是梁军短暂的胜利。闰六月，尔朱荣便挥兵南下击败了陈庆之。陈庆之战败扮作僧人只身逃回建康，元颢则在逃亡中被杀。元颢北返告败，身在军中的杨忠也被俘，并被尔朱荣从弟尔朱度律召为帐下统军。杨忠亦因此而重归北土。

北魏孝庄帝永安三年（530），元子攸不满于尔朱荣专擅，在洛阳将其杀死，北方政乱狂澜再起。尔朱荣从子尔朱兆会同尔朱度律等自晋阳挥戈直下洛阳，将元子攸逮回晋阳杀害；尔朱度律“与兆入洛，兆还晋阳，留度律镇守京师”（《北史》卷四八）。杨忠在这次战役中立有殊功，“赐爵昌县伯，拜都督，别封小黄县伯”；此后即转隶于独孤信，留战于洛阳一带。这是杨忠从军干政的一个重要转折。

独孤信是拓跋鲜卑三十六部大人之后，与杨忠一样同为武川镇军将后裔。二人尽管种族有异，但均生长于“胡化”之风极甚的代北边镇，并因此地域性之军人集团的关系，甚为相得。此后，杨忠长子，即隋文帝杨坚，所娶之妻即为独孤信第七女独孤伽罗。

北魏孝武帝太昌元年（532），趁隙控制了六镇兵民的高欢，渐次消灭了尔朱氏势力并重新拥立魏平阳王元脩为帝（孝武帝）。元脩不甘心在高欢强权之下做儿皇帝，于永熙三年（534）在洛阳谋集军队以讨伐高欢。高欢闻讯后，立即自邺（今河北临漳西南）挥兵南下，元脩无力抗拒，只得于是年七月弃洛阳西奔关中宇文泰。杨忠时随独孤信在洛，遂从魏孝武西迁，进爵为侯。此后，杨忠随独孤信与东魏骁将辛纂战于穰城（今湖北南漳县东北），盘马弯弓，轻骑破关而取穰城，一展北将虎风，为西魏定三荆之地立下战功。

杨忠“从孝武西迁”，效命于宇文泰，盖可视为其“识量沉深”的表现。

创建西魏的宇文泰亦系鲜卑部落大人之后，其先祖宇文陵，在北魏初“随例迁武川”（《周书》卷一），此后，家族中人均以武略称名代北，并世居武川。

宇文泰崛起于魏末世乱之际，在高欢尽占六镇兵民后，他重新经营起一股势力，这就是亘延西魏、北周、隋及唐初百余年的“关陇集团”。“关陇集团”，军队是其主要构件之一。宇文泰建军“军士多是关中人”（同上），并打破和消除北魏以来兵制上的民族界限，与东魏、北齐统治者视汉人为“汉儿”“汉狗”大异其趣。此点，大而言之，则是吻合历史发展之表现；收束而言，则不啻有利于具有汉族血统、地望关中，且为武川旧人的杨忠一展其身手。

杨忠勇力过人，长于搏击，归西魏之后深得宇文泰之爱赏而被“召居帐下”，充任爪牙亲侍。一次，他跟随宇文泰狩猎于龙门，一猛兽冲突于前，杨忠“左挟其腰，右拔其舌”，赤手空拳将其制服，赳赳神风深得宇文泰激赏，“太祖壮之，北台谓猛兽为‘揜于’，因以字之”。这在六世纪上半叶北中国尚武、用武的时代文化氛围中，不啻是对杨忠的最高褒赏。自此，杨忠以“揜于”为字，并以之自励效节于宇文氏，结束了他流徙不定、辗转其主的从军生涯。

北魏分裂为东、西魏，双方为争雄于北方而大战迭起。大统三年（537）正月，高欢三路大军直逼关中，杨忠随宇文泰击败其大将窦泰，迫使高欢军东撤。当年十月，双方会战于沙苑（今陕西大荔县南），西魏军再获大捷，杨忠因功而“迁征西将军、金紫光禄大夫，进爵襄城县公”。西魏军乘胜东进，独孤信部进军洛阳。翌年七月，东魏侯景、高敖曹部卷土重来，围困独孤信于金镛（今洛阳东北）。宇文泰闻讯率兵驰援；八月，驻军瀍水东面。侯景“北据河桥，南属邙山”（《资治通鉴》卷一五八），结阵对垒，双方合战，宇文泰受挫而溃，杨忠“与壮士五人力战守桥，敌人遂不敢进”。大统九年（543），西魏与东魏复战于邙山，双方互有胜败，杨忠于“邙山之战，先登陷阵”，复夺头功，“除大都督，进车骑大将军、仪同三司、散骑常侍”。

杨忠不仅勇力过人，而且长于谋略用兵，堪称“有将帅之略”。大统十六年（550）正月，杨忠受命出征萧梁，“攻梁随郡，克之，获其守将恒和。所过城戍，望风请服”，遂趁胜驱兵进围梁长江上游流域重镇安陆（今湖北安陆县）。时安陆为梁大将柳仲礼的长史马岫所守，“仲礼闻随郡陷，恐安陆不守，遂驰归赴援”。前有坚城不下，复有敌之强援，形格势禁，对孤军深入的杨忠极为不利。因此，其部属均力劝其尽快强攻安陆，“恐仲礼至则安陆难下”。然而，杨忠则说：“攻守势殊，未可卒拔。若引日劳师，表里受敌，非计也。南人多习水军，不闲野战。仲礼回师在近路，吾出其不意，以奇兵袭之，彼怠我奋，一举必克，则安陆不攻自拔，诸城可传檄而定也。”指出二敌相权，重在敌援，强援不去，则有表里受敌之虞；决定弃城打援，发挥西魏军闲于野战之长处，以奇袭正歼强敌于城外而迫降安陆。随后，杨忠与柳仲礼战于漴头（今湖北安陆县西北），“忠亲自陷阵，擒仲礼，悉俘其众。马岫以安陆降，王叔孙斩孙暠，以竟陵降，皆如忠所策”。此战，杨忠为将之胆略尽现，西魏亦尽占萧梁汉东之地，杨忠亦因此殊功而“进爵陈留郡公”，跻身西魏大统十六年之“十二大将军”之列。

西魏立国关中，于大统“八年春三月，初置六军”（《北史》卷五），建立府兵。建立府兵，是西魏“关陇集团”得以形成的重要条件之一，换言之，府兵系统中的高级将领则不啻是“关陇集团”的核心人物。府兵建置有八柱国大将军，下隶十二大将军，是为府兵高级将领。史称“自大统十六年以前，任者凡有八人。周文帝（宇文泰）位总百揆，都督中外军事。魏广陵王欣（西魏废帝元欣），元氏懿戚，从容禁闼而已。此外六人，各督二大将军，分掌禁旅，当爪牙御侮之寄。当时荣盛，莫与为比”（《北史》卷六〇）。杨忠于大统十六年进爵陈留郡公，进位十二大将军之列，从而成为关陇集团的核心人物。《北史》卷六〇传末还记，“此后功臣位至柱国及大将军者众矣，不限此秩，无所统御。六柱国、十二大将军之后，有以位次嗣掌其事者，而德望素在诸公之下，并不得预于此例”。可见，大统十六年以前所任柱国、大将军名号，不仅具有一般的任职意义，而且特具一种褒崇元从功臣的意义。故杨忠得与此秩，可视为跻身“关陇集团”核心之标志。

西魏恭帝元年（554），宇文泰改易府兵诸将的姓为鲜卑姓，杨忠“赐姓普六茹氏”。恭帝三年，宇文泰第三子废黜西魏恭帝拓跋廓称帝，是为北周孝闵帝。杨忠“入为小宗伯”。北周孝闵帝二年（558），杨忠以对北齐洛北之战的英杰气概，致令十二大将军位次第六的达奚武自叹弗如，说：“达奚武自是天下健儿，今日服矣！”杨忠自此进位柱国大将军；翌年，爵进隋国公。

北周武帝天和三年（568）秋七月，杨忠以老病自泾州任上归长安，不久死于长安，长子杨坚袭其爵位。此时前后，北周宫廷政争激烈，武帝宇文邕与权臣大冢宰宇文护斗争日剧，宇文护权势炙手可热，欲招纳杨坚，“引以为腹心，坚以白忠，忠曰：‘两姑之间难为妇，汝其勿往！’坚乃辞之”（《资治通鉴》卷一七〇）。是后，北周武帝终杀宇文护而一揽朝政，杨坚因未预宇文护党而免难。故史称杨忠“识量沉深”，而《资治通鉴》注曰：“史以杨忠有识，因书其卒而书之。”

杨忠生于乱世，以武立身，以谋为将，辗转南北，寄身各主，乃时势使之然；尔后归诸西魏、北周，累积军功而终于跻身“关陇集团”之上层，接续和张大了弘农华阴杨氏家族在北方统治圈中的政治、军事地位，这无疑应视作杨坚禅周立隋的基础，视作杨隋王朝渐积而兴的一段不可或缺之历史。

（原载《文史知识》1993 年第 11 期）

隋开皇元年击陈述论

北周建德六年（577），周武帝率兵入邺，平齐之战告捷，周取山东地，国力、兵气大盛。江左陈国闻齐亡，欲乘隙逞兵淮上，取大河以南地；是年七月，陈宣帝遣吴明彻击周彭城，但为周援军击败。是役，“（吴）明彻为周人所执，将士三万并器械辎重皆没于周”①；史称，“吕梁覆军，大丧师徒矣。江左削弱，抑此之由”②。后人王夫之亦曰：“强敌在前而以轻军试之，非徒败也，其国必亡。故吴明彻一溃于彭城，而江东有必亡之势。”③ 周灭齐后，北强南弱之形势大致如此。

四年之后，北周臣杨坚禅周建隋，年号开皇，乘周末取江北之势欲谋混一南北。是时，陈宣帝犹在，遂遣兵淮甸，隋回应之而有开皇初击陈之战。隋开皇元年（581）九月有击陈之诏，翌年元月，适值陈宣帝死而陈内廷有乱，但凭强大军事优势击陈的隋军却释陈而还。史云其役主帅隋高颎以“礼不伐丧”为由而撤兵，仿佛亦仁而不取之义兵；其实不然，“礼不伐丧”乃隋取名之遁词，虽含有政略攻心之作用，却并非隋释陈而还的真实原因；夷考其实，隋初击陈不果而罢的真实原因，乃在于隋初西北边境，尤其是北境之突厥的军事压力，掣肘于北而不得不迁就于南，形格势禁而有以然也。此事涉及隋初军政大局，亦系南北对峙以来，北朝对南朝常取军事优势而未能一举浑一之原因所在，笔者于此试述论之，以就教于同志。

① 《资治通鉴》卷一七三“陈宣帝太建九年（577）”。

② 《陈书》卷五《宣帝纪》“史臣曰”。

③ 王夫之：《读通鉴论》卷一八《陈宣帝》，中华书局1975年版。

一

袁枢作《通鉴纪事本末》，其卷二五《隋灭陈》篇，开篇即云："陈宣帝太建十三年，隋主即受周禅，三月戊子，以上开府仪同三司贺若弼为吴州总管，镇广陵；和州刺史河南韩擒虎为庐州总管，镇庐江。隋主有并吞江南之志，问将帅于高颎，颎荐弼与擒虎，故置于南边，使潜为经略。"陈宣帝太建十三年，即隋文帝开皇元年。袁枢裁辑《通鉴》作《隋灭陈》一篇，将开皇元年隋文帝置将南边事括入篇首，虽不乏开篇点题之章法，同时，亦足见其本末纪事，以显史事脉络的史家见识。是开皇初击陈事亦与开皇九年平陈事有关系之记述。

隋开皇元年置将南边事。《隋书・文帝本纪上》三月载，"戊子，……以上开府、当亭县公贺若弼为楚州总管，和州刺史、新义县公韩擒为庐州总管。""韩擒"，即韩擒虎，《隋本纪》作省称记，乃唐人作《隋书》避唐帝先君李虎之讳。又，"贺若弼为楚州总管"，则是《隋本纪》与《通鉴本末》所记不一。《通鉴本末》乃整辑排比《通鉴》而来，考《通鉴》卷一七五"陈宣帝太建十三年（581）"三月条下所附司马光《考异》："《隋书帝纪》云'楚州'，今从弼传。"稽《隋书》卷五二《贺若弼传》则云："高祖受禅，阴有并江南之志，访可任者。高颎曰：'朝臣之内，文武才干，无若贺若弼者。'高祖曰：'公得之矣。'于是拜弼为吴州总管，委以平陈之事，弼忻然以为己任。"司马光作《考异》采《隋书・贺若弼传》当否，试以南北朝地理沿革证之。"楚州"，《隋书・地理志中》"汝南郡・城阳县"条下记，"后魏置城阳郡，梁置楚州，东魏置西楚州"，此即今河南信阳市北长台关西；"吴州"，《隋书・地理志下》"江都郡"条下记，"梁置南兖州，后齐改为东广州，陈复曰南兖，后周改为吴州。"后周即北周，其占陈南兖州在陈宣帝太建十一年（579），北周将韦孝宽、梁士彦等攻陈淮南所取。《通鉴》卷一七三"陈宣帝太建十一年（579）"十二月条下载："乙丑，南、北兖州，晋三州及盱眙、山阳、阳平、马头、秦、历阳、沛、北谯、南梁等九郡民并自拔还江南。周又取谯、北徐州。自是江北之地尽没于周。"是吴州在周末已有其名，隋禅周因之未改，开皇九年方才改称扬州并置大总管府。"贺若弼为吴州总管，镇广陵"，《隋志》"江都郡・江阳县"条下记，"旧曰广陵"，《通鉴》此条下胡注，"广陵为吴州，仍周旧也。"是广陵为吴州治所，故"贺若弼为吴州总管，镇广陵"也。广陵，地居今江苏扬州市西北蜀冈上，逼临长江北岸以窥金陵；而"楚州"之治"城阳"（今信阳），则居金陵西北桐柏、淮水一带，远离长江，这与隋文帝“潜为经略”意在南陈的军事指向则舍近求远，是知司马光弃《隋本纪》而采《隋本传》以作《考异》，而《通鉴本末》因记吴州是有其道理的。

隋禅北周，新朝肇建，借关陇集团新势力及平齐之后关中、关东两大区域经济之优势，对南方陈朝无论经济、军事均取强势，因之，浑一华夏行大一统政治几成隋初众口交响之声[①]，而隋文帝既移周鼎，亦寄志于“将一函夏”[②] 之大业，并为此作有军事部署。《隋书》卷六三《元寿传》记，“开皇初，议伐陈，以寿有思理，奉使淮浦监修战舰”；《隋书》卷五四《王长述传》亦记，“开皇初，复献平陈之计，修营战舰，为上流之师。上善其能，频加赏劳”。但是，开皇初所有这些部署，在当时的形势下，都只能是隋文帝“潜为经略”南陈的战略布子，还不具有发动战争的军事攻击性质。反之，为了迴护平陈战略目标的隐蔽发展，隋文帝在对陈关系上还故作力求息兵睦邻的姿态。史载，开皇初隋臣薛道衡受命“聘陈主使。道衡因奏曰：‘江东蕞尔一隅；僭擅遂久，实由永嘉已后，华夏分崩。刘、石、苻、姚、慕容、赫连之辈，妄窃名号，寻亦灭亡。魏氏自北徂南，未遑远略。周、齐两主，务在兼并，所以江表逋诛，积有年祀。陛下圣德天挺，光膺宝祚，比隆三代，平一九州，岂容使区区之陈久在天网之外？臣今奉使，请责以称藩。’高祖曰：‘朕且含养，置之度外，勿以言辞相折，识朕意焉。’”[③] 复观《隋书》卷四七《柳机传附雄亮》所记，隋文帝禅周前夕，三方起事，“司马消难作乱于江北，高祖令雄亮聘于陈，以结邻好”，则可知，开皇初隋文帝对陈取“睦邻”建设之态度，乃禅周前后政治之继续；而制约其对陈“睦邻”政策之形势无改变，则其政治亦必延续下去。管束言之，军事上“潜为经略”，外交上虚与周旋，乃是隋文帝对陈战略的主导构想，其置韩、贺若二将于江北上下两端，对金陵取钳击态势只是这种构想的组成部分。

隋开皇元年二月禅周，三月即遴选名将置于陈之边境，就军事运筹而言，除了服务于“潜为经略”以为平陈构筑前敌堡垒之意外，同时，还具有实施军事威慑以收取其南线积极防御之效的用心。复就形势而言，后者之用较之于前者更显迫切。我们知道，北周平齐进而占淮南，其遗惠于隋则隋、陈仅以长江为界；陈失淮甸则隔江闻隋击柝之声，欲固国，势必有复取江北以为

① 《隋书》卷三七《梁睿传》，杨坚“及受禅”，“睿复上平陈十策”。《隋书》卷三八《皇甫绩传》，开皇元年，绩上书，“今伪陈尚存，以臣度之，有三可灭。”“上嘉其壮志，劳而遣之。”等等。

② 《隋书》卷五二“史臣曰”。

③ 《隋书》卷五七《薛道衡传》。又《隋书》卷六五《周法尚传》载开皇初周法尚入隋，隋文帝“降密诏，使经略江南，伺候动静”，亦“潜为经略”之一事，附志。

长江屏障的军事行动。其形势恰如顾祖禹所言，“三国而后，海内之地分为南北，都金陵者，必备淮甸，以犄角北寇”[①]；而淮甸之得，其用即在于“守江之计，必得淮南以为战地”[②]，故萧梁与北魏“两国交兵，争沿淮之地十余年”[③]，诚有其军事上的形势之因。陈宣帝太建五年（573），攻齐，克历阳、合肥、寿阳等地尽复淮南，以及九年遣吴明彻欲求收复大河以南地，均可视作此军事要求的具体体现。史载，“志大意逸”的陈宣帝在死前“遗诏”称：“边鄙多虞，生民未乂，方欲荡清四海，包吞八荒，有志莫从，遗恨幽壤。”[④]其“边鄙多虞”所指即在太建十一年淮南地尽失而京畿袒露于一江之下的边防形势。是南北之战有淮甸必争之势，则隋初置将江右便蕴含有实施军事威慑以行积极防御策略之意。《隋书》卷五二《韩擒虎传》载：“开皇初，高祖潜有吞并江南之志，以擒有文武才用夙著声名，于是拜为庐州总管，委以平陈之任，甚为敌人所惮。”可见，隋文帝起名将以临陈边之威慑之效；而其延至开皇八年末才发动对陈战争，足见积极防御乃是其首义。

南北朝对峙，以刘宋立国至隋计亦长达一百六十余年，其间不乏北伐南征的战争。总的说来，北伐乏力，南征渐成倾压之势。这种形势在北周平齐后愈显明确，而交争之地亦由萧梁时期的黄淮之间，而陈朝的江淮之间，进而至以大江为界，所谓“陈氏凭长江之地险，恃金陵之余气”[⑤]的论断，不啻说明南朝最后一个王朝的覆灭，仅就军事形势而言，也只是一个时间的问题。然而，北朝周隋禅代的历史变局，却给势难自守的陈朝带来了机会。

北周大象二年（580）五月，杨坚以天元皇后父总知中外兵马事；未几，假黄钺、左大丞相，总国政，欲谋禅代，这引起了周室旧臣的不满。六月，相州总管尉迟迥起兵反；七月，青州总管尉迟勤、郧州总管司马消难举兵应迥，反；八月，益州总管王谦起兵反，是所谓周隋禅代之际的“三方之乱”[⑥]。杨坚虽然凭借强大的关中兵团迅速平定了关东、剑南的尉迟迥和王谦，然战败之后的司马消难则以“郧、随、温、应、土、顺、沔、儇、岳九州及鲁山等八镇”[⑦]降陈。司马消难奔陈，陈宣帝对其宠遇有加，“诏以消难为大都督，总督九州八镇诸军事、司空，赐爵随公”[⑧]。陈宣帝接纳司马消难，并

① 顾祖禹：《读史方舆纪要》卷七五，中华书局1955年版。
② 顾炎武：《天下郡国利病书》。
③ 赵翼：《廿二史劄记》卷一二，中华书局1984年版。
④ 《陈书》卷五《宣帝本纪》“史臣曰”。
⑤ 《隋书》卷五二“史臣曰”。
⑥ 《隋书》卷二《文帝本纪（下）》。
⑦ 《资治通鉴》卷一七四“陈宣帝太建十二年（580）”。
⑧ 《资治通鉴》卷一七四“陈宣帝太建十二年（580）”。

赐爵随公，与杨坚受周封同，标明陈对杨坚虚与周旋外交策略的拒斥。司马消难之奔陈，而郧州巴蛮亦多叛，“于时北至商、洛，南拒江、淮，东西二千余里，巴蛮多叛”①；周隋禅代引起的权力之战，以及尉迟迥起兵之际，遣使“南连陈人，许割江、淮之地”② 的承诺，刺激了陈宣帝复窥淮甸之心。于是，“陈人见中原多故，遣其将陈纪、萧摩诃、任蛮奴、周罗睺、樊毅等侵江北，西自江陵，东距寿阳，民多应之。攻陷城镇。”③ 是役，《陈书》卷三一《鲁广达传》记，“（太建）十二年，与豫州刺史樊毅率众北讨，克郭默城。”而任忠一部则引兵趋攻历阳，并击破周援军王延贵，“生擒延贵”④，陈虽战或有胜，但由于实力悬殊，所占领土旋即失去。隋将源雄、于顗等部“悉复故地”⑤，结束了周隋禅代之际陈人欲争淮甸的战争。

开皇元年八月，隋西境“吐谷浑寇凉州，隋主遣行军元帅乐安公元谐等步骑数万击之”⑥。吐谷浑，“当魏、周之际，始称可汗”，居今甘肃、青海一带，“在周数为边寇”⑦，入隋，引众“连结党项”⑧ 渡河袭扰隋边，亦隋建之初西部边境一患。而北部之突厥“约诸面部落谋共南侵”⑨，更构成了隋的大患。隋西境北边烽燧告警，卫边之战连起，给东南陈国复炽夺淮南之心提供了机会。于是，是年“九月，庚午，陈将周罗睺攻陷胡墅，萧摩诃寇江北”。胡墅，《通鉴》此条下胡注：“胡墅在大江北岸，对石头城。”可见，陈此次渡江之战乏力，仅求营卫之地而已。然战在必争之淮甸，故隋文帝遂也“以上柱国、薛国公长孙览，上柱国、宋安公元景山，并为行军元帅，以伐陈，仍命尚书左仆射高颎节度诸军”⑩。开皇初年隋击陈之战即爆发。

隋文帝开皇元年九月击陈之军事部署，以长孙览、元景山为将，高颎节度之，而“潜为经略”的贺若弼、韩擒虎等未预此列。考《隋书》卷五一《长孙览传》，杨坚为北周相时，长孙览由同、泾二州刺史转宜州刺史，其治所居今陕西耀县；又其《本传》记，“开皇二年，将有事于江南，征为东南道

① 《隋书》卷四〇《王谊传》。

② 《周书》卷二一《尉迟迥传》。

③ 《隋书》卷三九《源雄传》。复参《隋书》卷一《文帝本纪（上）》“荆、郢群蛮乘衅作乱，命亳州总管贺若谊讨平之”。

④ 《陈书》卷三一《任忠传》。

⑤ 《隋书》卷三九《源雄传》。复参《隋书》卷一《文帝本纪（上）》“荆、郢群蛮乘衅作乱，命亳州总管贺若谊讨平之”。

⑥ 《资治通鉴》卷一七五“陈宣帝太建十三年（581）”。

⑦ 《隋书》卷八三《吐谷浑传》。

⑧ 《隋书》卷四〇《元谐传》。

⑨ 《隋书》卷五一《长孙览传》。

⑩ 《隋书》卷一《文帝本纪（上）》。

行军元帅，统八总管出寿阳，水陆俱进。”是长孙览在开皇元年九月有征而未临前敌。元景山则开皇元年为安州总管，其治所居今湖北安陆，地当长江上游，亦处击陈之建瓴之位也。考其《本传》，“高祖受禅，拜上柱国。明年，大举伐陈，以景山为行军元帅，率行军总管韩延、吕哲出汉口。”参诸《隋书》卷四一《高颎传》，“开皇二年，长孙览、元景山等伐陈，令颎节度诸军。”据此，可知开皇元年九月，隋虽有应陈攻江北之军事部署，但却并未立即予以行动。《通鉴》卷一七五“陈宣帝太建十三年（581）”未载陈隋战事，并据《隋本纪》辑载是年十一月，“丁卯，（隋）遣兼散骑侍郎郑撝使于陈”事，亦证开皇初击陈当在开皇二年元月，因之也才有“时众军并缘江防守，台内空虚”[①] 的陈事记载。

隋延至开皇二年元月的击陈之战，实际介入战事的盖即元景山一支，且其规模不大。史载，元景山“率行军总管韩延、吕哲出汉口。遣上开府邓孝儒将劲卒四千，攻陈甑山镇。陈人遣其将陆纶以舟师来援。孝儒逆击，破之。陈将鲁达、陈纪以兵守涢口，景山复遣兵击走之。陈人大骇，甑山、沌阳二镇守将皆弃城而遁。”[②] 甑山镇，今湖北汉川县东南，北周废县为镇；沌阳镇，今湖北汉阳县东，陈废县为镇。又，“陈将鲁达、陈纪以兵守涢口”，考《陈书》卷三一《鲁广达传》，“周安州总管元景（笔者注：元景，即《隋书》所记之元景山，中华书局标点本《陈书》此卷下校勘记有注；‘周’，应即为‘隋’）将兵寇江外，广达命偏师击走之。”此“鲁广达”即《隋书》所记之“鲁达”。鲁广达自太建末受命“都督郢州以上十州诸军事，率舟师四万，治江夏”[③]。涢口，今湖北汉川县东北，与甑山、沌阳均为长江上游北岸之镇[④]，是知战事均发生在远离金陵的长江上游，陈将鲁广达的辖区之内；而此时居长江下游备御隋贺若弼部的陈将萧摩诃则无战事，史仅记云：“会隋总管贺若弼镇广陵，窥觎江左，后主委摩诃备御之任，授南徐州刺史”[⑤]。此外，隋将长孙览所“统八总管出寿阳，水陆俱进。师临江，陈人大骇”[⑥]，亦仅悬军北岸而未与陈人交战，可见，隋开皇二年元月击陈乃是一场有限的局部战争。

---

① 《资治通鉴》卷一七五“陈宣帝太建十四年（582）”。

② 《隋书》卷三九《元景山传》。

③ 《陈书》卷三一《鲁广达传》。

④ 此即陈太建十二年八月，司马消难奔陈所献之，“鲁山八镇”中的三镇。参中华书局标点本《陈书》卷五“校勘记”。

⑤ 《陈书》卷三一《萧摩诃传》。萧摩诃授南徐州刺史，见《陈书》卷六《后主纪》，在陈太建十四年元月癸亥日，事在隋元景山出汉口、攻甑山镇之前。

⑥ 《隋书》卷五一《长孙览传》。

陈宣帝陈顼死于开皇二年元月甲寅日。隋元景山部出战击陈，其《本传》未明载月日，然《通鉴》系其事则在陈丧之后，又《隋书·长孙览》传记，“师临江，陈人大骇。会陈宣帝卒，览欲乘衅遂灭之”，则长孙览部推进江岸之时间亦当在陈宣帝死丧前后而已，故“礼不伐丧”云云已不见有多少史实依据。元月“戊辰，陈遣使请和，归我胡墅”①，论情理当经诸前敌节度诸军之高颎，故高颎有“礼不伐丧，奏请班师”② 之书；而二月己丑，隋文帝方有“诏高颎等班师”③ 之旨。至此，隋应陈开皇元年九月渡江攻占隋胡墅等地而发起的击陈行动，以陈交出胡墅、遣使请和而宣告结束。

二

开皇初，隋击陈，隋强陈弱，形势极明。然而，陈国遣一介和使、归弹丸之地便解去了隋击陈之师，结束了这场实力悬殊的战争。导致这种戏剧性结果的原因何在呢？是陈后主“智”而明于外交呢，还是隋文帝“仁”而闇于时势呢？推敲史事均不然。其实，稽诸北朝入主中原者往往都以正统之心为职志，一旦统治稳固，势必挥师南下而统一中国；隋文帝承禅周之强势，“将一函夏”之心更愈其前者，是其“仁”亦当以不害其“志”为准。下面试以北朝史上“礼不伐丧”一例的考察，以及开皇初隋之北境的形势考述，来看看隋开皇初击陈之战“无功而还”的历史内蕴，并借此来窥北朝对南朝常取军事优势而未能一举浑一之原因。

北魏明元帝泰常七年（422）五月，南朝刘宋武帝刘裕新死，明元帝拓跋嗣即追宋使沈范等人于河，扣使欲战，“议发兵取（宋）洛阳、虎牢、滑台”④。时崔浩为相力谏发兵攻宋。其理由盖可归纳为三点：一则为礼不伐丧，行修德之兵以“化彼荆、扬”⑤；二则为刘裕虽死而“党与未离”，“战不可必”，不如缓战；三则为以静制动，乘隙以击内争之国，而功成不失令名。论其三点多含武德用兵之义，然其“礼不伐丧”之核心究系遁词。

从北魏自身情况来看，能否用兵南伐，当视其北境柔然牵制与否。史载，

---

① 《隋书》卷一《文帝本纪（上）》。又《资治通鉴》卷一七五“陈宣帝太建十四年（582）”系其事于元景山之下，曰：“（陈）遣使请和于隋，归其胡墅。”

② 《隋书》卷四一《高颎传》。

③ 《隋书》卷一《文帝本纪（上）》。

④ 《资治通鉴》卷一一九“宋武帝永初三年（422）”。

⑤ 《魏书》卷三五《崔浩传》。

泰常七年明元帝发兵向南，“十一月，魏太子焘将兵屯塞上”①，《通鉴》此条下胡注曰：“魏主南援攻河南之兵，故太子屯塞上以备柔然。”是五世纪中期及六世纪初期，元魏北部游牧民族柔然的存在，一直是其塞防的大事，抑亦是其南向作浑一之战的制约因素，故曰魏欲南征有成必亦有其北境先靖之势方可。明末王夫之论北魏泰常末攻宋事，可更明其义：

> （泰常七年）滑台陷，青州没，宋师熸，而拓跋氏旋遣使人聘宋以求和亲，逾年而宋报礼焉，此南北夷夏讲和之始也。宋大败，而刘振之且弃下邳以奔逃，拓跋氏乘之以捲江、淮也易矣；顾敛兵以退而先使讲和，岂其无吞宋之心哉？力疲于蠕蠕（笔者注：即柔然）而固不能也。②

与北魏泰常末攻宋时柔然之情况大致相似，公元六世纪中期崛起于漠北的突厥几有更强于柔然之势。迄至于隋开皇中前后，长达近半个世纪的突厥铁骑，也一直是北部中原王朝的大患所在。西魏初立，突厥木杆可汗西破嚈哒，东走契丹，北并契骨，建立起一东自辽海以西、西至西海东西万里，南自漠北、北至北海南北五六千里的大汗国，“抗御中夏”③ 更成为此时北中国周、齐二国畏之、惧之而奉之的敌国。其情况亦正如隋文帝在开皇二年所下征讨突厥诏中所曰：“往者魏道衰弊，祸难相寻，周、齐抗衡，分割诸夏。突厥之虏，俱通二国。周人东虑，恐齐好之深，齐氏西虞，惧周交之厚。”④ 因之，周、齐争相“竭生民之力，供其来往，倾府库之财，弃于沙漠”，赂交突厥以求减“一边之防”，以至当时佗钵可汗骄语曰：“我在南两儿常孝顺，何患贫也!”⑤

北朝周、齐争战，是所谓“分割诸夏”之局面，此形势势必招致突厥窥隙而渔利其间；周灭齐，集二国之力便欲整兵北击突厥，建德七年（578）五月，“周高祖帅诸军伐突厥，遣柱国原公姬愿、东平公神举等将兵五道俱入”⑥，但终因其身殁而未果此举，是突厥之患将遗及于隋。隋禅周而承统一之北中国，国力增强，势亦不甘心于赂求边安的下策；而突厥遂亦因之而失去窥隙渔利之条件，是隋与突厥形势之变化，其矛盾遂亦激化。加之，突厥新汗沙钵略与北周皇室之关系，遂更快使这种矛盾演化为刀兵相见的边塞

---

① 《资治通鉴》卷一一九“宋武帝永初三年（422）”。

② 王夫之：《读通鉴论》卷一五《宋文帝》，中华书局 1975 年版。

③ 《隋书》卷八四《突厥传》。

④ 《隋书》卷八四《突厥传》。复参《周书》卷三〇《窦炽传附兄子毅》，西魏大统中，“时与齐人争衡，戎车岁动，并交结突厥，以为外援。”

⑤ 《隋书》卷八四《突厥传》。

⑥ 《资治通鉴》卷一七三“陈宣帝太建十年（578）”。

战争。

突厥与隋之关系的突然逆变，抑为当时北中国政局变动的必然产物。史称，“沙钵略勇而得众，北夷皆归附之。及高祖受禅，待之甚薄，北夷大怒。会营州刺史高宝宁作乱，沙钵略与之合军，攻陷临渝镇。”① 营州刺史高宝宁，原北齐宗室，入周后，拜营州刺史；在杨坚禅周前夕即“连结契丹、靺鞨举兵反”，“开皇初，又引突厥攻围北平”②，燃起隋北境之战火，而依托仍在突厥。“沙钵略妻，宇文氏女，曰千金公主，每伤宗祀绝灭，每怀覆隋之志，日夜言之于沙钵略。由是悉众为寇，控弦之士四十万。”③ “至开皇元年，摄图（笔者注：即沙钵略）曰：‘我周家亲，今隋公自立而不能制，复何面目见可贺敦乎？’因与高宝宁攻陷临渝镇，约诸面部落谋共南侵。”④ 结此可知，“隋公自立而不能制”，“待之甚薄”而“北夷大怒”，使突厥失去南下钞掠之权利，及垂手之可得之敬俸，乃突厥兴起边战以求重新羁控中原的真实的经济动因。所谓“周家亲”云云，抑为文饰其战争真实动因的道德性口实而已。是隋禅周为北朝政局之一变，而新建之隋强于周、齐二分之国亦中原与漠北势力对比之一变；故因此之变，遂有隋文帝“待之甚薄”而欲“自立”之变，而突厥有南下侵隋之变，则亦为当时北中国政局变动之必然产物。

开皇初，突厥铁骑侵扰隋边，“燕、蓟多被其患”⑤，“高宝宁引突厥寇隋平州，突厥悉发五可汗控弦之士四十万入长城”⑥，对隋构成了强大的军事压力。史称，“高祖新立，由是大惧，修筑长城，发兵屯北境，命阴寿镇幽州，虞庆则镇并州，屯兵数万人以为之备。”⑦ 开皇二年元月，亦即隋安州总管元景山兵出汉口击陈之时，隋文帝复“置河北道行台尚书省于并州，以晋王广为尚书令”⑧ 以强化北境塞防。旋而，塞防之紧演为畿甸之卫，“十月，癸酉，隋太子勇屯兵咸阳以备突厥。”《通鉴》此条胡注曰：“咸阳在长安西北，隔渭水耳。屯兵于此以备突厥，盖其兵势强盛，欲窥长安，此亦犹汉霸上、

---

① 《隋书》卷八四《突厥传》。
② 《隋书》卷三九《阴寿传》。
③ 《隋书》卷八四《突厥传》。
④ 《隋书》卷五一《长孙览传附晟》。
⑤ 《隋书》卷五五《周摇传》。
⑥ 《资治通鉴》卷一七五“陈宣帝太建十四年（582）”。
⑦ 《隋书》卷五一《长孙览传附晟》。
⑧ 《隋书》卷一《文帝本纪（上）》。

棘门、细柳之屯耳。”[①] 考诸史乘，胡注此言亦非虚语。史称是年沙钵略攻隋周槃[②]，“犬羊之众，弥亘山原”[③]，一举破败隋初名将达奚长儒，而陇西诸郡“武威、天水、金城、上郡、弘化、延安，六畜咸尽”[④]，“更欲南入”[⑤]。此后，只是在谙知突厥之情的长孙晟运谋离间得手之后，方才致使沙钵略“回兵出塞”[⑥]。衍至开皇五年（585），沙钵略因东西突厥之争而受困于西突厥达头，方称藩于隋；七年，沙钵略死，弟莫何复攻擒西突厥阿波，隋之北境方有粗安之形势；而八年末方有隋平陈之举。

当我们把开皇初，隋击陈之战放大至隋初缘边，尤其是北境之军事形势中来看时，便不难明了“隋固欲辍南军而防北塞”[⑦] 的真实原因，乃在于强大的突厥的存在及其发动的钞掠性的南向战争，这是中国中原王朝在中古时期经久不变的历史困惑。比论于北朝的史事，更可见，南北朝对峙局面的存在与消失，除却种种政治、经济原因外，北方王朝解除其北境游牧民族所施加的军事压力，乃是其取得浑一华夏之功的必备的军事前提。

隋开皇初击陈，因北境突厥的军事压力不得不作出有节制的军事选择。但作为此役统帅的高颎，在陈国有丧而遣使请和，并归还胡墅之时，能抓住时机假“礼不伐丧”之美名而撤军，亦足以显出其在政略上的机警。质言之，这是对隋文帝开皇初对陈战略“潜为经略”之思想的极好体现。史称，隋陈息兵，隋文帝即派人赴陈，“遣使赴吊，书称姓名顿首”[⑧]。“称姓名”，即予陈以与国之礼；行“顿首”，即含虚推骄陈之情，是隋文帝在“戎场尚梗”[⑨]突厥事紧之形势下继续其敦睦南邻政策的体现，它无疑有利于迴护隋统一南北的政治军事意图。史载，陈后主以此片书为真，答书曰：“想彼统内如宜，此宇宙清泰”[⑩]，而自行“解散其忧惧，枵然以自即于安”[⑪]，是居危而不思其危，亦陈后主外交上非但不“智”，且亦甚愚之表现。王夫之于《读通鉴论》

---

① 《资治通鉴》卷一七五“陈宣帝太建十四年（582）”。

② 周槃，《资治通鉴》卷一七五“陈宣帝太建十四年（582）”此条下胡注：“据《庆则传》，长儒别道邀贼，为虏所困，庆则按营不救，则周槃亦当在弘化县界。”弘化，今甘肃庆阳县北。

③ 《隋书》卷五三《达奚长儒传》。

④ 《资治通鉴》卷一七五“陈宣帝太建十四年（582）”。又，此条下胡注：“尽隋西北二边，无不被寇。”

⑤ 《隋书》卷五一《长孙览传附晟》。

⑥ 《隋书》卷五一《长孙览传附晟》。

⑦ 王夫之：《读通鉴论》卷一八《陈宣帝》，中华书局1975年版。

⑧ 《通鉴纪事本末》卷二五《隋灭陈》。

⑨ 《隋书》卷五一《长孙览传附晟》。

⑩ 《通鉴纪事本末》卷二五《隋灭陈》。

⑪ 王夫之：《读通鉴论》卷一八《陈宣帝》，中华书局1975年版。

卷一八《陈宣帝》中曰："善胜敌者，不乘其忧危，而乘其已定之情、已衰之气，隋之智，非陈之所能测也。（陈）自弛于十年而国必亡，姑待之十年而必举其国，一智一愚，一兴一亡，于此决矣。"隋开皇八年末起兵而九年初一举灭陈，乃南北朝以来政治、经济，乃至军事形势发展必然的历史产物；然而在隋平陈这一必然的历史进程之中，其历史舞台上种种角色的智慧角逐，亦势必有延缓与推进之作用，以此来看王夫之隋陈兴亡"于此决"之论，盖亦不乏微观考察的一见之明。

（原载《安徽大学学报》1997 年第 6 期）

隋文献独孤皇后与开皇世政治

一

隋文献独孤皇后，名伽罗。据《隋书·文献独孤皇后传》载："文献独孤皇后，河南洛阳人，周大司马、河内公信之女也。"本传载独孤伽罗"河南洛阳人"，当系采孝文迁洛革衣服之制与改变迁洛代人籍贯的说法。其实，独孤伽罗父系并未予孝文迁洛之列，独孤信亦只是在北魏末年才由代北南下。

《北史·独孤信附子罗传》记，"初，信入关后，复娶二妻。郭氏生子六人，善、穆、藏、顺、陁、整；崔氏生隋献皇后。"独孤文献皇后母崔氏，源出北朝大族崔氏。《周书·崔彦穆传》记曰："崔彦穆字彦穆，清河东武城人也，魏司空、安阳侯林之九世孙。曾祖顗，魏平东府谘议。祖蔚，遭从兄司徒浩之难，南奔江左。仕宋为给事黄门侍郎，汝南、义阳二郡守。延兴初，复归于魏，拜颍川郡守，因家焉。后终于郢州刺史。父稚，笃志经史，不以世事婴心。起家秘书郎，稍迁永昌郡守。隋开皇初，以献后外曾祖，追赠上开府仪同三司、新州刺史。"清河崔氏是永嘉之后未曾南迁而留居中原的典型的汉族大姓，其族门大枝繁，然而大多以"德业儒素"整饬家族，故门风甚张文化之帜，而其婚姻嫁娶原本亦是极重门第、讲求人伦的。但随着鲜卑贵族对中原地区等级婚姻制度的适应与肯定，胡汉上层通婚成为孝文"汉化"历程凸显之时尚后，清河崔氏的婚姻网络亦开始以女适胡族的形式渗入了魏晋以来胡汉混血以为民族融合的历史潮流。

独孤伽罗父亲独孤信，史载其先祖为拓跋鲜卑三十六部“部落大人，与魏俱起”[①]。此“三十六部”系沿自《魏书·序纪》所谓酋长毛时“统国三十六，大姓九十九”之说。《魏书·序纪》所记“三十六国，九十九姓”系经过整饬的拓跋鲜卑早期部落，或者部落群的情况，它大概包括拓跋鲜卑的本部以及“相合的同盟氏族与部落”两部分。后者大致反映了拓跋鲜卑部落联盟混聚过程中吸纳异族他姓的情况。即《隋书·经籍志·史部·谱系篇》所记，“有三十六部，则诸国之从魏者”。独孤氏“属于匈奴族姓”[②]。

《周书·独孤信传》记，“魏氏之初，有三十六部，其先伏留屯者，为部落大人，与魏俱起。祖俟尼，和平中以良家子自云中镇武川，因家焉。父库者，为领民酋长，少雄豪有节义，北州咸服之。”检《魏书》《周书》《北史》等，均不见独孤信先人伏留屯、俟尼、库者传，而独孤信及其长子罗均籍称云中，可见独孤信及其族属当系未入中原尚居代北的独孤部。其未改姓，当即如陈寅恪先生所指出：“未改姓的，多是部落未解散的，且多是未迁至洛阳而仍留在边镇的人。此种人以高车为多，但不限于高车。如斛律氏、贺拔氏、库狄氏都是。斛律氏未见改姓，贺拔氏据《魏书·官氏志》后改为何姓，然在边镇的如贺拔允、贺拔胜、贺拔岳仍姓贺拔。”[③] 独孤信及其族属未改姓约略同于贺拔允等人情况。北魏文成帝和平中（460—465），独孤信祖俟尼“以良家子自云中镇武川”，遂滞身边镇，至库者为领民酋长，说明滞留代北的独孤信族属仍保留一定的部落性质，这亦是他们未有更易籍贯、改变姓氏的原因之一。易言之，民族融合的“汉化”进程与氏族的迁徙存在着很大的关系。

从和平中徙镇武川，迄北魏末假六镇之乱，独孤信挺入中土，独孤信族久滞“胡化”甚重之区六七十年间，地域、种族、风俗所在当必影响其与时俱进的“汉化”进程。史载独孤信母、库者之妻曰“费连氏”，费连氏即《魏书·官氏志》所记四方诸姓“四方十六姓”之一的西北胡族种姓；独孤库者姻结代北之地他胡，“胡胡混血”使其能保有较强的胡族血统，但却处身于一时“胡汉混血”的所谓“汉化”之潮流。于此不难看出，魏晋以下胡族汉化之社会变迁亦并非整齐划一，即同一氏族之内也有因地域之不同而有汉化发展快慢程度之区别。地域之不同往往表现为一种文化生态环境的限隔，而打破这种限隔，就当时的历史条件而言，则往往是入居中原的胡姓氏族在政治上占有统治地位，尔后才有自觉或不自觉化合于经济文化均居高势能地

---

① 《周书》卷一六《独孤信传》。

② 黄烈：《拓跋鲜卑早期国家的形成》，载《魏晋隋唐史论集》第2辑，中国社会科学出版社1983年版。

③ 万绳楠整理：《陈寅恪魏晋南北朝史讲演录·六镇问题》，黄山书社1987年版。

位之汉族的所谓“汉化”之选择。魏晋南北朝胡、汉政治文化之关系有以打破限隔而实现民族融合的社会变迁正是如此情势。独孤信由边镇之乱而闯入中原，辗转其地积功显身，终成西魏“八柱国”之一，政治上居统治地位而后与汉族大姓清河崔氏联姻，不仅可视为代北后进中土之胡族通婚汉族以彰“胡汉混血”民族融合之余韵，且亦可窥见西魏及周“关陇集团”初创阶段种族与地缘关系中所含纳的政治、文化特征。

二

《隋书·文献独孤皇后传》记独孤伽罗卒年在仁寿二年（602），记年50；《北史·隋文献皇后独孤氏传》记独孤伽罗卒年同《隋本传》，但记年则曰59，故以《隋本传》逆推独孤氏生年则在西魏废帝元年，以《北史本传》则在西魏大统九年（543），孰是孰非，今通行之中华书局校本均未作说明。今试以二书本传事迹与独孤信卒年，并及一时婚龄风俗以推之。《隋本传》及《北史本传》皆言，独孤“信见高祖（即杨坚庙号，此引《隋本传》，故作是称）有奇表，故以后妻焉，时年十四”。是知独孤伽罗婚嫁杨坚之事乃独孤信在世所定，婚龄为14岁。此婚姻缔构之事实，切合北俗婚姻之意义，即男女之结合不仅为当事双方的结合，更重要的是民族间或所属集团间的社会的结合，故独孤伽罗婚事应为其父独孤信所定无疑。至于婚龄，董家遵《论古代结婚的年龄》统计指出，汉以下男一般在16岁，女则14岁；唐宋以后出现老夫少妻之现象，女子婚龄亦不会高于14岁。此说与东汉简选宫女“年十三已上，二十已下”（《后汉书·皇后纪》），“而实际上，二十岁者极少，一般都是十六岁以下”[①] 的情况是吻合的，故独孤伽罗婚龄应如二书所记“时年十四”无误。《周书·独孤信传》记，独孤信因北周孝闵帝元年（557）“赵贵案”，“以同谋坐免。居无几，……令自尽于家”而死。《资治通鉴》卷一六七“陈武帝永定元年（557）”综合《周书》纪传记曰，孝闵元年三月，“周晋公护以赵景公独孤信名重，不欲显诛之，己酉，逼令自杀”。综合以上述证，独孤伽罗生年应为大统九年（543），其卒于仁寿二年（602），享年59岁，《北史》记载是正确的。

独孤伽罗生于大统九年（543），父死之年［孝闵元年（557）］“时年十四”，亦正是其出阁之年。是时，正值宇文鲜卑禅西魏建周之际，政局动荡使独孤氏家族无脱权力斗争漩涡的裹挟。史称，西魏权臣宇文泰直至晚年尚未

① 参见彭卫：《汉代婚姻形态》，三秦出版社1988年版。

决定嫡嗣之传承：“明帝（宇文泰庶长子毓）居长，已有成德；孝闵（宇文泰三子觉，正室元氏所生）处嫡，年尚处幼。乃召群公谓之曰：‘欲立子以嫡，恐大司马有疑。’大司马即独孤信，明帝敬后父也。”① 宇文泰“欲立子以嫡”而有碍于“名重”集团间之独孤信，是独孤信已无法回避宇文泰身后的权力斗争。西魏恭帝三年（556）十月，宇文泰病笃召其侄宇文护，“谓护曰：‘吾诸子皆幼，外寇方强，天下之事，属之于汝，宜努力以成吾志。’乙亥，卒于云阳”②。宇文护秉政，拥立是年三月即立为世子的宇文觉嗣位，为宇文禅魏建周作了准备。但集团内部“群公各图执政”③ 的矛盾冲突亦相应激烈起来，斗争在“关陇集团”内部最高层的“八柱国家”间展开，一方为河内郡开国公独孤信及南阳郡开国公赵贵；一方为常山郡开国公于谨及所支持之宇文护④，这是“关陇集团”内部所爆发的第一次高层政局斗争。因当时尚有山东高齐、江左萧梁之存在所加诸的外部压力，故这场斗争未演为大的血洗场面而表现为一种有节制的处置。史载诛赵贵等仅“罪止一家”⑤；独孤信亦只是“赐死”一身而已，缘此，宇文泰精心营构的以六镇入关军事贵族为核心的“关陇集团”得以继续存在。但是，斗争中所暴露出的“关陇集团”内部的权力冲突，却并没有因此而终止；以家族及其所联姻之外族为单位的权力斗争还将继续下去，这一点对于已届晓事之年而颇有干政之志的独孤伽罗影响亦是深刻的。

联姻皇室是魏晋以下以迄南北朝士族门阀坐大门庭的一个重要途径⑥。门阀政治要在仕婚，以婚而言则要在当朝显贵家族，故独孤信诸女婚姻均缔构于一时贵族之家以至北周皇室。独孤信长女为宇文泰长子周明帝宇文毓之后，四女为李唐先君李昞之妻，唐立而追册为后，七女独孤伽罗为隋文帝杨坚之后，是独孤信与北周皇室及关陇“郡姓”一时大族的广泛政治联姻的有效缔构，亦反映了这个新兴军功家族在北朝政治舞台上的显要位置；申论之，其婚姻圈上显明的六镇豪门色彩则标明其家族对于“关陇集团”核心层面的有力渗透，因此，宇文护不得不“以其名望素重，不欲显其罪过，逼令自尽于家”⑦ 而了结独孤信恶等赵贵的“谋反”之罪。

---

① 《周书》卷二五《李贤附弟远传》。

② 《资治通鉴》卷一六六“梁敬帝太平元年（556）”。

③ 《资治通鉴》卷一六六“梁敬帝太平元年（556）”。

④ 八柱国爵号，因时而有不同之改封。此所记称爵号均为初封名号，下同。

⑤ 《周书》卷三《孝闵帝本纪》“楚国公赵贵谋反伏诛诏”。

⑥ 参见唐长孺：《士族的形成和升降》，载唐长孺《魏晋南北朝史论拾遗》，中华书局 1983 年版。

⑦ 《北史》卷六一《独孤信传》。

肇建于西魏大统七八年而衍至唐初高宗、武后年间约百年之久的“关陇集团”，在宇文泰死后并没有改变其集团内部联姻以构建、固结新统治体系的政策，但婚姻关系之变化则渐呈消褪鲜卑化色彩的趋势。独孤信诸女之婚姻，从代北宇文鲜卑，到陇西李氏、弘农杨氏，联姻逐步转向关陇地方的汉族大姓，“胡汉混血”的历史主题已由独孤信本人的父统，转向了女适汉人的母统。入周之后，“关陇集团”鲜卑化色彩的减弱[①]，与当时统治集团“胡汉混血”婚姻中父统与母统的易位之变甚有关系。父统代北“虏姓”的独孤伽罗与关中“郡姓”弘农杨坚的结合开其先例，尔后，李唐创业之初期君主，如李渊所娶窦氏即纥豆陵氏、李世民所娶长孙氏，亦皆胡族血统，是婚姻范围虽不出代北、关陇两大区域，但婚姻缔构的实况却以“胡汉混血”中父统与母统的易位显示了关陇集团内部氏族升降过程中民族关系的变化；胡族母统的政治势力只是以外族因子的身份织入了汉族父统的新氏族政治势力之中，氏族升降过程中民族关系的变化正是以不改变“胡汉混血”的历史主题而逐步完成由胡化而汉化的历史进程。

独孤伽罗在初婚之际与杨坚约有“誓无异生之子”[②]，这是保护传嗣血统统一性的政治契约。自此，杨坚所有五子皆为独孤伽罗所出。独孤伽罗重视家族血统，严防嫡庶于婚姻缔构之际，使代北独孤氏与弘农杨氏的政治性联姻得到严格控制，目的是保证家族政治权力的稳定过渡，这对开皇朝的政治大局，尤其是东宫储位问题产生了很大的影响。独孤伽罗严防嫡庶的婚姻观，归趋的亦正是汉民族宗法政治的范畴。而杨坚亦有“倚琵琶，作歌二首，名曰《地厚》《天高》，托言夫妻之义”[③] 对独孤伽罗作“人伦”儒化规讽之举；立国之后，复诏令“博学有高节”的江南才女范氏入侍其旁作“讲读”[④]。凡此均说明有“雅好读书，识达古今”[⑤] 之令名的独孤伽罗，在时代蕴含着多元文化整合主题的大趋势中，具有汲取和混合汉文化的积极倾向。这使不失胡风之强健而复加汉化之博雅的独孤伽罗卓异于北朝以来的宫廷女性。

北周初，代北独孤氏家族因独孤信“赐死于家”而受到打击；明帝二年(558)，周明敬后早卒，独孤家族失皇室奥援，门庭几阒寂无声。大统年间显

---

① 万绳楠整理：《陈寅恪魏晋南北朝史讲演录·宇文氏之府兵及关陇集团》，黄山书社 1987 年版。

② 《隋书》卷三六《文献独孤皇后传》。

③ 《隋书》卷一五《音乐志（下）》。

④ 《隋书》卷五八《许善心传》。

⑤ 《北史》卷一四《隋文献独孤皇后传》。

赫的“柱国”之家开始消隐于政坛，故适嫁弘农杨氏的独孤伽罗亦“每谦卑自守”① 而与时进退。相应于姻族的衰落，大统十六年（550）前已厕身府兵十二大将军之列的杨忠，则在准确测定其于周初权力斗争的位置之后，保持了弘农杨氏继续上升的势头②。天和三年（568），杨忠病卒，临终前示意杨坚勿预周皇室权争，史称有识。杨坚袭爵，秉父旨超然于权臣宇文护与武帝宇文邕间的斗争。天和七年（572），武帝于宫中杀宇文护，改元建德，“始亲览朝政”③，结束了宇文护专擅朝政的局面。是年四月，武帝立长子宇文赟为皇太子，遂即聘纳杨坚与独孤伽罗所生长女为皇太子妃。弘农杨氏姻结宇文皇室承续了代北独孤氏联姻皇族的传统，这对固结与张大家族的政治势力极为有利。史称，“武帝娉高祖长女为皇太子妃，益加礼重”④；并多方迴护集团内部对杨坚的政治攻讦⑤，弘农杨氏于是安然于皇权的呵护之下。

从独孤伽罗对杨坚的影响，以及独孤氏家族与宇文皇室的姻戚前缘，则弘农杨氏终能联姻皇室是和独孤伽罗的作用分不开的。易言之，独孤信死而诸子不显，代北独孤家族势力遂以外族混合于弘农杨氏，这无疑给弘农杨氏脱颖于“关陇集团”诸家族创造了条件；家族集团混合后引起的氏族势力变化，无疑亦正是皇室究心关注而试图以婚姻纽结网罗之所在，故以为弘农杨氏联姻皇室与独孤伽罗之作用分不开。“关陇集团”是各个贵族家庭的结合体，在权力斗争的杠杆作用下，他们凭借复杂的内部通婚而不断发生着氏族的升降。质言之，富有军功贵族传统、主要以世袭贵族为组织构件的关陇政治集团，对于家族势力的依托往往包含其姻族势力。这大概亦正是“宇文泰之胡汉六镇关陇集团，实具关中、代北两系统之性质”⑥ 所以产生之“婚姻圈”的一个原因。

北周宇文赟是个生性乖戾的帝王，其乖戾、暴虐的行径加剧了统治阶级内部的矛盾，而关陇集团中氏族升降的趋势亦预示了种种王朝嬗替的迹象。大象元年（579），整个精神世界处在颠倒、狂躁、恐惧状态中的宇文赟又一反成制相继册立四个皇后，与杨后并匹；旋而，又欲赐死杨后“逼令引自决”⑦。从“五后并匹”到酝酿赐死杨后，宇文赟借打破后制及无罪加罪之非常手段，相继推出他旨在削弱弘农杨氏权势的措施。显然，武帝以来弘农杨

---

① 《隋书》卷三六《文献独孤皇后传》。

② 参见拙作：《记隋文帝先君杨忠》，载《文史知识》1993 年第 11 期。

③ 《资治通鉴》卷一七一“陈宣帝太建四年（572）”。

④ 《隋书》卷一《文帝本纪（上）》。

⑤ 《隋书》卷一《文帝本纪（上）》。

⑥ 陈寅恪：《记唐代之李武韦杨婚姻集团》，《金明馆丛稿初编》，上海古籍出版社 1980 年版。

⑦ 《北史》卷一四《宣皇后丽华传》。

氏家族权势的上升，已导致了统治集团内部政治力量的倾斜。倾斜破坏平衡则必将危及皇权，因此捍护皇权必去震主之臣，削强宗必去其皇亲之依，宇文赟推出了“并后”“赐死”的非常举措。弘农杨氏面临着帝王的不测之怒，家族命运悬于千钧之重，在此危急关头，独孤伽罗一展其北方妇女的强健风慨，毅然闯宫“诣阁陈谢，叩头流血”[①]，反复陈情于宇文赟，使杨后得免于赐死之难而家族得免于株连之厄。独孤伽罗“闯宫卫后”，中止了宣帝宇文赟削弱乃至借此而铲除弘农杨氏势力的“计划”，使杨坚及其家族能守全于宣帝之朝，其影响涉及周隋禅代历史变局之关键。这是独孤伽罗氏以一介妇人身第一次投入政坛斗争漩涡的记载，其直面君王、忤逆龙麟的勇气与风慨，除了凭借其代北混血冠姓的显赫家族地位及其长姐联姻帝室的旧情外，亦当与其涵养北方游牧文化中强健独立之精神汲汲相关。挥洒“恒、代遗风”，颇具北朝妇女典型意味的独孤伽罗氏，与“主中馈”“略无交游”，“国不可使预政，家不可使干蛊”的江东妇女是大异其趣的[②]，其时代使然，亦更是民族文化使然。指明这一点，不仅对独孤伽罗是有意义的，而且对周隋禅代及隋文帝朝若干政治都具有背景认知的意义。

三

中国古代后宫之制，秦汉时期有所谓“汉兴，因秦之称，帝祖母称太皇太后，帝母称皇太后，正嫡称皇后”[③]，是秦汉相沿，正位宫闱者有皇后之称；尔后，“秦、汉以下，代有沿革”[④]，后宫内职屡有变化，西“晋武帝采汉魏之制，置贵嫔、夫人、贵人，是为三夫人”[⑤]，是西晋采汉魏正源置创三夫人。刘宋“孝武帝孝建三年置贵妃，进贵嫔、贵人，以为三夫人”[⑥]，名号不同，但正后之下置三夫人则相沿不替。“其江左四代，互相沿袭，无大异同”[⑦]，是永嘉之后，所谓汉魏正制流行、演变于南朝的情况。相较于衣钵汉魏法统以创后制的南朝，北方王朝则因其社会结构的巨大变动而另呈一番风貌。拓跋鲜卑初莅中国有所谓“妃后无闻”[⑧]，后宫乏制时期。尔后，南方士族王肃

---

① 《北史》卷一四《宣皇后丽华传》。
② 王利器：《颜氏家训集解》卷一《治家第五》，上海古籍出版社1980年版。
③ 《通典》卷三四《职官第十六·内官》。
④ 《隋书》卷三六《后妃传（序）》。
⑤ 《南史》卷一一《后妃传（上）》。
⑥ 《通典》卷三四《职官第十六·内官》。
⑦ 《通典》卷三四《职官第十六·内官》。
⑧ 《魏书》卷一三《皇后列传》。

北奔（在太和十七年，见《北史》卷四二本传），孝文帝力行汉化而有“改定内官”[①] 之举措。但“孝文虽厘革制度，变更风俗，其间朴略，未能淳也”[②]。其后宫制度亦如是。故杜佑纂辑前史，指陈北朝后制曰：“自后魏以下，班号谬乱，不足为纪。”[③]

北朝后制不乏进阶汉魏正源之步，但不及南朝条贯清晰，这是当时民族混合渐趋汉化的历程的表现。宇文鲜卑立足关中，采姬周制度以傅合胡汉混合之政治现实，虽云“内职有序”[④]，其实亦是徒有具文。史称“太祖（即宇文泰）创基，修衽席以俭约；高祖（即宇文邕）嗣历，节情欲于矫枉”[⑤]。宇文邕“节情欲于矫枉”，事在后宫减员，“矫枉”之典则出诸北魏太祖道武拓跋珪以下迄孝文改制之前拓跋鲜卑“子贵而其母必死”[⑥] 的后宫制度。如所周知，北魏母后擅权前后不乏其例，前者如桓皇后惟氏“摄国事，时人谓之‘女国’”。后者如冯后“威福兼作，震动内外”，“孝文雅性孝谨，不欲参决，事无巨细，一禀于太后”[⑦]。母后主政，妇女于权力结构中的实质地位，是拓跋鲜卑脱胎于发展不完全之氏族制的必然体现，因此，日趋封建化的拓跋鲜卑统治者采取了一种“不亦（为）过乎”[⑧] 的矫枉过正性的后宫制度——子贵母死的常制。质言之，“子贵而其母必死”的后宫制度当是拓跋鲜卑社会转型中的过渡性措施；而宇文邕“节情欲于矫枉”的后宫状况亦反映其制度未能尽归汉魏而不得不杂糅于鲜卑遗风的实际。北周初，后宫“废置益损，参差不一”[⑨]，倡言复制于姬周，其实杂糅于胡俗。至宣帝宇文赟“不率典章，衣袆翟、称中宫者、凡有五”[⑩]。五后并匹，尽坏典制，以至史论众口一词曰：“太祖之祚忽诸，特由于此。”[⑪] 这便给杨坚禅周以后的后制创建提供了殷鉴。

杨坚建隋以后，封建中央制度建设开始了涵融南北朝而进趋“汉魏前制”[⑫] 的进程。史论，“高祖思革前弊，大矫其违，唯皇后正位，傍无私宠，

---

① 《北史》卷一三《后妃传》。

② 《北史》卷四二《王肃传》。

③ 《通典》卷三四《职官第十六·内官》。

④ 《周书》卷九《皇后传（序）》。

⑤ 《周书》卷九《皇后传（序）》。

⑥ 《北史后妃传（论）》曰：“昔钩弋少子幼，汉武所以行权”。

⑦ 均见《北史》卷一三《后妃传》各本传。

⑧ 《北史》卷一三《后妃传》。

⑨ 《周书》卷九《皇后传（序）》。

⑩ 《周书》卷九《皇后传（序）》。

⑪ 《周书》卷九《皇后传（序）》。

⑫ 参见［英］崔瑞德主编：《剑桥中国隋唐史》第二章《隋朝》，中国社会科学出版社 1990 年版。

妇官称号，未详备焉。”[①] 是杨坚初创有隋后制，只是革除宇文周末年后宫“五后并匹”之现象，而于制度本身则未暇稽本归源；故开皇二年，复有“略依《周礼》”，“又采汉、晋旧仪”[②] 的后宫制度的厘定。但开皇世后制虽有采汉晋、依《周礼》之名，实际情况却未能如是。史载，“初，文献皇后功参历试，外预朝政，内擅宫闱，怀嫉妬之心，虚嫔妾之位，不设三妃，防其上逼。”[③] 开皇世后宫框架，因所谓独孤伽罗的“嫉妬之心”而未能尽归汉魏前制之实。此论集矢于独孤伽罗之“私德”，而后世不谙一时之风习臆作贬斥，如宋“胡致堂兄弟极论《关雎》专美后妃之不妒忌，而以独孤亡隋为证”[④]。如清赵翼《廿二史劄记》专列“隋独孤后妒及臣子”条，曰：“古来宫闱之妒，莫有过于隋独孤后者。”前者以“燮隆王化”之后德责诸独孤，后者则无视史局流变强作僵硬比较，相继接踵于唐人而失论于独孤伽罗。但后世失论当有别于唐人富含政治需要的批判，它们主要表现为，一种外在于具有胡汉混血民族融合背景特征的独孤伽罗的主观分析，表现为一种外在于周、隋迄唐初百余年具有胡汉混血民族融合背景特征的“关陇集团”的现实政治的主观分析。

如前揭，杨坚“五子同母”皆为独孤伽罗所出；第五子杨谅开皇元年已封汉王，是独孤伽罗于杨坚未禅周为帝前已与其共生五子，此后则相守誓约“无异生之子”，而杨坚为帝后，迄开皇世 20 余年，“后宫宠幸，不过数人”[⑤]。史称“时独孤皇后性妒，后宫罕得进御”[⑥]，即杨坚偶有所染亦为独孤后强行阻遏，甚者则于背后杀所宠幸之女。事在开皇十九年（599）六月。时杨坚避暑仁寿宫，宫中有北周胡族名将尉迟迥孙女，“先没宫中，上于仁寿宫见而悦之，因得幸。后伺上听朝，阴杀之。上由是大怒，单骑从苑中出，不由径路，入山谷间二十余里。高颎、杨素等追及上，叩马苦谏。上太息曰：‘吾贵为天子，而不得自由！’”[⑦] 是独孤伽罗正位中宫后，确有防闲宫闱之严；然所谓“性妒”之心理则有其社会历史之根源。

独孤伽罗父独孤信之先人为鲜卑三十六部部落大人，即拓跋鲜卑混聚其部落联盟之北边胡族，其风俗习尚当同于鲜卑而无大异。“鲜卑之俗，贱妾媵

① 《隋书》卷三六《后妃传（序）》。
② 《隋书》卷三六《后妃传（序）》。
③ 《隋书》卷三六《后妃传（序）》。
④ 《朱文公集》卷四八《答吕子约》之三〇，转引自钱锺书《管锥编》。
⑤ 《隋书》卷六二《裴肃传》，仁寿二年，杨坚谓裴肃曰：“后宫宠幸，不过数人。”
⑥ 《隋书》卷三六《宣华夫人传》。
⑦ 《资治通鉴》卷一七八“隋文帝开皇十九年（599）”。

而不讳妬忌，（独孤）后固虏姓，高祖亦渐北俗，又性本严正，非溺情嬖妾者流。"①是独孤伽罗之"性妒"本有其民俗之渊源，故行"妒"而不讳见容于"亦渐北俗"的杨坚。产生于社会全部经济关系之上的风俗，往往比经济本身的变更具有更大的惰性。拓跋鲜卑入主中原渐化于封建经济时代而其具有氏族经济时代的风俗则不变。《北史·后妃·宣武皇后高氏传》记，"初，孝文（即元宏）幽后之宠也，欲专其爱，后宫接御，多见阻遏。孝文时言于近臣，称妇人妒防，虽王者亦不能免，况士庶乎。"迄北魏解体权移他胡，其风亦盛行不替。东魏元孝友系拓跋皇室后裔，其上孝静帝（即元善见）表云："将相多尚公主，王侯亦娶后族，故无妾媵，习以为常。妇人多幸，生逢今世，举朝略是无妾，天下殆皆一妻。设令人强志广娶，则家道离索，身事迍邅，内外亲知，共相嗤怪。"②是北魏而下迄于两魏并立之北朝后期，内涵鲜卑、诸胡风俗的女性妒风乃有其社会的广泛性，而影响及于固为虏姓的独孤伽罗自亦在事理之中。申论之，受北朝后期鲜卑遗俗影响的独孤伽罗，终能"行妒"防闲于开皇世之中宫，亦在于有隋统治阶级中坚乃一胡汉混合之军事贵族集团——"关陇集团"为其背景，因此婚姻之际她可以不避妒忌之嫌与杨坚相"誓无异生之子"；因此，正位宫闱母仪天下后她可以不避妒忌之嫌而责及臣（如高颎）、子（如长子杨勇）纳妾远嫡之事③。

富涵社会历史背景及民族习俗渊源之北朝"妒风"，于风慨雄健"高祖甚宠惮之"④的独孤伽罗身上有较强之体现，这使开皇世傍依汉魏的后宫制度形同虚设。因之，后史颇多讥刺，并由"燮理阴政"不能兴于隋之椒房而指斥独孤后"擅宠移嫡，倾覆宗社"⑤，进而责难杨坚"听哲妇之言，惑奸臣之说，溺宠废嫡，托付失所"⑥，已种有隋覆亡之根。是论不仅无法高瞻到真正具有内在必然性的历史规律，而且恣意褒贬亦遮蔽了对于独孤伽罗的真切审视。质言之，旧史观的偏见遮蔽了初唐史家对于独孤伽罗这样一位富有双元文化背景人物的公允评价。

独孤伽罗行"妒防"于中宫，干政事于朝阙，"每与上言及政事，往往意合，宫中称为二圣"⑦，风慨雄健、识断不疑，体现的是鲜卑游牧文化的影响，这与弘农杨氏"夫女子小人，近之喜，远之怨，实为难养也。《易》曰：'无

① 吕思勉：《隋唐五代史·隋室兴亡》，上海古籍出版社 1984 年版。

② 《魏书》卷一八《太武五王·临淮王谭附孙孝友传》。

③ 事见《隋书》本传及《廿二史劄记》卷一五《隋独孤皇后妒及臣子》。

④ 《隋书》卷三六《文献独孤皇后传》。

⑤ 《隋书》卷三《后妃传（论）》

⑥ 《隋书》卷一《文帝本纪（上）》。

⑦ 《隋书·独孤皇后传》亦记，文帝"每临朝，后则与上方舆而进……"。

悠遂，在中馈。’言妇人不得与于政事也”[①] 的家训相去甚远；然相去甚远的观念冲突却由于时局的变迁而见容于“性严重”[②] 的杨坚，其间，除去独孤伽罗显著的“八柱国后”的家族地位外，关键乃在于有隋的政治构成乃是一胡汉混合的统治集团，而杨坚先世久居北镇亦渐染北俗之故。

“权击外戚，政归国家”[③]，系汉末清议针对宫后侵政、外戚擅权而发起的政治斗争，斗争背后的哲学乃是儒家限制外族、平衡皇权与外戚之关系的政治思想，简言之，儒学伦理政治下的后德与否亦当质诸其对于本族与皇权之关系的权量与处置。史称，隋文“帝惩周氏之失，不以权任假借外戚，（独孤）后兄弟不过将军、刺史”[④]。稽《隋书》，独孤信长子罗卒官不过左武卫大将军，幼子陁累转不过延州刺史，是隋氏后族仅备位宿卫、莅任州郡而无涉中央大权之证。这种情况，其一与隋文帝集权中央、强化皇权的意志有关；次之则与独孤后顺应时局、推崇皇权的态度有关。史载，开皇初朝仪初创，“有司奏以《周礼》百官之妻，命于王后，宪章在昔，请依古制。后曰：‘以妇人与政，或从此渐，不可开其源也。’不许”[⑤] 而止。又“大都督崔长仁，后之中外兄弟也，犯法当斩。高祖以后之故，欲免其罪。后曰：‘国家之事，焉可顾私！’长仁竟坐死。”[⑥] “百官之妻，命于王后”有所谓《周礼》根据，其实不合于族权、父权、夫权的宗法伦理，更有悖皇权集于一尊的封建政治，因此，独孤后曰“以妇人与政，或从此渐”。于此，不难看出“雅好读书，识达古今”[⑦] 的独孤伽罗是把后宫与封建政治联系在一起来处理后权与皇权的关系的。

独孤伽罗与杨坚的婚姻属统治阶级上层的政治联姻，柱国之家的独孤氏一门三后为弘农杨氏迫近中枢权力提供了便利，杨坚与独孤伽罗长女入为北周宣帝后，则使杨坚可借国戚之望而直逼宰辅之位；关陇集团内部的平衡由此打破，统治阶级内部氏族的升降伴随着一个外戚坐大而皇权受损的过程，这一权力变化的过程正是杨坚与独孤伽罗皆置身其中深有感受的“近代史”之鉴。为巩固新的集权政治，必须挫抑外戚势力张大的任何可能，应是这一政治联姻体共有的认识。因此，独孤伽罗选择了虚身推权以维护中央集权的举措。史称隋氏“内外亲戚，莫预朝权，昆弟在位，亦无殊宠。至于居擅玉

---

① 《后汉书》卷五四《杨震传》。

② 《隋书》卷二《文帝本纪（下）》。

③ 《后汉书》卷六三《李固传》。

④ 《资治通鉴》卷一七五“陈宣帝太建十三年（581）”。

⑤ 《隋书》卷三六《文献独孤皇后传》。

⑥ 《隋书》卷三六《文献独孤皇后传》。

⑦ 《北史》卷一四《隋文献独孤皇后传》。

堂，家称金穴，晖光戚里，重灼四方，将三司以比仪，命五侯而同拜者，终始一代，寂无闻焉。考之前王，可谓矫其弊矣”①。是开皇20年中央集权政治的有效运转，其实得益于这一政治联姻所保持的应有活泼生力；而有隋两朝38年，外戚势力始终匿迹于中枢权力之外，其实亦得益于开皇初独孤伽罗顺应时局的明智选择。

四

有隋38年政事，涉及最高权力转接者，莫过于开皇世东宫易储之事，此事始造于开皇中，历10年而结局于开皇末②。开皇二十年（600）十月，年届花甲的隋文帝“戎服陈兵”③ 御临武德殿，诏废嫡长子太子杨勇，十一月即建立次子“晋王广为皇太子”④，有隋“大业传世”⑤ 的最后抉择由此完成。史云独孤伽罗干预此政治大局，曰：“皆后之谋也。”⑥

宗法政治下的权力转接，其实都隐伏着不同的政治势力，而他们展开的斗争往往打的也都是“太子牌”。易言之，废立太子，是中国古代王朝权力转移的一种形式，而其实质则是各派政治势力斗争或协调的产物。隋廷易宫换储亦当作如是观。隋文帝于《废皇太子勇为庶人诏》中曰：“天下安危，系乎上嗣，大业传世，岂不重哉。”⑦ 少阳之位其实是新一轮政治的中心，是权力转接前后的代表。明乎此，方可切入开皇世易宫表象之下关陇集团内部各势力斗争的深刻背景；明乎此，亦才可能对独孤伽罗持之一贯的维护宗法权力及其稳定过渡之政治用心的把握。

如前所述，代北独孤家族重大而致命的政治挫折，生成于宇文氏禅代西魏前后而涌起的嫡庶之争的非常时期。嫡庶之争影响及于权力过渡的历史鉴戒，对于独孤伽罗来说无疑是一个挥之不去的阴影，因此，她与杨坚缔婚之际即相“誓无异生之子”，冀望借此“政治契约”确保承嗣血缘的同一性，以消弭“孽子配嫡”的政治隐患，以保证宗法权力的稳定过渡。但是，宗法制下权力斗争的本质——各政治势力有以进行权力较量的支点乃在于各自政

① 《隋书》卷七九《外戚传（序）》;《北史》卷八〇《外戚传（序）》。

② 参见拙作:《隋文帝之死述论》,《中国史研究》1993年第2期。

③ 《隋书》卷四五《文四子·房陵王勇传》。

④ 《隋书》卷二《文帝本纪（下）》。

⑤ 《隋书》卷四五《文四子·房陵王勇传》。

⑥ 《隋书》卷三六《文献独孤皇后传》。

⑦ 《全隋文》卷二《文帝·废皇太子勇为庶人诏》。

治势力的消长——却无视她这一脆弱的愿望。在权力斗争没有溃为暴力形式之前，关陇集团内部各势力消长而必起的政争将借其储子而展开，血缘同一——宗法权力稳定的神话无法遮覆权力斗争的残酷现实。关于这一点，司马光在缩结隋廷易宫得失时有所论列："昔辛伯谂周桓公曰：'内宠并后，外宠贰政，嬖子配嫡，大都偶国，乱之本也。'隋高祖徒知嫡庶之多争，孤弱之易摇，曾不知势均位逼，虽同产至亲，不能不相倾夺。考诸辛伯之言，得其一而失其三乎！"[①]"势均位逼，虽同产至亲，不能不相倾夺"，深谙宗法制下权力斗争血腥味的司马光，只是在"势均位逼"的现象层面接触了隋廷易宫而必有各政治势力斗争之背景的历史真实。然而，这种经验与直觉的敏锐，揭示出的亦正是开皇时期以后隋文帝夫妇所无法回避的事实。为了确保权力的稳定过渡，声称反对"妇人与政"[②]的独孤伽罗一反其开皇初虚身推权至尊的态度，积极活动，干预太子宫政。隋文帝曰："皇后恒劝我废之（指太子勇）"[③]，具有代北军事勋贵背景的独孤伽罗以其在关陇集团中的强大影响力策动着开皇世的易宫大政，上以动至尊视听，下以揽权臣智力，竭其权智终至完成其"外预朝政"[④]的最大之作。

隋初东宫制度大体因革于南北朝而愈加完备，其精神在于树立与强化所谓"国本"的地位。而杨勇初莅东宫亦颇得其父翼护，"于时东宫盛征天下才学之士"[⑤]，而"军国政事及尚书奏死罪已下，皆令勇参决之"[⑥]。开皇初，杨勇太子宫位处平静之中，其条件有二点为要：一则诸弟年幼，乏善可陈而与之竞；二则隋朝新建，关陇集团内部之政争势力尚处在孕生之阶段。东宫平静是隋文帝夫妇乐于面对的现实，故史亦不闻独孤伽罗于此阶段有非难东宫之言。

从现存隋史有关材料来看，对杨勇太子宫位构成最大潜在威胁者莫过于晋王杨广。他颇有作为并极富权力欲，但他不是长子，"立嫡以长"的皇位继承制阻遏了他窥伺最高权力的合法通道，因此他不得不走着一条"阴有夺宗之计"[⑦]的非常规的权力争夺之路。莅镇南方后，杨广联络宇文述、郭衍、张衡等人，初步形成其"夺宫"的内层圈，继而便将目标转向关陇集团的重要

① 《资治通鉴》卷一八〇"隋文帝仁寿四年（604）"。

② 《隋书》卷三六《文献独孤皇后传》。

③ 《隋书》卷四五《文四子·房陵王勇传》。

④ 《隋书》卷三六《后妃传（序）》。

⑤ 《隋书》卷五八《明克让传》。

⑥ 《隋书》卷四五《文四子·房陵王勇传》。

⑦ 《隋书》卷四《炀帝本纪（下）》。

人物——杨素。“晋王规欲夺宗，以（杨）素幸于上，而雅信约（杨素异母弟）。于时用张衡计，遣宇文述大以金宝赂遗于约”[①]，杨约受金行事，史言杨素“闻之大喜”[②]，只说：“但不知皇后如何？必如所言，吾又何为者。”[③]杨广策动朝廷大臣进行“倒宫”活动，即令“代苏威为右仆射，与高颎专掌朝政”[④] 的杨素亦将以独孤伽罗之马首是瞻。关陇集团内部的权力斗争终至推到独孤皇后的面前。

杨坚夫妇“五子同母，可谓真兄弟”，独孤伽罗本亦无所厚薄。但随着杨勇私德失检，元配元氏不明而死，内宠云氏专擅东宫情形表面化，“性忌妾媵”[⑤] 的独孤伽罗则由此情绪之激而虑及身后权力转接的大政。史称独孤后于杨勇宫妃元氏暴死而无子嗣事甚怀愤懑：“皇后忿然曰：‘睍地伐（杨勇小字）渐不可耐，我为伊索得元家女，望隆基业，竟不闻作夫妻，专宠阿云，使有如许豚犬。前新妇本无病痛，忽尔暴亡，遣人投药，致此夭逝。’”[⑥] 杨勇太子妃元氏，为元魏宗室元孝矩女，史云“高祖重其门地，娶其女为房陵王（杨勇身后追赐爵号）妃。”[⑦] 杨坚夫妇娶子媳于元魏宗室，符合当时“代北之人武，故尚贵戚”[⑧] 的婚姻观念，故独孤后云“望隆基业”；云氏，为云定兴女，史记但谓“云定兴者，附会于（宇文）述”[⑨]。不称籍贯，非望族已明，故独孤后讥其与杨勇所生三子为“使有如许豚犬”。独孤伽罗斥责杨勇专宠阿云决非一般意义上的“道德冲动”，而是内含着维护本集团政治特征的“政治批评”；由此而引发的政治思考，便是：“每思东宫竟无正嫡，至尊千秋万岁之后，遣汝等（指杨广等）兄弟向阿云儿前再拜问讯，此是几许大苦痛邪！”[⑩]

“隋、唐皇室同为关陇胡汉之集团，其婚姻观念自应同具代北之特性也。”[⑪] 代北特征，姻结贵戚是其一；而“女系母统杂有胡族血胤”[⑫] 以维持

---

① 《隋书》卷四八《杨素附约传》。

② 《隋书》卷四八《杨素附约传》。

③ 《隋书》卷四五《文四子·房陵王勇传》。

④ 《隋书》卷四八《杨素传》。

⑤ 吕思勉《隋唐五代史》：“鲜卑之俗，贱妾媵而不讳忌。”

⑥ 《隋书》卷四五《文四子·房陵王勇传》。

⑦ 《隋书》卷五〇《元孝矩传》。

⑧ 《新唐书》卷一九九《柳冲传载柳芳论〈氏族略〉》。

⑨ 《隋书》卷六一《宇文述附云定兴传》。

⑩ 《隋书》卷四五《文四子·房陵王勇传》。

⑪ 陈寅恪：《唐代政治史述论稿》，上海古籍出版社 1980 年版。

⑫ 陈寅恪：《唐代政治史述论稿》，上海古籍出版社 1980 年版。

胡汉六镇关陇集团之特征是其二，太子杨勇“率意任情”①，未谙上层婚姻中政治要义，专宠阿云，复“在外私合而生”② 子嗣，破坏了关陇集团维系并结构其政治系统的准则。因之，文帝与独孤后同感此婚姻失类而有害于最高权力的稳定转接，一方面对元氏之死示以殊礼，“皇太子妃元氏薨，上举哀于文思殿”③；一方面对云氏之宠示以儆语，“今傥非类，便乱宗社”④。两个态度，一个目标即维护关陇集团有以构成的政治特性，显然，这是统治集团对于新一轮政治代表的要求。至此，杨勇宫位见倾，但最后的更易乃在于隋廷各政治势力的变动。

开皇初，关陇集团大致合力于南北统一之业，但自九年统一战争前后，集团内部的权力关系开始发生变化。出身将门而“兼文武之资，包英奇之略，志怀远大，以功名自许”⑤ 的杨素开始秀出班列。开皇十二年（592），杨素代苏威为右仆射而与开皇重臣高颎“专掌朝政”⑥，成为关陇集团中军事贵族的代表性人物，权势炙手大有两汉之周勃、霍光的形势⑦。开皇十九年（599），隋廷重臣高颎被废，史称为“独孤皇后知颎不可夺，阴欲去之”⑧，“讽上黜高颎”⑨ 所致。高颎为开皇世20年最高执政⑩，其子高表仁娶太子杨勇女，故其于储宫之政党附于勇不无有之。史载隋文帝欲立广废勇咨政于高颎，“颎长跪曰：‘长幼有序，其可废乎！’”⑪ 又，文帝“令选宗卫侍官，以入上台宿卫。高颎奏称，若尽取强者，恐东宫宿卫太劣。高祖作色曰：‘我有时行动，宿卫须得雄毅。太子毓德东宫，左右何须强武？此极敝法，甚非我意。如我商量，恒于交番之日，分向东宫上下，团伍不别，岂非好事？我熟见前代，公不须仍踵旧风。’盖疑高颎男尚勇女，形于此言，以防之也。”⑫ 从咨政于颎到防闲于颎，文帝夫妇与高颎冲突的要点在于储君大政；高颎党附见存东宫意态已明，而独孤皇后知其不可夺而“讽上”黜之，是高颎终因

① 《隋书》卷四五《文四子·房陵王勇传》。

② 《隋书》卷四五《文四子·房陵王勇传》。

③ 《隋书》卷二《文帝本纪（下）》。

④ 《隋书》卷四五《文四子·房陵王勇传》。

⑤ 《隋书》卷四八《杨素传》“史臣曰”。

⑥ 《隋书》卷四八《杨素传》。

⑦ 《全隋文》卷四《炀帝·手诏劳杨素》：“及献替朝瑞，具瞻惟允，爰弼朕躬，以济时艰。昔周勃、霍光，何以加也！”

⑧ 《隋书》卷四一《高颎传》。

⑨ 《隋书》卷四五《文四子·房陵王勇传》。

⑩ 《隋书》卷四一《高颎传》记，“当朝执政二十年，朝野惟服，物无异议”。

⑪ 《隋书》卷四一《高颎传》。

⑫ 《隋书》卷四五《文四子·房陵王勇传》。

作梗易宫而被废。

高颎被废，“以公就第”[①]，迄止仁寿元年（601）杨素“代高颎为尚书左仆射”[②]，杨素其实已置身隋廷最高执政之位。至此隋廷最高人事变动完结，文帝（应包括独孤后）凭借其皇权的制衡机制完成了他对于集团内部势力变动现实的确定。

开皇二十年（600），杨素亦已明白权力转接之关节在即，遂于侍宴之际“微称‘晋王孝悌恭俭，有类至尊’。用以揣后意。后泣曰：‘公言是也！吾儿大孝爱，每闻至尊及我遣内使到，必迎于境首；言及违离，未尝不泣。又其新妇亦大可怜，我使婢去，常使之同寝共食。岂若晛地伐与阿云对坐，终日酣宴，昵近小人，疑阻骨肉！我所以益怜阿麽（杨广小字）者，常恐其潜杀之。’素既知后意，因盛言太子不才”[③]。杨素无忌大臣言宫政之讳，直言刺情只是为了讨个口实；独孤后无讳家丑，明言褒贬去就已在不言之中倡明废立之意，可以说这是一局明了牌底的游戏、一场双方交底的谈话。这次谈话，史不言文帝在场，仅独孤后与杨素二人；依一时较开放之宫廷风习及独孤后多有“匡谏”[④]干政之事实，这次谈话当是后宫宴筵之秘谈。史称，“后遂遗素金，使赞上废立”[⑤]。“赞上废立”，说明此秘谈虽由独孤后垂帘为之，亦不违文帝之意。秘谈中的“泣对”“遗金”，丝丝相扣而不着痕迹，将一个用兵“严忍”“多权略”[⑥]而“专以智诈自立”[⑦]的杨素牢牢地扣在自己的政治日程表上而不显任何政治意图，可见，“高祖甚宠惮之”[⑧]的独孤后确有其不让须眉的干政之才！

开皇二十年十月，经由“杨素舞文巧诋，锻炼以成其狱”[⑨]，太子勇案定谳，乙丑日太子杨勇废为庶人；十一月戊子日，晋王杨广立为皇太子。《隋书·五行志》以风变突然以启“鼓妖”之征述记其事：“开皇二十年十一月，京都大风，发屋拔树，秦、陇压死者千余人。地大震，鼓皆应。净刹寺钟三鸣，佛殿门锁自开，铜像自出户外。钟鼓自鸣者，近鼓妖也。杨雄以为人君不聪，为众所惑，空名得进，则鼓妖见。时独孤后干预政事，左仆射杨素权

---

① 《隋书》卷四一《高颎传》。
② 《隋书》卷四八《杨素传》。
③ 《资治通鉴》卷一七九“隋文帝开皇二十年（600）”。
④ 《资治通鉴》卷一七九“隋文帝开皇二十年（600）”。
⑤ 《资治通鉴》卷一七九“隋文帝开皇二十年（600）”。
⑥ 《隋书》卷四八《杨素传》。
⑦ 《隋书》卷四八《杨素传》。
⑧ 《隋书》卷三六《文献独孤皇后传》。
⑨ 《隋书》卷四五《文四子·房陵王勇传》。

倾人主。帝听二人之谗，而黜仆射高颎，废太子勇为庶人，晋王钧虚名而见立。”唐修《隋书》，属官修之史，政治意见常见于史述之中。此处借灾异人事曲讽开皇世易宫意甚明，用意虽迂回却在在不离其鞭斥所谓“空名得进”之隋炀帝，从而确证其覆隋建唐之合理性的主旨；因此主旨，由魏徵主笔之《隋书》史论，便在文献独孤皇后传中操觚挞伐：“文献德异鸤鸠，心非均一，擅宠移嫡，倾覆宗社，惜哉!”独孤伽罗从维护本集团有以构成之特征出发，并应合开皇时期以后关陇集团内部权力关系变动之事实而作出的易宫之政，于此被简单地曲解为“心非均一，擅宠移嫡”的儿女私情，而其于国家之政的遗患则是“倾覆宗社”的严重后果。显然，魏徵传论中批斥独孤后的逻辑起点乃在于李唐取而代之的隋炀帝杨广；而上揭《志》文曲讽开皇世易宫事的理论支点亦在于李唐取而代之的隋炀帝杨广。其实，杨广承位储君，于文帝死后而能驾驭堪称“一时之杰”[①] 的杨素，迅速平定其弟汉王谅数十万众之叛，已多少说明开皇末易宫后所重构的权力转接力量是能够保证权力稳定过渡的。史称大业五年（609）为“隋氏之盛，极于此矣”[②]。是杨广为帝自有其前后功过之辨，此不详论；此处点出这一历史的概略，只是说明不能、亦不应以隋亡这一内含着复杂的历史成因的事件系于杨广手中而遮蔽对于开皇世易宫的分析，更不能以此作为贬斥独孤伽罗与闻此政的依据。

胡汉六镇之关陇集团系北朝末年特殊历史条件下的产物，爰自西魏、亘及唐初，前后百余年而历经有隋38年，于隋朝政治之影响不可谓不大；其间氏族升降、风俗流变，以及种族文化和“妇女在他们中充当一种非常有势力的角色”[③] 等，均为显豁其历史个性之突出现象，凡此步入史局之途径，前贤已作擘画。本文仅以有隋政治系统一核心人物文献独孤皇后之行事试述开皇世政治若干方面，以求微观达于宏识，或有补论，不妥之处，唯方家正之。

（原载《中国史研究》1998年第4期）

---

① 《隋书》卷四八《杨素传》“史臣曰”。

② 参见《资治通鉴》卷一八一“隋炀帝大业五年（609）”；《隋书》卷二九《地理志（序）》。

③ ［英］杰弗里·巴勒克拉夫主编：《泰晤士世界历史地图集》，三联书店1983年版。

隋《开皇律》及其立与毁

隋代年祚不永，38 年而亡，然却两修隋律。《隋书》卷三三《经籍志·刑法篇》载，“《隋律》十二卷，隋《大业律》十一卷”，其十二卷之《隋律》修之于隋文帝杨坚开皇初，史论有别于其子隋炀帝杨广大业初更修之隋律而称之为《开皇律》。

从开皇初（581）到大业初（605），隋律更修时间之隔不过二十余年。那么，隋炀帝于“祖法”更化何以如此之速呢?《旧唐书》卷五〇《刑法志》载：“隋文帝参用周齐旧政以定律，令除苛惨之法，务在宽平。比及晚年，渐亦滋虐。”是隋炀帝大业初修律，意在去苛归平，而这一点则正是隋文帝修《开皇律》以代北周《刑经圣制》的基本精神；而隋文帝之《开皇律》何以又由平趋苛，复行前辙如此之快呢？此为本篇试论之一。次之，比较隋代两律，《大业律》只是在律例名目上作有增广，在处罚尺度上“降从轻典”[①]，其精神与框架则一仍《开皇律》不动，质言之，《大业律》的重修只是隋文帝开皇中以后刑法政治向大业初政治转化的产物，与律学本身无大关涉，故言隋代律学当以《开皇律》为主，此为本篇叙论之二。为叙论之便，首叙其二。

一

《隋书·刑法志》记，“高祖既受周禅，乃诏尚书左仆射、渤海公高颎，上柱国、沛公郑译，清河郡公杨素，大理前少卿、平源县公常明，刑部侍郎、保城县公韩濬，比

① 《隋书》卷二五《刑法志》。

部侍郎李谔，兼考功侍郎柳雄亮等，更定新律。”《通典》卷一六四《刑法二》载开皇初修律人，仅云“高颎等”，下余不名。是修定律法乃一代典制大局，大臣领衔，几为惯例。因之，《旧唐书》卷四六《经籍志》与《新唐书》卷五八《艺文志》载十二卷《隋律》，皆只云“高颎等撰”。夷考其实，《隋书·刑法志》关于开皇初隋律撰修人多有阙载。择补如《隋书·李德林传》载，“开皇元年，敕令与太尉任国公于翼，高颎等同修律令。事迄奏闻，别赐九环金带一腰、骏马一匹，赏损益之多。”是于翼、李德林等周齐旧臣亦予隋初修律，且李德林由北齐而入周，予杨坚禅周建隋亦有力，人为山东文秀，其参修，而“多有损益”，对于《开皇律》修成之面貌自有影响。值得指出的是，《隋书·刑法志》未载《开皇律》的主修人。《隋书·裴政传》记，裴政“开皇元年，转率更令，加位上仪同三司。诏与苏威等修定律令。政采魏、晋刑典，下至齐、梁，沿革轻重，取其折衷。同撰者十有余人，凡疑滞不通，皆取决于政。”故《通鉴》辑载开皇修律事，即云：“初，周法比于齐律，烦而不要，隋主命高颎、郑译及上柱国杨素、率更令裴政等，更加修定”①，而后人亦视《开皇律》主修之功非裴政莫属。明清之际王夫之曰：“今之律，其大略皆隋裴政之所定也。”②

裴政，由萧梁而入北周，隋禅周而为隋官。历官多在法曹、刑部，“用法宽平”，其人身历南北，多在臬司，广涉南北律学而有识断，对于《开皇律》的影响自不可小视。

就《开皇律》而言，前后有开皇元年初修与开皇三年复修两次，其中开皇二年高颎等人修纂的《开皇令》30 卷、目 1 卷，多为行政法规及朝仪之制，不涉刑法与民法，可置而不论。隋开皇元年修律，其内容有如下几端：一，“蠲除前代鞭刑及枭首、轘裂之法”③，定刑名为四等，一曰死、二曰流、三曰徒、四曰杖，此用法唯简，刑罚从轻的革新，弃除前代酷虐之肉刑，体现了隋律肇建之初的宽平精神；二，采自北齐“重罪十条”，创设“十恶之条”入正法，罪在不赦，“虽会赦，犹除名”④，此为加强专制主义中央集权的核心之律，亦具有中华法系浓厚的宗法伦理政治色彩，强调以法的强制力来推行礼的规范，以求施法于“诛心”之上；三，援引南陈“官当”之法，明法规定各品官吏可依官品、官俸赎罪免刑，此为维护统治阶级利益的特权之律，亦为南朝门阀政治弩末之势入隋之后的一种反映。结此数端，《开皇

① 《资治通鉴》卷一七五“陈宣帝太建十三年（581）”。

② 王夫之：《读通鉴论》卷一九《隋文帝》，中华书局 1975 年版。

③ 《隋书》卷二五《刑法志》。

④ 《隋书》卷二五《刑法志》。

律》大致承袭了中国封建法律的基本精神，故亦宜其为此后历代封建法典所沿袭。

开皇元年隋律修成，于十月奏上，凡1735条，“诏颁之”①。从律学的角度看，《开皇律》较之古今杂糅、繁而不要的北周律确有了较大进步，“杂格严科，并宜除削”②，法行宽平的原则适应了周隋禅代之后，世望宽平、人心思稳的政治需要。因之，隋律在开皇初的续修亦将本此精神而展开。

开皇三年，隋文帝“因览刑部奏，断狱数犹至万条。以为律尚严密，故人多陷罪。又勒令苏威、牛弘等，更定新律。”③ 此次修律，主要内容有如下两端：一，减省刑名，“除死罪八十一条，流罪一百五十四条，徒杖等千余条，定唯五百条”④，此为对开皇元年修律行宽平精神之延续，反观可知，元年所修于刑名减省、拨苛归平方面尚有不尽人意之处；二，规范名例，革《北齐律》而定其篇名为，名例、卫禁、职志、户婚、厩车、擅兴、贼盗、斗讼、诈伪、杂律、捕亡、断狱，此为《开皇律》因革南北朝律学，乃至汉魏两晋律学之精华而做的一次封建律法范畴的总结，对此后，乃至东亚诸国的中古法典修定均有先河垂则之效。

《开皇律》的成就在于承前启后。史称，上“采魏、晋之典，下及齐、梁”，盖就其显流所承而言。则北齐之律对其影响最为直接，前引《隋志》及《旧唐书志》约略已明。陈寅恪先生则更明示之：“至宣武（孝文帝次子，元恪）正始（504—507）定律，河西与江左二因子至关重要，于是元魏之律遂汇集中原、河西、江左三大文化因子于一炉而冶之，取精用宏，宜其经由北齐、至于隋唐，成为二千年来东亚刑律之准则也。”⑤ 北魏修律虽在南北朝对峙时期，却成之于孝文迁洛之后；程树德《九朝律考·后魏律》云：江左之士在北者已不乏其人⑥，故融汇南北律学条件已备。陈氏所云，“中原、河西、江左三大文化因子”，历史地看，其精神乃是汉魏法学之绪，只是在晋永嘉乱后，而文化、及律学遂亦因士人之播迁、典籍之流荡而溃为河西一隅、南北之分而已，因之，其发源既一，宜其亦能有求汉化之北魏诸帝的汇“于一炉而冶之”的结果。

北魏律源既明，此后经北齐而入隋亦明：公元528年，契胡尔朱荣入洛，

① 《隋书》卷二五《刑法志》。

② 《隋书》卷二五《刑法志》。

③ 《隋书》卷二五《刑法志》。

④ 《隋书》卷二五《刑法志》。

⑤ 陈寅恪：《隋唐制度渊源略论稿·刑律》，中华书局1963年版。

⑥ 陈寅恪：《隋唐制度渊源略论稿·刑律》，中华书局1963年版。

北魏名存而实亡。此后，先有关中西魏、关东东魏，后则有北周、北齐分禅二魏；北齐居邺修律以《北魏律》为蓝本，史称其“法令明审，科条简要”[①]，续魏晋之律神韵；北周居长安创制远追姬周，所修《大律》则仿宗周之旧，故史有杂糅古今、烦简失当之讥。隋禅周立国，而北齐亡于周之臣遂亦多归隋室，其修律不依周而多取于齐。程树德《九朝律考》“隋唐二代之律，均以此（指《北齐律》）为蓝本”云云，与《隋志》所记均吻合，是《北齐律》乃隋律融取南北律学之主要因子。

隋初修律，经北齐而远绍北魏，承接了魏晋以来的汉法正源，融汇了南北朝律学发展之精华，因此能成就其传输汉法传统于唐律的关键所在；同时，这也是隋之所以站在统一全中国门槛之前，而能出色地体现综合大分裂时代各区域文化遗产的历史卓越性所在。隋初《开皇律》修定，体现了中华传统文化于法系一源的系统性特征，故其上不仅能承中华法系之主流，而且下亦能开启此后历代法典之长流。《通鉴》记《开皇律》修成事曰：“自是法制遂定，后世多遂用之。”[②] 其中，《开皇律》对唐律影响最著。史称，唐高祖李渊，“及受禅，诏纳言刘文静，与当朝通识之士，因开皇律令而损益之”，“寻又敕尚书左仆射裴寂”等人“撰定律令，大略以开皇为准”[③]。唐武德初修律，至武德七年而成，“被称为《新武德律》；它极像《开皇律》，也包含五百条款。因此这部初唐律令大致是经过隋代合理化处理三国南北朝时期法律的成果”[④]。至贞观朝，“唐太宗诏房玄龄等增损隋律，降大辟为流者九十二，流为徒者七十一，而大旨多仍其旧”[⑤]，而《新唐书》卷五六《刑法志》亦肯定唐因隋律。清末民初著名法学家沈家本在其《重刻〈唐律疏议〉序》中即曰：“隋律简要，而唐实因之。”

隋代的统治虽然极为短暂，然而由于历史进程之关系，它却在中国古代史上具有十分重要的“关节”意义。这个“关节”意义即蕴含着中华文化于分裂之后的再综合的意义。文化，我以为，非仅指政治之一统，也非仅指纯一民族之国家，在某种意义上，它是一种在历史纵轴上得到普遍认同性的社会精神的积淀之物；因之，南北朝可有政治上之长期对峙，北朝亦可有多民族的历史冲突，然而在文化的作用下则一归融于中华传统之文

---

① 《隋书》卷二五《刑法志》。

② 《资治通鉴》卷一七五“陈宣帝太建十三年（581）”。

③ 《旧唐书》卷五〇《刑法志》。

④ ［英］崔瑞德主编：《剑桥中国隋唐史》第三章《唐王朝的建立》，中国社会科学出版社 1990 年版。

⑤ 《四库全书总目·〈唐律疏议〉提要》，转引自刘俊文《唐律疏议》，中华书局 1983 年版。

化，隋初《开皇律》融南北律学而修订是一个具体的体现。因此，隋作为一个结束南北分裂，再作中华一统的王朝，其历史遗产传诸唐的意义，就不仅在于“政治作品”的丰硕之美，而且更为重要的还在于它预成于先的文化综合的历史努力，《开皇律》是这种“努力”的成功之例，故其意义亦当揭橥于此。

二

法，是国家意志的集中体现，政治之政治。在中国封建社会形态里，它与宗法制下的伦理政治关系尤为紧密。汉以《春秋》义断狱，虽不见于隋律而精神不断，且伦理政治张纲常之表乃在于归旨忠君之本，而“君君，臣臣”，“子民天下”的忠君之政则不啻专制政治之代名词。因此，考察中国古代律法之立与毁，我以为当以一定的政治背景，及专制主义政治运行发展情况为依据，方可见其兴毁之间的历史本质。

《开皇律》修在隋禅周伊始。隋禅周，从鲜卑宇文氏到弘农杨氏，江山易帜，换的只是皇帝的姓氏，完成的只是封建统治阶级内部的一次权力转移。然而，这一切又并非仅仅只是历史简单的平面循环，新朝旧朝之相代而相别，毕竟将“革故鼎新”以光大新朝姿态的剧目推到了新统治者的面前。汉高入关，“约法三章”而秦民牛酒以迎，对于隋文帝来说并非陌生；“厚德载物”以“仁”治天下，对于隋文帝及其集团成员亦非鲜知。因此，修律以简、论法从宽的历史示范，首先从经验的角度提示了隋文帝及其统治集团制定新律的操作原则；其次，北周末年，刑政弊坏的“当代之史”，更从现实政治的角度，规定了隋文帝及其统治集团亟修隋律的政治动因。史称，“隋高祖为相，又行宽大之典，删略旧律，作《刑书要制》”①。可见，开皇初《开皇律》的修纂，乃有杨坚未禅周之前的未雨绸缪之作；而其政治之效亦如《隋书·文帝本纪》所云：“至是，高祖大崇惠政，法令清简，躬履节俭，天下悦之。”

周末宣帝宇文赟，生性多疑，“摈斥近臣，多所猜忌”②，用法严酷深重，甚至弃已定律法若敝屣，“诛杀无度”③，以恐怖求集权。稽其所本《刑书要制》，创于西魏，原已“用法深重”④；至其“又广《刑书要制》而更峻其法，

---

① 《隋书》卷二五《刑法志》。

② 《北史》卷一〇《周本纪（下）》。

③ 《隋书》卷二五《刑法志》。

④ 《隋书》卷二五《刑法志》。

谓之《刑经圣制》"[①]，将重法严刑推于极致。史称，宿卫之官，"逃亡者皆死，而家口籍没。上书字误者，科其罪"[②]。内外用刑，无所不及，"自公卿以下，皆被楚挞，其间诛戮黜免者，不可胜言。每捶人皆以百二十为度，名曰'天杖'。官人内职亦如之。后宫嫔御，虽被宠嬖，亦多被杖背，于是内外恐惧"[③]，"上下愁怨"而"内外离心"。综观周末刑政之酷，乃在于君主的任情施罚。杖刑，为封建刑法之常刑，隋制五等，极之亦不过百而已，宣帝逾制"捶人皆以百二十为度"，"其后加至二百四十"[④]，而名"天杖"，天杖意即"天子之杖"，是君权侵凌法权之典型表现。可见，北周末年的律法弊坏已亟待后起者起而"革"之。

北周末年法治弊坏的局面，构成了隋文帝欲行"革故鼎新"的政治目标，然促成其力行并规定隋初律法尚宽平精神者，却仍在周隋禅代之际的现实政治。史载，隋文帝"始迁周鼎，众心未附"，"诸子幼弱，内有六王之谋，外致三方之乱。握强兵、居重镇者，皆周之旧臣。"[⑤] 杨坚禅周，内有周室宇文诸王的谋乱，外有尉迟迥、司马消难、王谦三方强镇的反兵，而北境突厥之摄图亦借口："我周家亲也，今隋公自立而不能制，复何面目见可贺敦乎？"[⑥]而"约诸面部落谋共南侵"[⑦]。是开皇初内外政治、军事形势均予禅代而立的隋文帝有极大之压力。因此现实政治之迫压，向有"至察""多疑"[⑧] 之性的隋文帝，亦一方面"推以赤心，各展其用"[⑨]，示天下以坦诚以谋强化新朝的政治向心力；而另一方面则唯有尽快革除北周酷政，来争取那批在严刑重法下"各怀苟免"[⑩] 的北周旧臣的支持，并借以昭示新政权的"仁德"以谋求更为宽阔的政治合作基础，减少政权换马过程中的历史震荡。因之，开皇元年二月隋禅周，十月便有新律颁示天下；而隋文帝于开皇元年《开皇律》颁行之诏曰："帝王作法，沿革不同，取适于时，故有损益。"[⑪] 其"取适于时"云云抑有其现实政治之所指。

《开皇律》从开皇元年初修，"蠲除前代鞭刑及枭首、轘裂之法。其流徒

① 《隋书》卷二五《刑法志》。
② 《隋书》卷二五《刑法志》。
③ 《北史》卷一〇《周本纪（下）》。
④ 《隋书》卷二五《刑法志》。
⑤ 《隋书》卷二《文帝本纪（下）》。
⑥ 《隋书》卷五一《长孙览传》。
⑦ 《隋书》卷五一《长孙览传》。
⑧ 《隋书》卷二《文帝本纪（下）》。
⑨ 《隋书》卷二《文帝本纪（下）》。
⑩ 《隋书》卷二五《刑法志》。
⑪ 《隋书》卷二五《刑法志》。

之罪皆减从轻”，到开皇三年复修，律条从1735条减定为500条，前后修订皆本着一种简化、削减的修律原则，这些显然都是对周末“用法深重”“更峻其法”刑政严深之弊的反拨。是《开皇律》之立立于法尚宽平之精神。而对于“自前代相承，有司拷讯，皆以法外”[①] 的坏法之举，隋文帝颁律之后亦屡有诏令，反复“申敕四方，敦理辞讼”，“刊定科条，俾令易晓”[②] 并“置律博士弟子员”[③]，以彰朝廷明法之志；而臬司吏员“断决大狱，皆先牒明法”，“诸曹决事，皆令具写律文断之”[④]，凡此亦都是对周末逾制用刑、“法外”施治的有力反拨。是《开皇律》之立立于成文法之后切实推行，故史论曰：“自是刑纲简要，疏而不失。”[⑤]

开皇初律法的制定及其推行情况，均说明隋在新建之初于封建法政建设上确有“刷新”之效。开皇六年，隋文帝“诏免尉（迟）迥、王谦、司马消难三道逆人家口之配没者，悉官酬赎，使为编户”[⑥] 的宽大之举，亦说明《开皇律》在三年定讫之后的推行确实收到了它镇抚兼用的双刃剑之效。《开皇律》，“取适于时”以适应政权转移需要政治使命亦大致完成，而“诏修”“钦定”的封建法所具有的专制本质，决定了它，最终将无法走出它所因革对象的那种由兴而毁的历史怪圈。

三

《开皇律》的运行，盖衍至开皇中，此后渐成空文。

《开皇律》的毁弃，首先表现在君权对司法权的侵凌，并由此导致任情予夺、“不复依准科律”[⑦]、公然坏法的状况。开皇十七年三月，《听诸司于律外决杖属官诏》颁下：“若所在官人不相敬惮，多自宽纵，事难克举。诸有殿失，虽备科条，或据律乃轻，论情则重，不即决罪，无以惩肃。其诸司论属官，若有愆犯，听于律外斟酌决杖。”[⑧] 此为明之于载籍的“律外”决罚之诏。复稽史事，则隋文帝开中国封建朝廷“廷杖”之先河，亦其毁法之举。

---

① 《隋书》卷二五《刑法志》。

② 《隋书》卷二五《刑法志》。

③ 《隋书》卷二五《刑法志》。

④ 《隋书》卷二五《刑法志》。

⑤ 《隋书》卷二五《刑法志》。

⑥ 《隋书》卷二五《刑法志》。

⑦ 参见《隋书》卷二五《刑法志》，《隋书》卷六二《赵绰传》。

⑧ 《隋书》卷二《文帝本纪（下）》。

开皇中，文帝“恒令左右视内外，有小过失，则加以重罪”[①]；殿廷设杖，“一日之中，或至数四”；经高颎等强谏，方才使文帝“令殿内去杖”[②]。然不久文帝又缘怒欲杖人于殿，“而殿内无杖，遂以马鞭捶杀之”，以鞭代杖，直取《开皇律》所废之酷刑，“自是殿内复置杖”而“殿廷杀人”[③]之事屡起。至此，以“诏”“勅”驱严刑，《开皇律》初颁之诏中“先施法令，欲人无犯之心，国有常刑，诛而不怒”[④]的立法精神，已被隋文帝的君主意志侵凌得荡然无存。

次之，《开皇律》的毁弃，还突出表现在对封建法律“治吏”功能的越法之用上。开皇十六年，合川仓少粟一案，经鞫，文帝仅“以为主典所窃”，即令有司“驰驿斩之”[⑤]。其治吏“用刑太急”[⑥]，亦前史所鲜见。“君敬法则法行，君慢法则法弛”[⑦]，隋文帝越法治吏，势必引起开皇中以后隋律执行情况的恶化。开皇十七年，《听诸司于律外决杖属官诏》颁行之后，“于是上下相驱，迭行捶楚，以残暴为干能，以守法为懦弱”[⑧]的法政意识在统治阶级中几成习尚，而臬司之“吏存苟免，罕闻宽惠”，缘上情而“乘时射利者”[⑨]一时纷起。《隋书·酷吏·库狄士文传》记，“士文至州，发摘奸隐，长吏尺布升粟之赃，无所宽贷。得千余人而奏之，上悉配防岭南，亲戚相送，哭泣之声遍于州境。”隋文帝治吏，“逮于暮年，持法尤峻，喜怒不常，过于杀戮”[⑩]。吏，居中国古代官僚体系之底层，汉以来，多指府、台及诸曹主文牍簿书之令史等杂差之员；衍至隋：“令史之任，文案烦屑，渐为卑冗，不参官品。”[⑪]然隋吏虽卑，作为封建政治运作系统中不可缺少的部分，却依然不失其官民交接之关节的作用。是“治吏”之政乃是强化封建国家机器运转之效的举措，而令由喜怒，刑尚“惨急”[⑫]，毁法而治吏的行径则不啻亦正是专制集权政治在吏治问题上的典型表现。

复次，《开皇律》的毁弃，还在于将封建律法“治民”之刑推于极限，

---

① 《隋书》卷二五《刑法志》。

② 《资治通鉴》卷一七七“隋文帝开皇九年（589）”。

③ 《资治通鉴》卷一七七“隋文帝开皇九年（589）”。

④ 《隋书》卷二五《刑法志》。

⑤ 《隋书》卷二五《刑法志》。

⑥ 《隋书》卷二二《五行志（上）》。

⑦ 王符：《潜夫论》，上海古籍出版社 1978 年版。

⑧ 《资治通鉴》卷一七八“隋文帝开皇十七年（597）”。

⑨ 《隋书》卷七三《循吏传（序）》。

⑩ 《隋书》卷二《文帝本纪（下）》

⑪ 《通典》卷二一《职官（四）》，中华书局 1984 年版。

⑫ 《隋书》卷二五《刑法志》。

自毁“体国立法”之初衷而“天下懔懔焉”[1]。史称，开皇十七年以后，“是时帝每尚惨急，而奸回不止，京市白日，公行掣盗，人间强盗，亦往往而行。帝患之，问群臣断禁之法。杨素等未及言，帝曰：‘朕知之矣。’诏有能纠告者，没贼家产业，以赏纠人。时月之间，内外宁息。其后无赖之徒，候富人子弟出路者，而故遗物于其前，偶拾取则擒以送官，而取其赏。大抵被陷者甚众。帝知之，乃命盗一钱已上皆弃市。行旅皆晏起早宿，天下懔懔焉”[2]。至此，开皇三年，“以律尚严密，故人多陷罪”而复修《开皇律》，“轻刑罚”[3] 的开皇初刑政精神亦已荡然无存。

《开皇律》的毁弃，无论“廷杖”之酷，抑或“治吏”“治民”之重，均体现为封建社会形态下君主之权对封建国家司法之权的侵凌。这种导源于“法自君出”的封建法本质的现象，其兴毁之间的关系亦正如孟德斯鸠在《论法的精神》中，谈及中国古代专制政体与法制之关系时所指出的那样：“中国专制主义，在祸患无穷的压力下，虽然愿意给自己戴上锁链，但却徒劳无益；它用自己的锁链武装了自己，而变得更凶暴。”[4] 因之，我们可以看到，隋禅周后，新政权由于政治的需要，创立了与它结构需要相适应的律法和国家，《开皇律》有以服务于新建之隋；但是，由于它内在的专制主义集权政治倾向的本质规定，却使它不可避免地要走上与之结构稳定需要而悖逆的毁法之路，是《开皇律》的毁弃乃有其封建法通则的历史规定性。然而，任何一种有关“通则”的抽象认识，亦唯有置诸具体的历史之中才可能获得确切的历史性把握。《开皇律》的旋立旋毁有其具体的历史内容，揭示它有助于对“通则”的认识，试论于次。

首先，《开皇律》君定而君毁，当与隋文帝对中国传统法家关于刑法治国之思想的偏颇体认有密切之关系。如前述，《开皇律》衍至开皇十年前后开始逆转，而此一时期正值隋文帝平定三方、分裂突厥、灭陈统一南北，内靖诸王而制度粗定，政治与军事均取得极大成功之时期，抑其固有之专制集权之政治基因由隐在而转为现实之条件的成熟之期。是隋文帝在开皇中将更多的力量用于对内治理的政策运作之上。

开皇九年二月，平陈战事甫定，四月，隋文帝即下诏曰：“丧乱以来，缅将十载，君无君德，臣失臣道，父有不慈，子有不孝，兄弟之情或薄，夫妇之义或违，长幼失序，尊卑错乱。朕为帝王，志存爱养，时有臻道，不敢宁

① 《隋书》卷二五《刑法志》。
② 《隋书》卷二五《刑法志》。
③ 《隋书》卷二《文帝本纪（下）》。
④ ［法］孟德斯鸠：《论法的精神》，商务印书馆 1961 年版。

息。内外职位，遐迩黎人，家家自修，人人克念，使不轨不法，荡然俱尽。兵可助威，不可不戢，刑可助化，不可专刑。”①

是年十二月，隋文帝复下诏曰：“朕祗承天命，清荡万方。百王衰敝之后，兆庶浇浮之日，圣人遗训，扫地俱尽。制礼作乐，今其时也。”②

从开皇九年两道诏书所申之旨来看，隋文帝显然是准备进一步强化礼乐教化以助刑政来达到内治于国的政治目标。这里，“礼”非本文之范围，暂不论。仅就其礼刑并用的传统伦理政治思想来看，则隋文帝之思想显然又是建立在“百王衰敝之后，兆庶浇浮之日，圣人遗训，扫地俱尽”的传统伦理纲常委地殆尽的认识之上的。此种认识大致贯穿隋文帝思想之前后，如仁寿二年闰十月《修定五礼诏》：“自区宇乱离，绵历年代，王道衰而变风作，微言绝而大义乖，与代推移，其敝日甚。”

是年十二月，《下诏数蜀王秀罪》亦曰：“自王道衰，人风薄，居上莫能公道以御物，为下必踵私法以希时。上下相蒙，君臣义失，义失则政乖，政乖则人困。”

而仁寿四年七月临终《遗诏》则进一步明言：“但四海百姓，衣食不丰，教化政刑，犹未尽善，兴言念此，唯以留恨。”③

隋文帝如上之认识，无非是一种是古非今的社会认识。换言之，这种在理论上认为世风不古、民心浇薄的社会认识，在中国“王霸道”杂用政治模式的规定下，则势必于治理的措施上为刑政治国一翼的力度的强化张开口子。明清之际的王夫之在论及隋文帝开皇中隋律趋苛之政时曰：“隋文不知（笔者注：当训为“智”），而防之如仇，乃益以增民之陷溺。”复溯其认识之源曰：“泥古过高，而菲薄方今以蔑生人之性，其说行而刑名威力之术进矣。”④ 概括王夫之之说，则隋文帝之社会认识，及由其导源而形成之刑政思想亦当接近于中国历史上，以“性恶”的认识为前提而主张严刑法治的商鞅、荀卿一派的法家思想。

荀卿主张“性恶”，于《荀子·性恶》中曰：“古者圣人以人之性恶，以为偏险而不正，悖乱而不治，故为之立君上之势以临之，明礼义以化之，起法正以治之，垂刑法以禁之，使天下皆出于治，合于善也。”荀卿之前的商鞅于《商君书·开塞》中更直陈其说，“去奸之本，莫深于严刑”；而内含法家思想之《管子·重令》，则径直将君主集权与重法严刑置为一谈，曰：“安国

① 《隋书》卷二《文帝本纪（下）》，另参见《全隋文》有关各条。

② 《隋书》卷二《文帝本纪（下）》，另参见《全隋文》有关各条。

③ 《隋书》卷二《文帝本纪（下）》，另参见《全隋文》有关各条。

④ 王夫之：《读通鉴论》卷二〇《唐太宗》，中华书局1975年版。

在乎尊君，尊君在乎行令，行令在乎严罚。”于此不难看出，史论有“素不悦学”而“任智”、“因以文法自矜，明察临下”的隋文帝，在开皇中后自毁其法的行径，是与其是古非今的社会认识分不开的；而此认识于思想轨迹上又是非常切近中国古代历史上商荀一派的法家思想的，因之而有开皇中偏离“王霸道”杂用之范而耽于严刑一端的《开皇律》之废[①]。是为其一。

次之，关于《开皇律》的毁弃，旧史多指论为隋文帝的性格作用，此论当亦不失微观考察的合理成分；然而，一旦将历史人物的性格作用与历史发展过程中的背景割裂开而作出此论时，则这种结论也就由“合理”走向了谬误，旧论之失亦即在此。

唐太宗李世民与群臣论及隋文帝时，曰：“此人性至察而心不明”，“至察则多疑于物。又欺孤儿寡妇以得天下，恒恐群臣内怀不服，不肯信任百司，每事皆自决断。”[②] 此论说明隋文帝有至察多疑之性格，并以此性格“意义”为中介而影响隋律之运行。

隋文帝的性格特征，从政治史的角度来看其政治品格的成因，则当存在于他禅周而立的历史行为之中。

隋文帝禅周虽不属一姓之传的“内禅”，然而，他的女儿即周宣帝的皇后；周宣帝死即为其子周静帝的母后，是隋文帝以当朝皇上“外公”的身份以行禅代，虽不属于“内禅”而有“内禅”之便，故李世民讥其为“欺孤儿寡妇以得天下”，已含杨隋之立非英雄之业之讽。可见，隋文帝有“内禅”之便的立国之举，相较于马上得天下的英雄之业自然只是一种低姿态的“和平”方式；而与此方式相偕而来的便是一个新政权应有的政治、事功的缺失，以及朝廷上下大批存在的“二朝臣僚”，两者均从不同方面给隋文帝以压力，并缘此构成了隋文帝难以释怀的政治忧患情结。因此，禅代伊始，隋文帝一方面“推以赤心”，谋求政治向心力之强化；另一方面则通过律法修定，“刷新”旧政，建立新政权“仁德”形象，谋求更为宽阔的政治合作基础。然而，一经政权易手之动荡过去，而克定三方、北靖突厥、统一南北等事功的获得，专制集权政治基础形成之后，隋文帝治内之政应期而出，在“是古非今”认识的激荡之下而复炽了，以致“蓄疑御下”[③]，严刑求治而废隋初律法宽平之精神。可见隋文帝至察多疑之性格至转化为“蓄疑御下”、严刑求治的政治品格，当与其特殊的政权建立背景有很大之关系。是为其二。

---

① 另参见《隋书》卷七三《循吏传（序）》。

② 《贞观政要·政事第二》，上海古籍出版社 1978 年版。

③ 王夫之：《读通鉴论》卷一九《隋文帝》，中华书局 1975 年版。

总之，“任何东西和专制主义联系起来，便失掉了自己的力量”[①]。《开皇律》的毁弃，首义亦当求诸其封建法典与封建专制主义之冲突的内在本质，然亦不可忽略其特殊的历史背景关系，以上补充之论唯请方家正之。

（原载《学术月刊》1995 年第 9 期）

① ［法］孟德斯鸠:《论法的精神》，商务印书馆 1961 年版。

隋文帝之死述论

《隋书》属官修之史，其成书在唐初贞观朝[①]，缘此，它将不可避免地烙上贞观朝官方意志的痕迹；换言之，即贞观朝最高统治者的意志。贞观朝的唐太宗是通过“玄武门事变”以夺嗣位的，这中间的功过是非非本文所论，姑置不谈。但如将其置诸当时社会的宗法伦理规范之中，则唐太宗难逃“违制”继统的舆论谴责。因此，唐太宗从“殷鉴”角度出发可以大张挞伐前朝秕政和隋炀帝的“劣迹”，但在隋文帝的真正死因上却不得不多方迴护、规避。这样，他抹去的就不仅仅是“近代史”上的夺位史实（本文认为隋文帝死于其子隋炀帝之手），而关键则在于淡化和消隐了自己的夺位之史。

观诸今传八十五卷《隋书》，其支解、闪烁、曲隐隋文帝之死的过程，留下传疑之笔，则正是这种官方意志的表现。至于《隋书》不讳言隋炀帝攘夺太子位的史述，我认为，那只是撰述者及支配者在权衡了“夺宫”与“夺位”的区别之后，腰斩隋炀帝夺位之史的史笔反映而已。因为，在唐太宗看来，“夺宫”之毒无关诸己而可彰之以“正名”，至于喋血宫门的“夺位”之变，则是有诸已而难可非诸人的敏感性史实，《隋书》因此而于隋文帝之死作传疑之笔。下面试述论之。

一

隋文帝杨坚于仁寿四年（604）死于仁寿宫。《隋书·帝纪第二·高祖下》记：

① 参见刘知几《史通》卷二〇《古今正史》。

秋七月乙未，日青无光，八日乃复。己亥，以大将军段文振为云州总管。甲辰，上以疾甚，卧于仁寿宫，与百僚辞诀，并握手歔欷。丁未，崩于大宝殿，时年六十四。

《北史·文帝本纪》所记略同，唯不书“己亥，以大将军段文振为云州总管”数字。《资治通鉴》卷一八〇“隋纪四·高祖文皇帝下”承二书所记，又综录史料，加“命太子赦章仇太翼”数字。但紧接此后，《通鉴》则裒辑《隋书》列传支离所记，传疑隋文帝可能死于宫内的突发事变：

上寝疾于仁寿宫，尚书左仆射杨素、兵部尚书柳述、黄门侍郎元岩，皆入阁侍疾，召皇太子入居大宝殿。太子虑上有不讳，须预防拟，手自为书，封出问素；素条录事状以报太子。宫人误送上所，上览而大恚。陈夫人平旦出更衣，为太子所逼，拒之，得免，归于上所；上怪其颜色有异，问其故。夫人泫然曰：“太子无礼！”上恚，抵床曰：“畜生何足付大事，独孤误我！”乃呼柳述、元岩曰：“呼我儿！”述等将呼太子，上曰：“勇也（引注：指故太子杨勇）。”述、岩出阁为敕书。杨素闻之，以白太子，矫诏执述、岩，系大理狱；追东宫兵士帖上台宿卫，门禁出入，并取宇文述、郭衍节度；令左庶子张衡入寝殿侍疾，尽遣后宫出就别室；俄而上崩。故中外颇有异论。

《通鉴》此段“叙帝所以见弑”[①] 均散见《隋书》有关传记，下面将陆续述论。接上引文后，《通鉴》“考异”又收录唐人二书以发覆、以存疑、以备考文帝死事。其一为赵毅《大业略记》所记：“高祖在仁寿宫，病甚，追帝（引注：指隋炀帝）侍疾，而高祖美人尤嬖幸者，唯陈、蔡二人而已。帝乃召蔡于别室，既还，而伤面发乱，高祖问之，蔡泣曰：‘皇太子无礼。’高祖大怒，啮指出血，召兵部尚书柳述、黄门侍郎元岩等，令发诏追庶人勇，即令废之。帝事迫，召左仆射杨素、左庶子张衡进毒药。帝简骁健宫奴三十人皆服妇人之服，衣下置杖，立于门巷之间，以为之卫。素等既入，而高祖暴崩。”其二为马总《通历》所记：“……是时唯太子及陈宣华夫人侍疾，太子无礼，宣华诉之。帝怒曰：‘死狗，那可付后事！’遽令召勇，杨素秘不宣，乃屏左右，令张衡入拉帝，血溅屏风，冤痛之声闻于外，崩。”综合《通鉴》所记以比较其“考异”所引二书来看，虽互有出入，但都将文帝之死视为宫闱秽事激变所致。只不过《资治通鉴》“今从《隋书》”[②] 所记，行传疑之笔以辑录文帝死前诸事，依然是以疑传疑。那么，《大业略记》《通历》所记隋

① 《资治通鉴》卷一八〇“隋炀帝大业元年（605）”。

② 《资治通鉴》卷一八〇“隋炀帝大业元年（605）”。

炀帝杀父夺位，是否真实？其宫闱秽事以酿成夺位骤变是否可以成立？以及已经身居储嗣位置的杨广为何要急于冒杀君父之不韪而杀父夺位？凡此问题，均关诸文帝之死的历史真迹，也涉及其后嗣者杨广在开皇、仁寿年间的一系列的政治行为。我认为，寻求这些问题解决的途径，须从杨广的“夺宫”行为分析起手，再考诸仁寿中期文帝死前隋廷的一系列变化，庶几可以迫近对上述问题的解决。而这些问题的解决，对于隋代的两位主要君主的政治品格，以及封建政治的若干本质的了解，都将是不无裨益的。

隋炀帝杨广是中国古代一位颇有作为并极富权力欲望的帝王。但他不是文帝的长子，“立嫡以长”的皇位继承制度阻遏了他窥伺最高权力的合法通道。因此，杨广不得不走着一条“阴有夺宗之计”① 的非常规的权力争夺道路。这个争夺的第一个对象，即是其胞兄太子杨勇。

隋文帝长子杨勇，“高祖受禅，立为皇太子”，史称其“性宽仁和厚，率意任情，无矫饰之情”②。开皇初年，杨勇“颇知时政”③，在文帝按检山东流民、徙民北实边塞诸问题上，也能从安息养民的仁政思想出发，直陈政见，“上览而嘉之，遂寝其事。是后时政不便，多所损益，上每纳之”④。于此可见，开皇初年杨勇的太子宫位尚处在平静之中。这时的杨广，年及十三，“立为晋王，拜柱国，并州总管”⑤，尚处在乏善可陈、无功可沽的待变阶段。

史载杨广是英俊而聪慧敏捷的，并有着酷肖乃父“沉深严重”⑥ 的性格特征，这与乃兄“宽仁和厚，率意任情”的性格恰成对照。杨广个人天赋才性的特征“有类至尊”⑦，对“以机变篡人之国，所好者争夺，所恶者驯谨”⑧ 的文帝来说，似乎在政治品格上更多暗合之处；加之杨广敏于应对，善会人意，有“时称仁孝”⑨ 之名，因此，“高祖及后于诸子中特所钟爱”⑩。杨广在文帝和独孤皇后心目中的特殊位置，一方面，决定了杨广在文帝朝的政治作用的充分发挥；另一方面，无疑也一并隐伏了对既定储宫的威胁。但真正构成事实上的威胁，大概在隋平陈前后形成。

---

① 《隋书》卷四《炀帝本纪（下）》。
② 《隋书》卷四五《文四子传》。
③ 《隋书》卷四六《苏孝慈传》。
④ 《隋书》卷四五《文四子传》。
⑤ 《隋书》卷四《炀帝本纪（下）》。
⑥ 《隋书》卷四《炀帝本纪（下）》。
⑦ 《隋书》卷四五《文四子传》。
⑧ 王夫之：《读通鉴论》卷一九《隋文帝》，中华书局 1975 年版。
⑨ 《隋书》卷四《炀帝本纪（下）》。
⑩ 《隋书》卷四《炀帝本纪（下）》。

隋平陈战役于开皇八年（588）冬十月开始。这时的杨广，年龄在21至22岁间，已历并州行台尚书令、淮南行台尚书令、雍州牧、内史令等将相要职。文帝将其用为平陈战役的总统帅，足见开皇中杨广政治作用的充分发挥。平陈后，高祖谓公卿曰："晋王以幼稚出藩，遂能克平吴、越，绥静江湖，子相之力也。"① 子相，王韶字，杨广并州行台的右仆射，平陈元帅府司马。文帝这里言在推重王韶，而其实是在张扬杨广在平陈战役中的统帅地位。平陈之师归长安，文帝亲至骊山劳师，册封杨广为太尉。太尉，位在三公，虽未亲炙实权，但荣宠逼迫太子。文帝以此尊显之位推授杨广，对于肇启杨广"夺宫"之心，无疑是起到一种推波助澜作用的。上述诸事逐步构成了对既定太子宫位的威胁，而文帝处置这些事的心境也大抵如杨勇被废之前所出怨言："今作天子（引注：指隋文帝），竟乃令我不如诸弟。"②

杨广初次出藩即建立了"南平吴、会"③ 的不世之功，有了侵夺宫位的政治资本。但陈朝一姓的灭亡，并没有根绝南方新服之地的问题。开皇十年(590)，旧陈境内的地方势力纷纷起兵反隋。这是新征服地例有的震荡。但"陈之故境，大抵皆反，大者有众数万，小者数千，共相影响"④，却是征服者隋文帝不可轻觑的。因此，他迅速指派关中集团的重臣杨素引兵平叛。杨素于是年即平定叛乱，文帝即将已归藩还镇的并州总管晋王杨广调"为扬州总管，镇江都，复以秦王俊为并州总管"⑤。实施二王调防的决策，再次体现了文帝对杨广的器重和使用，换言之，即是对杨勇太子宫位的进一步侵夺。关于这一点，唐初名相房玄龄之父房彦谦于时有所言及："开皇中，平陈之后，天下一统，论者咸云将致太平。彦谦私谓所亲赵郡李少通曰：'主上性多忌刻，不纳谏争。太子卑弱，诸王擅威，在朝唯行苛酷之政，未施弘大之礼。天下虽安，方状危乱。'"⑥ 这里撇开房彦谦议论隋政的王道思想不谈，仅就其所洞见的隋廷内隙而言，还是颇为中肯并富有远识的。可以说，凭借平陈之功颖脱而出的杨广，其地位和作用的日益显著，也就是杨勇太子宫位的威胁的日益增大。这也正是房彦谦察见内隙而预知危乱的根据所在。

杨广调任扬州重镇之后，即开始实施他的"夺宫"计划。因扬州远离京师，消息阻隔，他即指使其藩邸旧臣张衡于通往京师之路设置马坊，为刺探

---

① 《隋书》卷六二《王韶传》。
② 《隋书》卷四五《文四子传》。
③ 《隋书》卷四《炀帝本纪（下）》。
④ 《资治通鉴》卷一七七"隋文帝开皇十年（590）"。
⑤ 《资治通鉴》卷一七七"隋文帝开皇十年（590）"。
⑥ 《隋书》卷六六《房彦谦传》。

消息提供驿站之便。“时晋王在扬州，每令人密觇京师消息。遣张衡于路次往往置马坊，以畜牧为辞，实给私人也”[①]。于此前后，杨广开始营构“夺宫”集团。要使得此集团具有夺宫之实力，就隋廷当时的政治势力而言，则非关陇集团的重要人物不可。关陇集团由北魏末六镇军将而来，至隋尽管已经过若干的历史变化，但其实际存在及其对隋政的影响依然是不可忽视的[②]。杨广对此可谓并不生疏，于是他邀结的第一个对象便是代郡武川人安州总管宇文述，“时晋王广镇扬州，甚善于述，欲述近己，因奏为寿州刺史总管”[③]。招引宇文述得手后，杨广又使宇文述联络洪州总管郭衍，并以夺宫之事相告。“王有夺宗之谋，讬衍心腹，遣宇文述以情告之。衍大喜曰：‘若所谋事果，自可为皇太子。如其不谐，亦须据淮海，复梁、陈之旧。副君酒客，其如我何？’王因召衍，阴共计议。”[④] 郭衍进则为太子以嗣承天下、退则为割据以半分隋土的谋变言论，不仅是杨广夺宫集团政治野心的宣言，也是其集团实力的表现。

杨广在初步形成“夺宫”的内层圈人物之后，便决定继续寻求能改变隋文帝政治主张的人物。为此，宇文述献策，“能移主上者，唯杨素耳。素之谋者，唯其弟约”[⑤]。杨素、杨约为异母兄弟。杨素在文帝开皇年间无论朝内，抑或阃外均多所建树，江南平叛后，即“代苏威为尚书右仆射，与高颎专掌朝政”[⑥]，是开皇朝可数的权臣；同时又以“南阳里闾，丰、沛子弟”[⑦] 的郡望关系而构成关陇集团的重要人物。因此，宇文述推出此人，可以说是完全契合开皇官谱的要害之处的。于是，杨广集团在谋定之后，宇文述便以关陇集团圈中人的身份携带重金入京，假博弈之道厚赂杨约。杨约受金之后即往杨素家中，晓以利害，而杨素“闻之大喜”，“遂行其策”[⑧]。

杨广策动朝廷大臣以进行“倒宫”活动，杨素只是一个环节性人物。就隋廷当时特殊的政治结构而言，能真正给隋文帝以最终影响的关键性人物，乃是文帝之妻——独孤文献皇后。独孤后，《北史》记称“讳伽罗”，周大司

---

① 《隋书》卷六六《荣毗传》。

② 参见万绳楠整理《陈寅恪魏晋南北朝史讲演录》有关部分，黄山书社 1987 年版。

③ 《隋书》卷六一《宇文述传》。

④ 《隋书》卷六一《郭衍传》。

⑤ 《隋书》卷六一《宇文述传》。此事又见于《隋书》卷四八《杨约传》：“时皇太子无宠，而晋王广规欲夺宗，以素幸于上，而雅信约。于是用张衡计，遣宇文述大以金宝赂遗于约。”是则交结杨素兄弟之策出于张衡，录以备考。

⑥ 《隋书》卷四八《杨素传》。

⑦ 《隋书》卷四八《杨素传》。

⑧ 《隋书》卷四八《杨约传》。

马独孤信第七女，十四岁嫁杨坚，“初亦柔顺恭孝”，但因循北朝后妃干政之习，故于杨坚一生的政治活动多所参与。史称“后每与上言及政事，往往意合，宫中称为二圣”[①]。由此可见，独孤后的态度将对隋文帝的政治主张产生很大影响。

开皇十九年（599）六月，隋仁寿宫发生了一件事，这件事的发生大大加快了杨广的倒宫进程，而其关节也由独孤后态度的转变所致。文帝在仁寿宫避暑，见尉迟迥孙女有美色“而悦之”，并发生关系。“性尤妬忌”[②] 的独孤后“伺上听朝，阴杀之。上由是大怒，单骑从苑中而出，不由径路，入山谷间二十余里。高颎、杨素等追及上，扣马苦谏。上太息曰：‘吾贵为天子，而不得自由。’高颎曰：‘陛下岂以一妇人而轻天下！’”[③] 文帝经高、杨二人之劝，回宫，此风波暂息，但高颎上述之话则引发了他与独孤后的矛盾。独孤后“闻颎谓己为一妇人，因此衔恨”，并“渐加谮毁”[④]。

高颎是文帝开皇朝的重臣，其子高表仁娶太子杨勇女，高颎与杨勇有儿女亲家关系。作为一种政治联姻，高颎在储宫问题上党附于既定太子不无有之。史载，“时太子勇失爱于上，潜有废立之意。谓颎曰：‘晋王妃有神凭之，言王必有天下，若之何？’颎长跪曰：‘长幼有序，其可废乎？’”[⑤] 又如高颎被黜之前，“时高祖令选宗卫侍官，以入上台宿卫。高颎奏称，若尽取强者，恐东宫宿卫太劣。高祖作色曰：‘我有时行动，宿卫须得雄毅。太子毓德东宫，左右何须强武？此极敝法，甚非我意。如我商量，恒于交番之日，分向东宫上下，团伍不别，岂非好事？我熟见前代，公不须仍踵旧风。’盖疑高颎男尚勇女，形于此言，以防之也。”[⑥] 这是高颎在储宫问题上的态度。而“独孤皇后知颎不可夺，阴欲去之”[⑦]，“讽上黜高颎”[⑧]。可见，高颎与独孤后的矛盾，“一妇人”语仅是导火线，真正的纽结乃在隋廷易宫的大政之上。开皇十九年，高颎因作梗易宫而被废黜，作为开皇末年的政治事件，它无疑昭示了太子宫位见倾的信号。

高颎一去，杨素权倾人主，这种政治势力关系的变动极有利于杨广的夺

---

① 《隋书》卷三六《独孤后传》。
② 《隋书》卷三六《独孤后传》。
③ 《隋书》卷三六《独孤后传》。
④ 《隋书》卷三六《独孤后传》。
⑤ 《隋书》卷四一《高颎传》。
⑥ 《隋书》卷四五《文四子传》。
⑦ 《隋书》卷四一《高颎传》。
⑧ 《隋书》卷三六《独孤后传》。

宫，于是他便登上前台表演了。杨广居藩扬州，按制“每岁一朝”①。《资治通鉴》卷一七九“隋纪三·文帝开皇二十年”节用《隋书》卷四五《文四子传》记：

广为扬州总管，入朝，将还镇，入宫辞后，伏地流涕，后亦泫然泣下。广曰：“臣性识愚下，常守平生昆弟之意，不知何罪失爱东宫，恒蓄盛怒，欲加屠陷。每恐谗谮潜生于投杼，鸩毒遇于杯勺，是以忧勤积念，惧履危亡。”……广又拜，呜咽不能止，后亦悲不自胜。自是后决意废勇立广矣。

这是太子杨勇被废之前，杨广与独孤后的一次谈话。在封建宫廷政争的残酷情景之中，权力的获得是从不排斥权术的运用的，所不同者，只是此后对于权力的运用而已。杨广与独孤后对泣是宫殿中廉价的眼泪，这无须多论，而其关键则在于杨广“先状”之中的“昆弟之意”一句。这句话虽语出平淡，但其后则隐伏着一个令人震惊的判断：即储宫不去，则平生所守的“昆弟之意”难保！这种倡言，表明杨广已将自己置身于非有以胜败而不能结束的政治拳击场了，而独孤后于此也已明了这场斗争对于家族、王朝的分量。因此，她在了解关陇集团势力的态度之后，便决计进言废立了。而杨“素入侍宴，微称晋王孝悌恭俭，有类至尊，用此揣皇后意。皇后泣曰：‘公言是也。’”“皇后遂遗素金，始有废立之意”②。

开皇二十年（600）十月，皇太子勇被废为庶人；十一月，晋王广被立为皇太子。通观隋文帝开皇年间的易宫事，盖始于杨广积功于开皇中，而作成于杨广协谋于藩邸旧臣，进而交结关陇集团势力，最后凭借独孤后而一取夺宫成功。隋廷易宫，就血缘关系而言，杨坚五子同母，无所谓亲疏之分；但就宗法制度而言，则“立嫡以长”“次不当立”，杨勇以长子的“幸运”入储。然而从社会心理的普遍要求来看，则“幸运者”应在道德的塑造上表现出节制，以此来回报社会对其“幸运”的承诺。故而，从某种角度看来，杨坚在废太子诏中所指斥的杨勇“私德”问题，是有其社会意义的。但这绝不是杨勇被废的关键，关键乃在于隋廷政治势力的转变，以及杨坚对这种转变的默认；推而论之，则这种默认就是对新的势力结合的默认，而杨广是其代表而已。隋廷易宫亦将因此本质关系，而给文帝的百年之事预伏了危机。

① 《隋书》卷三《炀帝本纪（上）》。

② 《隋书》卷四五《文四子传》

二

王夫之《读通鉴论》卷一九《隋文帝》论及文帝，“然制于悍妻，惑于逆子，使之兄弟相残，终以枭獍之刃加于其躬”；李贽《藏书》卷七《世纪·混一南北》记，“仁寿四年，寝疾暴崩，广为之也。”隋文帝死于其子杨广之手，从唐人以来即不乏述者、论者，但无论述者，还是论者都囿于“春秋笔法”的道德评判而不能尽述其迹，因此也就不能真正阐示杨广杀死杨坚的原因。现裒集《隋书》有关记述，述论于次。

《隋书》卷七八《庐太翼传》记，“仁寿末，高祖将避暑仁寿宫，太翼固谏不纳，至于再三。太翼曰：‘臣愚岂敢饰词，但恐是行銮舆不反。’”庐太翼，本姓章仇，史称“尤善占候算历之术”。开皇年间，“皇太子勇闻而召之，太翼知太子必不为嗣，谓所亲曰：‘吾拘逼而来，不知所税驾也！’及太子废，坐法当死，高祖惜其才而不害，配为官奴，久之，乃释”。可见此人乃是一个对政治气候相当敏感而又不能置身其间的社会角色，以隋文帝对方家术士的一贯态度，其人其时所说之话，我认为正是《隋书》作者记文帝之死的一种曲隐的笔法。

仁寿四年秋七月，隋文帝死于仁寿宫之时，除仁寿二年死去的独孤皇后外，杨广夺宫集团的主要人物都在现场。《隋书》卷四八《杨素传》记：

> 及上不豫，素与兵部尚书柳述、黄门侍郎元岩等入阁侍疾。时皇太子入居大宝殿，虑上有不讳，须豫防拟，乃手自为书，封出问素。素录出事状以报太子。宫人误送上所，上览而大恚。所宠陈夫人，又言太子无礼。上遂发怒，欲召庶人勇。太子谋之于素，素矫诏追东宫兵士帖上台宿卫，门禁出入，并取宇文述、郭衍节度，又令张衡侍疾。上以此日崩，由是颇有异论。

《隋书》卷六一《郭衍传》记此事略同。至于杨约，仁寿中放外任于伊州。文帝死时，他“入朝仁寿宫，遇高祖崩”，他被派遣入京“易留守者，缢杀庶人勇，然后陈兵集众，发高祖凶问”①。从上引《隋书》传记支离所记史料来看，杨坚为杨广所杀是可以证实的。下面再试述事外之事以为旁证。其一，作为宫廷之变主谋之一的杨素，在炀帝杨广大业初年即备受猜忌，衍至大业二年（606），“素寝疾之日，帝每令名医诊候，赐以上药。然密问医人，

---

① 《隋书》卷四八《杨约传》。

恒恐不死。素又自知名位已极，不肯服药，亦将不慎，每语弟约曰：‘我岂须更活耶?’”[1] 杨素暮年，功业名位均逼胁新主，但于死前说出，“我岂须更活耶?”个中是否隐含着一种生前死后的“道德性忏悔”呢？请再看杨广夺宫、夺位集团另一人物——张衡的死前之语。事在大业八年（612），其时杨广与张衡的藩邸旧谊已荡然无存。“帝自辽东还都，衡妾言衡怨望，谤讪朝政，竟赐尽于家。临死大言曰：‘我为人作何物事，而望久活！’监刑者塞耳，促令杀之”[2]。杨素、张衡虽死有不同，但均有望死之语，这是有悖常情的。串诸史事，将其视为介身夺宫、染迹夺位而最终受弃的自悲自怜之语，以佐证仁寿四年杨广杀父夺位，我认为大致是可以成立的。至于杨素语中“道德性忏悔”的些许含意，大致亦是沽直之心。情急之中所出而实非其本意。

仁寿四年，杨广“夺位之变”，事涉宣华夫人陈氏。《隋书》本传所记前引《通鉴》书已多用，于此从略。宣华夫人陈氏事是《大业略记》和《通历》所记文帝之死的本事所在，关诸文帝是否死于宫廷风流激变，因此有必要略作论析。据本传记，宣华夫人陈氏是陈宣帝的女儿，陈亡入隋，经历了由嫔、到贵人、进而为夫人的后宫身份变化。据《隋书》卷三六《后妃传（序）》记，“初，文献皇后功参历试，外预朝政，内擅宫闱，怀嫉妬之心，虚嫔妾之立，不设三妃，防其上逼。……至文献崩后，始置贵人三员。”独孤后死于仁寿二年八月，则陈氏晋贵人当在此后。但陈氏天“性聪慧，姿貌无双”，即使在独孤后见在、“后宫罕得进御”的情况下，也深得文帝宠爱。陈氏情况大抵如此。而“密觇京师消息”的杨广是不能置其父皇枕侧言人而不用的。史称，“晋王广之在藩也，阴有夺宗之计，规为内助，每致礼焉。进金蛇、金驼等物，以取媚陈氏。皇太子废立之际，颇有力焉。”“规为内助”是政治利用，不是情有所好；而开皇二十年隋廷易宫，陈氏“颇有力焉”，则说明她是为杨广所用的。如此看来，无论是杨广的自觉主动，还是陈氏的不自觉被动，二人毕竟在政治上有过一段合作关系，这对于他们来说，无疑都是攸关性命的。那么，有过如此重大合作之史的杨广、陈氏二人，何以能在仁寿四年文帝寝疾之际会发生“逼之”“拒之”的情感纠缠，以致出现导致宫廷突变的风流事件呢？解释为杨广肆淫、陈氏贞于文帝，恐不能尽之。我认为，《隋书》此段史述颇类似于宋初赵光义杀兄夺位的“烛影斧声”公案，即“太宗（引注：赵光义）呼之（太祖赵匡胤）不应，乘间挑费氏（太祖爱妃）。太祖觉，遽以斧斫地”[3]，是以桃色事件曲隐宫廷事变真迹的史笔。陈

① 《隋书》卷四八《杨素传》。

② 《隋书》卷五六《张衡传》。

③ 徐大悼：《烬余录》甲编。

氏之事姑或有之，理由，其一，在开皇、仁寿年间，杨广“矫情饰行”良苦用心夺宫嗣位，值此文帝病笃，嗣位在即之际恐难以形成其侵逼父爱的急切之心，此是杨广行为前后有悖于事理之处；其二，“性聪慧”的陈氏，既然在易宫大事上已授手于杨广，值此先君将死、嗣君当立之际，亦恐难以无虑其身托所而口出“太子无礼”以开罪于杨广的，此是陈氏行为前后有悖于事理之处。当然，“姑或有之”是不排斥事情发生可能性的。但既令如此，此事亦不能构成杨广杀父夺位的根本原因，充其量它只是一种偶然性的促发因素。考诸史事，我认为真正导致仁寿四年宫廷政变的原因，乃在于文帝仁寿中的中央政治变动，这是隋廷的政治大局，也是已居法嗣地位的杨广为什么以杀父的暴力手段“逆取”嗣位的原因所在。下面试述论之。

开皇二十年十月，隋文帝在改易皇储之后，翌年改号曰“仁寿”，其时文帝年六十。仁寿二年八月独孤后死，这对文帝仁寿年间的政治大有影响者可有两端。其一是独孤后死后，宣华夫人陈氏和容华夫人俱有宠，“上颇惑之，由是发疾”①。文帝在花甲之年，因女宠而染疾，加快了隋王朝权力交接的速度，这对刚入储宫不久的杨广来说并非好事。其二，独孤后是杨广夺宫的主要支持者，是打击非难易宫者的主要力量，她一死，杨广及其夺宫集团将直接面对来自各方面的政治反对派。上述两端互有联系，而后者对于杨广及其夺宫集团来说尤显现实的压迫感。

杨广在太子位后，首先招致了兄弟诸王的反对，其矛盾的激化当在独孤后死后，而杨广的反击也在此际。杨广兄弟五人。杨勇被废之后“复囚于东宫”②，杨勇对杨广的现实威胁大致取消，其三弟杨俊在开皇二十年六月已死。至此，杨广尚有两弟。四弟杨秀是一个桀骜不驯“性甚耿介”的人，依此个性便使其首当其冲，站出来冲撞杨广，“晋王广为皇太子，秀意甚不平”③。杨广对此毫不手软，“忌蜀王秀，与（杨）素谋之，构成其罪”④，仁寿二年十月，杨秀被召回长安，以独孤信旧部独孤楷为益州总管；十二月，杨秀步其长兄后尘被废为庶人。至此，杨广仅剩五弟杨谅。隋廷易宫之后，“谅自以所居天下精兵处，以太子谗废，居常怏怏，阴有异图。遂讽高祖云：‘突厥方强，太原即为重镇，宜修武备。’高祖从之。于是大发工役，缮治器械，贮纳于并州。招佣亡命，左右私人，殆将万数。”⑤ 杨谅拥有隋朝精兵，借加强边

① 《隋书》卷三六《独孤后传》。
② 《隋书》卷四五《文四子传》。
③ 《隋书》卷四五《文四子传》。
④ 《隋书》卷四八《杨素传》。
⑤ 《隋书》卷四五《文四子传》。

防而秣马厉兵，但“突厥犯塞，……竟不临戎”，其修军整武的用心不是很明确吗?《隋书》卷四五“史臣曰”，“秀窥岷、蜀之阻，谅起晋阳之甲”，概括指出了杨广入居储宫之后，除死者、囚者外，所余两弟均是其政治反动派。

杨广夺宫集团反对派的第二个方面，来自朝臣及州郡牧守，其主要攻击目标是杨素。首先站出来反对的是以性格“刚謇”，历任谏官而有“鲠正”之名的梁毗。梁毗，安定人，他在上书中引史证今，戟指杨素为阴险大臣，明确告诫文帝，“陛下若以素为阿衡，臣恐其心未必伊尹也。”[①] 与此同时，“少与安定梁毗同志友善”的裴肃，也起而响应，“仁寿中，肃见皇太子勇、蜀王秀、左仆射高颎俱废黜，遣使上书曰：‘……窃见高颎以天挺良才，元勋佐命，陛下光宠，亦已优隆。但鬼瞰高明，世疵俊异，侧目求其长短者，岂可胜道哉！愿陛下录其大功，忘其小过。臣又闻之，古先圣帝，教而不诛，陛下至慈，度越前圣。二庶人得罪已久，宁无革心？愿陛下弘君父之慈，顾天性之义，各封小国，观其所为。若能迁善，渐更增益；如或不悛，贬削非晚。今者自新之路永绝，愧悔之心莫见，岂不哀哉！’”[②] 这是仁寿中，独孤后死后，朝臣与州郡牧守方面对杨广夺宫集团的首要分子杨素的进攻。其中裴肃上书中，直接为杨勇、杨秀及高颎开释，就策略而言是不乏敲山震虎意味的。史称，“皇太子（杨广）闻之，谓左庶子张衡曰：‘使勇自新，欲何为也?’衡曰：‘观肃之意，欲令如吴太伯、汉东海王耳。’皇太子甚不悦。”此后，杨广为帝，裴肃“不得调者久之，肃亦杜门不出。后执政者以岭表荒遐，遂希旨授肃永平郡丞”[③]，是为后事之证。

仁寿中，于梁毗、裴肃上书之际，值得一提的尚有时判吏部尚书事的柳述，也“数于上前面折素短”[④]。柳述，河东解人，其父柳机、族叔柳昂在宇文周朝皆历仕显要，但在杨坚禅周之际，却“义形于色，无所陈请”，而为杨坚疏忌。“机、昂并为外职，杨素时为纳言，方用事，因上赐宴，素戏机曰：‘二柳俱摧，孤杨独耸’”[⑤]。柳、杨二族因此而构隙于开皇初。从地缘政治的角度来看此事，盖亦隐含了关陇集团内部河东与关中大族，或曰河东文化高族与关中军功贵族对杨坚禅周的不同的政治态度。但随着杨隋政权的稳定，柳氏家族开始靠拢皇室。柳述尚文帝“特所钟爱”[⑥] 的第五女兰陵公主，“上

---

① 《隋书》卷六二《梁毗传》。
② 《隋书》卷六二《裴肃传》。
③ 《隋书》卷六二《裴肃传》。
④ 《隋书》卷四七《柳述传》。
⑤ 《隋书》卷四七《柳机传》。
⑥ 《隋书》卷八〇《兰陵公主传》。

于诸婿中，特所宠敬”[①]。并征柳机入朝，也反映了文帝对联姻河东柳氏的看重，这无疑是文帝政治态度的一种反映。但在此事上，杨广是一违父衷而持反对意见的。“初，晋王广欲以主配其妃弟萧玚，高祖初许之，后遂适述，晋王因不悦。及述用事，弥恶之。”[②] 杨广反对皇族联姻于河东柳氏，是否作用于杨素，史载阙如，难以确论。但杨广的这种态度，对于受挫于开皇初的河东柳氏来说，不啻是一种政治前景的阴影。再者，柳昂，“开皇初，为太子太保”；柳述，“少以父荫，为太子亲卫”[③]，此等虽为宿案，亦将为阻隔柳氏家族与杨广关系改善的障碍。因此，在文帝身体日见衰败而尚可持于文帝的柳述，“以帝婿之重”[④]，出而攻讦杨广夺宫集团的要人杨素，就不能说其不含有一种“项庄之剑”的意味了。

仁寿中，隋文帝对梁、裴、柳等的上书与谏言，虽未能尽纳其意，但对于杨素的任使则的确转变了。“上渐疏忌之，后因出敕曰：‘仆射国之宰辅，不可躬亲细务，但三五日一度向省，评论大事。’外示优崇，实夺之权也。（杨素）终仁寿之末，不复判省事”[⑤]。文帝在夺去杨素的政务大权后，又开始逐次剪其羽翼，将其弟杨约出“为伊州刺史”[⑥]；其从叔杨文纪也由宗正卿、兼给事黄门郎、判礼部尚书事之位外放，“仁寿二年，迁荆州总管”[⑦]；随之，又将薛道衡外放，“仁寿中，杨素专掌朝政，道衡既与素善，上不欲道衡久知机密，因出检校襄州总管”[⑧]。

文帝在仁寿中的政治变动，一手是抑杨，去其羽翼；一手是拔擢其反对派，渐而取代。柳、杨家族交恶于开皇初，仁寿中复因文帝的政治变动而日趋不可调解地步[⑨]，这是仁寿中政事大局可溯至开皇初一事。与此同时，杨广与柳述的矛盾也见扩大，“及述用事，弥恶之，高祖既崩，徙述岭表”[⑩]，杨广不旋踵而有报于柳述，虽是后事，则也可证仁寿中政治变动，有动摇杨广宫位的作用，这是仁寿中政事大局有以延及仁寿、大业之际一事。因此，我们可以说，仁寿中的政治变动乃是文帝末年的政治大局。

隋文帝在任用柳述的同时，又将河南元岩拔为黄门侍郎，“仁寿中，为黄

① 《隋书》卷四七《柳述传》。
② 《隋书》卷八〇《兰陵公主传》。
③ 《隋书》卷四七《柳述传》。
④ 《隋书》卷四七《柳述传》。
⑤ 《隋书》卷四八《杨素传》。
⑥ 《隋书》卷四八《杨约传》。
⑦ 《隋书》卷四八《杨素传》。
⑧ 《隋书》卷五七《薛道横传》。
⑨ 《隋书》卷四七《柳述传》。
⑩ 《隋书》卷四七《柳述传》。

门侍郎，封龙涸县公。炀帝嗣位，坐与柳述连事，除名为民，徙南海”[①]。“坐与柳述连事”，考诸元岩上台的背景及后事，亦恐不能遽断为乌有之词的。元岩、柳述、杨素等是仁寿四年文帝身死仁寿宫的近身大臣，文帝死后，除杨素外，元、柳二人都被立刻贬放远恶之州，而且二人均未能善终于大业朝。这些事后之证，不啻说明仁寿中隋廷中央人事变动的目标，乃有指向杨广及其夺宫集团的重大政治措施的意义，其中，元、柳联袂登台的政治作用亦将不言自喻。

隋文帝在做出如上政治措施之后，对于太子杨广的态度尚处在两可之中，这无疑给仁寿四年的宫廷政变留下了缝隙。据《隋书》卷六九《王劭传》记，直到仁寿四年，文帝尚对王劭无限感慨地说道：“嗟乎！吾有五子，三子不才。”“三子不才”，指废太子勇、庶人秀和已死的杨俊，而于次子杨广、幼子杨谅尚含眷眷之意，因此，他虽有如上措施而不能彻底，此其一。又据《隋书》卷六六《源师传》记，在仁寿二年收征杨秀时，杨秀欲据蜀不去。源师时为益州总管府司马，劝曰：“但比年以来，国家多故，秦孝王（指杨俊）寝疾，奄至薨殂，庶人二十年太子，相次沦废。圣上之情，何以堪处！”是则文帝晚年，家族多故，也是导致这位号称性严整，“蓄疑御下，芟夷有功于已者不遗余力矣”[②] 的铁腕君主，在未能尽察杨广真相之前而手软于上述措施的原因之一。

如果说废立太子取决于隋文帝，那只不过是说他是能够控制开皇朝主要政治势力的代表而已。废立太子，是中国古代王朝权力转移的形式，而其实质乃是各种政治势力斗争或协调的产物。隋廷的易宫换储也可作如是观。从开皇初立皇太子勇，到开皇中杨广邀结关中权要，博取有预政之好而有干政之实的独孤后的支持，推倒自称“渤海蓨人”的高颎，最终取杨勇而代之，大致体现了隋朝关陇集团内部不同地域势力的权力斗争，而太子之位则正是这种权力斗争的焦点。仁寿中，独孤后一死，反对派蜂起，杨素大权旁落，亲党远放；河东柳氏，包括河南元氏起而代之（其中不乏文帝支持的背景）。因之，一度崛起的优势再度失衡，新一轮的权力斗争则又将焦点投放在现任皇太子的杨广身上。拥重兵而“阴怀异图”的杨谅，乃至身虽废而人犹在的杨勇，都可能因隋文帝态度的转移而成为新崛起的河东柳氏及其盟友河南元氏的政治代表而复出，这无疑给在仁寿中隋廷中央政治大变动中受到打击的杨广夺宫集团，带来了极大的政治忧虑。这种忧虑，对杨广来说有废太子之鉴，对杨素来说有贬黜高颎之鉴，因此，有着政变史鉴之经验和实践的他们，

---

① 《隋书》卷八〇《兰陵公主传》。

② 王夫之：《读通鉴论》卷一九《隋文帝》，中华书局 1975 年版。

在仁寿中政局变化启动之后，从“卫宫”走向“夺位”就完全可以理解了。

仁寿末年，隋文帝“精华稍竭”①，身体渐渐衰弱，显示了权力转接的征兆。但仁寿中不彻底的政治变动，则为其预设了身死前后的政治搏斗的两股势力，而斗争的漩涡则必以覆没文帝——这一各派政治斗争的“仲裁者”而告结束。文帝死于杨广夺位之变，宫廷风流激变姑或有之，而其真实原因则在于仁寿中不彻底的政治变动。

（原载《中国史研究》1993 年第 2 期）

① 《隋书》卷六五《儒林传（序）》。

隋杨广晋邸王府学士及其与政治、文化之关系

杨广，隋开国皇帝文帝杨坚次子。公元589年，隋平陈统一南北；俄而江南豪族叛乱，隋复平之。杨广自并州入扬州，驻节江都（今江苏扬州市西北蜀冈）；及至开皇二十年（600）晋京为皇太子，杨广治理南方前后近十年。

杨广领藩扬州，是为开皇世四大总管之一[①]；所管区域大致为隋平陈之后收版籍于中央之旧陈土宇；其所荷任总管一职，系沿袭北周旧制，含军区之义，然总管刺使复加使持节之号，于隋则有统摄军政、民政之寄[②]。是知，“统临南服”的晋王杨广，亦即隋王朝在新服之地的最高军政长官。

如所周知，隋开皇九年平陈的军事胜利，是迅疾而不容置疑的。但不旋踵而爆发的“陈之故境，大抵皆反”[③]的历史事件，同样以其迅疾而不容置疑的态势，给征服者揭示了一个崭新的问题：即在军事胜利成功之后，隋应对南方有一个更为深刻的政治与文化的统一，否则，军事征服成果将难以升华为扎实而持久的历史成就。

平陈伊始，隋文帝在《劝学求言诏》中宣布欲行“太平之法”[④] 于统一之天下的政治意志。“太平之法”，内含着有隋军事统一后统治模式转型的历史底蕴，它要求一种

---

① 《隋书》卷二七《韦世康传》云，开皇世“时天下唯置四大总管，并、扬、益三州，并亲王临统，唯荆州委于世康，时论以为美”。《通典》卷三二《职官十四·都督》记曰：“隋文帝以并、益、荆、扬四州置大总管。”

② 岑仲勉：《隋唐史·隋史·国防设备之概况》：“隋制，刺使可以兼理武事，谓之总管刺使加使持节。”中华书局1980年版。

③ 《资治通鉴》卷一七七“隋文帝开皇十年（590）”。

④ 《全隋文》卷二《文帝·劝学求言诏》。

更为细腻且更为深刻的文化手段。开皇十年末，隋平定江南的叛乱，杨广此时替代杨俊之藩扬州，显然负有执行中央政府“太平之法”于江南的历史任务。有关研究概括杨广治理南方曰“文化的战略”，并指出：“虽然隋在南方的行政情况并无大量记载，但南方以后没有发生叛乱和他在江都任期很长的事实，说明隋的治理取得了相当的成就，文化再统一的许多措施也应归功于他。”[①]“文化战略”的基本旨趣，对于首先为政治人物的杨广来说，它的目的在于达成并巩固统一政治的大局；但其要义则在于“文化”的充分介入。本文于此，拟就杨广居江都晋邸“收杞梓之才，辟康庄之馆”[②]以构建王府学士的具体史迹，作一初步探讨，以尝试揭橥这一文化性建置与巩固统一政治并及促进南北文化融通的历史作用。

一

隋建伊始，杨广封王。然杨广何时建置王府学士，史载阙如。检《隋书》卷五八《柳䛒传》，传曰“王好文雅，招引才学之士诸葛颍、虞世南、王胄、朱玚等百余人以充学士，而䛒为之冠，王以师友处之”。再检《资治通鉴》卷一八二“隋炀帝大业十一年”所追记，记曰：“帝好读书著述，自为扬州总管，置王府学士至百人，常令修撰。”复参见《隋书》卷七六《潘徽传》所载《江都集礼·序》，序文云：“上柱国、太尉、扬州总管、晋王握圭璋之宝，履神明之德，隆化赞杰，藏用显仁。地居周、邵，业冠河、楚，允文允武，多才多艺。戎衣而笼关塞，朝服而扫江湖，收杞梓之才，辟康庄之馆。”总上，杨广建置王府学士，当即为其扬州总管任上所为。

杨广江都晋邸学士，史称“王府学士”。然稽考隋代官制，隋王府设官无学士一职。隋王府不设学士，而杨广晋王府有征学士之事，其乖制而行，成例在于南北朝的学士体制。

考学士，唐宋以前不在官守亦非官称。纪昀等修《历代职官表·翰林院·宋齐梁陈》条下，纪昀案：“学士之名，始见于《三国蜀志》，至刘宋又有总明馆学士之称，其后若梁士林、陈西省、周麟趾之类，皆置学士。唐、宋之翰林学士，其权舆盖本于此。然以史传详悉参核，则汉、魏而后所谓学士者，犹云有文学之士耳，并非官号也。”南北朝，南北先后均有不在官守而

---

① ［英］崔瑞德主编：《剑桥中国隋唐史》第二章《隋朝》，中国社会科学出版社1990年版，第11页。

② 《隋书》卷七六《潘徽传》。

予文事之学士。隋承南北朝后，制度兼取南北，至于“学士”，亦间行之。如魏澹以本官兼太子勇东宫学士，潘徽以亡陈州博士为秦王俊王府学士事①。杨广晋邸“王府学士”的建置，当即因承南北朝不在官制序列的学士体制。南朝盛行官制序列之外的学士体制，大分之，曰朝廷征士曰王府聚士；然总论之，则均为右文致治的一翼。案：

《南史·宋明帝本纪》：泰始六年（470）“九月戊寅，立总明馆，征学士以充之。”

《南史·王昙首附孙俭传》：齐武帝永明三年（485），“省总明馆，于（王）俭宅开学士馆，以总明四部书充之。”

《南史·梁武帝本纪》：大同七年（541）十二月“丙辰，于宫城西立士林馆，延集学者。”

《南史·陈武帝本纪》：永定三年（559）“夏闰四月甲午，诏以前代置西省学士，兼取伎术士。”

南朝朝廷设馆征士，始作俑者刘宋，而齐、梁、陈三朝因之不变，凡120年而演为南朝实施文化统制以联络文化士族的官方传统。南朝学士值馆，但与朝廷典礼修订、文籍整理、四部撰述等“文治”事业密切关联。这是南朝联络士族并发展其文化的一种官方体制。与南朝朝廷征士相偕而行的是南朝王府学士之风的盛行。案：

《南史·齐竟陵文宣王子良传》：永明五年（487）“移居鸡笼山西邸，集学士抄《五经》百家，依《皇览》例为《四部要略》千卷。招致名僧，讲论佛法，造经呗新声，道俗之盛，江左未有。”

《南齐书·竟陵文宣王子良传》云子良，“礼才好士，天下才学，皆游集焉。士子文章，及朝贵辞翰，皆发教撰录，所著内外文笔数十卷。”

《南史·梁南平元襄王伟传》云伟，“趋贤重士，常如弗及，由是四方游士、当时知名者莫不毕至。齐世青溪宫改为芳林苑，天监初，赐伟为第……立游客省，每与宾客游其中，命从事中郎萧子范为之记，梁蕃邸之盛无过焉。”

《南史·梁安成康王秀传》：“秀精意学术，搜集经纪，招学士平原刘孝标使撰《类苑》，书未及毕，而已行于世……当世高才游王门者，东海王僧孺、吴郡陆倕、彭城刘孝绰、河东裴子野。”

---

① 《隋书》卷五八《明克让传》：开皇初“于时东宫盛征天下才学之士”；《隋书》卷五八《魏澹传》：“除太子舍人……数年，迁著作佐郎，仍为太子学士”；《隋书》卷七六《潘徽传》：“及陈灭，为州博士，秦王俊闻其名，招为学士。”

南朝王府延集学士，以齐、梁为盛；王府学士旨在从事经籍编纂群书修撰之业，要之，大抵可纳入官方文化统制之范围。究其体制，当与先秦时代“无官守，无言责”（《孟子·公孙丑下》）为搜讨学问而出入百家之稷下学士相类。故时论杨广晋邸王府学士，有“继稷下之绝轨”[①] 之比。

南朝学士，作为一特定的社群，无论朝廷殿、省、宫、观学士，抑或王府府、苑、邸、第学士，大抵均属于一种合文化、士族于一身的社会阶层。刘师培曰：“试合当时各史传观之：自江左以来，其文学之士，大抵出于世族。”[②] 所论符合“学士”情况。质言之，南朝学士体制，内涵其“文化士族”不在官守而任事文化的历史特征，这使它不仅富含促进南方文化发展的人文功能，同时亦富含保持南方士族政治稳定的社会功能。南朝学士体制这种特征，适应并促进着南方士族政治右文致治的政治文化发展需要。这对于杨广在江左社会实施其“太平之法”，不啻是一种良好的机制借鉴。因此，如果说，杨广执政江左有一个“开明的和富有想象力的政策”[③] 的话，那么，晋邸王府学士的构建当是这个“政策”突出的表征。易言之，江都晋邸王府学士建置，为杨广打破战后隔阂而融入南方文化体制环境，创造了重要的条件。

江都晋邸王府学士的建置，是一种文化的建置。申论此举，则与隋平陈，“诏建康城邑宫室，并平荡耕垦”[④] 而“建康为墟”[⑤] 的战争行为，恰成对照。干戈玉帛之间的这种文化建置，给杨广成功地实施“文化战略”，将带来积极的社会含义——结束战争重建秩序，实行“马上”“马下”的政治转移；值此，杨广初步完成了他面对南方士族社会的政治文化形象塑造——即来自北方的军事征服者，同样亦是南方秩序与文化的重建者；并且，这种重建是以一种同构于南方文化体制的文化建置来进行的，显然，这是有利于消除战后的疑惧与紧张并且有利于博取江左文化士族信赖与支持的举措。质言之，江都晋邸王府学士的建置，具有“缓和南方精英反隋情绪”[⑥]，收揽士心以整合巩固统一政治之社会资源的作用。

文化，作为观念的东西总是较长时期作用着人们的行为。史载，杨广大

---

① 《隋书》卷七六《潘徽传》。

② 《刘师培中古文学论集·中国中古文学史讲义》，中国社会科学出版社 1997 年版，第 88 页。

③ ［英］崔瑞德主编：《剑桥中国隋唐史》第一章《导言》，中国社会科学出版社 1990 年版，第 6 页。

④ 《资治通鉴》卷一七七“隋文帝开皇九年（589）”。

⑤ 《隋书》卷二三《五行志（下）》。

⑥ ［英］崔瑞德主编：《剑桥中国隋唐史》第二章《隋朝》，中国社会科学出版社 1990 年版，第 11 页。

业初，敕内史舍人窦威等编纂《区域图志》《丹阳郡风俗》等书，窦威等书中仍旧夹杂着视南人为“东夷”的文化偏见。杨广为之斥责曰：“昔汉末三方鼎立，大吴之国，以称人物。故晋武帝云：江东之有吴、会，犹江西之有汝、颍。衣冠人物，千载一时。及永嘉之乱，革夏衣缨，尽过江表。此乃天下之名都。自平陈之后，硕学通儒，文人才子，莫非彼至。尔等著其风俗，乃为东夷之人。度越礼仪，于尔等可乎！”[①] 于此，不难看出南北之间丝缕不断的深层的文化心理隔阂，以及杨广超越北方文化局限以融通南北而创建统一文化的历史精神。杨广江都晋邸王府学士的建置，可以说，正是他这种视南北为一体的统一文化精神的产物。

借文化融通以巩固统一政治，这种战后精华的获取，是一种潜在迁演的历程。但它总是在具体的历史行程中完成的。江都王府学士建置，昭示了这一历史行程的重要开端。而伴随这一重要开端的切实举措，是杨广遴选其王府学士以南士为主。如上揭，杨广“招引才学之士诸葛颍、虞世南、王胄、朱玚等百余人以充学士，而䛒为之冠”。晋邸王府学士领袖人物柳䛒，即所谓“独步汉南”[②] 的南方文化代表人物，其先世世居河东，“永嘉之乱”后南徙襄阳，萧衍建梁，柳䛒祖、父并出而仕之。柳䛒初仕梁为清选之任的著作佐郎；梁亡之后，相续仕于北周及隋之附庸后梁；开皇七年，隋废去后梁，柳䛒入关，先后任隋通值散骑常侍、内史侍郎等职，后“以无吏干去职，转晋王咨议参军”[③]。柳䛒，以咨议参军兼王府学士且荣居晋邸王府学士领袖之位，当不能仅以才学视之，亦不能仅以杨广好南学视之；置诸统一伊始而南北复有其文化心理隔阂的情势，则柳䛒所以荣居晋邸王府学士领袖之位，不能不说个中行蕴着杨广“圣朝待四方之本心”的开明积极的政治文化精神。史称，隋之统一，“四隩咸暨，九州攸同，江、汉英灵，燕、赵奇俊，并该天网之中，俱为大国之宝”[④]。天下统一的历史之手，正在促进区域文化界限的消解；和合融通的传统精神，正在促进区域文化的代表人物走进统一文化创造的领地。这是一个趋势。江都晋邸王府学士以南士精英领之的措置，可以说，切合并推动了这一历史趋势的发展。

《墨子·亲士》云：“入国而不存其士，则亡国矣。”“入其土，亲其士”，“开第康庄之衢，高门大屋尊宠之”，是历史的智慧。杨广创置江都晋邸王府学士以南士精英领衔；所“收杞梓之才”，复大抵为南朝旧邦文化名士，这就

---

① 《全隋文》卷五《炀帝·敕责窦威崔祖濬》。
② 《隋书》卷七六《文学传（序）》。
③ 《隋书》卷五八《柳䛒传》。
④ 《隋书》卷七六《文学传（序）》。

是杨广遴选王府学士的全部内容。其所显豁的，正是这一历史智慧关于稳定政治巩固统一的作用。江都晋邸王府学士盛时百人左右，规模甚大；总其见诸载籍而有事迹可考者，则多为南方名士。如诸葛颍，丹阳建康人，初仕于梁，梁亡入北，长于乙部，杨广赐诗称曰："实录资平允，传芳导后昆"[①]；虞世南，越州余姚人，初仕于陈，陈亡入隋，与兄虞世基"俱名重当时，故议者方晋二陆"[②]；虞绰，会稽余姚人，仕陈永阳王记室，"博学有俊才"，"及陈亡，晋王广引为学士"[③]；王胄，琅琊临沂人，仕陈东阳王文学，为文"气高致远"，"及陈亡，晋王广引为学士"，"胄兄眘"，"博学多通……陈亡，与胄皆为学士"[④]；庾自直，颍川人，仕陈豫章王府外兵参军，为文"意密理新"[⑤]，"陈亡，入关，不得调。晋王广闻之，引为学士"[⑥]。江左才士向与王府文化渊源甚深。他们以文化自矜以文化自卫，他们既是江左文化发展的载体，也是江左士族政治稳定的要素。南朝历代沿行朝廷征士王府招士的文化体制，一百七十年来已演为南朝联络文化士族以实施文化统制的政治传统。这是杨广施行"文化战略"必须面对的现实。江都晋邸王府学士建置，网罗所在尽皆江左俊彦，再现一派昔日南朝"高才游王门"的历史盛况；质言之，行蕴这表象之下的，不啻正是杨广联络南士以巩固统一的现实政治精神。

总上，杨广创置江都晋邸王府学士并及遴选王府学士以南士为主的全部内容，演绎的不仅是养士为政的历史智慧；更重要的，是他开出了一条打破隔阂消解疑惧的现实之路。可以申论，江都晋邸王府学士建置，是杨广成功地实施"文化战略"的重要机制，是其执政维扬而有其近十年之久政治稳定成就的一个保障。

二

《隋书·炀帝本纪》记称："上好学，善属文。"《隋书·文学传序》复云："炀帝初习艺文，有非轻侧之论，暨乎即位，一变其风。其《与越公书》《建东都诏》《冬至受朝诗》及《拟饮马长城窟》，并存雅体，归于典制。虽意在骄淫，而词无浮荡，故当时掇文之士，遂得依而取正焉。"《隋书·经籍

---

① 《隋书》卷七六《诸葛颍传》。

② 《新唐书》卷一〇二《虞世南传》。

③ 《隋书》卷七六《虞绰传》。

④ 《隋书》卷七六《王胄传》。

⑤ 《隋书》卷七六《王胄传》。

⑥ 《隋书》卷七六《庾自直传》。

志》载："炀帝集五十五卷。"唐太宗亦称"隋炀帝，亦大有文集"[①]。又，陈隋间江左名僧智顗在《遗临海镇将解拔国述放生池》一书中亦云："但晋王殿下，道贯古今，允文允武，二南未足比其功；多才多艺，两献无以齐其德。"[②]智顗评骘，与前揭潘徽《江都集礼·序》所论正同。总上，杨广好学善文而颇得时誉；资秉文武，并非一介简单的西北骑士可类。

杨广资秉文武好学善文的资质特征，亦体现在关注南方文化典籍收聚方面。史载，开皇九年隋平陈，军入建康，杨广作为节度诸军的元帅，"使高颎与元帅府记室裴矩收图籍，封府库，资财一无所取"，时论"以为贤"[③]。开皇十年，隋军平叛之役起，杨广再度南下予于此役，并于战争之中收聚佛书建藏保护。《广弘明集·炀帝·宝台经藏愿文》记曰："至尊拯溺百王，混一四海，平陈之日，道俗无亏。而东南愚民，余熸相煽。爰受庙略，重清河滨，役不劳师，以时宁复。深虑灵像尊经，多同煨烬，结鬘绳墨，湮灭沟渠。是以远命众军，随方收聚。"从平陈收陈图籍到平叛收聚江左佛书，身披戎服而为征服者的杨广，诉诸南方僧俗社会的正是一种文化庇护人的形象；这不啻为他迅速切入南方士族社会博取了一份典雅的入场券。杨广资秉文武好学善文的资质特征及其收聚南方僧俗文化典籍的行为，对于他节镇维扬而实施"文化战略"，无疑是十分重要的。同时，广搜群籍而兼及内典，也为杨广网罗南士以建置晋邸王府学士，并借此展开大规模的南方文化整理奠定了基础。

江都晋邸王府学士的建置，其职之一在修撰。《资治通鉴》"炀帝大业十一年"追记其著述事，曰："帝好读书著述，自为扬州总管，置王府学士至百人，常令修撰，前后近二十载，修撰未尝暂停；自经术、文章、兵、农、地理、医、卜、释、道乃至蒱摶、鹰狗，皆为新书，无不精洽，共成三十一部，万七千余卷。"开皇二十年，杨广结束维扬之任晋京为东宫太子；四年之后，杨广结束储宫之任嗣位为帝，翌年（605）改元大业。开皇二十年，杨广撤府建宫，柳"䛒为东宫学士"[④]；援开皇世东宫学士成例，晋邸王府学士当随其晋京为东宫学士。四年之后，杨广嗣位为帝，柳䛒，"拜秘书监"[⑤]。秘书监乃大业秘书省最高长官，秘书省职掌经籍图书、国史实录等文事。杨广晋邸王府学士领袖柳䛒，大业初王朝经典图籍文化事业的最高官员。史载，大业世秘书省有"秘书学士"；大业十一年，炀帝"增秘书省官员百二十人，并以

① 《贞观政要·文史第二十八》，上海古籍出版社 1978 年版。
② 《全隋文》卷三二《智顗·遗临海镇将解拔国述放生池》。
③ 《资治通鉴》卷一七七"隋文帝开皇九年（589）"。
④ 《隋书》卷五八《柳䛒传》。
⑤ 《隋书》卷五八《柳䛒传》。

学士补之”[①]，是杨广为帝以后，其东宫学士当即转为值省学士可明。大业秘书学士不在官守，此制同于开皇，不赘述。值得指出的是，大业世秘书学士亦多为江左富学之名士。如扬州江都人曹宪，“于小学家尤邃”，且为江淮间《文选》学肇起者，“仕隋为秘书学士”[②]；如苏州吴人陆德明，精于训诂、《易》，“隋炀帝擢为秘书学士”[③]；复如余杭人顾彪，“明《尚书》《春秋》”，“炀帝时为秘书学士”[④]，其门人苏州吴人朱子奢，“隋大业中，为直秘书学士”[⑤]；再如，“以《三礼》学称江南”的吴郡人褚徽，亦为大业秘书学士[⑥]，等等。总结以上：杨广自晋王、太子而为帝，前后几二十年“未尝暂停”的群书修撰主要班底，应即是起于江都晋邸的王府学士群体；而起于江都晋邸王府学士群体之撰述，之所以终结于大业六年，要在大业中，杨广政治钟摆业已转向对外军事征服。史云：“大业兵起，诸儒废学”[⑦]；大业七年（612），“辽东战士及馈运者填咽于道，昼夜不绝”[⑧]，隋对高丽战争的全面爆发，最终结束了杨广，亦结束了他的文学仕臣们致力于隋王朝文化事业发展的步伐。

“佃渔六学，网罗百氏”，大致开显了晋邸王府学士以儒学为主而兼该百氏的广博的修撰范围；“莫不澄泾辨渭，拾珠弃蚌”，大抵开显了晋邸王府学士修撰群书而“无不精洽”之工。其中，“地理、医、卜”类，更为开皇初国家典藏，“至于阴阳河洛之篇，医方图谱之说，弥复为少”[⑨] 的图书。可见，由江都晋邸王府学士滥觞而渐次勒成的博而精洽的“三十一部，万七千余卷”的典籍，应即是隋王朝发展文化的历史结晶。易言之，江都晋邸王府学士对于发展隋王朝文化的作用是持续而巨大的。

江都晋邸王府学士所有的旧籍整理，应是南方文化典籍无疑；其所有的新书编纂，集中反映的应是所谓“南学”的成就，亦无疑。那么，在杨广撤府之后，这旧籍整理新书编纂所结晶的“南学”成果亦当随运北土，更属无疑。上揭，杨广晋京为太子，晋邸王府诸学士大率附骥北上以为宫臣；杨广

---

① 《资治通鉴》卷一八二“隋炀帝大业十一年（615）”。

② 《新唐书》卷一九八《曹宪传》；《大唐新语》卷九云：“江淮间为《文选》学者，起自江都曹宪。”

③ 《新唐书》卷一九八《陆德明传》；《新唐书·徐文远传》云：开皇世“世称《左氏》有（徐）文远，《礼》有褚徽，《诗》有鲁（世）达，《易》有陆德明，皆一时之冠也”；章太炎《汉唐古文传授》云：“隋唐间明古文者，独陆德明、曹宪，所谓补苴罅漏尔。”

④ 《隋书》卷七五《顾彪传》。

⑤ 《新唐书》卷一九八《朱子奢传》。

⑥ 《隋书》卷三二《经籍志》：“《礼记文外大义》二卷，秘书学士褚徽撰。”

⑦ 《新唐书》卷一九八《张士衡传》。

⑧ 《隋书》卷三《炀帝本纪（上）》。

⑨ 《隋书》卷四九《牛弘传》。

嗣位为帝，东宫学士大多亦转值或转仕秘书省以为朝臣。史载：庾自直“大业初，授著作佐郎”[①]；王胄“大业初，为著作佐郎”，兄眘“炀帝即位，授秘书郎”[②]；虞绰“大业初，转为秘书学士”[③]；诸葛颍“炀帝即位，迁著作佐郎”[④]；虞世南“大业中，累至秘书郎”[⑤]。总之，杨广始聚于江都的学士群体，尽管经历了晋邸文学元从、北上宫臣及易代朝臣诸种身份的变化，但有一点没变，即他们一直是杨广以南士为主体的修撰班底。开皇二十年，杨广入宫，晋邸文学元从率皆随之北上；晋邸撤府，府主臣僚晋迁而入北土，则其旧籍整理新书编纂之成果亦随之移运北土。明乎此，则可以进一步申论晋邸王府学士建置于有隋发展统一文化之历史作用。

柳䛒，是为大业初职掌经典图籍之事的最高官员。大业初，杨广校理国家藏书，事归秘书省而敕“命秘书监柳顾言等诠次”[⑥]；此“等”字所指，无疑当包含已经转值或转仕于秘书省的晋邸文学元从。可见，促进隋统一文化发展的大业初国家藏书校理，其中坚力量乃是江都晋邸王府学士，此其一。次之，史载大业世国家藏书校理：“得正御本三万七千余卷，纳于东都修文殿。又写五十副本，简为三品，分置西京、东都宫、省、官府”[⑦]；徐松辑《河南志·隋城阙古迹》在宫城“修文殿”条下曰：“殿内藏正御本书”；“观文殿”条下曰：“殿前两厢为书堂，各二十间。堂前通为阁道承殿。每一门有十二宝橱，高广六尺，皆饰以杂宝。橱中皆江南晋、宋、齐、梁古书。”大业世国家藏书校理，正御本凡三万七千余卷；分别庋藏长安、洛阳二京，而洛阳宝橱有“皆江南晋、宋、齐、梁古书”之特藏，要之，此观文殿特藏大部为江都晋邸王府学士所校理并迁运北方之南方旧籍可明。总上，开皇二十年杨广晋京，晋邸撤而晋邸王府学士附骥北上，先后为宫臣朝臣，此则南学之士大规模入于北土之要事；而王府学士所有编修随运北土，此则南方文化典籍大规模北播中土之要事。合二事而论之，皆所谓“南学”大规模北进之本质，其要在于不离江都晋邸王府学士初创之渊源。

晋邸学士北上及其编修南书北运，其方式是南学北进，而要在内涵沟通南北文化交流之义。南北文化的沟通，在于南北文化典籍与南北学人的交流，

---

① 《隋书》卷七六《庾自直传》。

② 《隋书》卷七六《王胄传》。

③ 《隋书》卷七六《虞绰传》。

④ 《隋书》卷七六《诸葛颍传》。

⑤ 《新唐书》卷一〇二《虞世南传》。

⑥ 《资治通鉴》卷一七七“隋文帝开皇九年（589）”。

⑦ 《资治通鉴》卷一八二“隋炀帝大业十一年（615）”。

此义甚明。南方文化，历东晋南朝 270 余年发展而颇具成就。陈寅恪先生指出："永嘉之乱，中州士族南迁，魏晋新学如王弼的《易》注，杜预的《左传》注，均移到了南方，江左学术文化思想从而发达起来。"[①] 但江左文化发展，在南北对峙历史条件下，具有区域性特征亦其必然：史论所谓"自正朔不一，将三百年，师说纷纶，无所取正"[②]，"江左宫商发越，贵于清绮，河朔词义贞刚，重乎气质"[③]，南方文化见异于北方，无论经史抑或子集皆然，此其一。次之，南方文化承魏晋正源而能增其创获，《隋书·经籍志·序》云："惠、怀之乱，京华荡覆，渠阁文籍，靡有孑遗"，"东晋之初，渐有鸠集……其后中朝遗书，稍流江左"[④]，而南朝宋齐梁陈复多其鸠集而增其创获。南方文化，渊源中州士族承接中朝旧籍而富有其创获，是南北分裂后中华文化发展的重要一翼；其内涵促进统一文化发展新进阶之作用无疑。开皇二十年，晋邸撤府，但晋邸南士南书不废而附之以北进；大业初，国家校理图藉，但源出晋邸之南士南书汇力其间。总之，江都晋邸王府学士建置虽罢，但无论聚士北进抑或修纂北传均在在有利于有隋南北文化沟通交流亦无疑！

隋开皇九年平陈、十年平叛，两次军事胜利确立了隋统一南北的形势；届此，隋中央政府推出其旨在巩固统一的"太平之法"。"太平之法"行蕴着有隋政治转型的历史内容。杨广在平叛战争结束后易镇维扬，成为有隋治理南方的最高军政长官。但是，成功的治理意味着将战争胜局升华为扎实而持久的历史成就。杨广驻节江都，结构晋邸王府学士，不啻为一种有效切入南方文化体制的文化建置；晋邸王府学士编纂南方典籍的努力，不啻为一种借文化融通以巩固政治统一的措施。江都晋邸王府学士，是所谓"文化战略"展开的文化建置；杨广"统临南服"而江左有长达近十年的政治稳定局面，大致凸现了这一战略及其战略构件合理建置的政治成效。江都晋邸王府学士长达近二十年的文化典籍修纂，不啻为有隋文化发展的一个持续进程；其间开皇二十年，杨广撤府北上，晋邸南士晋邸南方文化典籍大规模北播北土，并及晋邸学士襄力大业初国家图书校理，不啻促进了有隋南北文化走出区域格局而步入融通发展之新进阶的历史进程。

（原载《江海学刊》2002 年第 4 期）

---

① 万绳楠整理：《陈寅恪魏晋南北朝史讲演录·南北社会的差异与学术的沟通》，黄山书社 1987 年版，第 331 页。

② 《隋书》卷七五《儒林传（序）》。

③ 《隋书》卷七六《文学传（序）》。

④ 《隋书》卷三二《经籍传（序）》。

隋晋王杨广“宝台经藏”建置述论

隋建伊始，隋文帝次子杨广晋爵晋王。此开皇世杨广最高之爵衔，亦一时载籍叙记开皇世杨广行迹之所用。开皇八年（588）末，杨广为行军元帅节度诸军进击江左陈朝；翌年初，隋军平陈。《隋书·裴矩传》记曰：“即破丹阳，晋王广令矩与高颎收陈图籍。”丹阳，原陈都建康城所在郡；入隋改曰蒋州，大业初改州为郡曰丹阳郡。《资治通鉴》“文帝开皇九年”记：正月“丙戌，晋王广入建康，……使高颎与元帅府记室裴矩收图籍。”所记即此事。此是杨广首赴江左并在南北一统之际，留心南方文化典籍之事。《广弘明集·法义篇》第四之五记隋炀帝《宝台经藏愿文》（以下简称《愿文》），记录晋王杨广再赴江左，并任扬州总管而“统临南服”①，留心南方佛学典籍之事。二事相属，一在开皇九年初，一在开皇十年末，前者为旧陈国家图籍之收聚；后者为江左佛典之收集整理与庋藏。从当时文献典籍情况看，南朝保存的古代典籍当远远超过北方诸王朝②。可见，杨广前后两次对于南方文化典籍的收聚，内含着统一王朝发展文化的需要。本篇于此仅述“宝台经藏”建置之前后，并试论其在巩固政治统一及沟通南北文化方面的作用。

---

① 《隋书》卷五九《炀三子传》。

② 徐松辑、高敏点校《河南志》，东都宫城修文殿“殿前两厢为书堂，各二十间。堂前通为阁道承殿。每一门有十二宝橱，高广六尺，皆饰以杂宝。橱中皆江南晋、宋、齐、梁古书”。中华书局1994年版。

一

《愿文》称："至尊拯溺百王，混一四海。平陈之日，道俗无亏，而江南愚民，余熸相煽。爰受庙略，重清海滨。役不劳师，以时宁复。深虑灵像尊经，多同煨烬，结鬘绳墨，湮灭沟渠，是以远命众军，随方收聚。未及期月，轻舟总至。"是"宝台经藏"创立之先，有其"灵像尊经"之收聚；意在佛典，缘起于隋平陈之次年开皇十年末江南豪族反叛之际，即上揭《愿文》所云"重清海滨"而江左佛像经籍有"煨烬""湮灭"于战争烽火之厄的非常时期。江南豪族反叛，系隋平陈统一南北未及两年而发生的大规模反隋运动。《隋书·文帝本纪》记：开皇十年十一月"是月，婺州人汪文进、会稽人高智慧、苏州人沈玄懀皆举兵反，自称天子，署置百官。乐安蔡道人、蒋山李稜、饶州吴代华、永嘉沈孝澈、泉州王国庆、余杭杨宝英、交趾李春等皆自称大都督，攻陷州县。"关于江南豪族叛乱导因，史称："江表自东晋以来，刑法疏缓，世族凌驾寒门；平陈之后，牧民者尽更变之。苏威复作《五教》，使民无长幼悉诵之，士民嗟怨。民间复讹言隋欲徙之入关，远近惊骇。"[①] 于是爆发了大规模的叛乱，"陈之故境，大抵皆反，大者有众数万，小者数千，共相影响，执县令，或抽其肠，或脔其肉食之，曰：'更能使侬诵《五教》邪'。"[②] 质言之，江南豪族叛乱，无疑是有其种种政治、经济权益被削蚀、剥夺的根本关系。但从残杀隋官者口中说出的"更能使侬诵《五教》邪"一语看来，则由苏威主政推行的《五教》——作为隋朝对江南新定之地的思想驯化运动——不能不因其施之太急而有刺激江南士庶社会情绪的消极作用。文化的摇撼，也许正是一种根本的摇撼。因此，隋文帝论苏威长短，曰："不切世要。"[③] 于此或可申论，江南豪族的叛乱亦有其文化的支撑；而隋对江左的军事政治统一及其巩固，亦当有其实施文化统一的需要。而文化的统一，其实是一种交流融通而走向综合的文化整合过程。这是南北统一进程中更为深刻的历史主题。

隋平陈江左豪族叛乱的前线指挥官，为关陇集团重臣杨素。《隋书·杨素传》曰："俄而江南人李稜等聚众为乱，大者数万，小者数千，共相影响，杀害长吏。以杨素为行军总管，帅众讨之。"然在平陈战争结束后已回镇并州的

---

① 《资治通鉴》卷一七七"隋文帝开皇十年（590）"。

② 《资治通鉴》卷一七七"隋文帝开皇十年（590）"。

③ 《隋书》卷四一《苏威传》。

杨广，此时亦自河北南下予于此役①，是即《愿文》所称“爰受庙略，重清海滨”所指。由上可知杨广开皇十年末受命南下，并在平叛战争过程中下令所属各部收聚佛教典籍。即《愿文》中所云：“是以远命众军，随方收聚。”又，开皇十二年二月，蒋州（开皇九年置，治石头城，今江苏南京市西清凉山）奉诚寺慧文《与智顗书论毁寺》②。智顗接慧文书后，即于三月十一日修《与晋王书论毁寺》，书云：“今获蒋州奉诚寺慧文律师书。敬呈如别……近年寇贼交横，寺塔烧烬。仰承大力，建立将危。遂使佛法安全，道俗蒙赖。收拾经像，处处流通。诵德盈衢，衔恩满路。昔居戎在阵，尚得存心。况息武兴文，方应光显。”③ 智顗，江左陈隋之际佛教界之领袖，天台宗之宗首；开皇十一年十一月三日于扬州为杨广授“菩萨戒”，杨广尊之为师，己为弟子。因之，奉诚寺慧文以所谓公府“使人赍符，坏诸空寺”④ 而丐援于智顗。智顗致书杨广旨在议论毁寺一事，然《书》中叙及杨广“收拾经像”于“昔居戎在阵”之事，即指杨广于平叛战争中收聚佛典之事矣。是晋王杨广创立“宝台经藏”，始于对南方佛教经籍的收聚，其事在开皇十年末对江左豪族实施平叛的战争之中。如所周知，中国文化典籍之焚毁亦多与战争之事相联系，战争与“书厄”几成文化史上连锁反应之事件。杨广能于平叛战争烽火中收聚佛典，亦其存心文化而爱其典籍之表现矣。

开皇十年末，隋对江左豪族的平叛战争进展极快，这再次体现了隋在南北统一方面拥有的军事优势。不久，“江南大定”⑤，杨素班师，为强化江左新定之地治政之需，隋文帝“以并州总管晋王广为扬州总管，镇江都，复以秦王俊（杨广弟，平陈之后首任扬州总管）为并州总管”⑥。开皇中“二王”防区调动完成，杨广以使持节太尉公扬州总管诸军事扬州刺史晋王诸职爵主持南方四十五州军政事务，并移扬州总管府治所于江都。自此，杨广开始其长达十年的执政维扬的历史。而政治进程的稳步推进，亦迫使他去完成由一个军事征服者到一个政治统治者的角色转变。如有关研究指出，杨广“在南方的任务是多方面的和复杂的：缓和南方的怨恨与怀疑，在军事占领后推行合理的行政，打破阻碍南人成为忠于隋室臣民的许多政治和文化隔阂”，便构

① 参见拙作《隋将陈稜述论》，载《安徽史学》1993 年第 4 期。

② 《全隋文》卷三五《慧文·与智顗书论毁寺》。

③ 《全隋文》卷三二《智顗·与晋王书论毁寺》。

④ 《全隋文》卷三五《慧文·与智顗书论毁寺》。

⑤ 《隋书》卷四九《杨素传》。

⑥ 《资治通鉴》卷一七七“隋文帝开皇十年（590）”。

成其“集中全力进行的可称之为文化战略的活动”①。“文化战略”的根本目的在于巩固政治的统一，其最高的政治依据即在于平陈伊始隋文帝在《劝学求言诏》中所提出的“太平之法”②；“文化战略”的中心目标乃在于时为主流文化所在的“三教”，其中，于三教典籍之收聚、整理、庋藏亦为其重要途径之一。宗教经典的收聚与整理，可以使统治者获取一种“支配象征”。杨广收聚佛典亦筹建“宝台经藏”的活动，应置于“文化战略”格局中予以考察。

《愿文》称，始于平叛战争的经籍收集，“未及期月，轻舟总至。乃命学司，依名次录，并延道场义府，覃思澄明所由，用意推比，多得本类。庄严修葺，其旧惟新”。是“宝台经藏”佛典之收集未满一月之期，即由水路舟运总集于江都治所。江都居江岸之北，今江苏扬州。故《愿文》称佛典所集曰：“轻舟总至。”其归集之所谓“学司”，应即杨广晋王府之学司。稽《隋书·百官志》，炀帝大业时改置秘书省官职，“又置儒林郎十人，掌明经待问，唯诏所使。文林郎二十人，掌撰录文史，检讨旧事。此二郎皆上（即杨广）在藩已来直司学士”。是杨广在藩有“直司学士”掌其“撰录文史，检讨旧事”之文事。然复稽《隋志》，亦知隋之王府官署无“学士”之设。《隋书·柳䛒传》记移镇扬州之杨广曰，晋“王好文雅，招引才学之士诸葛颍、虞世南、王胄、朱玚等百余人以充学士”。是知，杨广晋王府有大批不在官制序列之“学士”，而所谓“在藩已来直司学士”应即指暂行兼摄之差遣。杨广江都晋王府邸之学士多为江左富学之名士，且不乏精于内典之学者。“宝台经藏”佛典初步收集整理之事务归其主持，亦利其事矣。“宝台经藏”初归之“学司”，盖即如此。其整理、部类而庋藏，亦如上揭《愿文》所记，初由王府学司，依据经名一一登录；次之则延请精于佛学义理之僧人，依据经义以分明类别；最后由书匠修葺、誊抄、装饰以庋藏。此“宝台经藏”编定佛典以置于藏所大致之步骤。个中“并延道场义府，覃思澄明所由，用意推比，多得本类”，实为收集编纂以建经藏之关键。《愿文》称，“宝台四藏，将十万轴”，是知“宝台经藏”，凡“将十万轴”之佛典亦分四类以收藏。此四类之分，亦即而后东都部类佛典之藏其经部类作四分之先河。

《隋书》卷三五《经籍志·佛经部·序》云：“大业时，又令沙门智果，于东都内道场，撰诸经目，分别条贯，以佛所说经为三部（大业世部分佛经有经、论、律三部之分）：一曰大乘，二曰小乘，三曰杂经。其余似后人假托

① ［英］崔瑞德主编：《剑桥中国隋唐史》第二章《隋朝》，中国社会科学出版社 1990 年版，115 页。

② 《全隋文》卷二《文帝·劝学求言诏》。

为之者，别为一部，谓之疑经。”“宝台经藏”四藏，盖即大乘、小乘、杂经、疑经之四分。其辨析区别之功，亦非富有释教义学者所可为。众所周知，佛教于两汉之际传入东土，历经魏晋南北朝而其经翻译甚多。如梁释僧佑云：“由汉届梁，世历明哲。虽复缁服素饰，亦异迹同归。讲义赞析，代代弥精。注述陶练，人人竞密。所以记论之富，盈阁以充轫房，书序之繁，充车而被轸矣。”[①] 此汉魏以下，佛教译经渐广其业之概括。又据唐释智升《开元释教录》江左六朝译经之统计，可知六朝以来译者凡 61 人，经 920 部、1969 卷[②]。是译经既多，范围渐广，遂当有其部类之分。江左六朝以下之佛典，有其北学高僧南下所译及携带者，此多为“大乘”；而其来自海上小乘佛教通行之地的佛典，则多为“上座部”之“小乘”。是江左佛学典籍与北方无异亦固有其“大乘之学”“小乘之学”之部分。此“宝台经藏”立其“大乘”“小乘”部类之根据。“宝台经藏”所立“杂经”之部类，当即不在大乘小乘二部之佛学经籍。此类佛学典籍，或即内含汤用彤先生所论“南北朝释教撰述”之“杂论”的一部分。“宝台经藏”所立“疑经”之部类，即僧人比附“佛说”所造作之伪经。内典目录或合称为“疑伪经”。此伪经之造作，有一时诸家伪书造作风习之背景，以及僧人因时造经以求入世之动机。汤用彤先生总结指出：“六朝造伪书之风甚行，亦多伪造之佛典。”东晋之释道安初作佛典目录时已“有疑伪经之发现”，作有《疑伪经》，辑载伪经 25 部、28 卷。尔后，梁释僧佑再作佛典目录时，“而伪经又增四十五部（内有抄经之类七部），二百五十七卷”[③]。此魏晋南北朝以来，佛经翻译参有伪作之事实而道安、僧佑作目录列其疑伪之部类。结上可明，“宝台经藏”之分类，无论“疑经”，抑或“大乘”“小乘”及“杂经”，均即由此佛典存在之事实而依准前人部分佛典之成法所作。然个中“并延道场义府，覃思澄明所由，用意推比，多得本类”，已见编纂过程中求其部类之精审矣。

《愿文》称：“仰惟如来应世，声教被物，殷勤微密，结集法藏。帝释轮王，既被付属。菩萨声闻，得扬大化。度脱无量，以迄于今。”是“宝台经藏”创立，有追步教史编纂佛典“结集”之旨。如佛教结集史所示，“结集”一事，于佛教经籍则有会诵、甄别、审定而予以系统确定之务。可见，经由“宝台经藏”佛典归类，已不仅限于目录学编纂之意义，此其一。次之，“结集法藏”，亦首在有佛典搜求之前提。“宝台经藏”“将十万轴”之巨的佛典

---

① 《出三藏记集》卷一二《经藏正斋集》。

② 参见汤用彤：《汉魏两晋南北朝佛教史》，中华书局 1983 年版，第 295 页。

③ 汤用彤：《汉魏两晋南北朝佛教史》，中华书局 1983 年版，第 426 页。

迅速集于江都，亦与南方寺院富佛典之藏的“经藏”传统有根本之关系。南方经藏之渊薮，举其大端，有萧梁华林园经藏、定林寺经藏、建初寺经藏。

华林园，金陵宫殿之园。《建康实录》卷一二《宋太祖文皇帝》元嘉二十三年条引《舆地志》曰：“自吴、晋、宋、齐、梁、陈六代，互有构造，尽古今之妙。其宫殿数多，旧来不用，乃取华林园以为号，陈亡悉废矣。”是“华林园者，盖江左已来，后庭游宴之所也”①。至于萧梁，梁武帝萧衍，“重以华林毁折，悟一切之无常；宝台假合，资十力而方固。拾兹天苑，爰建道场”②。是“笃信正法，尤长释典”③ 之梁武，始于华林园建立道场。史称：梁武帝“听览余闲，即于（华林园）重云殿及同泰寺讲说，名僧硕学，四部听众，常万余人”④。内典记称：梁武帝，“爰以大同七年（541）三月十二日讲金字《般若波罗密三慧经》于华林园之重云殿”⑤。梁武帝讲经于华林园重云殿，事在大同七年三月；于建康城西开士林馆，事在大同七年十二月，皆为梁武文饰其文治之盛事。时称：“盛矣哉！”⑥ 粤后，徙居北国的庾信在其《哀江南赋》中亦云“天子方删诗书，定礼乐。设重云之讲，开士林之学”，以追忆旧国盛事。梁武既于华林园开其弘阐佛学之道场，则佛典经藏亦多聚于华林园，于是自梁而下华林园有其经藏之富。史称：“梁初，秘书监任昉，躬加部集，又于文德殿内列藏众书，华林园中总集释典，大凡二万三千一百六卷，而释氏不预焉。”⑦ 华林园释氏经藏之数，《隋书·经籍志·佛经部序》记曰：“梁武大崇佛法，于华林园中，总集释氏经典，凡五千四百卷。”

定林寺始建于刘宋，有所谓“上下定林”。《建康实录》卷一二《太祖文皇帝》元嘉元年条记“案：《寺记》：又置下定林寺”；元嘉十六年又记“置上定林寺”。《续高僧传·习禅篇》记梁武时都下双定林寺云：“逮于梁武，广辟定门。搜扬宇内有心学者，总集扬郡。校量深浅，自为部类。又于锺扬上下双建定林。使夫息心之侣，栖闲综业。”定林寺有经藏，当始于萧梁临川王萧宏造镇经藏，僧佑《出三藏记集》卷一二《经藏正斋集》载《定林上寺太尉临川王造镇经藏记第二》一目，今仅存目以志其事耳。

建初寺为江左佛寺之始建者，盖始于孙吴大帝孙权时，寺内有波如台为

① 《广弘明集》卷一九梁陆云《御讲波若经（序）》。

② 《广弘明集》卷一九梁陆云《御讲波若经（序）》。

③ 《梁书》卷三《武帝本纪（下）》。

④ 《梁书》卷三《武帝本纪（下）》。

⑤ 《广弘明集》卷一九梁陆云《御讲波若经（序）》。

⑥ 《广弘明集》卷一九梁陆云《御讲波若经（序）》。

⑦ 《隋书》卷三二《经籍志（序）》。

经藏之所。梁释僧佑为南朝律学巨匠，曾历主金陵定林寺、扬州建初寺；梁天鉴年间著佛典目录《出三藏记集》，定林、建初二寺之经藏“皆僧佑可以利用者”①。

于上略见萧梁以下寺院经藏之传统，其中所内含的南朝皇帝和王室在佛典编撰问题上与佛教形成的政教契合之精神，亦当为杨广创立“宝台经藏”所因承；而其所有佛典之富藏，则是晋王杨广创立“宝台经藏”之主要来源。

《愿文》署名“隋炀帝”，然未载成文时间，仅称：“频属朝觐，著功始毕。”是“宝台经藏”编定之时，亦在晋王杨广所谓“朝觐”之际。朝觐为先秦古礼。《隋书·礼仪志》云：“自秦兼天下，朝觐之礼遂废。及（北）周封萧督为梁王，讫于隋，恒称藩国，始有朝见之仪。”萧督死，“开皇四年正月，（其子）梁主萧岿朝于京师”。此隋朝有藩国而朝觐之礼行于正月之事。晋王杨广为隋室出藩居镇之王，其朝见父皇当不同于异姓藩国的“朝觐”之仪。史载，晋王杨广“为扬州总管，镇江都，每岁一朝”②。此杨广执政江左有其年度入朝之规定，此“即《愿文》所谓‘频属朝觐’者也”③。但“著功始毕”，于此“仍未能定于何年”④。如概括推之，或可说，“宝台经藏”始于开皇十年末之收聚，已有“将十万轴”之巨的佛典；其历经比勘校定、整理装饰之过程，恐难以在短期内完成。明乎此，再究“频属朝觐”之含义，一则解之可谓泛指晋王杨广朝见于京师之频繁。次之，“频”字古意，如杨树达先生《词诠》所解及所附之例：“履也，连也。‘频历二司，举动得礼’（《后汉书·刘恺传》）；‘和帝初，拜谒者，除任城长，迁阳夏重合令，频历三城，皆有惠政’（《后汉书·周磐传》）。”则“频”字举义，不仅有接二连三频繁之义，视其数目之计亦有二三数之义。故试解“频属朝觐”，或即谓晋王杨广朝见频繁而有接二连三之次数。复依开皇十二年杨广方始有朝觐事⑤，则试推“宝台经藏”编定之年，或可曰在开皇十四五年。《隋书·文帝本纪》开皇十五年记：“秋七月乙丑，晋王广献毛龟。”此开皇十五年“毛龟之献”，是否为杨广年度朝见所亲为，难以置论。可以申论的是，讫于开皇十四五年，治政江都的杨广大致已稳定江左形势，从而亦渐生其“夺宫”入储的政治用

① 饶宗颐：《宗教思想史新页·梁僧佑论》，北京大学出版社 2000 年版，第 19 页。

② 《隋书》卷三《炀帝本纪（上）》。

③ 陈寅恪：《金明馆丛稿二编》，上海古籍出版社 1980 年版，第 204 页。

④ 陈寅恪：《金明馆丛稿二编》，上海古籍出版社 1980 年版，第 204 页。

⑤ 开皇十年末平叛战争方兴未艾，《隋书》卷二四《食货志》记：开皇“十一年，江南又反，越国公杨素讨平之，师还，赐物甚广。”是开皇十年末隋对江左豪族叛乱的战争当在十一年结束，而杨广初至镇诸事毕举，十一年即朝，恐难以成行。

心。因之，编定佛典于此时并借此以邀结其爱重佛教的父皇母后之欢心，亦正所谓夤缘时会。此即《愿文》中所倡言“出受藩寄，每用祇敬。非惟礼乐政刑，一遵成旨；而舟航运出，弥封弗坠”之意。诚然，“频属朝觐，著功始毕”，《愿文》所记已不能明确“宝台经藏”毕功之年，断之实难。此故妄解之，亦只在参明其主持者与开皇世政治关系之一面耳。不妥之处，亦惟方家正之。

隋晋王杨广“宝台经藏”之建立，起于开皇十年末隋对江左豪族的平叛之战争，盖迄于开皇十四五年杨广“朝觐”京师之际而完成。这是南北统一以后，隋对江左佛教经像典籍一次最大规模的集中与整理。其范围，当如《愿文》所称“深虑灵像尊经，多同煨烬”之经、像，其主在佛教佛学典籍可明；其来源，当以江左尤其是六朝之都金陵附近寺院之经藏为主，其为南统佛教经籍可明；其初步登录由王府学士为之，其稽核部类则由义学之僧成之，是“宝台经藏”之编定亦合所谓僧俗之力可明；其补续残缺、誊抄、装饰以庋藏，亦当一时工书之士及名匠为之，可不赘言。概言之，“宝台经藏”不仅是有隋对江左佛教典籍一次最大规模的集中与整理，且也是质量最好的一次集中与整理。“宝台经藏”首先是一种庋藏佛教典籍的文化设施。如前述，将经藏变成官方的事业不是杨广的创造，它只是杨广对南方经藏传统的一种因承。但是，尽管这种因承中不具备文化设施创置的形式意义，其载体之下所切入的政治理念，则标明了建立者杨广对于南方佛教联引、整合以巩固统一的权力意志。易言之，这种“文化的设施”只是杨广实施“文化战略”的构件。因此，隋晋王杨广“宝台经藏”的建立，不仅在文化内涵上有一种探究的价值，而且因其与当时统一进程之巩固、发展息息相关而有其政治内涵的探究价值。质言之，“宝台经藏”文化设施建立的表象之下，包蕴着当时政教关系的历史内容，这是首要而且本质的；当然，文化之沟通以促进统一文化之发展，亦是其应有的题中之意，但这是次要而且从属的。试述论于次。

二

隋于开皇九年初平陈，结束了长达370年之久的南北对峙（西晋短暂之统一，姑置不论）。但南北对峙以来所有的差异，尤其是带有区域发展性格的文化差异，却并没有因为这么一场迅捷的统一战争的结束而结束。平陈伊始，不旋踵而有江左豪族广泛、激烈的反叛，一方面说明了隋的统一不能、亦不应裹足于军事统一的战争层面，混一南北后的中央集权政府必须在政治、经济、文化等方面实施新的统治政策，实现其“马上”“马下”统治模式的转移；另一方面也说明了要实现一个巩固、持久的政治统一，统一南北后的中央集权政府必须正视统一政治条件下的文化差异问题，这就是开皇九年四月隋文帝在《劝学求言诏》中所提出的“太平之法”：“今率土大同，含生遂性。太平之法，方可流行。凡我臣僚，澡身浴德，开通耳目，宜从兹始。”[①]可以说“太平之法”的提出，是隋统一江左以后“文治”历史主题的浮现，其中内含着沟通南北以为民人“澡身浴德”之需的文化创建问题。但是，时任扬州总管而治政南方的杨俊，却未能负荷起这历史主题的重托。于是而有富含文化支撑的江左豪族叛乱的爆发。开皇十年末的平叛战争及其顺利结束，再一次将杨广推向治政剧要的南方新定之区。然而，隋于江左军事胜利的成功复制，丝毫不减其统一江左以后而实施“文治”的历史需要。因此，如何从军事统一到军事平叛的胜利中走出来，便构成了杨广治理南方、以贯彻中央政府“太平之法”的核心所在。其中，联引三教是这一“核心”的重要内容。

就政教关系所以构成的本质而言，“统治者对政治支持的需要，也有可能使之依赖于各种宗教力量，这样，统治者就不得不形成新的活动和政策以实现他们的目标”[②]。政治与宗教有相资相需之关系而以政治为其轴心，此即中国古代政教关系的基本特征。如所周知，隋统一后面对的是所谓“三教”并存的思想文化及附著其上的社会群体存在的现实。因此，为争取南北朝以来已发展成为社会“权势群体”的佛教以及已完成“上层化”改造的道教对政治统治的支持，隋初立国就表明了它联引佛道以构建其混合意识形态的国家哲学精神。开皇元年（581）闰三月，隋开国皇帝杨坚在《五岳各置僧寺诏》中宣称：“法无内外，万善同归；教有浅深，殊途共致。朕服膺造化，念存清静，慕释氏不二之门，贵老生得一之义。”此即杨坚在周武灭佛以后、作为新朝之君公开其含纳二教的宣言。就隋王朝复兴佛教而言，构成它的现实的政治统治需要的依据，就在于北魏以下北方社会浓烈的佛教氛围及其教徒遍布于社会各阶级阶层的现实（就南北未统一之北方治理而言）。而通过征集编纂佛典的努力来贯彻联引佛教的思想，便由此成了开皇世的一项重要活动。它始于最高统治者的奖劝，而风及于天下的景从。史载：“开皇元年，高祖普诏天下，任听出家，乃令计口出钱，营造经像。而京师及并州、相州、洛州等

---

① 《全隋文》卷二《文帝·劝学求言诏》。

② ［美］S. N. 艾森斯塔得著，阎步克译：《帝国的政治体系》，贵州人民出版社 1992 年版，第 144 页。

诸大邑之处，并官写一切经，置于寺内；而又别写，藏于秘阁。天下之人，从风而靡，竞相景慕，民间佛经，多于六经数十百倍。”① 又，开皇世文献独孤皇后所写佛经，“见 P. 2413《大楼炭经》、上博《持世经》等，题曰：‘大隋开皇九年四月八日，皇后为法界众生，敬造一切经流通供养。’”② 亦南北统一伊始，“母仪天下”之皇后所营造一切经而流于河西敦煌孑遗者。其流播之广可以想见，其营造之夥可以想见，其奖劝之殷可以想见。而“天下之人，从风而靡”，亦多少可以想见杨隋统治者致力于佛典编纂之努力所获取的“政治支持”。

开皇世，隋王朝联引佛教及其营造经像活动的现实政治依据，对于治政南方的晋王杨广来说，同样存在而且更显迫切。首先，汉魏以下，东渐佛教之中国化的广泛发展，已使其具备了一种社会整合的意识形态功能。如有关研究指出，隋“帝国能够巩固，首先是有北魏及其后继者，发展了的一套中央集权制度，其次是国家保护南北方普遍接受的佛教”③；是中央集权与佛教整合的政教关系逻辑，已使佛教居于“漫长的大分裂时期以来的统一力量”④的历史位置。次之，南方佛教之发展及其与六朝政治之密切关系，较之北朝更能显其连续性。南方佛教或有政教冲突，或有教教相难，然多以教义论辩形式行之。故其发展少有如北方“灭佛”那样的所谓劫难之厄，其与南朝统治者之关系少其挫折而更显紧密。仅以南朝末期梁陈时事言之：《高僧传》卷六《僧旻传》记梁时蔡撙喟叹庄严寺僧旻：“今旻公又‘素王’于梁矣！”《梁书》《陈书》记梁武陈武舍身僧寺事。凡此，或僧侣物望隆盛而比侔于中华先圣，或帝王佞教殷勤而厕身于寺院仆役，无不一一开显出南朝释氏切入封建政治切入社会精英群体强劲之势，而明示其“自来史实所昭示，宗教与政治终不能无所关涉”⑤ 之理。南朝佛教作为社会“权势群体”之强势崛起及其政教协和资治之传统，构成了晋王杨广极意交接而联引而整合佛教的现实政治的依据。开皇十一年，杨广于接受智顗所授“菩萨戒”时宣布“孔老释门，咸资熔铸，不有轨仪，孰将安仰”⑥，在将新朝“三教”并举之意识形态建构告白于南方僧俗社会的同时，亦出示了他联引佛教的政治姿态。可以

① 《隋书》卷三五《经籍志四》。

② 转引谭蝉雪：《敦煌道经题记综述》，见《道家文化研究》第十三辑，三联书店 1998 年版，第 10 页。

③ ［英］杰弗里·巴勒克拉夫主编《泰晤士世界历史地图集》，三联书店 1983 年版，第 248 页。

④ ［英］杰弗里·巴勒克拉夫主编《泰晤士世界历史地图集》，三联书店 1983 年版，第 248 页。

⑤ 陈寅恪：《金明馆丛稿二编》，上海古籍出版社 1980 年版，第 240 页。

⑥ 《全隋文》卷七《炀帝·受菩萨戒疏》。

说，开皇十一年末的《受菩萨戒疏》是开皇初《五岳各置僧寺诏》在江左的一个翻版。当然，从初至江左的“收陈图籍”到再赴江左的收集经像，史称“好学，善属文”[①]，“又言习吴音”[②] 而自诩可“与天下士大夫高选，亦当为天子矣”[③] 的杨广的行为，是有其倾心留意南方典籍的文化性动因。但这毕竟是一种政治人物的文化操作，其最终的目标乃在于服务于政治的需要。易言之，政治人物的文化旨趣受制于政治规定的根本制约。这一根本制约的历史底蕴，就是六世纪末的中国佛教已经有了置身中国封建政治及其意识形态建构的前史。因之，与其说隋唐佛教黄金时代的发生是隋唐帝王推崇的结果，毋宁说隋唐佛教黄金时代的产生是历史发展的结果。因之，与其说杨广联引南方佛教的活动源于“庭训”[④] 的结果，毋宁说是源于江左佛教发展现实的结果。政治取资于宗教的支持，在于宗教作为政治资源的历史形成；申论其互动之关系，或可曰：政治之变迁亦当有其宗教演进之关系，而宗教之演进亦当有其政治演进之关系。佛教佛学之发展当无逾其例外。

中国南方佛学之发展，汉魏以后亦诚如汤用彤先生所概括：“中国溯自汉兴以来，学术以儒家为大宗，文化以中原为主干。而其所谓外来之瞿昙教化，方且附庸图谶阴阳之说，以争得地位于道术之林。汉末以来，世风渐变，孔教衰微，《庄》《老》兴起。中原文物，经乱残废，叠次渡江。于是魏晋释子，袭名士之逸趣，谈有无之玄理。其先尚与正始之风，留迹河、洛。后乃多随永嘉之变，振锡江南。由是而玄学佛义，和光同流，鬱而为南朝主要之思想。”[⑤] 由其概括复参见汤用彤先生《汉魏两晋南北朝佛教史》“义学之南趋”一节，知渐进中华之佛教，凡历汉魏之间、两晋之际，及鸠摩罗什之死（后秦弘治十五年〔413〕）至后秦灭于刘裕之手（416）前后三次“学术之转徙”[⑥]，而南趋江左相偕东晋南朝之玄学“鬱而为南朝主要之思想”。此暂置江左佛学义理特征不论，仅就南方佛教发展与一时政治社会关系之状况言，则已知隋统一南北时所面对的南方佛教已为江左社会的“主要之思想”。此即杨广实施他“文化战略”所面临的思想现实。再则，南方佛教社会发展之状况，亦如梁武时郭祖深所上封事云：“都下佛寺五百余所，穷极宏丽。僧尼十

① 《隋书》卷三《炀帝本纪（上）》。
② 《隋书》卷二二《五行志（上）》。
③ 《隋书》卷二二《五行志（上）》。
④ 《全隋文》卷七《炀帝 · 受菩萨戒疏》。
⑤ 汤用彤：《汉魏两晋南北朝佛教史》，中华书局 1983 年版，第 381 页。
⑥ 汤用彤：《汉魏两晋南北朝佛教史》，中华书局 1983 年版，第 241 页。

余万，资产丰沃。”而僧、尼复有白徒、养女甚众，以至“天下户口几亡其半”[①] 的大批佛教信徒的存在。此即杨广实施他“文化战略”所面临的社会现实。凡此宗教思想已植入南方政治之事实，及其宗教传播已渗入南方社会之事实，均即杨广联引南方佛教，稳定治局以巩固统一的政治性现实规定。

杨广执政维扬与南方佛教交结之大事，一则为联引天台宗，二则为建立“宝台经藏”。开皇十一年末完成的受戒仪式，标志着隋朝与天台宗政教联合的正式告成；开皇十四五年完成的“宝台经藏”，标志着隋朝对于战后之南方佛典结集的正式告成。前者系世俗权威与宗教权威携手合作的表征，后者系世俗权威操作宗教文化的表征。二者均成功地显示了隋王朝在南方联引、整合佛教的政策。就本文所论，凭借世俗权威所完成的“宝台经藏”，内含着世俗政治力量联引、整合和控制宗教文化中心的权力意志，其目标是为政治统治提供了一种“支配象征”——“它们作为统治者实现目标和政策的潜在政治支持资源，具有重要意义”[②]。杨广治政南方的目标在于巩固和扩大统一政治的基础，而战后政治模式根本转移的历史要求，亦使其自觉不自觉地步入所谓“文化战略”的政治轨道。因此，服务于这一目标的“政策”，即不能回避已经“蔚为南朝主要之思想”之一的佛学，即不能回避已广泛渗透于江左社会各阶级阶层的佛教。作为具有“潜在政治支持资源”的“宝台经藏”的建立，一则有思想认同的资源取择，即将南方富有义学传统的佛学体系纳入王朝国家哲学构建框架之中的现实目标。二则有社会认同的资源取择，即借此对于具有传播普遍性的宗教价值容纳的姿态，以完成普遍文化价值承担者代表者之形象塑造，以完成王朝在南方社会认同群体广泛构建的现实目标。前者或为一种思想整合的资源集合目标，后者或为一种社会整合的资源集合目标，但其总的方向，则在于巩固和扩大统一政治的基础。《愿文》称：“问孝问仁，孔酬难别；治身治国，老意无乖。殊途同归，一致百虑。”所云与《受菩萨戒疏》“孔老释门，咸资熔铸”之义全合；是晋王杨广建立起“宝台经藏”及其受戒于天台事，苦心孤诣在于贯彻中央集权政府联引三教之政策于南方新定之地。“宝台经藏”之建立，最为本质的是政治性目标，个中含蕴着开皇世政教结合的历史底蕴；“宝台经藏”之建立，最为直接的是联引江左佛教的目标，个中含蕴着杨广治政维扬的“文化战略”，其成功之实施有利于南北统一历史进程的持久发展。

隋晋王杨广“宝台经藏”之建立，为其“文化战略”行于江左之措施。

---

① 《南史》卷七〇《郭祖深传》。

② ［美］S. N. 艾森斯塔得著，阎步克译：《帝国的政治体系》，贵州人民出版社 1992 年版，第 144 页。

然文化之构建亦必有其文化之含义，故其佛典收集、编定而复事流通之传播，亦必于南北佛学交流而统一文化之形成有其作用。

《愿文》称：“宝台四藏，将十万轴。因发弘誓，永事流通。”“今宝台正藏，亲躬受持。其次藏已下，则慧日、法灵（笔者注：灵、云二字繁体形近，疑‘灵’为‘云’之讹）道场；日严、弘善灵刹。此外京都寺塔，诸方精舍，而梵宫互有大小，僧徒亦各众寡，并随经部多少，斟酌分付。”是宝台经藏有“正藏”“次藏”庋藏之制，此仿开皇世秘阁藏书“正副二本”[①] 制度。“宝台正藏”即宝台经藏之元本、正本，其“亲躬受持”即杨广居藩而留于治所江都可明。“次藏已下”即宝台经藏所誊写之抄本、副本。其“次藏已下”所分付之慧日、法云道场，应即江都治下之慧日、法云二道场。《全随文》卷六《炀帝与智顗书》云：“来旨勖以法事，实用惭悚。始于所居外援建慧日道场，安置照禅师已下。江陵论法师亦已远至。于内援建法云道场，安置潭州觉禅师已下。”是江都治所慧日、法云二道场，建于杨广移镇江都以后。又，《续高僧传·释慧觉传》记杨广镇江都所赐书云：“今于城内建慧日道场，延屈龙象，大弘法事，盛转法轮。上人名称普闻，众所知识。今遣迎候，迟能光拂也。”亦明江都建慧日寺之事。其“次藏已下”所分付之日严、弘善灵刹，应即京师之日严、弘善二寺。徐松《唐两京城坊考》卷三《外廓城·青龙坊》：“西南隅，废日严寺。”徐松注曰：“隋炀帝为晋王，仁寿元年施营第材木所造，因广招名僧以居之。贞观六年废。”此处徐注有误。杨广仁寿元年已为太子，不当以“晋王”称，称“晋王”而记事则应在开皇世。又，上揭书同卷《外廊城·长乐坊》：“西南隅，赵景公寺。”徐松注曰：“隋开皇三年，独孤皇后为父赵景武公独孤信所立。《酉阳杂俎》曰：隋本曰弘善寺，至开皇十八年改。”是开皇世隋之京师已有日严、弘善二寺，一则杨广自立，一则其母后为其外租所立，凡此皆杨隋皇室所建寺，故江左佛典编定而有以送之。又，宝台次藏复有其“京都寺塔，诸方精舍，而梵宫互有大小，僧徒亦各众寡，并随经部多少，斟酌分付”之流通。是也即《愿文》所艳称“今所传经，遍于宇内”的广泛传播。可见广为传播的“宝台次藏”的抄本之数亦当甚夥。故《愿文》叹曰：“追念缮写之者，厥诚至隆。手到心到，何量功德！”以上即宝台经藏初定之时传播概况。值得指出的是，开皇二十年，杨广入嗣储君即迁居京师，其居藩“亲躬受持”之“正藏”应即随其迁运京师。四年后，杨广即帝位并于洛阳营建东都，“又于内道场集道、佛经”[②]。

① 《隋书》卷三二《经籍志（序）》。

② 《隋书》卷三二《经籍志（序）》。

徐松辑《河南志·隋城阙古迹》记隋东都宫城景运门“道右，有命妇朝堂，慧日、法云二道场，通真、玉真两坛”[①]。是东都内道场所集佛经，亦当有宝台经藏北运之佛典，此即前揭智果居东都内道场编撰大业世佛经目录所藉佛典一部分。结上可知，宝台经藏佛典编定之时有其分付四方之传播，其后亦有随杨广北归而北传二京之流通。凡此前后佛典经籍之转徙，虽曰分付四方“遍于宇内”，其实主在北土之二京亦甚明确。宝台经藏之“正藏”及其“次藏”主要传播之地区，应即在北方政治文化中心的都邑，一则隋文夫妇甚好佛典，二则古代中国有政治中心操作主流文化之传统，凡此均为向心佛学且在受戒时就表明“以此胜福，奉资至尊、皇后，作大庄严，同如来慈”[②] 的杨广敬输南国佛典于北土之依据。

宝台经藏所有南方佛典之北传，一则有初定时之分付，二则有杨广入储时所自携，三则有东都肇建时内道场庋藏之需的鸠集，凡此三徙亦正如陈寅恪先生概括指出：“然则炀帝所广搜之南朝佛典，皆已尽数输之于北土矣。”[③]宝台经藏所集佛经为南统佛学经典，其传输北地亦有利于南北佛学之会通。如所周知，南北朝结束而有南北政治之统一；而南北政治之统一，亦必将促进南北文化之综合与统一。统一后之隋王朝，于开皇中步入其上升发展的阶段，其周边形势之稳定及经济之发展，亦为南北文化之交流提供其条件，南北文化走向综合之形势彰显得愈加明确。文化综合的大趋势，亦为中国佛学走出区域性发展格局而归趋融通创造了条件。“佛教在中国经过四五个世纪的流传，到了隋唐是为大成时期。此时南北政治统一，国家经济发达，文化交流融合，佛教亦随着组织异说求同求通的趋势，走向综合”[④]。如所周知，“南义北禅”为南北佛教佛学之差异，及至义学内部亦各有异说之并存。因此，经师之交流、经典之交流遂构成会通异说关键之所在。宝台经藏南学佛典之北传，是南北统一以后南方佛典规模最大质量最好的一次北传。此利于“组织异说求同求通”而走向“大成时期”之中华佛教的发展可明。因此，或可申论，始于南北统一之历史当口，且在南北文化交流规模性展开前提下的中华佛教佛学的融合会通，其中内含着宝台经藏佛典北输的历史内容。

（原载《唐研究》2000 年第 7 卷，北京大学出版社 2001 年版）

---

① 徐松辑、高敏点校：《河南志》，中华书局 1994 年版，第 104 页。

② 《全隋文》卷七《炀帝·受菩萨戒疏》。

③ 陈寅恪：《金明馆丛稿二编·敦煌石室写经题记汇编序》，上海古籍出版社 1980 年版。

④ 方立天：《佛教哲学·佛教哲学历史演变》，中国人民大学出版社 1986 年版。

隋晋王杨广与缙云山徐则

杨广，隋开国皇帝文帝杨坚次子。公元580年，隋禅周建国，杨广例迁，由在周之敦煌公晋爵晋王。公元588年十月，杨广为行军元帅节度隋军51.8万平陈；次年元月，隋平陈告捷统一南北，杨广复归河北行台、并州总管任。然而，南北统一的军事胜利，并没有彻底解决南北统一后的政治、经济、文化的统一问题。统一之深厚基础尚有待于军事胜利后的震荡而加以巩固。

公元590年，即隋文帝开皇十年，江左豪族纷纷举兵反隋，其范围如吕思勉先生言："遍今浙东、西，皖南，闽，赣。"[①]《通鉴》称："江表自东晋以来，刑法疏缓，世族凌驾寒门；平陈之后，牧民者尽更变之，苏威复作《五教》，使民无长幼悉诵之，士民嗟怨"，于是"陈之故境，大抵皆反"[②]。是隋平陈伊始，旧陈境内豪族反隋有其政治、文化二因，一则"牧民者尽更变之"，二则"苏威复作《五教》，使民无长幼悉诵之"；政治权力之剥夺与文化根本之动摇，使新定之区例有的震动找到了反抗新统治者的斗争支点。但是这种反抗毕竟不合历史的潮流。开皇十年，隋复以其西北强劲之府兵渡江平叛，杨广亦自并州南下予于此役。不久，"江南大定"[③]，这无疑证明了隋对江左的统一，在军事上是强有力的；然而，江左如此广泛而激烈的反抗，亦预示了隋的统一不能仅仅停留于军事统一的层面。一个巩固而持久的统一，尚有待于一个更为深入的政治、文化的统一以奠定其坚实基础。

---

① 吕思勉：《隋唐五代史》上册，上海古籍出版社1984年版，第1页。

② 《资治通鉴》卷一七七"隋文帝开皇十年（590）"。

③ 《资治通鉴》卷一七七"隋文帝开皇十年（590）"。

江左平叛结束，隋中央政府即“以并州总管晋王（杨）广为扬州总管，镇江都，复以秦王（杨）俊为并州总管”[①]，此即开皇中“二王”军政防区之互调。杨广以上柱国、太尉、晋王、扬州总管之爵职节镇江左44州，“统临南服”[②]；移“镇江都，每岁一朝”[③]，迄开皇二十年（600）立为皇太子，莅镇江左前后凡10年。其间，为执行中央“太平之法”[④]于江左，为“在军事占领后推行合理的行政，打破阻碍南人成为忠于隋室臣民的许多政治和文化隔阂”[⑤]，杨广展开了他旨在巩固军政统一的“文化战略”[⑥]，其核心内容为联引三教，个中与栖隐缙云山设馆天台之道教徐则的交往亦为其一部分。是隋晋王杨广与天台徐则之关系乃政教之关系，而尤其以开皇政治为转移，因为，“自来史实所昭示，宗教与政治不能无涉”[⑦]，而南北朝以来，无论释道都与一时政治之发展消息甚紧。杨广与徐则关系之轴心为政治，此其一；然宗教之于文化，及杨广于宗教文化之态度，亦使杨广与徐则关系有其宗教文化之内容，此其二。

《隋书·隐逸传》记，徐则“受业于周弘正，善三玄”，后“怀栖隐之操，杖策入缙云山”；陈太建中“入天台山”，“履德养空，宗玄齐物，深明义味，晓达法门”；杨广“手书”称曰：“虽复藏名台岳，犹且腾实江淮”云。是置馆天台之徐则，盖由儒玄双修之士而渐入道门的江左道教名人，此其一。次之，上揭书云，徐则“初在缙云山，太极真人徐君（即道教灵宝派仙人徐来勒）降之曰：‘汝年出八十，当为王者师，然后得道也。’”（陶弘景《真灵位业图》以“第三神阶纳入徐来勒、葛玄等灵宝派所尊之创始人”）是徐则秉教太极真人，其道教盖出灵宝一系。复次，徐陵为徐则所刊《天台山馆徐则法师碑》及杨广下“书”所论之徐则，皆异文而同辞曰“卓矣仙才”，是徐则之修道亦当有方仙道之内容，而此则与方仙道文化钟聚之缙云山有关。最后，徐则应召而诣杨广，“晋王将请受道法，（徐）则辞以时日不便”，“至于五更而死”，故宋人苏轼论云，“予以谓徐生高世之人，义不为炀帝所污，故辞不肯传其道而死”，仿佛徐则守义而不与隋世政治作结合。果否？此关涉

---

① 《资治通鉴》卷一七七“隋文帝开皇十年（590）”。

② 《隋书》卷五九《炀三子传》。

③ 《隋书》卷三《炀帝本纪（上）》。

④ 《全隋文》卷二《文帝·劝学求言诏》。

⑤ ［英］崔瑞德主编：《剑桥中国隋唐史》第二章《隋朝》，中国社会科学出版社1990年版，第115页。

⑥ 参见［英］崔瑞德主编：《剑桥中国隋唐史》第二章《隋朝》之“炀帝的个性和生活作风”，中国社会科学出版社1990年版。

⑦ 陈寅恪：《金明馆丛稿二编·陈垣明季滇黔佛教考序》，上海古籍出版社1980年版，第240页。

宗教与政治之关系，亦当合前此数端一并搜讨之。

一

《资治通鉴》“隋文帝开皇十年（590）”十一月条下记，“以并州总管晋王广为扬州总管，镇江都，复以秦王俊为并州总管”，据此知杨广赴任扬州在开皇十年末。初唐三希观道士江旻云：“隋开皇十二年（592），晋王分陕维扬，尊崇至教。”① 此记杨广赴任有误，不论②。但作为教史纪事，云杨广莅任江左即有“尊崇至教”之举，亦当可信。若是，则开皇十年末已至江左的晋王杨广，其与天台徐则的第一次也是唯一一次的交结，大概在开皇十二年（592）。

《隋书·隐逸传》记徐则赴诣晋王旋卒于扬州，曰“时年八十二”，依此逆推，则徐则生年抑为梁天监九年（510）。是为萧梁建国伊始之开国年号。享年82之徐则于南朝几乎全历梁、陈二代而入于隋。其间南朝的政治变迁与道教的发展，对于亦儒亦玄而终至渐入道门的徐则人生路径，不啻是一生成之背景。

徐则世俗之学，师出汝南周弘正。周弘正，梁、陈二代硕学名儒，少孤，就养其伯父梁侍中护军周舍。周舍博学多通，历任齐、梁；梁武帝普通五年（524）卒，次年，梁武褒诏，文称“故侍中、护军将军简子舍，义该玄儒，博穷文史”③ 云。是汝南周氏有玄儒，或儒玄双修家学之特征。此家学传习之旧，迄周弘正不变。史称周弘正“年十岁，通《老子》《周易》”④，15岁“召补国子生，仍于国学讲《周易》，诸生传其义”⑤；检周弘正著述，《隋志》《唐志》载有：《周易讲疏》16卷，《庄子疏》8卷，《老子疏》5卷。《颜氏家训·勉学》云，东晋南北朝“《庄》《老》《周易》，总谓三玄”。是周弘正绩学首在传习汝南周氏家学而善于“三玄”，明矣。

《南史·隐逸·陶弘景传》云：梁武“大同末，人士竞谈玄理”；史称，梁武大同六年（540），代周舍而“掌机谋”的钱唐朱异于仪贤堂讲《老子义》，“朝士及道俗听者千余人”⑥，而是“时城西又开士林馆以延学士，异与

---

① 《全唐文》卷九二三。

② 参见拙作：《隋将陈稜述论》，《安徽史学》1993年第4期。

③ 《梁书》卷二五《周舍传》。

④ 《陈书》卷二四《周弘正传》。

⑤ 《陈书》卷二四《周弘正传》。

⑥ 《梁书》卷三八《朱异传》。

左丞贺琛递日述高祖（即梁武帝）《礼记中庸义》，皇太子又召异于玄圃讲《易》”[1]。可见，至梁武大同时，朝士竞于玄理亦兼该礼义，学风中已兼有汉以来礼学的精神及魏晋而下玄学的义理。此即“南朝玄礼双修”[2] 学术风气之一斑，此即梁武帝“少而笃学，洞达儒玄”[3] 影响梁代学术之所在。周弘正家学之特征，其实是南朝玄礼双修学术风气的一个反映。大同中，周弘正“累迁国子博士。时于城西立士林馆，弘正居以讲授，听者倾朝焉。弘正启梁武帝《周易》疑义五十条，又请释《乾》《坤》二系”[4]。士林馆，系萧梁开设之皇家学馆，其鸠集学士为讲论学术之处所。周弘正以国子博士开讲此馆，不啻为“独善玄言”[5] 而领其风骚之一证。复检周弘正著述，除上揭义涉“三玄”者，尚有《论语疏》11 卷，《孝经疏》2 卷等。此著述已佚，但存目所示亦明其学兼儒术无疑。又，《陈书·周弘正传》记，梁亡入陈的周弘正，于陈宣帝太建五年（573），“敕侍东宫讲《论语》《孝经》”。可见，由“义该玄儒”之家传旧学，到“南朝玄礼双修已成风气”[6] 而梁武大同学人多兼备玄儒一时学风之濡染，“特善玄言”的周弘正亦当无脱其儒玄双修的学术本色。故而，梁末“元帝尝着《金楼子》曰：‘余于诸僧重招提琰法师，隐士重华阳陶贞白，士大夫重汝南周弘正，其于义理，清转无穷，亦一时之名士也。’”[7]

周弘正学术既明，或可论徐则之学。如上揭，徐则“受业于周弘正，善三玄”，其通于《老》《庄》《易》，盖无疑问，至于三玄以外，史载阙若，亦不详其著述。但考及周弘正一门之弟子，或可旁证徐则亦有儒玄双修之学养。《陈书·儒林·张讥传》记，清河张讥“笃好玄言，受学于汝南周弘正”，梁时“迁士林馆学士”，“简文（萧纲，梁武三子）在东宫，出士林馆发《孝经》题，讥论议往复，甚见嗟赏”，入陈，陈“后主在东宫，集官僚置宴，时造玉柄麈尾新成，后主亲执之曰：‘当今虽复多士如林，至于堪捉此者，独张讥耳’。即手授讥。仍令于温文殿讲《庄》《老》”。史称，张讥“性恬静，不求荣利，常慕闲逸，所居宅营山地，植花果，讲《周易》《老》《庄》而教授焉。吴郡陆元朗、朱孟博、一乘寺沙门法才、法云寺沙门慧休、至真观道士

---

① 《梁书》卷三八《朱异传》。

② 唐长孺：《魏晋南北朝史论丛·读抱朴子推论南北学风的异同》，三联书店 1955 年版，第 374 页。

③ 《梁书》卷三《武帝本纪（下）》。

④ 《陈书》卷二四《周弘正传》。

⑤ 《陈书》卷二四《周弘正传》。

⑥ 唐长孺：《魏晋南北朝史论丛·读抱朴子推论南北学风的异同》，三联书店 1955 年版，第 374 页。

⑦ 《陈书》卷二四《周弘正传》。

姚绥，皆传其业”[①]。是张讥侍讲两朝东宫而学兼儒玄，传其业者亦涉及三教。复检张讥著述，本传载：《周易义》30 卷，《老子义》11 卷，《庄子内篇义》12 卷，《庄子外篇义》20 卷，《尚书义》15 卷，《毛诗义》20 卷，《孝经义》8 卷，《论语义》20 卷，是张讥师出周弘正而有儒玄双修之著述。张讥于陈后主祯明三年，即隋文帝开皇九年（589），陈亡入隋，遂卒于长安，终年 76；其年龄小徐则 3 岁，以年龄相仿论，张、徐二人同受业于周弘正门下之时间盖亦相仿。综上所述，以徐则业师及徐则同学之学术特征并及南朝士人多有玄儒双修风习论，徐则世俗之学盖当不离儒玄双修之阈限。又，《隋书·徐则传》《北史·徐则传》皆云徐则“常服巾褐”，此业儒之常服。《隋书》卷一一《礼仪志（六）》：“巾，国子生服，白纱为之。晋太元中，国子生见祭酒博士，单衣，角巾，执经一卷，以代手版。（刘）宋末，阙其制。（萧）齐立学，太尉王俭更造，今形如之。”褐，即布衣，中古未仕或绝意仕进士人之服，制有常短，长者宽博其衣袖，短者狭身小袖，亦儒生常服。徐则“常服巾褐”，亦其学在儒玄而于服制之表征矣。

徐则在俗向学业兼儒玄，其学予南朝学术之流，更合梁大同以下玄风“复阐”[②] 之形势；“善三玄，精于议论”之风致，亦得乃师“于义理，清转无穷”而擅长思辩之精神。然由儒玄双修之素业而渐入道门，盖当与其秉性“幼沉静，寡嗜欲”之性格有关，此个体生命精神特质作用其文化取向之关系，不详论。再则，徐则生处儒玄激荡而道教入梁陈日显其盛之“三吴”地区，亦不无其区域文化生成之作用。“徐则，东海郯人也”，东海郯县，东晋初侨置，治今江苏常熟北，地介长江以南太湖之东北，盖即六朝所谓“三吴”之地。《元和郡县志》云：吴、吴兴、丹阳三郡为三吴，其地约略相当今江苏秦淮河流域和太湖以东、以南以及浙江钱塘江以北地区。此所谓三吴奥区，东晋而下为过江大族择业聚居地，亦东晋南朝道教甚兴之区域。《隋书》卷三十《经籍志（四）·道经部》序云：“（梁）武帝弱年好事，先受道法，及即位，犹自上章，朝士受道者众。陈武世居吴兴，故亦奉焉。三吴及边海之际，信之逾甚。”又，陈寅恪先生《天师道与滨海地域之关系》论东海鲍氏奉道事，曰：“《晋书》九五《艺术传·鲍靓传》云：‘鲍靓，字太玄，东海人也。（原注：晋东海郡在惠帝元康元年未分置兰陵郡以前统县十二，其境约当今山东省旧兖州府东南至江苏省旧海州之地。）年五岁语父母云：本是曲阳李家儿，九岁坠井死。父母寻访得李氏，推问皆符验。靓学兼内外，明天文《河》《洛》书，为南海太守。尝见仙人阴君，受道诀，百余岁卒。’案，神仙之说

① 《陈书》卷三三《张讥传》。

② 王利器：《颜氏家训集解》，上海古籍出版社 1980 年版，第 179 页。

于此可不置论。以地域言，丹阳东海皆《隋书·经籍志》所谓‘三吴及滨海之际’者也。”[①] 此晋时东海鲍靓奉道事。又，《新唐书》卷五九《艺文志（三）·道家类》录隋唐之际道士成玄英注《老子道德经》两卷等书条下，注云：“玄英，字子实，陕州人，隐居东海。贞观五年，召至京师”，此隋唐成玄英隐居东海修道事。是徐则生性寡于嗜欲而绩学有玄儒之业，且不出其故里道教文化环境之影响，凡此内外之作用，其思想之推演变迁遂不期与道教神仙之说合。

冯友兰先生曰：“自王充以后，至南北朝时，道家之学益盛。道家之学，当时谓之玄学。”[②] 而魏晋以下以“三玄”为嚆矢之经解，亦有其会通玄儒之处，如何晏的《无名论》《论语集解》，王弼的《易注》《论语释疑》皆不失其疏通融会玄儒之消息。“王弼之《易》注，大开以道家之学注经之风气。何晏《论语集解》中，亦间有采道家学说之处”[③]。是“以道家之学说，释儒家之经典，此玄学家之经学也”[④]。玄学家或为两汉经学阵营中走出之新学，其开风气、变学术于新世，自有时代之依据，不论。但就学术史关系言，其援道入儒、以道证儒的会通之举，则不啻有学术革命之义。名之曰：“玄学家之经学”，或即正见南朝数百年玄礼双修、儒道兼备学风之先河；次之，“玄学家之经学”中会通儒道之态度，亦给其先后道教依傍老庄而求其宗教义理之努力开了先河。易言之，南朝玄儒双修之士于学术渊源上亦有其几近道教义理之求的地方，即玄儒双修之士与道教徒义理之求皆不离老庄之学也。

徐则学兼玄儒，其思想之推演变迁直至渐入道门亦无脱于玄儒之辩。史云，徐“则叹曰：‘名者实之宾，吾其为宾乎？’遂怀栖隐之操，杖策入缙云山。”“名者实之宾，吾其为宾乎？”语出《庄子·逍遥游》，系庄子假先秦隐者许由之口所道。其意在揭橥《逍遥游》破功名、除自我而升小我与天地精神合之思想旨趣，其要在于弃却用世、治世之“名”而遁入形体、精神自适之“实”，逍遥而即真，即真而与至人、神人游。显然，名实之辩而一归于庄的徐则，在遁世栖隐之前的关涉生存之义的推演中，出示的是儒道思想的两张牌；支撑这种思想推演变迁的精神底蕴，是士人价值选择而左右其间的儒道观。

《隋书·隐逸传》载徐则应召赴扬州，并即猝死，杨广为其死而下“书”称：“草褐蒲衣，餐松饵术，栖隐灵岳，五十余年。”是徐则隐修概数为“五

① 陈寅恪：《金明馆丛稿初编·天师道与滨海地域之关系》，上海古籍出版社1980年版，第28页。
② 冯友兰：《中国哲学史》下册，中华书局1961年新1版，第602页。
③ 冯友兰：《中国哲学史》下册，中华书局1961年新1版，第612页。
④ 冯友兰：《中国哲学史》下册，中华书局1961年新1版，第614页。

十余年”。依前揭徐则卒于开皇十二年（592）逆推，徐则归隐当在梁武大同年间（535—546）；复依一时形势考察计，徐则归隐之年或可进一步约束在大同中后期，即公元540年前后，亦即江左将兆其乱而士林惶惶其前景的社会变迁之际。史云“梁有天下，自中大同（546）以前，区宇宁晏”[①]，尔后形势逆变；“（周）弘正博物玄象，善占候。大同末（546），尝谓弟弘让曰：‘国家厄运，数年当有兵起，吾与汝不知何所逃之。’”[②] 是梁武大同中后期政治渐生变乱因素，逆转之势已经冲击挤压着那些感于风气之先者。徐则，学而不仕，当更有其局外人审视之判断，这一点无疑使他能够更清晰地把握世局变迁之趋势。因之，在士族惶惑前景而萌发“何所逃之”的世情潮流中，徐则于此前后决然求隐，由世乱将钟聚之都邑而自放岩穴，亦正合其思想推演变迁之轨迹。要之，时局变乱、社会民生痛苦之环境，往往正是社会个体寻求精神自由的催生剂。

徐则归隐之第一座道教名山缙云山，居隋永嘉郡郡治括苍县境内。《隋书》卷三一《地理志（下）》永嘉郡括苍县条：“平陈，置县，大业初置永嘉郡，有缙云山。”考永嘉郡，开皇年称括州；置郡始于东晋明帝太宁元年（323），《晋书》卷一五《地理志（下）》扬州条：“明帝太宁元年分临海郡立永嘉郡，统永宁、安固、松阳、横阳”四县。临海郡，孙吴太平二年（257）析会稽郡置，《三国志》卷四八《吴书·三嗣主传》孙亮太平二年记，以“会稽东部为临海郡”，郡初置，辖章安、临海、始丰、永宁、宁海、松阳、安固、横阳八县。可申述的是，临海为郡之先境内即有方术神仙之说流行。《三国志》卷四七《吴书·吴主传》孙权太元元年（251）记，“初临海罗阳县（注：裴注引《吴录》曰：罗阳今安固县）有神，自称王表。周旋民间，语言饮食，与人无异，然不见其形。又有一婢，名纺绩。是月，遣中书郎李崇赍辅国将军罗阳王印绶迎表。表随崇俱出……秋七月，崇与表至，权于苍龙门外为立第舍，数使近臣赍酒食往。表说水旱小事，往往有验。”又，三国方士，道教尊之为“葛仙公”的葛玄，道书《历代崇道记》亦云，“吴主孙权于天台山造桐柏观，命葛玄居之”云。此事不可确考，但大致可见孙吴治江左而会稽临海区域方术神仙流行之事迹。东晋以后，临海郡之山岩即为有道术者求隐之处。如刘孝标注《世说新语·栖逸》“孔车骑少有嘉遁意”条，引《孔愉别传》云：“永嘉大乱，愉入临海山中，不求闻达。”孔愉，《世说新语·栖逸》本条称，“百姓谓有道术，为立生庙”云。此嘉遁与道术亦大致

① 《陈书》卷三四《何之元传》。

② 《陈书》卷二四《周弘正传》。

合于临海方术神仙之说。

缙云山，居今浙江省中南部括苍山脉与仙霞岭余脉间，即今缙云县仙都山。《唐六典》卷三《户部·十道》江南道列为境内名山，偕茅山、蒋山、天台、括苍、武夷、庐山等江表名山岳之列。道书《云笈七签》卷二七《洞天福地部》录初唐道士司马承祯《天地宫府图》，列缙云山为道教“三十六小洞天”，曰：“第二十九仙都山洞，周回三百里，名曰仙都祈仙天，在处州缙云县。”处州，唐初鼎革改郡为州，隋之永嘉郡复名括州，“大历十四年(779)，更州名”曰处州；缙云县，“圣历元年（698）析括苍及婺州之永康置，有缙云山”[①] 在焉。

徐则初隐缙云山，称：“太极真人徐君降之曰：‘汝年出八十，当为王者师，然后得道也。’”此“太极真人徐君”，即前揭陶弘景《真灵位业图》“第三神阶纳入徐来勅、葛玄等灵宝派所尊之创始人”之徐来勅。徐来勅，道书传云汉晋间道教仙人，年代不可确考。见收于明代《正统道藏》之《元始无量度人上品妙经》(亦名《度人经》，敦煌经卷多见其抄本，为晋时江左灵宝派首经)，其末章有《太极真人颂》，颂云：

神云焕层虚，梵罗屯碧霄。
元始九龙驾，皇人按青轺。
灵光集万真，珠景开阳廖。
出示灵宝篇，福德由是招。
……　……

“出示灵宝篇，福德由是招”，系指太极真人徐来勅受灵宝天尊“太上”旨意降世传经以启俗世福德事。《云笈七签》卷三《道教玄始部·灵宝略纪》记灵宝派所托创教人葛玄“入天台山学道，精思遐彻，未周一年，感通太上，遣三圣真人下降，以《灵宝经》授之。其第一真人自称太上玄一第一真人郁罗翘；其第二真人自称太上玄一第二真人光妙音；其第三真人自称太上玄一第三真人真定光。三真未降之先，太上又命太极真人徐来勅，为孝先（葛玄字）作三洞法师”。又，《云笈七签》卷四《道教经法传授部·灵宝经目序》亦云：“老君（即“太上老君”之消）降真于天师，仙公（即葛玄）授文于天台。”葛玄，三国时丹阳句容人，学道于庐江左慈，善服饵，能用符，东晋道教改革者葛洪从祖父。至东晋南朝江左道教炽兴渐衍分其派，而灵宝一派遂托之为开派祖师。实际上，葛洪族孙葛巢甫为灵宝派始作俑者，而刘宋陆

① 《新唐书》卷四一《地理志（五）》。

修静为集大成者，葛玄，伪托之祖。是为灵宝派造作谱系而溯及葛玄之概略，其本经降世则有所谓太极真人徐来勅。于此不难看出，假托神道而径直诉诸“太极真人徐君”之徐则，其教派归属盖系于多通老学之灵宝派。故此，徐则卒于扬州，杨广晋王府学士领袖柳䛒为其图像作赞亦曰：“言追葛稚（葛洪字稚川，此赞骈体，渻川字）。”[①]

徐则初隐缙云，陈太建中，复入天台，史称“因绝谷养性，所资唯松水而已”[②]。徐陵《天台山馆徐则法师碑》云，徐则“隐沦岩洞，餐饵芝髓，忽矣身轻，俄然羽化。金绳玉版，受谒帝之符；龙驾霓裳，处仙宫之录。法师萧然道气，卓矣仙才，千仞孤标，万顷无度”[③]。徐则炼形修“绝谷”之术，即道教“断绝五谷”之服气辟谷术。断绝五谷，则当有其采补，是徐则“所资唯松水而已”；松，或即所谓生于赤松、马尾松根上可食用之“茯苓”，其性平而味甘淡，富益脾、安神、渗水之功能。服气辟谷，方仙道修炼之方术。《抱朴子·论仙》云：“仙法欲止绝臭腥，休粮清肠”；《隋书·经籍志（四）·道经部序》云，“而又有诸服饵、辟谷、金丹、玉浆、云英，蠲除滓秽之法”，是服气辟谷之术有其清理修炼者肠胃旧有积滞而宣通五脏六腑的卫生旨趣。然其形修之旨的信仰根基则在于先秦而下的方仙道理论。《老子》有“长生久视”的摄生理论；《庄子·逍遥游》拟设藐姑射山神人“不食五谷，吸风饮露”；《楚辞·远游》云：“闻赤松（传说中仙人）之清尘兮，愿承风乎遗则。贵真人之休德兮，羡往世之登仙”，“餐六气而饮沆瀣兮，漱正阳而含朝霞；保神明之清澄兮，精气入而粗秽除”，是由《老子》“长生久视”之道而衍绎为庄屈文宗服气辟谷之方仙理论，其事在服气辟谷，其意在神仙真人。修行在于成仙，是为战国而下神仙方伎之学。而“从东晋至南北朝，社会上道派的传播、道派的孳乳、教义科仪的充实和制订，大体上都是在神仙道教的范围进行。无论灵宝经派、上清经派、天师道派等，都是在神仙道教的轨道上运行”[④]。徐则修行之法通于方仙之伎，徐陵《馆碑》谓其“萧然道气，卓矣仙才”，“龙驾霓裳，处仙宫之录”；尔后杨广下“书”复云：“卓矣仙才，飘然胜气”，“厌尘羽化，返真灵府”，是徐则所修世人亦目其证成所谓方仙之果。此徐则教归灵宝而炼修兼备方仙之道。如上揭，徐则隐修之区域，无论三国之临海抑或东晋析置之永嘉，境内均不乏方仙道之流传，而缙云、天台均区内

① 《隋书》卷七七《徐则传》。

② 《隋书》卷七七《徐则传》。

③ 《全陈文》卷一一《徐陵·天台山馆徐则法师碑》。

④ 卿希泰主编：《中国道教史》，王明序，四川人民出版社 1988 年版。

之“灵岳”[①]。《抱朴子·登涉篇》云：“凡为道合药及避乱隐者，莫不入山。”是此境内之灵岳不能不有其与仙道之瓜葛。约略与徐则同时之萧梁刘孝标（门人私谥“玄靖先生”）有《东阳金华山栖志》，云：“是以帝鸿（黄帝号）游斯铸鼎，雨师（赤松子）寄此乘烟，故涧勒赤松之名，山贻缙云（黄帝号）之号。”[②] 是东晋而下入于齐梁之临海永嘉方仙道亦与战国而下黄帝仙道说合流[③]。鉴于史科，不详徐则所修合于此黄帝仙道否？

绾束以上论列：师出周弘正之徐则当有儒玄双修之素业，此学术特征合于一时风气；然“善三玄”之徐则，尽管儒生本色精神则多趋老庄，故顿悟入道启迪于庄子名实之辩，此或与南朝道教义理之求而依傍老庄精神有暗合之处。“道教与玄学，有过一段共生的历史。玄学盛于魏晋，流风及于南朝，而魏晋南北朝恰巧也是道教定型和扎根于中国社会的重要时期。因此，毫无疑问的是，同样地形成于中国文化的土壤中又曾在同一时期的同一舞台上扮演重要角色的道教与玄学，会有各种联系与纠葛”[④]。《道教义枢》卷一引陆修静云：“虚寂为道体。虚无不通，寂无不应。”复引《灵宝经》云：“虚无常自然，强名字大道。”《无上秘要》卷三九引《自然秘诀》云：“太上大道君，出是《灵宝篇》。高妙难为喻，犹彼玄中玄。”是为道教及灵宝经派创设教义而直诉老学及玄学之行迹，其“联系与纠葛”几至直剥其文字；而善三玄之徐则终至渐入道门，于此亦略见其思想推演变迁之关系。徐则遁隐，初则缙云继而天台，居缙云则称“太极真人徐君”与语，其隐修之道盖为灵宝经派；而缙云、天台之区域向有方仙道之流行，此南朝道派孳乳、发展之温床，则徐则隐修之教是否已切入此地域已存在之黄帝升仙之道，亦可存问而以待进一步研究揭之。

二

隋晋王杨广于开皇十年（590）末至扬州总管任，领治旧陈 44 州，为江左新服之地最高军政长官。如前揭，杨广是在平叛战火中再返江左的。统一之后的江左叛乱，揭示了隋的统一不能停留在军事统一阶段；一个巩固和持

① 《隋书》卷七七《徐则传》。

② 《全梁文》卷五七《刘峻·东阳金华山栖志》。

③ 《庄子·大宗师》论“道”之妙用，曰：“黄帝得之，以登云天。”旧题西汉刘向，实为东汉人所作之两卷本《列仙传》云：“仙书云：黄帝采首山之铜，铸鼎荆山之下。鼎成，有龙垂胡髯下迎，帝乃升天。”又，唐王悬河《三洞珠囊》卷二《投山水龙简品》引《赤书玉诀》曰：“元始灵宝告水帝削除罪简上法曰：‘灵宝黄帝先生，某甲年如干岁某月某日生，愿神愿仙，长生不死。’”

④ 刘仲宇：《道教与玄学歧异简论》，载《道家文化研究》第五辑，上海古籍出版社 1994 年版。

久的统一必须深入政治、文化的核心方可建立。开皇九年四月，隋文帝于《劝学求言诏》提及的“今率土大同，含生遂性，太平之法，方可流行”[①] 的“太平之法”，其实有待于与政治关系甚紧而为时代文化之代表的“三教”的联引、统合的切实进行。因之，在位伊始的杨广，即“收杞梓之才，辟康庄之馆。加以佃渔六学，网罗百氏”[②]，置江都王府学士凡百余人，整理旧籍，研讨国故，开启统一王朝战后之文化复兴与学术整理于初定的南方，此联引鸠合之对象当以所谓“三教”中之儒教为主。开皇十一年（591）十一月，杨广延请南方佛教天台宗宗首智顗至治所，为其授“菩萨戒”，仪礼甚为铺张，并尊智顗为师，称“智者”，己则逊称“弟子总持”，此网结佛教大德为新朝治政南方资源之举。同时，杨广在其《受菩萨戒疏》中宣示：“孔老释门，咸资镕铸，不有轨仪，孰将安仰”[③]，将统一王朝“三教”并容的意识形态建构告白于南方教俗社会，此旨在“太平之法”，此途径与方法则在于由观念文化层面的切入以巩固、扩大隋对南方军政统一的社会基础，亦即有关研究指出的，为“打破阻碍南人成为忠于隋室臣民的许多政治和文化隔阂”的“文化战略”。然此宗教文化战略运作的根本旨趣，当不离现实政治之“太平之法”。

徐则遁隐五十余年，系江左名隐，所谓“虽复藏名台岳，犹且腾实江淮”[④]，故杨广联引“三教”不能不有此目标。史称：“晋王广镇扬州，知其名，手书召之曰：‘夫道得众妙，法体自然，包涵二仪，混成万物，人能弘道，道不虚行。先生履德养空，宗玄齐物，深明义味，晓达法门。悦性冲玄，怡神虚白，餐松饵术，栖隐烟霞。……故遣使人望彼延请，想无劳束带，贲然来思，不待蒲轮，去彼空谷。希能屈己，伫望披云。’”[⑤] 此“手书”巽辞足见杨广延请徐则之殷，而书中“道”“自然”“二仪”“宗玄”“齐物”“义味”“冲玄”云云，无一不与老学、庄学之义理相通，是则杨广涵虚论道而心体宗教玄义一表征；而杨广大业世，道士“所以讲经，由以《老子》为本，次讲《庄子》及《灵宝》《升玄》之属”[⑥]，亦先后印证杨广于南方“义理型”道教之倾心。“灵宝派是很重视《道德经》的”[⑦]，隋唐道教中专讲老学

① 《全隋文》卷二《文帝 · 劝学求言诏》。
② 《隋书》卷七六《潘徽传》。
③ 《全隋文》卷七《炀帝 · 受菩萨戒疏》。
④ 《隋书》卷七七《徐则传》。
⑤ 《隋书》卷七七《徐则传》。
⑥ 《隋书》卷三五《经籍志（四）》。
⑦ 卿希泰主编：《中国道教史》第二卷，四川人民出版社 1988 年版，第 123 页。

义的“重玄派”，“其老学思想即受到灵宝派的影响”[①]，是灵宝派援道家老庄学以创设教义并形成其义理特征而影响及于隋唐者。徐则学兼玄儒而“善三玄”，归宗灵宝亦当更进其老庄学之根基，柳䛒“徐则图赞”称：“可道非道，常道无名。上德不德，至德无盈。玄风扇矣，而有先生。”[②] 此“赞”可谓直揭徐则宗教学义理特征。徐则玄儒双修而渐入道门，于宗教义理之探索亦发自老庄学说，此合于灵宝派援道创义之根本，亦杨广取径观念文化以邀结其一重要之宗教文化的因素。

南朝灵宝派与此时上清派一样，是道教上层化变革的产物；而灵宝派经由刘宋陆修静的发展，其实比上清派有了更为广泛的流传，其与政治之关系已不能不有其密切之联系。就政教关系而言，则“统治者必须是争取政治支持的人，这是他与被统治者在社会意义上的根本区别”[③]，而宗教界的领袖及其相应的文化精英，“对于致力于使政治体系与文化体系及其象征保持一致性的执政精英来说，他们是重要的潜在的盟友”[④]，此政治对于宗教的取择则在于“争取政治支持的人”。杨广“手书”召徐则云：“昔商山四皓，轻举汉庭，淮南八公，来仪藩邸。古今虽异，山谷不殊，市朝之隐，前贤已说，道凡述圣，非先生而谁!”[⑤] 此炎汉“四皓、八公”之典，非常明确地宣示了杨广邀结徐则的政治用心。而初隐缙云的徐则，亦早有其太极真人徐君之教——“汝年出八十，当为王者师，然后得道也”，是此宗教与政治相资相需之关系，其实早已内含于杨广、徐则交结之先的宗教政治逻辑之中。因之，徐则接书，即“谓门人曰：‘吾今年八十一，王来召我，徐君之旨，信而有征。’”于是“遂诣扬州”[⑥]。宗教整合于政治，在于宗教文化的社会价值，即统治阶级利用它自己认为适合的宗教，并在既定的制度框架下整合宗教，此中国古代政教关系政治性纽结的根本性质。公元 581 年，隋禅周立国，开国“年号开皇，与《灵宝经》之开皇年相合，故曰协灵皇”[⑦]。“开皇年号具有道教神学的象征意义”[⑧]，此“象征”行蕴着开皇政治取资道教的权力意志。开皇元年（581）闰三月，隋文帝在《五岳各置僧寺诏》中宣称，“法无内外，

---

① 卿希泰主编：《中国道教史》第二卷，四川人民出版社 1988 年版，第 123 页。

② 《隋书》卷七七《徐则传》。

③ ［美］S. N. 艾森斯塔得著，阎步克译：《帝国的政治体系》，贵州人民出版社 1992 年版，第 7 页。

④ ［美］S. N. 艾森斯塔得著，阎步克译：《帝国的政治体系》，贵州人民出版社 1992 年版，第 187 页。

⑤ 《隋书》卷七七《徐则传》。

⑥ 《隋书》卷七七《徐则传》。

⑦ 《隋书》卷六九《王劭传》。

⑧ 卿希泰主编：《中国道教史》第二卷，四川人民出版社 1988 年版，第 5 页。

万善同归；教有浅深，殊途共致。朕服膺道化，念存清静，慕释氏不二之门，贵老生得一之义”，此是含纳二教混合构建王朝意识形态的最高政治宣言。开皇九年（589），隋平陈实现封建政治的大一统，但一并促进的则是思想文化统一的历史主题。这是政治激荡后自应产生的思想文化进程。时汾晋大儒王通针对隋统一后所直面的政治与思想文化的现实，于《中说》中提出“三教归一”的口号，主张以儒为主，援引释道以构建统一王朝的意识形态，此说不啻为有隋政治哲学实践行程的一种理论揭扬。它标明，隋代混合意识形态之构建无法超越思想文化历史性发展的“三教”阈限。

杨广治政南方，试以思想文化切入以实施其扩大、巩固大一统政治的“文化战略”，其对象和目标在于时谓“三教”之范畴可明。故其曰“孔老释门，咸资熔铸”。然无论佛教抑或道教，作为宗教文化整合于现实政治的根本性前提则在于必须在既定的制度框架下进行。隋之立国以汉魏制度为根本，尽管这个制度“不止限于汉魏”而杂有南北朝以来流变渗入之内容，但当时仍一以“汉魏目之”[①]。所谓汉魏制度，其核心精神乃是汉儒的思想价值及其礼仪习俗。这是有隋统治阶级及其领导集团关于政权意识形态构建的根本态度与主张，他们在归趋“汉魏前制”的治统之际亦必将一并恢复汉魏儒学的道统。这是杨广实施文化战略而联引南方道教必须首先考虑的政治原则，此其一。其二，南方道教在上层化创革的行程中，即已涉足宫廷政治，其教首与皇室及门阀大族的联手，往往成为历次政治波动的催生剂。“至晋，五斗米道——天师道已在上层流传。皇族如会稽王司马道子，大族如琅琊王氏”[②]，此道教高级道士与皇室大族之结合。而“晋代天师道之传播于世胄高门，本为隐伏之势力，若渐染及皇族，则政治上立即发生巨变”，孙恩、卢循之乱即“东晋当日皇室之中心人物皆与天师道浸淫传染”[③] 而后之事。南方道教在社会变迁与政治变动中表现出的这种“政治消解性”与“颠覆性”的社会特征，对于本身曾经得到道教支持并对“道家教义颠覆性潜力的认识”[④] 有其贴切体悟的隋文帝杨坚来说，并不陌生，因此，杨坚于道教整合坚持其限制和利用并行之政策。此则杨广联引南方道教而不得不考虑之最高权力意志。

隋晋王杨广礼召系出灵宝而影响被于江淮之徐则，即隋皇室权要联引江左高级道士之触犯时忌之事。身在皇族而为南方最高政要的杨广，“手书”徐

---

① 陈寅恪：《隋唐制度渊源略论稿·叙论》，中华书局 1963 年版。

② 冯君实：《晋书孙恩卢循传笺证》，中华书局 1963 年版。

③ 陈寅恪：《金明馆丛稿初编·天师道与滨海地域之关系》，上海古籍出版社 1980 年版，第 6 页。

④ ［英］崔瑞德主编：《剑桥中国隋唐史》第二章《隋朝》，中国社会科学出版社 1990 年版，第 115 页。

则称比汉之“四皓、八公”而望其“来仪藩邸”，其接引南方道教以结构藩镇维扬新政治势力之用心已跃然而见。此事若火中取栗，且处在“天性沉猜”[①] 之父皇的权力阴影下，“取栗”之险亦极易化成玩火之势而危及自身。杨广如此政治用心显然不宜过于暴露，因之，“手书”之殷勤及用心之急切亦当有其转捩。史云：杨广“将请受道法。（徐）则辞以时日不便。其后夕中，命侍者取香火，如平常朝礼之仪。至于五更而死，其支体柔弱如生，停留数旬，颜色无变。”[②] 是徐则本“当为王者师”之事应召赴扬州，而在“道法”相授受之际戛然中断了与杨广关系的深度推进。此“为王者师”事未果，焉言“得道”？质言之，杨徐二人政教关系之实质未能完成，当不能以徐则之死为因。此后，杨广在徐则卒后“下书”中称：“诚复师礼未申，而心许有在”[③] 云云，只不过是其对这种未能完成之政教结合的低调之声。可参见的是，杨广在与南方上清派茅山宗第十代宗师王远知的接触，亦是大致结局[④]。总之，隋王朝基本的制度框架及文帝对道教限制、利用并不惜镇压的权力意志，是杨广在南方展开“文化战略”而联引道教的根本制约，杨广个人的权力用心更使他对这些“制约”产生一种敏感性回避。杨、徐政教结合之流产，其实内含着开皇世政治的基本规定。

宋人苏轼检论杨广徐则事，论曰：“予以为徐生高世之人，义不为炀帝所污，故辞不肯传道而死。徐君之言，盖聊以避祸，岂所谓危行言逊者耶?”[⑤] 如所周知，苏轼为北宋政坛斗争旋涡之中心人物，其论徐则不能不有个中政治体验。论曰“危行言逊”，当即指徐则应召在前而辞不肯传其道在后之矛盾。可见，苏轼亦知徐则应召而不肯传道，有“危行言逊”之矛盾；但苏轼因承唐人之成见论定杨广为无行之人，故解释徐则“言逊”抽身为“义不受污”。其实，徐则应召无所谓胁迫之敦促，出山之先有“徐君之旨，信而有征”之对门人语，其欣然欲为“王者师”而以教资政之心甚明；其行迹与陶弘景为梁武“山中宰相”无异且过之，并亦合于其“陈太建中，应召来憩于至真馆”[⑥] 之逻辑，凡此在南朝道教上层化而高级道士频频网结皇室巨族的历史行程中并非为有污清节之事，遑论此前后上清茅山宗师王远知亦已应赴杨广之邀见。徐则应召，其实是南朝道教上层化而其精英必与高层政治交结的

---

① 《隋书》卷二《文帝本纪（下）》。

② 《隋书》卷七七《徐则传》。

③ 《隋书》卷七七《徐则传》。

④ 参见拙作：《隋炀帝与茅山宗》，《学术月刊》2000 年第 4 期。

⑤ 《东坡志林·徐则不传晋王广道》，中华书局 1981 年版。

⑥ 《隋书》卷七七《徐则传》。

必然表现，视作“危行”应是苏轼的经验之谈。

徐则应召而辞不肯传其道，“危行言逊”而有其矛盾，苏轼解之曰：“义不为炀帝污。”其论关涉杨广政治形象与南方二教结合之关系。其实，开皇九年隋平陈“晋王广入建康”，诛陈之谄佞“以谢三吴。使高颎与元帅府记室裴矩收图籍，封府库，资财一无所取，天下皆称广，以为贤”①，此杨广身为平陈元帅而留于南方士庶之政治形象。开皇十年末，复返江左为治政之首的杨广，其辟馆聚士“佃渔六学，网罗百氏”亦无非复兴文化传统之政治形象，遑论其立“宝台经藏”以收聚战火中佛寺之经典，“介以邀见”而相结于王远知，优礼有加而“手书”致徐则；凡此执行“太平之法”而实施文化战略以巩固统一的政治文化举措，均无所谓征服者肆虐淫威之不宜之举。佛教天台宗智顗“赴优旨”②，道教茅山宗王远知“介以邀见”③，史不闻二教有拒于杨广的“文化战略”，说明杨广整合二教以巩固统一的“文化战略”是符合历史发展需要的，其行迹亦无所谓见斥于二教“污”。稽诸史事，“晋王分陕维扬，尊崇至教”是一毋庸置疑的事实，杨、徐政教交结而不果，当不是苏轼一个“义”字可解。

杨广与徐则的交接，始终都是以政治为中心纽结的。就徐则言，以教资政“为王者师”以完成宗教跻身封建政治之殿堂；就杨广言，整合宗教“咸资熔铸”以完成封建政治意识形态之建构，政教相资相需，有其交结的逻辑。但中国古代政教关系传统之本质在于以封建政治为轴心，此“宗教与政治不能无涉”之一义。因此，徐则与杨广的政教性接触，最终将无脱开皇世政治的基本规定，这是隋文帝对道教既有利用而又加以限制之政策。远在新定之区为藩王的杨广，在平陈之后“独著声绩”④，史并云其“阴有夺宗之计”⑤，其执行父皇利用限制道教之政策，必须首先考虑南朝道教与皇室结合后所有的政治“颠覆性”特征，及其与一己觊觎最高权力政治用心暗合后所带来的隐患。因此，就史实看，杨广与南方道教的政教接触，无论王远知还是徐则，都只是一种低调的接触。徐则猝死治所，铁幕下遮覆的一种神秘，其实可视作晋王杨广终止其急于交结南方道教势力的政治性韬晦。徐则卒后“停留数

① 《资治通鉴》卷一七七“隋文帝开皇十年（590）”。

② 《全隋文》卷三二《智顗·将赴晋王召求四愿》。

③ 《新唐书》卷二〇四《王远知传》。

④ 《隋书》卷三《炀帝本纪（上）》。

⑤ 《隋书》卷三《炀帝本纪（上）》。

旬”[1] 于治所，尔后“遣使人送还天台定葬”[2]。此迹近“善后”的政治性操作，对江左道教可谓是一种公开的宣抚，对“天性沉猜”的父皇可谓是一种委曲的表白，转捩合幕之间已显出杨广政治“性格沉猜”[3] 的本色。

晋王杨广是一个历史性的政治角色，天台徐则由儒玄双修之士而渐入道门，且云“当为王者师，然后得道也”，亦明其角色与政治不能无涉。是杨广、徐则皆不能离开政治，故本篇试以政教关系之本质解其交结事，不妥之处，惟方家正之。

（原载《轩辕黄帝与缙云仙都》，浙江人民出版社 2001 年版）

---

① 《隋书》卷七七《徐则传》。
② 《隋书》卷七七《徐则传》。
③ 《隋书》卷三《炀帝本纪（上）》。

隋炀帝大业三年北巡突厥简论

一

隋与突厥的关系是隋北边防务，及其东北亚战略的核心所在，其背景是在6世纪中叶以下继中亚霸主嚈哒人而称雄中亚的突厥的崛起。

公元6世纪中叶以下的中国处在复归统一的历史前夜，然南北对峙及北中国周、齐交战的内争局面，则给北边游牧部族的发展提供了机会，其形势炙人而“威胁最大之外族，莫如突厥”①。“到了6世纪50年代他们已实现了对从满洲的辽河直到波斯边境一块辽阔地区的松散但令人生畏的控制”②。突厥草原帝国的强大形势，压迫着中原农耕政权的北防并强烈撞击着秦汉以下中原农耕政权关于东北亚地缘政治支配性的战略目标。

公元581年，新建隋朝统一了北中国，开始正视并有效地抵御了逾塞袭边的突厥。衔至隋文帝开皇中，隋廷实施“离间”政策获效，导致强大的突厥两分其势，隋北边暂时平静。然仅十余年后，迅速起兴的西突厥步迦可汗即率骑叩关。突厥，如大戈壁不散的沙暴旋伏旋起，迫使隋文帝于仁寿年间（600—604）实施反击，并辅行“离强合弱”分化突厥之政策。仁寿三年（603），“突厥步迦可汗所部大乱，铁勒、仆骨等十余部，皆叛降于启民。”③

启民，亦名染干，他在步迦的侵凌下频频南迁以寻求

① 岑仲勉：《隋唐史》，中华书局1980年版。

② ［英］崔瑞德主编：《剑桥中国隋唐史》第二章《隋朝》，中国社会科学出版社1990年版。

③ 《资治通鉴》卷一七九“隋文帝仁寿三年（603）”。

隋的保护。开皇十九年（599），隋文帝册立其为突厥可汗，徽号意利珍豆启民可汗，是为东突厥汗国的始立可汗。有关研究指出："启民可汗初建的东突厥汗国，实质上是隋朝下属的边疆民族自治政权，强固的宗藩纽带连结着两国的政治、经济、文化关系"，其"势力范围似仍限于漠南及偏东地区"[①]。由此可见，隋文帝朝末年的大突厥已剖分为西、东两部，西部远遁，东部南徙居处漠南为隋的藩国；东部突厥汗国的产生，其实是隋廷"离强合弱"政策的产物；启民接受册封、奉隋宗主的选择乃在于自身强弱形势业已易位的变化。但突厥两分而势弱，只是突厥兴衰百年史之过程中的一个短暂阶段。随着东突厥军事力量的复苏、生长，其冲击宗藩纽带的意志亦必将重新演为边境的冲突。"游牧民族由于渴望享受文明的成果而发动的进攻，成了世界历史上的一个循环往复的老问题，直到15世纪火器的应用使得文明民族处于决定性的优势为止。"[②]《隋书·突厥传》曰："亲疏因其强弱，服叛在其盛衰"，大草原与长城间恒久的冲突乃有其内在的经济根源。突厥仍将是统一的隋王朝的突出的边境问题。

二

公元604年，隋炀帝杨广即位，次年改元大业。7世纪初的大业王朝承继了南北统一的政治遗产并及隋文帝朝20多年的经济积累，起初即拥有"士马全盛"[③] 的军事强势，这给隋炀帝处理突厥问题预设了便利的条件。嗣位之初，杨广除了沿袭祖制严修长城、谨饰边备之外，堪称积极而进取的措施即是盛饰其行的紫塞巡访。"亲巡朔野，抚宁藩服"[④]，杨广北巡突厥的战略构想在于北防、在于深远的东北亚的战略地位。大业元年，服而复叛的契丹袭隋营州（辽宁辽阳市），杨广征突厥铁骑两万使韦云起率领而大败契丹，将所获契丹"女子及畜产之半赐突厥"[⑤]。东北形势粗安，杨广东北亚战略的指针即摆向突厥。杨广北巡突厥的政治意味，一则在于将帝王的权力意志从深宫中释放出来[⑥]；其二，则表现为一种中央王朝对于四边不作战戈之争而收羁控

---

① 薛宗正：《突厥史》，中国社会科学出版社1992年版。

② ［英］杰弗里·巴勒克拉夫主编：《世界史便览》，三联书店1983年版。

③ 《隋书》卷四《炀帝本纪（下）》。

④ 《文馆词林》卷六六四《隋炀帝褒显匈奴诏》。

⑤ 《资治通鉴》卷一八〇"隋炀帝大业元年（605）"。

⑥ 史称"隋炀帝自文帝山陵才毕，即事巡游，乃慕始皇、汉武之事，西征东幸，无时暂息"（《通志略·礼略》第二）。

目标的传统的政治精神的承袭。当然，它的基础源于文帝业已构建的隋—东突厥的宗藩关系；它的需要则是东突厥渐起而宗主权利面临冲击的现实。

如所周知，任何区域性政治军事势力的并存关系，都含有一种彼消此长的运行规律。西突厥强大，迫使启民一支南徙，消歇在启民；隋廷实施“离强合弱”政策以抗击西突厥以保护东突厥，目的在于重构边境均势格局以确保北边安宁。因此，仁寿年间打击西突厥，“悉得人畜以归启民”①，并听任塞北诸游牧部族转投启民，亦不外使启民生成保居漠南之形势以履行其“遣使朝贡”② 的藩职。然而，任何均势的存在都不可能成为历史定格。衍至大业初年，西突厥内政失措，“其国多叛”③，形势渐趋谷底；而“启民内附，……致兵强国富”④。西、东突厥强弱易位的新格局逐渐显豁，这未发之萌的边疆危机不能不引起深谙突厥情事的隋炀帝的充分关注。大业初，隋炀帝遣司朝谒者崔君肃远赴西突厥，晓以利害，终致其可汗处罗“遣使朝贡”⑤于隋。隋于西突厥之政策由军事打击到政治招抚的转变，大致说明，大业王朝尽管不变其“离强合弱”以为北防之固的政策，但因着形势之变化而调整其“离合”之重心已渐出台，故而对启民限制与防范措施的力度加大。

大业二年（602），隋炀帝遣光禄少卿柳謇之赴启民处，“谕令出塞”⑥，指令东突厥内附诸部出居定襄（今内蒙古和林格尔县西北土城子）、马邑（今山西朔县）。使入居漠南之部族出塞，是中原政权处理游牧部族的一种防患性举措，它含有自警并告警藩服的双重意味。启民可汗领略其中的意味，于是即于是年七月赴洛阳朝觐。隋炀帝为启民的到来作了充分的准备，是礼节性的，亦是文化性的，然而最终是政治的。史称“炀帝欲夸之，总追四方散乐，大集东都”，集恢弘与盛大的礼乐张扬于这初入东都的边君面前，致“染干大骇之”⑦。从“夸之”的宗主意图，到“骇之”的藩君反映，不难看出这盛大礼仪之下的政治威服。次年正月，启民可汗即引带其汗庭臣僚入朝，并上表朝廷“请袭冠冕”⑧。“冠冕”，中华礼制服饰，亦中国封建政治体系中权力之表征。启民“请袭冠冕”，不仅有其易服中华的民俗认同，而关键在于借此表达永维藩属的政治态度。史称，“炀帝大悦，谓（牛）弘等曰：‘昔汉制初

---

① 《隋书》卷八四《北狄传》。
② 《隋书》卷八四《北狄传》。
③ 《隋书》卷八四《北狄传》。
④ 《隋书》卷八四《北狄传》。
⑤ 《隋书》卷八四《北狄传》。
⑥ 《隋书》卷四七《柳机附謇之传》。
⑦ 《隋书》卷一五《音乐志（下）》。
⑧ 《隋书》卷一二《礼仪志（七）》。

成，方知天子之贵。今衣冠大备，足致单于解辫。'"[①] 杨广由此把握了启民的政治态度，其实他深知能致"单于解辫"的乃在于王朝的实力。出于对边疆民族习俗的尊重，杨广婉言拒绝了启民的易服之表。

从"谕令出塞"，到东都的乐舞之会，及至婉言拒绝启民的易服之表，隋炀帝在一系列政治与文化的操作中准备着他对东突厥的巡访，以求在这块漠北世界的权力中心去确认先朝业已建立的隋与东突厥的宗藩关系。

隋炀帝大业三年的北巡，基于对王朝北部边疆形势变化的新判断，方法与目的依然是两分突厥以解其势。如前引，崔君肃远使西部突厥亦对其可汗处罗说："今启民举其部落，兵且百万，入臣天子，甚有丹诚者，何也？但以切恨可汗而不能独制，故卑事天子以借汉兵，连二大国，欲灭可汗耳。"[②] 崔君肃策动处罗归隋的方法充分体现了有隋处理突厥问题"远交而近攻，离强而合弱"[③] 的精神；"远交近攻，离强合弱"系一种削弱突厥的战略性防御策略，它筑基并作用于突厥"难以力征，易可离间"[④] 的军事、政治及其文化的特征之上。这在冷兵器时代未有结束而游牧部族占有高度的机动之军事优势结束之前，将持续存在于大草原与长城间抗衡的策略体系中。问题在于，交、攻、离、合必须有一个准确的判断为前提；近攻其强、远交其弱，离强合弱以求均势亦在于一个准确的判断为前提。崔君肃受命远交西突厥处罗可汗，是建立在"明知启民与处罗国其势敌耳"[⑤] 的判断之上的；这不啻说明仁寿末至大业初二三年间隋西北、正北边疆两部突厥的力量对比已经发生变化，彼消此长，不堪西部打击的东部突厥正在崛起，开皇末年建立起来的均势亦将由此而发生新的变动。基于这样一个判断，隋炀帝决定对东突厥作一次旨在"威服德怀"的巡访。

大业三年（607）四月丙申（十八日），隋炀帝开始北巡。此次北巡自京师长安出发，历时近半年于九月己巳（二十三日）返归东都洛阳；范围"安辑河北，巡省赵、魏"[⑥]，其实指在河套以北的东突厥，即《将北巡下诏》中所谓"安集遐荒"[⑦]。此次北巡不仅为隋炀帝对突厥之首次巡访，亦有隋肇建以来中央王朝对突厥的第一次最高级巡访；于此，比较于一介之使招抚西突厥的行为，轻重之间已不难看出东突厥问题于大业初之北防战略的突出性。

---

① 《隋书》卷一二《礼仪志（七）》。
② 《隋书》卷八四《北狄传》。
③ 《隋书》卷五一《长孙览附晟传》。
④ 《隋书》卷五一《长孙览附晟传》。
⑤ 《隋书》卷八四《北狄传》。
⑥ 《隋书》卷三《炀帝本纪（上）》。
⑦ 《全隋文》卷四《炀帝·将北巡下诏》。

为此，隋开皇以来处理突厥问题老臣、“远交近攻，离强合弱”策略的主倡人物长孙晟奉旨先行，启民“因召所部诸国，奚、霫、室韦等种落数十酋长咸萃。”① 奚、霫、室韦等为环隋东北、正北之游牧部落，此刻其酋领集结于启民可汗大牙，史不详其事，但无疑可视作东突厥“部众遂强”② 而逐渐步入雄霸漠北的标志。启民在逐步走上支配漠北世界之权力中心。对此，有“因机制变”③ 之誉的长孙晟采取了类似“敲山震虎”的举措，成功地奏响了隋炀帝首次北巡的前奏。史称：“晟以牙中草秽，欲令染干亲自除之，示诸部落，以明威重，乃指帐前草曰：‘此根大香。’染干遽嗅之曰：‘殊不香也。’晟曰：‘天子行幸所在，诸侯躬亲洒扫，耘除御路，以表至敬之心。今牙中芜秽，谓是留香草耳。’染干乃悟曰：‘奴罪过。奴之骨肉，皆天子赐也，得效筋力，岂敢有辞？特以边人不知法耳，赖将军恩泽而教导之。将军之惠，奴之幸也。’遂拔所佩刀，亲自芟草，其贵人及诸部争仿效之。乃发榆林北境，至于其牙，又东达于蓟，长三千里，广百步，举国就役而开御道。”④ 长孙晟几近强词夺理的“香草之辩”，旨在申明“天子”“诸侯”的宗藩关系，坚持的乃是宗主的权力意志，而支持他的政治资源则不外是大业初王朝的强盛。然而，启民闪烁其词的“不知法”亦透出了几许宗藩关系的紧张意味，但他毕竟打开了礼迎宗主的道路。五月，启民连连派遣其子侄朝觐隋炀帝于北巡路上，并上表：“请自入塞，奉迎舆驾。”⑤ 至此，表示了突厥肇兴以来的漠北世界公开礼迎中原君主的态度。隋炀帝及其北巡之师继续北行。六月，杨广及其北巡之师到达连谷。连谷，居今陕西神木西北，文帝时建镇，炀帝改为戍，系突厥南下咽喉之地，“从连谷入寇，是为突厥出现于汉史之首次”⑥；连谷，刻印着突厥与中原军事冲突不可磨灭的烙印。隋炀帝下令演猎于连谷，并颁诏：“辫发左衽，声教所举及，莫不厥角款塞，顿颡阙庭”⑦；演猎宣威、颁诏示德，杨广于连谷的作为大致开显了他威服德怀以“抚宁藩服”⑧ 绥靖王朝北境的用心。六月戊子（十一日），杨广移师塞下重镇榆林（治今内蒙古准格尔旗东北十二连城），延至丁酉（二十日），启民可汗来朝；甲辰（二十

① 《隋书》卷五一《长孙览附晟传》。
② 《隋书》卷八四《北狄传》“史臣曰”。
③ 《隋书》卷五一《长孙览附晟传》。
④ 《隋书》卷五一《长孙览附晟传》。
⑤ 《隋书》卷三《炀帝本纪（上）》。
⑥ 岑仲勉：《隋唐史》，中华书局 1980 年版。
⑦ 《隋书》卷三《炀帝本纪（上）》。
⑧ 《隋书》卷八四《北狄传》。

七日），隋炀帝集合从行百僚坐榆林郡城北楼，“观渔于河，以宴百僚”[①]，其实当系寄目塞表实测控弦形势的举措，因为出塞巡访之师所面临的是一支方生方成并具有充分发挥其作战优势地带的突厥部族的劲旅。

历代中原王朝统治者出塞汗庭，向被视为武功与懿德均推于极致的盛事，因此，含纳特有之政治文化意蕴的耀兵、示武、明威在所难免。史云，时随炀帝北巡的太府卿元寿建议杨广效法汉武，以千里长阵展示其“出师之盛”[②]，言下之意即在于此。但面对机动性极强冲击力极大的突厥骑兵，这种取法“故事”意在宣扬的行阵，显然存有它阵长势分而不堪应变的危险。开皇初即为河北行台并州总管且多次临敌突厥的杨广深知个中要害。因此，谙熟边情的江左名将周法尚[③]建策以重装方阵战守兼备的军列队形出塞，其意在防御“变起”[④]。史称，炀“帝曰：‘善’！因拜法尚左武卫将军。”[⑤]出塞行阵的最终确定，表明杨广对游牧铁骑具有高度机动的战术特性有着深刻的认识，亦表明他对频频表示诚款的启民仍然是存有戒备的。凡此切入本篇所论，可以申论的即是大业三年的紫塞巡访并非无的放矢！

突厥在漠北世界的权力地位及其与隋于东北亚战略构想之关系，使得隋炀帝异常重视对启民及其部落的出访。他此次北巡带甲五十余万，马十余万匹，军兵总数不亚于隋开皇九年对陈朝的、战线“横亘数千里”[⑥]的统一战争的军队，充分表明他军事威慑构建基础以收取全边之效的边疆策略思想。而启民可汗面对这开皇九年以来隋王朝最大规模的军政行动亦甚感震惧，史云：“启民可汗复上表，以为‘先帝可汗怜臣，赐臣安义公主，种种无乏。臣兄弟嫉妒，共欲杀臣。臣当是时，走无所适，仰视唯天，俯视唯地，奉身委命，依归先帝。先帝怜臣且死，养而生之，以臣为大可汗，还抚突厥之民。臣荷戴圣恩，言不能尽。臣今非昔日突厥可汗，乃是至尊臣民，愿率部落变改衣服，一如华夏。’”[⑦]兵临塞下的启民上表，百余言中，凡“臣”字十见，是启民以隋文帝开皇十九年册封可汗事的历史主动申明突厥对王朝的藩臣关系，亦透出他善于利用历史盟约来化解危机的政治机警。然而，更应指出的是，大业三年隋炀帝的北巡绝非前此汉武帝、后此唐太宗时代的中原王朝的

① 《隋书》卷三《炀帝本纪（上）》，榆林，隔河东北为定襄、东南为马邑，二地均为大业三年谕令东突厥出塞所居之地。

② 《资治通鉴》卷一八〇“隋炀帝大业三年（607）”。

③ 大业初，周法尚先后历云州刺史、定襄太守职。见《隋书本传》。

④ 《隋书》卷六五《周法尚传》。

⑤ 《资治通鉴》卷一八〇“隋炀帝大业三年（607）”。

⑥ 《隋书》卷二《文帝本纪（下）》。

⑦ 《资治通鉴》卷一八〇“隋炀帝大业三年（607）”。

北征。鉴于隋与东突厥有一个既存的宗藩关系，并及隋北边、西北各游牧部落军事势力存在一个“连环”牵制的格局，隋王朝权衡利害当难舍其借启民力量以构建北疆屏藩的战略考量。因此，隋炀帝无意远逐启民以空漠北应是既定的目标，他的目的是实现对东突厥的有效羁控而将其纳入王朝北边防御体制的特殊成分。此一抚纳为用的策略选择，大致体现了隋炀帝对于东突厥之政策更为积极的一面，亦大致体现了大业初具有“胡汉混合”之背景的“关陇集团”对于解决边疆问题的自信的政治心态。

启民表曰：“臣今非昔日突厥可汗，乃是至尊臣民”，切中了杨广北巡的意图。三天后，隋炀帝在榆林郡东城举行盛大宴会。是隋与东突厥建立宗藩关系以来的首次之会，在榆林这昔日多战之地展开。隋炀帝“欲夸示突厥，令宇文恺为大帐，其下可坐数千人”①，“享启民及其部落酋长三千五百人，赐物二十万段，其下各有差”②，并“奏百戏之乐”③ 以盛饰其宗藩和合的庆典。“赐物”含蕴着一种“补偿”，然而它正是中原王朝实施其周边政治绥靖的必要的经济手段。宴享、赐物、戏乐，巡边抚慰的氛围渐臻其佳境，为边境军事重镇榆林增添不少祥和之气。可以说，榆林之会是隋炀帝北巡紫塞的告功大会，亦是北周以下突厥雄强大漠长城与大草原不断冲突中罕见的和合盛举；其背景是大业初王朝的强盛，其现实是严兵塞下的五十万军队；而其纳入历史意义的申说，则是：富涵其时代精神的“胡汉一家”的历史进步性。

史云，赴榆林之会“诸胡骇悦，争献牛羊驼马数千万头”④。以东突厥为领袖的北边诸部落军事酋领赴榆林宴先惊骇而后喜悦，其情志变化应是随着隋炀帝边疆绥靖政策逐步明朗化的一种反映。应该说，以军事威慑为基础而辅之以灵活的经济手段以实现“抚宁藩服”的政治目标，是符合大业初隋王朝与东突厥既存之宗藩关系的。史论：隋炀帝“骄怒之兵屡动，……频出朔方”⑤ 云云，无疑亦是以偏概全有失公允之论于杨广的。如所述，榆林之会又一侧重心乃在启民，这不啻说明在东突厥渐起诸胡唯启民马首是瞻的情况下，隋之北境一度散而无统之游牧族军事力量的旧格局已发生变化。这个变化，或可视作隋末唐初东突厥再度称雄东亚的前夜，无所处置或处置失措都极可能松动乃至瓦解隋与东突厥既存的宗藩关系纽带，从而重新激起大草原与长城间的战争冲突。

---

① 《资治通鉴》卷一八〇“隋炀帝大业三年（607）”。

② 《隋书》卷八四《北狄传》。

③ 《隋书》卷三《炀帝本纪（上）》。

④ 《资治通鉴》卷一八〇“隋炀帝大业三年（607）”。

⑤ 《隋书》卷四《炀帝本纪》“史臣曰”。

榆林之会的成功，推动了隋炀帝“抚宁藩服”的政治进程。是年七月，他以手书形式告谕启民：“碛北未静，犹须征战，但心存恭顺，何必变服?”[①]这是针对启民可汗《上炀帝表》再次“乞依大国服饰法用，一同华夏”[②]，变俗华化之要求所作的答复。于此，杨广屡屡不允东突厥变服态度明确而坚定，我以为除有礼重突厥民俗之政治怀柔的深层文化用心之外，其更为务实的考虑则是希望启民及其部落不变其便服骑射的传统，以负荷起王朝“碛北未静，犹须征战”的战略需要的军事用意。如《资治通鉴》“隋炀帝大业三年(607)”末载，王朝西北已起“铁勒寇边”之事，这无疑可视作“北方和西方边境安全的不稳定性正在增长”[③]的表现，而运用东突厥军事力量防御或“打击隋朝其他潜在敌人”[④]的迫切性亦愈见其紧。

“服而抚之，务存安辑”[⑤]，系隋炀帝边疆政策主要顾问裴矩于其《西域图记·序》中提出的，它大致体现了有隋威服、恩宠、德化，以收取固疆全边之效策略精神的一面。隋炀帝在手书致启民以示宗主抚慰之后，即以中央政令形式颁下了《褒显启民可汗诏》：“突厥意利珍豆启民可汗志怀沉毅，世修藩职。往者挺身违难，拔足归仁，先朝嘉此款诚，授以徽号。资其甲兵之众，收其破败之余，复祀于既亡之国，继绝于不存之地。斯固施均亭育，泽及要荒者矣。朕以薄德，祇奉灵命，思播远猷，光融令绪，是以亲巡朔野，抚宁藩服。启民深委诚心，入奉朝觐，率其种落，拜首轩墀，言念丹款，良以嘉尚。宜隆荣数，式优恒典。可赐辂车、乘马、鼓吹、幡旗，赞拜不名，位在诸侯王上。”[⑥]大业三年《褒显启民可汗诏》，系见存文献载录隋—东突厥之宗藩关系的正式政书，它承认并维护东突厥的自治，所谓“复祀于既亡之国，继绝于不存之地”云；它重申并强调东突厥的藩属，所谓“深委诚心，入奉朝觐”云；究其原则而言仍是开皇世“威服德怀”治夷思想的继续；究其现实目标而言仍是确保王朝东亚地缘政治支配地位的一个构件。总之，“思播远猷，光融令绪”的《褒显启民可汗诏》说明有隋二帝（即文帝与炀帝）关于边疆之方略与政策均具连贯性之特征，而隋炀帝则更具外倾和开拓之精神而已。

八月壬午（六日），隋炀帝及其五十万巡边大军启程赴启民可汗牙帐，起

---

① 《资治通鉴》卷一八〇“隋炀帝大业三年（607）”。

② 《全隋文》卷三一《突厥启民可汗·上炀帝表》。

③ ［英］崔瑞德主编：《剑桥中国隋唐史》第二章《隋朝》，中国社会科学出版社1990年版。

④ ［英］崔瑞德主编：《剑桥中国隋唐史》第二章《隋朝》，中国社会科学出版社1990年版。

⑤ 《隋书》卷六七《裴矩传》。

⑥ 《隋书》卷八四《北狄传》。

自榆林，北渡黄河，取径“泝金河而东北，北幸启民所居”①。金河，《通鉴》此条胡注引“宋白曰：金河县即汉时盛乐县。杜佑曰：单于都护府，秦汉云中郡地也，治金河县。”其地盖指今内蒙古和林格尔县西北土城子。启民居于此地之东北，当系其势力渐起而欲归于都斤山（今蒙古人民共和国境内鄂尔浑河上游杭爱山之北山）大牙的过渡性处所。是大业三年下半年时启民牙帐已迁居漠北，但尚未迁归大突厥全盛之时的大牙所在地于都斤山；而是否返昔日旧牙，就突厥前后形势而言，则为盛衰一标志。故就当时启民情况论，则其势力已界于复兴之门槛。故而，隋与东突厥“表面上看来似乎宗藩关系依然非常牢固，实际上已非同往昔了”②。因此形势，杨广取道旧时秦汉之单于都护府以赴启民牙帐，可谓用心良苦。

北逾河而入紫塞，杨广此行构成北朝而下中原王朝少有的军容盛大、威仪甚整的大漠之行，它充分显示了7世纪初中原王朝宫廷文化与军械装备的水平。史载，“宇文恺等造观风行殿，上容侍卫者数百人，离合为之，下施轮轴，倏忽推移”③，“又作行城，周二千步，以板为榦，衣之以布，饰以丹青，楼橹悉备”，行殿的机巧灵便，行城的恢弘夸饰，所有这大草原罕见的皇家仪仗与军械装备，使“胡人惊以为神，每望御营，十里之外，屈膝稽颡，无敢乘马”④。显然，这北巡最后一幕的策划蕴含着杨广——这个极富“政治美学家”⑤意味的帝王——张扬中原文明、宣示中央王朝强大的政治文化用心。它有几分夸张的色彩，但的确内含着深刻的文化想象力；它有几分戏剧的意味，但的确证实着震撼的文化慑服力。毋庸讳言，草原民族自是马上的民族，而“骑兵乃突厥军队中的唯一兵种”⑥，其“屈膝稽颡，无敢乘马”的文化礼赞，盖已迹近“弃甲”。当然，止戈为“武”的强劲支撑依然是“旌旗辎重，千里不绝”⑦的五十万甲士，但运用中央政治与文化的高势能地位去达成政治绥靖之目标，则正是杨广此次北巡所开显出的又一种政治品格。

铺排而张皇的巡边之师数日后到达启民可汗的牙帐，杨广率领从行臣僚入帐，“启民奉觞上寿，跪伏恭甚，王侯以下袒割于帐前，莫敢仰视。”⑧杨

---

① 《隋书》卷八四《北狄传》。

② 薛宗正：《突厥史》，中国社会科学出版社1992年版。

③ 《资治通鉴》卷一八〇“隋炀帝大业三年（607）”。

④ 《资治通鉴》卷一八〇“隋炀帝大业三年（607）”。

⑤ ［英］崔瑞德主编：《剑桥中国隋唐史》第二章《隋朝》，中国社会科学出版社1990年版。

⑥ ［苏］吉列谢夫：《南西伯利亚古代史》，新疆社会科学院民族研究所汉译本，转引自薛宗正《突厥史》。

⑦ 《资治通鉴》卷一八〇“隋炀帝大业三年（607）”。

⑧ 《资治通鉴》卷一八〇“隋炀帝大业三年（607）”。

广快慰至极示以恩宠，唐人张鷟《朝野佥载》载其赐启民及义成公主“金瓮各一，及衣服锦彩”等物；并“赋诗曰：鹿塞鸿旌驻，龙庭翠辇回，毡帐望风举，穹庐向日开。呼韩顿颡至，屠耆接踵来，索辫擎膻肉，韦鞲献酒来。何如汉天子，空上单于台。”[①] 隋炀帝杨广富有“狭殷、周之制度，尚秦、汉之规模”[②] 之政治雄心，此刻置身此情境，亦极尽其自负之豪气。其论衡古今，将一己北巡绥定突厥之功置于汉武远逐匈奴以空漠北的军功之上，个中轻重长短非本篇所论。但北巡的成功，迄此的确揭出最后的一响，是可以肯定的。此后，“启民仍扈从入塞”[③]，隋炀帝取道楼烦关、太原等北塞关隘重镇而归返洛阳。

三

隋王朝大业三年初之北境东突厥已处在一个方生方成的势力生长阶段，是为突厥旋仆旋起而不减其雄踞亚洲之实力的强劲表现；而大业初的隋王朝亦正处在一个走向“极盛”[④] 的发展性曲线之上，其显著标志是取向西北与东北的战略性外向拓展（如大业五年西击河右，大业八年而下三征高丽等，此不详论）。然无论东北，抑或西北，王朝战略拓展之目标实现与否都无脱对正北突厥问题的有效解决。此西北、正北、东北史局之情势与关系，要言之，则一如陈寅恪先生论有唐三百年“外族盛衰之连环性及外患与内政之关系”所言：“盖中国与其所接触诸外族之盛衰兴废，常为多数外族间之连环性，而非中国与某甲外族间之单独性也。”[⑤] 是诸外族盛衰兴废有其连环相扣之互动规律，而中国与其接触亦必视其盛衰兴废互辅互动之规律以行，方可有其作为。就隋与缘边诸外族地壤接触情势论，则有西北之吐谷浑、东北之高丽。吐谷浑，“在东突厥帝国全盛时期，吐谷浑已是突厥人的附庸”[⑥]；高丽，则在隋炀帝北巡，“时高丽遣使先通于突厥”[⑦]，是隋“三北”边境有其外族兴衰连环之复杂性，而其历史与现状又在在都与突厥有关连；质言之，突厥于其强大之时，大致有有隋外族政局中枢之地位。此即《隋书·北狄传》“史臣

---

① 《隋书》卷八四《北狄传》。

② 《隋书》卷四《炀帝本纪》“史臣曰”。

③ 《资治通鉴》卷一八〇“隋炀帝大业三年（607）”。

④ 《资治通鉴》卷一八一“隋炀帝大业五年（609）”。

⑤ 陈寅恪：《唐代政治史述论稿》，上海古籍出版社 1980 年版。

⑥ ［英］崔瑞德主编：《剑桥中国隋唐史》第二章《隋朝》，中国社会科学出版社 1990 年版。

⑦ 《隋书》卷六七《裴矩传》。

曰”所言：“四夷之为中国患也久矣，北狄尤甚焉。”故隋炀帝欲内有所回护“关陇本位”、外有所拓展巩固东北亚之战略地位，势必先得有效地解决方生方成渐趋复兴的东突厥问题。

隋炀帝大业三年对东突厥的巡访，是突厥雄起漠北而中原王朝有以巡访的首次。其以“榆林之会”为高潮，而颁下《褒显启民可汗诏》以重申隋与东突厥的宗藩关系则宣告北巡目的之达成。究其成功不无威服、恩宠以及灵活之经济、文化等策略的因素，但首要而关键的因素仍在大业初王朝强盛与中央政治相对稳定二端。“汉民族到了隋、唐时期，有了超越秦、汉时代的势力”①，然而它必须有一个统一而相对稳定的中央政治为基础。如所周知，杨广即位伊始即迅速而有效地平定了汉王谅的叛乱，并于大业元年成功地巡访了南方重镇江都（史称“一巡江都”，是为隋统一南北后，中央王朝对南方地区第一次最高级政治文化巡访）；平定汉王谅之乱，“意味着隋王朝最高层权力过渡迅速完成，新皇帝的权威藉镇压反叛者的威慑力量，被全社会无可争议地接受了。”② 而对南方的成功巡访，则无疑意味着新的中央权力对业已统一之中原政权有着强有力的控扼。凡此内政稳定而中央政治强大的形势，均因于开皇而复盛于开皇，从而成就了隋炀帝对于东突厥巡访的有力背景。陈垣先生《通鉴胡注表微·边事篇第十五》云：“边境之靖扰，盟约之守渝，皆与国内治乱相消息。”洵为至理。

（原载《安徽大学学报》2001 年第 1 期）

---

① ［日］汤浅光朝：《科学文化史年表》，科学普及出版社 1984 年版。

② 胡戟：《隋炀帝新传》，上海人民出版社 1995 年版。

隋大业世东都洛阳国家图书整理检论

郑樵曰："隋家藏书，富于古今。"① 通观有隋38年，所有国家图书典籍之整理先后凡两次，其一，开皇世西京图书之访求、措理与庋藏；其二，大业世东都图书之裒集、整理与典藏，二者踵续增大以开扬有隋图书富藏之盛局。其中，大业世东都洛阳国家图书之整理实为承先启后嘉惠于唐之关键。试述论于次。

一

中国古代封建王朝向有珍重图书典籍的传统；衍至汉魏，缘其政治行程中文化取向儒学化精神的凸显，历代王朝更有搜书天下以富国藏之成例。封建王朝裒集图书，其事在图书典籍，其义在风俗教化与纪纲政典，所谓"右文致治"。隋朝初建，国家图书典藏不富，故立国之初有职司秘省之牛弘"请开献书之路表"。"表"云："经籍所兴，由来尚也。……有国有家者，曷尝不以《诗》《书》而为教，因礼乐而成功也。"② 此表，概括点明隋立国之后胜文鄙野鸠集文献以追步汉魏的文化旨趣。但有隋西京图书之因承，仅及北方王朝之周、齐。北周所藏："保定之始，书止八千，后稍加增，方盈万卷"③；北齐所有："及东夏初平，获其经史，四部重杂，三万余卷。所益旧书，五千而已。"④ 隋王朝合北周北齐所有才成就新朝"今御书单本，

---

① 郑樵：《通志略·图谱略·索象》。

② 《隋书》卷三二《经籍志（序）》。

③ 《隋书》卷三二《经籍志（序）》。

④ 《隋书》卷四九《牛弘传》。

合一万五千余卷，部帙之间，仍有残缺”① 之藏书规模。此远不逮两汉之盛，亦不及魏晋之富。

南北朝洛阳国家图书之藏，复兴于元魏孝文迁洛。《魏书·高祖纪第七（下）》记太和十九年六月“癸丑，诏求天下遗书，秘阁所无、有裨益时用者加以优赏。”此孝文汉化鸠书访求于境内之一途；次之则借书于江左之萧齐，“孝文徙都洛邑，借书于齐，秘府之中，稍以充实”②，是为“钦明稽古，笃好坟典”③ 之孝文初集洛阳国家之图书。于其“借书于齐，稍以充实”，可概见西晋而下北方王朝经籍图书所藏不富之状况。尔后，世宗元恪初即位，秘书丞孙惠蔚疏请校订观阁所藏，乃集四门博士及在京儒生 40 人于秘省勘定所藏，“其省先无本者，广加推寻，搜求令足”④，增广补缺太和东观所藏。以上，元魏自代迁洛太和末、景明间孝文父子复兴洛阳朝廷典藏之大概。但元魏末年，六镇军兴，尔朱入洛，高氏北齐迁邺，战争烽燹与政局簸荡复使洛阳朝廷藏书“散落民间”⑤。

周秦以下迄于魏晋的长安、洛阳向为中国政治、文化之中心，亦历代典籍秘藏渊薮之所在。然永嘉之乱，中朝图书遂亦相偕世族南徙而流归江东；幸而留于北土者，亦缘干戈不息文治不振而散布民间。北方诸王朝均少其秘阁之藏：“刘裕平姚，收其图籍，五经子史，才四千卷。”⑥ 孝文求备秘阁之缺，亦借书江左；而承于西魏的北周“方盈万卷”之藏，据唐张彦远《历代名画记》记，西魏恭帝元年（554）于谨袭破江陵，梁元帝萧绎焚其所藏 14 万卷，“于谨等于煨烬之中，收其书画四千余轴归于长安。”总之，西晋以下北方世局长期不靖，制约了长安、洛阳作为文化中枢地位的持续发展。这种情况给隋初“方当大弘文教，纳俗升平”⑦ 而搜书于天下带来了限制。开皇初，牛弘“表请分遣使人，搜访异本。每书一卷，赏绢一匹，校写即定，本即归主。于是民间异书，往往间出”⑧，开启了隋王朝第一次国家图书征集，但南北未及混一而范围局于北地，收效当不甚大，故载籍不详其数。开皇九年隋平陈，平陈诸军节度晋王杨广进入陈都金陵，史称：“既破丹阳，晋王广

---

① 《隋书》卷四九《牛弘传》。
② 《隋书》卷三二《经籍志（序）》。
③ 《魏书》卷八四《儒林传（序）》。
④ 《魏书》卷八四《孙惠蔚传》。
⑤ 《隋书》卷三二《经籍志（序）》。
⑥ 《隋书》卷四九《牛弘传》。
⑦ 《隋书》卷四九《牛弘传》。
⑧ 《隋书》卷三二《经籍志（序）》。

令矩与高颎收陈图籍。”[①] 杨广是受命征伐，所有“战利品”当造册“籍奏”一归中央政府无疑。《资治通鉴》卷一七七“隋文帝开皇九年（589）”四月条下记载杨广平陈班师归阙曰：“诸军凯入，献俘于太庙，陈叔宝及诸王后将相并乘舆服御、天文图籍等以次行列”，是隋平陈所获江左经籍图书已尽数北运京师。南北统一南北图书汇于西京，拓开统一王朝国家图书典藏规模。《隋书·经籍志（序）》曰：“及平陈以后，经籍渐备。”

《隋书·经籍志（序）》：“隋开皇三年（583），秘书监牛弘，表请分遣使人，搜访异本。于是民间异书，往往间出。及平陈以后，经籍渐备。于是总集编次，存为古本。召天下工书之士，京兆韦霈、南阳杜頵等，于秘书内补续残缺，为正副二本，藏于宫中，其余以实秘书内、外之阁，凡三万余卷。”是开皇世西京国家图书第一次整理，乃是建立在开皇初图书征集完成并及平陈所获江左图书之后的基础上展开的。整理所得凡三万余卷，制有正副二本；庋藏所在，一曰宫中，一曰秘书之内、外阁；其宫中所藏，或即所谓嘉则殿之藏（详于后考），其秘书内、外阁之藏，即秘书省公署监院所藏。清人徐松《唐两京城坊考·西京·皇城·秘书省》条下注曰：“监院东有书阁重复，以贮古今图籍。”[②] 开皇十七年（597），西京图书复有编目分类正定错谬之措理。史称：“于时秘藏图籍尚多淆乱，（许）善心仿阮孝绪《七录》更制《七林》，各为总叙，冠于篇首。又于部类之下，明作者之意，区分其类例焉。又奏追李文博、陆从典等学者十许人，正定经史错谬。”[③] 以上，开皇世西京国家图书访求、征集、修葺、抄写、部类、庋藏之大概，视其总数则在三万余卷，视其所藏则尽在西京大兴城之殿省，这是统一王朝第一次文献结集，亦是有隋东都洛阳国家藏书复兴之先声。

二

隋炀帝杨广于仁寿四年（604）七月即位。是年十一月即往洛阳，并即颁布再建洛阳的《营东都诏》。翌年，杨广改元大业：“三月丁未，诏尚书令杨素、纳言杨达、将作大匠宇文恺营建东都。”[④]

隋炀帝杨广《营东都诏》曰：“今可于伊、洛营建东京，便即设官分职，

① 《隋书》卷六七《裴矩传》。

② 徐松：《唐两京城坊考》，中华书局 1985 年版。

③ 《隋书》卷五八《许善心传》。

④ 《隋书》卷三《炀帝本纪（上）》。

以为民极也。"[①] 尔后，东都府省官署之建便有"九旬而就"[②] 的快捷速度。可见，杨广再建洛阳并以此为帝国第二个政治中心的意图是极为明确的。借此确切的决策意志并因承开皇世的经济积累，大业世洛阳营建的速度开创了中国都城建筑史的又一个记录。从大业元年三月营建东都指挥机构的建立，讫止大业二年"春，正月，辛酉，东京成"[③]，未及一年，一个"曾雉逾芒，浮桥跨洛，金门象阙，咸竦飞观，颓岩塞川，构成云绮，移岭树以为林薮，包芒山以为苑囿"[④] 的气度恢弘的洛阳新都，便在"东去汉魏所都之成周四十里，西去王城五里"之间矗立起来。这是一个浩大的工程，其制度宏奢逾于汉魏故城而等侔于先朝之西京。然究其创辟核心之要义则在于政治建都。史称："既营建洛邑，帝无心京师，乃于东都固本里北，起天经宫，以游高祖衣冠，四时致祭。"[⑤] 这种内含着封建宗法政治家国一体理念的洛阳高祖庙的设置，凸显了杨广奠都洛阳的政治用意。故《通鉴》特于大业元年东京创建条下辑载此事，曰："又作天经宫于东京，四时祭高祖。"[⑥] 大业五年正月，杨广正式"改东京为东都"[⑦]，自是洛阳升格，"隋氏二世，分置两都"[⑧]。

洛都再建，洛阳政治中心文化中心地位并即迅速凸显。《隋书·儒林传（序）》记："炀帝即位，复开庠序，国子郡县之学，盛于开皇之初。征辟儒生，远近毕至，使相与讲论得失于东都之下。"《新唐书·儒林·孔颖达传》记："炀帝召天下儒官集东都，诏国子秘书学士与论议"；《隋书·音乐志（下）》记："及大业二年，总追四方散乐，大集东都。"凡此远近之儒生、天下之儒官、四方之乐人汇集东都的文化转移，开示了新王朝张皇文教的活动，是以东都洛阳为其中心为其先导而展开的。文化洛阳的复兴，筑基于洛阳为都的政治前提。个中内含着政治中心操作主流文化的意蕴。这是有隋政治变迁的大事。故隋炀帝嫡孙越王杨侗在杨广死于江都兵变之后一"书"中云："天下者，高祖之天下，东都者，世祖（案：隋炀帝杨广庙号）之东都。"[⑨]

通观杨广为治，大业五年（609）盖为一界限。此前侧重内政与文治，此后则在"频驾辽左"的战争中将征服的钟摆指向了帝国的边境；"大业兵起，

---

① 《全隋文》卷四《炀帝·营东都诏》。
② 《隋书》卷六七《裴矩传》。
③ 《隋书》卷三《炀帝本纪（上）》。
④ 《隋书》卷二四《食货志（序）》。
⑤ 《隋书》卷七《礼仪志（二）》。
⑥ 《资治通鉴》卷一八〇"隋炀帝大业三年（607）"。
⑦ 《隋书》卷三《炀帝本纪（上）》。
⑧ 《史通》卷三《书志》。
⑨ 《隋书》卷五九《炀三子传》。

诸儒废学”①。大业世文治渐弛而慕求边功的政治变迁盖在大业五年以后。大业五年以前，隋炀帝杨广在洛阳发出许多重要的诏书文告，其中，大业元年（605）闰七月发出的《劝学诏》，集中体现了他推崇文治的政治倾向；《诏》曰：“君民建国，教学为先，移风易俗，必自此始。而言绝义乖，多历年代，进德修业，其道寖微。汉采坑焚之余，不绝如线，晋承板荡之运，扫地将尽。自时厥后，军国多虞，虽复黉宇时建，示同爰礼，函丈或陈，殆为虚器。遂使纡青拖紫，非以学优，制锦拖刀，类多面墙。”② 此诏行蕴着拨转战争年代世习“尚武”的精神，而汉晋秘藏兴衰之运亦为有隋太平世右文致治所取则，而进德讲学所以凭借之经籍图书的整理亦必将走向帝国文化发展之前台。东都图书整理的全面展开，其实是公元7世纪初中国政治精神变迁的一个反映。

隋东都国家图书整理，于中央机构变动可见征兆。大业三年，中央官制改革，《隋书·百官制（下）》记：“秘书省降监为从二品，增置少监一人。增著作郎阶为正五品，减校书郎为十人。改太史局为监，进令阶为从五品，又减丞为一人。置司辰师八人，增置监侯为十人。其后又改监、少监为令、少令。增秘书郎为从五品，加置佐郎四人，以贰郎之职。降著作郎阶为从五品。又置儒林郎十人，掌明经待问，唯诏所使。文林郎二十人，掌撰录文史，检讨旧事。此二郎皆上在藩以来直司学士。增校书郎员四十人，加置楷书郎员二十人，掌抄写御书。”是大业世秘书省名号、官秩虽有升降更易的变动，但官署员数总量增大，是一个基本特征。其中尤可注意的，是新制中“明经待问，唯诏所使”“撰录文史，检讨旧事”的儒林郎与文林郎。“此二郎皆上在藩以来直司学士”；“上在藩”，系指杨广居藩扬州镇江都事；“直司学士”，系指王府本官兼摄学士。杨广江都王府学士是一规模庞大的南士群体。《隋书·柳䛒传》记：“王好文雅，招引才学之士诸葛颍、虞世南、王胄、朱玚等百余人以充学士。而䛒为之冠。”江都王府学士亦皆江左梁、陈间才学名士。柳䛒，是江都晋王府学士的领袖，炀帝即位后拜秘书监。大业世秘省儒林文林创制后，其所有员缺大致由杨广江都王府学士补之；柳䛒领监秘省，切合东都全面综理南北典籍任使的需要。如所周知，魏晋以下“秘书监之职，掌邦国经籍图书之事”③。大业世秘省机构创制及其编制扩编，无疑是当时右文致治的治道实践在中央官制变动上的一个反映。

都城自是一时文化的中心。东都宫城创建便预置其藏书处所。《河南志·隋城阙古迹·宫城》修文殿条下注：“在志静门横街东四十步。殿内藏正御本

---

① 《新唐书》卷一九八《张士衡传》。

② 《全隋文》卷四《炀帝·劝学诏》。

③ 《大唐六典》卷一〇《秘书省》。

书。”观文殿条下注：“殿前两厢为书堂，各二十间。堂前通为阁道承殿。每一门有十二宝橱，高广六尺，皆饰以杂宝。橱中皆江南晋、宋、齐、梁古书。橱前后方，五香床装以金玉，春夏铺以九尺象簟，秋设凤纹绫花褥，冬则加锦装须绣毡其间，内南北通为朕霓窗棂。”①《隋书·经籍志（序）》云：“炀帝即位，秘阁之书，限写五十副本，分为三品；上品红琉璃轴，中品绀琉璃轴，下品漆轴。于东都观文殿东西厢构屋以贮之，东屋藏甲乙，西屋藏丙丁。又聚魏以来古迹名画，于殿后起二台，东曰妙楷台，藏古迹，西曰宝迹台，藏古画。”《通鉴》综计大业世洛阳国家图书整理情况曰：“初，西京嘉则殿有书三十七万卷，帝令秘书监柳顾言等诠次，除其复重猥杂，得正御本三万七千余卷，纳于东都修文殿。又写五十副本，简为三品，分置西京、东都宫、省、官府，其正书皆装翦华净，宝轴锦褾。于观文殿前为书室十四间，窗户、床褥、厨幔，咸极珍丽，每三间开方户，垂锦幔，上有二飞仙，户外地中施机发，帝幸书室，有宫人执香炉，前行践机，则飞仙下，收幔而上，户扉及厨扉皆自启，帝出，则垂闭如故。”② 综上，东都图书措理首在修文观文二殿宫藏；次之秘省之藏，“五十副本，分置西京、东都宫、省、官府”；东都图书的第一大来源，是校理西京旧藏而移之于洛阳的图书。

东都宫城内修文殿所藏为正御本，此系删汰西京旧藏所得，计 37000 余卷。史称，“除其复重猥杂，得正御本三万七千余卷”，略见东都图书措理取精用宏文献审订的精审。东都宫城内观文殿所藏，主要为副本珍藏，凡有三品，三品在其轴饰上显示类分；图书入藏，系别庋列于殿之两厢，所谓“东屋藏甲乙，西屋藏丙丁”，四部分置，粲然明备。东都观文殿殿前两厢书屋，每三间开方户，通风采光甚佳，书橱前垂锦幔，遮尘防湿所用；而四时寒暑有变则易以象簟、花褥、绣毡之保护，可见东都书馆建筑繁复流丽表象之下一片呵护藏品的温馨。观文殿书堂装潢豪华，堂内书橱精美“皆饰以杂宝”，室内橱前之机关臻尽其善，均堪称中国古代图书建藏保护技艺之首创；三品轴饰而有“装剪华净，宝轴锦褾”的卷轴装冶技术，亦堪称中国古代卷轴图书装潢艺术首创。观文殿殿后妙楷、宝迹二台所藏曰“古迹、名画”，应为特藏无疑；观文殿书“橱中皆江南晋、宋、齐、梁古书”，则说明观文殿所藏已不尽在副本而集有江左历代的善本，其故纸书香的温润洋溢着六朝文化的流风余韵。东都修文观文二殿是建筑优美的大型藏书殿，图书搜求广泛而别庋典藏精到，其做派之阔大豪华抑与“隋炀帝毕竟是一位美好事物的鉴赏家”

① 徐松辑、高敏点校：《河南志》，中华书局 1994 年版。

② 《资治通鉴》卷一八二“隋炀帝大业十一年（615）”。

的个性有着一定的联系。《旧唐书·经籍志》云："及隋氏建邦，寰区一统，炀皇好学，喜聚逸书，而隋氏简编，最为博洽。"《全唐诗》卷六一七载《陆龟蒙和皮日休诗》，诗云："近有隋后主，搜罗势骈阗。宝函映玉局，彩翠明霞鲜。"

史称："帝好读书著述，自为扬州总管，置王府学士至百人，常令修撰，以至为帝，前后近二十载，修撰未尝暂停；自经术、文章、兵、农、地理、医、卜、释、道乃至蒱博、鹰狗，皆为新书，无不精洽，共成三十一部，万七千余卷。"① 是杨广自在藩至为帝，近侍学士编纂撰述书凡万七千余卷，涉及范围甚广。凡此万七千余卷新书，当即东都图书整理时所汇入者。此可为申论者有三：一则，杨广出藩镇扬州，事在开皇十年（590），至开皇二十年进京为太子，复历仁寿四年时间而为帝；所谓杨广集学士著书"前后近二十载"时间，当终结于大业五年（609）前后。二则，凡此万七千余卷新书，皆杨广近侍学士所编纂撰述及所搜求汇集于江左的佛典道书；前者，如《隋书·文学·潘徽传》中《江都集礼序》云："上柱国、太尉、扬州总管、晋王握圭璋之宝，履神明之德，隆化赞杰，藏用显仁。地居周、邵，业冠河、楚，允文允武，多才多艺。戎衣而笼关塞，朝服而扫江湖，收杞梓之才，辟康庄之馆。加以佃渔六学，网罗百氏，继稷下之绝轨，弘泗上之沦风，赜无隐而不探，事有难而必综。"潘徽，杨广执政扬州时"引为扬州博士，令与诸儒撰《江都集礼》一部"②。《新唐书·艺文志·仪注类》载"牛弘潘徽《江都集礼》一百二十卷"是牛弘潘徽领衔撰作之《江都集礼》当成于杨广治政江左可明，故而题名"江都"。后者，搜求汇集于江左的佛典道书，如《广弘明集·法义篇·隋炀帝·宝台经藏愿文》记杨广收聚佛经，凡"宝台四藏，将十万轴"。此为隋朝统一南北后对南朝经藏最为广泛的一次搜集与整理；《隋书·经籍志·经部·杂家类》记，"《宝台四法藏目录》一百卷，大业中撰"。可见，杨广"统临南服"③ 时"所广搜之南朝佛典，皆已尽数输之于北土"④，因此，东都部类国家图书有100卷《宝台四法藏目录》⑤。又，大业世复有南方道教上清派宗师王远知北上洛中，此派北上必有其经籍北输；有隋377部1216卷道教经籍，其中含有王远知所携南方道经入于东都者，可不赘言。综上可以指出"万七千余卷新书"来源之三，即杨广的近侍学士所编纂

---

① 《资治通鉴》卷一八二"隋炀帝大业十一年（615）"。

② 《隋书》卷七六《潘徽传》。

③ 《隋书》卷五九《炀三子传》。

④ 陈寅恪：《金明馆丛稿二编·敦煌石室写经题记汇编序》，上海古籍出版社1980年版。

⑤ 郑樵：《通志略·图谱略·索象》。

自撰及所搜求汇集于江左的佛典道书，杨广在藩则自携在南，晋京则携归西京，为帝则移往东都；“万七千余卷新书”主要是南方文化典籍，其在东都整理图书时已入于典藏。结论：上述东都图书整理大致结于杨广终结其新书编撰的大业五年；东都图书构成在迁徙西京旧藏基础上复有新增，新增部分以杨广自在藩至为帝，集学士编撰及其搜求汇集于江左的佛典道书；杨广奠都洛阳复使南北图书聚于洛阳并进一步综理南北典籍于洛阳，使东都国家图书整理内涵了深入推进统一文化会通发展的历史特征。

东都图书来源，当以校理西京所得和杨广集学士所编纂著述以及所搜求之佛典道书为其主源。次之，则有大业世的特别征集。如其经部谶纬类图书。史记：“及高祖受禅，禁之逾切。炀帝即位，乃发使四出，搜天下书籍与谶纬相涉者，皆焚之，为吏所纠者皆死。”① 是有隋文、炀二帝皆有严禁图谶之举，其目的是打击利用谶纬颠覆政权的活动。上揭，炀帝搜禁谶纬图书“皆焚之”。然考见唐人凭借所获东都典藏而编制的《隋书·经籍志·经部》所存则有 13 部 92 卷谶纬类图书（不计亡书），是杨广发使天下搜禁谶纬之书的举措，当是一寓征于禁的图书特别征集。再如史部地理图经类。史记：“隋大业中，普诏天下诸郡，条其风俗物产地图，上于尚书。故隋代有《诸郡物产土俗记》一百五十一卷，《区宇图志》一百二十九卷，《诸州图经集》一百卷。其余记注甚众。”② 《诸州图经集》100 卷，《隋志》记郎蔚之撰。郎蔚之，《新唐书·郎余令传》记：“字楚之，与兄蔚之具有名。隋大业中，为尚书民曹郎，蔚之为左承。炀帝语称‘二郎’。”是天下州郡物产图经之书征集于尚书而归总于民曹，亦所谓课赋理财之政所需的特别征集；然所司借此普征而裁成巨帙则置之于国家秘藏亦可明。又，《区宇图志》129 卷，“卷头有图。叙山川，则卷首有山水图；叙郡国，则卷首有廓邑图；叙城隍，则卷首有公馆图”③，此山川险要郡国形势之图志，亦所谓舆地治军之政所需；所司裁成巨帙亦当置于国家秘藏亦可明。东都国家图书整理，特别征集非其主源，附此，一则明大业世新书续撰之形势，二则见一时治政与图书整理之关系；所谓右文致治而封建国家之图书措理与政治、经济、军事不能不有其关系也。

隋东都国家图书典藏总数，史志未有确载。考其后事并征及所载，或可推见大概。《隋书·经籍志（序）》云：“大唐武德五年，克平伪郑，尽收其图书及古迹焉。命司农少卿宋遵贵载之以船，溯河西上，将致京师。行经底

① 《隋书》卷三二《经籍志·经部·谶纬类》。
② 《隋书》卷三三《经籍志·史部·地理类》。
③ ［唐］杜宝《大业杂记》。

柱，多所漂没，其所存者，十不一二。其目录亦为所渐濡，时有残缺。今考见存，分为四部，合条为一万四千百六十六部，有八万九千六百六十六卷。”《旧唐书·经籍志（下）》云：“国家平王世充，收其图籍，溯河西上，多有沉没，存者重复八万卷。”《大唐六典·中书省·集贤殿书院》云：“大唐平王世充，收其图书，溯河西上，多有漂没，存者尤八万余卷，自是图籍在秘书。”① 综上史志政书所记，可知在隋唐易代之际，唐在收复王世充割据之东都洛阳时，获取了杨广南下江都时（大业十二年秋七月）留于洛阳之图书；而后有西运京师之举而后有“砥柱漂没”之书厄；唐人所获东都八万卷上下，即“砥柱漂没”后所遗。易言之，唐人所获只是东都所藏的一部分。东都典藏卷帙概数之推求，大致如是。

东都国家图书总数应在唐人所获东都之八万余卷以上，其逾于校理西京所得之“正御本三万七千余卷”已明。然试论西京东都二世国家图书措理总数之情况，则不能不于开篇所揭所谓西京“嘉则殿有书三十七万卷”的问题有所交代。所谓隋西京“嘉则殿有书三十七万卷”，出于《新唐书·艺文志》所始记而《通鉴》因之，此记恐不能尽信。稽《唐两京城坊考》载文及图版，隋西京大兴城宫城诸殿无嘉则殿，殿名可阙疑。复检《隋书·经籍志》，《志》但云，开皇聚书“藏于宫中，其余以实秘书内、外之阁，凡三万余卷”。是唐初编修《隋书·经籍志》已不载隋西京嘉则殿藏书事，仅云“藏于宫中”而已。殿名阙疑之次，则殿藏“有书三十七万卷”亦可质疑。一则与《隋志》所记，开皇初及至平陈以后，“经籍渐备”而西京图书方“三万余卷”的记载不合；二则与东都对其整理仅“得正御本三万七千余卷”之数相差甚远；是西京所藏或“复重猥杂”程度甚重，或“三十七万卷”为张皇其数，否则，东都之措理再严亦断不能仅存其十分之一。结上翻检，并依准史源先后取舍史料之原则，笔者以为开皇世国家图书之措理有其宫、省之典藏，然宫藏之殿名可阙若俟考，此其一；次之，开皇世国家图书之数，如《隋志》记载，初则万五千卷左右，尔后征书天下并及平陈所得方三万余卷，此后即令有所增加亦断然不能骤致三十七万卷可明，所谓“嘉则殿有书三十七万卷”亦可阙疑。总之，作为有隋第二次文献结集的东都国家图书整理，基于西京所有并汇及炀皇新书、特别征集之二源，图书措理之总数应在西京之上。

大业世洛阳国家图书整理，首在有检校西京图书纳于东都之举，是有隋国家图书中心在大业初已经移至新都洛阳可明。东都国家图书整理，当始于

---

① 《大唐六典》卷九《中书省·集贤殿书院》。

大业二年新都竣工之际而完成于大业五年前后，此后续有所增并非其主体；《隋大业正御书目》九卷，是大业世亦是有隋一代国家图书整理的一次总结集性的书目。大业世秘省编制的扩充，“最终的成果则是规模宏大的秘书省”①，这为东都图书整理奠定了必要的机构基础；其中，南方学士对大业世秘省的规模性介入，使东都国家图书整理内涵了会集南北学人以促进统一文化发展的历史特征。次之，大业世国家图书的三源构成，开显了东都图书整理的总集性特征；东都因于西京而复有增广，尤其是汇集了杨广编纂于收聚于江左的图书，则进一步体现了大业世全面综理南北典籍的时代特征，有隋国家图书典藏的完整性应归结于东都整理阶段。再次，东都宫藏聚于修文观文二殿，前则御本，后则珍藏，复有“宝迹”“妙楷”二台之特藏，东都图书整理流品别类精细、四时保护精心为中国古代藏书史所罕见。复次，大业世东都图书整理因于开皇世西京录制副本之制度，西京典藏“为正副二本”，东都所有“限写五十副本”，此西京图书抄录不可望东都之项背者。最后，东都图书流播已及于二京之宫、省、府署，这是有隋国家图书在中央机构范围内最为广泛的一次传播。东都副本抄录及其传播，堪称中古时期皇家藏书所罕见，其作用于一时文化发展之功，可不赘言。而将正本50副本之产生，置诸中国古代图书业尚未脱离简册与写本时代的技术状况下来看，则其誊录书写、卷轴装治之繁剧不仅为中国古代图书整理史所罕见，亦充分开显出东都图书整理的规模浩大超逾了开皇世西京图书的搜集与整理。

大业世东都国家图书整理，系有隋图书的一次总结集，上视之亦为西晋而下中国统一王朝国家图书的一次总结集。郑樵艳称“隋家藏书，富于古今”的历史大观，可谓形成于开皇世所搜聚，而底成于大业世所增广。唐人因承隋人东都所聚，渐积增广而开出盛唐开元世国家图书事业殿军于我国中古图书业之辉煌，考镜其源流实始于有隋，实始于有隋东都之最后结集。因此，大业世东都洛阳国家图书之整理实为承先启后嘉惠于唐之关键。

（原载《安徽大学学报》2003 年第 5 期）

---

① ［英］崔瑞德主编：《剑桥中国隋唐史》第二章《隋朝》，中国社会科学出版社 1990 年版，第 130 页。

“《汉》圣”刘臻与隋代“汉书学”

刘臻，字宣挚，《隋书》及《北史》本传均记其为“沛国相人也”。相为沛国治所，沛国系东汉改沛郡置，西晋易国为郡，治所不变；北魏仍之而移治于萧，“北齐废为承高县”[①]；“开皇六年改为龙城，十八年改为临沛，大业初改曰萧”[②]。是北齐而下迄于隋大业初，萧凡三改其名而还于初，属彭城郡。史记刘臻籍贯曰：“沛国相”，系唐初史家传记人物，邑里习用古称使然[③]。沛国相即隋大业世彭城郡辖县萧，境内“有相山”[④]，居今安徽萧县西北。

刘臻，由梁入北周，卒于隋，史称“耽悦经史”，尤“精于《两汉书》，时人称为《汉》圣”[⑤]。李延寿《北史·文苑传》“论曰：古人之所贵名不朽者，盖重言之存。王褒、庾信、颜之推、虞世基、柳䛒、许善心、明克让、刘臻、王贞、虞绰、王胄等，并极南土誉望，又加之以才名，其为贵显，固其宜也。”刘臻以所谓“立言”之德厕身于王、庾等入北名士班列，要在恪守一艺研治《汉书》，践履的是东汉而下“德业儒素”的士族传统。隋统一南北，干戈暂息，“降情文艺”[⑥]，“超擢奇隽，厚赏诸儒”，“考正亡逸，研核异同”[⑦]，开启文化复兴与学术整理之工，《汉

---

① 《隋书》卷三一《地理志（下）》。

② 《隋书》卷三一《地理志（下）》。

③ 《史通》卷五《邑里》曰：“州郡则废置无恒，名目则古今各异。而作者为人立传，每云某所人也。其地皆取旧号，施之于今。”

④ 《隋书》卷三一《地理志（下）》。

⑤ 《隋书》卷七六《刘臻传》。

⑥ 《全隋文》卷二《文帝·劝学求言诏》。

⑦ 《隋书》卷七五《儒林传（序）》

书》学亦在封建政治追步“汉魏前制”[①]，重建正统意识形态的背景下续有发展。刘臻虽“无吏干，又性恍惚”，但却能以家学所承而荣在春宫，究心《汉书》而博名“《汉》圣”，其行径只是一介入北南士清守馆阁而终老学问的命运景象，但其中却涵纳着统一王朝构建政治哲学的若干内容。下面试述论之，其一为南北朝学术移于家族及刘臻家学与时消息而有变化之情况；其二为刘臻及隋代《汉书》学与隋王朝正统意识形态的构建。

一

六朝时期，江南统治阶级约有二分，一曰武力豪宗，二曰文化世家；前者以建勋立业之新进贵族为主，后者以修学明礼之旧族门阀为主。刘臻家，在西晋即擅名洛都，先祖三兄弟有清誉，“时人语曰：洛中雅雅有三嘏”[②]，尔后世代有传，是为六朝时期的文化世家。所谓文化世家，即东汉而下统治阶级中孕生出的具有高度文化修养的门阀世家，他们的行径大致以崇重礼法、整齐门风、通经绩学为特征，这是魏晋南北朝中国道德文化形态——名教与礼教特别发达的历史产物。文化士族以“门阀文章自高”[③]，修学治经渐趋专门化，“业盛专门”[④]是他们事业成就的一个重要标志。“魏晋之学多仍家门传习之旧”[⑤]，时称“门业”，这种变化其实有一个社会的背景。我们知道，魏晋以至南北朝的社会，就总体而言，是一个大动荡的时代；宗族流徙、士子播迁是这一动荡时代中一个显豁的现象。动荡取代了秩序，因此传统的中央教学模式开始式微；在“汉代学校制度废弛，博士传授风气止息以后，学术中心移于家族”[⑥]的新教育模式启兴以后，古典的学术薪传开始以家族单元为主而展开。此种情况，诚如陈寅恪先生所指出：“公立学校之沦废，学术中心移于家族，太学博士之传授变为家人父子之世业。”[⑦]而魏晋南北朝文化士族学术专门化的趋向，亦必有其学术薪传以家族单元为主而展开的传授形式的变化有关。

刘臻系晋以下文化世家之后，其学承渊源当以沛国相刘氏家学为主。下面试从其先人东晋简文帝时丹杨尹刘惔论起，以约略见其家族跻身士流和家

---

① ［英］崔瑞德主编：《剑桥中国隋唐史》第二章《隋朝》，中国社会科学出版社1990版。

② 《晋书》卷七五《刘惔传》，《世说新语》卷八《赏誉》。

③ 《新唐书》卷一八二《郑仁表传》。

④ 《南史》卷五〇《刘瓛传》。

⑤ 唐长孺：《魏晋南北朝史论丛·读抱朴子推论南北学风的异同》，三联书店1955年版。

⑥ 陈寅恪：《隋唐制度渊源略论稿·礼仪》，中华书局1963年版。

⑦ 陈寅恪：《隋唐制度渊源略论稿·礼仪》，中华书局1963年版。

学状况，并及一时文化士族的一般精神面貌。

刘惔为刘臻八世族祖，其族自淮北迁至江左估计在西晋末年“永嘉之乱”时。史载“晋永嘉大乱，幽、冀、青、并、兖州及徐州之淮北流民，相率过淮，亦有过江在晋陵郡界者”[①]。这是两晋南北朝三百年北人南迁大流徙的第一次浪潮。沛国相刘氏所居沛国，晋时属古徐州，其逾淮过江即落足晋陵郡内。《晋书·刘惔传》记，刘惔达江左时，其父已为晋陵太守，而惔“与母任氏寓京口”。晋陵郡置于永嘉五年（311），治所丹徒县（今江苏镇江市东南丹徒镇），后移治京口，京口即今镇江市。是知刘惔与母寓居之京口属晋陵郡，离其父宦所不远，这是沛国相刘氏迁居江左的第一个居地。陈寅恪先生考证指出：“《元和郡县图志》明言‘旧晋陵地广人稀’，这正是江淮以北次等士族理想的避难所。”[②] 而当时由中州北来的上层士族则主要在会稽、临海之间卜宅选居、殖产兴利，“京口晋陵一带是北来次等士族所占有”[③] 之地。可见，东晋初年的刘惔家族还不是高等士族，但却是过江较早的北方士族。

刘惔，字真长，仕至丹杨尹，故史或称刘尹、刘丹杨、刘真长等。《世说新语》刘孝标注引《刘尹别传》云：“惔字真长，沛国萧人也。汉氏之后。真长有雅裁，虽筚门陋巷，晏如也。历司徒左长史、侍中、丹杨尹，为政务镇静信诚，风尘不能移也。”这是《晋书》本传外，刘惔较早也较为简洁的一个记载。其中“为政务镇静信诚，风尘不能移”数语，已约略开显了他文化士族的风概。《晋书·刘惔传》“史臣曰”更进一步揭示其文化士族品性，其论曰：“刘（惔）、韩（伯）隽爽，标置轶群，胜气笼霄，飞谈卷雾，并兰芬菊耀，无绝于终古矣。”“无绝于终古”，系指刘惔能远接汉士风神的气格，这是他为当时士族社会所推重的一个原因。成书于南朝刘宋时的《世说新语》，多载汉魏两晋士族的言行容止，其中涉及刘惔的凡覆盖德行、言语等 15 卷，共 79 则言事[④]，这大致亦说明刘惔在东晋士族流中的广泛影响。

刘惔初到江左，住在次等士族聚居区的晋陵京口，伴随其青少年时期的是一个“织芒屩以为养”[⑤] 的经济窘迫阶段。但他没有身份危机，作为文化世家的后裔，他很快便以“清远”“简贵”[⑥] 等一时文化士族的品格，博取了

---

① 《宋书》卷三五《州郡志一》。

② 万绳楠整理：《陈寅恪魏晋南北朝史讲演录·晋代人口的流动及其影响》，黄山书社 1987 年版；参陈寅恪：《金明馆丛稿初编·述东晋王导之功业》，上海古籍出版社 1980 年版。

③ 万绳楠整理：《陈寅恪魏晋南北朝史讲演录·晋代人口的流动及其影响》，黄山书社 1987 年版；参陈寅恪：《金明馆丛稿初编·述东晋王导之功业》，上海古籍出版社 1980 年版。

④ 此据余嘉锡《世说新语笺疏》索引部分统计。

⑤ 《晋书》卷七五《刘惔传》。

⑥ 《晋书》卷七五《刘惔传》。

上层士族社会的青睐。知鉴他于“人未之识”[①]之中的，正是东晋的名臣，北来士族的首领王导。刘惔渐次显身于东晋高层士族流，一个关键，是其具备“雅善言理”[②]的清谈禀赋，这种禀赋契合了东晋初年士族社会尚“三玄”（即《老》《庄》《易》）而兴清谈的风习。众所周知，汉末魏晋激起的清谈之风是当时士族门阀的一个重要标志，即令司马氏政权迁鼎江左亦未改。“有晋中兴，玄风独振，为学究于柱下，博物止乎七篇”[③]。“晋室东迁之后，京洛风气移到了以建康为中心的江南地区，江南名士不少接受了新学风开始重视三玄”[④]，北来士族高势能的文化风习改变了江南士人的文化面貌，尔后，“世言江左善清谈”[⑤]遂在东晋士林中展开。刘惔学通三玄，精于《易》。史载“时孙盛作《易象妙于见形论》[⑥]，（简文）帝使殷浩难之，不能屈”，“乃命迎惔”。刘惔至，以极简之辞折服孙盛，“盛理遂屈。一坐抚掌大笑，咸称美之”[⑦]。于易学外，刘惔“尤好老庄，任自然趣”[⑧]，这是刘惔依三玄之学而逞清谈风慨的主要内容。《刘尹别传》称“惔有隽才，其谈咏虚胜，理会所归”[⑨]；《惔诔叙》称其“神犹渊镜，言必珠玉”[⑩]，故唐长孺先生在综核《世说新语》以比较南北士风事时亦指出：“一时谈士南人中可与殷浩、刘惔辈相比的更是一个没有。”[⑪]刘惔以北来士族清谈领袖人物的面貌切入了东晋士族的胜流，故时人徐广作《晋纪》曰：“凡称风流者，皆举王（即颍川王蒙）、刘为宗焉。”[⑫]这盖可视为沛国相刘氏过江后的一个变化。

陈寅恪先生研究魏晋“清谈”，有前期、后期两分说。其魏末西晋时代为前期而东晋一朝为后期，其区别在于“清谈在东汉晚年曹魏季世及西晋初期皆与当日士大夫政治态度实际生活有密切关系，至东晋时代，则成口头虚语，纸上空文，仅为名士之装饰品而已”[⑬]。略考魏末西晋及东晋政治社会与士族

---

① 《晋书》卷七五《刘惔传》。

② 《晋书》卷七五《刘惔传》。

③ 《宋书·谢灵运传·论》。

④ 唐长孺：《魏晋南北朝史论丛·读抱朴子推论南北学风的异同》，三联书店 1955 年版。

⑤ ［明］袁褧：《世说新语序目》，转引自余嘉锡《世说新语笺疏》。

⑥ 这是孙盛的成名作，《晋书·孙盛传》记，“盛又著医卜及《易象妙于见形论》，浩等竟无以难之，由是遂知名。”

⑦ 《晋书》卷七五《刘惔传》。

⑧ 《晋书》卷七五《刘惔传》。

⑨ 《世说新语》卷九《品藻》，刘孝标注引。

⑩ 《世说新语》卷八《赏誉》，刘孝标注引。

⑪ 唐长孺：《魏晋南北朝史论丛·读抱朴子推论南北学风的异同》，三联书店 1955 年版。

⑫ 《世说新语》卷九《品藻》，刘孝标注引，参《晋书》卷九三《王蒙传》。

⑬ 陈寅恪：《金明馆丛稿初编·陶渊明之思想与清谈之关系》，上海古籍出版社 1980 年版。

之关系，即可证陈氏所说为是。东晋的清谈“已失去政治上之实际性质”①，刘惔剥取其表只是为获得一张厕身名士流的入场券，故唐人作《晋书》刘惔、韩伯传，亦只是“赞曰：刘韩秀士，珠谈间起”而已。值得指出的是，刘惔于三玄清谈外，在礼学方面亦颇有心得。史载其与桓温共听讲《礼记》，桓云：“时有入心处，便觉咫尺玄门。”刘曰：“此未关至极处，自是金华殿语。”② 金华殿，汉末儒生侍讲《尚书》《论语》于帝王之殿。刘惔将讲礼者喻作金华殿侍讲之儒，余嘉锡先生疏曰：“刘尹意谓所听者，不过儒生为帝王说书之常谈，非其至也。”③ 可见，刘惔于礼学亦当有一定的研究。

刘惔学兼礼、玄，逞乎清谈，游于金陵门阀名族，史称“门无杂宾”④；36 岁卒丹杨尹任上，时孙绰悲悼曰：“可谓人之云亡，邦国殄瘁。”⑤ 其跻身上层名士流已无疑。这是沛国相刘氏作为文化世家而垂及刘臻的一个重要的阶段。而其学兼礼、玄的治学范围，不仅与当时文化士族礼玄双修的风尚⑥契合，更对其家族门业的面貌留有影响。

刘惔而下，沛国相刘氏再显于江左士族社会者，当推刘惔六世孙南朝刘宋萧齐间的刘瓛。刘瓛，“素无宦情”⑦，生平多次辞却宋、齐官爵，后世以其修学清显，或以步兵校尉清名称之，其死后则有梁武帝追谥的“贞节先生”号。时人刘孝标作《辨命论》，文中曰：“近世有沛国刘瓛，瓛弟琎，并一时秀士也；瓛则关西孔子，通涉六经，循循善诱，服膺儒行。”《南史》本传称，刘瓛“儒业冠于当时，都下士子贵进，莫不下席受业，当世推其大儒，以比古之曹，郑（注：曹，为续作《汉书》的曹大家；郑，为重章句训众经的郑玄）。”是史论一辞，刘瓛名世乃在于“德业儒素”的士族文化实践。这是沛国相刘氏继续以文化世族面目立身江左统治阶级中的情形，而就治学品味与刘惔较，则刘惔有外朗之倾向，刘瓛有内润之本色。

刘瓛生处于南朝刘宋萧齐两朝，所谓“晋尚玄言，宋尚文章”⑧，世之玄风已衰而礼学浸盛，故刘瓛学殖及方法亦与时消息而有所变化。于《易》学而言，《隋志》录其《周易乾坤义》1 卷、《周易四德例》1 卷；于礼学而言，《南史》本传载其《礼捃拾》30 卷、《南朝齐会要・礼类》录其《丧服经传

---

① 陈寅恪：《金明馆丛稿初编・陶渊明之思想与清谈之关系》，上海古籍出版社 1980 年版。

② 《世说新语》卷二《语言》

③ 余嘉锡：《世说新语笺疏》，中华书局 1983 年版。

④ 《晋书》卷七五《刘惔传》。

⑤ 《晋书》卷七五《刘惔传》。

⑥ 唐长孺：《魏晋南北朝史论丛・读抱朴子推论南北学风的异同》，三联书店 1955 年版。

⑦ 《南史》卷五〇《刘瓛传》。

⑧ 《南齐书》卷三九《刘瓛传》。

义疏》1卷，这些著录盖可视作刘瓛秉承门业范围的一面。而刘瓛“博通训义”，并与当时以“礼学博闻”① 称世的蔡仲熊讨论南北音韵异同的小学优长之事实，则不啻说明刘瓛治学已与先祖刘惔“雅裁”和“言理”的玄学理路不尽相同，而更注重音义训诂这一实学疏经的路子，这盖可视为时人将其比拟于汉代重章句义疏的郑玄的原因所在。再则，刘瓛“讲《月令》毕，谓学生严植之曰：‘江左以来，阴阳律数之学废矣，吾今讲此，曾不得仿佛。’学者美其退让。”② 是刘瓛学兼阴阳律历，亦是其远承汉儒治学范围的表现③。刘瓛上述治学范围及方法的若干变化，将对家族门业产生影响。

南北朝时期的颜之推对当时学人颇多关注，评骘亦颇多中棨之言。他在《颜氏家训·勉学》篇中称刘瓛为“兼通文史”之冠冕人物，这与《南史》本传记刘瓛少喜乙部，“年五岁，闻舅孔熙先读《管宁传》，欣然欲读，舅更为说之，精意听受”正相契合。这大概亦正是时人将其比拟于续作《汉书》的班固之妹“曹大家”的本意所在。再则，前揭刘孝标文称刘瓛“通涉六经”，六经含《春秋》，《汉书·艺文志·春秋家》即含纳《战国策》《太史公书》等乙部著述于内；在四部分类未倡行之前，“史部本与六经同类”④，是刘孝标说“通涉六经”与颜之推言“兼通文史”意正相通，刘瓛学兼史部并有相应造诣应不成问题。

刘瓛“浴身澡德，修行明经”⑤，敦孝成礼，“年四十余，未有婚对”⑥，“卒无嗣”⑦，后以族子刘显为承嗣。刘显即刘臻的生父，自此，沛国相刘臻一支入刘瓛门，故《南史》作传将刘显附于瓛传后，刘显卒后亦“葬于秣陵县刘真长（惔）旧茔”⑧。刘瓛学通礼、易以承门业，复缘世风移变而拓学于阴阳律历和史部，并侧重音义训诂以变先世治学理路；其拓展与变易沛国相刘氏门业的情况，将对刘显、刘臻父子发生更为直接的影响。

刘显转嗣刘瓛门，“时年八岁”⑨，学业生成应本刘瓛。刘显由齐入梁，

---

① 《南史》卷五〇《刘瓛传》。

② 《南史》卷五〇《刘瓛传》，又（清）朱铭盘《南朝齐会要·诸家之学》收录此条，标目“阴阳律数之学”。

③ 唐长孺《魏晋南北朝史论丛·读抱朴子推论南北学风的异同》曰：“神仙谶纬之学、礼制典章之学、阴阳律历之学，三者学术的结合正是董仲舒以降汉儒治学的特征。”

④ 章太炎：《国学讲演录·经学略说》，华东师范大学出版社1995年版。

⑤ 《艺文类聚》卷三八，任昉《求为刘瓛立馆启》。

⑥ 《南史》卷五〇《刘瓛传》。

⑦ 《南史》卷五〇《刘瓛传附刘显传》。

⑧ 《南史》卷五〇《刘瓛传附刘显传》。

⑨ 《南史》卷五〇《刘瓛传附刘显传》。

主要活动在梁，后以才见嫉于梁武帝，出为邵陵王长史、寻阳太守。其为学“博涉多通”[①]，与刘瓛“博通训义”约略同类。史载“任昉尝得一篇缺简，文字零落，示诸人莫能识者，显见云是古文尚书所删逸篇。昉检《周书》，果如其说”[②]。六经皆史，《尚书》为上古载言之史，是刘显所学重在史部，且具北学“渊博广综”的特征。当时博学有如沈约者亦见拙于他。一次，沈约“于座策显经史十事，显对其九”，而“显问其五，约对其二”[③]；刘显“博闻强记，过于裴（子野，裴松之重孙，著《宋略》十二卷）、顾（协）”[④]，时称“博学”[⑤]，士林推誉累累。值得指出的是，刘显“博涉多通”尤于正文字、音韵方面见长。梁武帝时，北“魏人送古器，有隐起字无识者，显案文读之无滞，考校年月，一无所差。”[⑥] 沛国相刘氏家学于此生成文字音韵之长，对此后刘臻治《汉书》遗泽甚丰。

刘显学重史部，熟谙古籍[⑦]，在梁为“掌著作，撰国史”[⑧] 的傅昭“引为佐”[⑨]；其用心史部尤精于班氏《汉书》，颜之推曰：“沛国刘显，博览经籍，偏精班《汉》。”[⑩]《隋志》录其《汉书音》二卷，序论并称“梁时，明《汉书》有刘显、韦稜”，是刘显治《汉书》名世并以正音训为长。《汉书》多古字古训，汉末即有服虔、应劭二家音义。刘显重音训治《汉》，当有归趋汉儒实学疏经的追求，此其一；其二，当有“博通训义”之刘瓛门业的影响；其三，南朝齐梁间文化士族多重音韵之学的世风，当是其形成如是倾向的一个外部因素。

刘显以《汉书》学鸣世，以重正音为根荄，大致约束了沛国相刘氏门业的范围，这对刘臻绩学通经以守文化世家血脉影响甚大。而以古音至唐音间有魏晋南北朝音训承转之作用而言，则刘显正音训《汉》不仅有明学于当世之功，且亦具垂学泽于后世之美。刘显及南北朝音韵学界之努力，肩起了上古之音至唐宋而下今音的桥梁，其学术功德亦当如章太炎为吴承仕《经籍旧

---

① 《南史》卷五〇《刘瓛传附刘显传》。
② 《南史》卷五〇《刘瓛传附刘显传》。
③ 《南史》卷五〇《刘瓛传附刘显传》。
④ 《南史》卷五〇《刘瓛传附刘显传》。
⑤ 《南史》卷三三《裴子野传》。
⑥ 《南史》卷五〇《刘瓛传附刘显传》。
⑦ 《南史》卷五〇《刘之遴传》云：之遴“与河东裴子野、沛国刘显讨论古籍。”
⑧ 《南史》卷五〇《刘瓛传附刘显传》。
⑨ 《南史》卷五〇《刘瓛传附刘显传》。
⑩ 《颜氏家训·书证第十七》，此用王利器《颜氏家训集解》本，上海古籍出版社 1980 年。

音辨证》中题辞所云：“承古音之绪而为《唐韵》先范者，其汉魏南北朝邪?”①

二

刘臻为刘显三子，史称“早有名”②，情况与其先人约略相同，均富早慧之声。《隋书》本传记其开皇十八年（588）卒，“年七十二”，推其生年当在梁武帝普通七年（526）；史称其“年十八（当梁大同十年〔544〕），举秀才，为邵陵王东阁祭酒”③，而其父刘显则在梁大同九年（543）卒于邵陵王的平西府中。是刘臻乃在其父死后入幕邵陵王府的，任东阁祭酒。据《南齐书·百官志》：“凡公督府置佐：长史、司马各一人，……东西阁祭酒各一人。”东西阁即南朝藩王府中办事处所，祭酒为其长官。“梁武受命之初，官班多同宋、齐之旧”④，其子邵陵王王府中东阁当系沿齐制而设，刘臻为祭酒即其王府办事僚佐之长。邵陵王萧纶，是梁武帝第六子，天监十三年（514）封邵陵郡王。史称“纶任情超越，轻财爱士，不兢人利，府无储积，闻有辄求，既得即散，士亦以此归之”⑤。刘臻举秀才即入其府，一当缘其父旧仕之谊，二当为王有“轻财爱士”之性格。

梁末“侯景之乱”打破了江左士族苟安的局面，亦使萧梁宗室乘之而争权不已，北方王朝遂乘时而插手其间。梁大宝二年（551），邵陵王纶被西魏的军队擒杀；次年，梁武帝第七子萧绎在西魏的支持与保护下居江陵称帝，史称元帝。刘臻于府破之后归元帝，“迁中书舍人”⑥。两年后（554），梁元帝复被西魏破杀，西魏再立梁武帝长孙、昭明太子之子萧詧为帝，是为后梁宣帝。这就是南朝史上著名的“江陵沦陷”。刘臻于“江陵陷没，复归萧詧”，为“中书侍郎”⑦；三年后（557），北周禅代西魏，刘臻被北周权臣冢宰宇文护“辟为中外府记室”⑧，刘臻由此自南之北徙家长安。记室，为南北朝文翰清要之官，《宋书·孔觊传》曰：“以记室之要，宜须通才敏忠，加性情勤密者。”又孔觊《辞荆州安西府记室笺》亦曰：“记室之局，实惟华要，

① 参见庄华峰编：《吴承仕研究资料集》，黄山书社1990年版。
② 《南史》卷五〇《刘瓛传附刘显传》。
③ 《隋书》卷七六《刘臻传》。
④ 《隋书》卷二六《百官志（上）》。
⑤ 《南史》卷五三《梁武帝诸子·萧纶传》。
⑥ 《隋书》卷七六《刘臻传》。
⑦ 《隋书》卷七六《刘臻传》。
⑧ 《隋书》卷七六《刘臻传》。

自非文行秀敏，莫或居之”云。是刘臻入北仕周，职在书仪、表章、书启等文秘事务，与其初仕梁邵陵王的职掌无大差别。

值得指出的是，在梁末政乱频仍，刘臻辗转其主的几年间，其中有仕梁元帝约两年的时间。而元帝以好文章名史，尤喜读史，史称其“率意自读史书，一日二十卷”[①]；《隋志》录“梁元帝注《汉书》一百二十五卷”，此书于唐初已亡佚。那么，以《汉书》门业为绩学之本的刘臻是否参与这一事情呢？史载阙若，不宜确定。但依中国古代帝王纂书多用幕僚之力而签署己名的惯例推之，复考刘臻父刘显与梁元帝曾有“布衣交”[②] 文谊之事实，则治《汉书》为业的刘臻当不至于外身梁元帝注《汉书》之事。试作如上推测，亦在求明居元帝廷两年的刘臻，如涉此事，则可借元帝古今图书十余万卷的富藏以丰富、提高他研治《汉书》的水平。

北上入周的刘臻，终周世只居文翰职事，“授大都督”勋、“封饶阳县子”爵，历官蓝田县令、畿伯下大夫，仕宦清微而不涉权要，情况与当时南士入北者大抵相同。公元581年，杨坚禅周建隋，时年54岁的刘臻“进位仪同三司”[③]，这在隋是散官，不视事，与国子博士同为正五品。这是刘臻在改朝换代之际所获得的例赏之迁。开皇八年（588），隋平陈战争起，刘臻随军“典文翰”[④] 于平陈元帅府；次年，隋平陈结束，刘臻“进爵为伯”；尔后即被“皇太子（杨）勇引为学士”[⑤]，至开皇十八年身殁，再不闻封官加爵事，世以是或以“刘仪同”称之。

入隋后的刘臻，约略秉承其族祖刘瓛淡泊仕途的性格，来往皆为一时学术文化界士族胜流；“耽悦经史”恪守门业，借文化世家循循其礼的精神以守身于新朝。入太子宫为学士，使他与善《汉书》的姚察（《隋志》录姚察《汉书训纂》30卷、《汉书新解》1卷、《定汉书疑》2卷），明三礼的明克让以及以《汉书》学称名大业朝的包恺、萧该等南士入北者更多了一层交往。《隋志》录“《汉书音》十二卷，废太子勇命包恺等撰”，此太子宫《汉书音》注以“包恺等”署名，显系宫中学士集体所作无疑；而刘臻以太子宫学士，“精于《两汉书》，时人称为《汉》圣”之资格，预作此事亦当不成问题。“隋刘臻精《两汉》，谓之《汉》圣，唐卫大经邃于《易》，谓之《易》

---

① 《颜氏家训·勉学第八》。

② 《南史》卷八《梁元帝本纪》。

③ 《隋书》卷七六《刘臻传》。

④ 《隋书》卷七六《刘臻传》。

⑤ 《隋书》卷七六《刘臻传》。

圣，……盖言精通其事，而他人莫能及也”①。刘臻精于《汉书》学，所长仍在正文字音韵之小学。颜之推《颜氏家训·书证》曰：“《汉书》‘田肎贺上。’江南本皆作‘宵’字。沛国刘显博览经籍，偏精班《汉》，梁代谓之《汉》圣（王利器案此条，以为‘恐误’，即刘显不当有《汉》圣之名），显子臻，不坠家业。读班史，呼为‘田肎’。梁元帝问之，答曰：‘此无义可求，但臣家旧本，以雌黄改‘宵’为‘肎’。”云云。可知，刘臻的《汉书》学是有家学旧本的，其本至少自刘显时已有，且与江南诸本不同：刘臻因承门业重点以正字正音治《汉书》。音韵是刘臻家学的长项，故开皇初南北音韵学一大盛事，刘臻亦预身其间。故宫博物院影印唐写本王仁煦刊误补缺《切韵》，载陆法言序文曰：

> 昔开皇初，有刘仪同臻、颜外史之推，卢武阳思道、李常侍若、萧国子该、辛咨议德源、薛吏部道衡、魏著作彦渊等八人，同诣法言宿，夜永酒阑，论及音韵，古今声调，既自有别，诸家取舍，亦复不同。吴、楚则时伤轻浅，燕、赵则多涉重浊，秦、陇则去声为入，梁、益则平声似去，吕静《韵集》，夏侯该《韵略》，阳休之《韵略》，李季节《音谱》，杜台卿《音略》等，各有乖互。江东取韵，与河北复殊。因论南北是非，古今通塞，欲更捃选精切，除削疏缓，颜外史、萧国子多所决定。魏著作谓法言曰：“向来论难，疑处悉尽，何为不随口记之？我辈数人，定则定矣。”法言即烛下握笔，略记纲纪。后博问辨，殆得精华。今返初服，遂取诸家音韵，古今字书，以前所记者，定为《切韵》五卷，剖析毫厘，分别黍累，非是小子专辄，乃述群贤遗意。于时岁次辛酉大隋仁寿元年也②。

这就是陆法言《切韵》诞生前的一次重要的音韵讨论。参与这次讨论的刘臻、颜之推、萧该均属北上的南士，入北时间都在梁元帝江陵破陷之后；陆法言及其余人则为关东文化士族。“因论南北是非”，使这次载诸学术史的音韵讨论集中体现了隋统一前后复兴文化、整理学故中的文化统一精神；而上承古音之绪下启唐《唐韵》、宋《广韵》的所谓今韵之功，则正如章太炎先生所指出：“《广韵》之先为《切韵》。隋开皇初，陆法言与刘臻等八人共论音韵，略记纲纪，后定为《切韵》五卷。唐孙愐勒为《唐韵》，至宋陈彭年等又增修《广韵》。古今音之源流分合，悉具于是。”③ 是陆法言及刘臻等八人作“古今通塞”之音韵讨论，乃有功于古今音源流分合处的关节作用。

① 王观国《学林》卷一，转引自王利器《颜氏家训集解》。

② 万绳楠整理：《陈寅恪魏晋南北朝讲演录·南北社会的差异与学术的沟通》，黄山书社1987年版。

③ 章太炎：《国学讲演录·小学略说》。

隋代《汉书》学，就年秩与影响而论，文帝开皇世当以刘臻、姚察（姚察卒于大业二年）为代表；炀帝大业世则当以萧该、包恺为宗匠，《隋书·包恺传》曰，恺“又从王仲通受《史记》《汉书》，尤称精究。大业中，为国子助教，于时《汉书》学者，以萧、包二人为宗匠。”刘臻入北，复以《汉书》教授于关中。史载弘农华阴人杨汪，乃周隋间“德业优深”之名儒，其为学，于《礼》则“问《礼》于沈重”，于史则“受《汉书》于刘臻”[①]。杨汪受业于刘臻事，一则可见刘臻《汉书》学在北方影响；再则可见隋代《汉书》学之炽兴，约略可以当时史部显学视之。而《志》载包恺、刘臻等受太子杨勇命所撰的《汉书音》十二卷，无论宫位之重，还是撰臣之名，都足以使此书居当时《汉书》学官学地位。结此可申论者有两点，其一是刘臻治《汉书》，被“时人称为《汉》圣”，即专精其学而“他人莫能及也”，这是刘臻承魏晋南北朝以来文化世家有“业盛专门”传统的表现；其二是刘臻以正音正字治《汉书》有当时研治经史尚小学的学术背景，更是其门业传统的优长所在，至于其《汉书》家学能切为时用则与有隋统治者追步“汉魏前制”以复兴、重构汉以来封建正统意识形态的政治需求有关。

南北朝，南北政权对峙即有“正朔”之争，而争正朔即争正统，争正统则为政权争“天命”之法理。隋承南北朝后立国，于正朔交争之余，也犹重此权力法理的证明。隋禅周伊始，隋文帝即召崔仲方与高颎议正朔服色事。“仲方曰：‘晋为金行，后魏为水，周为木。皇家以火承木，得天之统。’又劝上除六官（即姬周六官制），请依汉、魏之旧。”[②] 于是，开皇元年（581）二月，隋禅周而立第一事，即是“易周氏官仪，依汉、魏之旧”[③]。六月，复“诏以初受天命，赤雀降祥，五德相生，赤为火色。其郊及社庙，依服、冕之议，而朝会之服，旗帜牺牲，尽令尚赤”[④]。《通鉴》胡注此条曰：“隋自以为得火德，故尚赤色。”[⑤] 推火德、尚赤色，隋是以炎汉为正统之源，即是以汉为其相承系统之本源。“这是与大汉的另一个象征性联系，因为汉也以火之‘德’进行统治。这些联系以及一切天子小心翼翼地履行的礼仪活动对树立隋帝的统治权，特别对扩大隋帝对包括陈朝在内的统治（原注：那里仍热诚地保存汉朝的传统）是非常重要的”[⑥]。

---

① 《隋书》卷五六《扬汪传》。

② 《隋书》卷六〇《崔仲方传》。

③ 《隋书》卷一《文帝本纪（上）》。

④ 《隋书》卷一《文帝本纪（上）》。

⑤ 《资治通鉴》卷一七五“隋文帝开皇元年（581）”。

⑥ ［英］崔瑞德主编：《剑桥中国隋唐史》第二章《隋朝》，中国社会科学出版社 1990 版。

隋自北朝后立国，立国之初尚有以“正朔”自居的南方王朝陈的存在与对峙。隋欲统一全国，必得“正统”之名以为权力扩张的法理依据。因此，便有李德林撰作《天命论》，扬言杨氏先人“佐高帝而灭楚，立宣帝以定汉，东京太尉，关西孔子，生感遗鳣之集，殁降巨鸟之奇，累仁积善，大申休命”[①]的王朝谱系正统源汉说；因此，便有假五行相生而推火德、尚赤色，以与汉取得象征性联系的礼仪设定，尔后便是以汉儒的思想、价值观及礼仪形式的正统意识形态的复兴与重构。隋建之初，作如此政治哲学的选择与确立，不仅是为权力的“卡里斯马”寻求法统的证明，而且亦正如相关研究所指出那样：“遵循汉、魏前制的命令，还是进一步证明，隋朝有雄心使自己成为一个比汉魏以后的地区性国家更伟大、更持久的政体。”[②]易言之，隋指汉为其正统之源的举措，内含着结束南北分裂建立统一中国的政治目标。这是隋的政治大局，亦是其构建意识形态的归趋所在。

隋树立正统而溯源于汉，正是《汉书》学炽兴于隋的背景。《汉书》修于东汉班固，其论证王朝兴立的政治哲学即是极力倡言“汉承尧运”“协于火德”的五德循环与王权神授的学说，这是作汉为正统的史学证明。故刘知几言正史著作，则曰《汉书》“纲纪有别”[③]，而后世封建史家亦以此推重《汉书》的正史地位。近人陈直先生《汉书新证》亦曰：“在《汉书》中项羽削去本纪，陈涉削去世家，完全表现儒家正统思想。”[④]是《汉书》富含的儒家正统思想，给后世封建王朝寻求正统理论提供了史学的资源与证明。故“始自汉末，迄乎陈世，为其注解者凡二十五家，至于专门受业，遂与《五经》相亚”[⑤]。《汉书》学几与《五经》相埒，可见其在正史中的地位。

正史之名，昉于《隋志》。所谓正史，除体裁有“五志三长”外，其封建政治的内涵即如章太炎先生所曰：“正史云云，又有当论述者，正统之说也。”[⑥]正史讲正统《汉书》为其先河，正闰讲笔法而统治者以此为用，这是刘臻家学《汉书》切于时用的背景，亦是有隋一代《汉书》学有以炽兴的背景。

（原载《江淮论坛》1998 年第 1 期）

---

① 《隋书》卷四二《李德林传》。

② ［英］崔瑞德主编：《剑桥中国隋唐史》第二章《隋朝》，中国社会科学出版社 1990 年版。

③ 《史通》卷二《二体》，此用浦起龙《史通通释》本，上海古籍出版社 1978 年版。

④ 陈直：《汉书新证（序）》，天津人民出版社 1979 年版。

⑤ 《史通》卷一二《古今正史》。

⑥ 章太炎：《国学讲演录 · 史学略说》。

隋炀帝与天台宗

隋炀帝杨广，文帝次子，夺储为太子，继而为帝，死后谥曰“炀”，史称隋炀帝。其与天台宗之关系，主要发生在他身为晋王驻节扬州之时，主要交结人物为天台宗实际创始人智顗；从开皇十年（690）十一月受命扬州总管，“镇江都”①，迄于开皇十七年十一月，智顗行化于西门石城（今浙江新昌），前后6年，仅据《全隋文》载，杨广予智顗书即达35首，是可谓交结频繁。智顗早年游学，至陈后主太建七年（575）入天台山结庵聚徒，弘扬本宗，则天台宗在不到半个世纪内即告形成。入隋以后，天台宗因缘时会进入了它的重要发展期。然而，南北有隔，天台宗在照应新朝宗教政策以求自身的发展过程中，与杨广的关系至为重要；双方由此而建立的联系，既为天台宗的发展提供了强大的政治保护，亦为新政权构建多元意识形态以为巩固政权服务，提供了更趋广大的社会基础，是乃封建时代政与教有相需之求而有相资之行；作为联络天台宗的主要人物，杨广缘此特有的文化构成之原因，并因其欲求政治统一后的文化统一之目标的确定，而与天台宗智顗的交往亦体现了宗教文化的内容，是乃政与教的交往亦蕴含文化的内容。下面试述论之。

一

杨广与天台宗之关系，主要在隋文帝开皇年间，因之，其事亦应置诸隋开皇之世佛教政策之范围而论之。隋文父子均好佛，而隋文帝杨坚好佛，并能对佛教发展施诸影响，

---

① 《资治通鉴》卷一七七“隋文帝开皇十年（590）”。

当起于北周之末。北周武帝建德三年（574），宇文邕下诏禁断佛教，佛教受到打击。6 年后，北周宣帝虽有恢复佛教法像之举，然，十月“初复佛像及天尊像，天元（即周宣帝）与二像俱南面坐，大陈杂戏，令长安士民纵观”①。顽谑之中，似亦没有多少兴教的措施。次年五月，宣帝死，静帝年幼，以天元皇后父杨坚总知中外兵马事、假黄钺、左大丞相，“百官总己以听于左丞相”②，总国政；六月，“周复行佛、道二教，旧沙门、道士精志者，简令入道”③。可知，佛教重兴于静帝之朝，其实乃起于控扼实权的杨坚之手。

杨坚生于西魏大统七年（541），生身之所即为冯翊般若寺，幼年由释智仙抚育。《隋书》卷一《文帝本纪》称：“有尼来自河东，谓皇妣曰：‘此儿所从来甚异，不可于俗间处之。’尼将高祖舍于别馆，躬自抚养。”皇妣，即杨忠之妻吕苦桃氏，《隋书》卷七九《高祖外家吕氏》记为济南郡人，“其族盖微”，吕氏于佛教之关系如何，书记亦不详。然“尼自河东来”，则就地理而言当有一定关系。参之开皇三年，由北齐而入周再入隋的北印度僧人那连提耶舍推出的《德护长者经》，可知山东释界人物对关陇杨氏的瞩目盖为由来已久，其经称：将来佛法末世时，月光童子将托生于大隋为国王，能令国内一切众生信奉佛法，“亦大书写大乘方广经典无量百千亿数，处处安置诸佛法藏，名曰法塔，造作无量百千佛像，及造无量百千佛塔”④。从河东尼到那连提耶舍，我们不仅可知山东佛教界对关陇杨氏的瞩目，同时亦不难看出杨氏家族与佛教之关系亦由来已久，此作为家族文化的作用，不仅影响及于杨坚，亦将及于杨广。

杨坚生于佛寺，长成于释尼之手，长大之后依然敬称尼智仙为“阿阇黎”（梵语译音，即导师），这在北朝统治阶级上层盛行佛教的文化氛围中并非鲜事，它说明杨坚在早期社会化过程中曾受到佛教的强烈影响，这对他以后的政治行为发生了作用。《国清百录》卷二记开皇十年杨坚“敕释智顗”，“朕于佛教，敬信情重”。581 年，杨坚禅北周建隋，是年即“普诏天下，任听出家，仍令计口出钱，营造经像。而京师及并州、相州、洛州等诸大都邑之处，并官写一切经，置于寺内；而又别写，藏于秘阁。天下之人，从风而靡，竞相景慕，民间佛经，多于《六经》数十百倍”⑤。以诏书的形式鼓涌起开皇之世崇佛的局面。开皇三年移都大兴城，“便出寺额一百二十枚于朝堂下，制

---

① 《资治通鉴》卷一七三“周静帝大象元年（579）”。

② 《资治通鉴》卷一七四“周静帝大象元年（579）”。

③ 《资治通鉴》卷一七六“周静帝大象二年（580）”。

④ 参见岑仲勉：《隋唐史》所引《史地丛考续编》，《全隋文》卷三四。

⑤ 《隋书》卷三〇《经籍志（四）》。

云：‘有能修造，便任取之。’”[①] 移都甫定，即出寺额一百二十枚，可知文帝立寺兴教之心绸缪在先；开皇五年，请大德法经法师为己于大兴殿授菩萨戒，佛界称“皇帝大檀越”“法轮王”[②]，而文帝亦自云：“佛以正法付嘱国王，朕是人尊，受佛嘱付。”[③] 借此“受戒”仪式，隋文帝作为佛教庇护人的地位得以确立；而北周末以来的政教冲突的政治问题，亦于此仪式中得到形式上的缓解，这种方法对此后杨广在南方与天台宗发展关系提供了很好的借鉴。

隋开皇之世与佛教关系之密切，在中国历史上是很突出的。杨坚其人尽管没有舍身佛寺之举，但肯“屈宸极之重，伸师资之义”[④] 的原因在于，佛教对于社会的广泛渗透，业已构成了封建国家对其正视的社会条件，因之无论是从意识形态的取而为用出发，还是从稳定社会秩序的社会政治出发，隋文帝对于佛教都不能掉以轻心。隋文帝富有敏锐的政治直觉，他紧紧地抓住了佛教，并在政治上取得了成功。有关研究指出，“这个帝国能够巩固，首先是有北魏及其后继者，发展了的一套中央集权制度，其次是国家保护南北方普遍接受的佛教”[⑤]，指出佛教“是漫长的大分裂时期以来的统一力量”[⑥]。佛教在六世纪末叶的中国，因其广泛的发展而有社会整合的意识形态功能，此论大致不谬。从此，我们可以看到，开皇之世假隋文帝之手推行的佛教政策，乃是政权意志对社会历史发展的选择，此目的乃在于为统一政治谋求多元意识形态的建构，以巩固政治的统一和社会秩序的稳定，这个大背景与基本目标亦是杨广联络天台宗的背景与目标。

二

杨广在开皇十一年（591）十一月延请天台宗智顗为其授菩萨戒，称智顗为师，己为弟子。在《受菩萨戒琉》中，杨广云：“弟子基承积善，生在皇家，庭训早趋，胎教夙渐。”[⑦] “庭训”，意即家教中之父教。从杨广的家庭情况来看，他早年的佛学发蒙，当不限于父亲杨坚一方，其母独孤伽罗对其影响亦甚大。独孤氏为西魏名将独孤信第七女，其家族早已信佛，开皇初她于

---

① 参见徐松《唐两京城坊考》卷四。

② 《全隋文》卷三五。

③ 法琳《辨正论》卷三。

④ 《全隋文》卷一九引《广弘明集》卷二四《薛道衡·予法师书》。

⑤ ［英］杰弗里·巴勒克拉夫主编：《泰晤士世界历史地图集》，三联书店 1983 年版。

⑥ ［英］崔瑞德主编：《剑桥中国隋唐史》第二章《隋朝》，中国社会科学出版社 1990 年版。

⑦ 《全隋文》卷七引《国清百录》卷二《炀帝·受菩萨戒疏》。

高僧昙崇称“师女”，“献后延德，又称师女”①。仁寿二年（602），独孤氏去世，史官著作王劭即上书云：“伏惟大行皇后圣德仁慈，福善祯符，备诸秘记，皆云是妙善菩萨。”② 王劭称独孤氏为“妙善菩萨”，显系“不经之语”，但却道出了独孤氏崇佛之事实及其社会影响。独孤氏好佛，对杨广亦有影响。杨广受戒之后即云：“以此胜福，奉资至尊、皇后，作大庄严，同如来慈。”③将母后与父皇并称，不仅是对独孤氏在开皇朝政治地位的肯定，亦是对其好佛一事的表述。仁寿元年（601），天台宗智顗圆寂已近四载，杨广遣使往天台为智顗设斋作愿文亦曰：“微因宿种，方便智度，生在佛家，至尊皇后，慈仁胎教”④ 云云。因此家庭佛教文化之背景，杨广才在《受戒疏》中称：“弟子即日种罗睺业，生生世世还生佛家。”⑤ 罗睺，即释迦在俗之子，杨广受戒称云“种罗睺业”，从释典来看，是以子臣应父皇之关系对文帝杨坚宗教地位的礼敬之辞，然紧接此下即云“生生世世还生佛家”，则此前后照应之辞不啻说明，杨广的受戒及其早年的佛学开蒙，乃是由其父母构成之“佛家”的影响而来。

隋开皇九年（589）平陈，杨广为元帅节度诸军，然陈平之后，杨广即回并州总管任上。南北统一后，隋文帝将行于北方的宗教政策复施于南方新定之地。开皇十年，文帝给天台智顗去信：“朕于佛教敬信情重，往者周武之时，毁坏佛法，发心立愿，必许护持。及受命于天，仍即兴复，仰凭神力，法轮重转。”⑥ 申告新朝对于佛教的弘护之意。但紧接此下，他便寓儆戒于推奖之中，告诫智顗：“朕尊崇正法，救济苍生，欲令福田永存，津梁无极。师既已离世网，修己化人，必希奖进僧伍，固守禁戒，使见者钦服，闻即生善，方副大道之心，是为出家之业。若身从道服，心染俗尘，非直含生之类，无所归依；抑恐妙法之门，更来谤讟，宜相劝勉，以同朕心。”⑦ 南朝佛教上层僧侣与统治阶级上层交往甚密，对社会之影响亦甚巨，而天台智顗在旧陈“京邑法界”，众望攸归，有仰之则“日出星收”之威，因此，隋文帝为防其潜在问政之心的滋长还必须示之以儆戒之旨。“敕智顗书”敲山震虎，虽只付与天台宗一派，但事实上则是借此将新朝的佛教政策申告于南方佛教界。

---

① 《续高僧传》卷一七《昙崇》。
② 《隋书》卷六九《王劭传》。
③ 《全隋文》卷七引《国清百录》卷二《炀帝·受菩萨戒疏》。
④ 《全隋文》卷七引《国清百录》卷三《炀帝·天台设斋愿文》。
⑤ 《全隋文》卷七引《国清百录》卷二《炀帝·受菩萨戒疏》。
⑥ 《全隋文》卷三引《国清百录》卷二《文帝·敕释智顗》。
⑦ 《全隋文》卷三引《国清百录》卷二《文帝·敕释智顗》。

开皇九年隋平陈，翌年陈旧地豪杰便纷纷举兵反隋，所谓“陈之故境，大抵皆反”①，构成了统一之后的大事件。造成这一历史大事件的原因尽管有种种，但其中苏威强行推行“五教”以酿成激乱之媒，盖亦不可低估。这说明隋平陈在取得政治统一之后，其文化统一之事尚待展开。为平定叛乱，隋文帝指令杨素领兵平乱，同时将杨广从并州调扬州，以易代文帝三子秦孝王杨俊。这次实行二王军区大调动，乃文帝对杨广之用的见重。江南豪杰之乱很快即告平定，杨素班师归长安，杨广则自此驻节扬州。所有官爵为：使持节太尉公扬州总管诸军事扬州刺史晋王。其所统州数常数十，隋平陈，得州三十，是以知开皇十年末杨广自并州之扬州总管任上，实有受命主政长江两岸，尤其是长江下游陈之故地军政事务之权力。因此，作为隋朝在南方新定之地的最高军政长官，杨广与智顗的交往，亦当视为隋文帝开皇之世佛教政策在南方的具体展开。

杨广于开皇十年末至镇，前任秦孝王杨俊即已与智顗有过交往。但杨俊与智顗的交往，仅系隋与天台宗之前期交往，其“遣信延屈，（智顗）对使者曰：‘虽欲相见，终恐缘差。’”② 杨俊联络天台宗未获结果便离镇而去，杨广至镇后继续与智顗交往。据杨广藩邸文学侍从柳䛒所作《天台国清寺智者禅师碑文》追记，杨广“仍代（秦）孝王，爰伯邦域，洁诚延请，须流背风，数日遄到，亦既觏止，便定师资。”意谓杨广智顗一拍即合，而讳言智顗推诿、观望，且借以高抬身资的过程。其实，智顗自金陵城破之后即避居匡庐，借隐学之名，实则坐山以观形势之变化：一看新政权能否巩固；二看新政权对佛教之态度，开皇十年，接文帝一书，知新朝对佛教有控制但又想利用之政策，迟疑观望之间，南方豪族大规模反隋之事已起，因即顺势“安坐匡岫”③；杨广至镇之后，频频致书智顗，至此，智顗对南北统一，新朝政治强大之势亦已了然，开皇十一年十一月，距杨广莅镇已近一年，智顗在杨广频示“虔诚遥注”而“命揖远延”④ 的执意坚请下，终于表态“今王途既一，佛法重兴”而愿“赴优旨”⑤ 了。

智顗在入隋之后，与隋文帝父子三人均有不同程度的书信往来，然而直至开皇十一年十一月方才肯出山为杨广授戒。这一长达近三年的过程，盖可视为智顗对新政权的观望、了解，进而至沽身价的阶段。隋朝对南方的有力

---

① 《资治通鉴》卷一七七“隋文帝开皇十年（590）”。

② 《全隋文》卷一二引《国清百录》卷四《柳䛒·天台国清寺智者禅师碑文》。

③ 《全隋文》卷一二引《国清百录》卷四《柳䛒·天台国清寺智者禅师碑文》。

④ 《全隋文》卷七引《国清百录》卷二《炀帝·受菩萨戒疏》。

⑤ 《全隋文》卷三二引《续高僧传》之《智顗·将赴晋王召求四愿》。

统一，以及对豪族之乱的迅速平定，使智顗认识到“王途既一”政抬统一的巩固性；文帝父子三人对天台联引的态度，及开皇之世的崇佛政策，亦使智顗认识到“佛法重兴”的寄托所在，因此，在杨广执意坚请，身价已起的情形下，在“匹夫行善，止度一身；仁王弘道，含生荷赖”[①]，借助政治势力以发展本教的现实利益驱动下，智顗终于做出出山为杨广授戒的决定。此举，不仅是天台宗宗门之大事，亦为隋朝在南方和平赎买宗教之政治大事，杨广受戒可视为以天台宗为代表的南方佛教界与新朝合作的开端，这个“合作”，一方面标志着南方佛教自此之后将受到新政权的保护，另一方面亦意味着那种历史的与潜在的政教冲突之矛盾将得以缓解。

开皇十一年十一月二十三日，杨广在扬州大听寺正式受戒，法名曰“总持”，尊智顗为师，称“智者”，己则称“弟子总持”。隋朝与天台宗之政教联手正式告成。这种极尽虔敬、铺排的仪式，施之于南方新定之地，对于惶惶其心的僧俗各界确有文化绥靖之政治功用，有利于消解南北对峙三百年之久以来所形成的政治、文化心理上的隔阂。在此基础上，杨广进一步明确宣布，“孔老释门，咸资镕铸，不有轨仪，孰将安仰”[②]，将新朝“三教”并容的意识形态建构告白于南方僧俗社会；宣称“非惟礼乐政刑，一遵成旨，而舟航运出，弥奉弗坠”[③]，对南方佛教自梁陈以来的官方宗教地位予以承认，并将其在新朝政治中的资治位置予以设定。与此同时，身为政治人物的杨广并没有忘记申论政权对于宗教的绝对支配关系，只不过在表述上表现得更为巧妙一些而已。在《宝台经藏愿文》中，杨广指出：“帝释轮王，既被付嘱，菩萨声闻，得扬大化，度脱无量，以迄于今。”文帝杨坚受“菩萨戒”，为“法轮王”，受佛嘱托振佛法于末世，在此杨坚非惟人王，亦为释帝，合政教于一身，仿佛不见二者伯仲之分；其实这仅为申论政权之遁词，对杨坚二重身份的指陈，旨在申明杨坚作为佛教庇护人的身份特性，即当今天子不仅受命于天为人王，且亦受命于佛为释帝，而既受命于佛，“被付嘱”，则佛界信众焉有不听其节制之理，质言之，文帝父子之受戒于空门，其借用的袈裟都只是为了政权统治的需要。然而，能如此集政教于一身并做出如此几近直白的政治权力表述，亦可见隋朝对宗教的有力控制。

---

① 《全隋文》卷三二引《国清百录》卷二《智顗·答晋王请撰〈净名义疏〉书》。

② 《全隋文》卷七引《国清百录》卷二《炀帝·受菩萨戒疏》。

③ 《全隋文》卷七引《广明弘集》卷二二《炀帝·宝台经藏愿文》。

三

杨广受戒于天台智顗，其仪式表象之下的政治内涵是开皇之世宗教政策在南方的落实，因此对于是政治人物的杨广来说，他所获得的首先是政治上的极大成功。然而，事涉教门，关联佛学，杨广受戒之影响当亦不止于此。在宗教文化方面之影响亦不小，隋欲从平陈之后的政治统一走向对南方的思想文化的统一，这就要求在思想文化方面加以渗透，这主要体现在杨广与天台宗及其领袖人物智顗的交往上，此即杨广与天台宗的第二层关系，亦即杨广其人与佛教文化之关系。

杨广生于虔敬礼佛之家，“幼承庭训”初发蒙义；莅镇之后，幕府亦聚“好内典”[①] 人物，出巡则“僧尼、道士”[②] 相伴；其次子杨暕，于仁寿二年“拜扬州总管沿淮以南诸军事”[③]，至镇伊始，亦有“临淮海下教延沙门智众书”[④]，凡此，均说明杨广在佛学上，上则有承于父母，下则有教于子孙，此承转下教之过程，亦当为其于佛学有濡染之过程。

开皇十年末，杨广自并州之扬州参予平定江南豪族之乱。杨广“深虑灵像尊经，多同煨烬，结蔓绳墨，湮灭沟渠。是以远命众军，随方收聚”[⑤]。乱平之后，杨广即命将所收佛籍总汇镇所，聚僧俗界文化人以修葺编定，凡四藏，经卷近十万轴。杨广于戎战之际能念及佛教经疏收辑、裒藏，应视为对文化的贡献之举，并对南方佛教界人心之收揽亦大有功效。值得指出的是，杨广收编佛籍并非徒炫雅观，而是“因发弘誓，永事流通”[⑥]，并就朝觐之际，携所得之书于“京都寺塔，诸方精舍，而梵宫互有大小，僧徒亦各有众寡，并随经部多少，斟酌分付”[⑦]，将南方佛学传诸北地、京师之寺院，以促进统一之后南北佛教界的佛学交流。这对消解南北朝以来的南北佛教文化之阻隔，促进大一统政治下的文化统一，无疑是有其积极作用的。

在杨广与天台宗的交往中，其王邸学士柳䛒是一重要人物。柳䛒，因其“好内典”，杨广曾令其撰写天台宗之本经《法华玄经》。柳䛒受命成书二十

---

① 《隋书》卷五八《柳䛒传》。

② 《资治通鉴》卷一八〇“隋炀帝大业元年（605）”。

③ 《隋书》卷五九《炀三子传》。

④ 《全隋文》卷八引《续高僧传》

⑤ 《全隋文》卷七引《广弘明集》卷二二《炀帝·宝台经藏愿文》。

⑥ 《全隋文》卷七引《广弘明集》卷二二《炀帝·宝台经藏愿文》。

⑦ 《全隋文》卷七引《广弘明集》卷二二《炀帝·宝台经藏愿文》。

卷，“奏之。太子览而大悦”[①]。开皇二十年，杨广夺储为太子；书称“太子览”，则柳䛒此书当成于开皇二十年之后。“太子览而大悦”，是杨广于《法华玄经》有览、有解而后之“大悦”，此亦杨广于佛学有濡染而有所好之一证。然而，柳䛒与天台智顗早有交往，并有叩问求学之谊。《全隋文》卷一二引《国清百录》卷四载柳䛒《与释智顗书》，称“去岁经蒙一旨，至今保持。奉赍十卷玄义往仁寿宫，服读八遍，粗疑略尽，细开难除。新治六卷，并入文八轴，为庄染未竟，少日钻研”。开皇十七年，智顗卒，则柳䛒此书至少书于此前。再看《全隋文》卷六引《国清百录》卷二所载杨广《与释智顗书》35 首，其序 3，当即杨广受戒之后致智顗第一书，此书首云“即用法讳，弟子总持和南”，下复云“柳顾言还”，是此则知在杨广与智顗的交往中，柳䛒在最初阶段即作为最合适之人选介身其中。柳䛒“好内典”，研读经义不惜八遍，其人穿插于杨广与智顗的交往中，无疑亦当增大此交往中的佛学文化内容。

其外，杨广王邸学士王胄此人亦于佛学有所好，并与佛界高僧不乏往来。王胄，字承基，由陈入隋，“以文词为炀帝所重”，陈亡之际即为“晋王广引为学士”[②]。王胄，虽未见其作使于天台之记载，但其趋风世好，交游释界的行为，当对杨广也有影响。

开皇十一年末，智顗应允为杨广授戒，曾与之有“四约”：一、勿以禅法见期；二、愿不责规矩，三、乞来去自由，四、愿终老丘壑。其三、四两条盖可视为智顗保留进退权力之约，其二则为智顗不欲受世俗礼法束缚之约。至于第一条，“勿以禅法见期”，则其微言之中亦有一种对这位来自西北高原的王子的佛学之缘有不甚以为然的态度。据载，智顗接有杨广请其撰著《净名义疏》一书的函，这表明杨广有探求三宝精义的想法。但智顗在《答晋王请撰〈净名义疏〉书》中却称：“晓悟甚微，徒欲承恩，俱乖深寄，有招幽遣，兼亏圣德。特愿更回神虑，别俟胜贤。”[③] 婉言予以推辞。我们知道，寻绎佛学义理乃是南方佛学的特点，东晋南朝以来它已成为上层文化士族及释界高僧的文化标帜，视之若禁脔，非凡庸可染指之物，他们对尚戒律、重禅定的北方佛学亦持傲视态度，唐释道宣云：“自江东佛法，宏重义门，至于禅法，盖蔑如也。”[④] 天台虽云禅慧并重，兼义南北，但上述南方僧俗文化界长期形成的文化心态当依然作用其对北方佛教文化的傲视态度。因此，智顗于

① 《隋书》卷五八《柳䛒传》。

② 《隋书》卷七六《王胄传》。

③ 《全隋文》卷三二引《国清百录》卷二《智觊·答晋王请撰〈净名义疏〉书》。

④ 道宣《续高僧传》卷二一。

杨广可有“师资”之名，而不欲行“师授”之实，在“答书”中婉拒杨广求学之请，究其实质，反映的亦当是南北文化在政治统一之初所存在的隔阂。

杨广倾力交结天台宗，除了在政治上争取南方宗教势力之旨外，亦有在政治统一之后谋求文化统一之用心。从其以后与智顗的交往中，我们可以看到，他的确获有进展。在其《与释智顗书》35封中，序28记曰：“逮旨送初卷义疏，跪承法宝，粗览纲宗，悉擅员外，耳曾未闻，故知龙树代佛，不可思议，今所著述，肉眼未见明闇。谨复研寻，迟比觐接。”又，序29中记曰：“弟子仰蒙净戒，宿世因缘，稍希义理，智波罗密，爰降开许。”“智波罗密”，即“般若波罗密”，或译作“般若波罗密多”，意谓通过智慧到达涅槃之彼岸，亦智顗所讲《大智度论》之内容。依天台“判教”的意见，“是把那许多佛经以及佛的一生分作若干时代，初时说小乘经，中年说《方等》，晚年说《般若》”[①]。是此可知智顗于杨广在佛学义理层面上已有一定程度之交往，而杨广于其学亦有渐趋门庭之势。

开皇十七年，智顗临终之前，作“遗书七纸，手迹四十六字，并《净名义疏》三十一卷”[②] 遗赠杨广，杨广亦奉《净名义疏》为“至佛道品。谨即装治，善书习读”，并云：“所恨《净名》经疏，不重亲承，犹冀寻研，用补咎悔”，“但义府钩深，遗文渊博，虽加策驰，终畏面墙。特希溉以醍醐，如出香乳；照以暗井，即显真金。然后仰藉神通，俯厉精力，别循名僧，奉扬法味，普共含生，作大利益。斯则弗违提奖，同登彼岸”[③]。《净名义疏》是智顗研治佛学的晚期作品，尽管它不居“天台三大部”的宗经地位，但亦不失为智顗重要佛学著作的地位。智顗在撒手尘俗之前，终能将此书遗赠杨广，并嘱其传人灌顶亲自送去，是亦有以学术以托于王者之意，而个中亦不乏智顗对南北统一后，学术文化亦将趋同合一的认识，以及对杨广其人在其中作用的承认。

“佛教在中国经过四五个世纪的流传，到了隋唐是为大成时期。此时南北政治统一，国家经济发达，文化交流融合，佛教亦随着组织异说求同求通的趋势，走向综合”[④]。中国佛教在隋唐时期走向综合，隋是为始；而南北“求同求通”，则在隋平陈之后尚可得以大规模展开，其中，假杨广之手完成的隋与天台宗关系之确立，则无疑为这一大趋势的形成提供了封建政治的保证。因此，天台宗成于陈隋之际，入隋而大有发展，是与杨广其人有很大关系的。

---

① 《胡适作品集·中国中古思想史长编（上）》，（台北）远流出版公司1988年版。

② 《全隋文》卷七引《国清百录》卷三《炀帝·答释智顗遗旨文》。

③ 《全隋文》卷七引《国清百录》卷三《炀帝·答释智顗遗旨文》。

④ 方立天：《佛教哲学·佛教哲学历史演变》，中国人民大学出版社1986年版。

杨广作为隋中央政权在南方的权力代表，执行的是开皇之世的宗教政策，其与天台宗的关系主要也是政治上的资用关系。但由于杨广其人“幼承庭训”的宗教文化构成关系，及其在政治统一后推行文化统一目标的需要，他在与天台宗领袖人物智顗的交往上，又在一定程度上表现为宗教文化的交往。“隋唐之时，中国之第一流思想家，皆为佛学家”①。佛学经两晋南北朝之发展，入隋而煌大其学，其创宗立派之人于一时之思想文化界均有重大影响，因此，杨广与智顗的交往，就不能简单地视为一个政治人物与一个宗教人物间的交往。杨广好佛学，也好文学，并以此矜伐于世人，史称其“自负才学，每骄天下之士。尝谓侍臣曰：‘天下当谓朕承藉余绪而有四海耶？设令朕与士大夫高选，亦当为天子矣。’谓当世之贤，皆所不逮”②。杨广个性如是，是以在释风甚煽，世人以为风致所在的时代文化背景下，其与智顗之往来喜涉佛门之义理，而终获其临终遗作，便既可视作其实施文化统一之战略的成功的内容，亦可视作其性格作用在时代文化背景影响下之产物。

杨广与天台宗的关系，主要发生在开皇中以后其驻节扬州之期间，此间关系：主要是确立与推行隋中央政府之宗教政策在南方新定之区的实施，为新政权实现多元化意识形态而争取南方佛教宗派；由于天台宗，乃至南方佛教在当时南方政治、文化格局中的重要地位，此一工作的完成亦不啻为隋政治统一之后的文化统一奠定了一块重要基石。当然，文化之统一、宗教之和平赎买亦必将给政治之统一、社会秩序之稳定带来强有力的支持。从对道教徒王远知的联络，到对天台宗智顗的礼敬，以及习吴语以通南士的种种社会行径，都说明杨广莅镇之后在文化统一上的良苦用心；而开皇十一年以后，南方局势基本稳定的事实亦大致反映杨广在这方面所获得的成功。

（原载《学术月刊》1994 年第 9 期）

---

① 冯友兰：《中国哲学小史》，万有文库本，商务印书馆 1933 年版。

② 《隋书》卷二二《五行志（上）》。

隋炀帝与茅山宗

陈寅恪先生在《陈垣明季滇黔佛教考序》中说："自来史实所昭示，宗教与政治不能无所干涉。"[1] 中国古代政教关系有其特殊性，然而无论其特殊，就政治方面而言，则"统治者必须是争取政治支持的人，这是他与被统治者在社会意义上的根本区别"[2]；而宗教界的领袖及其相应的文化精英，"对于致力于使政治体系与文化体系及其象征保持一致性的执政精英来说，他们是重要的潜在盟友"[3]。由此，中国古代之政教"不能无所干涉"而必有其相需相资之关系史。

隋炀帝杨广与道教茅山宗的关系，首先而且最终都是政治的，相互权力的让渡亦是以封建政治的纽结来实现的。这符合中国古代政教互动的一般规律。然而，茅山宗特有的宗教文化形态与隋炀帝个人特有的文化意向的吻合，使两者这种政治性的纽结关系不可能是唯一的。宗教整合于政治在于宗教文化的社会价值；于既定的制度框架下整合宗教的政治，亦在于宗教文化的"资源"取择。政教相需而相资的文化媒介，其实含有广义上的"文化"发展意义。这应是中国古代政教互动的又一个方面。

隋炀帝与茅山宗的交往，主要交结之宗门领袖，即茅山宗所谓第十代宗师王远知。大致论其范围，则第一方面主要是围绕隋王朝宗教政策在南方新定之区的推行而展开；

---

① 陈寅恪：《金明馆丛稿二编·陈垣明季滇黔佛教考序》，上海古籍出版社 1980 年版，第 240 页。

② ［美］S. N. 艾森斯塔得著，阎步克译：《帝国的政治体系》，贵州人民出版社 1992 年版，第 7 页。

③ ［美］S. N. 艾森斯塔得著，阎步克译：《帝国的政治体系》，贵州人民出版社 1992 年版，第 187 页。

具体而言，即是对道教的限制与利用并行之政策，侧重点落在服务于政治统一的“文化战略”之上[①]；第二方面，即在不改其限制、利用道教以结构王朝意识形态的政治原则之下，以接引王远知北上布教、开揭长于义理之茅山宗流播中土，实现有隋南北道教融汇之实事，而在客观上步入了承转南北朝以启瀹李唐三教合一的中国封建文化新进程，是其政教相需而有“文化”推进意义行蕴其中。

一

历经魏晋南北朝近四百年的中国道教，在完成了它的上层化政治改造之后，步入了统治阶级的神圣殿堂，成为士族地主实施政治统治的思想工具，成为封建王朝意识形态的构件之一，这是立国于六世纪晚期的隋王朝无法穿越的政治与思想文化现实。

公元581年，隋禅周立国，开国“年号开皇，与《灵宝经》之开皇年相合，故曰协灵皇”[②]。“开皇年号具有道教神学的象征意义”[③]，这个“象征”行蕴着封建政治取资宗教的权力意志，及其构建政治哲学的宗教抉择。

《隋书·经籍志四·道经部》曰：“以为天尊之体，常存不灭。每至天地初开，或在玉京之上，或在穷桑之野，授以秘道，谓之开劫度人。然其开劫，非一度矣，故有延康、赤明、龙汉、开皇，是其年号。”“开皇”是道教创设的纪年，“然其开劫，非一度矣”，则标明业已上层化的中国道教承认并肯定世俗革命——改朝换代的合法性，这是宗教纪年的世俗本质所在。可以说，隋王朝际遇的道教是一个自觉其与世俗政治合作的道教。“开皇”年号亦正是在这个意义上才可能开显它的宗教性符瑞意义。

开皇元年（581）闰三月，隋开国皇帝文帝杨坚在《五岳各置僧寺诏》中宣称：“法无内外，万善同归；教有浅深，殊途共致。服膺道化，念存清静，慕释氏不二之门，贵老生得一之义，总齐区有，思至无为。若能高蹈清虚，勤求出世，咸可奖劝，贻训垂范。”“慕释氏不二之门，贵老生得一之义”，是对二教教义的一般性取择，它表明王朝将以含纳二教的精神构建其混合的意识形态。其现实的基础乃是北魏以下北方社会浓郁的宗教氛围与众多的信教人口，而二教对于上层社会及知识界的广泛渗透则是悬置于这一现实

---

① ［英］崔瑞德主编：《剑桥中国隋唐史》，中国社会科学出版社1990年版，第115页。

② 《隋书》卷六九《王劭传》。

③ 卿希泰主编：《中国道教史》第二卷，四川人民出版社1992年版，第5页。

基础之后的思想文化背景。

开皇九年（589），隋平陈实现封建政治的大一统，但一并促进的则是思想文化统一的历史主题。这是政治激荡之后自应产生的思想文化进程。时汾晋大儒王通针对隋统一后所直面的政治与思想文化的现实，于《中说》中提出"三教归一"的口号，主张以儒为主、援引释道以构建统一王朝的意识形态。

开皇十年，隋王朝以"孝治"为中心的思想教化运动在南方新定之区失败，并引起大规模的政治、军事冲突："苏威复作《五教》，使民无长幼悉诵之，士民嗟怨。"① 齐民悉诵，强制性的思想训化激起了"士民嗟怨"的广泛性社会不满。至此，南北地主阶级内在的政治、经济利益冲突于文化的表面找到了斗争的支点。是年十一月，"陈之故境，大抵皆反"②，江南豪族纷纷举兵，"执县令，或抽其肠，或脔其肉食之，曰：'更能使侬诵《五教》邪！'"③ 江南豪族残杀新王朝置于南方国土的守宰④，极意宣泄的正是"无使我诵《五教》"的文化激情。可见，隋在政治上统一南方之后，欲其持久而扎实有效亦必得有一个含纳三教的文化上的再统一之功。

开皇十年江南豪族叛乱者，"偏今浙东、西，皖南，闽，赣"⑤，这一地区分布正含有道教广泛传播的宗教地理文化覆盖特征。《隋书·经籍志四·道经部》记："三吴及边海之际，信之逾甚。陈武世居吴兴，故亦奉焉。"自东晋以至梁、陈，三吴地区高级士族与一般士族信道者其夥，是一显著的宗教文化特征，此其一。其二，东晋具有五斗米道宗教背景的"孙卢之乱"，亦正是以会稽、吴郡、吴兴等所谓"东土豪家"为中心起事力量的历史事件⑥，此南方道教有政治"颠覆性"的传统。其三，孙卢兵败后余众走归海岛、自沉以为"水仙"的"海滨宗教之特征"⑦，与开皇十年江南豪族兵败后，"余党散入海岛"有归宿相合之处⑧。合此三点，凡宗教地理文化的相同覆盖、南方道教的"颠覆性"传统及两起事件亡逃处所的相合之处，本文试推论开皇十年江南豪族之乱或有一个道教的背景，或曰起事的江南豪族中或有杂糅道教信仰的人士。

① 《资治通鉴》卷一七七《隋文帝开皇十年（590）》。

② 《资治通鉴》卷一七七《隋文帝开皇十年（590）》。

③ 《资治通鉴》卷一七七《隋文帝开皇十年（590）》。

④ 参见［英］崔瑞德主编：《剑桥中国隋唐史》，引岑仲勉著《隋书求是》。

⑤ 吕思勉：《隋唐五代史》上册，上海古籍出版社1984年版，第1页。

⑥ 参见万绳楠整理：《陈寅恪魏晋南北朝史论稿》引《宋书·自序》。

⑦ 陈寅恪：《金明馆丛稿初编·天师道与海滨地域之关系》，上海古籍出版社1980年版，第6页。

⑧ 《资治通鉴》卷一七七《隋文帝开皇十年（590）》

开皇十年江南豪族叛乱之性质及其思想、宗教之背景，非本文详论之旨。以上试揭其与道教之关系，亦仅在发明南方道教的“颠覆性”特征是隋王朝制定南方道教政策所必须面对的严峻事实；而杨广莅藩扬州后操作中央政策的暧昧态度，亦于此先见关系。

从开皇九年的统一战争到开皇十年的平叛战争，隋王朝都以不容置疑的迅捷与彻底，证明了它富有统一南北的军事能力。然而南方不旋踵而兴起的叛乱，亦同样以其不容置疑的广泛与激烈，证明了隋的统一不能、亦不应裹足于军事统一的战争手段。混一南北后的隋中央集权政府必须在政治、经济、文化等方面力行其巩固统一的措施，实施其“马上”“马下”的政治转移。这就是隋文帝于统一伊始的一诏书中申述的“太平之法”①。而如何从军事统一到军事平叛的胜利中走出来，便构成了杨广“统临南服”②、以实施“太平之法”的核心。“太平之法”的文治体系是多方面的，而它的作用与意义则在于维护中央的集权政治，并借此而巩固南北统一历史格局的持久性——这一历史的主题。有关研究指出，杨广“在南方的任务是多方面的和复杂的：缓和南方的怨恨与怀疑，在军事占领后推行合理的行政，打破阻碍南人成为忠于隋室臣民的许多政治和文化隔阂”，便构成其“集中全力进行（的）可称之为文化战略的活动”③，而联引三教的文化行为则正是“文化战略”的中心所在，于限制与利用中交结茅山宗亦正是其“文化战略”的组成部分。杨广与道教茅山宗的关系，首先是政治的。

初唐希玄观三洞道士江旻说：“隋开皇十二年，晋王分陕维扬，尊崇至教”④，将杨广莅镇扬州的时间系于开皇十二年，有误。《隋书·炀帝本纪（上）》记：“俄而江南高智慧等相聚为乱，徙上为扬州总管，镇江都”；《资治通鉴》“隋文帝开皇十年”十一月条下记：“以并州总管晋王广为扬州总管，镇江都，复以秦王俊为并州总管。”是杨广在开皇十年末江南豪族叛乱已即时赴南方战地，旋而有徙镇之诏⑤。

《隋书·隐逸·徐则传》记，杨广镇江都与隐居天台修道的徐则交往事，传后类举则曰：“时有建安宋玉泉、会稽孔道茂、丹阳王远知等，亦行辟谷，以松水自给，皆为炀帝所重。”此王远知，即茅山宗所谓第十代宗师王远知，因其系涉隋入唐人物，故《隋书》无传而见载《唐书》。据《新唐书》本传

① 《全隋文》卷二《文帝·劝学求言诏》。

② 《金隋文》卷一九《薛德音·为越王侗下李密书》。

③ ［英］崔瑞德主编：《剑桥中国隋唐史》，中国社会科学出版社 1990 年版，第 115 页。

④ 《金唐文》卷九二三。

⑤ 参见拙作：《隋将陈稜述论》，《安徽史学》1993 年第 4 期。

载："隋炀帝为晋王，镇扬州，使人介以邀见。"估计杨广第一次邀见王远知的时间，当如江旻所说的"开皇十二年"。

杨广于平叛之后治政南方的大局乃在于贯彻中央政府的"太平之法"，其取径即所谓"文化之战略"；而就当时思想文化的现实规定来说，则其战略实施对象不能离开儒释道所谓"三教"。就儒学而言[①]，杨广莅镇伊始即建起江都的王府学士班底，以"解属文，好读书"[②]，学问出入三教的柳䛒为首，而一时江左才士如"诸葛颍、虞世南、王胄、朱玚等百余人以充学士"[③]，所谓"收杞梓之才，辟康庄之馆。加以佃渔六学，网罗百氏，继稷下之绝轨，弘泗上之沦风，赜无隐而不探，事有难而必综"[④]，整理典籍，研讨国故，开启统一王朝的文化复兴与学术整理于初定的南方。于佛教方面，则立"宝台经藏"以收辑平叛战争中失散各地的佛经，并极意联络南方佛学显宗天台宗。开皇十一年，杨广延请天台智顗赴江都，设千僧大斋受戒佛门，尊礼智顗为师；尔后则往复书函以讨论经义，所谓"谨即装治（指智顗遗作《净名义疏》），善书习读"，"犹冀寻研"[⑤]，开启南北政治统一之后复兴南方佛学并进而促进其步入与北方佛学"求同求通"的历史融合进程。大规模的王府学士班底以及盛大其仪的受戒，无疑都说明具有"政治美学家"行为特征的杨广，是善于利用形式的功能来操作其旨在巩固中央集权的"文化战略"的。然而，这种富含政治美学意味而让"历史具有戏剧性，并使一切现实服从野心勃勃的计划"的夸张做派[⑥]，扬广却并没有施诸对于南方道教的联引活动。

史载王远知至江都初见杨广，"少选发白，俄复鬒，帝惧，遣之"[⑦]，前后仅十余言即结束了这仿佛由于道教幻术而引起不快的"介以邀见"；同时"热衷政治，善于观察政治风向"的王远知[⑧]，亦仿佛被杨广拒绝在其联引三教的"文化战略"的网络之外。"仿佛"云云，无涉历史研究的实证本质，它只是一个不确定的判断系词，本文借此表述的亦只是初步揭出杨广与茅山宗初次接触时所取的低调姿态。值得指出的是，杨广联引茅山宗的低调资态亦同样施诸南方道教中其他的高级人物。上揭陈末隐于天台的高道徐则，应

① 陈寅恪《冯友兰〈中国哲学史〉下册审查报告》曰："南北朝时，即有儒释道三教之目。"本文依习俗，曰"儒学"。

② 《隋书》卷五八《柳䛒传》。

③ 《隋书》卷五八《柳䛒传》。

④ 《隋书》卷七六《潘徽传》。

⑤ 《全隋文》卷七引《国清百录》卷三《炀帝·答释智顗遗旨文》。

⑥ ［英］崔瑞德主编：《剑桥中国隋唐史》，中国社会科学出版社 1990 年版，第 119 页。

⑦ 《新唐书》卷二〇四《王远知传》。

⑧ 卿希泰主编：《中国道教史》第二卷，四川人民出版社 1992 年版，第 126 页。

杨广手书之召赴镇，“晋王请受道法，（徐）则辞以时日不便。其后夕中，命侍者取香火，如平常朝礼之仪。至于五更而死”，徐则猝死镇所。尔后，杨广下书盛称徐则“冲玄成德”，叹惜“诚复师礼未申，而心许有在”，即“遣使人送还天台定葬”①。整个过程与联引王远知大致相类——序幕即尾声——均为一齣不事声张、不见正戏而即匆匆合幕的铁幕之剧，且其序幕也是低调而神秘的。

二

开皇十一年十一月，杨广在接受佛教天台宗法戒的“受菩萨戒疏”中曾郑重宣言：“孔老释门，咸资镕铸。”② 将隋朝三教并容的宗教文化政策告白于南方教俗社会。此后，与茅山王远知的交结，是“介以邀见”，与天台徐则的联引，是“知其名，手书召之”，积极主动打出其联引南方道教一牌以全面实施其“文化战略”，亦一如其宣言所示。然而，一经接触便是神秘而低调的中止。是杨广联引三教有始无终而有弃于道教，还是南方道教自守阻隔、自外于中央集权政治的“文化整合”呢？揆诸后事：“大业中，道士以术进者甚重。”③ 大业七年，杨广为帝都洛阳筑玉情玄坛接引王远知北上而执弟子礼以事之，等等，均能说明“晋王分陕维扬，尊崇至教”并非道徒虚言。杨广与茅山宗的交往其实并非有始无终，茅山宗北传中土以加速南北道教的融合亦并未自外于统一王朝的“文化整合”的政治意志。杨广与茅山宗初次接触的低调姿态，当另有其底蕴。

如前揭，杨广与茅山宗的关系，首先而且最终都是政治的。作为新任扬州总管、南方45州最高军政长官，他深知联引南方道教的政治意义，以及借此构建自己新政治势力的价值。他在《手书召徐则》中径称徐则为汉之“四皓”“八公”，曰：“昔商山四皓，轻举汉庭，淮南八公，来仪藩邸。古今虽异，山谷不殊，市朝之隐，前贤已说，道凡述圣，非先生而谁！”④ “商山四皓”与“淮南八公”均为汉初具有道家思想文化背景的人物，前者辅佐汉高祖太子，后者作幕于汉高祖之孙淮南王；而“商山四皓”傅太子，杨广以之比类徐则并征之入镇，曰：“道凡述圣，非先生而谁”，则杨广有自比太子之不言之意。

---

① 《隋书》卷七七《徐则传》。

② 《全隋文》卷七引《国清百录》卷二《炀帝·受菩萨戒疏》。

③ 《隋书》卷三五《经籍志（四）》。

④ 《隋书》卷七七《徐则传》。

但是，处在“天性沉猜”的父皇的权力阴影下①，杨广的政治用心又不能过于暴露。南朝的高级道士自东晋而下即已涉足宫廷，其教首与皇室及门阀大族的联手，往往成为历次政治波动的催生剂。“晋代天师道之传播于世胄高门，本为隐伏之势力，若渐染及皇族，则政治上立即发生钜变”，而孙恩、卢循之乱，其实已与“东晋当日皇室之中心人物皆为天师道浸淫传染”有重大关系②。南方道教在社会变迁与政治变动中表现出的这种“政治消解性”与“颠覆性”的特征，与父皇“对道家教义颠覆性潜力的认识和对它的镇压措施”③，从两个方面构成一个合力制约着杨广急于联引南方道教以结构新政治势力的愿望。是杨广与徐则手书，虽有始出之失当比喻，但最终则不能不以低调的姿态隐伏了之。无疑，于此前后与王远知交结的匆匆落幕，亦不外是其左顾右盼而慎交南方道教政治原则的又一个实例而已。

隋以汉魏制度为立国根本，尽管这个制度“不止限于汉魏”而杂有南北朝以来流变渗入的内容，但当时仍一以“汉魏目之”④。所谓汉魏制度，其思想的核心乃是汉儒的思想价值及其礼仪与习俗。这是有隋统治阶级及其集团对待政权的根本态度与主张，他们在归趋“汉魏前制”的治统之际亦必将一并恢复汉魏儒学的道统。这是杨广实施文化战略以联引南方道教必须首先考虑的“政治”原则。

“从陶弘景开始，茅山实际上代表了上清派，于是人们便将这以后的上清派径称茅山宗，并以陶弘景为茅山宗的创始人”⑤，而“上清派的开创人物均为士族出身”⑥，是则以上清经法为主导的茅山宗亦本其门阀士族化的社会特征而表现有强烈的世俗政治的热衷。据载，陶弘景一弟子于南朝萧梁初期访得《太平经》古本，“先呈陶公，陶公云：‘此真干君古本。’”有关研究指出：“陶弘景曾广泛搜集道经并加以校定，故其弟子桓闿得到《太平经》后便先呈其考证。这十分清楚地表明了上清派对《太平经》的关注，表明了两者之间有一定的关系。”⑦ 由上清派与《太平经》的一定关系而看上清派的政治

---

① 《隋书》卷二《文帝本纪（下）》。

② 陈寅恪：《金明馆丛稿初编·天师道与海滨地域之关系》，上海古籍出版社 1980 年版，第 6 页。

③ ［英］崔瑞德主编：《剑桥中国隋唐史》，中国社会科学出版社 1990 年版，第 78 页。

④ 陈寅恪：《隋唐制度渊源略论稿·叙论》，中华书局 1963 年版，第 1 页。

⑤ 卿希泰主编：《中国道教史》第一卷，四川人民出版社 1992 年版，第 507 页。

⑥ 卿希泰主编：《中国道教史》第一卷，四川人民出版社 1992 年版，第 345 页。

⑦ 李刚：《也论〈太平经钞〉甲部及其与道教上清派之关系》，载《道家文化研究》第四集，上海古籍出版社 1994 年版，第 293 页。

哲学，则其必有“主张实现‘太平’”的观点[①]，这个观点符合大一统的政治需要。而“《太平经》大多数经文中否认需要一个开创太平时代的救世主。这样，道教的救世主理论就变成一种较少威胁现行权力的太平盛世主义了”[②]。这无疑亦是道教上层化、正统化的一种表现。本上清经法为主导的茅山宗属南方正统道教代表，王远知有奔走“告太平”的政治行径[③]，是茅山宗及其宗首表现有“较少威胁现行权力”的理论特征与实践特征。这是政教相资而有相互权力让渡的具体表现，亦是茅山宗终能有效切入隋炀帝杨广大业世政治的基本依据。

开皇二十年，杨广以藩王身份入为太子。四年后继位为帝，年号大业。大业七年，极具对缘边政治扩张意志的杨广发动了对高丽的战争。是年二月，杨广舆驾亲临王朝北陲重镇涿郡。史载，杨广“后幸涿郡，诏（王）远知见临朔宫，帝执弟子礼，自质仙事，诏京师作玉清玄坛以处之”[④]。至此，杨广与王远知的关系完全前台化，而茅山宗与隋王朝的政教合作关系亦相应步入一高潮阶段。王远知以帝师身份，“奉敕玉清玄坛行道。丰厨享膳，既馔玉而浆金；供帐芳华，亦铺霞而藉锦”[⑤]；藉锦馔玉、筑坛京师、奉敕行道，王远知再次获取的是其居陈之时，“陈后主闻其名，召入重阳殿，辩论超诣，甚见咨挹”的布教辉煌[⑥]，从而，亦更为重要的是为具有“重玄”色彩的茅山宗广播北土奠定了极为坚实的政治基础。

王远知，字广德，祖籍琅琊临沂，“后为扬州人”[⑦]，就其原籍为滨海道教甚行之区情况来看，其先世或有道教背景，此不详论；就其师承来看，则为“事陶弘景，传其术，为道士”，二则为“又从臧竞游”[⑧]。陶弘景思想脱胎于老庄哲学、葛洪神仙理论二途，并杂有儒释二教之观点；“性好著述”而议论涉于三教，创宗茅山承上清余绪亦开显南方道教重义理之特征。臧竞，道籍称“宗道先生[⑨]，言其师事太平法师周智响；《茅山志》称其学，“识洞幽微，智深玄妙”，所作《道德经疏》力主“重玄之道”。所谓“重玄”，语

① 李刚：《也论〈太平经钞〉甲部及其与道教上清派之关系》，载《道家文化研究》第四集，上海古籍出版社1994年版，第296—297页。

② 蒋见元：《西方道教研究鸟瞰》，载《道家文化研究》第四集，上海古籍出版社1994年版，第361页。

③ 《旧唐书》卷一九二《王远知传》。

④ 《新唐书》卷二〇四《王远知传》。

⑤ 《全唐文》卷一八六《桐柏真人茅山华阳观王先生碑铭》。

⑥ 《新唐书》卷二〇四《王远知传》。

⑦ 《新唐书》卷二〇四《王远知传》。

⑧ 《新唐书》卷二〇四《王远知传》。

⑨ 《云笈七鉴》卷五。

出《老子》“玄而又玄，众妙之门”，道教本此解释《老子》全部精神，形成具有较强思辨色彩的道教“重玄”学派。这个学派尽管在宗教理论上充满了神秘主义的倾向，但在学说理路上则有远承魏晋玄学余韵的意味。

王远知的宗教学构成有“重玄宗”的特征，说明他的道教理论是南方“义理型”道教的典型代表，而对宗教义理的兴趣则正是隋炀帝杨广的一种文化倾向。试看杨广致徐则手书：“夫道得众妙，法体自然，包涵二仪，混成万物，人能弘道，道不虚行。先生履德养空，宗玄齐物，深明义昧，晓达法门”，凡此“道得众妙”“自然”“二仪”“宗玄”“齐物”“义昧”云云，无一不与老学、庄学之义理精神相通，是则为杨广涵虚论道而心体宗教玄义的表征。再则，“大业中，道士以术进者甚众。其所以讲经，由以《老子》为本，次讲《庄子》及《灵宝》《升玄》之属。”[①] 大业朝道教徒以《老》《庄》为首选读本，其学重在义理而不在科仪甚明。隋炀帝杨广对宗教义理的兴趣与王远知所主之茅山宗有“重玄”崇尚义理的特征，构成两者相资相需之政治结合中的文化亲和点，同时，也为政教互动中而能促使宗教文化的发展提供了一个切合点。

隋炀帝杨广有好学之名，亦不乏向学著述之实。史称：“帝好读书著述，自为扬州总管，置王府学士至百人，常令修撰，以至为帝，前后近二十载，修撰未尝暂停。自经术、文章、兵、农、地理、医、卜、释、道，乃至蒱搏、鹰狗、皆为新书，无不精洽，共成三十一部，万七千余卷。”[②] 这里的“医、卜”近于“道”，可知，杨广居藩扬州实施其文化战略时有支持编纂经典的努力，其中道教典籍的裒集、整理也是重要内容之一。大业七年（611），王远知被杨广接引至东都，居玉清玄坛布教，直至大业十二年杨广拒其所谏远赴江都止，王远知在杨广翼护下居东都达五六年之久。这个阶段，隋朝道教典籍的整理及其教义的传播续有发展。《隋书·经籍志（序）》记，隋炀帝居东都，“又于内道场集道、佛经，别撰目录”，是为杨隋关于宗教典籍整理最高规格的一个记载；所成《隋朝道书总目》，据《隋志》记载，凡有道经 337 部、1216 卷，所有道教书籍庋藏于东都观文殿西厢书堂。《河南志》记载：“观文殿前两厢为书堂，各二十间。”《隋志》记曰：“东屋藏甲乙，西屋藏丙丁。”道经归集部，属丁，当藏于西厢书堂。“君主支持编纂经典的努力，目的是为了造就普遍适用的传统，它可以提供给世界，并成为文化活动与传教

① 《隋书》卷三五《经籍志（四）》。

② 《资治通鉴》卷一八二“隋炀帝大业十一年（615）”。

活动的基础。”① 隋炀帝杨广接引王远知北上并“执弟子礼”，优礼之情及推重之规恪均有逾于当时道教中其他宗派；政教合作有以形成的这种特殊关系，表明他对义理型道教的偏重，并借此为一种“普遍适用的传统”提供宗教文化的构件。而长于义理、且有补于北方道教重教团、重科仪的茅山宗的北上，意义不仅在于教区的转移；更重要的是它将凭借与最高世俗权力的结合而在南北道教的合流中渐起一种主导作用，从而给隋唐封建文化发展的新进程作一铺垫。

从开皇十二年初接王远知，到大业七年续接其缘以至大业王朝的衰落，隋炀帝杨广与茅山宗及其宗主王远知于断而不断的形式关系上持续其进程。断，则在于开皇世的政治牵制；易言之，即是杨广执行父皇利用与限制道教政策时必须考虑其“颠覆性”的政治特征，及其与一已觊觎最高权力政治心理暗合后的政治隐患，因此，于慎交之后即断，表达的是种政治性的操作与政治上的韬晦。不断，则在于无论开皇，还是大业，王朝的政治文化都在“无越三教之境”的领域运行。可以说，杨广与茅山宗的关系史，断与不断都是以封建政治的需要为根本纽结的。茅山宗远接上清“太平”精神的政治理论切合有隋统一王朝的政治需要，这是它能够整合于有隋制度框架中的政治价值所在。茅山宗远祧上清重“内视”“存思”而不重金丹的修炼方法，复有南方玄理文化的长期熏染，故学重义理已自有别于北方；加之王远知既传陶、又宗臧，入于陈隋时义理化亦当更进其阶，这是它在隋代道教合流而有补于北方道教的文化因素所在。由政治契合的根本规定到文化包裹的外在依托，构成了隋炀帝杨广与茅山宗及其宗主王远知全部关系的充分理由，但在这种充分理由下形成的政教关系的存续的根本依据，则在于南北朝以来道教上层化而为“御用的道教”的宗教的变化②。

中国古代的政教互动，大多以封建政治为轴心而展开其运动。然而，政教互动的二元在场，其实又多无脱一个广义上的“文化”发展之义。王远知北上，使长于义理之茅山宗合流、并丰富了有隋的统一道教。从较为直接的文化影响来看，它亦为李唐王朝作三教融通、以开启中国封建文化新进程的文化构建铺垫了一个基础。陈寅恪先生在《冯友兰〈中国哲学史〉下册审查报告》中指出：“六朝以后之道教，包罗至广，演变至繁，不以儒教之偏重政治社会制度，故思想上尤易融贯吸收。凡新儒家之学说，几无不有道教，或与道教有关之佛教为之先导。”此“新儒家”，有儒学第二期之谓，亦即冯友

① ［美］S. N. 艾森斯塔得著，阎步克译：《帝国的政治体系》，贵州人民出版社 1992 年版，第 54 页。

② 任继愈主编：《中国哲学史》第二册，人民出版社 1979 年版，第 237 页。

兰于宋明理学一称谓；而步隋唐之后的宋明理学“颇受佛道两家哲学的影响”[①]，则为中国文化发展史上一不争之事实。是知由南北朝走出而入于隋唐的道教文化，实于中国封建文化的新建构有不可废易的地位，而有隋整合南北道教的新进阶亦当不失其先导之作用。此则从较为深远之文化血脉视其影响。

（原载《学术月刊》2000 年第 4 期）

① 朱伯昆：《道家的思维方式与中国形而上学传统》，载《道家文化研究》第二辑，上海古籍出版社 1992 年版，第 11 页。

试论隋炀帝三巡江都

隋炀帝杨广自公元604年继位，迄公元618年死于江都兵难，共以皇帝的身份三次巡幸南方重镇江都。这三次巡幸是在不同的历史背景，不同的政治需要，为完成不同的目的而发生的。它们是与大业时期的政治、军事、文化等方面的活动联系在一起的历史事件，是南北朝以来文化融合在新的历史条件下的扩大和延展，是大业时期杨隋王朝军事征服一盘棋的构成部分，也是杨隋政权土崩瓦解最后一幕的一个场景。因此我们不应简单地把这一事件视为炀帝个人或其所代表的阶级骄奢、矜伐、荒淫之举而加以简单的否定。

第一次巡幸江都

第一次巡幸主要是文化性质的巡幸，目的是通过文化的联络巩固政治的统一，作用是发展了文帝以来对南方政治统一的历史，客观上顺应了南北朝以来文化区域发展必然融合的大势，为中国文化在唐代更高层次与范围的综合发展做了历史的准备。

中国社会，自司马晋王朝播迁建康，迄于杨隋的统一，南北分隔几三百年。中国南北长期的政治对峙导致了文化上的对立，南北政权相互诋斥，南曰北则“索虏”，北曰南则“岛夷”，这种含有狭隘民族主义的政治性攻讦加深了南北区域性文化的隔阂。开皇九年隋平陈告捷，南北复归统一。但是政治统一不可能一下子就消除南北长期以来的文化对立。

文化作为意识形态的东西总是较长时期地作用着人们的行为。唐代张彦远《历代名画记》记曰：“初董与展同召入隋室，一自河北，一自江南，初则见轻，后乃颇采其意。古来词人，亦有此累。”南北文化在分裂的历史中所形成的排他性，在隋统一后依然是一个较为普遍的问题。对于这一事实，杨氏父子二人的解决方法是不同的。开皇九年，隋平陈之师凯旋回归京师，文帝下令：“毁所得秦汉三大钟，越二大鼓。”① 开皇十一年又“以平陈所得古器多为妖变，悉命毁之。”② 隋文帝本身的政治经历和时代条件，影响了他的历史行为，决定了他只能是一个完成军事统一、政治统一的角色。而身为晋王驻镇扬州的杨广则与其父的行为迥然不同，《册府元龟·帝王部·好文》记曰：“炀帝初为晋王时，柳䛒为咨议参军。帝好文，雅招引才学之士诸葛颍、虞世南、王胄、朱玚等百余人以充学士，而䛒为之冠。帝以师友处之，每有文，必令其润色，然后示人。”《太平广记》卷二三又记曰：“及隋炀帝为晋王，镇扬州，起玉清玄坛，邀（王）远知主之，使王子相，柳顾言相次召之。”同时，炀帝又拜天台高僧智顗为师，称弟子礼于摄山栖霞寺名僧慧觉，又亲手敕召江南隐士善三玄之学的徐则，虚己礼之曰：“古今虽异，山谷不殊，市朝之隐，前贤已说，道凡述圣，非先生而谁！”③ 杨广在驻镇扬州期间对南方儒、佛、道三教人士的广泛结交，是在政治统一后对南北文化融合的扩大和延伸，本质是向南方各种政治势力表明“圣朝待四方之本心”的政治招揽，为一统政治铺以更为深厚的社会基础。在方法上，他是以接触、了解、吸收，融汇的方法来完成统一的，这比苏威采取刻板的“五教”强行灌输思想以维护政治统一的做法要高明得多。

仁寿四年秋，杨广及其集团成功地发动了仁寿宫政变，文帝驾崩，杨广以太子的合法身份继位。次年，改元“大业”。此时隋朝的经济盛况和政治稳定局面，给炀帝实行大规模的南方文化联络提供了机会。是年三月，他派遣王弘、於士澄等“往江南采木，造龙舟、凤艒、黄龙、赤舰、楼船等数万艘”④。命皇甫议发河南、淮北民丁百余万开通济渠，“自西苑引穀水，洛水达于河；复自板渚引河历荥泽入汴；又自大梁之东引汴水入泗，达于淮；又发淮南民十余万开邗沟，自山阳至扬子入江”⑤。隋运河在旧有河道的基础上，于同年八月左右即告全线竣工。它不仅是隋朝政治、经济的一大命脉，亦是当时南北文化交流的要道。炀帝对江都的三次巡幸都是循此水道完成的。

炀帝第一次巡幸江都，史载其仪仗空前盛大，“舳舻相接二百余里，照耀

---

① 《北史》卷一一《隋本纪》。

② 《隋书》卷一《文帝本纪（上）》。

③ 《隋书》卷七七《隐逸传》。

④ 《隋书》卷三《炀帝本纪（上）》。

⑤ 《资治通鉴》卷一八〇“隋炀帝大业元年（605）”。

川陆，骑兵翊岸而行，旌旗蔽野”①。挽船士八万有余，衣锦披彩号为“殿脚”。御乘龙舟，高四十五尺，长二百丈，上下四重。其余平乘、青龙、艨艟数千艘。杨广不惜耗资巨万，造就如此盛大空前的仪仗，目的在于向尚有离心意志的南方宣扬中原王朝的“皇威”。这与秦始皇统一之后东巡山东的政治意图的基本精神是一致的。杨广作为这盛大仪仗的设计者和支配者，在他脑海中浮过的东西不仅仅是炫耀。因为在这一次巡幸的随从中，除了诸王、嫔妃、“百官、僧尼、道士、蕃客”② 等大批政界、宗教界人士以外，还包括中原不少宿学鸿儒也相预此行。其中较著名的有被时人目为关西孔子的薛道衡，以及博学通识，为时贤所仰的礼仪专家牛弘。这些北学大师随同炀帝南巡，对于南北文化的交流无疑是一种积极的推动作用。炀帝此行还将东都妙楷、宝碛二台的法书名画“尽将随驾”③。由此可见这第一次江都巡幸的队伍是一支规模庞大的政治、文化的访巡和交流的队伍。在这支队伍中的佛教僧侣人士，尤其值得提出一论。佛教发展的机遇，到了大业初年，它不仅以宗教文化的形态渗透于中国的精神社会，同时也以政治形态的力量存在于当时的政治社会。南方佛教，经萧梁一代的大力推崇，到了隋代已发展成为南方政治棋盘上一颗举足轻重的棋子。南方佛教的高度发展，使它鼎足于儒、道而逾于后者，它的倾向如何，对于南方政治局势关系很大。因此，对待南方佛教的政策就不仅仅是一个文化问题，而兼有政治的内容了。前面提到，炀帝早在驻镇扬州之时即与天台宗有密切的关系，并受业佛门。“大业元年九月，銮舆幸巡淮海，眺瞩江南，惆怅台岳”④。“佛徒天子”莅临南方没有忘记对天台宗的眷顾。该宗在炀帝的支持下迅速发展成为南方一大宗派，它融合了南北佛教各家的分类法，另创五时、八教之说，在中国佛教思想史上长期占有重要的地位。天台宗与炀帝的关系与其说是宗教关系，毋宁说是政治关系。他们对炀帝在政治上的发展极表关注。这次炀帝巡幸江都，他们又立刻遣派智璪为使，明确表示“奉国行道”⑤ 唯杨隋政治马首是瞻之意。而炀帝支持天台宗也正是本着中国传统的政教关系精神，即政治保护宗教、限制宗教，宗教服务于政治的精神进行的。薛道衡在《吊延法师书》中点明了这一点，其书曰：“圣皇启运，象法重兴，卓尔缁林，郁为成首。屈宸极之重，伸师资之义，三宝由其弘护，二谛藉以宣扬。”⑥ 天台宗为志念创宗大师智顗，特于

① 《资治通鉴》卷一八〇“隋炀帝大业元年（605）”。

② 《资治通鉴》卷一八〇“隋炀帝大业元年（605）”。

③ 《历代名画记》。

④ 《全上古三代秦汉三国六朝文·全隋文》引《释藏起》字四号《国清百录》。

⑤ 《全上古三代秦汉三国六朝文·全隋文》引《释藏起》字九号《广弘明集》。

⑥ 《全上古三代秦汉三国六朝文·全隋文》引《释藏起》宇三号《国清百录》。

天台山南麓建寺。此时寺成，他们附会灵异“寺若成，国必清”[①] 上书媚请炀帝为该寺赐名“国清”。这是天台宗的政治表态，它标明了炀帝南巡进行文化联络以巩固政治的目的在宗教界方面的成功。国清寺落成后，为当时南北宗教文化直接接触提供了一个重要的场所，“名衣上服，相次光临”[②]，巡幸队伍中的专职宗教人士和世俗佛教信仰者显宦们的频频光顾，可以说构成了当时南北宗教文化交流的一次高潮。

炀帝在居留江都“观省风俗，眷求谠言”[③] 的过程中多以南方方言“吴语”与南方士人和宗教界人士交往。使用南方方言，从现象来看似乎是他对南方文化的一种偏激表现。其实不然，炀帝这一举止是有其政治上的良苦用心的。这种作法，炀帝并非始作俑者，他和东晋之初王导在江东结援吴地大族的方法如出一辙。《世说新语·排调类》记：“刘真长始见王丞相。时盛暑之月，丞相以腹熨弹棋局，曰：‘何乃洵’（刘孝标注云，吴人以冷为‘洵’），刘既出，人问王公云何？刘曰：‘未见他异，唯闻作吴语耳。’”方言是种种原因所造成的区域性文化的一种表现，一般说来，使用某种方言的人对它都存有某种感情上的偏袒，在封闭性较强的农业社会中尤为如此。南北朝以来，一面是民族大融合的大势大潮，一面是政治对峙下的缕缕逆反思潮，痛苦的融合不仅表现在战争的摧残上，也表现在逆反思潮下滋生的南北文化与心理上的某种程度的对立。这种状况解决的如何，对于政治统一关系很大。炀帝在这种背景下使用“吴语”，不能不说其中含有政治策略的成分。王导其先，杨广其后，两人都使用了这一方法，所不同的是，杨广是以一个统一王朝帝王的身份来使用的，因此要比王导来的深刻，来的广泛。它所体现的政治修养要比北齐鲜卑军将斥詈“中华朝士”为“汉儿”“汉狗”“狗汉大不可耐，唯须杀却”[④] 的民族敌视态度和行为要高得多。

制礼作乐是历代新朝的大政。炀帝巡幸江都后，于大业二年诏令杨素、牛弘、宇文恺、虞世基、许善心等南北仪礼专家再次修订舆服、仪卫制度。仪礼的研究和制作既是政治的，也是文化的，从意识形态的角度来看，它又是特殊的文化形态。炀帝于江都主持新礼的研制，并用之四出游幸，其在政治上宣扬“皇威”，客观上则必将促进南北文化的交往。这次江都改作，幅度可能不小，营造耗费了大量的人力和财力，史载“课州县送羽毛，民求捕之，网罗被水陆，禽兽堪氅毦者，殆无遗类”；“所役工十余万人，用金银钱帛巨

---

① 《全上古三代秦汉三国六朝文·全隋文》引《释藏起》宇三号《国清百录》。

② 《全上古三代秦汉三国六朝文·全隋文》引《释藏起》宇三号《国清百录》。

③ 《隋书》卷三《炀帝本纪（上）》。

④ 《北齐书》卷五《恩倖传》。

亿计”，从而大大全备了杨隋的礼仪制度，史称“文物之盛，近世莫及也”①。

隋炀帝第一次巡幸江都，起于大业元年八月，迄于大业二年三月，历时半年之多。这次巡幸是在隋王朝经济发展、政治稳定的背景下发生的。从驾行列中大批北方文士和宗教界人士，使这次巡幸具有大型官方文化访巡的含意。炀帝对南方文化的态度，标明他已超出了北方文化系统代表的局限。江都仪礼改作，对天台宗的亲抚，以及“观省风俗，眷求谠言”的南国采风，目的是为了巩固、发展政治的统一，但在客观上有利于南北文化融合发展的历史趋势，这种客观作用，在有着一个近三百年分裂历史的前提下尤其显得重要。

第二次巡幸江都

四年之后，大业六年三月，炀帝再次巡幸江都。在这以前，他对国境四周分别以不同的方式获得了控制并大大开拓了国土。第二次巡幸是他追求军事征服的一个组成部分。

大业三年他北巡塞外，七月于榆林宴突厥启民可汗，安抚稳定了北方的羁縻政权；大业五年，他亲自领兵击溃吐谷浑伏允可汗，拓境西北，置且末、鄯善、西海、河源四郡；南境，早在大业元年，即派刘方破败林邑，更置三州；大业六年，陈稜击流球“遂至其都”，二月“稜等献流求俘”②。至此，隋国土“东南九千三百里，南北万四千八百一十五里，东南皆至于海，西至且末，北至五原，隋代之盛，极于此也”③。一系列拓边战争的胜利，助长了炀帝光“大”先“业”的政治野心。另外，王朝的经济力量也空前强盛，“户口滋盛，中外仓库，无不盈积”④，“赤仄之泉，流溢于都内；红腐之粟，委积于塞下”⑤。开皇以来经济积累的盛况，使炀帝“负其富强之资，思逞无厌之欲，狭殷、周之制度，尚秦、汉之规摹”⑥。恢弘土宇的野心急骤膨胀，“朝野皆以辽东为意”⑦，本阶级的共同意志促使他把文帝朝以来对高丽的领土野心尽快付诸行动。但王朝开皇十八年对高丽战争的失败，使他这位少从军旅，深知戎阵之险的君王不敢轻视这场战争。事在十多年之后，炀帝再兴

① 《资治通鉴》卷一八〇“隋炀帝大业二年（606）”。

② 《资治通鉴》卷一八一“隋炀帝大业六年（610）”。

③ 《隋书》卷二九《地理志》。

④ 《隋书》卷二四《食货志》。

⑤ 《隋书》卷三《炀帝本纪（上）》。

⑥ 《隋书》卷三《炀帝本纪（上）》。

⑦ 《隋书》卷四〇《刘炫传》。

兵端，开皇十八年的前车之鉴是不能视而不见的。南方发达的造船业既然为他第一次巡幸提供了龙舟、凤艒，那么，在王朝欲兴兵辽东需要战船、水士之际，炀帝再次取资于南方乃是最自然不过的事了。所不同的只是这次征发是服务于拓边战争的需要，因而也就显得更为重要了。

炀帝是个富有经验的统治者，他知道要想很好地达到军事征调的目的，必须辅之以政治上的抚慰。大业六年三月，炀帝再次幸临江都，首先是对南方社会各阶层展开政治抚慰，这种政治抚慰可分为二：一为一般性对象，如“宴江淮已南父老，颁赐各有差”，“大宴百僚，颁赐各有差”①。这部分的目的主要在于取得南方对战争的广泛支持。二为征战高丽的具体对象。他在第二次巡幸江都时，将习于水战的大业名将江都人来护儿带在身边，至江都后即“令上先人冢，宴故老”②。又敕召远镇武威的疆吏大臣庐江人樊子盖来江都，明确对他说：“‘富贵不还故乡，真衣绣夜行耳’，敕庐江郡设三千人大会，赐米麦六千石，使谒坟墓，宴故老”③。三千人大会以及各种宴赐故老的聚会，在“朝野皆以辽东为意”的政治空气下，其“项庄之剑”的对象是不言而喻的。后来始兴人麦铁杖在渡辽之前，即明确留遗言于诸子曰：“我既被杀，尔当富贵。”④ 炀帝利用传统的衣锦归乡和丈夫立世唯功名事业的观念，褒赏南方诸将，很显然是一种为完成对南方军事力量和人才征发目的的补充手段。其次，炀帝在第二次巡幸江都时，把江都的行政地位提高，使太守之职“秩同京尹”⑤。提高江都的行政地位将大大有利于使它作为对高丽战争行辕的地位，有利于它征发南方军事、经济力量作用的发挥。这是炀帝第二次巡幸江都，为转动南方一子服务于高丽战争一盘棋的一步重要措施。它不是一般的行政变动，在高丽战争指日可待的局势下，这种变动最切近的目标只能是军事政治的性质。再次，由于第二次巡幸江都有一个迫切的对外战争的背景，因此炀帝在江都期间军政大务的活动也较前次显得繁剧。史载百济使节来江都，炀帝“厚加赏赐，遣尚书起部郎席律诣百济”⑥，结援百济会攻高丽。同时又遣使联络高丽以北的靺鞨度地稽部，使“率其徒以从战”⑦，形成对高丽的夹攻态势。总之这些外交与国活动的轴心是为兴兵辽东的目标而设

① 《隋书》卷三《炀帝本纪（上）》。
② 《隋书》卷六四《来护儿传》。
③ 《隋书》卷六三《樊子盖传》。
④ 《隋书》卷六四《麦铁杖传》。
⑤ 《隋书》卷三《炀帝本纪（上）》。
⑥ 《隋书》卷八一《东夷·百济传》。
⑦ 《隋书》卷八一《东夷·靺鞨传》。

的，它构成了炀帝第二次巡幸的一大内容。

大业七年二月，炀帝在完成对南方的军事动员及其物资征调这一重要任务之后，即下诏讨伐高丽，“高丽高元，亏失藩礼，将欲问罪辽左，恢宏胜略”①。随后，王朝敕令频下征调“江淮以南水手一万人，弩手三万人，岭南排镩手三万人”；“敕河南、淮南、江南造戎车五万乘送高阳”；“发江淮以南民夫及船运黎阳及洛口诸仓米至涿郡”②。“于时辽东战士及餽运者填咽于道，昼夜不绝”③。大规模的战争征发是全国性的，但南方军事力量及物资的征调则是与炀帝第二次巡幸江都密切关联的。

隋炀帝第二次巡幸江都，起于大业六年三月，迄于大业七年二月，历时近一年。这次巡幸是在“朝野皆以辽东为意”的背景下发生的，一般性的政治抚慰，激劝南方诸将，提高江都行政地位，外交与国等活动无一不围绕兴兵辽东的军事目标而来。江南发达的造船业及其地区特点所造就的水战之士，与对高丽战争有着特殊的关系，这一关系构成了炀帝第二次巡幸江都的主要动机。第二次巡幸的基本内容是军征性质的。

第三次巡幸江都

六年之后，大业十二年秋，炀帝再次巡幸江都。在此之前，王朝经历了很多重大事件，统治趋于危机。第三次南下江都没有第一次的显赫，也没有第二次的狂热，所有的只是政治逃难性质的恐惧。它构成了杨隋政权最后一幕的一个场景。

大业八、九、十连续三年，炀帝极其狂热地胶着于高丽战争，而没有意识到脚下正在裂开的深渊。高丽战争的规模是巨大的，结果是惨重的。《唐大诏令集》卷一一四《政事·收瘗》记贞观十九年，其战场依然是“骸骨相望，遍于原野”。长期以来的对外战争虚耗了国家力量，引起了国内各个阶级的不满和反抗。大业九年六月，礼部尚书杨玄感集丁壮于洛阳反隋，水旱频仍，自然灾害把处于绝境的广大农民推向死亡的边缘，肇起于王薄农民大起义的烈火，迅速燃及河北、山东、河南、江淮大地。大业十二年正旦，法定的“朝集使不至者二十余郡”④。中原板荡“他日贼据长白山，今者近在荥

① 《隋书》卷三《炀帝本纪（上）》。

② 《资治通鉴》卷一八一“隋炀帝大业七年（611）”。

③ 《隋书》卷三《炀帝本纪（上）》。

④ 《资治通鉴》卷一八三“隋炀帝大业十二年（616）”。

阳、汜水”[①]，各种反隋力量“蝟毛而起，大则跨州连郡，称帝称王，小则千百为群，攻城剽邑”[②]。号称“威加八荒”，“过于秦、汉远矣”[③] 的大隋帝国进入它崩塌的过程。

大业十二年秋七月，“江都新作龙舟成，送东都。”此时蛰居东都的炀帝决意再下江都。朝臣之中多有上书谏劝者，言辞剀切甚至不惜忤龙麟而明言：“陛下若遂幸江都，天下非陛下所有！”[④] 问题提得很尖锐，身处隋末动荡局势之中的炀帝不会无所认识。但此时的炀帝政治意志已完全崩溃，他既不愿发“轮台罪己之诏”，又无力挽回远过汉武末年的政治动乱局势。“魂褫气摄，望绝两京”[⑤]，求幸免于南逃江都。炀帝政治意志的消沉，除却其阶级本质的规定之外，与对高丽战争的失败是有很大关系的。以“地广三代，威振八纮，单于顿颡，越裳重译”[⑥]，大业以来的显赫战功养成了他“在国外应该是绝对不可战胜的”[⑦] 狂妄信念。但是高丽战争失败的事实，以及接踵而来的内部统治的崩溃，却是那样迅速而又严酷地瓦解了他那狂妄的信念，失志则悲，是一切权力欲强烈的封建帝王软弱本质的一个侧面，他走向原先意志的反面乃有其历史必然性。他在弃却关中根本中原要地之时，不无感叹地言出了这种心境：“我梦江都好，征辽亦偶然。”[⑧] 到江都后，他依然未能摆脱政权危机给他带来的恐惧。由于形势以不可逆的力量继续恶化，使他在江都的行为更加颓唐：占候卜相，仰验天文，战战兢兢，惶惶惚惚，这中间有祈求，有内省，而更多的作为本质的却是对人民力量的恐惧。作为一个封建帝王，他在政治意志丧失之后，其逻辑的必然结果就是生活上的腐败。“隋炀帝至江都，荒淫益甚，宫中百余房，各盛供张，实以美人，日令一房为主人。江都郡丞赵元楷掌供酒馔，帝与萧后及幸姬历就宴饮，酒卮不离口，从姬千余人亦常醉”[⑨]。以史为鉴的司马光，于此虽不无夸张之辞，但炀帝第三次巡幸江都也的确够荒淫的了。然而在这种歌舞盛筵之下所覆盖的正是统治者及其阶级在政治失意之后的无限惆怅和极大的恐惧，它远非一般帝王巡幸所有的寻欢作乐可以概括，也远非一种帝王的矜伐、奢侈的分析可以包括。当然炀帝的这

---

① 《隋书》卷四一《苏威传》。
② 《隋书》卷四《炀帝本纪（下）》。
③ 《隋书》卷八二《南蛮传》。
④ 《资治通鉴》卷一八三“隋炀帝大业十二年（616）”。
⑤ 《资治通鉴》卷一八三“隋炀帝大业十二年（616）”。
⑥ 《隋书》卷四《炀帝本纪（下）》。
⑦ 《马克思恩格斯全集》第二十二卷。
⑧ 《资治通鉴》卷一八三“隋炀帝大业十二年（616）”。
⑨ 《资治通鉴》卷一八三“隋炀帝大业十二年（616）”。

种情绪，决不是“对酒当歌，人生几何”那种对人生积极寻求的喟叹。他在政权没落的大势面前，在从最高的自我滑到最低的自我这样大起大落的变动中，发出的只能是自我伤感的悲吟。“朕即天下”，天下大势已去处我于何所？这成了必然的问题。这不仅仅是炀帝个人性格的悲剧，也是他所代表的那个阶级历史的悲剧，是一组私天下的帝王们群体性格的悲剧。他们从对人民的征服中获得了统治的自信，又在对人民暴力批判无所措置中感到失落和恐惧。统治阶级这种矛盾的劣根，究其本质，乃是扎根于与人民对抗这块历史的土壤之中。炀帝没有“水能载舟，亦能覆舟”的领悟，因而他的统治迅速垮台，乃有其政治的必然。

隋炀帝第三次巡幸江都，起于大业十二年七月，迄于大业十三年三月，不到一年。这次巡幸是在天下大乱的背景下发生的。“袭永嘉之旧迹”[①]，点明了这次巡幸的政治逃难性质。江都兵变提前结束了他残守半壁的幻梦，也结束了他第三次也是最后一次的江都“巡幸。”

隋炀帝是中国古代史上一个颇有争议的人物。他极富政治抱负，是一个坐不住的天子：北至榆林（今内蒙古准格尔旗东北十二连城）；西至浩亹川（今青海东北部大通河），西北至燕支山（今甘肃武威一带），“三驾辽左”，三下江都。关于他江都巡幸史论尤多贬斥，但都过于简单化，这不利于对这个首先作为一个政治性人物的帝王的深入研究。我们力图将这一问题放大在大业年间甚或更远的历史中加以考察。不避拙陋，试论一二，恭呈方家正之。

（原载《江海学刊》1987 年第 1 期）

① 《资治通鉴》卷一八一“隋炀帝大业十二年（616）”。

论隋末“江都事变”

公元618年三月，江都禁军发难，缢杀炀帝，史称“江都事变”。这一事变居隋末唐初递嬗之际，实属关键的一环。江都事变，首先结束了以杨广为首的封建政权，迫使当时各种政治势力做出相应反应；其次，十万“叛乱”禁军引兵西归，直接影响了中原军事角逐格局的变动；再次，占据关中而根基未固的李渊，将借此摆脱东线战场之累。凡此等等，观治隋史者似未能尽发，现笔者掇拾史传所记，试论此事变之始末及影响。

一

隋炀帝于大业末年，连续三年远征高丽，劳师疲民，激化了各类社会矛盾，以至“斛斯外奔，元感内逆，兵陷辽水，粮断黎阳”①。统治阶级内部矛盾先自爆发。进而更受窘于所封突厥启民可汗的“雁门之围”，大隋的威风面临着内外两个方面的严峻挑战。战争频起，赋役频繁的隋末统治，使被统治阶级首当其害。一场以反兵徭力役为基本特点的隋末农民起义首先于长白山揭竿而起，继而波及山东、河南、江淮而至全国。大起义的暴力动摇了杨隋政权的根基，各种反隋势力乘时而起。时人李密认为隋“锐兵尽于辽东，和亲绝于突厥”，此时乃“刘、项奋起之会也”②。大业十二年正旦，隋二十余郡法定的朝集使无故不至，王朝正常的统治秩序陷于瘫痪。对此“四海土崩”③、

① 《全唐文》卷一七《朱敬则·隋炀帝论》。

② 《资治通鉴》卷一八三“隋炀帝大业十二年（616）”。

③ 《隋书》卷六五《赵才传》

国之将倾的形势，避居东都的隋炀帝无意收拾，唯满怀伤愁地吟道：“我梦江都好，征辽亦偶然。”[①] 是年秋七月，炀帝留嫡孙越王侗为东都留守，“弃崤函之奥、违河洛之重阻”[②]，三次下江都。显然，在政权危机四伏朝夕难保之际，炀帝弃却两京而出走江都的行为，其性质确已属政治避难了。

大业十三年十一月，李渊入长安，立代王侑为帝，遥尊炀帝为太上皇。李渊此刻，虽在策略上否定了杨隋政权，但在炀帝未死之前，他身为隋臣亦未敢越自称帝。长安，地便形胜自古已然，隋失长安即失其根本。陈寅恪先生说：“与夫隋炀帝远游江左，所以丧其邦；唐高祖速据关中，所以成帝业。”[③] 李渊克长安立代王，其更代之心已昭告路人，这对炀帝无疑是一次重大的打击。避居江都的杨广在京师根本已失和“江都粮尽”的形势压迫下，决议迁都，史载“帝见中原已乱，无心北归，欲都丹阳，保据江东”[④]。

义宁二年三月，“命群臣廷议”[⑤] 迁都。“右候卫大将军李才极陈不可，请车驾还长安”；“门下侍郎衡水李桐客说：江东卑湿，土地险狭，内奉万乘，外给三军，民不堪命，终恐散乱耳”[⑥]。李才、李桐客等朝臣反对迁都，旨在劝谏炀帝返归中原再兴大隋。但是，这未能引起“望绝两京”[⑦] 的炀帝的正视。炀帝“乃命治丹阳宫，将徙都之”[⑧]。中原离乱、京师被克而迁都江左，炀帝退保半壁的国是选择已经明朗。其执意迁都引起的矛盾，在朝堂上似乎是不了了之地解决了。但由此而触发的另一类矛盾却不可抑止地爆发了，这就是炀帝“逃亡政府”与禁军部队的矛盾。

我们知道，炀帝自大业十二年秋七月（616）离开洛阳，至义宁二年三月（618）动议迁都，播越于外已过20个月。其所从禁军部队，除去募于江淮一带者外，大部分乃是关中、洛阳人。其中关中籍的士兵，大抵在大业十一年（615）炀帝北巡雁门时即已执戟扈从了。炀帝“南巡流连”[⑨]，致使这批士兵长期远离乡土被役于外。因之，禁军士兵“久客思乡”[⑩]，早在义宁元年即陆

---

① 《资治通鉴》卷一八三“隋炀帝大业十二年（616）”。
② 《全唐文》卷一七《朱敬则·隋炀帝论》。
③ 陈寅恪：《唐代政治史述论稿》，上海古籍出版社1980年版。
④ 《资治通鉴》卷一八五“隋恭帝义宁二年（618）”。
⑤ 《资治通鉴》卷一八五“隋恭帝义宁二年（618）”。
⑥ 《资治通鉴》卷一八五“隋恭帝义宁二年（618）”。
⑦ 《隋书》卷七一《裴仁基传》。
⑧ 《资治通鉴》卷一八五“隋恭帝义宁二年（618）”。
⑨ 《新唐书》卷八四《李密传》。
⑩ 《资治通鉴》卷一八五“隋恭帝义宁二年（618）”。

续有亡逃者。炀帝曾“悉召江都境内寡妇、处女集宫下，恣将士所取”[①]，为安抚计，但这种措施并未能从根本上解决问题。义宁二年三月，炀帝决议迁都江左，公开了他无西归之心的政治主张。因而，两者之间的矛盾借此而更进一步恶化了。是年三月，郎将窦贤率部西归。但由于缺乏组织，规模太小而很快被炀帝镇压了。窦贤溃变虽然失败了，但却以血的一章开启了江都禁军部队大逃亡的序幕。炀帝试图以铁腕控制禁军，只会引起禁军士兵更大的敌忾心理，激化两者的矛盾。

窦贤事平之后，禁军士兵自发逃亡的形势却并没有被阻住，“骁果人人欲亡”[②] 已经酿成大势。这种形势迫使禁军将领做出选择。显然，在隋朝即将灭亡的大背景下，他们也是不甘作殉葬品的。以总领骁果司马德戡、虎贲郎将元礼和直阁将军裴虔通等为首的禁军将领，决定把自发逃亡的禁军士兵组织起来以扩大窦贤之举。他们“于广座明论叛计，无所畏避”，积极联络“转相招引”，很快形成了一支“同心叛者已数万人”[③] 的大逃亡队伍。这次由禁军高、中级将领组织的逃亡，决定约期三月望日劫十二卫军马“结党而归”[④]。它以不危害中央政府和皇帝为基本前提，构成了江都事变的第一阶段。

江都禁军“明论叛计”组织溃叛，发生在隋朝即将灭亡、天下大乱、各种政治势力纷纷登台的复杂时期。因此，他们的行动便不可避免地要受到各种势力的影响，而改变其最初西归故里的宗旨。史载宇文智及获悉禁军欲谋大规模逃亡后，便极力怂恿禁军诸将，说：“当今天实丧隋，英雄并起，同心叛者已数万人，因行大事，此帝王之业也。”[⑤] 倡议变溃变为政变，拥军发难“戮力共定海内”[⑥] 而取隋代之。同时，推出其兄宇文化及主持此事。

宇文化及早年即为太子千牛，炀帝近侍。宇文氏一门历仕数朝武职，至祖盛时由边镇入中央，此刻正值北方王朝迭变、宫禁之难频交之际。这种特殊的宫廷政治发展，给宇文氏兄弟所处的社会集团留下了深刻的印象，养成了他们在机会成熟之际，仿效往日角色重演历史旧剧的思想。他们介入预谋亡叛的禁军行动，并将其转化为夺取政权的政变行为是有其历史基础的。

禁军是炀帝驻跸江都的主要军事力量，控制了禁军即把握了炀帝江都逃亡政府的命脉。禁军逃亡由于宇文氏兄弟的介入而发生的性质转变，加快了江都事变的进程。义宁二年三月十日夜，以司马德戡所领东城数万骁

① 《资治通鉴》卷一八四“隋炀帝大业十三年（617）”。

② 《资治通鉴》卷一八五“隋恭帝义宁二年（618）”。

③ 《资治通鉴》卷一八五“隋恭帝义宁二年（618）”。

④ 《隋书》卷八五《宇文化及传》。

⑤ 《资治通鉴》卷一八五“隋恭帝义宁二年（618）”。

⑥ 《隋书》卷八五《司马德戡传》。

果为主，以司宫魏氏矫诏尽发玄武门骁健官奴为关键[①]，江都禁军于一夜之内，几乎兵不血刃地颠覆了杨氏政权。炀帝被囚于行宫成象殿西阁，宇文化及自城外入于朝堂，自称丞相，“其身自称霸相，专擅拟于九五”[②]，控制了江都事变。

宇文氏兄弟借助禁军重兵发动江都事变，在隋朝大势已去的形势下，其篡夺政权是轻取其成的。但事变之后如何处置杨广，如何引带十万禁军却是他们无法回避的问题。按历史旧剧的样子，宇文氏兄弟可能有两种选择，其一，拥炀帝西归，所谓“挟天子以令诸侯”，政治上取高屋建瓴之势；其二，废炀帝，整军蓄势然后争鼎天下，所谓“后发制人”。但是，缺乏封建政治素养的宇文氏兄弟，篡代之心太切，他们在政变成功之后即杀了炀帝，并立即“率众自江都北指黎阳”[③]。这些措施无疑是包裹着建立“帝王之业”的政治野心的，但在策略上的失误却势必使他们在政治和军事两个方面陷入困境：其一，杀杨广，使他们在政治上受到以“忠孝”之言伪饰自己行为的各股势力的孤立；其二，立即挥兵西归，势必要与中原各大军事力量发生冲突，从而损兵折将。

江都事变以隋末“四海鼎沸”统治崩溃为总背景，兵变是其基本特点。它前后经过两个阶段，两个阶段在性质上是判然有别的。禁军士兵及其统制军官，要求西归故里以摆脱杨广逃亡政府的控制，在性质上，是与隋末“勿向辽东浪死”的反兵徭力役的农民起义存在某种关联的。隋末长期的对外战争，破坏了社会经济的发展，也打破了小农经济社会中广大的农民阶级对“内无怨女，外无旷夫”的理想生活的追求。早在炀帝“雁门受围”的时候，禁军士兵就以消极怠战的形式表示了他们的反战情绪，炀帝与他的军队的关系已经发生了变化。但是，封建帝王的专制性和“朕一人”的独尊观念，使炀帝不可能清醒地面对自己与军队已发生对立的现实，禁军“久客思乡”，炀帝置若罔闻，窦贤溃亡，炀“帝遣骑斩之”[④]，两者的矛盾终于激化到了非解决不可阶段了。禁军士兵的零散逃亡是自发的，在其统制军官的组织下所形成的大逃亡，其目的只是要求摆脱长期被役于外的状况，这是一种消极的反抗。这种反抗在目标上尽管不具有推翻杨隋政权的内容，但在当时的历史情势下，这种行动毕竟对杨隋政权的结束，起了一种推波助澜的作用。宇文氏兄弟介入后，改变了禁军逃亡行动的目的，改变了江都事变的性质，使之进

---

① 江都有隋代行宫，玄武门为宫城北门。

② 《隋书》卷五九《炀三子传》。

③ 《隋书》卷七〇《李密传》。

④ 《资治通鉴》卷一八五“隋恭帝义宁二年（618）”。

入了弑君夺权的第二阶段，禁军西归故里的反战愿望被政权野心家阴谋地利用为政变的工具。

江都事变的爆发有其历史的必然性，事变在第二阶段发生的性质变化影响了隋末唐初的历史变动。

二

江都事变炀帝被杀后，以元文都为首的隋东都留守系统立即拥立炀帝孙越王侗为帝，改元皇泰。同时，占据长安的李渊也一面举“哀”示“忠”，一面禅隋自代，建元武德。江都事变为李唐王朝的建立，排除了最后一块略带几分暧昧色彩的绊脚石。东西二京对江都兵变炀帝身死共同做出建立新朝的反应，属于不同性质的问题，兹不详论。现就宇文化及引兵西归，导致东都内部分化，中原军事角逐格局变动，和新建的唐王朝借以摆脱东线战场之累的作用做些论述。

早在隋炀帝大业十二年离开洛阳出走江都后，东都的隋兵与瓦岗军频频交战。大业十二年十月，瓦岗军在李密的指挥下破隋金隄关（《资治通鉴》胡注，当在荥阳界），遂即又于大海寺一役斩杀隋军骁将十三道黜陟讨捕使张须陀。义宁元年二月，瓦岗军再破兴洛仓，继而又大败刘长恭，进逼东都。瓦岗军人数骤增“众至数十万”①。是年三月，瓦岗军“烧掠丰都市，比晓而去”。“（李）密帅众三万复据回洛仓，大修营堑以逼东都”，迫使东都隋兵枕戈待旦，“昼夜不解甲”②。

东都形势告急，中原根本动摇，迫使驻跸江都的炀帝发兵进援。义宁元年秋七月，隋涿郡留守薛世雄受命“将燕地精兵三万讨李密”③，但薛部行至河间，被窦建德击破大营，仅“与左右数十骑遁归涿郡”④。东都北线援兵告急。与此同时，隋江都通守王世充也“将江、淮劲卒”挺进中原援兵东都，并在薛部兵败之后受命主持东都战事⑤。王世充介入东都战场之后，与李密“前后百余战”⑥，相峙达数月之久。义宁元年十月，王、李激战于洛北，李密部初战失利，谋士柴孝和溺水而死。但“密帅麾下精骑渡洛南”东走假袭

---

① 《资治通鉴》卷一八五“隋恭帝义宁二年（618）”。

② 《资治通鉴》卷一八三“隋炀帝大业十二年（616）”。

③ 《资治通鉴》卷一八三“隋炀帝大业十二年（616）”。

④ 《资治通鉴》卷一八四“隋恭帝义宁元年（617）”。

⑤ 《资治通鉴》卷一八四“隋恭帝义宁元年（617）”。

⑥ 《资治通鉴》卷一八五“隋恭帝义宁二年（618）”。

洛水月城，迫使王世充引兵回救。李密则乘隙突袭王世充黑石大砦，“连举六烽，世充释月城之围，狼狈自救；密还与战，大破之，斩首三千余级”①。义宁二年，王、李洛北再战，“充败绩，赴水溺死者万余人”②。遁入东都，“屯于含嘉城，不敢复出”③。

王世充，先祖原为西域人。大业初年以媚事炀帝得领江都宫监。他是隋末战乱中新崛起的一个军阀，能征善战，握军权拥有实力。但资历浅、根底不固，政治关系也薄弱。其以外军一将的身份进入东都，要在政治上有所发展，势必要与东都留守系统，原隋朝的故旧大臣，在权力分配上发生冲突。《资治通鉴》考异引《河洛记》称：“卢楚私谓（元）文都曰：‘王世充是外军一将，非留守达官。比者领军，屡为奔徙。吾方衅奸，且从舍过，翻更宰制人事，跋扈纵横，此而不除，恐为国患。’”卢楚与元文都等人均为隋末贵臣，史称东都“七贵”，他们视王世充为“国患”欲除之而后快，彼此矛盾是势如水火的。但东都贵臣苦于手中没有一支对外抗御李密，对内钳制王世充的军队。因此，在东都皇泰政权成立时，只得封其为吏部尚书，拜爵郑国公以怀柔之。但对王世充欲“宰制人事”争夺权力的内患之忧并未曾释怀。宇文化及西归十万变兵直指黎阳复杂了中原战场的军事形势，同时也给东都留守系统解决王世充的问题创造了“机会”。他们在两害相权取其轻的原则支配下，决定联盟李密以解决肘腋之下的国患。“文都讽侗遣使通于李密”④，“侗用文都、卢楚之谋，拜李密为太尉、尚书令”，“密遂称臣，后以兵拒化及于黎阳”⑤。以元文都为首的东都留守系统联合李密，化昔日干戈之争为今日玉帛之交，无疑是一种迫于形势的外交措施。这一措施产生的直接酵素是宇文化及的西归，并改变了中原两大势力长期以来的对抗局面，军事斗争格局为之一变。

东都留守系统在杨侗的支持下联合李密，从对外关系来看是为了摆脱宇文化及西归带来的军事压力。但这只是他们“项庄之剑”的花招子，其真实目的则在于寻求一种新的军事力量，以平衡或取代王世充在皇泰政权的军事地位，目标是对内的。东都联合李密旨在拥兵自重的王世充，对此“王（世）充不悦，因与文都有隙。文都知之，阴有诛充之计”⑥。东都内部派系斗争急

---

① 《资治通鉴》卷一八四“隋恭帝义宁元年（617）”。

② 《隋书》卷八五《王世充传》。

③ 《隋书》卷八五《王世充传》。

④ 《隋书》卷七一《元文都传》。

⑤ 《北史》卷七九《王世充传》。

⑥ 《隋书》卷七一《元文都传》。

剧恶化，王世充召集部下说："文都之辈，刀笔吏耳。吾观其势，必为李密所擒。且吾军人每与密战，杀其父兄子弟，前后已多，一旦为之下，吾属无类矣。"[①] 显然，王世充已经觉察出元文都等联合李密以取代自己的真实用心。因此，在获悉元文都"怀奏入殿"，欲谋刑刀加首后，即"驰还含嘉城，谋作乱"[②]。义宁二年七月，乘李密与宇文化及激战之际，握兵在手的王世充发动了东都政变，杀了元文都、卢楚等东都达官，"总督内外诸军事"[③]，完全控制了皇泰政权。

宇文化及引十余万禁军西归，迫使中原各势力集团做出反应，东都留守系统视其为杀君贼臣而联兵李密，为他未曾料到的。然而，李密引劲兵以抗宇文化及，使李唐集团得以摆脱东线战场之累，则又是李密所未曾料到的。

唐兵在初起太原时，李渊即以李密为中原劲敌而曲辞礼之，其军事目的旨在先稳住东线以尽力关中。义宁元年十一月，唐兵攻克隋都长安后，曾一度急于将战略进攻目标推向中原。义宁二年元月，"唐王以世子建成为左元帅，秦公世民为右元帅，督军十余万救东都"[④]。四月，"世子建成等至东都，军于芳华苑；东都闭门不出，遣人招谕，不应。李密出军争之，小战，各引去"[⑤]。此时李密处鼎盛之际，唐兵在初定关中根本未固之际与李密争战，是唐初争鼎战争中的战略失误。它很快就由于自身西线战事蜂起而被迫改辙。是年四月，李渊留任瓖镇守新安，盛彦师镇守宜阳以屏障其东线，做出了战略收缩。

唐初在西、北线战场的主要对象，大概有两类，其一为以突厥、稽胡为主而构成的异族军队；其二为以李轨、梁师都、薛举和刘武周等为主而构成的群雄军队。这两类军事势力在唐初都处在相对强大的阶段，对唐取攻势并时时迫于京畿之地。义宁二年四月，匈奴别种稽胡进兵富平，"又五万余人寇宜春"[⑥]；六月，"薛举寇泾州"[⑦]；七月，"梁师都寇灵州"[⑧]。唐兵在黄钦山一战奋力破败稽胡兵后，又使宇文歆出使突厥瓦解了薛举、梁师都联兵突厥奔袭长安的战略意图。自此，唐与突厥、稽胡的军事冲突相对取得缓和。但

---

① 《隋书》卷八五《王世充传》。
② 《隋书》卷七一《元文都传》。
③ 《隋书》卷八五《王世充传》。
④ 《资治通鉴》卷一八五"隋恭帝义宁二年（618）"。
⑤ 《资治通鉴》卷一八五"隋恭帝义宁二年（618）"。
⑥ 《资治通鉴》卷一八五"隋恭帝义宁二年（618）"。
⑦ 《资治通鉴》卷一八五"隋恭帝义宁二年（618）"。
⑧ 《资治通鉴》卷一八五"隋恭帝义宁二年（618）"。

唐与群雄军队在中国西部的角逐却愈演愈烈。义宁二年七月，“薛举进逼高墌，游兵至于豳岐”[①]。李世民兵败浅水原，唐失高墌。八月，薛举死，其子仁杲继之，李唐与薛仁杲军战事重开。迄于是年十一月，李世民于浅水原大败薛仁杲而刘武周部复炽盛于北面，唐于西、北线战争频举，其势已无力东顾。

但是，唐兵的东线却隐存着一种威胁，这就是“才兼文武，志气雄远，常以济物为己任”[②] 的李密。李密部早在与东都鏖战之时，其谋士柴孝和即讽劝其挥兵“西袭长安”[③]，到了义宁二年元月，李密已经“拥兵三十万。阵于北邙，南逼上春门”，“钲鼓之声，闻于东都”[④]。百战之雄的李密此刻对中原战局可谓胜券在握，各种势力如“窦建德、朱粲、孟海公、徐圆朗等并遣使劝进”[⑤]。“王世充自洛北之败”也“坚壁不出”[⑥]。此刻，李密乘胜兵、贾余勇，近取东都、西指长安（迫使李唐在其东线应战），战略计划的条件业已成熟。但是就在这个时候，江都事变后的宇文化及已引兵十万挺入中原迫使处于四战之地的李密整兵再战。中原军事角逐的格局，由于宇文化及的介入发生了变动。李密为了避免腹背受击，接受了东都的联兵之议“悉以精兵东拒化及”。六月，双方对峙于黎阳一线；七月，李密于童山恶战中击败宇文化及。但李密在再次打败中原强敌之后，自己的实力也大为耗损，“其劲兵良马多战死，士卒皆倦”[⑦]，失去了称霸中原的历史地位。其后，原江都通守王世充“乘其敝而击之”，于北邙山一战彻底击溃了李密。李密一蹶而难以复振，西走长安投归李唐。宇文化及也在童山败后，退守魏县，迄于武德二年闰二月为窦建德所败，已失去了影响隋末政局的作用沉入历史的底层。

综上所述，在李唐初创，其西线战事不断的战争局势下，李密在中原战场优势的增大，也便是唐在东线战争潜伏危机的增大。但是，宇文化及引江都变兵介入中原战场后，则牵制了李密攻占东都而西进关中的战略，这在客观上为李唐摆脱其随时可以爆发的东线战争发生了作用。历史是有机的整体，江都事变虽只是爆发在义宁二年三月十日一夜之间，但其前承后启，却历时有半载之余。作为隋唐递嬗之际的一大事变，它与前后历史

① 《资治通鉴》卷一八五“隋恭帝义宁二年（618）”。
② 《隋书》卷七〇《李密传》。
③ 《隋书》卷七〇《李密传》。
④ 《资治通鉴》卷一八五“隋恭帝义宁二年（618）”。
⑤ 《资治通鉴》卷一八五“隋恭帝义宁二年（618）”。
⑥ 《资治通鉴》卷一八四“隋恭帝义宁元年（617）”。
⑦ 《隋书》卷八五《王世充传》。

事件存在种种联系。隋末政治崩溃群雄争鼎的形势为它爆发的总背景；李唐军占领长安，炀帝被迫迁都江左，为它爆发的契机；事变经由两个阶段而发展成为弑君夺权的政变，构成了杨隋政权覆灭的界标；变兵西归影响中原军事格局的变动，宇文、李密恶战童山两败俱伤，李唐借以摆脱随时可能爆发的东线战争。最后导致李渊在长安建了唐朝，恢复和巩固了地主阶级在全国的统治。

（原载《江海学刊》1988 年第 3 期）

苏威其人与开皇之世政治

苏威先后仕于西魏、北周，至隋而位居公辅；隋末失鹿，四海激荡，他复辗转侍奉数主，至唐兵下洛阳，他复又舞蹈军门再求干谒，致使李世民“遣人数之曰：‘公隋朝宰辅，政乱不能匡救，遂令品物涂炭，君弑国亡。见李密、王（世）充，皆拜伏舞蹈，今既老病，无劳相见也’”[①]，将其拒斥于新政权大门之外。至此，这位在朝鼎倾覆之中的“不倒翁”，方才在一片揶揄声中结束了自己的政治生命。魏徵作《隋书》史论，对其不无讥评：“予违汝弼，徒闻其语，疾风劲草，未见其人。”[②] 概括魏徵此论，盖有三点：其一是言其为辅失责；其二是言其盛名难副；其三是言其晚节不忠。笔者考诸史乘，认为魏徵所论信而不诬。苏威其人，史论不高，亦有事实，但却未中肯綮。试问名、节、才均不堪大任使的苏威，缘何又能长期跻身封建政治高层，尤其是在以“严察临下”[③] 著称于史的隋文帝朝久居高官而不下呢？质言之，此一问题乃应属于特定时期的封建政治问题；而苏威之任政主要在隋朝二帝时，其中又以隋文帝开皇之世任用最重，则此问题，管束之则应置诸隋文帝开皇之世这一特定时期加以考察。

苏威为魏侍中苏则之后，为关中大族。苏威父苏绰为西魏大臣，官至度支尚书，因曾提出改革时政的“六条诏令”而甚得北周宇文泰礼用。苏威在西魏、北周的仕宦无甚可称道者，但因有“高蹈”之举，且能力行“孝”“义”而早博声名。大统十二年（546），其父苏绰死，苏威时年

① 《隋书》卷四一《苏威传》。

② 《隋书》卷四一《苏威传》“史臣曰”。

③ 《隋书》卷七三《循吏传（序）》。

5岁，史称“哀毁有若成人”，显出孝亲“至性”①。宇文泰主政西魏时，他以长子身份袭爵并出任郡功曹，虽只是一介小吏，但却由于身为时誉之后而成为政坛权要的猎物。北周立，时“大冢宰宇文护见而礼之，以其女新兴主妻焉”②。苏威“见护专权，恐祸及己”，作计逃婚，不成，遂“屏居山寺，以讽读为娱”③，此举使苏威初得“高蹈”之名。此后，北周“武帝亲总万机，拜稍伯下大夫。前后所授，并辞疾不拜”④。政治上淡泊的种种行径，奠定了苏威社会形象的一个重要特征，而其为亲族排患释难而不求所报更使其声名远播。史载苏威从妹夫元雄与突厥人有隙，“突厥入朝，请雄及其妻子，将甘心焉”⑤。北周畏于突厥，拟送元雄于突厥以和事。苏威知讯后，即说“夷人昧利，可以赂动”，尽卖家产、田宅变赀赎求元雄一家之身，“论者义之”⑥。陈寅恪先生在论及汉晋宗儒之豪门时，言其每能“以孝友礼法见称于宗族乡里，就成了儒家豪族人物的一个明显特征”⑦，可知，孝亲友于之儒家伦理自汉晋以来即为门阀文化一特征，而苏威深染此风，且能以此彰显宗族。

苏威在西魏、北周二十余年中的若干“孝”“义”之举及“高蹈”于政争之外的行为，使其在封建统治阶级上层博取了贤名。史载，“高颎屡言其贤，高祖（隋文帝）素重其名”⑧。高颎，史称其“有文武大略，明达世务”⑨；隋文帝杨坚，史称其“外质木而内明敏，有大略”⑩，以此二人鉴识而有如此推誉之品许和见重之意，足以见苏威在杨隋禅周之际社会声誉之著。然再论其声誉所在，则一不在事功，二不在硕学，而是在他力行了儒家的“人伦”道德，及其“邦无道则去”的儒家为政人格，这也就是高颎所言的“贤”。儒家推重“圣贤”人格之塑造。《礼记·月令·仲春三月》：“勉诸侯，聘名士，礼贤者。”《正义》注曰：“贤者，名士之次，亦隐者也。”是此，苏威的“贤”名，则与其说是得之于他的孝义行为，毋宁说是来自其“高蹈”政争的“隐士”行为。关于此点，隋开皇初年之后事亦可证之。开皇初，苏威以太子太保兼纳言、度支尚书二职，“寻复兼大理寺卿、京兆尹、御史大

---

① 《隋书》卷四一《苏威传》。
② 《隋书》卷四一《苏威传》。
③ 《隋书》卷四一《苏威传》。
④ 《隋书》卷四一《苏威传》。
⑤ 《隋书》卷四一《苏威传》。
⑥ 《隋书》卷四一《苏威传》。
⑦ 万绳楠整理：《陈寅恪魏晋南北朝史讲演录》，黄山书社1987年版。
⑧ 《隋书》卷四一《苏威传》。
⑨ 《隋书》卷四一《高颎传》。
⑩ 《隋书》卷二《文帝本纪（下）》。

夫，本官悉如故”①。一身而兼五职，故“治书侍御史梁毗以威领五职，安繁恋剧，无举贤自代之心，抗表劾威”②。但是，隋文帝却以苏威“能隐遁于周世”为依据，驳回梁毗，盛赞苏威“若逢乱世，南山四皓，岂易屈哉!”③

封建社会形态下的道德规范是柄双刃剑，它一方面有规范人们社会行为的作用，另一方面亦有使信守、践行其原则的人们彰示其道德价值的作用，因而封建社会中道德伪君子者代不乏之。范晔作《后汉书·丁鸿传》，有“论”指出，自孔子盛赞太伯、伯夷之让，而“后世闻其让而慕其风，绚其名而昧其致，以激诡行生而取与妄矣”。是太伯、伯夷有遁隐之让为儒家伦理典范，人仰其贤，尔后则不免激诡由生遂有欺世盗名之辈。苏威在杨坚禅周前夕，已在其大丞相府，“居月余，威闻禅代之议，遁归旧里”④。于此，苏威以规避行为表示他对杨坚禅周的不合作态度，这与杨坚禅周集团的核心人物的态度大相径庭。史载高颎介身禅代“承旨欣然曰：‘愿受驱驰，纵令公事不成，亦不辞灭族。’”⑤ 而“文学才能在文帝的顾问中独一无二的”⑥ 李德林也是“闻之甚喜，乃答云‘德林虽庸愞，微诚亦有所在。若曲相提奖，必望以死奉公’”⑦。高、李二人均一时人杰，闻之甚喜，厕身杨坚禅周之事义无反顾；苏威久负“贤”名，固守古义不预杨坚禅周事，对比之下，杨坚应是难以容忍苏威的这种态度。然而，杨坚却并不责难苏威，只是说“此不预吾事，且置之”⑧。“此不预吾事”，彼则必有“预吾事”之出，杨坚此时此刻的“且置之”，说明杨坚已窥破苏威的廻护“贤”名之心，并有意保之而后用。

隋朝建立伊始，隋文帝杨坚即征拜苏威为太子少保，并袭父爵而“俄兼纳言、民部尚书”。无尺寸之功而有远祸保身之嫌的苏威，由于他廻护“贤”名成功，于开皇初骤然荣在三公而位居台辅，杨坚也在《答让表》中力挽之说：“舟大者任重，马骏者远驰。以公有兼人之才，无辞多务也。”苏威于此便不再去“高蹈”了。他在一推之后即拜而受任。苏威在杨坚禅周事上，前倨后承，虽不可遽断为假“高蹈”之名以为利薮的“激诡”之行，但亦不啻是自家剥下了“高蹈”的伪饰。

从苏威所受官爵及隋文帝的《答让表》来看，杨坚重用苏威似有两点依

---

① 《资治通鉴》卷一七五“隋文帝开皇元年（581）”；《隋书》卷七五《何妥传》。

② 《隋书》卷四一《苏威传》。

③ 《隋书》卷四一《苏威传》。

④ 《隋书》卷四一《苏威传》。

⑤ 《隋书》卷四一《高颎传》。

⑥ ［英］崔瑞德主编：《剑桥中国隋唐史》第二章《隋朝》，中国社会科学出版社1990年版。

⑦ 《隋书》卷四二《李德林传》。

⑧ 《隋书》卷四一《苏威传》。

据。首先，苏威是前代勋臣苏绰之后。开皇元年二月，隋文帝即下诏赠苏绰为邳国公，并以苏威承袭其爵，诏文曰："昔汉高钦无忌之义，魏武挹子干之风，前代名贤，后王斯重。魏故度支尚书、美阳伯苏绰，文雅政事，遗迹可称。展力前王，垂声著绩。宜开土宇，用旌善人。"[①] 这里隋文帝旌表苏绰以用苏威，仿佛是在追风汉高、魏武奖掖前贤后人古义之所为，其实不仅为旌表；究其实质则是苏绰有"展力前王，垂声著绩"之誉，乃"关陇集团"有实际影响之人物，因此以"关陇集团"为统治之中坚力量的隋文帝便不能不顾及此影响。关于这一点，亦诚若今人所论，"他（苏威）立身于隋廷，但能使人追想苏绰的流风余韵，这种作用可能比他作为顾问大臣产生的影响更加重要"，因为"杨坚及其全部主要顾问都在北周当过官，他们都受到苏绰的改革和'六条诏书'的影响"[②]，显然是隋文帝借苏绰亡灵以收揽西魏、北周旧臣之心的策略，此其一。其二是《答让表》中所说的苏威有"兼人之才"，对此隋文帝自有注脚。他说："杨素才辩无双，至若斟酌古今，助我宣化，非威之匹也。"[③] 因此，可依据传统儒家"选德则功不必厚"[④] 之伦理政治用人之古义而擢用苏威；用此古义则正与苏威有"孝""义""高蹈"之贤名吻合，亦正与儒家"岩穴高隐之士，国初之祯干"，以及"诗书礼乐之化，所以造士而养其忠孝，为国之祯干"[⑤] 之古义暗合，然而此亦仅为表象之义，究其实质则在于为隋文帝欲行"太平之法"，使臣民"澡身浴德"[⑥] 的伦理政治服务。对此，隋文帝亦有不讳之自白。史载，开皇初御史梁毗弹劾苏威，文帝"因谓朝臣曰：'苏威不值我，无以措其言；我不得苏威，何以行其道。'"[⑦] 明确点出了苏威之才用在于助新朝以宣"道"。此"道"亦即南北朝以来孝不在家、忠不在朝而亟须重振的王纲之"道"，此亦正是隋初政治鉴于其近代史上宫廷迭变、王纲扫地而欲有政治转换之现实需要。

"自曹氏篡汉以来，天下不知篡之为非，而以有所授为得，上习为之，下习闻之，若非托伊、霍之权，不足以兴兵，非窃舜、禹之名，不足以据位"[⑧]。魏晋可暂置不论，仅南北朝而言，百余年间政权替嬗频仍，突出的是统治阶级的内部杀伐不已，而传统儒家之"忠孝"伦理斯文殆尽；且杨坚"以妇翁

---

① 《周书》卷二三《苏绰传》。
② ［英］崔瑞德主编：《剑桥中国隋唐史》第二章《隋朝》，中国社会科学出版社 1990 年版。
③ 《隋书》卷四一《苏威传》。
④ 《后汉书·二十八将（论）》。
⑤ 王夫之：《读通鉴论》卷一七《梁武帝》，中华书局 1975 年版。
⑥ 《隋书》卷二《文帝本纪（下）》。
⑦ 《隋书》卷四一《苏威传》。
⑧ 王夫之：《读通鉴论》卷一九《隋炀帝》，中华书局 1975 年版。

之亲，值周宣帝早殂，结郑译等，矫诏入辅政，遂安坐而攘帝位”[①]，不啻又于伦理大义复加戕毒，是以隋立国之初而有“三方之乱”、有“五王之反”。历史与现实中的“反案”的原因可以有种种，但其中对“忠孝”伦理之义，对君臣“王纲”之道蔑弃的行为存在则是事实。因此，历史教训与现实压迫都要求隋文帝在立国之后重振“忠孝”的道义，以力挽南北朝以来政风世俗的颓废，来维护既得之政权，这就是隋文帝以“霸道”之手夺北周之天下，而欲以“王道”之手保已得之天下的开皇之初的政治转换。

儒家的伦理政治哲学是维护既定封建统治秩序之学说，其核心在一“孝”字，所谓“求忠臣必于孝子之门”[②]，是“孝”而后有“忠”、有“义”。“夫塞于天地而横四海者，其唯孝乎；奉大功而立功显名者，其唯义乎。何则？孝始事亲，惟后资于致治；义在合宜，惟人赖以成德”[③]。“资治”“成德”发于孝义之心，孝义之心立而后有万世不替之统治秩序，所谓“天下顺者，其唯孝乎”[④]，则一语点破宗法制下的封建伦理与封建政治的不解之缘。因此，在南北朝以来儒家伦理政治积弊不振的背景下，在隋禅北周复行有悖伦理政治之义的背景下，在“不忠”之反案狂澜迭起之迫压下，隋文帝极力推行“孝”“义”伦理，要害之处乃在于巩固新朝的政治统治。史载，“开皇初，高祖征山东义学之士”[⑤]；对“德业”并茂之儒优礼有加；如对“通涉五经”的元善，“每望之曰：‘人伦之表也。’”[⑥] 逐渐形成了“高祖膺朝纂历，平一寰宇，顿天纲以维之，贲旌帛以礼之，设好爵以縻之，于是四海九州强学待问之士靡不毕集焉”[⑦] 的广泛招徕儒士以求“德化”天下的政治局面。

适应隋初政治转换的需要，“孝义”有行且“高蹈前朝”[⑧]，负有“贤”名的苏威应响而出。史载，苏“威尝言于帝，曰：‘臣先人每戒臣云：唯读《孝经》一卷足以立身治国，何用多为！’帝深然之”[⑨]。“唯读《孝经》一卷足以立身治国”是苏威从政的宣言，亦最显苏威其人为政的理论倾向；苏绰死时，苏威年仅5岁，而曰“臣先人每戒臣云”，则不啻苏威假苏绰之名提高自身的身价以行其道。苏威倡行孝义与隋文帝“朕以孝理天下，思弘名教”，

① 《廿二史劄记》卷一五《隋文帝杀宇文氏子孙》。
② 《弘明集》卷三。
③ 《周书》卷四六《孝义传（序）》。
④ 《隋书》卷七二《孝义传（序）》引《吕览》。
⑤ 《隋书》卷七一《马光传》。
⑥ 《隋书》卷七五《元善传》。
⑦ 《隋书》卷七五《儒林传（序）》。
⑧ 《隋书》卷四一《苏威传》。
⑨ 《资治通鉴》卷一七五“隋文帝开皇元年（580）”。

欲行政治转换的治国目标相吻合。隋文帝不仅深谙其理，且能力行其事，《隋书·孝义传》多记载隋文帝褒奖孝节之士，此不俱论，仅示他传胪列两例，以从不同角度见开皇之世“孝义”伦理之强烈影响。其一，协谋禅周的核心人物之郑译，因涉嫌巫蛊事而被罢，隋文帝即以“宜赐以《孝经》令其熟读”[①] 处置此案。以读经代刑罚，实乃是隋文帝欲以《孝经》思想为桎梏以束缚群臣之言行，亦即后世所谓“诛心”之举。其二，隋文帝弟景王杨整，在文帝预谋禅周之际有“不睦”之隙，因此其子蔡王杨智积于开皇之世多怀悚惧，为避祸计亦投合文帝“忠孝”之义所好，有五男，“止教读《论语》《孝经》而已”[②]。是可见，举“孝”“义”以使臣民“澡身浴德”的伦理宣化已何等浃肌入骨地牢笼着臣民。

开皇之世重孝伦理宣化，然而“在一种社会形态中，道德的标准可以历久不变，但这些标准在生活中付诸实践，则需要与不同的时代、环境相适应而有所通变”[③]。苏威似乎不甚了于此义，试以其宣化伦理政治最显之事议之。开皇九年之后，隋新平江南，“苏威复作《五教》，使民无长幼悉诵之，士民嗟怨”[④]。“使民无长幼悉诵之”则其伦理宣化的思想渗透性之功能已经转化成为强制性训化的思想压迫，因此有士民嗟怨的广泛性社会不满。这盖可视为苏威不知“环境”变化而有所“通变”的识弊。此后，江南豪族纷纷举兵反隋，“执县令，或抽其肠，或脔其肉食之，曰：‘更能使侬诵《五教》邪！’”[⑤] 江南豪族反隋，有种种经济、政治权益被削夺等根本关系，但从残杀隋官者口中发出的“更能使侬诵《五教》耶！”一语来看，则苏威所主政推行的《五教》，作为隋朝对江南新定之地的思想训化运动，不能不因其施之太急而有刺激江南士庶社会情绪的消极作用。此则隋文帝所论，苏威大病在于“不切世要”[⑥]，但这并不妨碍隋文帝对苏威的任使。明人王夫之论隋文帝、苏威君臣相得时指出：“隋文之待威也，固以古大臣之任望之；威之所以自见者，亦以平四海、正风俗为己功。”[⑦] 是则隋文帝有以苏威推行伦理政治之借重，而苏威亦正以此见用于开皇之世。

苏威是行于西魏、北周、隋及唐初之“关陇集团”的核心人物苏绰之后，

---

① 《隋书》卷三八《郑译传》。
② 《隋书》卷四四《蔡王杨智积传》。
③ 黄仁宇：《万历十五年》。
④ 《资治通鉴》卷一七七“隋文帝开皇十年（590）”。
⑤ 《资治通鉴》卷一七七《隋文帝开皇十年（590）》。
⑥ 《隋书》卷四一《苏威传》，参见《隋书》卷七五《何妥传》。
⑦ 王夫之：《读通鉴论》卷二〇《唐高祖》，中华书局 1975 年版。

他有关中文化高门的身份，复有“孝”“义”“高蹈”的贤名，且承袭诗书礼乐的家学之业，凡此均与儒家行“太平之法”的取人原则暗合，亦与西魏、北周、隋以来统治阶级中坚力量的结构有合，个中也不乏与隋文帝“好用隐民”① 以粉饰贤德政治的个性有相契合之处，因此，他可以无尺寸之功而携带不谐禅代之嫌以届身公辅之位，隋文帝亦尽可以知其非治世之才而捧其为“国初之桢干”，以适应新政权实行政治转换之需要。由此可以看出，名、才、节均不堪大任使的苏威所以能在“严察临下”的隋文帝朝久居高官而不下，关键乃在于强负德业之名的苏威适应了隋文帝开皇之世推行伦理政治的需要；而开皇之世的隋文帝不遗余力地推行传统儒家的伦理道德，其目的在于从人心整肃的角度重振“王纲”，以求稳定和维护一统江山的万世不替。

（原载《人文杂志》1994 年增刊）

① 《新唐书》卷九六《杜淹传》。

隋将陈稜述论

陈稜，南朝陈将陈岘之后，于开皇中归隋，见用于隋炀帝大业年间。从大业盛世“出击流求”，到大业末世效命疆场，晋爵为侯；进而至炀帝身死江都，“义”送其丧。陈稜的经历和行为，大致表现了一个封建时代的旧军人践履封建时代之旧道德的过程；而其行为的政治内涵，则呈现着对大一统政治的归趋与维护。

一

史载陈稜“庐江襄安”[①] 人，即隋庐江郡襄安县人。隋庐江郡治所居今安徽省合肥市西，立于隋炀帝大业三年(607)，下辖七县，襄安县居其一，位于今安徽省巢湖市。

陈稜先世寒微，属“单家”。《隋书》与《北史》陈稜本传，均仅记其祖父陈硕，称其“以渔钓自给”[②]，则陈硕为巢湖上的渔民。陈稜父陈岘，以“骁勇”名世，在军事活动频繁、将帅广事招募的南朝后期，被陈将章昭达之子章大宝召“为帐内部曲”[③]。南朝称作“部曲”的情况较多，有以宾客组成的私兵，有以坞壁主统率的武装，有以招募投充的士卒，均可称“部曲”[④]。以陈岘的门庭情况来看，当属后者，但作为“帐内部曲”，陈岘当为章大宝的贴身近侍。

章大宝乃陈朝开国名将章昭达长子。陈宣帝太建三年(571)，章昭达死后，大宝袭承其爵位，“累官至散骑常侍、

---

① 《隋书》卷六四《陈稜传》。

② 《隋书》卷六四《陈稜传》。

③ 《隋书》卷六四《陈稜传》。

④ 参见唐长孺：《魏晋南北朝史论拾遗·魏晋南北朝时期的客和部曲》，中华书局1983年版。

护军，出为丰州（治所侯官县，今福建福州市）刺史”①。陈后主至德三年（585），章大宝因治政贪暴被朝廷撤任，章大宝遂在州反。陈岘“告大宝反，授谯州（今安徽亳州市）刺史”②。自此，陈岘重归安徽。隋文帝开皇九年（589），隋平陈，南北朝复归一统，陈旧有行政单位亦遂为隋新设之州县所代替，所任州官亦以隋官为主。崔瑞德等主编《剑桥中国隋唐史》引岑仲勉《隋书求是》指出：“在该著作中，我注意到隋在589年和590年期间重新命名或建立了三十个州（原注：陈原来共有四十二个州）；所知的州刺史都是北人。”自此，官陈朝谯州刺史任上四年之久的陈岘，亦被“废于家”③。

隋平陈之后，复将行之于北方的政治、经济措施施之于南方新定之地，以强化统一政权的集权政治，江南豪族地主的利益因而受到打击，尤其是以内州检责户籍的政策，更直接危害其利益。开皇十年（590）十一月，“陈之故境，大抵皆反”④。其中尤以长江下游地带为甚，“是月，婺州（今浙江金华市）人汪文进，会稽（今浙江绍兴市）人高智慧，苏州（今江苏苏州市）人沈玄憎皆举兵反，自称天子，署置百官”⑤。反隋大势风鼓浪涌，“庐州豪杰亦举兵相应，以（陈）岘旧将，共推为主”。“岘欲拒之，（陈）稜谓之曰：‘众乱既作，拒之祸且及己。不如伪从，别为后计。’岘然之⑥”。此事虽不可遽断为他们对江南豪族地方分裂派之自觉反动，但究其寒门出身，似亦不可简单地视为其全身远祸之计。事实上，陈氏父子于此事中的政治态度，业已标明他们在政治、经济，乃至文化上与江南豪族没有利益一致的利害关系，故而才有“伪从”“别为后计”之举；其次，陈氏父子此举亦表明他们有归趋大一统政治的向往之心。

隋对江南豪族的平叛战争，由隋将杨素指挥进行。经过“前后百余战”，在短短的时间内即宣布“江南大定”⑦。陈氏父子“伪从”众豪杰举事于乡里，其活动当在庐江郡一带，与平叛之隋军未有战事接触。是“时柱国李彻军至当涂（今安徽当涂县），岘潜使稜至彻所，请为内应”⑧。

李彻军至当涂事，《资治通鉴》“隋文帝开皇十年（590）”十一月条不

---

① 《陈书》卷一一《章昭达附子大宝传》。

② 《隋书》卷六四《陈稜传》。

③ 《隋书》卷六四《陈稜传》。

④ 《资治通鉴》卷一七七“隋文帝开皇十年（590）”。

⑤ 《隋书》卷二《文帝本纪（下）》。

⑥ 《隋书》卷六四《陈稜传》。

⑦ 《隋书》卷四八《杨素传》；《资治通鉴》卷一七七“隋文帝开皇十年（590）”十一月条下记杨素凯旋班师。

⑧ 《隋书》卷六四《陈稜传》。

记，《隋书》卷五四《李彻传》亦不记。钩稽史事，李彻军至当涂当与晋王杨广莅位扬州总管一事有关。隋平陈战役，晋王杨广与其弟秦王杨俊及杨素并为行军元帅，指挥平陈之战。开皇九年（589）春正月，陈平之后，杨广“复拜并州总管[①]”，是时，“朝廷妙选正人有文武才干者，为之僚佐。上（文帝杨坚）以（李）彻前代旧臣，数持军旅，诏彻总晋王府军事”[②]，此乃李彻随藩于晋王之始。开皇十年，“俄而江南高智慧等相聚作乱。徙上（即晋王杨广。此引文炀帝本纪，故书称‘上’）为扬州总管，镇江都”[③]。《资治通鉴》“隋文帝开皇十年（590）”十一月条下也记：“以并州总管晋王广为扬州总管，镇江都，复以秦王俊为并州总管。”这是开皇中隋文帝实施的二王军区大调动，而李彻“开皇十年，进位柱国。及晋王广转牧淮海，以彻为扬州总管司马”[④]，自此知晋王自并州之扬州任上，而李彻随藩南下。杨广任扬州总管驻镇江都，此距当涂不远，是知李彻军无论是在赴江都途中，抑或奉令设军当涂，均无碍其受晋王杨广节度之事实；明乎此，则知陈氏父子与李彻军之联系，实质则是与晋王杨广的联系；进而则明了，陈稜见用于炀帝杨广大业年间，其实乃始于文帝开皇中陈稜归隋之时。

陈稜父子所居故里襄安与当涂仅一江之隔。陈稜至李彻军“请为内应”，呈明其父子以归顺隋廷之心，李“彻上其事”[⑤]。对南方新服之地多用招抚之策的隋文帝，“遂拜岘上大将军、宣州刺史，封谯郡公，邑一千户”[⑥]，予以接纳，并指令李彻率军策应。隋制，上大将军与尚书左右仆射、雍州牧、金紫光禄大夫同品，均“为从二品”[⑦]。可见当时陈岘归隋颇受重视，而庐江郡豪杰起事之规模于此亦可推见一二。但李“彻军未至”而谋泄，陈岘即“为其党所杀，稜仅以获免”。“上以其父之故，拜（稜）开府，寻领乡兵”[⑧]。至此可以看出，陈稜是在开皇中江南豪族反抗新朝的历史夹缝中开始其历史活动的。

隋代兵制大致沿袭西魏、北周。西魏创立府兵后，军士大概可分为两类：其一为聚居于军坊之兵，其二为散居于乡间之兵，后者亦称乡团。北周时以大都督或仪同统带乡团，“居于本乡”。隋代乡兵已有番上宿卫任务，而“开

① 《隋书》卷三《炀帝本纪（上）》。

② 《隋书》卷五四《李彻传》。

③ 《隋书》卷三《炀帝本纪（上）》。

④ 《隋书》卷五四《李彻传》。

⑤ 《隋书》卷六四《陈稜传》。

⑥ 《隋书》卷六四《陈稜传》。

⑦ 《隋书》卷二八《百官志（下）》。

⑧ 《隋书》卷六四《陈稜传》。

府”之职亦属府兵之军职[①]。由此可知，陈稜“拜开府，寻领乡兵”，已跻身隋府兵系列，且是居乡领兵。然陈稜所受“开府”名号，亦称开府仪同三司，在隋非为居曹治事之职事官，而是无职务之四品散官。而陈稜所领之兵，从南朝将帅多事招募部曲的情况来看，也当是其父陈岘旧有之部曲兵，亦即庐江郡豪杰起事时所用之兵。陈岘虽死于众豪杰之手，而众豪杰在隋军镇压下已作鸟兽散，其所有之兵在乱定之后复为陈稜所收，亦当在情理之中。史称陈稜“寻领乡兵”，盖即指其收兵之过程。综上所述，其一，陈稜归隋并未受到隋文帝重用；其二，从陈岘到陈稜，襄安陈氏渐拔起于寒门，已拥有一定数量的地方武装，这是陈稜厕身新朝的政治资本，也是隋文帝不惜高官以召纳陈稜的原因之一，否则，以“严察临下”著称于史的隋文帝杨坚是不会以四品散官之号滥施于陈稜的。

二

陈稜在开皇中入隋，但终隋文帝一朝未见使用。“炀帝即位，授（稜）骠骑将军”[②]，这在隋为领府将军名号。《通典》卷二九《折冲府》记：“隋开皇中置骠骑将军府，每府置骠骑、车骑二将军。”据《隋书》卷二八《百官志（下）》记：“骠骑将军，……为正四品。”炀帝大业三年（607）改隋军制，“改骠骑府为鹰扬府，改骠骑将军为鹰扬郎将（正五品）”[③]。是知，隋文帝开皇中始制骠骑府，即隋炀帝大业三年改制后的鹰扬府，亦即此后唐代的折冲府，三者名称异，但均为隋唐二代的府兵单位；而开皇中至大业三年间隋骠骑府骠骑将军乃是兵府的首长。陈稜大业初所受骠骑将军，虽官秩与“开府”一般，均为四品，但却由虚衔之散官而转去实掌府兵之职事官了。

陈稜在大业政治中，最称显著之事乃是奉旨“击流求国”[④]。流求，即今台湾。陈稜任此事当在大业五年（609）至大业六年（610）间，在其之前曾有隋羽骑尉朱宽去过两次。史载，大业“三年，炀帝令羽骑尉朱宽入海访求异俗，何蛮言之，遂与蛮俱往，因到流求国。言不相通，掠一人而返。明年，帝复令宽慰抚之，流求不从，宽取其布甲而还”[⑤]。何蛮，即“海师何蛮”。《隋书·流求传》记：“大业元年，海师何蛮等［言］，每春秋二时，天清风

① 参见唐长孺：《魏晋南北朝史论丛·魏周府兵制度质疑》，中华书局 1983 年版。
② 《隋书》卷六四《陈稜传》。
③ 《通典》卷二九《折冲府》。
④ 《隋书》卷六四《陈稜传》。
⑤ 《隋书》卷五一《东夷·流求传》。

静，东望依希，似有烟雾之气，亦不知几千里。”此记系指何蛮等人言流求情况。后朱宽“得何蛮，遂与俱往”[①]。

从海师何蛮到朱宽两次去流求，隋炀帝对流求的认识是一个逐步累加的过程，但这种逐步累加的认识所构成的图景，毕竟是片断而不完整的，与当时隋朝在东亚地区的政治军事地位，乃至文化位置也是不相符合的。隋朝至大业五年已臻极盛，对东亚南亚均有极大之影响，其情势诚如今人所论：“到了隋唐时代，以长安为中心的‘天下国’的政治文化结构已经包括东洋和南洋的边缘地区。”[②] 此“东洋”区域，即传统所谓“裨海”[③] 区域，即由朝鲜半岛、日本列岛、琉球群岛环中国大陆而构成的不完整的内海区域。极盛之隋朝处在“亚洲之中国”（梁启超语）的历史阶段，“狭殷周之制度，尚秦汉之规摹”[④]，极富拓展之雄心的隋炀帝，不会满足于对流求的一鳞半爪的了解，于是便有了大业五年的陈稜“击流求国”之举。

《隋书·陈稜传》记，陈稜“大业三年，拜武贲郎将。后三岁，与朝请大夫张镇周发东阳（今浙江金华）兵万余人，自义安（今广东潮安县东北）泛海，击流求国，月余而至”。《隋书·炀帝本纪》载，大业六年“二月乙巳，武贲郎将陈稜、朝请大夫张镇州（即‘周’）击流求，破之，献俘万七千口，颁赐百官”。是大业六年二月，陈稜等已自流求返长安，故有献俘朝阙之记载，则陈稜自义安出海应在大业五年末，其整个行程应在大业五、六年之间的三四个月时间之内。

史载，“初，稜将南方诸国人从军，有昆仑人，颇解其语，遣人慰谕之，流求不从，拒逆官军，稜击走之”[⑤]。“流求人初见战舰，以为商旅，往往诣军中贸易。稜率众登岸，遣镇周为先锋。其主欢斯渴刺兜遣兵拒战，镇周频击破之”[⑥]。是陈稜继朱宽之后再往流求，军中带有“颇解其语”之昆仑人，乃有在事隔悬久之后对流求作政治文化联络之准备，因之才有中原王朝对边疆各族例有的政治文化行为模式——“慰谕”；而双方的“贸易”行为，则不啻“说明台湾与大陆早就有联系”[⑦]。

自上古以来，台湾地区与大陆即有广泛联系，文献与考古发掘均有充分

---

① 《通典》卷一八六《边防二·琉求》。

② 罗荣渠：《15 世纪中西航海发展取向的对比与思索》，《历史研究》1992 年第 1 期。

③ 《史记》卷七四《孟子荀卿列传》，中有“中国外如赤县神州者九，乃所谓九州，于是有裨海环之”。

④ 《隋书》卷四《炀帝本纪（下）》。

⑤ 《隋书》卷八一《东夷·流求传》；《通典》卷一八六《边防二·琉求》。

⑥ 《隋书》卷六四《陈稜传》。

⑦ 翦伯赞：《中国史纲要》第六章，北京大学出版社 1982 年版。

而坚实之依据。"吴越地区古代文化向东南海外传播的第一个重要地区就是台湾"是为一说[①]。隋将陈稜于公元7世纪初再往台湾，远则可视为是这种关系的延续，近则可视为继三国东吴卫温、诸葛直等赴台湾之后续，只是由于海途有阻，联系间或中断。

陈稜等赴流求虽无"凿空"之义，但以封建中央政府名义莅临海疆台湾，毕竟是大陆与台湾的一次大规模接触，对于开启唐宋两代及此后大陆与台湾之关系发展之作用不可忽视；作为隋炀帝大一统政治文化结构对东南海疆的具体实现尤具作用，故唐人杜佑作《通典》，称"琉求自隋闻焉"[②]；言虽有欠于史事之博考，然作为陈稜赴流求事特标之语，亦足见此事的意义了。

三

隋炀帝大业八年（612）正月，隋军第一次远征高丽。陈稜以武贲郎将宿卫的身份，迁升左光禄大夫。次年，隋发动第二次征高丽战争，陈稜转任东莱（今山东省掖县）留守。东莱郡治掖县濒临莱州湾，隔渤海遥对朝鲜半岛，乃隋对高丽战争之战略基地。大业七年二月，隋炀帝下诏讨高丽，敕幽州总管元弘策，往东莱"海口造船三百艘"[③]；《隋书·来护儿传》记："辽东之役，护儿率楼船，指沧海，……明年（大业九年），又出沧海道，师次东莱。"说明东莱在对高丽战争中的战略基地有营造战舰和聚集水军的军港作用。而陈稜生长于巢湖之滨，祖父陈硕且为"以渔钓自给"之渔民；父陈岘随章大宝赴任福建沿海地带达十余年，想陈稜亦当随父在闽，如此，则有湖海生活经历的陈稜必亦有一定的水事经验[④]，炀帝二征高丽将其置为东莱留守，不啻是用其所长而寄以方面之任。

陈稜居东莱留守不久，隋廷即发生了杨玄感之乱。是时，隋炀帝正统率隋军主力胶着于高丽战场，闻讯后即"遣左翊卫大将军宇文述、左侯卫大将军屈突通等驰传发兵，以讨玄感"[⑤]。陈稜此时接到炀帝诏命，遂即自山东西驰河南，"率众万余人击平黎阳（今河南浚县东北），斩玄感所署刺史元务本"[⑥]。八月，在隋自高丽撤归大兵追击之下，杨玄感兵败而身死潼关县东之

① 董楚平：《吴越文化新探·吴越地区古代文化的海外影响》，浙江人民出版社1988年版。

② 《通典》卷一八六《边防二·琉求》。

③ 《资治通鉴》卷一八一"隋炀帝大业七年（611）"。

④ 大业九年平定杨玄感之乱，陈稜"寻奉诏于江南营战舰"（见《隋书》本传），是为佐证。

⑤ 《隋书》卷四《炀帝本纪（下）》。

⑥ 《隋书》卷六四《陈稜传》。

董杜原。

平定杨玄感之乱，是炀帝大业末年最后一次成功的军事行动。陈稜在此行动中，虽未以主力直面杨玄感叛军，但“击平黎阳”断其起事之根本，翦灭其“西图关中”之奥援，他在整个平叛战局中应是有其位置的，这可视为陈稜在大业年间又一次效命于隋炀帝，此后不久，他即“奉诏于江南营造战舰”[①]。

陈稜在南下途中，适遇山东农民起义军孟让的部队“至盱眙（今江苏盱眙）”，其“众十余万，据都梁宫，阻淮为固”[②]，逼压隋沿江重镇江都。此时，隋江都丞为王世充。王世充“羸师示弱，保都梁山为五栅，相持不战”[③]，意在骄孟让兵心而伺隙破之。陈稜军南下至彭城（今江苏徐州），面对“阻淮为固”的孟让军，“稜潜于下流而济，至江都，率兵袭让，破之”[④]。《隋书·王（世）充传》及《资治通鉴》卷一八五“隋炀帝大业十年（614）”条下，均称破孟让乃王世充伺隙战胜，但结合《隋书·陈稜传》记载来看，此事应属陈稜、王世充两军合力之事。盱眙县乃江都郡十六个属县之一，居江都郡江阳（今江苏扬州）之西北，都梁山乃盱眙境内之山，山有都梁宫，王世充“保都梁山为五栅”，是其已出军阻遏孟让，但因孟让军势强大，王只能“相持不战”以待战机；而自北南下之陈稜军，自淮河下流成功地渡河后“至江都，率兵袭让，破之”，则陈稜有合力王世充破孟让事无疑。而陈稜因此战，“以功进位光禄大夫，赐爵信安侯”[⑤]。是则司马温公编年有遗阙矣。

隋炀帝三征高丽结束，隋之江山亦大致呈崩解之势。炀帝“远之扬、越”[⑥]。大业十二年（616），炀帝留越王侗守洛阳，三下江都。此时，农民起义不仅已衍至大河南北，江南、岭南、关中、河南、淮南，所在具有。炀帝驻跸的江都，左有控扼海陵（今江苏泰州）的起义军李子通，右有屯兵六合（今江苏六合）的起义军杜伏威，上北则有游击于淮河之北的起义军左才相。此时，身在江都的陈稜已受命领宿卫禁旅，镇压起义。史载：“帝遣光禄大夫陈稜将宿卫精兵八千讨之，往往克捷。”[⑦] 陈稜越级“超拜右御卫将军，复渡

① 《隋书》卷六四《陈稜传》。
② 《资治通鉴》卷一八二“隋炀帝大业十年（614）”。
③ 《隋书》卷八五《王（世）充传》。
④ 《隋书》卷六四《陈稜传》。
⑤ 《隋书》卷六四《陈稜传》。
⑥ 《隋书》卷四《炀帝本纪（下）》。
⑦ 《资治通鉴》卷一八三“隋炀帝大业十二年（616）”。

清江，击宣城贼”[①]。九月，“东海（今江苏连云港市西南海州镇）杜扬州、沈觅敌等作乱，众至数万。右御卫将军陈稜击破之”。大业十三年，“庐江人张子路举兵反。遣右御卫将军陈稜讨平之”[②]。在隋王朝行将覆灭的大业末年，陈稜奋戈擐絜，频频征战，竭尽其力为暴君炀帝效忠，若以封建之私德而言，似是尽得风采；然就历史唯物主义的态度来说，在其功勋的辉光之下，无疑亦掩盖着农民义军战士的汩汩血流，掩盖着抗拒历史发展大势的反动。

大业十三年（618）正月，“右御卫将军陈稜讨杜伏威，伏威率众拒之”[③]，两军对垒，陈稜慑于义军强势，闭垒不战，“伏威遗以妇人服，书称陈姥，怒其军”[④]。此即陈稜有“陈姥”辱名之由来。史载，“稜怒、出战，伏威奋击”[⑤]，“稜军射中其额，伏威怒‘不杀汝，矢不拔！’遂驰入稜阵，大呼冲杀，众披靡，获所射将，使拔箭已，斩之，携其首入稜军示之，又杀数十人，遂大溃（稜军），稜走而免”[⑥]。大败后的陈稜亦自此大致退出了镇压义军战场。

隋恭帝义宁二年（618）三月，炀帝为其禁卫骁果所杀，“萧后与宫人撤漆床为小棺，与赵王杲（其子）同殡于（江都宫）西院流珠堂”。陈稜既未曾预谋江都兵变，亦未曾在炀帝身死之后而赴难。此后，江都变兵之首领宇文化及裹挟萧后等北返中原之后，陈稜受任江都太守，“以左（应为‘右’）御卫将军陈稜为江都太守，综领留事”[⑦]。陈稜莅任后，“求得炀帝之柩，取宇文化及所留辇辂鼓吹，粗备天子仪卫，改葬于江都宫吴公台（今江苏扬州市西北）下，其王公以下皆列瘗于帝茔之侧”[⑧]。史称，陈稜“衰杖送丧，恸感行路，论者义之”[⑨]。这是陈稜在隋王朝已实际灭亡之后，对隋炀帝的最后一次效忠。

入唐之后，还拥有一定实力的陈稜依然以隋江都太守名义占据江都，在王朝递嬗的历史转折关头，陈稜又一次选择了归正。武德二年四月，陈稜以江都之地降唐，唐高祖李渊“以稜为扬州总管”[⑩]。从开皇中，陈灭后归隋；到武德初，隋灭之后归唐，陈稜政治行为的一贯表现说明他是一个大一统秩

① 《隋书》卷六四《陈稜传》。
② 《隋书》卷四《炀帝本纪（下）》。
③ 《资治通鉴》卷一八三“隋炀帝大业十三年（617）”。
④ 《新唐书》卷九二《杜伏威传》。
⑤ 《资治通鉴》卷一八三“隋炀帝大业十三年（617）”。
⑥ 《新唐书》卷九二《杜伏威传》。
⑦ 《资治通鉴》卷一八五“唐高祖武德元年（618）”。
⑧ 《资治通鉴》卷一八五“唐高祖武德元年（618）”。
⑨ 《隋书》卷六四《陈稜传》。
⑩ 《资治通鉴》卷一八五“唐高祖武德二年（619）”。

序的维护者和响应者，而非乱世的枭雄。相较于他效命于大业末世，效忠于炀帝殁后，虽行迹有所不同，其实皆可归诸传统伦理政治文化的“忠义”谱中。

陈稜归唐后，沿长江下游一带，杜伏威据历阳，陈稜据江都，李子通据海陵，三方实力大抵相敌。但这种军事相对平衡局面，很快即由于李子通进军江都的行动而打破。江都被围，陈稜乞救兵于杜伏威及新占毗陵（今江苏常州）的沈法兴。杜、沈虽发援兵，但却由于在李子通离间计的作用下相互猜疑而“莫敢先进”①，李子通因此而得以打破江都。史称，“稜后为李子通所陷，奔杜伏威，伏威忌之，寻而见害”②。陈稜被杜伏威所杀事，两《唐书》之《杜伏威传》均不载。其见害之因，我以为除却义宁元年陈、杜两人交战而交恶之表层原因之外，两人出于不同之阵营当为其相“忌”而相残的深层原因。杜伏威起于草莽，拥众自雄于江淮之间以反隋，是反抗封建政权压迫和现存秩序之反抗者；陈稜食禄于隋廷，受命四出征战于江淮之地，入唐之后依然为新政权的扬州总管，是则陈稜当属维护现存秩序之镇压者。两人因政治阵营对立，虽隋廷已倒而积怨难释。则陈稜见“忌”而被害当属不免。如此论可立，则陈稜其人最终乃是以封建秩序维护者的面貌而结束其一生的。

（原载《安徽史学》1993 年第 4 期）

---

① 《资治通鉴》卷一八五“唐高祖武德二年（619）”。

② 《隋书》卷六四《陈稜传》。

耿询其人及其水运浑天仪与马上刻漏

班轮之云梯，墨翟之飞鸢，偃师之倡人，中国古代技术文明源远流长而传承不替，其发展至统一的秦汉王朝时期，总括路径、方法及至所涵盖的方面，可以说，业已形成其先进而独具特色的体系，其中与农业社会生产方式及社会经济发展密切相关的农、医、天、算四大部类尤为突出。此为再统一的隋王朝进一步发展中国古代的技术文明奠定了基础。

隋王朝因承传统，其天算学及其制作仪器的技艺发展，在开放的隋唐时代具有开放的历史内容，但究其根本，则依然是中国古代科学技术文明的发展。因此植根的深厚而更能“参踪班、尔”“多所改创”① 的卓越，有隋天算技艺的成就亦是公元6世纪末7世纪初东方技术发展史的代表。其中，皖人耿询在天象仪器及计时仪器制造方面有着突出的贡献。

一

耿询，字敦信，《隋书》本传阙载其生年，仅记曰：“宇文化及弑逆之后，从至黎阳，谓其妻曰：‘近观人事，远察天文，宇文必败，李氏当王，吾知所归矣。’询欲去之，为化及所杀。”仅明其卒年。于此，试钩稽说部并综合史事，补考耿询生年。《太平广记》卷一四六《定数一》辑引《大业拾遗记》载曰：“宇文化及篡逆，（耿）询为太史令。询知化及不识，谋欲归唐，事觉被害。时年六十

① 《隋书》卷六八《宇文恺阎毗何稠传》“史臣曰”。

五。”“宇文化及篡逆”，事在隋恭帝义宁二年，亦即隋炀帝大业十四年（618）。是年三月，隋炀帝第三次巡幸江都，阅一年又八个月。此时，中原板荡，瓦岗“李密据洛口，炀帝惧，留淮左，不敢还都”①。史臣所谓“炀帝魂褫气慑，望绝两京，谋窜身于江湖，袭永嘉之旧迹”而欲保据江东矣②。因此“南巡流连”③，随侍禁军骁果多为关中人，久客思归，遂推拥右屯卫将军宇文化及“以骁果作乱，入犯宫闱”④，弑隋炀帝，立秦王浩为帝。此所谓“宇文化及篡逆”事，亦即隋末江都兵变事件。江都兵变十余日后，宇文化及引兵北归。是年六月，宇文化及至黎阳，与李密对峙。七月，宇文“化及数战不利，……其将陈智略率岭南骁果万余人，张童儿率江东骁果数千人，皆叛归李密。化及尚有众二万，北走魏县。张恺等与其将陈伯谋去之，事觉，为化及所杀。腹心稍尽，兵势日蹙”⑤。综合以上，《隋书》本传所谓耿询近观人事，远察天文，谋欲去宇文化及而事觉被害之时，应在是年六七月间。

要之，耿询卒于宇文化及北归而黎阳战不利转趋魏县之际，卒年为隋恭帝义宁二年，亦即隋炀帝大业十四年（618）六七月间，《太平广记》辑引《大业拾遗记》记耿询卒年为65岁，以是逆推，耿询生年应当在萧梁即后梁元帝的承圣二年（553）。

耿询，《隋书》本传记：“丹阳人。”丹阳，亦作丹杨、丹扬，秦时置县，汉因之，县治所居今安徽当涂县东北小丹阳。《隋书》本传记耿询邑里，曰“丹阳人”，亦为唐初史家传记人物略称其籍贯而习用邑里旧号古称之例⑥。秦汉丹阳，古邑。司马迁《史记·楚世家》记楚开国元君曰：“熊绎当周武王之时，举文、武勤劳之后嗣，而封熊绎于楚蛮，封以子男之田，姓芈氏，居丹阳。”班固《汉书·地理志·丹扬郡·丹阳县》条下注：“楚之先世所封，十八世，文王徙郢。”班固目丹阳为“楚之先世所封”，是为丹阳楚之初都一说。故《隋书·地理志（下）》云：“丹阳旧京所在，人物本盛。”

耿询，《隋书》本传直云为“丹阳人”，全传不详其先世仕宦，或当为单族寒人。然非世族出身的耿询却生性幽默，富有才思，善于言表而技艺过人，本传称云：“滑稽辩给，伎巧绝人”。南朝末年陈后主叔宝世（583—589），

---

① 《隋书》卷八五《宇文化及传》。

② 《隋书》卷七〇《李密传》“史臣曰”。

③ 《新唐书》卷七〇《李密传》。

④ 《隋书》卷四《炀帝本纪（下）》。

⑤ 《隋书》卷八五《宇文化及传》。

⑥ 《史通》卷五《邑里》曰：“州郡则废置无恒，名目则古今各异。而作者为人立传，每云某所人也，其地皆取旧号，施之于今。”

耿询“以客随东衡州（治所今广东韶关）刺史王勇于岭南”[①]。客，亦即宾客、宾僚、幕宾、幕僚，长官属吏而无品级，执役服事之类。耿询，约当在而立之年前后以宾客随王勇赴岭南，传云：“勇卒，询不归，遂与诸越相结，皆得其欢心。”

陈人王勇，《陈书》并及《南史》均无传。《新唐书·任瓌传》记任瓌，于陈后主时，“试守灵溪令。迁衡州司马。都督王勇尽以州务属瓌。陈亡，瓌劝勇居岭外，立陈后辅之。勇不从，以地降隋。瓌弃官去。”又，《资治通鉴》卷一七七“隋文帝开皇十年（590）”亦记：“衡州司马任瓌劝都督王勇据岭南，求陈氏子孙，立以为帝；勇不能用，以所部来降，瓌弃官去。”衡州，萧梁置，陈改曰西衡州，治所今广东英德，比邻东衡州治所今广东韶关。综上，陈人王勇于陈后主世或有东、西衡州刺史、都督之调，其卒，应在隋平陈而岭南叛事渐起“以所部来降”归隋之后；尔后，耿询留居岭南（或即在东、西衡州一带）不返，且与当地少数民族相接而甚为融洽。

开皇九年，隋平陈。开皇十年末，旧陈故境，大抵皆反，岭南俚、越诸洞酋豪亦蜂起而结众反隋。史称：“番禺夷王仲宣反，岭南首领多应之，引兵围广州。”[②] 值此，耿询所在东、西衡州一带的郡俚推举耿询为主，汇入番禺俚帅王仲宣为首的岭南反隋战事。王勇归隋而卒，耿询为郡俚所推卷入反隋战事漩涡。

岭南俚、越诸洞酋豪反隋事，《隋书·裴矩传》记平陈后，开皇十年，裴矩“奉诏巡抚岭南，未行而高智慧、汪文进等相聚作乱，吴、越道闭。上难遣矩行，矩请速进，上许之。行至南康，得兵数千人。时俚帅王仲宣逼广州，遣其部将周师举围东衡州。矩与大将军鹿愿赴之，贼立九栅，屯大庾岭，共为声援。矩进击破之，贼惧，释东衡州，据原长岭。又击破之，遂斩师举，进军自南海援广州。仲宣惧而溃散”。耿询所在叛郡东、西衡州，地当广州门户，亦为隋岭南平叛焦点。裴矩、鹿愿破围东衡州，逆转岭南俚、越酋豪反隋叛势。《隋书》耿询本传略记耿询反隋行事，仅云：“会郡俚反叛，推询为主。柱国王世积讨擒之”云云，参稽上揭裴矩、鹿愿破围东衡州事，或可明：隋柱国将军王世积盖在隋军破围东衡州前后擒获耿询的。“郡俚反叛，推询为主”，耿询被擒之后，依律则“罪当诛。（耿询）自言有巧思，世积释之，以为家奴”。耿询“自言有巧思”，王世积或当试之。是则可明，耿询其人富巧思而能技巧是由来已久而有过人之处的。

综上可明，耿询生于梁末，籍贯丹阳，为单族寒人，至于陈后主世，盖

① 《隋书》卷七八《耿询传》。

② 《资治通鉴》卷一七七“隋文帝开皇十年（590）”。

当以“辩给”“伎巧”为资而入幕为客随王勇至于岭南东衡州。王勇卒，耿询结束其幕僚宾客生涯，滞留岭南东、西衡州而不返。隋统一，岭南形势不靖，耿询“遂与诸越相结，皆得其欢心”①。开皇十年末，江南乃至岭南，“陈之故境，大抵皆反”②。耿询遭际此朝代鼎革风云骤起之际，为郡俚所推而卷入岭南俚、越诸洞酋豪反隋战事，事败被俘，幸以“巧思”“技巧”获免。耿询为客而介于世务，为主而陷身反事，为政生涯短暂而无足称道。岭南叛败，约当不惑之年的耿询，以叛逆之主而被俘没为“家奴”之身归隋，自此由南之北而移居统一王朝的政治经济文化中心——长安城。

二

隋文帝开皇九年（589），隋统一南北，自此而开皇十年再定江南、岭南以迄于隋炀帝大业五年（609）的前后20年，统一的隋王朝在长江、黄河两大经济区相结合的基础上，发展极快而政治亦大体稳定。要之，南北统一、经济发展、社会稳定，为隋代因承传统发展其服务于农业社会、皇家政治、王朝军事的天算之学及其天文仪器的制作提供了具体的历史形势和条件。加之，平陈之际，隋文帝广事搜求南朝天算学人及其天文图籍与玄象仪器③，亦为隋代发展统一王朝的天、算之学及其仪器制作奠定了混融南学的基础。

耿询以“家奴”之身归隋，北徙居长安，本传云“久之”而相遇擅长天文玄象时值隋文帝开皇世太史局的“故人”高智宝。高智宝，《隋书》并及《南史》不载其传。《隋书·袁充传》记：隋“炀帝初即位，充及太史丞高智宝奏言”，云云。是则可明，开皇世当值太史局的高智宝至迟在大业初，已居太史丞一职。传云高智宝为耿询“故人”，推测高智宝亦当是由南入北的梁、陈人。其所当值的开皇世太史局，时隶秘书省，职掌天文历法等事。《隋书·百官志（下）·秘书省》条记：“太史曹，置令、丞二人，司历二人，监候四人。其历、天文、漏刻，视祲，各有博士及生员。”高智宝，南朝梁、陈人，隋世明习天文玄象之学的学人，亦耿询修习天文历算发蒙之师。《隋书》本传云：耿询遇之而“从之受天文历算”④。耿询应在开皇世，最早亦在开皇

① 《隋书》卷七八《耿询传》。

② 《资治通鉴》卷一七七“隋文帝开皇十年（590）”。

③ 《隋书》卷一九《天文志（上）》：“高祖平陈，得善天官者周坟，并得宋氏浑仪之器。……以坟为太史令。”又，《资治通鉴》卷一七七“隋文帝开皇九年（589）”四月条记：隋晋王杨广平陈班师，“献俘于太庙，陈叔宝及诸王侯将相并乘舆服御、天文图籍等依次行列”云。

④ 《隋书》卷七八《耿询传》。

十年（590）以后，方才逐步渐入天、算二学的。其天、算之学原出自高智宝，究其渊源应是南学的一脉。

耿询修习玄象，晓明历算学，亦通达星历占候，所谓学问与方术兼修之士。史云，耿询与隋世明晓玄象而“尤善占候算历之术”[①] 的卢太翼比肩而称名当世[②]。耿询渐入天、算科学，抑亦不脱传统术士占候风习，且有其钻研及著述。《隋书》本传载录耿询《鸟情占》一卷。鸟情占，亦名鸟占。斯术，根据鸟类之鸣叫、飞行等出没活动之情状以预测自然社会人事之变异吉凶祸福。鸟情占，是为人类上古时代常有的观念与习俗，亦为中华古代社会长期行用的杂占之一种。《山海经·西山经》有云：“有鸟焉，其状如翟而赤，名曰胜遇，见则其国有水。”借鸟占术以预测自然社会人事之变化，历代有之而衍及南朝与隋亦行之不弃。《隋书·五行志（下）·羽虫之孽》记萧梁大同元年（535）以至杨隋大业十三年（617），凡八十二年鸟情异而人事变者十一事。因是，世有鸟占之事在则必有鸟占之学兴。约略统计，《隋书·经籍志（三）》所著录，有《鸟情占》《鸟情逆占》《鸟情书》《鸟情杂占禽兽语》《占鸟情》《六情鸟音内秘》《风角鸟情》《黄帝飞鸟历》等鸟占书，凡十几种。耿询步武前人之余绪，予世人之所好而钻研鸟占之术，作《鸟情占》而行于世，大致反映出耿询科学的天算之学是夹杂着反科学的占卜之术一并展开的。

一般而言，隋代所有天算学人，大都具有学艺兼该、巧思能作而娴熟于机械制作的特征。耿询修习玄象，学术双兼而更能精于制作，“伎巧”绝人，堪称有隋一代技巧制作群体的杰出代表之一。史论“耿询浑仪，不差辰象之度”[③]。耿询机械制作精准，并且富有“创意”，首先是天象仪器浑天仪。

浑天仪，亦称浑象、浑仪，古代宫廷测量天体位置的天文仪器。耿询“创意”所造浑天仪的天象学理论依据，应是汉代以来逐步完善的浑天说[④]。如所周知，汉代论天有盖天、浑天、宣夜三说，三说所有思想渊源皆可溯至春秋战国时期。其浑天一说，是一种以地球为中心的宇宙理论，就当时的历史条件而言，这种天象理论，能够比较近似地说明天体的结构与运动，且在天体坐标、天文预测和计算方面有着明显的优势。因此经由汉代论天的辩难，

---

① 《隋书》卷七八《卢太翼传》。

② 《隋书》卷七八《庾季才传》云：“时有卢太翼、耿询，并以星历知名。”

③ 《隋书》卷七八《艺术列传》“史臣曰”。

④ 《隋书》卷一九《天文志（上）》：“汉末，杨子云难盖天八事，以通浑天。”又，杜石然等编著《中国科学技术史稿（上）》：“浑天说在西汉时期得到了很大发展，经落下闳、鲜于妄人、耿寿昌、杨雄等人的努力，它渐为人们所接受。”

至东汉张衡作《灵宪》《浑天仪说》而趋于系统和成熟。张衡解释天地形状与位置关系、天球和天体的运动方式的浑天说，大致如其后三国时期吴国天象学家王蕃的《浑天象说》总结其说所指出的：“前儒旧说，天地之体，状如鸟卵，天包地外，犹壳之裹黄也；周旋无端，其形浑浑然，故曰浑天也。周天三百六十五度五百八十九分度之百四十五，半覆地上，半在地下。其二端谓之南极、北极。”① 要之，“张衡是浑天说的集大成者”，其说“对后世产生了很大的影响”②。这是张衡在天象理论上对中国古代天文学的贡献。不仅如此，更重要的还在于张衡在前人制作基础上制作了精铜质地的水运浑仪。这个演示浑天思想的仪器，以漏壶漏水为动力，通过齿轮系传动使浑象每日均匀地绕轴旋转一周，以此近似地演示天象。《隋书·天文志（下）·浑天仪》条概记张衡浑天仪曰：东汉“桓帝延熹七年，太史令张衡更以铜制，以四分为一度，周天一丈四尺六寸一分。亦于密室中，以漏水转之。令司之者，闭户而唱之，以告灵台之观天者，璇玑所加，某星始见，某星已中，某星今没，皆如合符”云。这应即是耿询水运浑天仪的先声之作。

传云：耿询制作的浑天仪，“不假人力，以水转之”，其以匀速漏水为机械动力，以转动浑象来演示日月星辰的位置；其器作精良而测度精准，置于暗室，“使（高）智宝外候天时，合若符契”③，“不差辰象之度”④。因耿询水运浑天仪器作精良，富有创意，王世积奏于朝廷，隋文帝将耿询配为官奴，初给使太史局。耿询自此厕身隋廷专司天文的皇家职能机构，予官家“畴人”之列；后又赐隋文帝四子蜀王杨秀。尔后，杨秀出藩领镇益州（治所今四川成都），耿询即离开长安随侍王府于成都而甚得杨秀的亲信。隋文帝仁寿二年（602），杨秀因罪被废，“与相连坐者百余人”⑤，耿询复当其祸。“当诛，何稠言于高祖曰：‘耿询之巧，思若有神，臣诚为朝廷惜之。’上于是特原其罪”⑥。何稠，史论“巧思过人”⑦，隋代三大工程制作家之一，何耿或有交往而何稠知耿询“伎巧”，故惺惺相惜为其陈情。耿询再次豁免，亦在于技巧。

耿询开释之后，当返归长安给事太史局，继续其服务于皇家宫廷的技巧制作，主要是计时器，类型大致有移动与定位使用两种。首先，是在隋文帝

① 《晋书》卷一一《天文志（上）》。

② 杜石然等编著：《中国科学技术史稿（上）》，科学出版社 1985 年版。

③ 《隋书》卷七八《耿询传》。

④ 《隋书》卷七八《艺术列传》“史臣曰”。

⑤ 《隋书》卷四五《文四子·杨秀传》。

⑥ 《隋书》卷七八《耿询传》。

⑦ 《隋书》卷六八《宇文恺阎毗何稠列传》“史臣曰”。

仁寿年间制作的马上刻漏，史称：思妙伎巧，行用于世。刻漏，“制器取则，以分昼夜”①，古代计时器具。马上刻漏，皇帝行舆移动时所用。耿询在隋文帝仁寿年间制作的马上刻漏，至隋炀帝大业世有进一步完善与改进的制作。《隋书·天文志（上）》记：“大业初，耿询作古欹器，以漏水注之，献于炀帝。帝善之，因令与宇文恺，依后魏道士李兰所修道家上法漏器，制作称水漏器，以充行从。”大业初，耿询会同宇文恺取法古制（“古欹器”）而融汇道家计时漏器以“制作称水漏器，以充行从”之用的计时器，应是仁寿时制作的供行舆移动所用的马上刻漏的改进仪器。“这种称漏后来在唐代曾风行一时”②，此其一。其二，为东都乾阳殿前鼓下作定位候影分箭上水方器，以计时司辰。耿询所制作候影分箭上水方器，应系开皇世袁充所作晷影漏刻一类计时器的改进。史称：“开皇十四年，鄜州司马袁充上晷影漏刻。充以短影平仪，均布十二辰，随日影所指辰刻，以验漏水之节。”然“袁充素不晓浑天黄道去极之数，苟役私智，变改旧章。其于施用，未为精密”③。最后，《隋书·天文志（上）》于耿询作候影分箭上水方器下，复记耿询“又作马上刻漏，以从行辨时刻”。此“又作”，系于耿询大业世所作称水漏器之下，应为其马上刻漏的又一次改作无疑。史称：器作精良，隋炀“帝善之，放为良民。岁余，授右尚方署监事”④。右尚方署，大业世分隶于少府监，给使制作。右尚方署监事官小职微，《隋书·百官志》不载其官品阶次。但是，值得指出的是，入隋约十五年（590—605）的耿询，至此免奴放良，改变身份，给使皇家制作，应是一个身份的很大改变。

大业七年（611），隋炀帝发动大业朝对高丽的首次战争。此时，隋廷上下舆论一律，皆以为高丽可征。但是，身为右尚方署监事而职在技巧制作的耿询则越位上书“曰：‘辽东不可伐，师必无功。’”隋炀帝以沮师罪，“命左右斩之。何稠苦谏得免”。此后，隋炀帝兵败辽东，“以询言为中，以询守太史丞”⑤。太史丞，亦隋廷秘书省太史局副贰，专司天文历算的官员。

大业十二年（616），隋炀帝三巡江都，耿询随侍行舆。义宁二年（618）三月，江都禁军发动兵变，宇文化及杀隋炀帝。六月，宇文化及北归，耿询被裹结随行；从至黎阳，宇文化及兵败受挫，转趋魏县，耿询试图脱离宇文化及，为宇文化及所杀，时年65岁。一代杰出的技艺制作家，辗转颠沛，最

---

① 《隋书》卷一九《天文志（上）》。

② 白寿彝总主编、陈崇光主编：《中国通史·中古时代·隋唐时期（下）》，人民出版社1997年版。

③ 《隋书》卷一九《天文志（上）》。

④ 《隋书》卷七八《耿询传》。

⑤ 《隋书》卷七八《耿询传》。

后身没于乱世。《太平广记》辑引《大业拾遗记》载曰："宇文化及篡逆，(耿) 询为太史令。"是则，耿询是否在隋炀帝三下江都、抑或宇文化及篡逆时已职任秘书省太史局太史令①，抑未可确知。

隋唐时期，中国古代科学技术的重要组成部分——天、算之学的发展，"无论是从天文历法、天文星占，还是从天象观测、天文仪器看，隋唐时期都表现出它的成熟"，都"进一步强化了东方天文学体系，展现了中国古代天文学走向成熟的风貌"②。厕身《隋书·艺术列传》的隋代皖人耿询，出身卑微，思若有神而技巧绝人，陈亡而卷入岭南俚、越诸洞酋豪反隋叛事，事败入隋而"家奴""官奴"，进而免奴放良给使皇家制作，历官监事、丞，抑或令，奉事职掌天文历算而渐至一代通显"畴人"之列；所制作水运浑天仪，测度精准，"合如符契"而"不差辰象之度"；所制作移动、定位计时器，思妙而伎巧，为世所称用，且影响及于后世，这对于推进侧重实际观察而逐步开显其成熟面貌的隋唐时期的中国古代天文学体系来说，是不失其重要位置的。

（未刊稿）

① 《隋书》卷二八《百官志（下）》记，大业世秘书省"改太史局为监，进令阶为从五品，……其后，又改监、少监为令、少令"。

② 白寿彝总主编、陈崇光主编：《中国通史·中古时代·隋唐时期（下）》，人民出版社 1997 年版。

隋末安徽农民起义简论

大业五年，隋臻于极盛，而后对外军事乃起，“六军不息，百役繁兴”，终于引发了隋末农民大起义。隋末安徽农民起义，既是继魏晋南北朝之后的安徽农民起义又一高潮，亦是隋末农民大起义的一个重要组成部分。义军蝟毛而起，遍及长淮南北、江淮之间及江南州县，具有自发性、广泛性特点；其中，淮河南北、江淮之间是重点区域。此与隋末两淮力役、兵役繁重而经济破败、民生不安关联甚紧①，突出反映隋末农民战争反徭役特点。隋末安徽农民起义，所有各部义军，或屯聚保守，或流动作战；或因大势而归依中原瓦岗义军，或就地汇入转战江淮的杜、辅客军，与反隋主力合势，具有推翻暴隋以调整封建生产关系的历史作用。

隋王朝国祚短促，前后凡 38 年。但作为一个统一的封建王朝，隋在大业五年以前，大体是政治稳定、经济发展，统一、稳定、发展，是隋王朝大业五年前的历史基调。但封建社会固有的土地问题及由此而产生的阶级矛盾亦伴行其间。处在封建盛期的隋朝，地主阶级和农民阶级二者关系状态主要根据土地实际占有情况，以及封建国家徭役政策的变化而不断演变。开皇均田，以轻赋减征而浮客悉自归于编户，平陈后亦推行于南方，加之给复十年且益宽徭赋，由此隋代自耕农扩大，农民土地问题缓和，政治稳定，社会经济发展。但均田只是缓和而未能根本解决南北朝以来土地集中于地主阶级手中的问题。不仅土地集中这个痼疾未能解决，而徭役之重却不可避免地加深了阶级矛盾之

① 《隋书》卷七〇《杨玄感传》记：隋末“加以转输不息，徭役无期，士卒填沟壑，骸骨蔽原野。黄河以北，则千里无烟，江淮之间，则鞠为茂草。”

发展。如所周知，隋代虽有开皇十年“输庸停防”之令，但西京之建、离宫之构、山陵之营，乃至水利、长城之役及防边军事转输之调[①]，频举而役重。役重劳民，民不安生，则阶级矛盾加剧势必生发阶级斗争。

轻税重役，为隋代封建剥削之基本特征。此始于开皇，极度发展于大业，尤其是大业五年以后，主要是以高丽战争为轴心的兵役、劳役。《隋书·食货志（序）》曰：“长城御河，不计于人力，运驴武马，指期于百姓，天下死于役而家伤于财。既而一讨浑廷，三驾辽左，天子亲伐，师兵大举，飞粮挽秣，水陆交至。疆场之所倾败，劳敝之所殂殒，虽复太半不归，而每年兴发，比屋良家之子，多赴于边陲，分离哭泣之声，连响于州县。老弱耕稼，不足以救饥馁，妇女纺绩，不足以赡资装。”隋大业世征役之重，大体在大业五年以后。但大业四年为运兵辽东开永济渠时，已经显出：“四年，发河北诸郡百余万众，引沁水，南通于河，北达涿郡。自是以丁男不供，始以妇人从役。”[②]这就是说，大业四年以下隋炀帝妇女奴婢部曲不课之令，自此取消，原因不是隋炀帝不怜妇人，而是“丁男不供”。就是在这样一种国家人力资源与封建专制意志严重对立的基础上，隋炀帝发动了战斗之士1133800，而馈运者倍之的远征高丽之战。因此，在战争总动员的大业七年年末，史称：“于时辽东战士及馈运者填咽于道，昼夜不绝，苦役者始为群盗。”[③]“六军不息，百役繁兴，行者不归”[④]，隋末农民大起义，随即在“无向辽东浪死歌”的反抗力役、兵役的呐喊声中揭竿而起。隋末安徽农民起义，也是在隋末“转输不息，徭役无期，……江淮之间，则鞠为茂草”[⑤]的民生凋敝的情形下展开的。

隋末安徽农民起义，先后有淮南张起绪，亳州朱粲，谯郡张迁、白社与黑社及方（房）献（宪）伯，濠州马簿、杨益德，庐江张子路与李通德及宣城义军，宣城梅知岩，泾县左难当，上江吴綦子，舒州殷恭邃，歙州汪华，以及山东南下江淮的客军杜伏威与辅公祏。隋末安徽农民起事之后，因形因

---

① 开皇二年，营建新都大兴城；开皇十三年，营建仁寿宫，“役使严急，丁夫多死。死者以万计”（《隋书》卷二四《食货志》）。仁寿二年，修独孤皇后山陵。又其水利、长城之役，防边转输之征：凡开皇四年，开广通渠；开皇五年于朔方、灵武修筑长城，“诸州调物，每岁河南自潼关，河北自蒲坂，输长安者相属于路，昼夜不绝者数月”。开皇六年，“发丁十五万，于朔方以东，缘边险要，筑数十城”（《资治通鉴》卷一七六“陈后主至德三年、四年”）。开皇七年，开山阳渎。是开皇六年之前，隋防边转输征役大体亦重。《隋书》卷二四《食货志》概记：“是时突厥犯塞，吐谷浑寇边，军旅数起，转输劳敝。”

② 《隋书》卷二四《食货志》。

③ 《隋书》卷三《炀帝本纪（上）》。

④ 《隋书》卷四《炀帝本纪（下）》。

⑤ 《隋书》卷七〇《杨玄感传》

势或屯聚保守控扼一方，或流动作战剽掠州郡；规模大则跨州连郡，小则千百成群，强弱不一，故起事之后或称王称帝，或称总管，或称刺史，或逸出当时封建体制而署称别号；论其归宿，则或散或合或附降或被杀，命运不一，但均不同程度对推翻暴隋作出了贡献。

淮南张起绪。大业十一年（615）七月，淮南人张起绪举兵反隋。《隋书·炀帝本纪（下）》记："淮南人张起绪举兵为盗，众至三万。"淮南，淮水以南江淮之间方位地理之称谓。张起绪军初起，即为当时淮左独立于杜伏威、辅公祏江淮义军之外且势力影响较大之一军。《隋纪》以及《通鉴》阙记张起绪军结局，盖旋起旋散消失于隋末农民大起义聚合不定的形势之中。

亳州朱粲。朱粲，亳州城父（今安徽亳州市）人，初为县吏，大业末应征从军，被遣往山东参加平定农民起义军。然朱粲"亡命去为贼"，起事反隋，别号"可达寒贼"，自称"伽楼罗王"，拥众至10万。此后渡淮水、转战于山南，自号楚帝。大业十三年（617），中原瓦岗军迭破隋兴洛、洛口、黎阳三仓，朱粲归附瓦岗，瓦岗李密"以粲为扬州总管、邓公"。武德元年（618）五月，唐山南抚慰使马元规大破朱粲。朱粲败后收兵复起，集众至20万。八月，朱粲归附隋，隋东都皇泰主"以粲为楚王"。朱粲名归东都之后，仍领众20万转战汉水、淮水之间，以流动破袭、不攻坚不守城为主要作战方式。武德二年初，淮安土豪武装杨士林等于淮源（《通鉴》此条胡注引《水经注》曰："淮水出平氏县桐柏大复山，山南有淮源庙。"平氏县，今河南桐柏县西北平氏）击破朱粲；武德二年闰二月，朱粲归附唐朝。唐高祖"诏以粲为楚王，听自置官属，以便宜从事"，实则羁縻以观望之，故"遣前御史大夫段确使于朱粲"；四月，朱粲杀唐使段确，举兵转附东都王世充，"世充以为龙骧大将军"。武德四年四月，唐平定东都，收王世充之党，朱粲予列，被杀于洛水之上①。

濠州马簿、杨益德。《新唐书·濠州锺离郡·招义县》条记："招义，本化明（今安徽明光市），武德二年析置睢陵县，三年更化明曰招义，四年省睢陵。大业末，县民马簿盗据，号化州。后杨益德杀簿，自号刺史，又置济阴县，是年来降。"杨益德杀马簿归唐，应在唐武德三年化明更名招义之年。濠州化明马簿、杨益德义军前后据化明，时间约五六年，范围当以化明为中心。

谯郡张迁、白社与黑社及方（房）献（宪）伯。谯郡，大业年间改亳州建，治所谯（今安徽亳州市）。谯郡张迁、白社与黑社及方（房）献（宪）

① 此段文献，分见《新唐书·朱粲传》及《资治通鉴》相关卷次。又，《资治通鉴》卷一八二"隋炀帝大业十一年（615）"系朱粲起事于是年十一月条下。

伯，盖起事于大业末年。大业十三年初，瓦岗军李密袭占隋兴洛仓之后，再破东都刘仁恭而振起中州，于时，隋末农民起义发生由分散趋于联合的趋势变化：济阴房献伯、谯郡张迁、谯郡白社、黑社“等皆归密。密悉拜官爵，使各领其众，置百营簿以领之”①。谯郡张迁及别号称白社、黑社的农民义军于此归瓦岗，隶在百营，所部不散②。关于济阴房献伯。济阴郡，大业年间改曹州建，治所济阴（今山东曹县西北）。史称济阴房献伯归瓦岗，仅见《资治通鉴》卷一八三“隋恭帝义宁元年（617）”，即大业十三年二月条记。而《旧唐书·李密传》载李密“移书郡县檄”称各路义军会集瓦岗则曰：“方献伯以谯郡来，各拥数万之兵，俱期牧野之会。”《隋书·炀帝本纪（下）》大业十三年四月条亦记：“贼帅房献伯陷汝阴郡。”再则，王永兴辑编《隋末农民战争史料汇编·翟让李密领导的农民起义》引《太平寰宇记·河南道·颍州》记：“废信州城，在（汝阴）县西北十五里，隋大业十四年，郡城为贼房献伯所陷。”复引《太平寰宇记·河南道·亳州》记：“永城县，故城在县东北三里，……大业十二年，为贼房献伯所破，因废。”复引《太平寰宇记·淮南道·寿州·霍丘县》：“废期思县，在县北八十里，……大业十三年，狂贼房献伯攻破县，因此遂废。”再则，《旧唐书·地理志·陈州》条记：“隋淮阳郡。武德元年，讨平房宪伯，改为陈州。”综上，《隋纪》《通鉴》和《太平寰宇记》“房献伯”，以及《旧唐书·地理志》“房宪伯”，盖即《旧唐书·李密传》载“移书郡县檄”所记的“方献伯”。方与房、献与宪同音，传写或讹。据上述或可指出：方（房）献（宪）伯义军，至迟在大业十二年即已战于淮北；及至大业十三年则“以谯郡”所占归瓦岗，“拥数万之兵”，势力较大；大业十四年破信州（唐初置信州，治汝阴，今安徽阜阳市），武德元年被平于陈州，旧史诬称“狂贼”，足以说明方（房）献（宪）伯所部义军打击封建秩序的战斗力。《通鉴》记方（房）献（宪）伯，曰济阴房献伯，所出阙如。综合上揭《旧唐书·李密传》“移书郡县檄”记“方献伯以谯郡来”，并及《隋纪》《旧唐书·地理志》及《太平寰宇记》各条所记方（房）献（宪）伯转战两淮事，方（房）献（宪）伯盖为隋末以谯郡为活动中心的淮北农民起义军。

庐江张子路与李通德。大业十三年三月，庐江（郡治合肥县，今安徽合

① 《资治通鉴》卷一八三“隋恭帝义宁元年（617）”。

② 黑社、白社为义军别号。《资治通鉴》卷一八三“隋恭帝义宁元年（617）”二月条胡注曰：“黑社、白社，盖贼之号，非人姓名也。”《新唐书·亳州谯郡·鹿邑县》条记：“大业十三年，县民田黑社盗据，号涡州。武德三年来降，复为县。”是则，谯郡别号称黑社之义军领袖为田姓，起事据鹿邑，称涡州；所部，初归瓦岗后归于唐。

肥市）人张子路起事。时在江都离宫的隋炀帝，“遣右御卫将军陈稜讨平之”①。《隋书·陈稜传》记：“后帝幸江都，俄而李子通据海陵，左才相掠淮北，杜伏威屯六合，众各数万。帝遣稜率宿卫兵讨之，往往克捷。超拜右御卫将军。复渡清江，击宣城贼。”《资治通鉴》“隋炀帝大业十二年（616）”七月条记：“是时李子通据海陵，左才相掠淮北，杜伏威屯六合，众各数万；帝遣光禄大夫陈稜将宿卫兵八千讨之，往往克捷。”大业十三年三月，又有李通德义军10万，进击庐江，再起皖中农民战争高潮，隋“左屯卫将军张镇州击破之”②。张镇州，同安（治怀宁，今安徽潜山县）人。

宣城梅知岩。宣城，隋平陈后建，大业年间为宣城郡治所（今安徽宣城市)。《新唐书·高祖本纪》曰：“梅知岩据宣城”，署别号，“往往屯聚山泽”。梅知岩所领农民军盖以保据山寨少其流动为反抗隋政的斗争特点，其活动少见记载，但延续时间较长，至武德六年（623）归降唐朝。

泾县左难当。泾县，隋平陈后建，大业年间宣城郡辖县之一。《新唐书·高祖本纪》曰：“左难当据泾”，“号总管”。泾县左难当为当时皖南农民义军影响较大的一支，其活动少见记载，武德六年（623）归唐，唐朝就地授刺史予以战时羁縻。《资治通鉴》“唐太宗贞观元年（627）”元月条综记曰：“初，隋末丧乱，豪杰并起，拥众据地，自相雄长；唐兴，相帅来归，上皇为之割地置州县以宠禄之，由是州县之数，倍于开皇、大业之间。”左难当据泾归唐，权授刺史，即此李唐恢复统一秩序战略策略的产物。《资治通鉴》“唐高祖武德七年（624）”二月条记曰：江淮辅公祏再次起事反唐后，“遣兵围猷州，刺史左难当婴城自守。”《通鉴》此条胡注引宋白曰：“宣州泾县，唐武德二年置南徐州于此，其年改为猷州。”隋宣城郡辖县泾县，武德二年改为猷州；是则可明，至武德六年，左难当归唐所授刺史即猷州刺史。

上江吴綦子。上江，区位名，安徽沿江旧时别称，对长江以东今江苏而言。《隋书·刘子翊传》记，大业十二年，刘子翊随隋炀帝从幸江都，为丹阳留守，“寻遣于上江督运，为贼吴綦子所虏。子翊说之”，吴子綦归服；而后，刘子翊受命带“领首贼清江”，吴子綦即在刘子翊指挥下转为隋沿江清乱之军。义宁二年（618）三月，隋炀帝在江都被杀，隋亡。吴子綦等“欲请以为主，子翊不从。群贼执子翊至临川（治今江西抚州市）城下，使告城中，云‘帝已崩’。子翊反其言，于是见害”。综上所揭，隋末上江吴子綦，盖为起事于隋末的安徽沿江船民，其活动范围大致在今江苏、安徽、江西沿江一线。

---

① 《隋书》卷四《炀帝本纪（下）》。

② 《隋书》卷四《炀帝本纪（下）》。

舒州殷恭邃。舒州，唐武德四年（621）改隋大业年间同安郡置，大业年间同安郡旧治怀宁（今安徽潜山县）。《新唐书·高祖本纪》曰：“殷恭邃据舒州”，称别号，“往往屯聚山泽”。殷恭邃农民义军活动少见记载，范围大致不出今皖西山区。起于隋末，至武德五年归降唐朝，《资治通鉴》“唐高祖武德五年（622）”记：“同安贼帅殷恭邃以舒州来降。”

歙州汪华。歙州，隋平陈后建，治所休宁（今安徽休宁县）；大业年间改州曰郡，更名新安郡。《新唐书·高祖本纪》曰：“汪华起新安，杜伏威起淮南，皆号吴王。”汪华起于皖南山区歙州，控有黟、歙等六州之地，拥有部众一万，称吴王10余年，影响东南，为皖南最大的义军。直至唐武德四年，汪华所部的甲兵仍甚锐。史记汪华据新安洞口（《通鉴》此条胡注：“新安洞口即歙州隘道之口”），为杜伏威部骁将王雄诞击破，汪华兵败归唐，唐朝就地赐封，亦所谓绥靖策略“割地置州县以宠禄之”。《全唐文·封汪华越公制》记曰：“汪华往因离乱，保据州乡，镇静一隅，以待宁晏。识机慕化，远送款诚，宜从褒宠，授以方牧。可使持节总管歙、宣、杭、睦、婺、饶等六州诸军事，歙州刺史，上柱国。封越国公，食邑三千户。”汪华归唐，使持节总管六州诸军事，刺歙州，封爵国公，食邑三千户。

杜伏威、辅公祏转战江淮。杜伏威，齐州章丘（今山东章丘西北水寨）人；辅公祏，齐州临济（今山东章丘西北临济村）人。杜、辅为客军转战江淮而对隋末安徽农民起义形势发生重大影响者。大业九年（613），杜、辅起事于长白山（今山东邹平县西南会仙山），十一年冬，杜、辅与隋虎牙郎将来整战于江淮间黄花轮一带，败而复起，“收兵得二万人，自称将军”。大业十三年初，隋炀帝诏令陈稜讨杜、辅，杜、辅大破之，“稜仅以身免”，杜、辅乘胜破袭高邮（今江苏高邮市），“引兵据历阳，自称总管，分遣诸将略属县，所至辄下，江淮间小盗争来附之。”杜、辅联合江淮间各小股农民义军，杜伏威自为总管，以辅公祏为长史，建立起以历阳（今安徽和县）为中心的农民战争军事政权。由此，隋末安徽农民起义达到高潮。

武德元年八月，江都宇文化及杀隋炀帝后北上，以杜伏威为历阳太守。杜伏威不受，遣使归名东都，东都皇泰主隋炀帝孙杨侗，即以杜伏威为东南道大总管、楚王。此后至于武德二年九月一年有余时间之内，杜、辅控历阳，陈稜据江都，李子通据海陵，鼎足而三，“俱有窥江表之心”而相与为战，“更相灭”；之后，李子通攻占江都，军势盛于一时。武德二年九月，杜伏威势蹙归唐，唐朝以杜伏威为东南道行台尚书令，淮南安抚大使、和州总管，楚王。武德三年六月，唐朝晋杜伏威为使持节、总管江、淮以南诸军事、扬州刺史，淮南道安抚大使，晋封吴王；以辅公祏为行台左仆射，舒国公。是年十二月，杜、辅军渡江，大破李子通；李子通被迫退保京口，“江西之地尽入于伏威，伏威徙据丹阳”。武德四年十一月，杜伏威部王雄诞于独松岭（居今浙江安吉县东南。《通鉴》此条胡注：“自宣州广德县东南过独松岭至湖州，岭路险狭。”）击溃李子通，子通退保杭州，复败而请降，“伏威执子通并其左仆射乐伯通送长安”。王雄诞回军歙州，于新安洞口击平汪华，复东进昆山说降闻人遂安。“于是伏威尽有淮南、江东之地，南至岭，东距海”。至此，杜、辅江淮农民义军臻于极盛。武德五年七月，唐李世民击破徐圆朗，连下10余城，唐军“声振淮、泗，杜伏威惧，请入朝”。至此，由归唐而入朝，杜伏威最终结束其揭竿而起反抗暴政的历史，江淮间东部农民战争亦转入低潮阶段。

杜伏威入朝，辅公祏留守丹阳。辅公祏历经近一年的准备时间，于武德六年七月，举兵反唐。江淮农民战争风云复起。辅公祏称宋帝于丹阳，联合张善安，渡江北出，攻寿阳（今安徽寿县）、海州（今江苏连云港市）。唐调集湖北、两广、河南、山东各军，南由九江、宣城，北由淮、泗合围辅公祏。十一月，唐舒州总管张镇周于猷州（今安徽泾县）黄沙破辅公祏一军。武德六年二月，唐赵郡王李孝恭攻占辅公祏鹊头镇（居今安徽南陵县）。是月，杜伏威在长安去世。三月，李孝恭复于芜湖破辅公祏，占梁山等三镇，辅公祏皖南战事失利。唐安抚使任瓌攻占扬州，逼丹阳。辅公祏陈舟师三万于当涂博望山，屯步骑三万于青林山（《通鉴》此条胡注引《水经注》曰：“湖水出庐江郡之东陵乡，《禹贡》所谓‘过九江至于东陵’者也。西南流，水积为湖，湖西有青林山。又今当涂县东南有青山。”青林山，居今安徽当涂县东南），严阵待战。唐军李孝恭、李靖率领舟师驻舒州（治今安徽怀宁县），李世勣引兵一万，渡淮水，攻占寿阳，驻军硖石山（今安徽凤台县、寿县之间淮河两岸。六朝时即依山筑有城戍，以为淮南屏障）。唐军集结各部进逼辅公祏义军军垒，以羸兵挑垒，精兵与战，辅公祏“博望、青林两戍皆溃，……杀伤及溺死者万余人”。辅公祏被迫弃丹阳东走而转战常州、湖州，最终至武康（今浙江德清县）被执，于丹阳遇害。至此，继河南瓦岗军（武德元年）、河北窦建德军（武德四年）之后，江淮再起之农民战争亦归于失败①。

隋末安徽农民起义，至武德六年辅公祏兵败被杀大致宣告结束。但风云

---

① 本节文献，分见《隋书》卷四《炀帝本纪（下）》、卷六四《陈稜传》，新、旧两《唐书》之《高祖本纪》，以及杜伏威、辅公祏、李孝恭、李靖、李勣、李大亮、张善安、李百药等传，并及《资治通鉴》相关卷次。

迭起，在时间上贯穿隋末农民大起义前后，在地域上则遍及长淮南北、江淮之间及江南州县，并与隋末瓦岗、河北、江淮三大主力义军之瓦岗、江淮两部合势，为魏晋南北朝以来安徽农民起义另一高潮，隋末农民大起义重要组成部分。以反徭役为特征的这场农民大起义，对于动摇并改造隋末役重劳民而生产力受到严重破坏的暴政，以及由此局部调整封建生产关系，打击世家门阀及其庄园经济，仍不乏历史推动作用。

（原载《安徽史学》2007 年第 5 期）

唐代长安佛教寺院壁画

佛教的艺术是以具有审美价值的艺术语言来反映社会存在的文化形态。对它的考察，我们不仅应该获得直观的审美愉悦，也应该在理性思索中获得一般社会史的认识。艺术是一种社会现象，“超脱”而夸诞的佛教艺术最终总是一定的社会精神的曲折反映，它的根源“不在天上，而在人间”①。

本文拟从艺术发展及其对社会发展的反映角度来看看唐代长安佛教寺院画的创作情况，其考察的对象是附着于具有中国建筑特点的寺院之壁的佛教艺术类型，其范围不仅仅是政治的，而且是文化的、社会的。

一

唐代是中国佛教鼎盛发展的历史阶段，他的显著特征之一是中国化宗派的繁荣发展。“寺塔遍于九洲，僧尼溢于三辅”②。长安是其最大的发展中心之一。佛教诸宗派多聚于此弘法阐教，三论宗以草堂寺为祖庭，法相宗以慈恩寺为祖庭，净土宗以香积寺为祖庭，律宗以净业寺为祖庭，密宗以大兴善寺为祖庭。长安佛寺承杨隋遗绪，一时呈“寺宇相望之势”③。据韦述开元年间所撰《两京新记》统计，长安城有僧寺六十四、尼寺二十七，合为九十一所。开元后长安佛教寺院当续有所造，清人徐松撰《两京城坊考》钩沉索隐复考长安佛寺，记有僧寺八十一、尼寺二十

① 《马克思恩格斯全集》第二十七卷，第436页。

② 法琳：《破邪论》。

③ 《唐大诏令集》卷一一三《断书经及铸像》。

八，合为一百零九所。此考虽不能说已尽网罗无遗，但这个数字已经告诉我们，一百余坊的唐代长安城已经是坊坊有寺了。

唐代长安城佛教寺院制度宏大，营建奢华，是中国都市型佛教寺院的典型代表。史载其大荐福寺占开化坊“半以南”，大庄严寺占永阳坊“半以东”，大慈恩寺占晋昌坊“半以东”，大兴善寺占靖善坊一坊之地[①]。规模宏大的长安佛寺营建修葺多出于皇家之手，故奢华富丽也多过于往代。试以大慈恩寺为例，此寺为“暎带林泉，务尽形胜”[②]，“虹梁耸天藻井，丹青云气，琼础铜沓，金环花铺，并加殊丽”[③]；寺内浮屠“塔寺如涌出，……突兀压神州，峥嵘如鬼工”[④]。规模弘敞、营建奢华的长安城佛寺体现了唐代佛教发展的盛势和教权尊严的内容，但究其本质则是一种对唐代封建经济发展和封建皇权尊严等社会史内容的反映。中国的宗教无论是舶来的，抑或是土造的，在大一统政治下都是封建皇权的依附品。

规模宏大，殿、堂、廊、院群落布局的长安佛教寺院是其壁画的寄身之所。长安城佛教寺院壁画的创作盛况空前，史称“寺宇招提，莫知纪极，皆云繢藻饰，僭儗宫居”[⑤]；“今之伽蓝，制过宫阙，穷奢极壮，画绘尽工”[⑥]；“穷绘事之笔精，选朝英之偈赞”[⑦]。盛大发展的长安佛教寺院壁画对当时的社会影响甚巨，至有国家成文法以壁画代指佛寺者，《唐大诏令集》卷一一三《拆寺制》文曰：“驱游惰不业之徒，已踰百万，废丹雘无用之屋，何啻亿千。”这里的“丹雘之屋”即是指那画绘尽工带有壁画的寺院。唐人张彦远所撰画史名著《历代名画记》也特辟《两京外州寺观壁画》一章以载其盛。佛教寺院壁画随印度佛教东渐而兴，大约在东汉末年中国佛教寺院壁画创作已开其端倪。唐代的创作尽管不是历史首创，然而却在特定的历史条件下步入了这一创作样式的巅峰，长安的创作则是这一巅峰样式的重要代表之一。张彦远《历代名画记》录有三十八寺，朱景玄《唐朝名画录》所录，除互见外尚补有两寺，段成寺《寺塔记》又补录三寺。上述三书是记载唐代长安佛教寺院壁画创作情况的主要画史著述，共录有四十三寺数百条壁画创作。

唐代长安佛教寺院壁画在作品类型上，大致可分为宗教类和非宗教类两

① 《两京城坊考》卷三。

② 《全唐文》卷一《高宗·为文德皇后荐福令》。

③ 《全唐文》卷一一《高宗·建大慈恩寺令》。

④ 《全唐诗》卷一九八《岑参·与高适薛据登慈恩寺浮图》。

⑤ 《唐大诏令集》卷一一三《拆寺制》。

⑥ 《旧唐书》卷八九《狄仁杰传》。

⑦ 颜真卿：《千福寺多宝塔感应碑文》。

大支。前者以释仪像和诸经变为创作主体，释仪像主要有佛、释天、梵天、帝释、普贤菩萨、文殊师利菩萨、罗汉、天王、释梵天女、乐天等等。经变画是长安佛教寺院壁画创作的大宗，计有本行经变、涅槃变、降魔变、地狱变、法华太子变、净土变、维摩诘变、西方变、大悲度变等等。

宗教类释仪像画是中国佛教寺院壁画创作的一个传统题材，它主要是塑造佛教教主、诸佛，以及各色护法神的形象。造型上突出地刻画出宗教的灵异，洋溢着对佛教法力的膜拜。所谓“金容掩色，不境三千之光；丽象开图，空端四八之相”①，是此类创作的宗教性规则。但这种宗教性规则并没有超脱世俗社会等级观念和伦理观念的影响，佛的“三十二相，八十种好，皆具而慈悲威重，有巍巍天人师之容”②。其护法诸神，则“七宝庄严衣甲，左手持戟矟，右手托腰上。其神脚下作二夜叉鬼，并作黑色。其毗沙门天王作甚可畏形，恶眼视一切鬼神势”③，呈现一副“倚天长剑横诸神，慈悲示物虽凛凛”④ 的“甚奇猛”⑤ 之势。佛教仪像画中这种或慈悲端严，或威赫逼人的两面像，实际上亦正是世俗社会那些“恩威并施”的封建统治者形象的一种宗教性的折射。

宗教类经变画主要是将晦涩深奥的佛经用通俗易懂的形式传达给世俗信众的佛教宣传手段。涅槃变讲佛陀释迦牟尼的圆寂；大悲变讲佛涅槃之际如何嘱托梵天帝释及弟子迦叶阿难等人弘法结集之事；降魔变则讲释迦牟尼如何矢志修行，破坏魔王波旬法道之事；净土变则讲天国净土如何黄金铺地，富乐无伦。这是一类充满宗教醉意的寺院壁画，然而，无论是涅槃变的庄严，大悲变的恢宏，降魔变的诡奇，还是净土变的富赡，所有经变画所表达的宗教内容都有其深刻的世俗社会精神的。

寺院是宗教的处所，宗教性的艺术是它的主体。长安佛教寺院宗教类壁画一般都是在大殿的东西两壁及堂、院、廊的主要壁位。

唐代长安佛教寺院非宗教类壁画，尽管并非寺院创作的宗旨所在，但其涉及的创作题材却极为广泛。这类壁画由于脱离了宗教思想的束缚，因而在创作上体现了更多的审美内容。史载朱审唐安寺的《山水图》“峻极之状，重

① 《全唐文》卷一〇《太宗·大唐三藏圣教序》。

② 《德隅斋画品》。

③ 丁福保：《佛学大辞典》。

④ 皎然：《周长史画毗沙门天王歌》。

⑤ 《寺塔记》。

深之妙，……咫尺之地，溪谷幽邃”[①]，使人有“与君一顾西墙画，从此看山不向南”[②] 的美感；又例如赵景公寺吴道子“黑夜窸窣时，焉知不霹雳”而去的神龙，韩干资圣寺“如将嘶喋”[③] 的《散马图》，以及边鸾的资圣寺塔下的“四面花鸟”[④]，均达到一种很高的艺术境界。这类作品不占有长安寺院的主要壁位，但却能以其极高造诣的艺术技巧和审美情趣而丰富了唐代长安佛教寺院壁画的构成，同时也扩大了唐代长安佛教寺院的文化构成。

二

初唐时期，长安佛教寺院壁画的创作成就较高而富有代表性的当推阎立本与尉迟乙僧二人。阎立本身处唐初政治统一、南北文化交融汇合的历史阶段，能以极大的热情和自信心去看待历史上各区域性的艺术成就。史载“阎立本至荆州，观张僧繇旧迹，曰：‘定虚得名耳。’明日又往，曰：‘犹近代佳手。’明日复往，曰：‘名下无虚士!’坐默观之，留宿其下十余日，不能去”[⑤]。阎立本画艺的童蒙学习资于其父阎毗的家学传统。南北统一后，他对“南张”风格的学习显然存在一个疑而后学的过程。对荆州“三观”张僧繇旧迹而流连忘返，可以说是这一过程的一个缩影。从阎师张的这一过程，我们也可以看到当时南北区域性绘画风格是存在一定的差异的。但二者在政治统一后的融合又是一必然的历史趋势。

阎立本在长安寺院的作品今天我们已不可亲见，史载其于慈恩寺“两廊壁间”[⑥] 作有壁画，至于作品内容、风格特征等，记载均付之阙如。但我们比照于现今传世的阎氏卷轴作品，依然也是可以想见其寺壁创作的风采的。史称阎立本“工于写真”[⑦]，“万象不失”[⑧]。考之于《帝王图卷》等图，青策所论述评骘是信而不诬的。但阎氏作品毕竟是缺乏一种精神的，他在师古、摹古的前代遗产综合过程中走了一条形似多于神似、状物高于达意的创作道路，后世论者之所以未将其推为“画圣”，奉为“家样”，不是因为他的技巧不高，而正是因为他未能进入风格创造阶段。同样，他在唐初的寺院创作未能

---

① 《唐朝名画录》。

② 《全唐诗》卷四七九《柳公权·题朱审山水画寺壁》。

③ 《寺塔记》。

④ 《寺塔记》。

⑤ 《唐语林》卷三《识鉴》,《图画见闻志》。

⑥ 《历代名画记》卷三。

⑦ 《旧唐书》卷七七《阎立本传》。

⑧ 《历代名画记》卷二。

引起画论家的注意，原因也在于此。简言之，阎氏作品的特点反映了初唐时期对南北朝区域性文化综合整理的历史特征。

尉迟乙僧是唐初长安寺院一位很活跃的壁画作家，他来自于阗国，这是一个佛教艺术发达的西域国家。尉迟乙僧“师于父”①，幼承家学，“贞观初，其国王以丹青奇妙，荐于阙下”②。可见乙僧是以贞观时期“胡越一家”四方辐辏的政治、文化使者的身份，步入唐代长安画苑的。他于长安寺院的创作，见诸记载的较多。然最为时人推誉且又能反映其艺术特征的当推其“慈恩寺塔前功德，又凹凸花面中间千手眼大慈悲，精妙之状，不可名焉”③。段成式述其光宅寺《降魔变》，曰：“变形三魔女，身若出壁。”④ 叹赏其生动地造型，感慨其晕染凹凸所生就的立体效果。

尉迟乙僧是魏晋迄隋以来，印度、西域佛教艺术东渐中土的又一位历史人物，他以多产而品高的创作将这一东渐艺术的历史推向极致。然而，作为一位深染印度佛教艺术的于阗国人，在唐代，他是以异域画人的区域性风格代表进入中国画坛的，他的艺术丰富了中国的古代绘画，为她的发展提供了他山之石。他在长安佛教寺院的大量壁画创作，体现了唐初长安画界多民族艺术交融渗透的历史局面。这种工作，无疑为盛唐时代形成更为成熟的民族风格，铺垫了更为宽广而深厚的基础。

盛唐时代是中国封建文化发皇的时期，中国佛教寺院壁画也由此步入了它的巅峰发展阶段。居于政治、文化中心的长安佛教寺院，其壁画的创作也呈现一派众星璀璨、万壑争秀的繁荣局面。这个鼎盛发扬的创作阶段，一个显著的特征和本质性的标志就是进入了风格突破和超迈传统的创造性发展状态。宋人邵博《闻见后录》曰：“观汉李翕、王稚子，高贯方墓碑，多刻山林人物，乃知顾恺之、陆探微、宗处士辈有此遗法。至吴道元，绝艺入神，然始用巧思而古意灭矣。”盛唐时代中国绘画的风格发生重大变化的事实，邵博在比较中直觉地捕捉到了。但他将其归结为个人巧思的产物，却反映了他对艺术发展的认识是存在局限的。盛唐长安佛教寺院壁画创作的事实，将说明这种风格的突破和传统的超迈乃是一种普遍的群体行为。

盛唐时代的长安是唐王朝最大的文化中心之一，相对稳定的政治局面给她发展自己的文化事业提供了保证。政治和文化中心的特殊地位使她能荟萃

① 《历代名画记》卷三。

② 《唐朝名画录》。

③ 《唐朝名画录》。

④ 《寺塔记》。

那个时代最优秀的壁画艺术家。阳翟人吴道子因“明皇知其名，召入内供奉”[①] 而入长安，大梁人韩干因王维“推奖之，官至太府寺丞”[②] 而居于阙下，等等。长安佛教寺院壁画创作首先在创作队伍的构成上显示了一种强大的阵容。盛唐时代作壁画于长安寺院者，有丹青之艺“国朝第一”[③] 的吴道子，有“善写貌人物，画马穷殊相”[④] 的韩干，有“踪似吴生，而风致标格特出”[⑤] 的王维，有“开元中与吴道子齐名，又画佛像，其笔力不减于吴生”[⑥] 的杨庭光，有“经变佛事，是其所长”[⑦] 的吴门高足卢楞伽……这批名著画史的壁画大师，或为御前画家，或为职业画手，或为“学而有文，游心兹艺”的封建官僚，他们无论在文化素养上，还是在专业训练上都居于那个时代的较高层次之中。盛唐时代长安佛教寺院壁画创作的繁荣局面，正是通过这样一批风格创作家以及那些为史传所没闻的一代艺人的努力所成就的。限于篇幅，下面我们仅以吴道子为例来看看这一时期长安寺院壁画的艺术发展及其与社会的关系等问题。

吴道子约生于初唐之末而声噪于盛唐，“寺观之中，图绘墙壁，凡三百余间”[⑧]。作为一个著名的画家，他首先是一位伟大的壁画艺术家。张彦远论曰，吴道子“天付劲毫，……气韵雄壮，殆不容于缣素，笔迹磊落，遂所以恣意于墙壁也!”[⑨] 寥寥数语将这位啸傲于寺院之中，纵情于招提之壁的壁画艺术大师的性情出落的淋漓尽致。

吴道子作画“笔迹磊落，挥霍若蓴菜条，圆润折算，方圆凹凸”[⑩]。“数仞之画，或自臂起，或以足先，巨状诡怪，肤脉连结”[⑪]。豪放外拓，纵横健拔，意象澎湃，生气昂然，风格在整体上趋向于壮美，给人以一种阳刚气十足的崇高博大之美的感受。这是典型的盛唐风格。朱景玄元和初应举客寓长安龙兴寺，听开元遗老传云：“吴生画兴善寺中门内神圆光时，长安市肆老幼士庶竟至，观者如堵，其圆光立笔挥扫，势如风旋，人皆谓之神助。”[⑫] 吴画

---

① 《唐朝名画录》。

② 《历代名画记》卷九。

③ 《唐朝名画录》。

④ 《历代名画记》卷九。

⑤ 《唐朝名画录》。

⑥ 《历代名画记》卷九。

⑦ 《历代名画记》卷九。

⑧ 《唐朝名画录》。

⑨ 《历代名画记》卷一。

⑩ 《画鉴》。

⑪ 《历代名画记》卷三。

⑫ 《唐朝名画录》。

佛教圆光“不假界笔直尺”①，“转臂运墨，一笔而成”，其效果令“观者喧呼，惊动坊邑”②。圆光本来是一简单的几何图形，然而在吴道子的笔下则生发出如此神趣，产生如此强烈的艺术感染力，使人有“此不入神耶”③ 的感慨。这一方面是吴道子长期的艺术实践而成就的纯熟的技巧所至，另一方面则是艺术家在这简单造型中所表现的风格力量所至。吴道子作画有“众皆密于盼际，我则离披其点书；众皆谨于象似，我则脱落其凡俗”④ 的风格选择和创作气概。他师法张僧繇疏体画法和张旭草书中神出鬼没，取与潇洒的行笔，立足于对二者创作精神的领悟，以一种浩然充沛的气势运使其腕而生就此饱含激情的佛像圆光。其所给人的“奇”的表象、“势”的感受、“神”的喟叹，已超越了一般技巧评骘的层次而进入了风格欣赏的范畴。这是长安佛教寺院壁画创作史上的一段佳话，故在半个世纪之后仍能播于闾里庙堂之中。

段成式《寺塔记》“常乐坊赵景公寺”条记：“吴道玄白画《地狱变》，笔力劲怒，变状阴怪，覩之不觉毛戠。”其同游诸文士作吴画连句，曰：“惨淡十堵内，吴生纵狂迹。风云将逼人，鬼神如脱壁。——柯古。其中龙最怪，张甲方汗栗。黑夜窸窣时，安知不霹雳。——善继。此际忽仙子，猎猎衣舄奕。妙瞬乍疑生，参差夺人魄。——梦复。”“平康坊菩提寺”条又记“内槽北壁食堂前东壁上，吴道玄画《智度论色偈变》，偈是吴自题，笔迹遒劲，如磔鬼神毛发。次堵画礼骨仙人，天衣飞扬，满壁风动。佛殿内槽后壁画，吴道玄画消灾经事，树石古险。……佛殿内槽东壁《维摩变》，舍利弗（一本作佛）角而转睐。”吴道子“笔迹劲怒”的《地狱变》；“黑夜窸窣时，安知不霹雳”的龙；仙子神人美轮美奂的衣饰；“满壁风动”的衣带裙带，以及那风风云云、树树石石、神神鬼鬼，无一不在强烈的运动中给人以豪放外拓的感受。这豪放的壮美，外拓的意象不正是那“天风浪浪，海山卷卷，真力弥满，万象在旁”⑤ 的恢弘博大而刚健有为的时代画卷吗！

盛唐时代，李唐王朝经济发展，国势强大，人文发皇，统一的多民族国家出现了历史上少有的强盛局面。社会精神在总体上是昂奋而外拓的，呈现出一派龙腾虎跃日中天时的光耀景象。这一切感染了长安佛教寺院壁画的创作家的情绪，他们对创作对象的感受充满了积极而刚健有为的色彩，并在寺院之壁的创作中将内在的精神领悟外化于一定的艺术风格。吴道子的宗教人

---

① 《历代名画记》卷三。

② 《宣和画谱》。

③ 《宣和画谱》。

④ 《历代名画记》卷三。

⑤ 《全唐诗》卷六三四《司空图·诗品二十四则》。

物画有“满壁风动”；王维的山水画“笔力雄壮”，“云水飞动”[①]；韩干的马画则立壁而“如将嘶喋”之势，“变势如激湍”喧虺，声气酣畅而意色洋洋……这种盛唐的风格是一种阔大雄豪的美，讴歌运动和力度的美。尽管它不像宋、元以后来得内蕴、深刻、细腻、掩曲，但它作为唐代阔大厚重的“诗境”的一翼，仍不失其重大的美的观赏价值。作为一面艺术的镜子，它体现了盛唐时代“飞龙在天”刚健有为的社会精神，反映了这一时期“烈骥不羁”自负外拓的统治阶级意志。这种精神在深层文化的联系上是与儒家积极入世的思想吻合的。在唐代庶族地主逐步摆脱了门阀士族地主的压制之后，而时时洋溢着对自身力量无所顾忌的自信的历史时期中，这种精神又显然含有庶族地主对自由意志和拓进精神赞美的历史内容。盛唐长安佛寺壁画的创作是反映这一时代精神的窗口，从艺术过程来看，它所有的发展已超迈了传统。从宏观阔大的历史领域来看，这一发展又显然是与社会发展的一般过程相吻合的。

中唐时代长安佛教寺院壁画的创作是一个创造的连环，周昉和边鸾以其娴熟的技巧再造一代典型。富瞻华贵的中唐风格承转了盛唐时代豪放外拓的气格。

德宗年间，周昉开始蜚声于长安画苑，“其画佛像、真仙、人物、士女皆神品”[②]。其中尤以女性形象的塑造成就最高，所画仕女人物多秾丽富贵态，史称绮丽人物，体现着一种“神存富贵”[③]的时代美趣。在佛教人像上，他“妙创水月之体”[④]形成了殿最于中国佛画样式的“周家样”。边鸾是中唐时期杰出的花鸟画大师，后人推美曰：“唐人花鸟，边鸾最为驰誉。”[⑤]他对创作对象的选择，不是野逸清绝的芦雁孤鸿，而是华贵的孔雀和艳丽的蜂蝶；对花卉的选择，也不是雅洁清淡的兰竹，而是富贵为百花之王的牡丹、芍药。“下笔轻利，用色鲜明”[⑥]，“精于设色，秾艳如生”[⑦]是边鸾的技法特征；“穷羽毛之变态，奋花卉之芳妍”[⑧]是其审美特征。总之，边氏作品的技法特征也好，审美特征也好，抑或对象的选择也好都体现了一种豪华奢丽的风格倾向。

---

① 《历代名画记》卷十。

② 《唐朝名画录》。

③ 《全唐诗》卷六三四《司空图·诗品二十四则》。

④ 《历代名画记》卷一〇。

⑤ 《画鉴》。

⑥ 《唐朝名画录》。

⑦ 《画鉴》。

⑧ 《唐国史补》。

“安史之乱”以后的唐代历史是趋于衰败的历史。中唐画人在拟幻般情绪中所生发的豪华奢丽的艺术风格，正是对这种衰败的历史中社会精神老化的表现。豪华的趣味、富贵的形象尽管不乏其焕烂的表象，然而，深藏其下的却正是统治阶级统治中衰的悲哀。中唐时期“大历之风尚浮，贞元之风尚荡”；“长安风俗，贞元侈于游宴，其后或侈于书法、图画，或侈于博弈，或侈于卜咒，或侈于服食，各有自也”①。这种浮荡之习所反映的人生价值观念已完全不同于盛唐时代那种“誓开玄冥北，持以奉吾君”② 外在求功利的人生价值观念了。重大的历史变动已引起了时代精神的重大变动及其外化形式艺术风格的变迁。周昉笔下的人物远不是那种“满壁风动”式的吴风人物了，艺术对象的价值是豪华的美、脉脉的情，而不是雄强的精神和外拓的意志，表现阔大雄豪的意志勃动被婉约细腻的心境刻画代替了。“岁寒而知松柏之后雕”的节概，在富贵其身的时代已不是那么重要；“干马精神在缰勒”的力度，或曰精神内张力，在内敛多于外拓的时代已与时人的价值观念发生抵触。“烂漫香风引贵游，高僧移步亦迟留。可怜殿角长松色，不得王孙一举动。”③香风烂漫的富贵之花已将气概雄杰的劲松苍柏挤入“殿角冷宫”，对于富贵之美的倾倒，甚或以“法空”为念的佛门高僧也难以移步。显然，诗人此时此地的感慨决非系于花木之间的是是非非，而是寄托于其上的社会精神的变迁。“最为驰誉”的富贵之花开在边鸾手中，乃是时代精神浇灌的结果；“秾艳如生”的奢丽珍禽翔舞于边鸾笔底，总也是社会习性涵养的产物。中唐时代，长安佛教寺院壁画的创作反映了那个时代社会精神的变化。

唐代佛教寺院壁画获得的成就是空前的，唐以后的创作虽也不乏佳作杰构，但在总体上都仅视唐人之项背而已。这种情况与唐代佛教和中国古代壁画艺术在唐代的鼎盛发展是密切关联的。长安佛教寺院壁画是这一繁荣创作的一点，它有着初唐时期的综合整理性创作，这是一个准备。盛唐时期它顺利地步入了风格创造的阶段，这是一个创作鼎盛发展的时期。中唐时期承盛唐创造力的遗绪，而应历史之变产生了创作风格的转移。唐末它的创作开始式微。长安佛教寺院壁画这一创作历程并非是孤立的，作为一种社会现象，它的生成、变迁乃取决于一般的历史进程所提供的种种条件。同时，正如有生命的形体一样，它既是环境的产物，也是环境的标识。在它身上凝聚着社会变动的内容，长达三百年的长安佛教寺院壁画以其种种艺术的典型对社会

① 《唐语林》卷六《补遗》。

② 杜甫：《后出塞》。

③ 翁承赞：《万寿寺牡丹》。

及其内在精神，做出了种种直接，抑或间接的反映。

唐代长安佛教寺院壁画，今天均已沉入灰烬之中。我们裒辑于旧籍所载，参照于唐代传世作品，从艺术发展及其与社会发展的关系的角度，对其做了点滴探索，管窥蠡测，寸草量天，对于完整地认识唐代佛寺（包括石窟寺）壁画是否有所裨益，尚待方家刊正。

（原载《敦煌学辑刊》1993 年第 1 期）

唐代长安佛寺壁画述论

佛寺壁画是图绘于佛寺之壁的美术作品，无佛寺则无佛寺壁画可言，试述其始。佛教东渐盖在两汉之际，而中华佛寺之嚆矢，前史记载与今人研究较为一致的看法认为，是由汉明感梦，愔、景西行，腾、兰东来，白马驮经，雍西建寺为其滥觞。黄宝瑜认为："白马寺前，中国虽已有佛教传入，惟尚无佛寺记载，有之，自白马寺始。"① 《魏书·释老志》记："愔又得佛经四十二章及释迦立像，明帝令画工图像置清凉台及显节陵上"；"洛中构白马寺，盛饰佛图，画迹甚妙，为四方式。"关于东汉洛阳雍关之西的白马寺是佛寺浮屠（塔）皆有，还是仅有浮屠。《魏书·释老志》未有明言，《洛阳伽蓝记》亦语焉不详。黄宝瑜认为，早期佛教建筑均以佛塔为主体，信众多瞩目佛塔而于佛寺有所忽略，故载籍不详。我们结合中国建筑成院落布局群体组合的传统，并据《高僧传》卷一〇《佛图澄传》："汉明感梦，初传其道，唯听西域人得立寺都邑以奉其神。"以及《魏书·释老志》"愔之还也，以白马负经而至，汉因立白马寺于洛城雍关西，摩腾、竺兰咸卒于此寺"的记载，认为黄的判断是有根据的，东汉明帝雍西建寺是一种寺塔并有的组合型佛教建筑。迄此，我们可以得出以下几点判断：（1）中国第一所佛寺始于东汉明帝；（2）官方建筑；（3）第一帧释迦像进入中土；（4）佛教图画因之产生；（5）"盛饰佛图"，"佛图"为浮屠，还是为佛像之图，尚难以确定。但从"画迹甚妙"语来看，此为图绘则无可疑之。至于绘于"佛图"，是浮屠还是寺壁就更难以断言了。

中国佛寺壁画的确切记载，见之于裴孝源《贞观公私

① 黄宝喻：《中国佛教建筑简史》，（台北）《现代佛教学术》丛书，第39册，大乘文化出版社。

画史》和张彦远《历代名画记》，其中尤以张文所记为详。张记东晋顾恺之于晋哀帝兴宁中（364）在金陵瓦棺寺北小殿画维摩诘。瓦棺寺建于364年，此寺非金陵创寺之始。据黄宝瑜《中国佛教建筑简史》引伊东忠太所蒐录望月信亨《中国佛寺年表》，金陵最早建寺在吴大帝孙权嘉禾四年（235），寺名曰“瑞相院”，迄于瓦棺寺之建130年，此间寺院变化甚大。所以我们不能简单地将瓦棺寺壁画视为中国最早的佛寺壁画，但将其视为唐代长安佛寺壁画一个确切而较近的历史渊源则是可以的。

南北朝以来北方佛教重修行、造像、建寺筑塔的特点，为唐代长安佛寺壁画的发展奠定了历史的前提和物质基础。梁启超据《魏书·释老志》统计：自北魏孝文帝承明元年（476）至东魏孝静帝兴和二年（540）的64年间，北方寺数由6000余数激增到3万①。长安建寺，据望月信亨《中国佛寺年表》，则在符秦建元十五年（379），即北方佛学大师释道安所居五级寺。其后则有西魏大统元年（535）的般若寺，北周大象元年（579）陟岵大寺。杨隋建国，于开皇二年（582）改陟岵大寺为大兴善寺。隋代文、炀二帝皆推崇释氏，政治统一后广招天下高僧集于京都。自是长安寺塔营建蔚起。唐因隋后，“三教”并崇。自武周代唐，则天度僧尼低于道士女冠之制之后，唐代佛教得到了长足发展的机会，其寺塔也相应发展起来。上有所尚，下必仿效。唐代整个统治阶级，从自内库出钱帛、佛像，到亲莅寺宇题匾寺额，进而有专门管理机构，提供版筑、涂泥、丹雘，给佛寺的发展以大量的政治支持和经济赞助②。将相大臣则多舍宅为寺，进香庙宇、资绢助寺③，一时蔚为风气。时人张廷珪在上书武则天时指出：“陛下信心归依，壮其塔庙，广其尊容，已遍于天下矣。”④ 寺庙建筑与寺内壁画也发展极快，“今之伽蓝，制过宫阙，穷奢极壮，画绘尽工”⑤，“穷绘事之笔精，选朝英之偈赞”⑥。唐寺之数，据《唐会要》卷四九《僧籍》记：“天下寺五千三百五十八。”这个数字显然要低于北朝的寺数，这可能与北周灭佛有关。

唐代长安佛寺，据韦述开元年间统计，有僧寺六十四、尼寺二十七⑦。徐苹芳据《两京城坊考》统计，有僧寺八十一、尼寺二十八，合为一百零九⑧。

---

① 梁启超：《中国佛法兴衰沿革说略》，（台北）《现代佛教学术丛书》，第39册，大乘文化出版社。

② 《两京城坊考》卷二，《寺塔记》卷下，《唐六典》卷二三《将作》。

③ 《寺塔记》卷上，《两京城坊考》卷三，《新唐书·崔群传》。

④ 《唐会要》卷四九《像》。

⑤ 《旧唐书》卷八九《狄仁杰传》。

⑥ 颜真卿：《千福寺多宝塔感应碑文》。

⑦ 《长安志》卷七《唐京城》。

⑧ 徐苹芳：《唐代两京的政治、经济和文化生活》，《考古》1982年第6期。

我们说唐代长安佛寺壁画是中国壁画传统长期发展的产物，是就其形式关系与技法关系而言的。据刘向《说苑·反质》篇记，商纣时中国即已产生了“宫墙文画”的殿廷壁画了。曹魏王肃所辑《孔子家语》也指出，周代明堂内“有尧舜之容，桀纣之象，而各有善恶之状，兴废之戒焉”。春秋之世，诸子之作，于此类壁画多有记载。入战国之后，在南方楚国的巫官文化中，我们可以看到壁画已进入巫祠家庙之壁。王逸《楚辞章句·天问序》记：“楚有先王之庙，及公卿祠堂，画天地山川神灵，琦玮僪诡。及古贤圣怪物行事。”中国建筑壁画由明堂而祠殿，技巧愈益成熟，对社会渗透的范围亦愈益广泛。作为一种技巧要素和形式要素，它已充分具备了向佛寺寺壁移植的可能。“汉明感梦，初传其道”，佛寺因之而立于中国。汉明帝雅好丹青，创鸿都之学以聚天下画手，“是以汉明宫殿，赞兹粉绘之功”①，两汉壁画大盛。前引《魏书·释老志》虽未明言佛寺壁画，但中国壁画在中国社会的广泛应用，在佛寺进入中土之后，它的确已处在向佛寺寺壁移植的关口了。见载顾恺之瓦棺寺之壁画，技巧纯熟，表现生动，史称此作“光照一寺”②。自此之后，中国南北大家纷纷图绘寺壁的记载已多见于载籍了。

佛寺壁画入唐之后，其位置主要在寺门各壁和殿内各壁，其次则在院、堂各壁，再次则在廊庑亭台。其中最为常见的位置是三门之壁。三门是寺院外门，亦称“山门”，一般有三门，象征佛教空门、无相门和无作门之“三解脱门”，是进入寺院的必经之路。唐代长安佛教寺院壁画多占三门之壁，易于取得最大的宗教与艺术效果。

唐代长安佛寺壁画以唐代画家作品为主。据有关旧籍统计，唐代寺壁画家达100多人，占所记总数一半以上。除了这众多载名青册的名师巨匠外，长安佛寺还有许多无名氏作品。他们“专心励志，曲尽其妙”③，创作了数以千万计的寺壁佳作。在这千奇争秀、万美争艳的一幅幅杰构之中，尤以画圣吴道子所绘为最。据《太平广记》卷二一二引《唐画断》所记，道子一生于“两都寺观，图绘墙壁，四百余间”，其数量之巨令人叹为观止。另外，寺内亦多有前代遗存壁画，如崇圣寺隋代董、展之作，定水寺梁代张、解之作。

唐代长安佛寺壁画题材丰富，涉及了广泛的社会内容。其风格主要有以吴道子、王维等为代表的中国传统画风，注重线的运用，神的传达；另外一个以尉迟乙僧为代表的西域画风，这一风格“与中华道殊”④，注重色彩，讲

① 《历代名画记》卷一。
② 《历代名画记》卷五。
③ 《图画见闻志》卷一。
④ 《历代名画记》卷九。

求立体效果。但这两大风格流派绝非壁垒森严，老死不相往来。它们各自的风格按照艺术发展的客观规律，在创作实践中不可避免地走着一条互相砥砺、渗透，从而吸收对方长处以丰富自身发展的道路。如靳智异“祖述仲达，改张琴瑟，变夷为夏”① 的艺术实践，即是一种使中国传统壁画技法得以充实广大的道路。

长安佛寺壁画，可大分为宗教类与非宗教类。前者主要有释仪像、诸经变、高僧像，这是大宗；后者除少量历史人物和西域国王像外，主要有山水松石、飞禽走兽、水族、花卉等等。

佛教释仪像有菩萨、文殊、维摩诘、帝释、天王，等等。诸经变有维摩诘本行经变、弥勒下生变、降魔变、华严变、西方变、金光明经变、灭度变相、涅槃变相、地狱变，等等。高僧像则有赵景公寺、荐福寺吴道子绘行僧壁，慈恩寺李果奴绘行僧壁，千福寺、兴唐寺韩干绘南岳智顗大禅师法华七祖及弟子影，绕搭板上又有传法二十四弟子像，以及唐代伟大的科学家僧一行。

唐代长安佛寺佛教类壁画艺术成就很高。在释仪像方面，唐长安寺壁所绘多有圆光。朱景玄《唐朝名画录》记吴道子画圆光，不用规矩，“转笔挥墨，一笔而成”，表现了高度纯熟的运笔功力。其色彩，则“设色焕缛”② 典丽堂皇。其写形，则“菩萨转目视人”③ 阿睹传神，尽得神情之趣。通过眼神的勾画以传达对象的个性和内心深处复杂的心理活动，是我国民族画中人物画画论的重要思想，这是一种高度集中的观察，高度凝练的表现。在诸经变中，地狱变曾引起唐代画家们的极大兴趣，这类作品想象奇特，“图人间曾无一据”④；表现淋漓，“气候幽默”⑤，“睹之忽忽毛骨寒”⑥ 毕肖地狱阴森寒冷之状。当时许多壁画大师咸绘地狱变于寺壁，如张孝师于慈恩、净域、净法之寺壁，卢楞伽于化度寺，陈静眼于宝刹寺，等等。在诸家地狱中尤以吴道子所绘为最。吴道子画风飘逸畅达，史称“吴带当风”，笔法超妙入神。晚唐人段成式在观察赵景公寺吴画寺壁时，命诗曰：“惨淡十堵内，吴生纵狂迹。风云将逼人，鬼神若脱壁。”⑦ 宋代豪放派词宗苏轼为吴画意气所动亦不

---

① 《历代名画记》卷九。

② 《寺塔记》卷上。

③ 《历代名画记》卷三。

④ 《酉阳杂俎》前集卷三《贝编》。

⑤ 《历代名画记》卷九。

⑥ 《寺塔记》卷下。

⑦ 《寺塔记》卷上。

禁欣然命笔："道子实雄放，浩如海波翻。""满壁风动"① 的吴画寺壁其用笔之粗犷磊落、声气之酣畅劲逼、造型之生机盎然，的确达到了一个超迈古人、遗美后人的历史高度。以尉迟乙僧为代表的西域画风，在唐代长安佛寺壁画中也多有表现，并取得很高艺术成就。据《唐朝名画录》记载，尉迟乙僧乃贞观初年，"其国王以丹青奇妙，荐之阙下"。尉迟乙僧所绘"皆外国之物象，非中华之威仪"②，画法则"与中华道殊"，作凹凸状的立体造型技法。光宅寺普贤堂，尉迟作"变形三魔女，身若脱壁"③，"七宝台后面画降魔像，千态万状，实奇迹也"④。吴道子山水壁作中怪石崩滩，若可扪酌的艺术效果，是与尉迟乙僧凹凸法立体造型手段有着联系的。

内容多样的诸般经变壁画亦反映了长安佛教教派蜎起的历史，它主要起着弘阐佛法、感召信众的宗教作用。这种宗教作用的发挥受到封建统治的影响和控制，并在中国深厚的伦理文明的作用下部分地转化它的内容。见存敦煌唐窟大批宣扬忠君孝亲思想的佛教的《报恩经变》，即属于这一事实的文物遗存证明。《佛祖统纪》卷六《智者传》记天台创宗大师智顗立以忠孝为显著特征的中国儒将关羽为伽蓝神，《开元释教录》卷一八列入"伪经"的《父母恩重经》，以及玄宗时华严宗五代祖宗密明确倡言，孝道是"释儒并尊之"⑤ 的最高道德，凡此等等，都充分说明了唐代佛教已染上了浓厚的儒家伦理文化的色彩。这中间有文化的因素，但更多的还是政治上的原因。

恩格斯在论及古典哲学时指出："哲学是不以普通人的思想为对象的。"⑥ 佛教哲学的一面，义理玄奥，一般说来它不以广大的市民社会为对象，但其宗教内容的一面则必须与广大的市民社会建立联系。联系是多种渠道的，佛寺壁画应是较为便捷、较为重要的一条。《寺塔记》记招福寺"西南隅僧伽像，从来有灵，至今百姓上幡繖不絶"。《珍珠船》记"吴道子画地狱变相，后成，都人咸观，皆惧罪修福"。唐代长安佛寺佛教类壁画从宗教的角度，承担了"夫画者，成教化，助人伦"⑦ 的社会职能。但是，长安佛寺壁画毕竟是一种诉诸造型手段的教义宣传，在教义宣传内核之外包裹着丰富而高造诣的艺术形式。因而，它的意义就远远超过了宗教的范畴而必然带有了审美的

---

① 《寺塔记》卷上。

② 《唐朝名画录》。

③ 《寺塔记》卷下。

④ 《唐朝名画录》。

⑤ 梁济海：《开化寺的壁画艺术》，《文物》1981 年第 5 期。

⑥ 《马克思恩格斯全集》第十九卷，人民出版社 1963 年版，第 334 页。

⑦ 《历代名画记》卷一。

成分。鲁迅先生说："在唐可取佛画的灿烂。"[①] 就是对唐代宗教类绘画艺术的肯定。

唐代长安佛寺非佛教类壁画，涉及了更为宽泛的创作对象，含有丰富的社会内容和审美价值。人物画中有前代帝王、后妃、西域国王等[②]，这类画数量不多，但政治意义很大。在当代圣王进入道观之壁的时候[③]，佛寺将历史上崇佛为国教而三次舍身佛寺的梁武帝及其郗后推上寺壁，其在宗教上争夺护法主的竞争之义是很明显的。除了历史人物寺壁之外，还有一些神怪之作，但多不占重要地位。在非宗教类壁画中占主要成分的是山水松石、飞禽走兽、水族、花卉等。这类画散布于长安各寺之中，多为一代丹青名手所制。如兴唐寺般若院杨廷光山水，宝应寺西南院小堂北壁张璪山水，唐安寺北堂内西壁朱审山水，崇福寺西库牛昭、王陀子山水，慈恩寺"大殿东廊从北第一院，有郑虔、毕宏、王维的白画"[④]。郑、毕、王三人皆以山水擅名当世，王维有泼墨山水而自成一家，明人董其昌推其为山水画南宗之祖[⑤]。《历代名画记》卷一〇记王维"清源寺壁上画辋川，笔力雄壮"。慈恩寺内郑虔等三人的白画很可能是合作的寺壁山水画。松石之壁则有慈恩寺内东廊从北第一房间南壁，韦銮的松树；大兴善寺行香院堂后壁，梁洽的双松；赵景公寺，阎立德白画树石；玄法寺，刘整双松"不循常格"[⑥]。张璪净域寺林石"险怪"[⑦]，飞禽走兽则有杨子华的龙、马，张孝师的旷野杂兽，韩干的散马，孙位的龙水。水族则有蛤，花卉则牡丹，门神则钟馗，神兽则辟邪。

长安佛寺非佛教类壁画所取得的艺术成就是很大的，所作多为当代名家。自称"前世应画师"的王维"工画山水"[⑧]，有破墨之笔，得淡雅美秀之韵，寺壁之作"笔力雄壮"。王陀子山水"峰峦极佳。世人言山水，称陀子头，道子脚"[⑨]。"工山水松石"的韦銮得"古拙"之风[⑩]。"工树石山水"[⑪]，"尤长于画松"的张璪，净域寺林石之壁"险怪"，时称其"手握双管，一时齐下，

① 常任侠：《从认识古典美术发扬爱国主义》。
② 《历代名画记》卷三。
③ 《历代名画记》卷三。
④ 《历代名画记》卷三。
⑤ 俞剑华：《中国山水画的南北宗论》，上海人民美术出版社 1963 年版。
⑥ 《寺塔记》卷上。
⑦ 《图画见闻志》卷五。
⑧ 《历代名画记》卷一〇。
⑨ 《历代名画记》卷九。
⑩ 《历代名画记》卷九。
⑪ 《历代名画记》卷九。

一为生枝，一为枯干。势凌风雨，气傲烟霞”[①]，可见其经营位置则布局奇特，其生成气韵则“势凌风雨，气傲烟霞”。又飞禽走兽之作，号为北齐之最的杨子华“善马龙兽，能致风云”[②]，“尝图马于壁，夜听蹄啮长鸣，如索水草”[③]。“变势如激湍”[④]，“画马穷殊相”[⑤] 的韩干，其于资圣寺所图散马，视之“如将嘶碟”[⑥]，结此数条对传真之能的浪漫化记载，可见唐代长安佛寺动物画的高度成就。这说明唐代画家对中国传统画论中讲求运动思想的进一步继承。

唐代长安佛寺非宗教类壁画的兴盛，一方面与唐代佛教世俗化的进程有关系，另一方面则与唐代长安佛寺的都市文化中心有关系。唐王朝长期的政治稳定使社会日趋繁荣，社会繁荣的事实使社会的群体心态处于一种昂扬自信的状态，南北朝以来带有禁欲主义特点的遁世思想为积极入世的思想取代。新的社会思潮迫使佛教步入世俗化的历程，以吻合社会发展的需要。长安佛寺壁画一方面是佛教类壁画对以往宗教题材的延展，另一方面就是非佛教类壁画，突破南北朝以来占统治地位的宗教题材束缚，转向世俗的人物画、动物画和自然景物画。这是长安佛寺非佛教类壁画兴盛的一个原因。另一个原因，就是其作为都市文化中心的关系。“制过宫阙”的长安佛寺建筑，雄伟高大，其大者，如“大兴善寺，尽一坊之地”[⑦]。慈恩寺“几十余院，总一千八百九十七间”[⑧]。佛寺空间上的巨大规模，给群众性的娱乐活动提供了场所。《南部新书》卷戊记：“长安戏场，多集于慈恩，小者在青龙，其次在荐福、永寿。”《两京城坊考》引《唐诗纪事》：“长安三月十五日，两街看牡丹甚盛。慈恩寺元果院花最先开，太平院最后开。裴潾作‘白牡丹’诗题壁间。”至于文人学子游舍僧寺，题名雁塔更为一时盛事。非宗教的娱乐活动使长安佛寺文化中心的内容扩大了，也促成了其非宗教类壁画的兴盛。如前述，长安佛寺非佛教类壁画，除了一些历史人物和神怪外，主要是山水松石、飞禽走兽、水族、花卉。在这一幅幅状物传形的寺壁杰构中，游观者所得到的主要是感官的愉悦，审美的满足。它所表达的主要是人与自然、人与生物界异类关系的主题，是人对自然之美的抒发，是人对生物界异类之美的兴趣。

唐代是中国壁画大发展的时期。佛寺壁画的形式特点使它在发挥社会功

① 《图画见闻志》卷五。

② 《后画录》。

③ 《历代名画记》卷八。

④ 《寺塔记》卷下。

⑤ 《历代名画记》卷九。

⑥ 《图画见闻志》卷五。

⑦ 《两京城坊考》卷二。

⑧ 《两京城坊考》卷三。

能方面，比卷轴画产生更大的影响。它与广大的社会尤其是都市市民社会有着广泛的联系，它具有影响和抒发社会精神的双重功能，这是它在唐代社会有机构成中长期存在并走向鼎盛的一个关键，其艺术精神之强健博大、技巧之纯熟雄放都为后世所仰慕。王紱在《书画传习录》中说："大约古人能事，施于画壁为多。唐宋所传，不一而足。其作画障，均属大幅，亦张绢素于壁间，立而下笔。故能腾掷跳荡，手足并用，挥洒如志，健笔独扛，如骏马之下坡，若钢丸之走板。"其所传画障之作尚不失奔放酣畅之势，而"天衣飞扬，满壁风动"① 的寺壁之作更可推而想之。长安佛寺壁画"穷绘事之笔精"，集丹青之巨子，在整个唐疆域内的寺壁之作中无疑处于上乘之中。"会昌法难"，武宗毁天下佛寺 4600 余所，东西两都二街准敕各留寺两所，长安佛寺壁画也因而步入衰落之途。中唐之世虽亦不无杰作，但总的说来已失去盛唐之世的浩大气魄。但其孑遗之作仍不失令后人赏玩、研习的艺术魔力。苏辙《龙川略志》记其兄苏轼："予兄子瞻尝从事扶风，开元寺多古画，而子瞻少好画，往往匹马入寺，循壁终日。"《图画见闻志》也记西蜀画家姜道隐："岁好画，有时终日不归。父母寻之，多在佛庙神祠中画壁下。"唐代长安佛寺壁画对于开启和发展五代及宋代的壁画创作无疑存在一种直接而强烈的影响。

（原载《安徽史学》1995 年增刊）

① 《寺塔记》卷上。

试论唐代佛教寺院非宗教类壁画的风格变迁

——从“龙马精神”到“闺阁风情”

盛唐时代，李唐王朝经济发展，国势强大，人文发皇，统一的多民族的中国社会出现了历史上少有的强盛局面；社会精神在总体上是昂奋而外拓的，封建王朝呈现出一派龙腾虎跃日中天时的光耀景象。生机勃勃骎骎欲上的盛唐气象感染了这一代艺术家的情绪，他们在与自然的对话中，在对创作对象的感受中，充满了积极而刚健有为的色彩。看山山豪，看水水壮，在他们与时代精神同在时，他们笔底的山山水水、神龙大川、骏骥广原无一不泛现着盛唐时代刚健有为的时代精神。

百代画圣吴道子的龙画有“鳞甲飞动”腾腾欲去的昂然气势，水画有“波涛汹涌，翻澜骇沫，细观，目为之眩”[①] 的豪放气派；南宗之祖王维的山水图有“云水飞动”“笔力雄壮”的生气与力度；而张璪的山水松石有“气傲烟霞，势凌风雨”畅达奔放的精神；朱审的山水则“岳耸笔下，云起峰端”得“峻极之状”博大高雄的气格；韩干的马图则立壁而“如将嘶喋”，“变势如激湍”喧虺，刚健恢弘而意气洋洋……唐人笔下的山水松石、龙马禽兽所表现出的这种强烈的运动气势和恢弘豪放的气象，展现的是盛唐时代具有普遍意义的总体风格意味。元人汤垕说：“唐人名画至多，要皆望而知其为唐人，别有一种气象。”而盛唐时代的佛教寺院非宗教壁画也正是这种“气象”与“意味”的典型代表。这是一幅涉趣广泛而气度恢弘的画卷，

① 《五杂组》卷七《人部（三）》。

它蕴含着时代的精神和历史的内容，笔者于此试述论之并及其演变，以就教于方家。

龙马精神

中唐以前，唐王朝对外战争频繁，故马政居此冷兵器时代最为军政要务。史载："自贞观至麟德四十年间，马七十万六千。"而"天宝后，诸军战马动以万计"，是以论者"议谓秦、汉以来，唐马最盛"[①]。唐马之盛居前史之最，不单是以其数量之巨、资质之美，而且更重要的是它与频繁的、外拓性的边战汲汲相关，此则是盛唐时代一昂奋而外拓之社会精神之反映。"落日照大旗，马鸣风萧萧。"[②]"征马向边州、萧萧嘶未休。"[③]"骏马似风飚，鸣鞭出渭桥。"[④]"借问行几何，咫尺视九州。"或彤日大旗嘶啸欲驰之马，或飙风激电咫尺九州之马，鸣风振鬃，翘举雄杰，驰骋沙场之马的形象是何等的壮观，而其精神又是何等的强悍。"晓战随金鼓，宵眠抱玉鞍。顾将腰下剑，直为斩楼兰。"[⑤] 在喋血疆场的严酷现实中，征战之士与征战之马表现又是何等自负的气概和外拓雄强的精神。文学诗歌中所表现出的这种盛唐时代的马的风貌、马的精神是盛唐时代马上精神的反映。这种精神作为一般的社会存在，在唐人马画中得到了艺术的再现。

唐代马画名家辈出，曹霸、韩干、毕宏、韦偃、江都王昌、陈闳等均为一时名手，于寺院亦多有壁画创作，《历代名画记》卷三《记两京外州寺观画壁》及《寺塔记》多有记载。唐人鞍马画"鼓气以势壮为美"[⑥]，以雄浑奔放的基本特征吻合着时代的一般审美观点，体现着时代的精神风貌。现在传世的韩干《照夜白》马图，是幅单马图，四蹄蹦跳，颈项高昂，口目怒张而鬃毛蝟起，整个形象雄强腾跃，确有"君看此马不受羁，天骄势欲凌云飞"的壮美气势[⑦]。现今传世宋代李公麟所摹韦偃《牧马图》长卷，全图以俯瞰角度作之，画面阔大平远，由近及远，坡坨起伏，百余名奚官牧奴驱赶着上千匹大马驰骋在广袤的旷原上。所图之马或奔跑，或腾骧，或滚尘，或觅食寻

---

① 《新唐书》卷四〇《兵志》。

② 杜甫：《后出塞五首》。

③ 高适：《送刘评事充朔方判官赋得征马嘶》。

④ 李白：《塞下曲》。

⑤ 韩愈：《驽骥》。

⑥ 《全唐文》卷七〇九《李德裕·文章论》。

⑦ 吴升：《大观录》卷一一《题韩干〈照夜白〉卷》。

水，或嬉嬉取闹，或啸啸其嘶，或班班其鸣。整个画面给人以一种海涛般喧嚣和海浪般冲涌的强运动感受。这大概是帝国军马场放牧的图景，也可能是御苑大马踏青追尘的图景，总之，李公麟的摹品还是可以看出原作者韦偃的创作旨趣的。

唐代马画雄浑奔放是盛唐时代的豪放外拓艺术风格的典型反映，这种审美倾向吻合了那个时代的精神。在其之下则蕴含着“直突则建德项挚，横驰则世充领断”对开国先祖战功的骄傲，以及“一旦天子巡朔，方升乔岳，扫四夷之尘，较岐阳之猎”[①]，对边战之功的礼赞和帝王狩猎盛仪的讴歌等等历史内容。唐人的马画自是唐人风度的体现，“五代、北宋以后，我国马画艺术在形象上逐渐从强悍转向温顺，形成了画马美学的另一特征”[②]。马的形象及其表现中所有的风格倾向，在唐以后由强悍转变为温顺，反映的是马画审美趣味的转移。然而导致这种转移的，不能说不是受制于一般的时代精神变迁作用的制约。唐及宋、元之马都是四足奔驰的兽类，对象的自然功能和外在特征一如故旧。但在唐及宋、元鞍马艺术家的眼中，马的风神、马的精神、马的性格则各各有其不同的理解。不同的理解将导致不同的表现，因此，马画在创作家主体认识变化之后，便逻辑地发生了表现风格的转移。马克思在《1844 年经济学哲学手稿》中指出：“我的对象只能是我的一种本质力量的确证，也就是说，它只能像我的本质力量作为一种主体能力自为地存在着那样对我存在，因为任何一个对象对我的意义（它只是对那个与它相适应的感觉说来才有意义）都以我的感觉所及的程度为限。”对象的意义只有在与主体力量取得本质性的吻合后方才获得。显然，对象的意义是建立在主体认识这一基础上的。鞍马画艺术家对象的马，要获得表现的意义也只能是某一特定的鞍马画艺术家认识的产物。而某一鞍马画艺术家认识的形成也只能是“他”所处的时代生活和时代精神的产物。在有着“借物写心”传统的中国画中，中国古代画家借作品来外化自己的认识，表达自己的感情乃是一种自觉的意识和普遍的行为。对象的存在不是消极的无情物，而是整合了自己的性情思虑的自我的本质力量确证物，他们所有的艺术表现正是建立在一种“山情即我情，山性即我性”[③] 的艺术观之上的。唐人的鞍马画雄浑奔放是一种风格，而这种风格的形成则正是由于具备了这种风格的时代精神业已形成。这种体现着十足阳刚气的壮美风格之所以为唐人所钟爱，为一时诗杰所吟赞，则正

---

① 沈子丞辑：《画史》。

② 伍蠡甫：《中国画论研究》，北京大学出版社 1983 年版。

③ 《绘事微言》。

是由于它反映了一般的时代精神。

唐代佛教寺院非宗教类壁画，无论是“波涛汹涌，翻澜骇沫”，“安知不霹雳而去”的龙水画，或是“气傲烟霞，势凌风雨”的山水松石画，或是弥漫旷原“翘举雄杰”，“变势如激湍”的鞍马画，都体现了一种豪放外拓的精神意绪，这在盛唐时代是一种群体风格。这种艺术风格是一种阔大雄豪，讴歌运动和力度的美，尽管它不像宋、元以后来得内蕴、深刻、细腻、掩曲。但是，它作为唐代阔大厚重的“诗境”的一翼仍不失其重大的美的观赏价值。作为艺术的一面镜子，它体现了盛唐时代“飞龙在天”刚健有为的社会精神，反映了这一时期“烈骥不羁”自负外拓的统治阶级意志。这种精神，在深层文化的联系上是与儒家积极入世的思想吻合的。在唐代庶族地主逐步摆脱了门阀士族地主的压制之后，而时时洋溢着对自身力量无所顾忌的自信的历史时期中，这种精神又显然含有庶族地主对于自由意志和拓进精神赞美的历史内容。唐代佛教寺院非宗教类壁画在盛唐时代所产生的这种豪放外拓的风格，乃有其深刻的理性内容和历史的必然。一般来说，它反映了那个时代昂奋而外拓的社会精神。

闺阁风情

“安史之乱”中断了李唐王朝鼎盛发展的历史，唐王朝自此而转入衰败的下斜坡历程。“平时安西万里疆，今日边防在凤翔”①，盛唐之雄正在趋归其强弩之末途，唐代佛教寺院非宗教类壁画风格的转变也恰值此历史嬗变时期。风格的转变历史地展开了，盛唐时代豪放外拓的风格转化为中唐时期豪华奢丽的风格。佛教寺院中绮丽人物和珍禽异卉的描绘，抒发的不是马上精神的气格，而是一种闺阁风情的心境。富丽堂皇的焕烂之景，如夕阳西垂的五彩云霞，虽不失炫目的灿烂，但毕竟失去了很多的气象与力度。“解衣磅礴”而有凌厉一切之雄气的“吴风”转变为“丰腴其体”柔姿绰约而风情其中的“周风”。

中唐画坛领袖人物周昉，“其画佛像、真仙、人物、士女皆神品也”②，其中尤以世俗女性图像的塑造成就最高。他的仕女人物多为秾丽丰肥的富贵态，面部曲眉丰颊、朱点樱唇、发髻高大、簪笄华饰，服装华美，神情高贵，举止闲雅。在“神存富贵”以贵为美的时代审美价值观念影响下，周昉笔下

① 白居易：《白氏长庆集》卷四《新乐府·西凉伎》。

② 《历史名画记》卷一〇。

的仕女人物多表现为一种豪华奢丽的风格。与周昉同时代的边鸾是中唐时期杰出的花鸟画大师，时人有“花鸟冠于代”[①] 的誉美，后人也推崇备至曰：“唐人花鸟，边鸾最为驰誉。”[②] 边鸾在创作对象的选择上，不是野逸清绝的芦雁而是华贵的孔雀和艳丽的蜂蝶；在花卉的选择上，不是雅洁的兰竹而是富贵为百花之王的牡丹、芍药。这是一种以贵为美的创作对象的选择。“下笔轻利，用色鲜明”[③]，“精于设色，秾艳如生”[④] 是边鸾花鸟画的技法特征；“穷羽毛之变态，奋花卉于芳妍”[⑤] 是边鸾创作花鸟画的审美特征。总之，边氏作品的技法特征也好，审美特征也好，抑或对象的选择也好，都体现了一种豪华奢丽的风格倾向。这种“倾向”，无疑亦是“周风”的应响。

周昉、边鸾是中唐时代杰出的艺术家，他们以娴熟的技巧创造了一代艺术典型，以富赡华贵的风格承转了盛唐刚健外拓的气格。这里一种新的美趣，它一方面包含着普遍的、必然的理性内容，另一方面这种理性内容又往往是渗透到人们心灵、情感、个性中去的东西。中唐时代所炽兴的华贵之美、豪华趣味是唐代社会精神长期发展的产物，没有这段历史我们很难设想这种内敛多于外拓的气格会一下子产生在中唐时代。

服装与化妆等是物质文明发展的标志，也是反映社会精神的最为敏感的一面，我们不妨从这个社会窗口来看看中唐时代以贵为美的思想的由来和存在状况。

《旧唐书》卷七三《令狐德棻传》记：“高祖问德棻曰：‘比者丈夫冠、妇人髻竞为高大，何也?’对曰：‘在人之身，冠为上饰，所以古人方诸君上。昔东晋之末，君弱臣强，江左士女，皆衣小而裳大，及宋武正位之后，君德尊严，衣服之制，俄亦变改，此即近事之征。’”令狐德棻将唐初冠髻高大的社会现象解释为“君德尊严”，其中自然不免谄谀之嫌，但却清楚地告诉了我们，入唐以后中国社会的男子冠、妇人髻已经发生了变化，这无疑亦是社会精神在社会生活方面反映的表征。段成式《髻鬟品》记曰：“高祖宫中有半翻髻、反绾髻、乐游髻；明皇宫中，双环望仙髻、回鹘髻，贵妃作愁来髻，贞元中有归顺髻，又有闹扫妆髻，长安城中有盘桓髻、惊鹄髻，又抛家髻及倭堕髻。”[⑥] 古代女性发式入唐以后兢为高大、凤鸾其态，花月精神，梳、钗、

① 《历史名画记》卷一〇。
② 《画鉴》。
③ 《历史名画记》卷一〇。
④ 《画鉴》。
⑤ 《历代名画记》卷一一。
⑥ 转引［日］原田淑人著，常任侠译：《西域绘画所见服装的研究》。

钿、步摇等金银珠玉之物华饰于上。这种奢华在中唐之际更显炽盛，其在中、晚唐人的诗文之中亦多有反映，白居易《长恨歌》有“云鬓花颜金步摇”句，元稹《李娃行》有“髻鬟峨峨高一尺”句，李贺《美人梳头歌》则更细腻而传其精神：“一编香丝云散地，玉钗落处无声腻。纤手却盘老鸦色，翠滑宝钗簪不得。”

又如眉，据宋人叶廷珪《海录碎事》记：“唐玄宗命画工作十眉图，一曰鸳鸯眉、二曰小山眉、三曰五岳眉、四曰三峰眉、五曰垂珠眉、六曰月棱眉、七曰分稍眉、八曰涵烟眉、九曰拂云眉、十曰倒晕眉。”①

再如唇，据《潜确类书》记：“唐僖宗时，都下竞事妆唇，以分妍否。其占缀之工，名字差繁，其略有燕脂晕品石榴娇、大红春、小红春、嫩吴春、半边娇、万金红、圣檀心、露珠儿、内家圆、天宫巧、洛儿殷、澹红心、猩猩晕、小朱龙格、双唐媚、红奴样子。”② 唇吻妆饰局于一片而变化无端，“乌膏注唇唇似泥”③，“朱唇一点桃花殷”④。唐代女性尤其是宫中女娃自发式，眉样、唇妆无不巧艳之极，华美之至。这种种豪华趣味的妆饰渊源有自而流传有绪，它是中唐时代以贵为美思想的一般表现，也是中唐时代艺术家追求豪华奢丽气格的社会基础。

“天宝失政，上下竞奢”⑤；“天宝中，天下无事。选六宫风流艳态，名花鸟使，主饮宴”⑥；“国家自天宝以后，风俗侈靡，宴席以喧哗沉湎为乐”⑦。天宝盛世奢华之习对于经历了“安史之乱”的中唐人来说既是一个已经消逝了的历史，也是自身追踪的目标。“安史之乱”以后的唐代历史是趋于衰败的历史，对既往盛世的追恋正是这种衰败历史中社会精神老化的反映。豪华的趣味，富贵的美趣尽管不乏其焕烂的表象，然而深藏其下的却正是统治阶级衰落中的悲哀。“大历之风尚浮，贞元之风尚荡”⑧；“长安风俗，贞元侈于遊宴，其后或侈于书法、图画，或侈于博弈，或侈于卜咒，或侈于服食，各有自也”⑨。中唐时代浮荡之习所反映的人生价值观念，已完全不同于盛唐时代“誓开玄冥北，持以奉吾君”那种雄强外拓的人生价值观念了。占有社会绝大

---

① 转引［日］原田淑人著，常任侠译：《西域绘画所见服装的研究》。

② 转引［日］原田淑人著，常任侠译：《西域绘画所见服装的研究》。

③ 白居易：《时世妆》。

④ 岑参：《醉事窦美人》。

⑤ 《旧唐书》卷五一《贵妃传》。

⑥ 《唐语林》卷五《补遗》。

⑦ 《旧唐书》卷一六《穆宗本纪》。

⑧ 《唐国史补》。

⑨ 《唐语林》卷六《补遗》。

部分财富的统治阶级，并未有因为统治的中衰而失去优裕的物质生活，他们在内敛的思索中滋生的只是对现世奢华享受的思想，自我膨胀的外拓意志转化为自我膨胀的享乐欲望，历史上奢华纵欲的一面被承受下来作为自我实现的目标，入世济治的社会意识大大弱于遁世养身的自我意识，这便是中唐社会统治阶级精神衰落的一面。周昉的仕女人物以及边鸾华贵的花鸟创作，对此作了艺术的观照。

周昉的仕女人物以匀细笔调、柔丽的色彩塑造出种种举止娴雅（它已远远不是那种“满壁风动”的吴风人物），富贵豪华的女性形象。这种形象已不是以往那种“貌虽端严，神必清古，自有威重俨然之色，使人见则肃恭，有归仰之心”[①] 的，所谓“名士”笔下的富有伦理鉴戒意义的妇女形象。新的形象注入了更多的人间风情和豪华意味。“西川女子分十眉，宫妆撚緅周昉肥。”[②] “天厩无瘠马，宫禁无悴容。”[③] 丰腴其体、绰约其姿而风情其中的周昉仕女人物，以其柔丽富赡的色彩烘染着豪华的气氛。作品在整体和局部上都充满了人间的诗情意趣：在柔软的童稚般的朱唇上表现出女性迷人的魅力；在淡似烟霭形似新月的曲眉上构画着水一般的女性之美；在娴雅静穆的运作中倾吐着对既往盛世喧闹的追忆；华贵的衣饰、多变的发髻、柔润皮肤下泛出的红晕传达着深宫闺阁的风情，感觉集中在人间美的挖掘上，创造集中在情性意绪的宣泄上。对象的价值是豪华的美、脉脉的情而不是雄强的精神和外拓的意志，阔大浑厚的意志勃动被婉约细腻的心境取代了。艺术中所有的理性内容不是澎湃而泻的激情形式出现，而是一种趋于静穆的潺潺而出的形式流出。豪华趣味的色彩与笔调像是一袭五彩缤纷的外衣披覆在这躯内敛多于运动的形象之上。周昉仕女人物的优美气格终究缺乏吴风壮美样式人物的力度，它产生并盛行于中唐时代乃有其深刻的社会基础。

边鸾的花鸟画以其“轻利”之笔、“鲜明”之色写出了种种傲岸群芳、矜伐百禽的珍禽异卉，它的产生及其蜚声中唐画坛也并非偶然。宋人刘道醇指出，花鸟画“固虽不预乎人事，然上古采以为官称，圣人取以配象类，或以著为冠冕，或以画于舆服，岂无补于世哉！故诗人六义多识于鸟兽草本之名；而律历四时也记其荣枯语默之候，所以绘事之妙多寓兴于此，与时相表裹也。故花之于牡丹、芍药、禽之于孔翠，必使之富贵……”[④] “借物写心”的中国画传统使中国古代画家在创作花鸟画时溶入了自觉的主观意识，他们

① 《图画见闻志》。

② 《绘事微言》引沈括《图画歌》。

③ 《画品》。

④ 《圣朝名画评》。

对创作对象的选择有合目的性的理性内容。边鸾笔下的花鸟是艳丽富赡“翠彩生动”的富贵之花和奢丽的珍禽，体现的是豪华趣味的艺术气韵，这是他的“寓兴”，是他对时代精神把握之后的反映。“岁寒而知松柏之后雕”的节概，在富贵其身的时代已不是那么重要，“干马精神在缰勒”的力度，或曰精神内在张力在内敛多于外拓的时代已与时人的价值观念发生抵触，中唐时代社会精神的转移已迫令其审美之车改其辙道。中、晚唐诗人翁承赞《万寿寺牡丹》诗曰：“烂漫香风引贵遊，高僧移步也迟留。可怜殿角长松色，不得王孙一举头。”香风烂漫的富贵之花已将气概雄杰的松柏挤入“殿角冷宫”，对于富贵之美的欣赏，甚或以“法空”为念的佛教徒也难以移步。显然，诗人此时此地的感慨决非系于花木之间的是是非非，而是寄托于其上的社会精神的变迁。“古人图画，皆指事为之”①，借表现对象而外化自己的精神世界，是中国绘画的古老传统。边鸾花鸟画整体上的豪华与局部上的工整总也是一种人间风情外化，一代典型总也是一代精神的反映。“最为驰誉”的富贵之花开在边鸾之手，乃是时代精神浇灌的结果；“秾艳如生”的奢丽珍禽翔舞于边鸾笔下，总也是社会习尚涵养的产物。边氏创造的优美而富贵的花鸟画，犹如一弯七彩的雨后之虹，尽管不乏其绚丽华美的光色，但终究不如日照中天的强烈气象。

中唐的历史在总体上失去了唐盛的气象，这种历史存在状况影响了艺术家对社会的认识，他们在一般的社会精神制约下推出了自己的艺术典型，形象地反映了中唐社会统治阶级由马上精神转入闺阁风情的精神面貌。周昉与边鸾是这一时期富有典型意义的画家，他们的创作样式是在以贵为美，追求豪华趣味的思想支配下产生的。豪华的形象中蕴含着对盛世的依恋，脉脉风情中抒发着中唐社会人生价值观念转移的统治阶级精神面貌。富贵的创作对象的选择，轻利匀细的线笔和柔丽鲜明的色彩是中唐时代艺术典型的特点，作为一面艺术之镜，它映照了这一时代的社会精神。绚烂的富贵之花隐伏着“秋风将入庭树”的思虑；丰腴其体嫘嫘其姿的中唐人物画已失去了盛唐时代“满壁风动”式人物那种强烈的生命律动。然而，中唐的艺术尚承有盛唐的余荫，丰腴的造型毕竟未有坠入臃肿而保持一种健康的丰满轻盈之美，绰约之姿也毕竟未有坠入空洞的风骚而保持一种细腻入微的性情刻画。在中国绘画优美气格发展史上，它们不失为一代典型。

（原载《学术界》1993 年第 6 期）

---

① 《日知录》卷二一《画》。

唐代佛教寺院壁画功能及其画人与作品的分析

唐代是中国封建社会的鼎盛时代，封建文化于此取得重大发展并独具特色。苏轼曰："君子之于学，百工之于艺，自三代历汉至唐而备矣。故诗至于杜子美，文至于韩退之，书至于颜鲁公，画至于吴道子，古今之变，天下之能事毕矣。"① 长期稳定的政治局面及经济发展，使得唐人的诗文书画能毕前人之能事而成就一代伟业，在中国封建文明的文艺河谷中垒就一座卓然其形、灿然其彩而独具其神的艺术丰碑，而其佛教寺院壁画则正是这一丰碑的重要组成部分。本文限于篇幅，于此仅就其发生之背景及社会之功能，画人群体及其作品类型等情况作一初步分析，以就正于大方之家。

一、唐代佛教及其寺院壁画的功能

任何一种样式艺术的发生、发展，都有一个切合社会需求的功能所在，这是艺术之所以存在的现实依据。唐代佛教寺院壁画的社会功能主要体现为一种宗教的功能，具体而言，它适应并肯定的是唐代佛教世俗信众对于宗教偶像崇拜的形象需求；这种需求与功能耦合的主题乃在于唐代佛教存在的状况，易言之，唐代佛教发展史构成了唐代佛教寺院壁画发生、发展的背景。下面结合其与寺院壁画关系者简述于次。

唐代统治阶级的思想特点，体现在所谓三教并崇的意识形态格局中。其政治制度、权力机构、法律思想等等都

① 《东坡集》。

是儒家传统的内容，其国家模式基本上是秦汉以来的模式，是隋代国家模式的继承发展。但在思想统治方面，唐代统治阶级十分注重佛、道两家，尤其是佛教思想的辅弼作用。他们希望用佛教彼岸世界的学说来缓和、掩盖现实社会此岸世界的矛盾和冲突，用宗教的鸦片来充实伦理政治中“德教”的社会软管理功能。唐代历帝，除了武宗激烈排佛之外，基本上都是对佛教采取支持利用政策的。

唐太宗即位之后即下诏广度天下僧尼：“三乘结辙，济度为先；八正归依，慈悲为主。流智慧之海，膏泽群生；剪烦恼之林，津梁品物。……朕钦若金轮，恭膺宝命，……欲使人免盖缠，家登仁寿，冥缘显应，大庇含灵。”[①]并在京都大兴善寺寺钟上铭文张扬朕佛一体，从教弘法之志[②]，以身示教诱导人们去信仰佛教，去追求那无法证验的宗教灵境，将现世的种种苦难视作来世无穷不竭“福祚”的补偿而加以忍受。宗教彼岸世界的消极反抗内容被统治阶级改造为消融现实社会此岸世界矛盾的法宝，这大概是佛陀本人创教之时未能预料的结果。然而，这正是思想进程的内在规律，佛陀的神通是无法逆转这一规律的。马克思在《普鲁士国王弗里德里希·威廉四世》一文中指出：“神学的本质，……就是调整和掩盖绝对对立的两极。”在阶级对抗日益发展的阶级社会中，封建主与佛教僧侣加紧携手而同行乃有其历史的必然性。据郭朋先生所著《隋唐佛教》一书统计，“唐代和尚被封赐官爵者，约在三十人以上。他们中最高的为司徒、司空、国公，食户三千邑”。

高宗朝，唐代统治阶级礼遇佛教有增无减：据载，高宗敕准佛经翻译可以不避君讳[③]。到了武氏代唐兴周之际，封建主对佛教的利用更有深化，佛教的社会功能又一次被抬到惊人的高度，“佛意”取代“天意”而兴废王朝了，这就是载初元年“沙门十人伪撰《大云经》，盛言神皇受命之事”[④]。中国佛教这种从魏晋南北朝时期的思辩之神向隋唐之际主宰之神的转化，其根本原因不是思想的历程所能回答的。这种政治迷信只能用历史来说明，用产生它的社会政治来说明。我们知道，武则天是中国封建社会第一位，也是唯一的一位跨出珠帘主政天下的女皇帝。这种举动是悖逆儒家教义的，儒家的经典不仅无法解释她的这一行为，反而会以“牝鸡司晨，唯家之索”的祖训来戟指她。因此，在悖理于儒教的情况下，武则天只有诉诸势力很大的佛教势力，请出伪撰的佛典作为特殊的神学依据来证明禅代的合理性。质言之，武则天

① 《全唐文》卷五《唐太宗·度僧于天下诏》。

② 《全唐文》卷一〇《大兴善寺钟铭》。

③ 《唐会要》卷四九《僧道立位》，《入唐求法巡行礼记》卷一。

④ 《旧唐书》卷六《则天皇后本纪》。

以“佛意”代替“天意”的政治行为，究其本质，两者都是一样的，都是借助异化的力量把现存的一切神圣化罢了①。但是在中国的佛教发展上，武则天这一行为影响是很大的，它说明佛教的社会功能在武则天时代被抬到了一个无以复加的程度。作为一个典型，它反映唐代佛教发展的状况及其在封建社会中的作用。

唐代佛教的社会功能不仅存在政治上夹辅封建统治的作用，同时，它也体现在一般的信仰功能方面。相对说来，后者属于精神消费的范畴。唐代的佛教信仰是相当广泛地，从统治阶级的上层到被统治的社会底层，佛教在唐代社会拥有大批世俗信众。统治阶级上层信仰佛教，有将此世的荣华富贵与来生连接起来的愿望，这是“祈福”的思想；另一方面，则是在身居要津和贬窜左迁的宦海浮沉中所生发的遁世思想，这是“解脱”的思想。前者侧重于宗教仪式，后者侧重于佛教义理的研究。但这两种思想发生在世俗信众的身上，其基本特点还是没有脱离信仰主义的范畴。

被统治阶级大批信众信仰的佛教，则是“由于没有力量同剥削者进行斗争，必然会产生对死后的幸福生活的憧憬，正如野蛮人由于没有力量同大自然搏斗而产生对上帝、魔鬼、奇迹等的信仰一样。”② 在中古时期，科学思想不发达，对于社会底层的普及更无从谈起，人们相信生命的连续性，这就给佛教“轮回缘报”的说教敞开了大门，使之能够渗入人们的意识之中。被剥削阶级政治上受压迫，经济上受剥削，它们无法摆脱此世的种种苦难。因而，他们只有把此世的苦难视作为来世的“福祚”的补偿而加以忍受。唐代广大被统治阶级对佛教的信仰主要表现为对佛教神力的膜拜，他们以虔诚的祈祷寄希望于“极乐净土”的平等生活。这是一种被扭曲的思想，是一种理性窒息的思想。然而，它毕竟存在于那一个时代并支配着人们做出疯狂的宗教牺牲。

唐人社会各阶级从不同的角度存在着对佛教的需求，这就使得唐代佛教能够得以发展，其佛教寺院也因之一块发展了起来。

唐代寺院的发展，皇家帝室出头营建是个比较显著的特点。贞观三年，唐太宗舍通义宫为寺，诏曰：“朕丕承大宝，奄宅域中……永怀慈训，欲报无从。静言因果，思凭冥福。通义宫皇家旧宅，制度弘敞，以崇仁祠，敬增灵佑，宜舍为尼寺，仍以兴圣为名。”③ 高宗嗣位为生母追福，选林泉形胜之地

① 恩格斯：《路德维希·费尔巴哈与德国古典哲学的终结》。

② 《列宁全集》第十二卷，人民出版社 1987 年版，第 131 页。

③ 《全唐文》卷九《唐太宗·舍旧宅造兴善寺诏》。

建大慈恩寺，“寺成，启过亲幸，佛像幡华并从宫中出，太常九部乐送额至寺”①。显庆元年，又“于京兆延康里置西明寺。赐田园百顷，‘净人’一百家，车五辆，绢布两千匹”②。高宗立寺，优渥高僧，连“出无车”都考虑在内，可谓关心备至了。

武则天因《大云经》秘录所示“佛意”而禅唐，故莅位之初，即于天授元年十月“壬申，敕两京、诸州，各置大云寺一区”③。据《通典》卷一九三《边防》引杜环《经行记》记载，则天朝的大云寺一直修到安西、疏勒、碎叶等西北边陲城镇。史称其“铸浮屠，立塔庙，役无虚岁”④；“信心归依，壮其塔庙，广其尊容，已遍于天下矣”⑤。

中宗李显追踪其父李治行踪，为高宗、武后在东都立敬爱寺⑥。史称中宗一朝“造寺不止，费财货者数百亿”⑦。时人韦嗣立说：“比者营造寺观，其数极多，皆务宏博，竞崇环丽。大则费一、二十万，小则尚用三、五万。略计都用资财，动至千万已上。”⑧

唐玄宗在“三教”问题上，倾向于尊崇儒道，而偏重于对佛教采取抑制政策。但佛教僧侣数和寺数也比前朝有所发展。据《续高僧传》卷五记：“太宗朝有寺三千七百一十六所”；据《法苑珠林》卷一〇〇记，高宗朝有寺四千所；据《新唐书·百官志》记，玄宗朝寺五千三百五十八所。这个数字大概是唐代寺数的最高纪录，《唐六典》及《唐会要》等书所记唐寺之数都合于此数。“会昌灭佛”武宗敕令祠部检括天下佛寺，其大、中寺院也不过四千六百所（小的招提、兰若四万所不在此数内）。玄宗朝所出现的这个数字与则天朝大兴佛寺的前史应有关系，但玄宗本人对于佛寺营建所给予的关注也是十分重要的。开元元年，玄宗敕令用他寝殿的材料修葺长乐坊安国寺的弥勒殿；开元二十六年敕天下诸郡立龙兴、开元二寺。“安史之乱”他避难入蜀，于成都所立大圣慈寺规模更大，“凡九十六院，八千五百区，御书‘寺额’，赐田一千亩”⑨。这个大圣慈寺是唐代中国西南地区一座富有代表性的佛教寺院，也是唐中后期佛教寺院壁画一大荟萃之地。

---

① 《两京城坊考》卷三。
② 《全唐文》卷二五七《唐长安西明寺塔碑》。
③ 《资治通鉴》卷二〇四“武则天天授元年（609）”。
④ 《新唐书》卷一二五《苏环传》。
⑤ 《唐会要》卷四九《像》。
⑥ 《历代名画记》卷三。
⑦ 《旧唐书》卷一〇一《辛替否传》。
⑧ 《唐会要》卷四八《议释教（下）》。
⑨ 《佛祖统纪》卷四〇。

唐代佛教寺院的营建修葺于史料中俯仰皆是，我们从中撷取一二，可概见其盛况一斑。它是佛教寺院壁画的托身之所，无佛寺则无佛寺壁画可言。下面我们再来看看唐代佛教寺院壁画的发展及其所有的社会功能。

唐代佛教寺院壁画盛况空前，史称“寺宇招提，莫知纪极，皆云缋藻饰，僭儗宫居”①；“今之伽蓝，制过宫网，穷奢极壮，画绘尽工”②；“穷绘事之笔精，选朝英之偈赞”③。唐代佛教寺院壁画盛大发展，对当时社会影响甚巨，至有国家成文法以壁画代称佛寺者，《唐大诏令集》卷一一三《拆寺诏》曰：“驱游惰不业之徒，已逾百万；废丹雘无用之屋，何啻亿千。”这里的“丹雘之屋”即是指画绘尽工的带有壁画的佛教寺院。唐人画史名著《历代名画记》也特辟《两京外州寺观壁画》以载其盛。

唐代佛教寺院壁画，作为宗教的宣传品，它首先体现的是宗教的一般职能。但作为一种艺术的表现形式，它又具有一般的审美的价值。它具有艺术作品所有的那种提供精神消费的特征，它可以满足人们的求知、爱美、抒情、娱乐，包括思想等等精神活动的需求。作为宗教的崇拜对象，它与巫术崇拜物大不一样，它具有美感的外在形式。在唐代佛教寺院壁画中，无论“净土变”的玉宇瑶阁，还是“天衣飞动”的乾闼婆（即“飞天”）和挥洒如风的佛“圆光”都充满了艺术美感的力量。造型艺术以其线型、色彩的组合、变化创造出种种生动的形象给人以艺术的陶冶，美的升华。唐代佛教寺院壁画是中国壁画艺术高度发展的产物，成就之高令后人企盼，也叫时人赞叹。“听经（一作‘松’）看画绕虚廊，风拂金炉待赐香”④，“为寻名画来过院（一作‘寺’）”⑤，文人学子或幽对赏玩，或联诗咏赞，抒发的情绪主要是美的感受。唐代佛教寺院壁画以形象的语言来传输宗教思想，这就使它带有了审美的意味。

唐代佛教寺院壁画与卷轴画不同。卷轴画或收于秘阁，或藏于私室，传播所在十分有限。而佛教寺院壁画则陈之于寺壁与广大的社会，尤其是与都市的市民社会发生着广泛的联系。唐代佛教寺院多聚于大都市，所谓“两京城内，寺宇相望”⑥。这种都市型的佛教寺院除了具有一般性的佛教文化特征之外，还具有娱乐性的非宗教文化特点。赵璘《因话录》记：“有文淑僧者，

---

① 《唐大诏令集》卷一一三《拆寺诏》。

② 《旧唐书》卷八九《狄仁杰传》。

③ 《千福寺多宝塔感应碑文》。

④ 《全唐诗》卷六七五《郑谷二·宝水寺行香》。

⑤ 《全唐诗》卷五七八《温庭筠（四）·题西明寺僧院》。

⑥ 《唐大诏令集》卷一一三《断书经及铸像敕》。

公为聚众谈说，假托经论，所言无非淫秽鄙亵之事。……愚夫冶妇，乐闻其说，听者嗔咽。寺舍瞻礼崇拜，呼为和尚。”“长安戏场，多集于慈恩，小者在青龙，其次在荐福、永寿。”① 其次如“雁塔题名”“寺观观花”② 等等娱乐性活动，都与这种都市型的佛教寺院存有联系。这种种非宗教性的娱乐活动涉及的社会面很广，使得那些庶民百姓、贩夫走卒、渔樵屠沽等底层社会之人也卷了进去。史载吴道子在长安兴善寺画壁画，“长安市肆老幼士庶竟至，观者如堵”③。唐代都市型佛教寺院这种娱乐化倾向，使它能够充分地显示自己的审美功能。

唐代佛教在唐代三教并崇的意识形态格局中浮沉。武则天时代，佛教势力发展到了一个相对强盛的历史高度，对世俗政治发生了影响。佛教思想在本质上符合了唐代封建主思想统治的需要，两者携手并进的关系比以往更显密切。伴随佛教发展而发展的唐代佛教寺院，居于都市者为其大端。这种都市型的佛教寺院与都市生活关系密切，在中古时代都市未有产生专门性娱乐场所之前，它部分地承担了这一角色，这就使得唐代佛教寺院的文化内容扩大了。内容扩大了的唐代佛教寺院，壁画相当发达。它一方面体现着宗教宣传的作用，同时也抒发着艺术固有的审美功能。佛教发展以及成熟的中国壁画技巧固然是唐代佛教寺壁画获得重大发展的基本条件，但唐代佛教寺院壁画自身所具备的诸功能，却是它获得社会承认并取得发展的内在因素。总之，没有一定的前提性条件和一般的社会适应性，唐代佛教寺院壁画便不可能步入这种创作样式的巅峰。

二、唐代佛教寺院壁画家及其作品类型

唐代佛教寺院壁画的画家队伍，是一支构成复杂的创作队伍。从社会阶层分析的角度来看，它大致可归纳为两类四个层次；从地域和民族关系的角度来看，它大致可分为三种类型。唐代佛教寺院画的作品，涉及了广泛的内容，其大分可有以佛教题材为主的宗教类，以及非宗教题材的世俗类。

(1) 画家及其类型的分析

唐代佛教寺院壁画家第一类第一层次主要由李唐皇室人员及身居要职的大臣构成。这一层次画人文化素养较高，画艺较高并为画史所传。他们有江

① 《南部新书》卷戊。

② 《两京城坊考》卷三。

③ 《历代名画记》卷九。

夏王昌、宗室李昭道、李凑，有身为右相而“驰誉丹青”[①] 的阎立本，有“轩冕继代”“天后朝位至宰辅”[②] 的薛翟，等等。这批人数不多的画家，由于社会地位极高，因而在佛教寺院壁画的创作上影响也很大。他们创作寺院壁画有“助王政之禁律，益仁智之善性”[③] 的思想倾向；在信仰上有行佛教之功德，希福田之利益的心理内容，这与他们舍宅立寺为檀越的行为是一致的。

第一类的第二层次主要是统治阶级中的下层官吏和专职画家构成。这一层次的画家，尤其是后者具有极高的艺术造诣。他们有“官至尚书右丞”的王维，有“官至太府寺丞”[④] 的韩干，有身为给事中的毕宏，有官“至宣州长史”的周昉，有被后世推为万古不替的画圣吴道子，有史馆画直的张萱，有直集贤院的朱抱一，等等。这一层次画家，人数众多，专业技术娴熟；创作热情也高，所取得的艺术成就也最高，他们是唐代佛教寺院壁画创作的主体力量。他们的社会地位一般，多以超绝的技巧博得社会的青睐，统治阶级的重用。吴道子“因工画，曾事逍遥公韦嗣立为小吏”，“后玄宗知其名，召入禁中……因授内教博士”[⑤]。他们创作佛教寺院壁画，在政治上比较复杂。其成教化、助人伦的思想不像第一层次那么自觉。但通过丹青绝艺以通青云之路的政治意识是十分明确的。在信仰上除王维以外，他们大多比较淡漠，佛教寺院壁画创作对于他们来说，一为入仕手段，二为“学有余力，行而有文”的精神消费，是畅情抒怀的一种途径。如吴道子画菩提寺壁画，寺僧“酿酒百石，列罐甕于两庑，引吴道子观之。因谓之曰：‘檀越为我画，以是赏之。’吴生嗜酒，欣然许之”[⑥]。无酒则不绘寺壁，这一方面说明了唐代佛教寺院壁画创作是一种有偿的文化劳动，另一方面则反映了吴道子佛教信仰的淡漠。宗教观念的淡漠使这一层面画家在创作时敢于打破佛教画的种种禁忌，而在艺术上求得突破性的发展。中国佛教画中的“四家样”，除了南北朝的张僧繇和曹仲达两家外，其余两家均产生于这一层次的画家之中。

第二类第三层次主要由那些有一定知名度，并见载于画史的各界人士构成。他们的画艺较高，其中有些人是第一类第二层画家的门人弟子。但有一个总的特点，是他们都没有或未能厕身统治阶级的官僚机构。他们有“开元

---

① 《历代名画记》卷九。
② 《历代名画记》卷九。
③ 《魏书》卷一一四《释老志》。
④ 《历代名画记》卷一〇。
⑤ 《历代名画记》卷九。
⑥ 《寺塔记》。

时与吴道子齐名"[1] 的杨庭光；有善图《地狱变》的陈静眼；有天台处士，画风"顽涩"的项容；有"开元初，徵拜谏议大夫，不受"的卢鸿；有吴派弟子张藏；有"经变佛事，是其所长"的吴门高足卢楞伽，等等。他们是第一类第二层次画家主要竞争者。一般说来，他们创作佛教寺院壁画主观上不具有宣扬统治阶级利用佛教的一面，他们所处的社会地位使他们与统治阶级之间存在一定的隔阂。他们中间职业画手居多，是以佛教寺院壁画创作的有偿劳动来维持生计的。吴道子弟子张藏"寺壁十间，不旬而毕"[2]，一方面反映了张藏的风格和技巧的内容，另一方面也说明他们必须以一定数量的创作以换取更多的社会报酬。他们创作佛教寺院壁画相对说来经济的目标高于艺术的目标。当然那些高蹈于"尘世"之外的"处士""高人"又当自作别论。

唐代佛教寺院壁画家第二类第四层次主要由那些名不见经传的民间画工构成。他们创作了大批优秀的寺院壁画，但其所有的命运却是极为悲惨的。《梦溪笔谈》记："王珙居陕州，集天下良工，画圣寿寺壁，为一时妙绝。画工凡十八人，皆杀之，同为一坎，瘗之于寺西厢，使天下不复有此笔……至今尚有十堵余其间。西廊迎佛舍利，东院佛母壁最为妙，神采皆欲飞动。"唐代佛教寺院壁画艺术家，画工居于最底层。他们只是以群体的概念留在历史的记述中。然而，他们并没有因为无"名"而失去其应有的历史地位。在唐代佛教寺院壁画这座璀璨的艺术宝殿中，唐代画工队伍，这个不知名也难以知其数的创作群体，无疑是作出了重大的贡献的。

从地域和民族关系的角度来看，唐代佛教寺院壁画家大致可分为三种类型。

其一，是由汉民族为主体的汉人画家，这是唐代佛教寺院壁画创作的基本队伍。他们来自李唐境内的各个州郡县邑，具有不同的文化背景关系。阎氏兄弟榆林盛乐人，薛稷河东汾阴人，吴道子河南阳翟人，韩干大梁人，王维山西太原人，张璪吴郡人，孙遇会稽人，张洵南海人。汉民族的寺院壁画家的这种分布情况，说明唐代佛教寺院壁画创作主体人员的构成关系已经具备了全国性的意义。他们集中在政治、文化中心的长安、洛阳进行创作，彼此之间在艺术上的交流、切磋，对于加强对既往存在的区域性文化的融合是大有益处的。唐代佛教寺院壁画通过其主体创作人员结构关系的特点，将更能体现其全民族艺术的特点。

其二，是西域地区的少数民族画家。他们的人数有限，但却能以其异域的风采给唐代佛教寺院壁画带入新的表现手法。他们的代表人物见诸画史的

---

① 《历代名画记》卷九。

② 《历代名画记》卷九。

有于阗国的尉迟乙僧和康国人康萨陀。史载尉迟乙僧“贞观初，其国王以丹青奇妙，荐之阙下”[①]，可见乙僧是以西域地区于阗国与中原王朝唐朝友好交往的文化使者身份进入唐代画界的。康萨陀在唐初彦悰所撰的《后画录》中即已有记载，估计他的入唐时间也在贞观年间。彦悰论其品次曰“在尉迟下”[②]，可见萨陀的艺术风格及技巧特征当与乙僧属于同一系统。二人在初唐佛教寺院壁画创作上比较活跃，尤其是尉迟乙僧。他们所带入的新风格、新方法对于唐代画人艺术视角的拓展，以及艺术素养的丰富构成都是大有裨益的。

其三，是外国僧人，这类画家见诸记载更少。较有代表性的要数南天竺的高僧金刚三藏，这个金刚三藏疑即“开元三大士”之一的金刚智。史载金刚智，梵名跋日罗菩提，三藏乃其尊称，开元八年至东都洛阳。玄宗知其入境，特敕令迎于长安慈恩寺，后又迁居荐福寺。开元二十年八月二十五日圆寂于东都洛阳广福寺。《历代名画记》卷九记：“东京广福寺木塔下素像，皆三藏起样。”这个地点恰于金刚智圆寂之所相符。其二，金刚智为佛教密宗大师，而密宗派据《大正藏》卷三九《大日经疏》说：“须解漫荼罗像，……此中一一方位、相貌，调布众，缋画庄严，皆须自善其事。”结此，我们认为《历代名画记》所记“三藏”其人，大概就是金刚智。张彦远之所以录为“三藏”，也大概是出于对这位蜚声佛教界的大师的敬意，方才讳名氏录尊称。金刚智所起佛图样应与玄奘自五天竺归唐所带回的佛像，以及王玄策所取到的西域佛像同属于方外佛教艺术系统。这种迥异于中原画风的艺术作品的存在，一方面对唐代佛教寺院壁画创作的盛势起着推波助澜的作用，另一方面，其所具有的异国格调也将为唐代佛教寺院壁画的丰富构成增添了新的成分。

唐代佛教寺院壁画家是唐代佛教寺院壁画创作者，我们从两个方面对其作了一个简略的归类和分析，以便我们在接触作品时，对其创造者有一个粗略的认识。另外，我们从以上的交待中不难看出，唐代佛教寺院壁画的创作涉及了广泛的社会层面，人员构成关系上出现了比历史上更为宽广的幅度。这种多民族、地区广泛（包括方外佛教画的创作者）的创作队伍，不仅将使唐代佛教寺院壁画能够展现多姿多彩的风格，同时也给盛唐时代产生“唐风”式的寺院壁画这一民族风格，铺垫了更为宽阔深厚的基础。

---

① 《历代名画记》卷九。

② 《历代名画记》卷九。

（2）作品及其类型的分析

唐代佛教寺院壁画大致可以分为两大类型：一为佛教题材的宗教类壁画；二为非宗教题材的非宗教类壁画。前者主要由释仪像和诸经变构成；后者则由世俗人物画和山水松石、飞禽走兽、水族、花卉植木等构成。宗教类的释仪像，据有关旧籍载录名目繁多，计有佛、释天、梵天帝释、帝释、普贤菩萨、文殊师利菩萨、罗汉、天王、释梵天女、乐天，等等。其经变画为唐代佛教寺院壁画创作的大宗，名目也不少，计有本行经变、涅槃变、降魔变、地狱变、法华太子变、金刚经变、净土变、维摩变、药师变、西方变、华严变、十轮经变、西方弥勒变、日藏月藏经变、大悲度变，等等。

宗教类释仪像壁画是中国佛教寺院创作的一个传统题材，它主要是塑造佛教教主，以及各色护法神的形象。造型上突出地刻画出宗教的灵异，洋溢着对佛教法力的膜拜。它是信徒们礼拜的对象，因此宗教的意味特别浓厚。作佛、菩萨像于“三十二相，八十种好皆具而慈悲威重，有巍巍天人师之容”①。作诸天等护法神灵像则“七宝庄严衣甲，左手持戟矛，右手托腰上。其神，脚下作二夜叉鬼，并作黑色。其毗沙门面作甚可畏形，恶眼视一切鬼神”②，呈现一付“倚天长剑横诸神，慈悲示物亦凛凛”③ 的“甚奇猛”④ 之势。唐代佛教寺院壁画释仪像中这种或慈悲，或威赫的两面像，事实上则折射着世俗社会那些“恩威并施”的封建统治者的两面形象。

经变画是唐代佛教寺院壁画创作的主要内容，它主要是将晦涩深奥的佛经用通俗易懂的形式传达给世俗信众的佛教宣传手段。涅槃变讲佛陀释迦牟尼的圆寂；大悲变讲佛涅槃之际如何嘱托梵天帝释及弟子迦叶阿难等人弘法结集之事；降魔变讲释迦牟尼如何矢志修行，破败魔王波旬法道之事；净土变讲天国如何福乐无伦。然而，无论是涅槃变的诡奇，还是净土变的福赡，这些经变画上所洋溢的种种宗教的夸诞都有世俗本质的内容。

唐代佛教寺院壁画非宗教类作品涉及了广泛的题材，可以说包括了《宣和画谱》所划分的所有门类。

在人物门类上它拥有四个小目，其一为当代帝王或前代帝王的“圣容”。“景龙二年，又赐真容坐像，诏寺（长安招福寺）中别建圣容院。是玄宗在春宫中真容也。先天二年，敕出内库钱二千万，巧匠一千人，重修之”⑤。长安

① 《德隅斋画品》。

② 丁福保：《佛学大辞典》。

③ 皎然：《周长史画毗沙门天王歌》。

④ 《寺塔记》。

⑤ 《寺塔记》。

安国寺吴道子“北院门外画神，及梁武帝、郄后像”[①]，这种人间帝王图像图绘于佛教寺院，首见于唐代佛教寺院壁画创作的记载，它是“朕佛一体”佛教世俗化的典型标志，往昔的“戎神”仪像已经与只在太庙中窥见的帝王尊容同于一堂，而当代君王仪容出现于寺院则更能说明封建主与宗教携手关系的强化。

其二是地方府尹长史的肖像壁画。《益州名画录》记李德裕《重写前益州五长史真记》曰：“益州草堂寺前，列画前代长史一十四人，代称绝迹。余尝于数公子孙之家获见图状，乃知草堂缋事，靡不造真。……余以精庐甚古，画壁将倾，乃选其功德尤著者五人，模于郡之厅所。”这是将中国汉已有之的褒奖功德人物的殿阁壁画移入佛教寺院的壁画形式。

其三是部分少数民族的番王肖像。《历代名画记》卷三记尉迟乙僧于长安奉恩寺绘“本国王及诸亲族肖像”。奉恩寺原为乙僧居宅，后承恩敕而改为寺，寺号称“奉恩”，乙僧则为此寺施主。他于此寺图绘的番王及亲族像，史载不详。但从某种意义上来看，这种形式是具有中国祈庙意味的。

最后一类是风俗人物像。《唐朝名画录》记周昉于宣州禅定寺“又画士女，为古今冠绝”。这种以社会生活风貌为题材的人物画，中国汉代时期已经很有发展了（见辽阳、望都等地汉墓墓室壁画）。它在唐代步入佛教寺院之壁，乃是与这一时期佛教世俗化的历程吻合的。

唐代佛教寺院人物画的另外一个方面是各种圣僧、高僧、行僧的肖像。这是一组僧侣的画廊而不是教说中幻构神异的“人物”。它大至也可以分为三种情况。

其一为佛教史上创宗兴派的经论大师。《益州名画录》记卢楞伽入蜀于成都大圣慈寺图“马鸣，提婆像二躯，虽经粉饰，犹未损其笔踪”。马鸣是古代印度的诗人、哲学家、大乘佛教著名的论师。提婆传说为龙树的弟子，是大乘教中观学派的重要创始人之一。

其二为当时的近现代，或当代的佛教著名人物。《历代名画记》卷三记韩干于长安兴唐寺“画一行大师真”，又记韩干偕众人于长安千福寺图“南岳智顗大禅师法华七祖及弟子影，……传法二十四弟子”。智顗为陈隋之际佛教天台宗的一代宗师，一行即武则天时代的名僧一行。

最后是一些不具名的高僧、行僧肖像。《历代名画记》卷三记吴道子长安资圣寺画“高僧”，荐福寺“西南院佛殿内东壁及廊下行僧，并吴画”。李德裕镇浙西收“会昌法难”废壁也有“韩干行僧四壁”。

---

① 《历代名画记》卷三。

唐代佛教寺院僧侣类型壁画是对历史上石窟寺同类型创作的一种移植。现存最早的石窟寺高僧壁画，大概要数炳灵寺一六九号窟“护国大禅师昙摩毗”的肖像了。这幅壁画还保留着西秦建弘元年（420）的墨书题记。据《高僧传》记载，西域僧昙摩毗在西秦国都枹罕（今甘肃临夏）“领主徒众，训以禅道，西秦奉为国师”。可见昙摩毗的宗教地位是很高的，否则其是不能被图于寺壁的。

唐代佛教寺院僧侣壁画，一方面体现了佛教僧侣对教史上卓越人物的纪念之情；另一方面则通过这种对佛教僧侣褒扬的形式，去诱发世俗信众对宗教人物的感情。这是一种将佛教信仰和佛教僧侣崇拜结合起来以扩大佛教社会影响的宣传手段。

在唐代佛教寺院非宗教类壁画中，另一类值得研究的是以山水松石为创作对象的景物画。这类壁画主要可分为全景型的山水图和局部型的松石图。前者以见诸记载的朱审唐安寺《山水图》为代表，史记此图有“峻极之状，重深之妙”，“咫尺之地，溪谷幽邃”，“山岳、雨云、松篁、白石、清流汇于一图”[①]，“深沉环壮，……平远极目”[②]，使人有“与君一顾西墙画，从此看山不向南”[③] 的全景感受。局部型的松石图以张璪的作品为代表，时人论“张璪画古松，往往得神骨”[④]。他所创作的《松石图》以松、石为画面中心，“槎牙之状，鳞皴之形，随意纵横，应手间出”[⑤]，长安荐福寺律院北廊、宝应寺西南院小堂北壁均有其松石图创作的记载[⑥]。这类以自然景物为创作对象的寺院壁画，是唐代佛教寺院作品类型的一大特点，当时不少画家，如王维、毕宏、王陀子等都有此类作品。

在寺院的动、植物画方面，唐代佛教寺院的创作也很繁荣，它的代表性作家有吴道子、韩干、边鸾、刁光胤等人。这一类壁画或是啸傲云间的神龙，或是腾骧欲驰的烈骥，或是“翠彩生动，金羽辉灼”[⑦] 的鸾凤孔翠，或是富贵为百花之王的牡丹、芍药。如吴道子有长安赵景公寺“黑夜窸窣时，安知不霹雳”而去的神龙；韩干有长安资圣寺“如将嘶喋”[⑧] 的《散马图》；边鸾

---

① 《历代名画记》卷九。

② 《历代名画记》卷九。

③ 《全唐诗》卷四七九《柳公权·题朱审山水画寺壁》。

④ 《全唐诗》卷三九八《元稹三·画松》。

⑤ 《历代名画记》卷九。

⑥ 《历代名画记》卷三。

⑦ 《历代名画记》卷九。

⑧ 《寺塔记》。

有资圣寺团塔下“四面花鸟”[①]；刁光胤有成都大圣慈寺“承天院窗边小壁四堵画四时花鸟”[②]。

艺海的每个角落都是艺术家奋击的天地。唐代佛教寺院非宗教类动、植物壁画有些是传统题材的再创造（如龙马画），有些是新起兴的题材创作（如花鸟），它们尽管不占有寺院的主要壁面，但却丰富了寺院壁画的内容，同时也给唐代的丹青之苑增添了新的色彩。

（原载《居巢学刊》1997 年第 4 期）

① 《历代名画记》卷一〇。
② 《图画见闻志》。

试论唐代佛教寺院壁画的历史分期

唐代是中国壁画艺术大发展的历史时期，佛寺壁画是其极为发达的一个类型。从形式上看，唐代佛寺壁画可大分为二：其一为绘于具有中国民族传统建筑上的寺院壁画，一般说来，它的作品主要分布于寺院之殿、堂、廊、庑及山门等壁上；其二为绘于具有印度、西域地区特点的石窟寺壁上，由于建筑样式的差异，它的作品主要分布于窟之四壁及窟顶上。在唐代佛寺壁画研究上，以敦煌壁画为中心的石窟寺壁画研究，前人耕耘甚多，成果亦颇富，但于唐代佛教寺院壁画，即绘制于中国传统建筑之上的寺院壁画则少有系统而专门的研究。本文于此，试结合唐王朝三百年历史的大背景，从其创作技巧之演进及风格变迁的角度，述论其大致的历史分期。

一、初唐近百年的平缓发展期

从武德元年（618）到开元元年（713）的初唐近百年，是唐王朝政治、经济、文化稳定、巩固和拓展的时期，是步入盛唐人文发皇的准备阶段。“贞观之治”使李唐政治粗安，国力渐趋强大；安西、北庭二都护府远置于中亚地区，“胡越一家”四方辐辏使唐人的政治自负与文化视野大为扩展；经济上承杨隋余惠亦有长足之进步，以户计，则贞观初天下“不满三百万”①，而中宗朝神龙元年已激增至“六百一十五万六千一百四十一户”②。

① 《通典》卷七。

② 《唐会要》卷八四。

新王朝骎骎欲上的气象感染了这一代人的精神面貌。创作领域的士人们对梁陈以来“气骨都尽，刚健不闻”的艺术情趣大不以为然，“思革其敝，用光志业”[①]，以提倡一种使人奋发向上的刚健之美的文艺思想，在这一阶段已经肇兴。这对于初唐艺术的发展，以及在盛唐确立起一种恢弘博大、刚健有为的艺术风格都是一个很重要的起点。然而，这种能得风气之先的敏感的思想，在初唐只能是一种预示，它还有待于历史的发展给其提供更为充分的条件去展开。

唐初佛教，历太宗、高宗、武后朝，尤其是后者，终于取得了立足意识形态的地位。玄奘东归，义净借东南海道返唐，唐代的译经之风再起。法相宗、律宗、净土宗、华严宗等佛教宗派在唐代社会各个阶层广泛传播，改变了初期“秃丁之诮，闾里甚传；胡鬼之谣，昌言酒席”的局面，那种对佛教僧侣公开的贬贱和攻讦开始逐渐消失，士人学子、显宦贵胄游宿僧舍漫论三教已成为一种社会习尚。高宗上元元年诏曰：“公私斋会，及参集之处，道士、女冠在东；僧、尼在西，不须更为先后。”[②] 武则天天授二年下制：“自今以后，释教宜在道法之上，缁服处黄冠之前。”[③] 在不到20年的时间内，佛教势力的迅速发展直接促动了这一阶段佛教寺院壁画的创作。

唐代佛教寺院壁画第一阶段是平缓发展期，它的第一个特征是对南北朝以来佛教寺院壁画的消化和吸收，并在这一基础上做出平缓的推进。

初唐画坛，阎氏兄弟颇负盛誉。李嗣真《后画品录》称：“博陵大安，难兄难弟。自江左顾、陆云亡，北朝子华长逝，象人之妙，号为中兴。”在二阎之中，阎立本的画艺又要高出一筹。张彦远在《历代名画记》卷二《论名画品第》中说：“必也手揣卷轴，口定贵贱……则董伯仁、展子虔、郑法士、杨子华、孙尚子、阎立本、吴道玄屏风一片，值金二万。”阎立本的艺术地位，与其善于多方面地吸收前人的经验是分不开的。史载“阎师张（僧繇），青出于蓝”[④]。“阎立本至荆州，观张僧繇旧迹，曰：‘定虚得名耳。’明日又往，曰：‘犹近代佳手。’明白复往。曰：‘名下无虚士！’坐卧观之。留宿其下十余日，不能去”[⑤]。阎立本画艺的童蒙学习原本资于其父阎毗的北学传统，南北统一后，他对“南张”风格的学习显然存在一个疑而后学的过程。荆州“三观”，可以说是这一过程的一个缩影。

---

① 彦悰：《法琳别传》。
② 《全唐文》卷一四。
③ 《唐大诏令集》卷一一三《释教在道法之上制》。
④ 《历代名画记》卷九。
⑤ 《图画见闻志》卷五，《唐语林》卷三。

唐初画人对于南北朝以来中国绘画优秀遗产进行吸收消化乃是一种普遍的现象。如当时活跃于佛教寺院壁画创作领域中的范长寿，其风格、其技巧史称“博赡繁多”[①]；靳智异“祖述（曹）仲达”，但也能“改张琴瑟，变夷为夏”[②]；檀智敏师董伯仁界画，表现建筑的阴阳向背能尽得物理，“屋木，楼台，出一代之制”[③]。继承以为发展的创作实践首先在唐初画坛展开了。

唐初画家注重学习前人的文化精神，是一种合逻辑、合历史的群体行为，它在完成隋代画家所没有完成的熔冶南北朝以来艺术成果的历史课题。唐王朝的再次统一，以及政治的巩固和国势的强大使这批画家生发了极大的热情和自信心，去看待历史上各区域性的艺术成就，去考察、总结并加以融会。唐代绘画及其寺院壁画对传统的继承，在唐初画家中得到了最为集中的反映。这种总结和综合给唐代绘画发展奠定了广泛的传统基础，宋人郭若虚指出，在“六朝三大家”与盛唐吴道子之间的“二阎”，是中国人物画发展链带上重要的一环。

阎立本以及唐初一代画人在连接南北朝及隋佛教寺院壁画与盛唐佛教寺院壁画中，具有桥梁作用，但这种作用的只是一种平缓的推进作用而已。他们注重形似，“工于写真”[④]，状物高于达意；“骨气不足，遒媚有余”[⑤]，还未能脱尽魏晋六朝纤巧委靡之风，其基本精神是平庸的。阎立本等人之所以未有被后世论者推为“画圣”，奉为“宗师”“家样”，不是因为他们的技巧不高（事实上阎立本等人的传真技巧是很高的，尤其是阎立本笔底物象能“万象不失”[⑥]），但他们的作品毕竟缺少一种精神。他们在师古、摹古的前代遗产综合过程中走了一条形似多于神似、状物高于达意的创作道路，在对对象世界的表现中处于相对被动的位置。因而，关系颠倒了，创作便无法从自身的束缚中解放出来，无法进入尚意、创意的风格发展阶段。真正的“唐风”，在这儿还没有建立起来，他们是一些批判和整理故旧的综合派人物。

在初唐画苑中还有着一种散发着异域馨香的创作样式，这就是尉迟乙僧的凹凸法。关于尉迟的寺院壁画，朱景玄记曰：“今慈恩寺塔前功德，又凹凸花面中间千手眼大悲，精妙之状，不可名焉。又光宅寺七宝台后面画《降魔

① 《唐朝名画录》。

② 《历代名画记》卷九。

③ 《唐朝名画录》。

④ 《旧唐书》卷七七《阎立本传》。

⑤ 彦悰：《后画录》。

⑥ 《唐代名画记》卷二。

像》，千状万怪，实奇踪也。”① 段成式记其《降魔变》曰：“变形三魔女，身若出壁。”② 尉迟乙僧“师於父”③，家学出身，具有浓厚的西域地区风格。元人汤垕记其传世卷轴说：“用色沉著，堆起绢素，而不隐指。”④ 他是一位以色彩为主要造型手段的画家。但他入唐以后，处在汉文化高度发展的长安城中，因此技法也感染了不少中国传统技法。张彦远记其用线：“小则用笔紧劲，如屈铁盘丝，大则洒落有气概。”⑤ 张彦远论画的原则是“无线者，非画也”，对中国传统绘画的技法特征领会很深。其论乙僧线条有小笔紧劲、大笔洒落的概括，可见乙僧画中的线条是一种介于细致缜密的密体与磊落奔放的疏体之间的一种线条。尉迟乙僧这种缺乏风格一致的线型，对于此后中国画的影响甚微，它大概是一种从属于尉迟乙僧色彩造型的不成熟的线条。

尉迟乙僧是初唐佛教寺院壁画创作的一位重要的画家，其作品形象和造型手段的异域色彩吸引了当时人们的关注。尽管他的作品形象“非中华之威仪”⑥，但时人仍以“胡越一家”的文化含纳精神，将其作品推于“神品”之位。他所代表的一派对于盛唐大家风格的形成以及造型手段的丰富，影响不小。盛唐画坛上的泰斗人物吴道子也多少吸收了他的凹凸晕染技法，史称吴道子设色“於焦墨痕中，略施微染，自然超出绢索”⑦，这种吴风中的技法当与尉迟乙僧的凹凸晕染法有一定联系。

然而，尉迟乙僧作为一位深染印度佛教艺术的于阗国人，在唐代，他只是以一个异域画人的区域性风格代表进入中国画坛的，终究无法代表有着悠久历史的中国绘画，也无法冲破这长期发展而形成的创作形式。他以“中华罕继”⑧ 的艺术特点给中国传统画苑吹入了一股新风，然而却又无法深入其核心。他是初唐画苑新风派的代表人物。

初唐异民族画家新风派人物，画风迥异于传统。他们的创作引起了中国画人的注意，其造型方法的某些特点也渗进了中国古代绘画的壁垒，但它终究无法替代传统精神所酿就的传统形式。寓含着大千世界的“线”的旨趣，在“墨趣”未曾大兴之前是独主中国画坛的坛主；它由点而线，由线而面，变化多端，极富造型能力；它正处在发展期，生命力是强大的。新风派人物

---

① 《唐朝名画录》。
② 《寺塔记》。
③ 《历代名画记》卷二。
④ 《画鉴》。
⑤ 《历代名画记》卷九。
⑥ 《唐朝名画录》。
⑦ 《画鉴》。
⑧ 《唐朝名画录》。

对传统形式中的合理部分进行了尝试性接近，然而却无法造其堂奥而徘徊于外在的模仿。尉迟乙僧是新风派的殿最人物，在以开放为特点的唐代社会中充分地表现了他的艺术，其所具有的风格情趣，给初唐佛教寺院壁画增添了吉光片羽。然而，这种创作只是东渐艺术的历史延续而已，它终究无法改变初唐佛教寺院壁画平缓发展的特点。

唐代佛教寺院壁画在走向盛大发展的黄金时期之前，初唐的创作为它做了两个准备：一是对中国古代绘画及其佛教寺院壁画做了广泛的综合、镕冶，将传统中优秀的内容做了严肃整理后的转移；二是继续保持了外来艺术的引进，保持了魏晋迄隋以来佛教寺院壁画创作上的“非锁国”的开放特点。这两点准备，尤其是第一点的完成给盛唐画人的创作奠定了丰厚的传统基础，使他们能借此而跃上更高的高度。

二、盛唐、中唐百余年的鼎盛发展期

开元、天宝年间是盛唐的历史，唐代佛教寺院壁画也于此步入了它的鼎盛发展阶段。这一时期，大唐的政治趋于稳定，“风雨时若，人和岁稔”[①]，经济得以长足发展，“是时海内富实，斗米之价，钱十三；青、齐间，斗绕三钱。绢一匹，钱二百。道路列肆，具酒肉以待行人；店有驿驴，行千里不持尺兵”[②]。社会经济的发展和内部政治的稳定，使得这一时期的统治君王及其所代表的整个阶级，产生了一种向外拓展以播扬国威的强烈欲望。天宝元年，唐置十节度、经略使，领兵四十九万，马八万[③]。天宝六载，唐将高仙芝远征小勃律，这是中原王朝前史所无的一次最远的西征，它到达了今天的大小帕米尔高原一带。边战跨出了防御性的长城，历史上因边境民族的入侵而奋起的防御性边战转化成了向外拓展的进攻性边战。“古人重守边，今人重高勋。……誓开玄冥北，持以奉吾君”[④]，一种“功成画麟阁”[⑤] 的外求功利的精神弥漫于大唐的社会。

“开元盛世”在政治、经济和军事方面所取得的成功，给它的文化发展带来了极大的推动和刺激。如果说唐初文化发展具有整理、综合南北朝以来文化的特点，那么盛唐文化则已经站在这一起点上进入了突破既往文化的创造

① 《唐大诏令集》卷九《天宝八载册尊号赦》。

② 《新唐书》卷五一《食货志（一）》。

③ 岑仲勉：《隋唐史》，中华书局 1980 年版。

④ 杜甫：《后出塞五首》。

⑤ 李白：《塞下曲》。

性发展阶段，并逐步形成了一种恢弘博大，“焕烂而求备”的文化特点。盛唐时代的文化人在国势昌大、国威远扬、政治经济发达到最高峰的环境中生活、涵养，洋溢着一种自信，焕发出一种精神，他们充满了“群才属休明”就当“乘运共跃鳞”的事业情趣；他们以一种“扬马激颓波，开流荡无垠”① 的豪情与气派，开启了一场辉映古今的文化创造运动。

盛唐时期的佛教，虽经玄宗开元初年的抑制而稍有停顿。但由于佛教在与李唐统治阶级的长期携手中，已经形成了较为凝固的“同盟”关系。因此，不久它便又在统治阶级的支持下发展了起来。开元二十四年，玄宗颁赐《御注金刚般若经》②；开元二十六年六月一日，敕“每州各以廓下定形胜寺观，改以开元为额”；“天宝三载三月，两京及天下诸郡，于开元观、开元寺，以金铜铸元宗等身、天尊及佛各一躯”③。“三教并崇”，依然是盛唐时期意识形态的基本格局。

在中唐六十余年的历史中，李唐王朝的政治、经济的发展远没有盛唐来的昌盛。其文化的发展，在总体上也丧失了盛唐时代那种恢弘博大、高扬揭举的气势。“安史之乱”后，藩镇割据愈演愈烈。建中四年，“四藩称帝”，唐王朝几乎面临着“自国门之外，皆方镇矣”④ 的严峻形势。内政方面，“宦官攘政”“朋党交争”，南衙北司势如水火难以相容。统治阶级内部长期的权力斗争内耗了这个庞大的王朝的能量，整个统治开始步入了由盛转衰的下坡路。横跨唐朝盛衰两段历史的杜甫极其深沉地吟道：“寂寞天宝后，园庐但蒿藜。我里百余家，世乱各东西。”⑤ 旧籍记载，肃宗乾元元年，唐全国户数骤减为“一百九十三万三千一百七十四户”⑥。此后，虽经德宗两税改制、宪宗收平淮西等镇，然而至文宗大和年间，唐全国户数方才有“四百三十五万七千五百五十七户”⑦，不及天宝十三载所计户数一半。

中唐社会尽管政治、经济已出现衰退的趋势，但统治阶级对佛教的支持依然是有增无减。肃宗时密宗大师不空“官至卿监，爵为国公，出入禁闼。势移权贵”⑧。政治动乱、国门报警，使得统治阶级对佛教的利用更趋频繁也更显荒诞，“或夷狄入寇，必合众沙门诵《护国王经》为禳厌，幸其去则横加

---

① 李白：《古风十五首》。

② 《全唐文》卷三〇《答张九龄等贺御注〈金刚经〉手诏》。

③ 《唐会要》卷五〇《尊崇道教》。

④ 《唐语林》卷八。

⑤ 杜甫：《无家别》。

⑥ 《通典》卷七。

⑦ 《唐会要》卷八四。

⑧ 《资治通鉴》卷二二四“唐代宗大历二年（767）”。

赐与，不知纪极”[①]。宗教迷信在这个虚弱的时代里，堂而皇之地扮演着“护国神”的角色。

唐代佛教寺院壁画第二阶段，是其鼎盛发展期。在创作上涌现了大批高造诣的壁画艺术家，体现了成熟的技巧，并形成了具有典型时代意义的风格样式，“唐风”式的作品开始形成；创作在整体上走向繁荣，作品的数量较之初唐有了很大的增长；这一阶段也是创作门类最为齐全的发展阶段。一百多年的创获，不仅使它雄居于唐代佛教寺院壁画创作的鼎盛阶段，而且也堪称中国佛教寺院壁画创作的一个巅峰。

这一阶段的佛教寺院壁画已经脱离了南北朝及隋以来的影响，进入了风格突破的创造发展阶段。宋人邵博《闻见后录》曰：“观汉李翕、王稚子、高贯方墓碑，多刻山林人物，乃知顾恺之、陆探微、宗处士辈有此遗法。至吴道元，绝艺入神，然始用巧思而古意灭矣。”盛唐时代中国绘画的风格发生重大变化的事实，邵博在比较中直觉地捕捉到了。但他将其归结为个人的巧思，却反映了他对艺术发展的认识是存在局限的。唐代佛教寺院壁画第二阶段发展的历史，说明这种风格的发展乃是群体的而非个体的。在这个鼎盛发展期，个人风格与流派一时蔚起，如同一座岩峰并岭、高秀半天的群山，而其庞大的创作群则正像那自岭下而指向八方的巨大的山根，支持着峻秀的峰峰峦峦。盛唐吴道子个人的巧思是这盛大发展中的一个典型，而绝非是全体。

吴道子是一位多产而优秀的佛教寺院壁画艺术家。史称其：“凡画人物、佛像、神鬼、禽兽、山水、台殿、草木皆冠绝于世，国朝第一。”[②] 佛像及诸经变画尤为其所擅长，所成佛画样式，世称“吴家样”。这种吴风样式，笔力遒劲而畅快，“画衣裳，磊落生动”[③]；其长安菩提寺佛像“天衣飞扬，满壁风动”；资圣寺人物，“出奇变态千万端”，使人“覩之忽忽毛骨寒”[④]。现传世的《释迦降生图卷》上，无论是腾挪欲跃的神兽，还是髭须怒张的神人，笔里形间都洋溢着一种雄健外拓的精神。元人汤垕说：“唐人名手至多，吴道子笔法超妙，为百代画圣。”[⑤] 吴道子画风中纵横健拔、高扬揭举的气势，昭示着盛唐画风的开始。

---

① 《新唐书》卷一四五《王缙传》。

② 《唐朝名画录》。

③ 《画品》。

④ 《寺塔记》。

⑤ 《画鉴》。

盛唐时期的韩干也是唐风总体风格中的一大杰出代表。他以一种昂然奋然的气势创作出种种充满运动和力度的马图而享誉盛唐画坛。史称其："善写貌人物，尤工鞍马"，"画马穷殊相。"① 韩干马画不仅深得传真之功，且也多有"翘举雄杰"② 之势。段成式吟赞其长安资圣寺《散马图》曰"变势如激湍"，这种在运动中见力度、在力度中写运动的韩干马画已经改变了前代马画的风格。张彦远曰："古之马喙尖而腹细。"③ 明代佚名画论作者指出："古之马喙尖而腹细，则自韩干而后小变矣。"④ 将传世的韩干马画诸图与史传所记的"璃颈龙体"的记载一比较，则韩干马画非谓小变，实则大变矣。值得指出的是，韩干能变法前贤而特出一体是与其重写生以取心得的现实主义创作实践分不开的。史载韩干"明皇天宝中召入供奉，上令师陈闳画马，帝怪其不同，因诘之。奏云：'臣自有师，陛下内厩之马，皆臣之师也。'"⑤

唐代佛教寺院壁画第二阶段的画家，坚持以现实主义的创作原则，绘作出富有个性和风格发展意义的作品，这在当时是一种普遍的现象。松石画专家张璪是又一典型代表。他画法奇特而不囿常格，《历代名画记》卷九记："初，毕庶子宏擅名当代，一见惊叹之。异其唯用秃笔或以手摸绢素。因问璪所受。璪曰：'外师造化，中得心源。'毕宏于是阁笔。"张璪的艺术成就不在于秃笔和手摸绢素的技巧形式上。他能居于画格"神品"，关键在于他能辟开一种层次深远、景象开阔的意境及其作品中所有的气势。他在似答非答而又切中要害的答毕宏问中，凝练地将绘画过程中的主客观因素做了概括的表述，将艺术作品形成由物的认识，再到表现归结为对对象的感受这个起点。这显然是一种朴素的现实主义绘画理论的表现。张璪松石画有"势凌风雨，气傲烟霞"⑥ 的磊落奔放、酣畅而出的风格特征，在唐代佛教寺院非宗教类壁画中，他的松石图是独树一帜的。他的作品无疑丰富了这一阶段风格发展的内容。

周昉是中唐时代的大画家，他的创作活动主要是在中唐时期进行的。他是中国佛画史上"四家样"的殿最人物。其佛教人物以观音像为代表，史称"水月观音"；"又画士女，为古今冠绝"⑦，史称"绮丽人物"，又叫"绮罗

---

① 《历代名画记》卷九。

② 《寺塔记》。

③ 《历代名画记》卷九。

④ 沈子丞：《历代论画名著汇编·明》。

⑤ 《唐朝名画录》。

⑥ 《唐朝名画录》。

⑦ 《唐朝名画录》。

人物”。周昉是一位勤于探索，努力于风格发展的创造型艺术家。据载德宗朝“修章敬寺，召皓云：‘卿弟昉善画，朕欲宣画章敬寺神，卿特言之。’经数月，果召之，昉乃下笔。落笔之际，都人竞观，寺抵园门，贤愚毕至。或有言其妙者，或有指其瑕者。随意改定，经月有余，是非语绝，无不叹其精妙，为当时第一。”[①] 对周昉笔下的女性人物“多富贵秾丽”[②] 之态，体现着“以贵为美”的豪华，是这一阶段佛教寺院壁画风格发展的又一典型。

边鸾的创作主要是在代、德二宗时期，他是这一时期花鸟门类的代表画家并在佛教寺院花鸟门类的壁画创作中居于领先地位，史称其近代“折枝花居其第一”[③]，所作异花珍禽皆“精妙之极”[④]。他的作品也趋于对豪华趣味的追求，下笔轻利，用色鲜明，“穷羽毛之变态，奋花卉之芳妍”[⑤]，浓妆艳抹之花、丹碧交错的鸟是边鸾对豪华趣味追求的一大特征。边氏花鸟是中唐时代新兴起的艺术门类，它所体现的风格特征在整体上是与周昉豪华情趣一致的。

纵横健拔、高扬揭举的吴氏作品首先揭橥了风格发展的创造性运动。其间韩干、张璪、王维、卢楞伽、朱审、杨庭光等一代画人蔚起而应之，中唐时代的周昉以其个性鲜明的创作样式殿最了这一创造性的运动。典型意义上的“唐风”艺术于此是真正地形成了。张彦远说：“圣唐至今，二百三十年，奇艺骈罗，耳目相接，开元天宝，其人最多。”[⑥] 这一阶段的画人从整体上讲是一个创造派的群体。在这个千秀竞美的艺术整体中，富有典型意义和充满了历史意味的是产生吴、周两大艺术风格。他们各各以其富有个性的艺术形象，以其精湛成熟的艺术技巧，分领艺坛一时之风骚。前者在唐代统治阶级充满外拓意志的社会精神氛围中，涵养了自身的艺术个性，创作了一种反映时代精神的豪放、外拓的壮美样式；后者在“安史之乱”以后唐代统治阶级苟安求逸，追求天上人间奢华的社会精神中，生发了自身的艺术旨趣，创作了一种吻合时尚的侈丽豪华的优美风格。时代是他们创作的背景，他们以自己的创作“观照”了他们的时代。

---

① 《唐朝名画录》。

② 《画鉴》。

③ 《唐朝名画录》。

④ 《历代名画记》卷一〇。

⑤ 《唐朝名画录》。

⑥ 《历代名画记》卷一。

三、晚唐近百年的转化发展期

晚唐近百年的历史是唐王朝日趋没落，最后走向崩溃的历史。唐王朝旧有的矛盾没有得到解决，并日益加剧而派生出新的社会矛盾，最后在农民战争的打击下，唐朝政治瓦解。唐末历史溃为军阀争鹿的局面，公元907年，朱温禅唐建梁，正式宣告这个显赫于亚洲大陆、声威于东罗马世界的东方帝国的灭亡。

晚唐佛教发展有两件大事，一为“会昌灭佛”；二为懿宗礼迎凤翔法门寺佛骨。《唐大诏令集》卷一一三《唐武宗会昌五年·拆寺制》记会昌灭佛，“其天下所拆寺四千六百余所，还俗僧侣二十六万五千人，收充两税户，拆招提兰若四万余所”。汤用彤先生论及此事说：“会昌灭佛，时朝臣未闻有谏者，僧人抗议也不如周武时之甚，佛教势力之已衰，可知也。”①

懿宗是唐代诸帝中信佛最深的一位皇帝。咸通十四年，他步宪宗后尘又导演了一场规模甚大的礼迎佛骨之剧。下面我们依汤用彤先生所据《杜阳杂编》《剧谈录》两书所整理的材料摘要介绍若下：

咸通十四年，春，诏大德僧数十辈于凤翔法门寺迎佛骨，百官上疏谏，有言宪宗故事者。上曰：‘但生得见，殁而无恨也。’……四月八日佛骨入长安，自开远门安福楼，夹道佛声震地，士女瞻礼，僧徒道从。上御安福门，亲自顶礼。泣下沾臆。蟠花幢盖之属，罗列二十余里。间之歌舞管弦，杂以禁兵兵仗。缁徒梵诵之声，沸聒天地。民庶间有嬉笑欢腾者，有悲怆涕泣者。……时有军卒断左臂于佛前，以手持之一步一礼，血流满地。至于肘行膝步，啮指截发，不可胜数。又有僧以艾覆顶，谓之炼顶。火发痛作，即掉其首呼叫，坊市少年擒之，不令动摇，而痛不可忍。乃号哭卧于道上，头顶焦烂，举止窘迫，凡见者无不大哂焉。……初迎佛骨，有诏令京城及畿甸于路傍垒土为香刹，或高一、二丈，迨八、九尺，悉以金翠饰之，京城之内约及万数。……又坊市豪家相为无遮斋大会，通衢间结彩为楼阁台殿，……又令小儿玉带金额，白脚呵喝于其间，恣为嬉戏。……②

晚唐佛教发展史一幕的最后两个场景，“会昌法难”和“咸通迎佛”是唐代佛教由盛转衰过程中的两大事情。前者以政治的力量打击佛教；后者以政治的力量哄抬佛教，两者对于佛教的态度截然相反，但又从不同的角度反

① 汤用彤：《隋唐佛教史稿》，中华书局1982年版。

② 汤用彤：《隋唐佛教史稿》，中华书局1982年版。

映了佛教的衰落。

晚唐的历史是李唐王朝的衰落史，晚唐佛教的历史也基本上相应于这一历史而衰败没落。晚唐佛教寺院壁画是唐代佛教寺院壁画的最后一个阶段，它在这样一种环境中已经无法产生盛唐时代那种恢弘博大、刚健有为的壮美风格，也无法产生中唐时代那种富有天上人间的幻思、“绮丽”豪华的优美风格。晚唐社会所暴露的种种矛盾，说明它给这一代画人的课题是沉重而辛酸的。整个社会趋向崩溃的大势，迫使这一阶段佛教寺院壁画的创作进入了转变发展期。

唐代佛教寺院壁画第三阶段转变发展期的第一个转变，是创作中心的转移。造成这一转变的原因乃存在于唐末政治动乱的历史之中。它的第二个转变是创作题材的变化，初唐、盛唐和中唐见诸画史记载的经变画已经大大减少了，而释仪像的创作则相对地多了起来。据宋人李之纯《大圣慈寺画记》介绍，成都大圣慈寺，“总九十六院、楼阁殿塔厅堂廊房、无虑八千五百二十四间，画诸佛如来一千二百十五，菩萨一万四百八十八，帝释梵天六十八，罗汉、祖僧一千七百八十五，天王、明王、大神将二百六十二，佛经变相一百五十八，诸天神雕塑不与焉。”在佛教诸仪像中，见诸记载的帝释、梵天、天王仪像较多而详细。帝释、梵天和天王等佛教神是佛教幻化出的镇于六合护及宇宙的“护法善神”。这类作品在唐代前期的寺院中也多有创作，但从画史诸书的记载情况来看，唐后期的创作无论在数量上，还是在名目样式上都比前期为多。

唐代佛教寺院壁画第三阶段的第三个转变是风格的转变。这一阶段的寺院壁画家，在总体上已不复存在第二阶段佛教寺院壁画家那种雄强的气势和浩漫的情致了，他们更多的是趋于静穆式的思索、冷漠的旁观或是对现实做出不加矫饰的揭露。艺术风格也在佛教世俗化、人间化的总历程中，走出了“清谨峻秀”和“逸放狂怪”的两种样式。

晚唐著名画家程修已是对唐代佛教寺院第二阶段壁画家实行批判的一位重要人物。他指出：“周（昉）侈伤其峻，张（萱）鲜忝其澹，尽之乎其为韩（干）?”又说：“吴（道子）怪逸玄通，陈（拟指陈闳）象似幽恚，杨（庭光）若瘘人强起，许（琨）若市中鬻食。”① 这段材料出自程修已的墓志，可能是他晚期的思想。修已少从父命师事周昉，“自贞元之后以画艺进身，累承恩称旨，京都一人而已”②。但在此后的艺术发展中，他挑起了批判师说的

① 《唐故集贤院直官荣王府长史程公墓志》。

② 《唐朝名画录》。

旗帜。他指出周昉人物画“侈伤其峻”，张萱人物画“鲜忝其澹”，并非是对他们的技巧和外在形式的一般否定，而是对其豪华趣味“丰腴之风”的风格否定，这已经与宋人“兼然淡泊，闲和严静”的审美观念多少取得一致了。《宣和画谱》论：“世谓昉画妇女，多为丰厚态度者，亦是一敝。”程修已的这一否定是建立在其“清谨峻秀”审美价值观的基石之上的。中唐时代那种浩漫情致所生发的豪华趣味“丰腴之风”，已不为晚唐的画人所接受。他们在唐末政治、经济发展不景气，战争频仍的环境中要求重新构造新的审美对象，竖立新的美的典范。这就是去豪华、弃“丰腴”、非“怪逸玄通”的“清谨峻秀”风格。画史记程修已“尝画竹障于文思殿，文皇（文宗昂）有歌云：‘良工运精思，巧极似有神。临窗时乍睹，繁阴合再明。’”[①] 程修已在非“侈”、非“鲜”的风格批判中走出了自己“清谨峻秀”的风格，这是一种理胜于情、工过于神的艺术样式，它所追求的是一种“生植之姿，远无不详，幽无不显”[②] 的真实效果，主体对对象的关系不是物我交融、相互渗透的关系，而是一种冷漠、静穆的观照。程修已的作品，今天我们已不可亲见。然而，在现存敦煌晚唐窟的供养人像上我们不是依然可以感受到这些形象所具有的那种冷冰冰的“神气”吗！晚唐唐窟中愈来愈大的供养人像，大多是一种趣味不高、行笔工谨、服饰讲究、神情矜持、华贵单调而内心活动完全冷漠的盛装肖像。这种比例入于尺度、精巧于形似而缺乏情性神韵的人物画，在晚唐佛教寺院壁画的风格转变中没有发展的意义，但却又以其无神之“神”反映了那一时代精神的一面。

程修已所倡导的“清谨峻秀”风格相对于盛唐时代推崇气格刚健的外拓型美是一种趋于工整精细、静穆冷观的内敛型美。这种“内敛”在晚唐特定的历史环境中，乃具有修身反思的特点。这种内敛意识的产生是唐代社会变迁的宏观环境的产物，也是汉文化儒家“孔颜乐处”结合道家隐逸情趣——“独善”思想长期发展的产物。但是画家本人的社会经历、性格倾向，乃至文化素养等微观因素，也是导致其最终形成的一组重要原因。《墓志》说程修已“性夷雅疏淡，白皙美丰姿。赵郡李远见之，以为沈约、谢朓之流”。

走出了冷观的一派的孙位，是唐代佛教寺院壁画第三阶段又一位重要人物。他“性情疏野，襟抱超然，……禅僧道士，常与往还，豪贵相请，礼有少慢，纵赠千金，不留一笔”[③]。又有张素卿“落拓无羁束，……豪贵之家，

① 《唐朝名画录》。
② 《唐朝名画录》。
③ 《益州名画录》。

少得其画者”[①]。孙位等晚唐画人富“疏野”、无“羁束”之个性，作为一种群体性格，当是其时代内敛意识的一种扭曲的反映。它既不同于魏晋六朝“怡情养性”的玄风，更不同于盛唐时代直抒胸臆、意兴昂然的外拓之风。质言之，这是一种追求解脱而不能、内敛而不甘的逸放之风。这种风格内敛了炽热的感情，却以“狂怪奔逸”之体对现实做了不加矫饰的揭示。它否定了豪华的趣味和侈丽夸饰的丰腴之风，继承了盛唐豪放的气格，然而，却以扭曲的风格、热嘲的形式来反映晚唐社会所给予他们的种种课题。

孙位活跃于晚唐佛教寺院壁画创作领域，他不仅擅长于各种佛教题材的绘画，而且尤以龙水画为世所称。史称“蜀人画山水人物，皆以孙位为师，龙水尤位所长者也”[②]。他作风泼辣“笔力狂怪”，造型“千状万态”[③]，大幅度的运动和酣畅淋漓的气势是孙位的主要风格特征。《德隅斋画品》记其《春龙起蛰图》曰：“山临大江，有二龙自大山下出。龙蜿蜒骧首云间，水随云气布上，两爪自鬣中出，鱼虾随之，或半空而陨。一龙尾尚在穴前，踞大而不蹲，举首望云中，意欲俱往。怒爪如腥，草木尺糜，波涛震骇，涧谷弥漫。山下桥路尽没，山中居民，老少聚观，阖户阚牖。”孙位《春龙起蛰图》，山、水、云、气、人、龙、鱼、虾、草、木、屋、室聚于一图，上下左右，远、中、近全图所有物象无一不处于强烈的战动之中，整个构思逸出常格，写出了一种狂放奔逸的气势，含纳着一种森然的气象，的确令人有“览之凛凛然”[④]、闻之而惊然的视听感受。尤其是那躯“意欲俱往”却“踞大而不蹲”的穴前之龙更出其敛而不甘、去而不行的奋激之态。这种敛而不甘、去而不行的奋激作为一种作品的精神倾向，在晚唐长于画火的张南本的创作中，也存在异曲同工的表现。史载：“张南本，……工画佛道鬼神，兼精画火。尝于成都金华寺大殿画八明王。时有一僧，游礼至寺，整衣升殿，骤见炎炎之势，惊怛几仆。”[⑤] 这种笔气炎锐、烟飞电掣、烈烈若焚燃寺殿的大火，不正是与孙位笔底“波涛震骇，涧谷弥漫”的狂怪奔逸之水一样，奏出了一种敛而出、出而敛的扭曲之声吗?！其间不也正含纳着这一代画人多少的感伤、恐惧、爱恋、忧虑，以及欲求解脱而深感社会桎梏的炽热情感吗！

孙位等人内敛而扭曲的“狂怪奔逸”之体之所以高出程修已等冷观一派的原因，在于他们在自身的内敛中对艺术个性做了顽强的反映，宣泄着这一

① 《益州名画录》。

② 《画鉴》。

③ 《图画见闻志》。

④ 《画鉴》。

⑤ 《图画见闻志》。

代人的忧思情虑。这种风格对唐末五代艺苑影响不小，宋人邓椿说：“画之逸格，至孙位极矣。后人往往益为狂肆。石恪、孙太古犹之可矣，然未逸乎麄鄙，至贯休、云子辈则又无所忌惮者也。意欲高而未尝不卑，实斯人之徒欤。”① 孙位是唐代佛教寺院壁画第三阶段转变发展期的杰出代表，他所形成的“狂怪奔逸”风格，将程修已冷观的一派所磨平了的艺术个性做了顽强的反映。这种强烈追求艺术个性倾向的膨胀结合冷观派内敛静穆倾向之后，完成了唐代佛教寺院壁画第三阶段风格的转变发展，给宋人“适我性情”的艺术追求做了历史的准备。

唐代佛教寺院壁画经初唐综合派、新风派近百年的历史准备之后，跨入了盛、中唐的鼎盛发展期。盛唐时代恢弘博大、刚健有为的社会精神氛围涵养了这一代画人的创作个性，他们以极为自信的精神和浩漫无涯的情怀，开创了这一时期豪放外拓的艺术风格。“安史之乱”结束了盛唐的历史，在总体上，中唐佛教寺院壁画趋于对豪华趣味的追求，抒发着一种天上人间的情思，“丰腴”“绮丽”的风格在这一时期走向极致。中唐以后的晚唐历史，社会政治、经济之发展每况愈下，旧有矛盾的激化加速了社会总危机的爆发。唐代佛教寺院壁画第三阶段的画人已经对热狂的外拓和缠绵的眷恋等既往的风格样式产生了怀疑和批判。他们在非“侈”“鲜”，非“怪逸玄通”的否定中，走出了“清谨峻秀”冷观的一派和“狂怪奔逸”的一派。唐代佛教寺院壁画，在向五代及宋做出历史的转移时，是由这两派中合理成分的结合来实现的，而后者的作用要相对大一些。

（原载《阜阳师范学院学报》1997 年第 3 期）

① 《画鉴》。

亦论刘邦与项羽

最近，卞直甫、宋一夫同志在《项羽和刘邦》一文中[①]，有“申项屈刘”新见，笔者读后，不敢苟同，谨陈管见以就教。

覆秦过程中刘、项的不同作用

秦二世元年十二月，陈胜在城父死于御者庄贾手中。次年六月，起事于旧楚之地的项梁“召诸别将会薛计事”[②]，主要目的是重新确立政治首领。会间，居巢人范增讽劝项梁曰：“楚蠭午之将皆争附君者，以君世世楚将，为能复立楚之后也。”[③] 明确指出了项氏之兴有凭借民望之背景，其发展也离不开民心的向背。项梁接受了他的意见，“仍求楚怀王孙心民间，……立以为楚怀王”[④]。这正如王夫之所说：“怀王之立，非项氏之意，范增之说，以为从民望而已。”[⑤] 此后，“从民望”的楚军连战连捷：联合田氏齐军于东阿大败秦军；继之，刘、项又合兵攻屠城阳，败秦军于雍丘，斩秦相李斯之子李由。楚军的胜利，扭转了陈胜死后反秦斗争的低潮走势。

是年九月，项梁在定陶败死，迫使楚军做战略收缩，刘邦、项羽及陈胜旧部吕臣等分兵于砀、彭城西、彭城东，结为犄角之势以拱卫怀王心。怀王心入彭城后，即“并项

---

① 载《学术月刊》1982 年 12 期。

② 《史记·秦楚之际月表第四》《史记·项羽本纪》。

③ 《史记·项羽本纪》。

④ 《史记·项羽本纪》。

⑤ 王夫之：《读通鉴论》卷二《秦二世》，中华书局 1975 年版。

羽、吕臣军自将之”，同时任命刘邦“将砀郡兵”[①]，调整、平衡了楚军内部的军权。

秦军主力章邯部在项梁死后，“则以为楚地兵不足忧，乃渡河击赵”[②]。赵军被围钜鹿，“数请救”[③] 于楚。怀王心主盟彭城，审时度势，决策救赵，以宋义为上将军，号“卿子冠军”，项羽为次将，范增为末将，北上救赵。同时命令刘邦主兵西向，直捣秦廷。值得一提的是，怀王心在遴选入关主将时，“怀王诸老将皆曰：‘项羽为人彪悍猾贼。项羽尝攻襄城，襄城无遗类，皆坑之，诸所过无不残灭。且楚数进取，前陈王、项梁皆败。不如更遣长者扶义而西，告谕秦父兄。秦父兄苦其主久矣，今诚得长者往，毋侵暴，宜可下。’”[④] 怀王心采纳了这一劝谏，才命令刘邦西征。显然，怀王心在项梁死后自掌军权，一方面有削夺项氏兵权的思想，另一方面也有把既往的攻掠型作战方式转变为“攻心为上”的指导思想。

彭城分兵，项羽一朝失权于宋义，怎能甘心。因此，在援赵楚军屯驻安阳时，项羽即以宋义“久留不行”[⑤] 为借口，矫命杀了宋义，“诸将皆慑服，莫敢枝梧”，项羽遂“使桓楚报命怀王。怀王因使项羽为上将军”[⑥]。

项羽遂命当阳君英布、蒲将军率卒二万北渡黄河，驰援赵国危城钜鹿。英布初战告捷[⑦]，“项羽乃悉引兵渡河”[⑧]，毅然决然地拉开了“钜鹿之战”的历史帷幕。“当是时，楚兵冠诸侯。诸侯军救钜鹿下者十余壁，莫敢纵兵，及楚击秦，诸侯皆从壁上观；楚战士无不一以当十，楚兵呼声动天，诸侯军无不人人惴恐”[⑨]。楚军“九战，绝其甬道，大破之，杀苏角，虏王离”[⑩]。项羽赢得了“钜鹿之战”的胜利，威震诸侯，“诸侯将，入辕门，无不膝行而前，莫敢仰视。项羽由是始为诸侯上将，诸侯皆属焉”[⑪]。

钜鹿之战重创了秦军的主力，扭转了战局，加速了覆秦斗争的历史进程，其历史作用是应该肯定的。作为这次战役的主要指挥者，项羽发挥了重要的领导作用。但是，“钜鹿之战”也只是一次重要的局部战争。

---

① 《史记·项羽本纪》。
② 《史记·项羽本纪》。
③ 《史记·高祖本纪》。
④ 《史记·高祖本纪》。
⑤ 《史记·项羽本纪》。
⑥ 《史记·项羽本纪》。
⑦ 《史记·黥布列传》。
⑧ 《史记·项羽本纪》。
⑨ 《史记·项羽本纪》。
⑩ 《史记·项羽本纪》。
⑪ 《史记·项羽本纪》。

彭城分兵，刘邦受命西征，起于二世二年后九月，止于二世三年（汉元年）十月，前后历时一年多，接战二十余起。刘邦西征的目标是秦关中腹地，任务十分艰巨，“当是时，秦兵强，常乘胜逐北，诸将莫利先入关”，“秦兵尚众，距险”[①]。而刘邦发军时，引“纠合之众，收散乱之兵，不满万人”，因此，如“径入强秦”，其势正如时人郦食其所说：“此所谓探虎口也。”[②]

“多大略”[③] 而“能听”[④] 的刘邦与“运筹神算”[⑤] 的张良等人的结合，使刘邦军事集团具有谋略型的特征，决定了刘邦西征军的用兵风格。

秦二世二年后九月，刘邦出军行至成阳，击败杠里秦军，遂会合彭越义军北攻昌邑，“昌邑未下，沛公引兵西”[⑥]，行至高阳，收用郦食其，轻取“天下之冲”，且“又多积粟”[⑦] 的陈留。继而合郦商兵四千，“与偕攻开封，开封未拔”[⑧]，遂相机引兵西进，连败秦将杨熊部于白马、曲遇东。四月，攻占颍阳，再挥兵北攻平阴，绝河津，与秦军激战洛阳东，受挫。遂南向迂迴出轘辕关，偕张良同行与南阳守齮战于犨东，大破其军，迫使齮走保宛城。值此，刘邦欲弃宛西进，张良谏曰：“沛公虽欲急入关，秦兵尚众，距险。今不下宛，宛从后击，强秦在前，此危道也。”[⑨] 刘邦从谏，攻占宛城。至此，刘邦西征军半年多的河南战事告一段落。这一阶段，刘邦西征军艰难转战，但机动灵活，发展壮大很快。

河南战事的顺利，不仅壮大了刘邦西征军的实力，同时也树立了西征军的声威。自平宛后，刘邦“引兵西，无不下者”[⑩]。秦二世三年八月，刘邦袭破武关进入关中，刘邦打出“扶义而西”旗帜的条件业已成熟。在袭取蓝田东南的峣关后，刘邦宣布“诸所过不得掠卤”[⑪]，严肃军纪，以收取关中民心。自此，刘邦大致有征无战，“秦人喜，秦军解”[⑫]，迅速推翻了秦政权。

司马迁对陈涉、项氏叔侄和刘邦在推翻秦王朝的作用，有较公允的评价：

---

① 《史记·高祖本纪》。
② 《史记·郦生陆贾列传》。
③ 《史记·郦生陆贾列传》。
④ 《资治通鉴》“汉纪四·高帝十二年”。
⑤ 《史记·留侯世家》索隐述赞。
⑥ 《史记·魏豹彭越列传》。
⑦ 《史记·郦生陆贾列传》。
⑧ 《史记·高祖本纪》。
⑨ 《史记·高祖本纪》。
⑩ 《史记·高祖本纪》。
⑪ 《史记·高祖本纪》。
⑫ 《史记·高祖本纪》。

"初作难，发于陈涉；虐戾灭秦，自项氏；拨乱诛暴，平定海内，卒践帝祚，成于汉家。"①

在覆秦战争中，项羽以"钜鹿之战"摧毁秦军主力，为覆秦战局奠定了胜利的基石。刘邦西征历时一年有余，接战二十余起，最终收取秦鼎，完成了推翻秦王朝的历史任务。因此，在论及刘、项在覆秦战争中的作用时，既不应该抑项扬刘，也不应该申项屈刘。

刘、项的成败与才智品格

刘邦、项羽自公元前209年起兵抗秦，迄于公元前202年楚汉战争结束，二人从"同心戮力"反秦，到反目为仇，征战厮杀，前后历时8年，最后项羽兵败垓下，自刎乌江；刘邦百败百战，定鼎汉统。项羽何以败，刘邦何以胜？原因的确是复杂的。本文重点讨论两人的才智品格对事业成败的影响。

（一）项羽的才智品格与其失败

公元前223年，秦灭楚，使年仅10岁的项羽结束了旧日的贵族生活，显然，环境的骤变，对项羽的影响是很大的。史称："项籍少时，学书不成，去学剑，又不成。项梁怒之。籍曰：'书足以记姓名而已。剑一敌，不足学，学万人敌。'于是项梁乃教籍兵法，籍大喜，略知其意，又不肯竟学。"② 从此不难看出成长于国亡家破之际的项羽，其事业目标大致是挥军百万，较胜疆场，以继承"名将"家绪的。项羽人生目标的选择，一方面受家族文化的影响，另一方面，极可能是来自对秦暴力灭楚军事行为的表象的认识。然而，他不肯竟学，未能深得战争韬略之三昧，是以知战而不能善战。司马迁曰："项羽谓霸王之业，欲以力征经营天下。"③ 此可谓中綮之论。此后，项羽与叔父项梁"避仇于吴中"，途观秦始皇于会稽，他大言："彼可取而代也!"④ 这句话既反映了项羽远大的胸襟抱负，反映了项羽性格中具有桀骜强悍的一面；也反映了他作为亡国名将支属，对秦始皇有刻骨仇恨的一面。

公元前209年九月，项氏叔侄夺会稽起兵。项羽"拔剑斩（会稽）守头"，"击杀数十百人，一府皆慑伏，莫敢起"⑤。在这初举义的过程中，项羽

① 《史记·秦楚之际月表》。
② 《史记·项羽本纪》。
③ 《史记·项羽本纪》。
④ 《史记·项羽本纪》。
⑤ 《史记·项羽本纪》。

勇悍、敢战的性格特征表现得十分突出。此后，项羽渡江，与秦军首战于襄城，克城之后，“皆坑之”①。此时，项羽已初步显示了他那种交织着共工之愤情和夸父之勇力的性格特征。

项羽后在安阳，“晨朝上将军宋义，即其帐中斩宋义头”②。这种方式与会稽举义，手刃会稽守头大致相似。可以说，前后两次成功的经验，助长了项羽自恃勇力的思想。此后项羽主军与秦将王离、苏角、涉间激战于钜鹿，以“诸侯军无不人人惴恐”的决战之勇，大获全胜，并进而逼降至少拥军二十万的秦将章邯。新降秦军士兵由于受到诸侯吏卒的“奴虏”“折辱”，私下谋求自保之策，不安之心已生。但善驭军者不一定非得仿效白起坑赵军之举。况且，打击秦廷，意在天下，安抚人心十分重要。然而，项羽在“秦吏卒尚众，其心不服，至关中不听，事必危”③ 的这种乍勇还怯的心理支配下，坑杀了二十余万秦军降卒。这与其襄城坑降，以及动辄屠城的残暴行为是一脉相承的。项羽在复仇的怒火中所显露出的那种非理性的、邪恶的品性，证明了项羽其人在政治发育上的极不成熟性。而一个政治上不成熟的人要取得战争的最终目标是不可设想的。

鸿门宴上刘邦、项羽会面，项羽临事失措，当断不断，放走刘邦。显然，项羽此举与其说是出于恻隐之心，毋宁说是一种矜骄任情的举动，是缺乏政治目光的举动。谋士范增斥之曰：“竖子不足与谋!”④ 此后，项羽又“西屠咸阳，杀秦降王子婴，烧秦宫室，火三月不灭；收其货宝妇女而东”⑤。项羽入关后的行径是完全违背起义军“扶义而西”，收取秦鼎的作战宗旨的。

焚掠秦宫室是缺乏政治头脑的暴戾之举，而自封西楚霸王，弃关中东归彭城则更显出了项羽政治上幼稚的一面。我们知道，秦统一天下已历二世，帝都咸阳不仅“阻山河四塞”⑥，可以持险固国，且作为统一的象征又具有很强的政治凝聚力。据关中、都咸阳，在军事上、政治上的优势是显而易见的。项羽不能行统一之政，主持分封，自称西楚霸王东归家乡，可见在项羽非自觉的政治意识中，还停留在春秋战国阶段建立霸业的水平上。这种狭隘的、倒退的政治观尽管对项羽进行覆秦战争影响不大，但却从根本上妨碍了项羽去完成那个时代所需要的统一大业。可以说，若由拥军四十万，使天下诸侯

① 《史记·项羽本纪》。
② 《史记·项羽本纪》。
③ 《史记·项羽本纪》。
④ 《史记·项羽本纪》。
⑤ 《史记·项羽本纪》。
⑥ 《史记·项羽本纪》。

震恐的项羽去建立统一政权，在实力上是具备了的。但是，项羽在鼎革之际却做出了有悖时势的政治抉择。这种抉择是他败亡的起点。

楚汉战争是一场统一与分裂、前进与倒退的政治战争，项羽缺乏把握这场政治战争性质的能力，因而尽管他多次赢得了局部战场上的胜利，最终还是败给了刘邦。楚汉垓下决战，项羽一败而大势遂去，项羽吁天曰："天之亡我，非战之罪也。"[①] 这是项羽对自己失败的自我评估。"战"，很好理解，"天"如简单地理解为人格化的自然神，那么正如司马迁评论的那样，项羽归咎于"天"是荒谬不经的。如果结合项羽垓下受围，耳听"四面楚歌"，而悲吟长啸"时不利兮骓不逝"的省悟，以及自刎乌江，"不肯回江东"的复杂心态等加以联系分析，那么，在项羽对失败的认识中所指出的"天"，是否包含着一种对"政道""民心"的朦胧的非自觉的认识呢？显然，项羽"身七十余战，未尝败北"[②]。"非战之罪"，放在局部战场和具体对阵上，项羽的自我评估并非夸大。然而，迅速失败毕竟是个事实。项羽与刘邦争战，若战而无"罪"，何至于败？显然，残酷的事实已迫使项羽不自觉地突破既往"欲以力征经营天下"的简单逻辑，去寻求更为深刻的失败原因。然而，性格有缺陷，政治素养较差的项羽，其思想觉悟之时也是其心理崩溃之时，从对"非战之罪"的片面分析到"天之亡我"的消极认识，刚愎而任性的项羽在结束其雄杰一生之前，的确是经历了一次痛苦异常的心灵格斗。项羽第一次也是最后一次的反省，认识到了"天"道（亦即"政道"）不可逆转，认识到了客体世界（亦即"时"与"势"）对主体行为的制约规定作用。但遗憾的是，他缺乏足够的心理准备，未能实现其思想意识上的再次飞跃，而在实践上走了一条消极求战、捐躯以谢江东父老的失败之路。刚其性，勇其行，项羽终于以悲壮的最后一战合上了自己的人生之画卷。

项羽"矜扛鼎之雄，逞拔山之力"[③]，挽强弓，驰劲马，钜鹿血战傲视群雄，力挽危局，不愧为一代军战之巨子，项羽用其军事才能为覆秦战争做出了巨大贡献。然而他偏信武力，自逞神勇，残忍好杀，这都是他性格上严重的缺点。政治上他又缺乏大志与远见。因此项羽绝不是"智勇兼备"，"有勇有谋的军事战略家"（卞、宋文语）。

（二）刘邦的才智品格与其胜利

相较于项羽，刘邦的一个显著特征是：他是一个不断发展、成熟的历史

---

① 《史记·项羽本纪》。

② 《史记·项羽本纪》。

③ 《全唐文》卷一六九《狄仁杰·檄告西楚霸王文》。

人物。从秦的一个小小亭长到汉家天子的经历，就是刘邦在军事、政治才能上的成熟之路。刘邦的发展、成熟与其“常有大度”[①] 而“性明达、好谋、能听”[②] 等性格特征，及其见秦始皇而叹息曰：“嗟乎，大丈夫当如此也!”[③]那种政治上趋功向利的追求有密切关联的。

少壮时期的刘邦，“不事家人生产作业”，赊酒于肆，诳泰山而娶吕氏，“好酒及色”[④]，确像个市井无赖。然而，酒自有人赊，妻也自有人与，司马迁于此虽不无微言，却未尝说刘邦强取豪夺。由此可见，少壮时期的刘邦细行尽管不无放荡失检之处，但终能融融其人际关系于乡曲。这与项羽居吴中“虽吴中子弟皆已惮籍”[⑤] 相比，确是相迥异的。这可能与刘邦那种“仁而爱人，喜施，意豁如也”[⑥] 的性格有关系。此后，刘邦奉命“送徒骊山，徒多道亡”[⑦]，按照秦律，刘邦此时境遇和陈胜等徭徒被困蕲县大泽乡时大致相似。然而温饱有余，性格趋于舒缓、颇有计谋的刘邦，此时并未揭竿举义，只是“解纵所送徒”，引带“徒中壮士愿从者十余人”[⑧] 亡入芒、砀山林之中，静待时局之变。刘邦此时的处置是明智的。因为，“徒多道亡”，自己须负法律责任，如胁之举事则力量太单薄。此后，刘邦又通过家人做了些祥瑞的手脚，招纳人马。刘邦聚兵起义与项氏叔侄先世“世世为楚将”，“楚蠭午之将皆争附”不同，身为一逃罪山林之间的胥吏，刘邦的聚兵方式，与陈胜吴广“鱼腹丹书”“篝火狐鸣”大致相似。

秦二世二年后九月，刘邦奉命西征，这是刘邦发展自己势力的一个重要阶段。破武关之后，刘邦围绕着自己“长者”的形象采取了一系列争取民心的措施，如从严约束军队“毋得掠卤”，释放降王子婴。“入秦宫，宫室帷帐狗马重宝妇女以千数”[⑨]，这牵动了刘邦欲“为富家翁”[⑩] 的苟安思想。显然，这是有违他自己初衷的，故“樊哙、张良谏，乃封秦重宝财物府库，还军灞上”[⑪]，并与秦民三约法。至此，刘邦大致成功地树起了一尊宽厚仁爱的长者

---

① 《史记·高祖本纪》。
② 《资治通鉴》“汉纪四·高帝十二年”。
③ 《史记·高祖本纪》。
④ 《史记·高祖本纪》。
⑤ 《史记·项羽本纪》。
⑥ 《史记·高祖本纪》。
⑦ 《史记·高祖本纪》。
⑧ 《史记·高祖本纪》。
⑨ 《史记·留侯世家》。
⑩ 《资治通鉴》“汉纪一·高帝元年”。
⑪ 《史记·高祖本纪》。

形象，得到了“惟恐沛公不为秦王”[①] 的社会支持。范增说：“沛公居山东时，贪於财货，好美姬。今入关，财物无听取，妇女无所幸，此其志不在小。”[②] 刘邦行为变化中蕴含着一种政治品格升华的内容。

刘邦捷足先取关中，收秦“皇帝玺符节”，按当初约定当为关中王。但其时，项羽已封章邯为雍王，“王关中”[③]，不承认刘邦既定关中的事实。十二月中，项羽引兵四十万屯戏，虎视眈眈，刘邦仅有十万军队，形势是严峻的。为了缓解危机，刘邦在项伯的暗中斡旋下，决定亲赴鸿门面会项羽。对刘邦来说，鸿门宴杀机四伏，是一次“人方为刀俎，我为鱼肉”[④] 的凶宴，这种宴会也绝不是一般平庸之辈敢以涉足的。

鸿门宴暂时缓解了刘、项冲突。项羽入咸阳后分封十八王，刘邦受封汉中王，于愿不合，“欲攻项羽”[⑤]。“萧何谏曰：‘虽王汉中之恶，不犹愈于死乎?’汉王曰：‘何为乃死也?’何曰：‘今众弗如，百战百败，不死何为！夫能绌于一人之下而信于万乘之上者，汤、武是也。臣愿大王王汉中，养其民以致贤人，收用巴、蜀，还定三秦，天下可图也。’”[⑥] 于此，萧何将刘邦比类汤、武，言外之意则有视项羽为桀、纣之意。这种比类尽管不当，但却有指点刘邦养势待时以取天下的含义，这是比较符合秦亡之后刘、项间的形势和刘邦的政治追求的。因此，刘邦决定屈受汉中王之封，而避免因强争关中可能带来的全盘失败。

刘、项楚汉之争是一场争鼎战争，也是刘邦百败百战而取得最后胜利的阶段。与前两个阶段相比，刘邦在这一阶段中，由于复杂的战争局面和自身所扮演的角色，需要更多地发扬自己“能听”的长处。这种“能听”，也即纳谏用言的政治品格，是与刘邦其人“常大度”的性格特征密切关联的。“能听”是其作为历史主体，充分发挥自觉、自控等主体功能的标志，这与项羽“自矜功伐，奋其私智”[⑦] 的行为恰成鲜明对照。

司马光在言及刘邦何以胜、项羽何以败时，引杨雄《法言》曰：“汉屈群策，群策屈群力（胡三省注：屈，尽也），楚懒群策而自屈其力（胡三省注：懒，恶也）。屈人者克，自屈者负。”[⑧] 汉屈群策，是刘邦能“旁听”的证明。

---

① 《史记·高祖本纪》。
② 《史记·项羽本纪》。
③ 《史记·高祖本纪》。
④ 《史记·项羽本纪》。
⑤ 《史记·魏豹彭越列传》。
⑥ 《史记·高祖本纪》。
⑦ 《史记·项羽本纪》。
⑧ 《资治通鉴》“汉纪三·高帝五年”。

公元前205年三月，汉军向东争天下至洛阳，“新城三老董公遮说汉王，以义帝死故”①，劝说刘邦“明其（指项羽）为贼，敌乃可服”②，在自己的军旗上涂抹一层“为天下讨弑君之贼”的“正义”色彩。于是“汉王闻之，袒而大哭。遂为义帝发丧，临三日”③，并传檄各路诸侯。这是“汉屈群策”，刘邦审时度势纳谏用言的一个方面，它的基本特征是刘邦作为一个决策者能够兼听博采，置耳目于天下，为自己服务。

“汉屈群策”的第二个方面是与刘邦的“多谋”联系在一起的。公元前205年，楚汉战争第一阶段，刘邦受挫于睢水一线，汉军实力受到严重打击，刚刚占有的关东各地极可能得而复失。形势迫使刘邦去调整自己对楚的战争策略。“汉王向群臣曰：‘吾欲捐关以东；等弃之，谁可与共功者？’”张良说：九江王英布、彭越和韩信，“捐之此三人，则楚可破也！”④ 刘邦捐地之谋的目的是号召群雄戳力立功共破强楚，扭转睢水之败以后汉军实力弱小的现状。结果，韩信“收兵与汉王会荥阳”⑤，英布与汉使随何“间行归汉”⑥，“彭越常往来为汉游兵，击楚，绝其后粮于梁地”⑦。

“汉屈群策”的第三个方面，是刘邦作为集团最高首领能有效地控制群臣列将，这一点在刘邦与韩信的关系上表现得最为突出。其一，韩信破魏下代后，“汉辄使人收其精兵，诣荥阳以距楚”⑧；其二，“项羽已破，高祖袭夺齐王（韩信已封齐王）军”⑨。两次夺军，韩信唯有诺诺而已。不难看出，刘、韩之间有较稳定的统属关系，而刘邦的才智品格在维持这种关系上发挥着重要的作用。汉六年，韩信因藏匿项羽亡将钟离昧而被贬淮阴侯，刘邦与之论诸将才具，问道：“‘如我能将（兵）几何？’信曰：‘陛下不过能将十万。’上曰：‘于君何如？’曰：‘巨多多而益善耳。’上笑曰：‘多多益善，何为为我禽？’信曰：‘陛下不能将兵，而善将将，此乃信之所以为陛下禽也。’”⑩ 显然，大将韩信与居于统帅地位的刘邦的才智品格是大相径庭的。

刘邦败项之后曾与群臣做了一次总结，刘邦说：“夫运筹策帷帐之中，决

---

① 《史记·高祖本纪》。
② 《资治通鉴》“汉纪一·高帝元年”。
③ 《史记·高祖本纪》。
④ 《资治通鉴》“汉纪一·高帝二年”。
⑤ 《史记·淮阴侯列传》。
⑥ 《史记·高祖本纪》。
⑦ 《史记·魏豹彭越列传》。
⑧ 《史记·淮阴侯列传》。
⑨ 《史记·淮阴侯列传》。
⑩ 《史记·淮阴侯列传》。

胜于千里之外，吾不如子房。镇国家，抚百姓，给馈饷，不绝粮道，吾不如萧何。连百万之军，战必胜，攻必取，吾不如韩信。此三者，皆人杰也，吾能用之，此吾所以取天下也。项羽有一范增而不能用，此其所以为我擒也。”[①]这种夫子自道，就是所谓“汉用三杰”而得天下的历史总结。“汉用三杰”，事实上也是一种君臣间双向的“合作”关系。臣下要发挥各自的才能，君主要为其发挥才能创造条件，而创造这种条件的人决非“平庸之辈”。如张良在刘邦初起时，即“数以《太公兵法》说沛公，沛公善之，常用其策。良为他人言，皆不省。良曰：‘沛公殆天授。’故遂从之”[②]。郦食其，高阳狂生，称刘邦“多大略，此真吾所愿从游”[③]。又，韩信居楚而项羽不用，归汉后，刘邦“与语，大说之”，很快拜将，赐座论道，“汉王于是大喜，自以为得信晚。遂听信计，部署诸将所击”[④]，韩信终成一代大将。“知”与“不知”，其中界限判然而明。推而广之，刘邦对谋臣智士的任使不应简单地视作“平庸之辈”的作为，而是“善将将”的杰出统帅的大手笔。

在楚汉战争中，刘邦、项羽干戈相交始终，是一个共时性的历史过程，如果笼统地将刘胜项败的结果，视作“在楚汉之争中，刘邦不汲取项犯失败的经验和教训，刘邦也不会取得天下”（卞、宋文语），在时序上此结论显然是有悖史实的。

（原载《安徽史学》1992 年第 2 期）

---

① 《史记·高祖本纪》。
② 《史记·淮阴侯列传》。
③ 《史记·留侯世家》。
④ 《史记·郦生陆贾列传》。

论“更始政权”

西汉末年的新莽政权在农民大起义的冲击下迅速崩溃，中国封建社会的发展在走向更为强大的东汉王朝之前，经历了一个短暂的政权，这个政权年号“更始”，史称更始政权。对于更始政权的性质，学术界大多认为由于地主阶级分子混入其中并篡夺了领导权，从而使更始政权变质并导致了更始政权的失败。本篇不同意这种意见，认为农民势力始终控制着更始政权，正是由于农民阶级不能完成重建封建秩序的任务，并错误地推拥了地主阶级腐朽势力的代表为政权领袖，方才导致了更始政权的覆灭。

一、更始政权各派政治力量及其在政权中的地位

更始政权是一个以推翻王莽为目标的各派政治军事力量的联盟，这个联盟袭用了封建政权的组织形式，“二月辛子，立刘圣公为天子”，“悉拜置诸将，伯升为大司徒，陈牧为大司空，余皆九卿，将军”①。但这仅仅是个组织形式，它既不完善而且徒有其名。天子既没有至高无上的权力，三公九卿也没有具体的分工，各派力量在政权中尽管做了权力分配，实际上仍然自成体系。因此，更始政权实际上只是一个“准政权”。我们判定这个政权的性质不能仅仅看这个政权“天子”的身份，而应根据主宰这个政权的政治力量及其统治权的使用，也即是说从它的政治实践出发来判定它的性质。

作为一个政治军事联盟，更始政权内没有统一的政治

① 《后汉书》卷一一《刘玄刘盆子传》。

基础，它的政治力量主要有三种。首先，绿林军是更始政权的主要力量，人数最多，势力最大。

绿林军的主要成分是流民，“王莽末，南方饥馑，人庶群入野泽，掘凫茈而食之，更相争夺。新市人王匡、王凤为评理诤讼，遂推为渠帅，众数百人。……藏于绿林中，数月间至七八千人”①。后打败王莽进剿的军队，“转击云杜、安陆，多略妇女，还入绿林中，至有五万余口。州郡不能制”②。流民处于社会的最底层，灾难最为深重，对现政权最不满，战斗力最强，但破坏力也最大。无所生路的流民被迫起义以反抗现政权的残暴统治，就目的而言，完全是迫于解脱死亡求得生存。但是流民的文化低下，政治愚昧，他们不懂得土地兼并和政治腐败是造成苦难的根源，以为政府帮助富人抢走了他们的衣食，因此他们推翻政府就是为了夺回被富人抢掠去了的衣食。在政府力量崩溃的地方，他们滥用自以为应该有的权力，他们对一切妨碍他们使用抢夺权力的限制反感。他们不知道如何去建立政权，只知道推翻王莽政权，大家分财宝，然后快活一辈子。因此在更始政权中占主要地位的流民势力并没有长远的政治目标，抢夺财宝就是他们的最高目标。流民的这种政治倾向实际上是更始政权的主要政治倾向。

其次，参加更始政权的是以重建正常剥削秩序为目标的地主阶级势力，我们称这种政治力量为地主阶级开明势力。

王莽政权的一系列改制不仅加剧了对农民阶级的压迫，他企图削弱大地主豪强以加强朝廷皇室力量的政策，也触犯了地主阶级的利益，特别是触犯了刘姓宗室豪强地主的利益，因此刘姓豪强是地主阶级中反王莽最坚决的力量。他们的文化素养较高，有着较明智的政治识见，有着政权竞争的经济实力。作为这股政治势力的杰出代表，由于上述特定的历史地位，他们能够站在历史的高度，做出“且王莽败亡已兆”③ 的形势分析。农民大起义的浪潮把他们更为迅速地从认识推向了行动。他们有明确的政权建设目标，“怀复社稷之虑”④，“复高祖之业”。以极强烈的政权竞争热情“倾身破产，交结天下雄俊”⑤，组织反莽“汉军”投入反抗新莽政权的农民大起义，希求在新的政治经济权力分配中处于优势的地位。但是豪强地主的力量比较分散，不能像流民那样很快地形成几十万人的大部队。这种分散的地主豪强武装难以单独

---

① 《后汉书》卷一一《刘玄刘盆子传》。
② 《后汉书》卷一一《刘玄刘盆子传》。
③ 《后汉书》卷一《光武帝纪（第一上）》。
④ 《后汉书》卷一四《宗室四王三侯传》。
⑤ 《后汉书》卷一四《宗室四王三侯传》。

与王莽的政府军抗衡，因此刘秀兄弟主动提出与绿林军联合，“使宗室刘嘉往诱新市，平林兵王匡、陈牧等，合军而进”①，企图借助绿林军的力量来达到推翻王莽的目的。刘秀兄弟的力量在更始政权中虽然很重要，自成体系，但人数很少，难以左右更始政权的政治倾向，而且由于与绿林军的政治目标不同，各自显出不同的风貌，这就使他们处于一种对立的地位。

第三，一批没落的地主阶级分子也被卷入反王莽起义的旋涡，他们也形成了一股势力，他们在联合的政治军事联盟中力量最小，但颇具有政治影响，刘玄是这一支力量的代表，我们称这一派力量为地主阶级腐朽势力。

史载：“刘玄字圣公，光武族兄也，弟为人所杀，圣公结客欲报之。客犯法，圣公避吏于平林。”② 这一股政治力量最初投入起义队伍，基本上是一种迫上“梁山泊”的铤而走险。这一派人的特点是捞官、捞钱，只顾眼前的既得利益。刘玄及其所代表的地主阶级腐朽势力与流民的政治倾向在某些方面基本一致，流民希望有自己抢掠的权力，而没落地主则希望将抢掠的权力等级化。这派势力虽然与刘縯、刘秀所代表的意在重建封建政权的地主阶级势力同样具有完成封建政权建设的历史责任，但由于他们顽强地表现着地主阶级腐朽的劣根性，决定了他们无法去承担这一任务，只是作为农民阶级落后势力的附庸而存在于政权的始终。

上述三种政治势力第一步目标都是推翻王莽政权，这是他们形成联合的基础，也是更始政权运动全过程的第一部分——暴力破坏旧政权阶段。联盟内部各派力量的对比悬殊，流民势力始终左右着这个联盟的政治倾向。又由于联盟内部各派力量，在击败王莽政权之后，有着不同的前途要求，这就必然给联盟带来了难以调和的斗争，这个斗争首先表现为对政权领导人的选择上。

二、对政权最高领导人的选择

联盟形成之后，推选领导人就立即摆在各派力量面前。自然，各派力量都希望推选自己的代理人担任联盟的首领。据《后汉书·刘縯传》记载：“诸将会议立刘縯以从人望，豪杰咸归伯升，而新市、平林将帅乐放纵，惮伯升威明而贪圣公软弱，先共定策立之，然后使骑召伯升，示其议。”“立刘氏宗室，以从人望”，联盟内部没有矛盾，这是一个统一。但对立哪一位刘氏后裔

① 《后汉书》卷一四《宗室四王三侯传》。

② 《后汉书》卷一一《刘玄刘盆子传》。

联盟内部产生了矛盾，流民势力极力拥护刘玄（圣公），而地主阶级开明势力则要推选刘縯。由于统治阶级长期宣传灌输天命论，在当时的历史条件下，农民阶级虽然在联盟内部占有绝对优势，却还不敢直接否定天命，不敢直接从自己队伍中推出代表来应天命。但他们希望保住放纵的自由，就不能不去排斥地主阶级开明势力的纪律约束。这种矛盾的心理迫使他们选择了刘氏后裔中势单力薄，志短才疏，几乎不具备领袖人物任何素质的刘玄，把他推上天子的宝座。“立天子”完全按照绿林军的意愿，事先甚至没有征求刘伯升等人的意见，这说明了这些未加冕的大王们实际上控制着更始政权。对于绿林军立刘玄，地主阶级开明势力是绝对不同意的，因为他无法代表他们的利益，后人王夫之评道：“更始之立，非光武兄弟之志也。”① 刘伯升被召回后，面对既定方案无力进行正面反对，却展开了委婉的政治攻势：“今王莽未灭，而宗室相攻，是疑天下而自损权，非所以破莽也。且首兵唱号，鲜有能遂，陈胜、项籍，即其事也。舂陵去宛三百里耳，未足为功。遽自尊立，为天下准的。使后人得承吾敝，非计之善者也。今且称王以号令，若赤眉所立者贤，相率而往之；若无所立，破莽降赤眉，然后举尊号，亦未晚也。”② 不厌其烦地分析来分析去，提出缓立天子的动议，刘伯升所代表的地主阶级开明势力的意图很明显，否定绿林军的定案。对于地主阶级开明势力的软抗，绿林军做出了坚决的反击，“将军张卬拔剑击地曰：‘疑事无功，今日之议，不得有二。’”③ 绿林军的态度如此坚决，刘伯升只好做出暂时的妥协。这种结果，实际上是刘伯升代表的政治力量试图夺取政权领导权的失败。

在“立天子”这件事中，我们可以看出流民势力主宰着更始政权，而地主阶级开明势力则处于次要和从属的地位。刘伯升所属力量表现出来的政治倾向，不能代表更始政权的政治倾向。地主阶级腐朽势力为了对抗地主阶级开明势力，在更始政权内部与落后的农民势力结成联盟，共同压制和排挤地主阶级开明势力。

为了更进一步地揭示更始政权的落后农民政权的性质，我们再对刘玄在政权中的作用进行分析。

“更始即帝位，南面立，朝群臣，素懦弱，羞愧流汗。举手不能言”④。范晔笔下的刘玄，其懦弱之态，可谓淋漓尽致入木三分。此时此人何以这样懦弱呢？仅仅是个气质问题吗？范晔没有作分析。但我们认为刘玄其人此时

① 《读通滥论》卷六《光武》。

② 《后汉书》卷一四《宗室四王三侯传》。

③ 《后汉书》卷一四《宗室四王三侯传》。

④ 《后汉书》卷一一《刘玄刘盆子传》。

的“懦弱”定非天性的反映。理由：其一，在政权建立之后，在控制了一部分政权力量以后，从诛杀刘伯升到排斥刘秀[①]，刘玄毫不手软；其二，更始政权面临危机，绿林诸将欲劫持其“复入湖地为盗耳”[②]，刘玄表现得非常坚决，“牧、丹先至，即斩之”[③]，并无一丝懦弱的表现。刘玄在登基时为什么这样惊慌失措呢？这是因为刘玄深感自己势单力薄，缺少作天子的实力，在争夺权力的斗争中随时都有可能丧失性命。面对吉凶难卜、凶多吉少的前途，一个缺乏政权建设目标的地主阶级投机分子，怎能不胆怯于心而举口不能言，畏惧于内而虚汗以出呢?！绿林军选中刘玄作政权领袖，正是看中他没有实力，易于控制，可以体现和保护自己意愿等方面，才做出的选择。另外，刘玄及其所属力量所表现的政权倾向，在很大程度上，与流民势力由争夺生存资料而发展为掳掠的落后意识存在着一种默契。这种默契是他们联合起来，共同排斥地主阶级开明势力的另一主要原因。因此，在非刘氏不王的前提下，刘玄“受其推戴而尸乎其位”[④]，就成为绿林军唯一“合理”的选择了。

刘玄上台是农民阶级落后势力和地主阶级腐朽势力的胜利。地主阶级腐朽势力依附农民阶级落后势力，刘玄既是地主阶级腐朽势力的代理人，又是农民阶级落后势力的傀儡。他就是以这双重身份战战兢兢地登上天子宝座的。此人及其所属的力量与政权的关系是依附与傀儡的关系，而非“真龙天子”！这就是刘玄在政权中的地位。

联盟内部经过一场不流血的斗争，政权初步创立，更始政权的历史继续在发展。我们可以在其过程中进一步看到政权性质的体现。

三、政权性质的体现

更始政权成立以后，推翻王莽的历史过程大大加快了，同时政权内部各派势力的力量对比也在发生变化。“五月，伯升拔宛。六月，光武破王寻、王邑。自是兄弟威名益盛”[⑤]。昆阳之战，光武“威震天下”[⑥]，地主阶级开明势力的力量在战斗过程中迅速成长，其“然后立尊号”必将图穷匕首见，往日韬晦之计的含辱之盟随时可能转化为夺取政权的事实。政权内部的主导力

---

① 《后汉书》卷一四《宗室四王三侯传》。
② 《后汉书》卷一一《刘玄刘盆子传》。
③ 《后汉书》卷一一《刘玄刘盆子传》。
④ 王夫之：《读通鉴论》卷六《后汉更始》，中华书局 1975 年版。
⑤ 《后汉书》卷一四《宗室四王三侯传》。
⑥ 王夫之：《读通鉴论》卷六《后汉更始》，中华书局 1975 年版。

量——绿林军诸将，深有感觉并准备采取行动，“更始君臣不自安，遂共谋诛伯升”[①]。对于地主阶级腐朽势力和农民阶级落后势力将要采取的血洗政策，地主阶级开明势力内部某些人已敏感到了。当伯升会更始时，更始帝取其佩剑在手，“绣衣御史申屠建随献玉玦”[②]，促其速斩之了事，然“更始竟不能发”。“及罢会，伯升舅樊宏谓伯升曰：‘昔鸿门之会，范曾举玦以示项藉。今建此意，得无不善乎?’”然“伯升笑而不应”[③]，自信宗室相残不会出现。然而，基于根本利益的冲突，决定了农民阶级落后势力不能容忍刘玄的平衡政策，这些没有加冕而实际上的政权大王们，紧紧抓住刘玄，迫其去完成工具的任务，去完成农民阶级落后势力的统治权力。斗争这样激烈，刑刀随时可能加之于首，地主阶级开明势力就不反抗吗？不，他们反抗得非常坚决。时刘伯升的部将刘稷“闻更始立，怒曰：‘本起兵图大事者，伯升兄弟也，今更始何为者邪?’”[④] 愤气填膺，假反刘玄之名，实则为拒不受命于农民阶级落后势力控制的更始政权！这乃是地主阶级开明势力的“项庄之剑”，绿林诸将又岂能不知，他们决定扑灭这挑战的火星。“更始乃与诸将陈兵数千人，先收稷……并执伯升，即日害之”[⑤]。当然，这里也应指出一点，即事物的联系是多方面的，任何事物的纯粹性都要受到限制。更始政权是两股政治势力的联合体，所以，在这么一场残酷的政治搏斗中，地主阶级腐朽势力站出来从本集团的利益出发，顽强地表现排他性，是最自然不过的事了。但他们的势力较小，如没有农民阶级落后势力的主导力量，单是他们是不足以对付那拥有七八千“舂陵子弟”的刘縯、刘秀集团的。在这场排斥地主阶级开明势力的权力斗争中，他们只是处于一种附属地位，但其破坏作用是相当大的。

政权的基本性质，斗争所内含的各种政治倾向，决定了政权内部的斗争将继续下去。时刘秀闻胞兄被害，思量大棒将很快打到自己身上，而自己的力量则不足以抵抗政权的迫害，故不露声色，“饮食言笑如平常”[⑥]，驰驱宛城谢罪，只字不提昆阳之功，表现了一个政治家非常的忍耐力与智力[⑦]。刘玄在这个关头上又一次表现了地主阶级腐朽势力与地主阶级开明势力在阶级关系上的丝缕联系，再一次玩弄其平衡两派、渔利其间的政治手腕。“更始以是

① 《后汉书》卷一一《刘玄刘盆子传》。
② 《后汉书》卷一四《宗室四王三侯传》。
③ 《后汉书》卷一四《宗室四王三侯传》。
④ 《后汉书》卷一四《宗室四王三侯传》。
⑤ 《后汉书》卷一四《宗室四王三侯传》。
⑥ 《后汉书》卷一《光武帝纪（第一上）》。
⑦ 参见范文澜：《中国通史简编》（第二编），人民出版社 1949 年版。

惭，拜光武为破虏大将军，封武信侯”[①]。但是，这个政权的实际领导是农民军诸将，不是刘玄及其所代表的政治势力，他们与地主阶级开明势力有着根本利益的对抗。只要政权内部还有威胁他们利益的因素存在，他们是不会放弃政权的压迫与镇压作用的。农民阶级落后势力既定的排斥政策，与地主阶级腐朽势力的利益存在着某种默契，这些政权的任务绝非傀儡刘玄的主观意志和权谋伎俩所能转移的。阶级对抗的基本性质及集团间利益的对抗，决定了刘秀这次免难，只是斗争的暂时休止，而绝非斗争终止。

公元 23 年，更始军队迅速拿下洛阳，更始打算迁都洛阳，任刘秀为司隶校尉，先去洛阳整修宫殿。借这个机会刘秀整肃所部军纪，皆衣冠楚楚于汉服开赴洛阳，试图以严格的军队纪律和汉家宗室的身份去招揽民心。刘秀的这一政治攻坚战，果然在洛阳的官吏百姓中引起了很大反响，“由是识者属心焉”[②]。刘秀的社会威望依然存在，这不能不引起绿林诸将和刘玄的重视。“及更始至洛阳，乃遣光武以破虏大将军行大司马事。十月，持节北渡河，镇慰诸郡”[③]。地主阶级开明势力在政权内部的斗争中完全失败了，他们的代表不是被杀，就是被从中央排斥出来。更始政权出现的第一次大分裂，即是地主阶级开明势力从政权中被清洗出去。

推翻了王莽政权，出色地体现了更始政权的外部强力作用。但在历史的、阶级的局限面前，农民阶级无法完成一种新制度的建设，但其强大的阶级反抗力量完全可以推翻旧政权。特定的历史条件，决定了更始政权的面貌，即农民阶级落后势力与地主阶级腐朽势力的结合。这种结合给政权的发展带来了不利的前途，给历史带来了破坏。

四、更始政权的破坏作用及其灭亡

王莽政权寿终正寝，更始政权以胜利者的姿态移师长安，这个政权运动的第一阶段任务基本完成。然而，农民阶级为其历史局限性所限制，他们不可能去建设什么“农民共和国”。历史条件的限制，新的阶级力量也不会凭空产生。这种状况势必规定了当时在生产关系上占统治地位的地主阶级站出来，完成封建国家的建设任务。具体来说，历史把这一任务交给了更始政权中的地主阶级腐朽势力。但是，他们从腐朽集团的眼前利益出发，顺应和纵容农民阶级落后势力无政府主义的发展，彻底地暴露了他们的劣根性，给社会的

---

① 《后汉书》卷一《光武帝纪（第一上）》。

② 《后汉书》卷一《光武帝纪（第一上）》。

③ 《后汉书》卷一《光武帝纪（第一上）》。

发展带来了极大的破坏，史载：“更始及至，……诸将后至者，更始问掳掠得几何，左右尽宫省久吏，各惊相视。”“王匡、张卬横暴三辅”①，在地主阶级腐朽势力的代表刘玄的导演下，更始政权各派势力的抢掠目标得到了极大的满足。更始政权的这种政治倾向与历史的发展是完全背道而驰的，也是违反人民意愿的。长安人民配合更始军队推翻王莽政权拿下了长安城，“唯未央宫被焚而已。其余宫殿一无所毁”②。这很清楚表达了人民的意愿，他们希望新政权能够稳定社会秩序，给生产的发展以秩序上的保证，整个社会可以在矛盾相对缓和的情况下向前发展。但更始政权没有这样去做，作为政权的最高领导刘玄更是昏庸腐败，“日夜与妇人饮宴后庭”③，假宦官以代自身去搪塞诸将，终日不问政事。政权向何处去？政权的统治者不去考虑，刘玄顺应着政权内部各种势力的要求，做了一个天大的政权建设伟绩，就是乱封王侯。顷刻之间，长安城王侯将相遍布。“灶下养，中郎将。烂羊胃，骑都尉。烂羊头，关内侯”④，人民对这种为政不治滥封将相的混乱状况赋以辛辣的嘲讽，判定了政权的腐败性质。面对这一切，政权内部的一些地主阶级士大夫，从政权的长远利益出发，站出来激言呈书：“陛下定业，虽因平林、下江之势，斯盖临时济用，不可施之既安。宜厘改制度，更延英俊，因才授爵，以匡王国”⑤。这种“厘改制度，更延英俊”的建议，实际上就是刘縯、刘秀欲行而未能实现的重建封建政权的办法，这是一种与地主阶级腐朽势力贪残的破坏性和农民阶级落后势力的掳掠行为截然对立的方法。这个办法如一旦实行即意味着政权的性质发生了根本的变化，因此在政权的主宰力量与基本基础没有变动的情况下，这种不识相的建言只会遭到镇压，“更始怒，系淑下狱”⑥，政权内部的改良设想彻底失败了。

更始政权的倒行逆施，给社会带来了新的混乱，各地的割据势力又纷纷再起，“自是关中离心，四方叛乱”⑦。刘秀在河北的发展也日趋强盛，政权内部的绿林诸将以此为借口，进一步闹独立擅权自专。面对更始政权外患内忧的严重局面，昏庸的刘玄几乎没有丝毫清醒的认识，不作任何防御准备。而绿林军在进入长安之后，战斗力也大不如以前了。他们在河东战场上被兴

① 《后汉书》卷一一《刘玄刘盆子传》。
② 《后汉书》卷一一《刘玄刘盆子传》。
③ 《后汉书》卷一一《刘玄刘盆子传》。
④ 《后汉书》卷一一《刘玄刘盆子传》。
⑤ 《后汉书》卷一一《刘玄刘盆子传》。
⑥ 《后汉书》卷一一《刘玄刘盆子传》。
⑦ 《后汉书》卷一一《刘玄刘盆子传》。

起的刘秀部队打得大败，溃退长安。眼见大势已去，绿林诸将遂打算重新依据山泽，流动作战。刘玄得知以后，不愿失掉他皇帝的宝座，决定坚决镇压绿林诸将。双方在长安城摆开战场厮杀了好几个月，长安城在这场充满破坏的混战中又一次受到浩劫，绿林诸将率部撤出长安，更始政权完成了它的第二次分裂。这次大分裂预示着这个缺乏共同政治基础的“准政权”将很快走向灭亡。

这个时候，山东的农民军方兴未艾，跃跃欲试，他们具有逐鹿中原的实力，这支军队就是著名的“赤眉军”。更始政权的腐败、分裂给了他们西向夺取全国政权的机会。赤眉军在草创了政权班子后，分作三十余营向长安开去，军致高陵（今长安以北）遇上了从长安撤出的王匡、张卬的部队，两支部队汇为一股，浩浩荡荡向长安压去。腐败、松散的更始政权无力对抗这支强大的军队，刘玄不得不向曾被自己封为“列侯”的农民军将领请降。公元25年，历时三年的更始政权在历史上消失了。

结　语

通过对王莽末年农民战争中产生的更始政权一些史料的初步探讨和分析，本篇认为更始政权的性质，是农民阶级落后势力控制的落后的农民政权性质。它的形成，是当时社会各主要政治力量的作用，因此它是一个缺乏共同政治基础的松散的联盟。更始政权在外部职能方面很出色地体现了农民阶级对旧政权的暴力推翻作用；在内部职能方面，它体现了保护这个阶级某些落后意识的工具作用。这些落后意识（如掳掠行为）是历史局限的产物，但在地主阶级腐朽势力导引下得以恶性膨胀。因此，在王莽政权被推翻以后，它便很自然地站在社会发展的反面了。

更始政权是农民阶级落后势力控制的并联合地主阶级腐朽势力的农民政权，这种特殊的风貌，是历史条件的产物。产生这种联合，主要有两个原因，（一）地主阶级腐朽势力易于控制，这打破了联合间的平衡，实际的统属关系易于形成；（二）地主阶级腐朽势力的政治倾向与农民阶级落后势力对政权的要求有某种联系。基于上述两点，两股政治力量的暂时联合是完全可能的。

更始政权对于刘縯、刘秀兄弟所属的地主阶级开明势力的排斥，绝非一般的派系排斥，它是不同政治倾向的政治搏斗。这场斗争是残酷的，同时也是错误的。正如恩格斯所说的那样，地主阶级在当时还“不是一个多余的阶级”，为他们所体现的生产关系还处在一种上升的阶段。在这样一个历史状况下，地主阶级开明势力意在重建封建政权，恢复社会秩序给生产力的发展以保证的政权建设目标，就不能不说是一种顺应历史发展的进步了。更始政权从维护农民阶级落后势力由争取生存资料进而发展为掳掠的落后意识出发，从维护地主阶级腐朽势力贪残的掠夺欲望出发，公开的、首尾一贯的对地主阶级开明势力进行排斥、镇压，就不能不说是一种极大的错误及至历史的反动了。

更始政权在历史上作用，不是一刀切的伟大无比，更不是一刀切的糟糕透顶。在推翻王莽政权给生产力的发展开辟道路方面，它的历史功绩无疑是不容抹杀的！我们甚至可以说，没有更始政权的暴力前因，就没有东汉初期封建经济恢复与发展的后果。但是，更始政权毕竟是一个农民阶级落后势力控制的政权，加之它错误地选择了自己的政权领袖，这就导致了中国历史在这个阶段不得不走了一个“之”字形的发展道路。

（原载《安徽教育学院学报》1994 年第 1 期）

曹魏集团的崛起

东汉末年，政治腐败，以张角为代表的农民起义风起云涌，各地豪强群起并争。公元189年，凉州下层豪强董卓应召赴京，废少帝，立献帝，挟天子以令诸侯，控制了中央政权。董卓的倒行逆施，引起各地豪强的强烈不满，他们纷纷起兵，组成讨董的大军——“关东军”，兵分三路，进攻洛阳，董卓被迫西撤长安。汉献帝初平三年（192），董卓被其部将吕布及汉司徒王允合谋杀死，凉州兵散，关中大乱，之前高揭“卫汉”之帜的关东义兵并未因此卷旗归乡，而是展开了更大规模的权力争夺之战。这场战争不仅给人民带来了深重的灾难，而且在群雄并起的争夺中逐渐形成三个政治、军事集团——三国鼎立的局面，其中以曹操为代表的曹魏集团最为显赫。

曹操，字孟德，东汉末沛国谯（今安徽亳州市）人。其父曹嵩，为东汉曹腾养子。曹腾历仕东汉安、顺、质、恒四帝，官至中常侍大长秋，封爵费亭侯，居位能推荐“海内名人”。曹操20岁时，举孝廉，起官洛阳北部尉，治政尚法，不避权贵，在统治阶级中博取了一定声誉。黄巾起事，他追随皇甫嵩等参与平定颍川黄巾军之战，因功，官济南相。汉灵帝中平五年（188），东汉朝廷设置八部尉，以建皇室亲军，曹操为其将领之一。

董卓率西凉兵入洛阳，曹操只身往避陈留，旋返归故里，发动组织以曹、夏侯两宗兄弟子侄为骨干，众约5000的部队，投身于关东联军对董卓的讨伐战争。关东军虽号称10万，但相互观望，均不愿以实力相搏于董卓，唯独曹操敢引领所部数千人与董卓战。此战，曹操以大败告终，但其胸怀平定天下的大志，以及卓越的识见和过人的勇气却令士族豪强们刮目相看，一时如郭嘉、枣祗等汉末才俊之士均纷纷归其门下，时人鲍信亦视操为“拨乱反正”的“天启”之君，可见，军事上的暂时受挫却从另一方面支撑了曹操及其势力集团的政治地位。

汉献帝初平三年（192），黄巾余部之势复炽。四月，青州黄巾100万进击兖州，兖州刺史刘岱战死，曹操获讯后决定兵进兖州。曹操受领兖州刺史后遂即发动了对青州黄巾的战斗，一战获胜，于济北“受降卒三十余万”，操于其中选拔其精壮，组成“青州兵”。青州兵的建立，使曹操拥有了一支较强大的独立武装，一些豪强地主如李通、任峻、许褚、吕虔、李典等，也先后率领宗族、部曲、宾客追随曹操。曹操势力渐大，开始脱离袁绍。为了在政治上取得优势与经济上取得厚实之基础，在建青州兵后，曹操复推出了两大决策，即“奉天子以令不臣，修耕植以蓄军实”。建安元年（196），曹操设田官，招募流民屯田积粟，得谷百万斛，为其军队及其战争提供了强有力的经济支持；同时，是年曹操发兵迎献帝都许昌，受汉封为大将军，进而以“天子之命”相继发兵败袁术、灭吕布、平张绣，尽占中原兖、豫二州，成为北中国唯一足以与袁绍相对抗的军事力量。

青州兵的武装力量，兖、豫二州的形胜之地，以及两大决策的有效实施，曹操及其势力集团在中原站稳了脚跟。建安年初，陆续对黄河以南各割据势力征战的频频胜利，以及对关中割据势力的安抚收揽，进一步加强了曹操及其势力集团的优势地位，汉末以来群雄争鼎中原的混战局面开始发生变化，形势正如曹操的谋士们所指出的那样：“今与公争天下者，唯袁绍尔。”

袁绍，汉末汝南大士族，四世三公，在关东军逐走董卓之后，他抓住时机在与诸豪强的争战中发展最快。到建安初年，他已占有冀、青、幽、并四州，“据山河之固，拥四州之众”，兵多地广。面对曹操势力的不断扩张，他决意南下击操。曹操闻讯即亲自率军于官渡（今河南中牟）抗御袁绍。隔黄河而对峙的袁、曹集团争霸中原的“官渡之战”遂即展开。

建安四年（199），袁绍率兵渡河南下，声势甚大，却多疑寡断、见事迟缓。曹操抓住战机，向东击败响应袁绍南下之兵的徐州刘备，并在运动中两次击败袁军，杀其大将颜良、文丑。序战告捷，曹操初步遏制了袁绍南下的强劲势头，两军对垒于官渡。次年春，曹操在得知袁绍遣将淳于琼护运大批军粮囤积于距袁绍大营40里的乌巢（今河南延津南）时，即亲率精骑5000夜袭乌巢，琼全军覆灭，操进粮囤放火焚之。乌巢被焚，袁军军心涣散，进击操大营的袁军张郃、高览二将临阵降操。形势大转，曹操乘势发起全面进攻，袁绍不堪一击，主力被歼。持续一年有余的袁、曹官渡之战，以曹胜袁败而告终。此后，袁绍发病而亡，诸子分立争斗，亦相继被曹操歼灭。

官渡之战是曹魏集团崛起于中原的战略大决战。此战，曹操以步骑4万余对袁绍精兵10余万，以少胜多击败了北方最强大的割据势力，从而奠定了统一北方的基础。数年之后，曹操开凿平虏渠，北上征平三郡乌桓，彻底歼灭了袁氏的残余势力，并使北方边境躁动不安的形势安定下来。

曹魏集团崛起的过程即是曹操及其势力集团怎样从“群雄割据”的局面下统一中原、统一北方并建立曹魏政权的历史过程。“官渡之战”作为一个界点，使北方群雄争长、战争频繁的局面渐趋稳定下来。建安十三年（208），曹操兵下江南，败于“赤壁之战”，统一中国未果，归许昌后受封魏王，实际控制着东汉政权。建安二十五年（220）正月，曹操病逝在洛阳；十月，子曹丕旋代汉称帝，国号魏。至此，曹魏集团政权名实具备。

曹操集团所推行的兴修水利、募民屯田政策，以及这些政策的广泛实施，不仅解决了军粮缺乏的问题，同时，对当时农业生产的恢复也发挥了积极的作用；抑制豪强、推行法制、用人唯才、改革选举制度、讲求吏治等政治文化革新举措，不仅符合了曹魏集团崛起过程中的军事需要，同时亦对中国此后的历史发展留下了各方面的影响。

（原载《影响安徽的大事》，黄山书社1995年版）

曹魏屯田刍议

汉献帝建安元年（196），曹操采纳枣祗、韩浩等人的建议，“始兴屯田”[①]，至司马氏禅魏立晋，晋武帝泰始二年（266）废农官，曹魏战时屯田制宣告结束，其前后历时70余年，对当时的军事、政治格局的底定以及北方农业经济的恢复发展均发生了重大的影响。可以说，因承两汉“边疆屯田”思路而创行与大幅度推广的曹魏屯田，使得曹魏集团的实力日益充实雄厚，并相应解决了那个大动荡时代所产生的流民问题。当然，封建政权体制下的屯田不可能是温情脉脉的，它对屯田客的超强度抽剥，无疑亦体现了这种战时农业管制的强暴特点。“曹操为了建立以他为首的政权，首先必须要在当时生产力低落，劳动力减少的情况下恢复生产，加强剥削，同时他不能容许土地与劳动力无限制地流到那些私家手中，因为这样他将不能组织更大的军队，也没有充分的粮食供应他的军队，从而也就不能控制那些地方割据势力”[②]。曹魏屯田是为了控制战时的劳动人手，以保证现有军队的供给并利于组建更大的军队，去削平割据恢复统一政治。曹魏屯田最高而且最为迫近的政治军事目标，使它不可能以温情的形式出现；然而，战时流民的有效组织，毕竟给经济的恢复提供了一个途径，毕竟给结束战乱恢复统一奠定了一个基础。

一

东汉末年的黄巾大起义彻底瓦解了封建政权的统治，乘隙而起的军阀争战将整个社会经济的发展推向危机的边

---

① 《三国志》卷一《魏书·武帝本纪》。

② 唐长孺：《曹魏屯田制度的意义及其破坏》，见《魏晋南北朝史论丛》，三联书店1955年版。

缘，“九州云扰”[1]，“名都空而不居，百里绝而无民，不可胜数”[2]，耕田抛荒，民不聊生结构为这战争纷乱年代的显赫图景。建安元年，汉献帝刘协的小朝廷播迁到洛阳，然而洛阳“宫闱荡涤，百官披荆棘而居焉。州郡各拥强兵，而委输不至，尚书郎官自出采稆，或不能自反，死于墟巷”[3]。军阀割据称强，使得最高政治象征无法苟存。是年秋七月，崛起于北方的曹操兵至洛阳奉迎汉献帝；九月，汉献帝及其朝廷至许昌（今河南许昌市东），“至是宗庙社稷制度始立”[4]。曹操受封武平侯，为司空、行车骑将军，“奉天子以令不臣，修耕植以畜军资，如此则霸王之业可成”[5]。至此，汉末群雄割据的形势开始出现倾斜于曹魏集团的端倪。意在“克成洪业”[6]、平一宇内以为生民计的曹操，决心整饬经济，壮大军实，改变起兵以来“军旅之资，权时调给”[7] 的便宜措施。“是岁用枣祗、韩浩等议，始兴屯田”[8]。

《三国志·武帝本纪》裴注引《魏书》曰：“自遭荒乱，率乏粮谷，诸军并起，无终岁之计，饥则寇略，饱则弃余，瓦解流离，无敌自破者不可胜数。袁绍之在河北，军人仰食桑椹；袁术在江、淮，取食蒲蠃。民人相食，州里萧条。公（即曹操）曰：‘夫定国之术，在于强兵足食，秦人以急农兼天下，孝武以屯田定西域，此先代之良式也。’是岁乃募民屯田许下，得谷百万斛。于是州郡例置田官，所在积谷。”战争与支撑战争的军事供给构成了巨大矛盾，以至“无敌自破者不可胜数”；为了解决军队生存以确保战争的进行，曹操颁布了“募民屯田许令”，“又于州郡列置田官”[9] 而加以推广，逐步形成其战时农业管制的屯田制。

曹魏创行屯田，其实乃汉代边郡屯田的发扬与推广。由于黄巾起义冲击了封建豪强的大土地所有制，使得“大乱之后，民人分散，土业无主，皆为公田”[10]，社会上存在大片可资利用的抛荒地，此其一；次之，战争使得大批农民离开土地成为迁徙不定的流民，大量的流民使得社会上存蓄着大批可资利用的劳动人手，此其二；最后，曹魏集团在镇压黄巾起义的过程中获得了大批劳动力以及耕牛与农具，如初平三年（192），曹操击败青州黄巾，得降

---

① 《晋书》卷二六《食货志》。
② 《后汉书》卷七九《仲长统传》。
③ 《晋书》卷二六《食货志》。
④ 《三国志》卷一《魏书·武帝本纪》。
⑤ 《三国志》卷一二《魏书·毛玠传》。
⑥ 《三国志》卷一《魏书·武帝本纪》“史臣评”。
⑦ 《晋书》卷二六《食货志》。
⑧ 《三国志》卷一《魏书·武帝本纪》。
⑨ 《晋书》卷二六《食货志》。
⑩ 《三国志》卷一五《魏书·司马朗传》。

兵30余万，男女100余万口，不仅增大其兵力，亦为其占有农业劳动人手及农民军手中的耕牛农具奠定了基础。《晋书·食货志》载邓艾《济河论》云："昔破黄巾，因为屯田，积谷许都，以制四方。"可见，破黄巾不仅在于军事的意义，且为曹魏屯田创造了条件。以上三点，大致构成曹魏屯田的优势前提。

曹魏屯田始自建安元年"募民屯田许令"，然其孕生萌芽当在此之前。初平三年，陈留人毛玠向曹操提出"守位以财""修耕植畜军资"以扩充军实之方案，"操纳其言"①，可视为曹魏厉行屯田之思想准备阶段。尔后，当有一些局部或短时的试点。据《魏武故事》载，献帝兴平元年（194），吕布兵进兖州，"兖州皆叛，惟范、东阿完在，由（枣）祗以兵据城之力也。后大军粮乏，得东阿以继，祗之功也"②。是首倡屯田的枣祗能聚食东阿以补曹大军之需，或正有东阿一局部的屯田试行③。其次，兴平二年（195），陈留、济阴二郡太守夏侯淳"率将士劝种稻"④，亦为军事屯田的局部情况。总之，一种全面实施的经济制度，当有一个前期思想准备及局部试验的过程，所谓由点到面的渐进过程。曹魏屯田亦当作如是观。建安元年"屯田许令"以任峻为典农中郎将辖理屯田事务，然而论及源始则曰："军国之饶，起于枣祗而成于峻。"⑤

曹魏屯田主要有民屯、军屯两大形式。民屯的组织，其一为招募，即无地的贫民应募入屯，应募之后不得随意离开，管理具有半军事化色彩，"屯田民（或称屯田客）是国家佃客，他们被制成军队形式，分种国家土地"⑥，实行的是半军事化的管制；其二为组织流民入屯，亦具有强制特点。"民屯为典农部所掌管的屯田，在各州郡置有典农中郎将、典农校尉、典农都尉等，主持该管区内屯田事宜，不隶属于州郡行政之内"⑦。可见，为集权财利，民屯具有较强烈的中央管制特征。军屯，"就是命各地军队就地屯田，轮班耕种，以充军饷，有事则为兵，无事则为农"⑧，"军屯以军士耕种，由大司农属官度支中郎将调遣"⑨，亦具有中央直辖控制的集权财利的特征。从具体实施情

---

① 《资治通鉴》卷六〇"汉献帝初平三年（192）"。

② 《三国志》卷一六《魏书·任峻传》。

③ 参见高敏：《关于屯田制的几个问题》，载《史学月刊》1981年第3期。

④ 《三国志》卷九《魏书·夏侯淳传》。

⑤ 《三国志》卷一六《魏书·任峻传》。

⑥ 翦伯赞：《中国史纲要》第二册《三国鼎立和西晋的短暂统一》，人民出版社1965年版。

⑦ 曹贯一：《三国分立时代的农业经济概况》，见《中国农业经济史》，中国社会科学出版社1989年版。

⑧ 苑士兴：《曹魏屯田制与西晋占田制》，载《教学研究集刊》1955年1期。

⑨ 翦伯赞：《中国史纲要》第二册《三国鼎立和西晋的短暂统一》，人民出版社1965年版。

况来看，曹魏军屯抑可再分两类，其一为服务军事需要而设置的临时或长期性的屯区，其二是带兵将领于军事驻地设置的军士屯田；前者以在军士兵为主体劳动人手，后者的劳动人手含有军士及其家属。关于军士家属入为屯民的现象，有关研究认为应另划一类，称为“士家屯田”。所谓“士家”，即由曹魏特殊时期所行之“士家制度”而来。曹魏的士家，系特种户籍，对象为军士及其家属，入籍之后须世代服役，婚姻不得掺杂平民，其身份束缚更紧而且低于一般平民。曹魏士家屯田，亦大致可分为两类：其一，设置在政治中心的可称为腹心地区的士家屯田；其二，由地方州郡将领督领的可称为州郡士家屯田①。军屯具有明显的农战结合，且田且守，出战入耕的战时农业经济的特点。一般说来，民屯较为分散，军屯相对集中。然而无论民屯、军屯，抑或士家屯，曹魏的屯田都是在封建国有土地，即官田之上进行的。因此，“曹魏的屯田制实际上只是汉代边郡屯田以及官田出租办法的推广”②。

曹魏屯田实行的是国有土地的屯垦，并由封建政府提供全部或部分生产资料，如犁、牛、其他农具及种子等；屯田客则依土地的实际收获量向官家交纳地租，这种办法即所谓“分成制”，其比例是官家得50% ~60%，屯田客得40% ~50%。民屯在初屯的第一、二年，国家除了全部或大部供应生产资料外，还必须提供充足的垦民的生活用粮及相应的生活用具。“这即是说，国家在实行劝垦、奖励、扶植屯民，使其能够早日建立独立经营的基础”③。这是曹魏屯田得以广泛展开，并收有较大成效的关键所在。但是在屯田客具备一定的经营能力后，封建国家即以“见税什五”的超强度抽剥去吸收田租了。一般说来，以有否官供耕牛为准：由官家提供耕牛的，按收获实际量六四分成，官家六成，屯民四成；屯民自备耕牛的，按收获实际量五五分成，即官民各半。这是一种比于汉代豪强地租的高额征收，因此，曹魏屯田制推行之初，亦时常发生屯田客不甘人身束缚与超强度经济抽剥而逃离屯区的现象。

二

曹魏屯田创行于军阀争战的年代，而当时传统的农业区黄河流域的大片沃土已受到极大的破坏，民人播迁，战事频仍，黄河流域的沃土已演为一片

---

① 参见赵克尧、许道勋：《略论曹魏的士家屯田》，载《中国社会经济史研究》1984年6期。

② 唐长孺：《曹魏屯田制度的意义及其破坏》，见《魏晋南北朝史论丛》，三联书店1955年版，第37页。

③ 曹贯一：《三国分立时代的农业经济概况》，见《中国农业经济史》，中国社会科学出版社1989年版。

荆棘丛生的荒原。于是，曹魏集团从经济与战略对峙的角度考虑，将其屯田的重点区域放在两淮地区，并以此在淮河以南广兴军屯，以防遏割江而治的吴国。

《晋书·食货志》载，“沛国刘馥为扬州刺史，镇合肥（治今合肥市西北），广屯田”。沛国相人刘馥任扬州刺史，事在建安五年（200）。是年，曹操东破刘备，擒关羽，复于官渡（今河南中牟县东北）大败袁绍，大致统一了北方；而东吴孙策新死，孙权新立，举国仅有保据江东之形势。曹操正是在这样一种情势下，“谓馥可任以东南之事，遂表为扬州刺史”①。刘馥受命扬州，即移州治于合肥，意在于江淮之间为曹魏营构一屏障东南的战略城市，史称其“数年恩化大行，百姓乐其政，流民越江山而归者以万数。于是聚诸生，立学校，广屯田，兴治芍陂及茹陂、七门、吴塘诸堨以溉稻田，官民有畜。又高为城垒，多积木石，编作草苫数千万枚，益贮鱼膏数千斛，以为战守备”②。干练且富有军事眼光的刘馥，在努力推行中央的募民屯田政策之上，再加之以水利工程的兴修，以及所谓“恩化”招徕民众的措施，使其在短短的数年之内为本集团在“江、淮间，郡县残破”③ 的防线上建起了一座军事重镇，这无疑是曹魏屯田有以促进其军政实力发展的一个显例；而围绕屯田所进行的一系列水利工程的修缮，亦为史论推誉：“及陂塘之利，至今为用”④，“历代为利”⑤。值得指出的是，募民屯田的规模愈大，政府实施大型水利工程的能力亦就愈大。刘馥“广屯田”，能引致“流民越江山而归者以万数”，其规模非小。因此可以说，刘馥辖区内大型水利工程的兴建，当与在任内广兴屯田的作为有关，尤其是在他所控制的劳动人手乃是一批半军事化管制的屯田客的情况下，更当如此。

建安年中，淮南不仅为战争重地，亦是曹魏屯田的重点所在。史载淮南人仓慈，“建安中，太祖开募屯田，以慈为绥集都尉”⑥。是仓慈所为，当与招募流民以为屯田人手的工作有关。尔后，建安十三年（208）十二月，魏吴争战淮南，孙权兵围合肥（此时扬州治所已移寿春）；翌年秋七月，曹操亲率援兵救合肥，“引水军自涡入淮，出肥水，军合肥，开芍陂屯田”⑦。《三国

---

① 《三国志》卷一五《魏书·刘馥传》。

② 《三国志》卷一五《魏书·刘馥传》。

③ 《三国志》卷一五《魏书·刘馥传》。

④ 《三国志》卷一五《魏书·刘馥传》。

⑤ 《晋书》卷二六《食货志》。

⑥ 《三国志》卷一六《魏书·仓慈传》。

⑦ 《资治通鉴》卷六六“汉献帝建安十四年（209）”。

志·武帝本纪》记："置扬州郡县长吏，开芍陂屯田。"是建安十四年的屯田，有与扬州置郡县长吏以强化统治同一重要的位置。此次屯田当为军屯，意在农战兼备，自为防镇，并有水利工程芍陂的复修。此外，建安年间长江以南的皖境屯田，当以庐江太守朱光的皖县（今安徽潜山县）屯田为最。《资治通鉴》"汉献帝建安十九年（214）"记："初，魏公操遣庐江太守朱光屯皖，大开稻田。（吴将）吕蒙言于孙权曰：'皖田肥美，若一收孰，彼众必增，宜早除之。'闰（三）月，权亲攻皖城。"是屯当为建安中事，其衍至建安十九年已成规模；吕蒙说，收割季节"彼众必增"，亦点明皖县屯田的军屯性质。淮河以北的皖境屯田，有曹魏黄初初年（220）卢毓梁、谯二郡（梁郡，治所今河南商丘县南；谯郡，治所今安徽亳州市）的屯田。史载卢毓，"魏国既建，为吏部郎。文帝践祚，徙黄门侍郎，出为济阴相，梁、谯二郡太守。帝以谯旧乡，故大徙民充之，以为屯田。而谯土地墝瘠，百姓穷困，毓愍之，上表徙民于梁国就沃衍，失帝意。虽听毓所表，心犹恨之，遂左迁毓，使将徙民为睢阳典农校尉。毓心在利民，躬自临视，择居美田，百姓赖之"[①]。"徙民"屯田，当为民屯。魏文帝曹丕本意在于发展"龙兴之乡"，然卢毓以"土地墝瘠"不便于农而迁徙屯田民入梁，是举尽管未能吻合"圣衷"，但却能体贴民众甘苦，故只是有个"左迁"的微惩。因为，谯是曹魏立国所定五都之一〔黄初二年（221），曹魏以长安（西汉旧都）、谯（皇室本贯）、许昌（汉献旧都）、邺（曹操时旧都）、洛阳合称"五都"〕，舍谯入梁，不合此时隆兴皇室本贯之都的政治意图。

曹魏在两淮地区的屯田高峰当以魏齐王曹芳正始年间的"邓艾屯田"为最。正始二年（241），吴四路攻魏，无功而还，魏吴间长期抗衡的格局开始明显倾斜于魏；魏跃跃欲试，意在饮马长江统一中国。史称，河内司马氏渐秉大政的魏国，"时欲广田畜谷，为灭贼资，使（邓）艾行陈、项已东至寿春"[②]。邓艾，少时为稻田守丛草吏，亦尝任典农纲纪、上计吏等地方农业官吏，谙熟农业，熟悉屯田事务。正始初受命两淮，主要在于大兴屯田。邓艾认为："今三隅已定，事在淮南。"[③] 可选择淮北之陈、项至淮南之寿春为国家规模型屯田的地区，用兵五万，实施战守兼备农战不误的军事屯垦。邓艾计划："淮北屯二万人，淮南三万人，十二分休，常有四万人，且田且守。"[④]即以五万人为十分，十分之二的军士即万人用为守备，而十分之八的军士即

---

① 《三国志》卷二二《魏书·卢毓传》。

② 《三国志》卷二八《魏书·邓艾传》。

③ 《三国志》卷二八《魏书·邓艾传》。

④ 《三国志》卷二八《魏书·邓艾传》。

四万人用为屯田；易言之，这是一种五万之众的军队的轮流抽转的集团型军事屯垦（《资治通鉴》胡注曰："五万人分一万，番休迭戍，周而复始，是常有四万人屯田"）。这种规划即可确保军屯的人力使用，亦可以在"番休迭戍"的运动过程中保证魏对吴前线部队战斗力的不衰。依照邓艾的估计，如此规模的军屯，"计除众费，岁完五百万斛以为军实。六七年间，可积三千万斛于淮上，此则十万之众五年食也。以此乘吴，无往而不克矣"①。

邓艾的两淮屯田计划得到司马懿的全力支持，于是，正始二年（241）即全面展开。此屯田区域覆盖，"北临淮水，自钟离而南、横石以西，尽沘水四百余里"；此屯田管制形式："五里置一营，营六十人，且佃且守"②。邓艾于两淮前敌的军事屯垦，深得军屯"战不废耕，则耕不废守，守不废战"③ 的"农战合一"以为攻守的精神。邓艾广兴屯田，同时"兼修淮阳、百尺二渠，上引河流，下通淮颍，大治诸陂于颍南、颍北，穿渠三百余里，溉田二万顷，淮南、淮北皆相连接。自寿春至京师，农官兵田，鸡犬之声，阡陌相属。每东南有事，大军出征，汎舟而下，达于江淮，资食有储，而无水害"④。邓艾两淮屯田，不仅使曹魏在与东吴接壤的前沿上构建了一个"农官兵田"、自为体系的防御系统，同时也为曹魏及其后司马氏用兵东吴统一中国的军事行动，预设了一个巨大的军事粮仓。邓艾两淮屯田管理严密，且能持续不断而发展壮大。据载，16 年后，即甘露二年（257），魏将诸葛诞反于淮南，仅一次佥点，即"敛淮南及淮北郡县屯田口十余万官兵"⑤，于此屯兵数量的增长，不难想见十几年中江淮屯田规模的扩张。

邓艾屯田是三国时代曹魏两淮屯田的高峰，亦是三国时代曹魏屯田的殿最之作。尔后不久，司马氏禅魏立晋之后即废止农官，迎合世家大族对于土地占有的欲望，曹魏建安以下 70 余年的战时屯田制即宣告结束。《三国志·魏书·三少帝纪》记，陈留王咸熙元年（264），"是岁，罢屯田官以均役政，诸典农皆为太守，都尉皆为令长"；《晋书·武帝本纪》记，泰始二年（266），复申前令："罢农官为郡县。"至此，司马氏大士族政权以法的形式废止了曹魏的屯田制度。

从曹魏集团"挟天子以令诸侯，修耕植以畜军资"的军政蓝图之基本精神来看，建安伊始即广为推行的曹魏屯田，其实都是为了一个急切而实用的

① 《三国志》卷二八《魏书·邓艾传》。

② 《三国志》卷二八《魏书·邓艾传》。

③ 王夫之：《读通鉴论》卷一〇《三国》，中华书局 1975 年版。

④ 《晋书》卷二六《食货志》。

⑤ 《三国志》卷二八《魏书·诸葛诞传》。

军事政治目标，即有效地占有劳动人手并为军队提供必需的后勤供给，从而保持并发展一支与群雄争战的强大军队，最终削平割据实现统一。王夫之曰："曹孟德始屯田许昌，而北制袁绍，南折刘表；邓艾再屯陈、项、寿春，而终以吞吴；此魏、晋平定天下之本图也。"① 是论为直揭曹魏屯田根本宗旨之语。然而，意在解决迫在眉睫之军政需求的曹魏屯田，亦有它解决两汉以来，尤其是东汉末年大批流民问题的历史作用，使流离失所的农民与荒芜的土地重新结合起来，无疑亦有益于当时农业经济的恢复与发展；而相应于屯田过程中的水利工程的兴修，无疑亦是有益于区域农业生产状况的改善的；此外，将东汉末年黄巾大起义冲击下的土地收归国家，亦有利于封建国家对大士族大土地制度恶性膨胀的抑制。当然，"修耕植以畜军资"的战争目标，使曹魏屯田不可能从根本上解决上述问题；屯田制下的什五抽剥并没有改变两汉豪强对于农民的超强度经济剥削的状态；被招募的流民，以及被强制编为屯田客的农民依然是这种战时经济制度的被剥削者；半军事化的管制，以及军屯中的"佃兵"与"士家"的劳动积极性，亦不可能在这种制度下得到发挥。因此，曹魏屯田的后期，亦开始出现世族地主对于屯田侵占的现象，屯田客外逃，或依托世家的情况亦开始出现。

总之，曹魏战时屯田制的创行与消失都有一个战争的背景，它因战争需求的切近目标而创行，它亦因战争最终目标的即将实现而告结束。就其历史功用而言，曹魏屯田可以说是一柄利弊兼之的双刃剑，它可以促成该集团切近的军政目标的实现，并为打赢一场统一战争奠定基础；然而，它无法最终解决封建社会的基本矛盾，因此，伴随着产生它的历史特定条件的消失，它便将被另外一种制度所替代。

（原载《安徽史学》1999 年第 3 期）

① 王夫之：《读通鉴论》卷一〇《三国》，中华书局 1975 年版。

曹魏屯田始末

曹魏屯田，始于汉献帝建安元年（196）[1]，终于晋武帝泰始二年（266），前后70余年，对当时军事、政治格局的底定以及北方农业经济的恢复与发展均发生了重大影响，使得曹魏集团的经济实力日益雄厚，“数年中，仓储积粟，所在皆满”[2]，同时相应解决了那个大动荡时代所带来的严重流民问题。集团经济实力的增大，给结束战乱恢复统一奠定了基础；战时流民的有效组织，给濒于崩溃的农业经济的恢复创造了条件。因此，曹魏屯田夹带着它半军事化管制与超强度经济剥削等特征而走完70余年的历程，成为中国农业经济史上一个重要现象。

屯田缘起及其基本形式

东汉末年的黄巾军大起义彻底瓦解了封建政权的统治，乘隙而起的豪强争战将整个社会经济推向危机的边缘：农民流亡，耕田抛荒，经济凋敝，饿殍遍地，成为这场战争无法回避的残酷现实。建安元年，汉献帝刘协的小朝廷搬迁到洛阳，然而号称名都的洛阳却是“宫闱荡涤，百官披荆棘而居焉”。汉廷危亡，无力苟存于战乱年代，给崛起于北方的曹操（东汉沛国谯郡人，即今安徽亳州市人）提供了机遇。建安元年秋七月，富有政治眼光的曹操率兵赴洛阳奉迎汉献帝；九月，汉献帝及其朝廷移至许昌（今河南许昌市东），封曹操武平侯爵，授官司空、行车骑将军。曹

① 推行屯田，虽始于汉献帝建安元年，但其时政权实操于曹氏之手。推行屯田为曹操稳固政权的一项战略措施，有的史家认为曹操在战略指导上成功之处，不外是“迎天子许都，屯田积谷而已”。

② 《三国志》卷一《魏书·武帝本纪》。

操控扼了汉廷的实权，取得“奉天子以令不臣”的政治优势，汉末群雄割据的形势开始出现倾斜于曹魏集团的端倪。

意在“克成洪业”[①] 平一宇内的曹操，在取得政治上优势之后，决心整饬经济，壮大军实，改变起兵以来“军旅之资，权时调给”[②] 的便宜措施。于是，他采用枣祗、韩浩等人的建议，开始推行屯田。至此，曹魏集团“奉天子以令不臣，修耕植以畜军资”[③]，两大支撑其实现统一战争的政策走向前台付诸实施。

曹魏屯田，其实是汉代边郡屯田的发扬与推广。如曹操在推行屯田令时所说：“夫定国之术，在于疆兵足食，秦人以急农兼天下，孝武（即西汉武帝）以屯田定西域，此先代之良式也。”[④] 但是，大规模的中州郡县的屯田，却必须有它特定条件。首先，由于黄巾起义冲击了汉末豪强的大土地所有制，使得“大乱之后，民人分散，土业无主，皆为公田”[⑤]，社会上存在大片可资利用的抛荒地。其次，大规模的战争导致了大批农民离开了土地成为迁徙不定的流民，社会上存蓄着大批可资利用的劳动人手。最后，曹魏集团在镇压黄巾军起义的过程中已经占有了大批劳动力以及耕牛与农具。如初平三年(192)，曹操击败青州黄巾军，得降兵 30 余万，男女 100 余万，其中包括在农民军中随军的耕牛与农具以及大批农业物资。从可资利用的抛荒地，到可以招募的无业流民，进而至直接占有的劳动人手与劳动器械，曹魏集团推行屯田的条件大致成熟。值得指出的是，三者相比，曹操击败黄巾军而占有劳动力及其耕牛、农具一点，是曹魏初行屯田的重要条件。如邓艾在《济河论》中所说：“昔破黄巾，因为屯田，积谷许都，以制四方。”[⑥]

从法令的角度看，曹魏屯田应始自建安元年的“募民屯田许令”。但是，无论思想上的准备，还是局部试验都应早于此时。史载，初平三年，陈留人毛玠向曹操提出“守位以财”“修耕植、畜军资”的恢复农业以扩充军实的方案，其思路已大致切合其后的屯田政策。而“操纳其言”[⑦]，亦大致说明毛玠的建议已为曹魏集团认可。这可以视作曹魏厉行屯田的思想准备阶段。据《魏武故事》记载，汉献帝兴平元年（194），吕布兵进兖州，攻势甚急，“兖州皆叛，惟范、东阿完在，由（枣）祗以兵据城之力也。后大军粮乏，得东

---

① 《三国志》卷一《魏书·武帝本纪》。

② 《晋书》卷二六《食货志》。

③ 《三国志》卷一二《魏书·毛玠传》。

④ 《晋书》卷二六《食货志》。

⑤ 《三国志》卷一五《魏书·司马朗传》。

⑥ 《晋书》卷二六《食货志》。

⑦ 《资治通鉴》卷六〇“汉献帝初平三年（192）”。

阿以继，祗之功也”[①]。枣祗是首倡屯田的曹魏集团成员，他在曹军缺粮之际能及时提供粮食，可能在东阿一地有屯田的局部尝试。再则，兴平二年，陈留、济阴两郡太守夏侯淳“率将士劝种稻”[②] 的兵士农垦亦与曹魏屯田中的军屯大致相合。总之，一种全面实施的经济制度，当有一个前期准备与局部试验的孕育过程，尔后由点到面发展为定制。

曹魏屯田，其形式主要有两个方面，其一是民屯，其二是军屯。民屯的组织方式，其一是招募，即将无地的农民招募入屯。农民应募入屯之后不得随意离开，以军队的建制编制，管理具有半军事化强制特征，称作屯田民，或屯田客。所种土地为封建国家所有，屯民具有国家佃客的身份特征。其二是组织流民入屯，管制形式与招募大致相似。民屯的土地，是中央典农部掌管的屯田，所在州郡设有典农中郎将、典农校尉、典农都尉等，主持屯田事务，不隶属州郡管辖。可见，为了集权财利，民屯具有较强烈的中央管制特征。

曹魏屯田制下的军屯，就是命令各地军队就地屯田，军队轮班耕种。有事则为兵，无事则为农，所有收获以充军饷。军屯的调遣由中央大司农的属官度支中郎将安排，亦具有中央直辖控制以集权财利的特征。从曹魏屯田实施的具体情况来看，其军屯大致可分为两类：其一为服务于军事需要而设置的临时性或长期性的屯区，其二是带兵将领于军事驻地设置的军士屯田。前者以在军士兵为主体劳动人手，后者的劳动人手则含有军士及其家属。关于军士家属编为屯民的现象，有关的研究认为可另划一类，而称作“士家屯田”。所谓“士家”，即是曹魏的特种户籍制度，其编籍对象为军士及其家属，入籍之后须世代服役，婚姻不得掺入平民，其身份约束较紧并且低于一般平民。曹魏士家屯田因所屯区域关系，可分为两类：其一，设置在政治中心的可称为腹心地区的士家屯田；其二，由地方州郡将领督办的可称为州郡士家屯田。曹魏的军屯具有明显的农战结合、且田且守、出战入耕的战时农业经济特点，它一方面使得曹魏集团能够保留较大的军事编制，另一方面亦完成了“修耕植以畜军资”的屯田目标。因此，军屯曾是曹魏屯田的主要形态。一般说来，民屯较为分散，而军屯相对集中。然而，无论民屯，还是军屯，抑或士家屯，曹魏的屯田都是在封建国有土地，即官田上进行的。因此，我们可以说“曹魏的屯田制实际上只是汉代边郡屯田以及官田出租办法的推广”[③]。所不同的，只是曹魏屯田行于战时，行于中州郡县，规模更大，形式更多而已。

---

① 《三国志》卷九《魏书·夏侯淳传》。

② 《三国志》卷一六《魏书·任峻传》。

③ 唐长孺：《曹魏屯田制度的意义及其破坏》，见《魏晋南北朝史论丛》，三联书店 1955 年版，第 37 页。

曹魏屯田实行的是国有土地的屯垦，并由封建政府提供全部或部分生产资料，如犁、牛、其他农具及种子等。屯田客依土地的实际收获量向官家交纳地租，这种办法即所谓的“分成制”，其比例是官家得50% ~60%，屯田客得40% ~50%。民屯在初屯的第一、二年，国家除了全部或大部供应生产资料外，还必须提供垦民充足的生活用粮及相应的生活用具。这就是说，曹魏在推行屯田政策时，施行的是劝垦、奖励与扶植的政策，目的是使战乱中失去了生产、生活能力的农民和流民尽快恢复独立经营的能力，建立起生产与再生产的物质基础。这是曹魏屯田得以广泛展开，并收获较大的关键所在。但是，在屯田客具备了一定的经营能力后，封建政府即以“见税什五”的超强度经济抽剥去吸取田租了。一般说来，以有否官家提供耕牛为界限，由官家提供耕牛从事屯垦的，按实际收获量六四分成，官六民四；由屯民自备耕牛从事屯垦的，按实际收获量五五分成，即官民各半。总之，无论六四分成，还是五五分成，都是一种比于或高于汉代豪强地租的高额征收。因此，曹魏屯田制推行过程中，亦时常发生屯田客不甘人身束缚与超强度经济抽剥而逃离屯区的现象。

江淮屯田

曹魏屯田创行于汉末军阀争战的年代，当时传统的农业区黄河流域已在这场旷日持久的战争中受到极大的破坏，民人播迁，战事频仍，黄河两岸的沃土已演为荆棘丛生的荒原。于是，兵占兖、豫两州的曹魏集团从经济与战略对峙的双重角度考虑出发，将其屯田的重点区域放在两淮及江淮地区，并将军屯的重心放在淮南，以构建屯防并重的军区去防遏隔江而治的吴国。

三国时期，江淮之间的合肥是曹魏集团面向东吴的前敌重镇。建安五年，沛国人刘馥受命扬州刺史，即移治所于合肥（治今合肥市西北），试图为本集团营构一座屏障东南的战略城市。《三国志·魏书·刘馥传》记，刘馥经营合肥，“数年恩化大行，百姓乐其政，流民越江山而归者以万数。于是聚诸生，立学校，广屯田，兴治芍陂及茄陂、七门、吴塘诸堨以溉稻田，官民有畜。又高为城垒，多积木石，编作草苫数千万枚，益贮鱼膏数千斛，以为战守备”。刘馥镇合肥所兴屯田，主要是民屯，其对象主要是流民。由于能够力行“恩化”政策，他所招募的屯田民大概亦包括东吴境内的流民，所谓“越江山而归者”，当是指的这部分人。从“恩化”招民，到兴学收心，刘馥首先是从“教化”的传统政治立其根基的。尔后，广兴屯田，兴修水利，则是从经济的角度强化其治邦之本的。由此，刘馥在“官民有畜”的基础上，便可以放开手脚大干其“高为城垒”的战略城市构建工程了。从政治，到经济，进而至军事目标的实现，不难看出“广兴屯田”于其中的重要作用。

刘馥在短短的数年之间为本集团在“江、淮间，郡县残破”的防线上建起了一座军事重镇，这无疑是曹魏借屯田以促进其军政实力发展的一个成功之例；而围绕屯田所进行的一系列水利工程的维修，亦无疑改进了地方的农业生产条件，推进了区域性农业发展的历史进程。史论“及陂塘之利，至今为用”而“历代为利”，亦无疑点明了曹魏屯田对于恢复当时农业经济的历史作用。值得指出的是，募民屯田的规模愈大，封建政府借此实施大型水利工程的能力也就愈大。刘馥“广屯田”能引至“流民越江山而归者以万数”，其规模非小可知。因此可以说，刘馥治政期间大型水利工程的兴建，当与他广兴屯田的作为有关，尤其是在他所控制的劳动人手乃是一批半军事化管制的屯田客的情况下，更有利于这些大型水利工程的实施。

淮南，自古以来为南北对峙必争之地，三国时期亦是如此。据《三国志·魏书·仓慈传》记：“建安中，太祖（即曹操）开募屯田，以慈为绥集都尉。”仓慈，淮南人，招募屯田当在淮南，其对象亦当以这多战之地的流民为主，其目标无疑是为曹魏大军兵进江左预设粮仓。建安十三年十二月，魏吴大战于淮南，孙权兵围合肥，久战不下；翌年秋七月，曹操亲自领兵救援合肥，“引水军自涡水入淮，出肥水，军合肥，开芍陂屯田”①。《三国志》卷一《魏书·武帝本纪》记载了这次屯田，曰：“置扬州郡县长吏，开芍陂屯田。”这个记载，说明这次屯田系曹操所为，其作用与扬州设置郡县长吏的政治建设有同等的重要位置。于此，我们亦不难看出，曹魏集团对于江淮屯田的高度重视。

据史料记载，汉献帝建安年间曹操在淮河以南的皖境屯田，当以庐江太守朱光的皖县（今安徽潜山县）屯田为最。《资治通鉴》“汉献帝建安十九年（214）”记：“初，魏公操遣庐江太守朱光屯皖，大开稻田。（吴将）吕蒙言于孙权曰：‘皖田肥美，若一收孰，彼众必增，宜早除之。’闰（三）月，权亲攻皖城。”皖县屯田，何时开始，史载不明，但从上引史料来看，其发展到建安十九年业已形成规模。故吕蒙说，收割季节“彼众必增”，亦说明皖县屯田属军士屯垦性质，其成员是出战入耕的屯田士兵。

曹魏集团于淮河以北的皖境屯田，当数曹魏黄初初年（220）卢毓于梁、谯两郡（梁郡，治所今河南商丘县南）的屯田为最。卢毓，在曹魏禅汉之际为官吏部郎，魏文帝曹丕正式登位后，徙任黄门侍郎出任济阴相，梁、谯两

① 《资治通鉴》卷六六“汉献帝建安十四年（209）”。

郡的太守。《三国志·卢毓传》记：“（魏文）帝以谯旧乡，故大徙民充之，以为屯田。”当时谯郡的土地“墝瘠”，百姓穷困，大规模的徙民屯垦可能会发生人地的冲突与矛盾。因此，卢毓建议将屯田重点放置于土地“沃衍”的梁国。魏文帝尽管采纳了卢毓的建议，但“心犹恨之，遂左迁毓，使将徙民为睢阳典农校尉。毓心在利民，躬自临视，择居美田，百姓赖之”。梁、谯屯田是以“徙民”形式实施的，这是民屯的性质。魏文帝本意在于发展谯郡这块龙兴之地，然卢毓以土地“墝瘠”不便于农而迁徙屯田民入梁，这个举动尽管没有吻合“圣衷”，但却能体贴民众甘苦，故只是有个“左迁”的微惩。因为，谯是曹魏立国所定下的“五都”① 之一，卢毓舍谯入梁，不合此时隆兴曹魏皇室本贯的政治意图。

由于对吴战争的需要，以及曹魏集团政治、军事力量的进一步强大，曹魏末年在两淮之地进行了规模空前的屯田，这就是著称于史的“邓艾屯田”。魏齐王曹芳正始二年（241），魏国有效地抗御了吴国的4路进攻，吴师疲惫而还，魏吴间长期抗衡的格局开始变化，魏意图挥鞭东南、饮马长江、统一中国。史称，由河内大族司马氏渐秉大政的魏国，“时欲广田畜谷，为灭贼资，使（邓）艾行陈、项已东至寿春”②，准备广兴屯田。邓艾，魏晋时名臣，少时为稻田守丛草吏，历任典农纲纪、上计吏等地方性农业官职，谙熟农事，熟悉屯田事务。正始初年的屯垦任命，对他来说乃是一展身手的机遇。邓艾认为，“今三隅已定，事在淮南”，可选择淮北之陈、项至淮南之寿春为国家规模型的屯田地区，实施战守兼备、农战不误的军事屯垦。邓艾计划用兵5万，“淮北屯二万人，淮南三万人，十二分休，常有四万人，且田且守”③。即5万人中，2/10人即1万人为守备，而其余的4万人用为屯田。易言之，这是一支以屯田为主的部队，是一支轮流抽转以屯垦为主要任务的集团军。这个计划既可以确保军屯的劳动力数量，亦可以在“番休迭戍”的运动过程中保证魏对吴前线部队战斗力的不衰。邓艾估计，实施如此规模的军事屯垦，“计除众费，岁完五百万斛以为军实。六七年间，可积三千万斛于淮上，此则十万之众五年食也。以此乘吴，无往而不克矣”④。

邓艾两淮屯田目的明确，切合魏晋之际魏对吴的战略需要，其计划缜密，因此得到司马懿的全力支持，正始二年即全面展开。此次屯田区域覆盖：“北

① 黄初二年（221），曹魏以长安（西汉旧都）、谯（皇室本贯）、许昌（汉献帝旧都）、邺（曹操魏王旧都，今河南安阳北）、洛阳（东汉旧都）合称“五都”。

② 《三国志》卷二八《魏书·邓艾传》。

③ 《三国志》卷二八《魏书·邓艾传》。

④ 《三国志》卷二八《魏书·邓艾传》。

临淮水，自钟离而南横石以西，尽泚水四百余里”；其屯田管制形式：“五里置一营，营六十人，且佃且守。”[①] 邓艾两淮屯田，深得军事屯垦“战不废耕，则耕不废守，守不废战”[②] 的“农战合一”以为攻守的精神，堪称古代军屯典范。与此同时，邓艾“兼修淮阳、百尺二渠，上引河流，下通淮颍，大治诸陂于颍南、颍北，穿渠三百余里，溉田二万顷，淮南、淮北皆相连接。自寿春至京师，农官兵田，鸡犬之声，阡陌相属。每东南有事，大军出征，汎舟而下，达于江淮，资食有储，而无水害”[③]。江淮屯田，不仅给曹魏在与东吴接壤的前沿构建了一个“农官兵田”自为一体的防御系统，同时也给曹魏及其后司马氏用兵东吴、统一中国的军事行动，预设了一个巨大的军库和粮仓，所谓“资粮有储”即指此。邓艾的屯田属完全的军事屯田，其管理军事化，并在孕生之后有了很大的发展。据载，16 年后，魏将诸葛诞反于淮南，佥点征兵，仅一次即“敛淮南及淮北郡县屯田口十余万官兵”[④]。这个数字是邓艾屯淮部队总数的一倍以上，可以想见十几年间江淮屯田规模的扩张。

邓艾屯田是三国时期曹魏屯田的高峰，尔后不久，司马氏代魏立晋即废止农官，以迎合世家大族对于土地占有的欲望，终止了建安以下 70 余年的曹魏战时屯田制。《三国志·魏书·三少帝纪》记，陈留王咸熙元年（264），“罢屯田官以均役政，诸典农皆为太守，都尉皆为令长”；《晋书·武帝本纪》记，泰始二年（266），复申前令：“罢农官为郡县。”至此，服务于屯田制的组织完全瓦解，司马氏大士族政权以立法的形式废止了曹魏的屯田制度。

曹魏集团推行的屯田制度，有效地为军队提供了必需的粮食，保持并发展一支与群雄争战的强大军队，最终削平割据实现统一。曹魏屯田也有它解决东汉末年大批流民问题的历史作用，它使得流离失所的农民与荒芜的土地重新结合起来，这无疑是有利于当时残破的农业经济的恢复与发展的；同时，相应于屯垦开发过程中的水利工程的兴修，无疑亦是有利于地区性农业生产状况的改善。当然，其屯田制下的什五抽剥没有也不可能改变两汉豪强地主对于农民的超强度经济剥削的状态；为此，曹魏集团的屯田到了后期，开始出现屯田客逃逸，或依托世家的情况，屯田制内部的种种弊端开始显露。但是，总体上看，曹魏屯田制在历史上起到的积极作用仍是主要方面。

（原载《安徽重要历史事件丛书·经济史踪》，安徽人民出版社 1999 年版）

---

① 《晋书》卷二六《食货志》。

② 王夫之：《读通鉴论》卷一〇《三国》，中华书局 1975 年版，第 331 页。

③ 《晋书》卷二六《食货志》。

④ 《三国志》卷二八《魏书·诸葛诞传》。

贾谊《鹏鸟赋》中的庄子解脱思想

贾谊，西汉初著名的政论家、散文大家。其经刘向整理而传世的《新书》，凡58篇，今存56篇，三分有其二为政论、疏牍之文，“积学干政”亦其早期的基本社会倾向。史称贾谊，少年颖脱“闻于郡中”①，弱冠甫逾即被“文帝召为博士”②。居职用世，刚健而有作为，于汉廷制度、律令之创革多所赞议，一年之中即超迁为太中大夫，后为同僚及朝中显贵所忌，被谗言而贬迁为长沙王太傅；职疏、地远、人微，昔日地居中要而兴言九鼎的贾谊的政治、人生态度遂为之一转，并于赴长沙途中及居长沙任上，作下《吊屈原》《鹏鸟》二赋。二赋出，虽则时不为贵，然精神所系亦接响于后代。前者为中国文学史上第一篇述录屈原生平的骚体赋，哀怨感伤处亦多有假他人之酒浇胸中块垒之意，是则哀先贤而自哀之思亦庶几叩开贾长沙谘问个体生命价值的精神之门；后者，《鹏鸟赋》，系贾谊借鹏鸟之兆、一归庄周而尽抒其解脱思想的精神独白，其中寓含着赋作者儒道间双向文化人格矢动的思想转变轨迹，寓含着赋作者于庄周人生哲学中解脱智慧的体认与皈依。于此，笔者孤陋寡闻，目贾谊《鹏鸟赋》为中国古代思想史上第一篇以赋体形式而述录士人“入儒出道”之精神自白。或为陋见，唯方家正之。

---

① 《史记》卷八四《屈原贾生列传》。

② 《史记》卷八四《屈原贾生列传》。

一

刘勰《文心雕龙·诠赋篇》曰：汉赋“受命于诗人，拓宇于楚辞”，是汉赋有骚体之神韵、楚辞之精神，故挚虞《文章派别论》亦直视“贾谊之作，则屈原俦也”；而后朱熹作《楚辞集注》亦不遗贾谊，曰：二赋为“续《离骚》”之作而收入集中。贾谊谪迁后的二赋，有依傍骚赋，走归屈平的痕迹，是其境遇表象有合于三闾的形式表现，这在《吊屈原赋》中表现得最为集中，因此裴骃《索隐述赞》称其，“赋骚见志，怀沙自伤，百年之后，空悲吊湘”。但是，随着“阘茸尊显兮，谗谀得志。贤圣逆曳兮，方正倒植”[①] 的指斥沉寂于难以排遣的自我哀怨之中后，贾谊开始收敛其依恋于干世的社会性思索，转而走向其“袭九渊之神龙兮，沕深潜以自珍”[②] 的避世性沉思。神龙沉渊是贾谊社会规避思想的精神意象，它不同于屈原“路漫漫其修远兮，吾将上下而求索”九死而不避的执著，但却为精神摆脱有限事物的纠缠而叩问本体的真实铺垫了一个重要的环节；贾谊将由此而迫近寻求精神家园的庄周。

《史记·屈原贾生列传第二十四》记曰：“贾生为长沙王太傅三年，有鸮飞入贾生舍，止于坐隅。楚人命鸮曰‘鵩’。贾生既以谪居长沙，长沙卑湿，自以为寿不得长，伤悼之，乃为赋以自广。”

此为太史公述贾谊作《鵩鸟赋》缘起。“赋以自广”，《史记·索隐》引姚氏云：“广犹宽也。”是《鵩鸟赋》的创作，一则是“作者谪居时哀伤情绪的自我排遣”[③]；二则是其哀伤的情结发端于鵩鸟的不祥莅临，而“自以为寿不得长”。届此，死神的无端冲撞而生发的个体生命的忧患已使赋作者贾谊铺开了有关人生及人性大命题的思绪。被贬的困境，以及鵩鸟凶兆中激醒的关于死的恐惧，都将加大赋作者对于个体生命体验的深度。《文选·贾谊〈鵩鸟赋序〉》云：“鵩似鸮，不祥鸟也。”《中华大字典·亥集·鸟部》：“按周礼哲蔟氏注：夭鸟，恶鸣之鸟，若鸮鵩。当做鵩。”“似鸮”“若鸮鵩”下解皆云兆象死亡的不祥之鸟。可见，假鵩鸟以为赋体意象的贾谊，已按捺不住其创作象喻上的宗教潜意识，而这种趋近宗教的心态，或曰情绪，则正是“还没有获得自身或已经再度丧失自身的人的自我意识和自我感觉”[④]。彷徨与求索中的贾谊有一种泛神的宗教性意识，然而，“不语怪力乱神”的儒学文化积

① 《史记》卷八四《屈原贾生列传》载《吊屈原赋》。

② 《史记》卷八四《屈原贾生列传》载《吊屈原赋》。

③ 游国恩等编：《中国文学史》，人民文学出版社1963年版。

④ 《马克思恩格斯选集》第一卷，人民出版社1995年版，第1页。

淀，又覆盖了贾谊在寻求自我的探索中的宗教性情绪。反之，对“主流文化”的长久体认，则使贾谊对楚地在文化中的神秘主义做了更切近庄子思想的改造（本文对贾谊思想，取祝瑞开先生著《两汉思想史》：贾谊的思想融合儒、道、法各家，更偏向于儒家）。因此，“上与造物者游，而下与外生死无始终者为友”的庄子哲学，便成了贾谊拷问灵魂而觉醒“自我意识和自我感觉”的必然归宿。

万物变化兮，固无休息。斡流而迁兮，或推而还。形气转续兮，变化而嬗。沕穆无穷兮，胡可胜言！①

大化流行，变化莫止。然“形气转续兮，变化而嬗”，“形”之可形而亦必归于“气”，转续递擅终不失其本真，一则形灭归气终有所递嬗，而“变化”不足见怪；二则“或推而还”，转续若环，“变化”更不足悲。由对个体生命的叩问而推及宇宙万物生成衍化规律的求解，贾谊廓开思虑的事实，已经使其对“小我”的求解立于“类我”的大方程层面之上，而接近了庄子关于生命哲学的观点，以及其立足于相对主义矛盾本质取消论的事物变化呈循环发展样态的认识。《齐物论》曰：“天地与我并生，万物与我为一”，以老学“域中有四大，而人居其一焉”（《老子·二十五章》）及“一生二，二生三，三生万物”（同上四十二章）论，庄子此处前一“我”似“类我”，后一“我”似“小我”，然而在“道法自然”的原则下，其等差界限亦已渐渐泯灭；视我与天地万物一体，进而曰：“独与天地精神之往来”②，是已经将庄子对人与社会对立的讨论转置于人与自然之和谐的命题之上。届此，人与社会的矛盾、人于社会之诘难便亦在根本命题的转换之中得到了理论上的解决，“出世派”的哲学面貌由此外显，而一部“庄子的人生哲学，只是一个达观主义”③，一个超脱的理论的自然观基石亦于此奠定。因“鵩集予舍”④ 而对“小我”形灭与否加以思索的贾谊，一方面提出了“形气转续”体现其素朴的唯物论的思想倾向；另一方面，则是将“我”的形气转化拔置于天地万物变化之中去体认，这种思绪开拓的理性特征使其进一步靠近了庄子“万物与我为一”的认识论，从而在“与天地精神之往来”的纯粹思维层面上贴近了庄子的自然观与生命观。

① 《史记》卷八四《屈原贾生列传》载《鵩鸟赋》。

② 《庄子·天下》。

③ 胡适：《中国古代哲学史·庄子》，参见《胡适作品集》（31），（台北）远流出版事业股份有限公司1986年版。

④ 《史记》卷八四《屈原贾生列传》载《鵩鸟赋》。

“万物皆无不好，凡意见皆无不对，此《齐物论》之宗旨也[①]”。相对论，或曰相对主义，既是庄子哲学的基本精神，更是其方法论中的核心构件，庄子的诸多观点大致亦由此泛开。以其“得失观”言之，则“得者，时也（郭云：当所遇之时，世所谓得）；失者，顺也（郭云：时不暂停，随顺而往，世谓之失）”[②]。得与失，世俗之所见；时与顺，体道之所悟。“失者，顺也”，郭璞疏解云“时不暂停，随顺而往”，是体道之悟已迥异于世俗之见；视失为顺则好坏等差已相对而泯，因此，才有“安时而处顺，哀乐不能入也。此古之所谓悬解也”[③]。以古之“悬解”来体味世俗得失之见，解脱之道的核心乃在于无界限、无差别的相对性判断方法，并以之为其任物（应包含“人”）的自然之性，为“全生葆真”的生命哲学主张提供注脚。

拘士系俗兮，攌如囚拘。至人遗物兮，独与道俱。众人或或兮，好恶积意；真人淡漠兮，独与道息。释知遗形兮，超然自丧。寥廓忽荒兮，与道翱翔。

自品味天地万物以消遣“小我”，使贾谊求解脱“小我”而不能忘怀所际之遇的困惑愈显沉重；进而由“祸兮福所倚，福兮祸所伏”揭老子一物剖二之义，以反观吴、越成败，斯、说盛衰之世俗得失，却愈发难以“突围”心的羁绊，而以为“天不可与虑兮，道不可与谋”[④]，是一种本在与异己的冲突仍纠缠于儒道间文化人格的双向矢动的困压。此情此景，亦《庄子·秋水》篇中所言：“曲士不可语于道者，束于教也。”贾谊在两种文化人格矢动的牵引下自觉而不自觉地流露了痛苦的呻吟。求“得”之“时”而又“恶识其时”[⑤] 的呐喊，依然体现着贾谊不忘廊庙的干世之心。然而，贬谪长沙、远离庙谋的现实与无奈，又迫使他不得不返回“与天地精神之往来”的规避性精神领域。于是，笔锋迴转而“天地”、而“造化”、而“阴阳”、而“消息”，境界荡开而后复给之以喟叹曰：“忽然为人兮，何足控揣，化为异物兮，又何足患。”[⑥] 贾谊《鵩鸟赋》中短暂的人与社会的纠缠之思，遂即迅速地转为人与天地自然、人与道德精神之往来的生命哲学的思索。

---

① 冯友兰：《中国哲学小史》，万有文库本，商务印书馆 1933 年版。

② 《庄子·大宗师》。

③ 《庄子·大宗师》。

④ 《史记》卷八四《屈原贾生列传》载《鵩鸟赋》。

⑤ 《史记》卷八四《屈原贾生列传》载《鵩鸟赋》。

⑥ 《史记》卷八四《屈原贾生列传》载《鵩鸟赋》。

“万物无足以铙心者”[①]，“任性命之情”，“法天贵真，不拘于俗”[②]，实现自由精神上的无待而“自适其适”[③]，方才“合其德”[④]的庄周生命典范，为贾谊处逆境而求解脱提供了精神通道，于是《鹏鸟赋》中有“拘士”“众人”之鄙，于是《鹏鸟赋》中有“至人”“真人”之唱。于此不难看出，贾谊去儒之道的认知路径的形成，老子居乱世以自保自全的朴素辩证法，似乎倒不如庄子居逆境而讲超越的相对主义对他的影响更大。

“孔子只是一个实际的世间智者”[⑤]，由孔子而兴之儒家及其人格典范，讲求“修己以安百姓”[⑥]，是儒学精神归于干世之旨；“修己”讲“三立德”，功用于世而唯“道德”“智术”是瞻，故入世、治世者不可违于“德”“知”，合仁智于一体即儒学人格之典范。“庄子的时代是一个‘人’沉沦的时代，对于这种沉沦的怜悯和感伤，是庄子哲学的情感之源”[⑦]。但“从对生命内在本质（自然生活）的感悟中重新提出寻找精神家园的希望，是庄子哲学最终的旨趣”[⑧]。因此，庄学于社会讲遗世独立，以为“德荡乎名，名出乎争。名也者，相轧者也；知也者，争之器也。二者凶器，非所以尽行也”[⑨]。主张“圣人无名”“神人无功”[⑩]，而“德荡乎名”亦伪德，故合道之“至人”“真人”“神人”不屑。遗却世俗之物，可以与道同在；淡漠得失之情，可以与道生长；进而放下“知”，委弃“形”便可超脱俗累而“与道翱翔”，是庄子人生哲学解脱论的智慧表述，贾谊本之而一引于《鹏鸟赋》中，说明贾谊只是以其旧时代的思想家的局限回答了世俗社会对于他的放逐。

其生若浮兮，其死若休；澹乎若深渊之静，泛乎若不系之舟。不以生故自宝兮，养空而浮；德人无累兮，知命不忧。细故慸葪兮，何足以疑！[⑪]

这是《鹏鸟赋》的最后一段，是贾谊步近庄生寻求生的解脱的逻辑归宿点。求人格的超逸独立与精神的绝对自由，是庄子人生哲学理论的两块基石，以此而构成的“至人”“真人”的生命境界，亦是庄子对人生超脱而走入至

---

① 《庄子·天道》。
② 《庄子·渔父》。
③ 《庄子·骈拇》。
④ 《庄子·达生》。
⑤ 黑格尔：《哲学史讲演录·中国哲学》，商务印书馆 1978 年版。
⑥ 《论语·宪问》。
⑦ 颜世安：《生命·自然·道——论庄子哲学》，载《道家文化研究》第一辑。
⑧ 颜世安：《生命·自然·道——论庄子哲学》，载《道家文化研究》第一辑。
⑨ 《庄子·人间世》。
⑩ 《庄子·逍遥游》。
⑪ 《史记》卷八四《屈原贾生列传》载《鹏鸟赋》。

美境界的人格设计。在“天地与我并生，万物于我为一”，在人与自然已形同构关系的认识前提下，追求精神绝对自由的庄子便合逻辑地对其载体——人本身做了别一番的诠释：“汝身非汝有也，是天地之委形也；生非汝有，是天地之委和也。”[①] 齐天地于我为一，齐万物于我为一，“庄子的中心思想是相对主义的绝对化”[②]，消除差别的理论的灵魂依然是其相对主义的方法论原则，而其旨归则是规避社会的困压。因天人合于一的认识，故可视个体的生死如无端之环、如返归自然，“不知悦生，不知恶死”[③]，而“以死生为一条，可不可为一贯”[④]。齐万物、等生死是为摆脱世俗之见对于生的苟恋、对于死的畏惧。于此，庄子亦以其笔端极带情感的风格申论，强调了道家关于自然与人之间、宇宙大生命与个体小生命之间的同构与互动，而高扬了反对伦理异化、关怀生命价值的异端精神。

“去私”“忘我”而曰“吾丧我[⑤]”，是庄子入静笃而涤除俗世是非以反观真我，以走归味道之“我”的认识路径；而“忘己之人，是之谓入于天”[⑥]，则是其人格规范一归于道的必然升化。由社会的规避到至美的境界，由“忘我”的设定到天人合一的趋归，庄子营构的是一种既含有人格美学价值，又不无消极社会作用的解脱理论。它是入世理论的强力反拨，亦是入世理论的消沉反唱。然而，更重要的是它营构了一种境界。这种理论具有认知者的时代局限，但却并不妨碍它对于那些身际逆境而欲求自慰、自娱的旧时代士人的精神熨贴作用；以及对于那些由喧嚣的社会返转静穆的自我，而寻求超越、寻求不朽的旧时代士人，去对生命认识作别一番思考的知识依托作用。“域中有四大”而总归于“道”，道、天、地、人合于一的大美之境使道家、使庄学中的人格之美孕生了跨越时代的精神力量。“在雪莱亲自翻译过的《会饮篇》里，苏格拉底借女巫第俄提玛之口说，一个人一旦看出纯粹的美的理念贯通一切，他就不会再把爱倾注于某一个别的美的对象上。这时他濒临美的汪洋大海，凝神欢照，心中无限欣喜”[⑦]。凌虚蹈空的庄学以其精致而且纯粹的大美生命之境，为务实执事的夭折者开辟了一块精神的“伊甸园”。

“德人无累兮，知命不忧。细故蔕蓟兮，何足以疑！”旷然超逸于世外，

---

① 《庄子·天地》。

② 陈鼓应：《庄子新论序》，载《道家文化研究》第二辑。

③ 《庄子·大宗师》。

④ 《庄子·德充符》。

⑤ 《庄子·齐物论》。

⑥ 《庄子·天地》。

⑦ 陆建德：《雪莱的大空之爱》，载《读书》1995 年第四期。

可以入生死局中而转其轴；欣然观瞻于大美，可以等是非生死而立其身，青云折翼而远贬长沙的贾长沙第一次以骚赋之体诠释了一个“入儒出道”的旧士人心声。

二

贾谊的《鵩鸟赋》，从“异物来集兮，私怪其故，发书占之兮，筴言其度”[①] 的有关个体生命的焦虑出发，中经社会、人事的叩问，再经天地造化的寻解，而自标“至人”“真人”之人格规范以自警，最后归结于“纵躯委命兮，不私与己。其生若浮兮，其死若休……”其精神的独白、哀怨的消解，大致是在儒道二家的人格规范的双向文化矢动中完成的。整个赋的上段，有祸福不能齐一、忧喜不能等差的不禁之想，所谓祸福即仕官沉浮、功名得失；所谓忧喜即寿夭生死，显然，这是青年贾谊难以尽去干世之心、俗世之恋而未能尽入庄子之域的思想表现，其根因乃在于其儒学的问世之态。赋至篇末，有“纵躯委命兮，不私与己”生死浮休，“德人无累兮，知命不忧”的体道之悟，是履经坎坷欲求超脱的贾谊已经步入庄子的思想表现。

庄子曰：“方生方死，方死方生；方可方不可，方不可方可。”“道通为一”[②] 而“唯道集虚”，贾谊体味而曰：“其生若浮兮，其死若休”，“不以生故自宝兮，养空而浮”，视生死若一环而唯养空性若不系之舟的任情性于自然的人生态度与庄子亦若出一辙。质言之，“上与造物者游，而下与外生死无终始者为友”的庄子，以事物的不断变化与无尽循环的判断抽掉了事物矛盾的本质规定性以支持其绝对化的相对主义、支持其万物齐一结论的旨归，仍在于服务其“出世主义”的解脱理论体系。这种抹杀事物矛盾而视事物运动于终始一贯的圆圈，这种相对主义与解脱论亦恰若冯友兰先生在《中国哲学简史》中所指出的那样：“从道的观点看事物的人，好像是站在圆心上，他理解在圆周上运动着一切，但是，他自己则不参加这些运动，这不是由于他无所作为，听天由命，而是因为他已经超越有限，从一个更高观点看事物。”如前揭，“去私”“忘我”是庄子走向超脱的理论路径，而贾谊《鵩鸟赋》中的“不私”“养空”，亦当是其体庄之后而走向超脱的一种自己的表述，因其精神一致，故才有安时处顺而“细故蒂葪兮，何足以疑”的达观。《鵩鸟赋》以达观结文，神思远游可谓已臻庄子之境。由达观入解脱，无疑亦鼓涌起一

① 《史记》卷八四《屈原贾生列传》载《鵩鸟赋》。

② 《庄子·齐物论》。

股新的生命希望，而以此来调和生的无奈与死的恐惧，无疑亦是中国旧时代士人为自己筑就的精神的隐蔽的壕堑。这是对庄子生命哲学的实用性转换，贾谊的体道当亦包含着这方面的内容。

“贾生年少，颇通诸子百家之书”①，于道家素有所习。其《新书》中《六术》《道德说》等篇均系较为系统阐释道家学说的篇章。但是，贾谊并不是一个纯粹的道家学者，兼习各家，在汉初诸子余绪各有所兴的学术发展格局中是一种极自然的现象。《新书·大政》中的民本思想，《新书·修政语》中的教化政治思想；《新书·藩强》中的中央集权政治思想；《新书·无蓄》中的去奢、强本抑末思想，说明“贾谊的思想融合儒、道、法各家，更偏向儒家”②。以他对道家本体论“道”的体认来说，亦即如此：“道者可以接物也。其本者谓之虚，其末者谓之术。”③ 这种结论显然是兼及儒、法之学的解释。又如：“群臣乖乱，六亲殃戮，奸人并起，万民离叛，凡十三岁而社稷为虚”④，对秦政批判的理论标准，以及“令主主臣臣，上下有差，父子六亲各得其宜”⑤，对新政礼乐兴教的主张又无不反映了贾谊强烈的儒学精神。

汉初，儒道双显，缘功臣列侯强大之势和“休养生息”的国策，道家思想不仅流行思想文化领域，而且亦直接体现在“黄老无为”的政治的意识形态之中，因此，以儒学为治世之本的贾谊兼擅道学亦一时历史的产物，并成为其左迁长沙后兴作《鵩鸟赋》的思想基础。贾谊22岁被召为博士，“超迁，一岁中至太中大夫”⑥，青春云霄之路使其高昂用世之志：“每诏令下，诸老先生不能言，贾生尽为之对。”“改正朔，易服色，法制度，定官名，兴礼乐”⑦，刊定律令，议遣列侯就国，谋求中央集权，凡此盛张治世才具而不避功臣、国旧、郡国王既成之强势的干政作为，无疑都将不利于无测宦海深浅的贾谊久居中枢。贬谪、出迁于其将不可避免。贬谪，对于他是一种政治的裁断；远迁，对于他更是一种心理上的压迫。临湘江而作《吊屈原赋》，期期之中已经显示了一种“入宫见妒，入朝见嫉”的逐臣的哀怨。哀怨是有不解后的情绪，哀怨更含有用世被呵之后的困惑，富有思想的贾谊需要别一番智慧去抚慰自己的哀怨。长沙三年，远离朝阙的冷清，疏离政治后的寂寞，无

① 《史记》卷八四《屈原贾生列传》。

② 祝瑞开：《两汉思想史》，上海古籍出版社1989年版。

③ 《新书·道术》。

④ 《贾谊集·治安策》。

⑤ 《新书·俗激》。

⑥ 《史记》卷八四《屈原贾生列传》。

⑦ 《史记》卷八四《屈原贾生列传》。

疑给他对自身执儒治世衷肠的反思提供了精神的空间。早年涉及政治的经验与儒家思想中的入世价值标准，使他对逆境中的思索依旧摆脱不尽对社会、人事的叩问；但现实的困压与思想中早经濡染的道家出世观念，则使他在几番拉扯之后步近庄子，而解脱了对于俗世是非的执着，解脱了对于寿夭、荣通的束缚。一篇《鵩鸟赋》使其完成了一次对个体生命的另一番认识。这种感悟不始于显仕之时，也不始于初贬之际，而是作成于贬谪三年之后，可见，由儒入道、由干世而出世、由执着而达观，对于贾谊并非是一次轻松的精神历程。因此，《鵩鸟赋》中表现出的儒道纠缠的思想轨迹即不足奇怪。

鲁迅在《汉文学史纲要》中说，贾谊的《鵩鸟赋》，"大意谓祸福纠缠，吉凶同域，生不足悦，死不足患，纵躯委命，乃与道俱，见鵩细故，无足疑虑。其外生死，顺造化之旨，盖得之于庄生（庄周）"。从"祸福纠缠，吉凶同域"，视生死忧患，不离社会、人事，是贾谊欲归庄而不能尽归庄的寻求出路阶段，此为《鵩鸟赋》上段的思想主调；而至"纵躯委命，乃与道俱"，外生死而顺造化，则是贾谊进叩庄子"天地与我为一，万物与我为一"的超脱理论义蕴而走出儒道纠缠一归于庄子的阶段，此为《鵩鸟赋》下段所揭之义。故笔者以为《鵩鸟赋》上下段不可等观于庄子，有入世执着的牵扯，方才有出世超逸的激荡。通观《鵩鸟赋》文气跌宕，峰回路转，尤其述庄旨部分亦几有挟风裹雨之气势，是境界荡开而文风亦几近庄域，故司马迁作《贾谊传》而赞曰："读《鵩鸟赋》，同生死，轻去就，又爽然自失矣。"

（原载《中华道学》1996 年第 1 辑）

汉末魏晋历史变局中的阮籍及其玄学

汉晋世族，均归本名教以求治。但汉晋世族阶级名教缺失其内在心性依据，则不能不导致魏晋发生名教何以为世治大本的思想争辩。这就是开新两汉思想格局并贯穿魏晋玄学的自然名教之辩。魏晋自然名教之辩："自然"，往往在本体层面与"道"与"无"与"情性"相通；"名教"，则往往在现象层面与"器"与"有"与"世礼"相通。换句话说，魏晋的自然名教之辩，乃是一种形上叩问本体而形下解决现实问题的政治哲学①。思辩实质，即汉晋恢复而汉晋名教恢复。易言之，这是一种秩序之思。

阮籍是一个具有诗性思维倾向的玄学人物。阮籍玄学，主要反映在竹林时期的自然名教之辩上。阮籍置辩自然名教，没有超脱汉晋恢复而汉晋名教恢复的思辩实质，其实也是一种关注秩序的形上之思。阮籍的自然名教之辩，以崇尚自然为根亥。崇尚自然，开示出阮籍秩序之思的本体依归；崇尚自然而反对名教——自然名教的二分道器之间的割裂——揭示出阮籍秩序之思的超世激进。至此，阮籍偕其同调——嵇康"越名教而任自然"——打开了魏晋自然名教之辩的异数：超越名教。但超世的激进直面不可超世的客在，思维脱离其具体实在性，阮籍亦不得不踏上其超越名教的不归之路。阮籍的自然名教之辩，没有解决汉晋恢复而汉晋名教恢复的问题。但是，试图在魏末禅代世乱之局中重建秩序本然的努力，阮籍走综合庄周之学所明

① 唐长孺先生说："从东汉末年起思想界上起了一个变化。这个变化发展到魏晋形成了玄学。玄学决非如后世所相象的那么超然，那么空洞，而是反映现实社会经济和政治的一套政治理论。"参见唐长孺：《魏晋玄学之形成及其发展》，《魏晋南北朝史论丛》，三联书店 1955 年版，第 311 页。

确的士人批评精神并及固执其中的价值理想，依然不失其开进玄学并及中古思想格局的意义。

进入汉末魏晋世局，或为厘清魏晋自然名教论辩所以发生竹林异数一途径。本文试图借汉末魏晋历史变局中的阮籍及其玄学，来触及这一问题。惟方家正之。

一

阮籍（210—263），生于汉之末世，卒于魏之末世，处在汉末魏晋世局动荡而思想也发生变化的历史时代。阮籍与正始（240—249）玄学代表人物何、王同时，但晚死十几年。正始以后，魏转末世而何、王相续去世，魏末玄学有了一些变化，主要是抽象的玄理思辩之风有所削弱，玄学有无本末的本体之辩，往往直接演为名教与自然的关系辩论。名教，是周孔儒学的名教；自然，是老庄道家的自然。玄学的自然名教关系之辩，大致说来，即是儒道异同离合的关系之辩。主张异、离者，或为趋道而任自然者①；主张同、合者，或为综合儒道而调和自然名教者。前者偏走，或为择善固执而超越；后者综合，或为兼美融通而更新。然则，系于秩序之思，则择善兼美非仅宗学之取择而一成不变；变与不变，在于汉魏而魏晋世转之历史变局。

阮籍思想，前后是变化的。这个变化，系于世局，脉络大体为：儒→儒道→道②。

阮籍，陈留业儒之世家，《竹林七贤论》称："诸阮前世皆儒学。"③ 业儒者多怀用世之志，早年（即正始以前，三十岁以前）的阮籍"有济世志"④；"其观楚汉疆场，则曰：'时无英雄，孺子成名。'"⑤ 所作咏怀诗，有云："昔年十四五，志尚好《诗》《书》。被褐怀珠玉，颜闵相与期"；"临难不顾生，身死魂飞扬。岂为全躯士，效合争战场。忠为百世荣，义使令名彰。垂声谢后世，气节故有常。"早年阮籍，风概激昂担当不辞以偕汉魏世转历史变局，

---

① 汤用彤先生说："汉之名士讲名教，其精神为儒家的；嵇、阮等反名教，其精神为道家的。"参见《汤用彤全集》卷四《魏晋玄学听课笔记之一》，河北人民出版社 2000 年版，第 330 页。

② 丁冠之以为阮籍思想凡三变：正始以前以儒为主，正始年间兼综儒道，正始以后鄙弃礼法而尚《庄》。参见丁冠之：《中国古代著名哲学家评传》（续编二），齐鲁书社 1982 年版，第 105 页。转引自余敦康：《魏晋玄学史》，北京大学出版社 2004 年版，第 105 页。

③ 《世说新语·任诞》，余嘉锡"笺疏"本，中华书局 1983 年版，第 733 页。

④ 《晋书》卷四九《阮籍传》。

⑤ 陈登原：《国史旧闻》第一册（下），陈克艰"标点"本，辽宁教育出版社 2000 年版，第 523 页。

其用世之精神可系于建功立业之"建安风骨"之上[①]。

汉魏世转，天崩地解而礼乐崩坏的历史变局，其实行蕴着社会统治阶级及其思想的双重变化。如所周知，东京归本儒学以名教治天下，整齐风俗察举征辟，其士行在于名教，其士任在于名教，"曰：唯名可以胜之，名之所在，上之所庸，而忠信廉洁者显荣于世；名之所去，上之所摈，而怙侈贪得者废锢于家"[②]；其"取士与仁孝礼让或者说与德的结合，遂使名教成为豪族屡世必须奉行的圭臬与赖以自豪的门第的标志。豪族往往就是儒门。"[③] 东京政治以名教为依归，其社会基础即累代礼法奕代簪缨的儒门世族。东京政治，曰名教曰世族而已。然而，这个社会阶级所有的统治地位及其所依托的名教思想，却在东京末年名实相乖而名教心性缺失的腐败中趋于衰落。

建安元年（196），寒门庶族地主阶级的杰出代表曹操[④]，迎献帝于许昌"挟天子以令诸侯"，东京末代皇帝及其世族高级臣僚，成为庶族地主阶级政权的傀儡及其合作者。四年之后，曹操于建安五年（200）的"官渡之战"，取得对于河北豪门世族袁绍的胜利。至此变局，东京世族阶级及其名教思想大致处于蛰伏蓄势之阶段。庶族并及以刑名思想支撑其战时名法政治的曹魏政权，取人于"不仁不孝"之间。建安三令，一曰："得无盗嫂受金而未遇无知乎？二三子其佐我明扬仄陋，唯才是举"；再曰："士有偏短，庸可废乎！有司明思其义，则士无遗滞，官无废业矣"；三曰："今天下得无有至德之人放在民间，及果勇不顾，临敌力战；若文俗之吏，高才异质，或堪为将守；负污辱之名，见笑之行，或不仁不孝而有治国用兵之术；其各举所知，勿有所遗。"[⑤] 质言魏氏建安变政思想之底蕴：因遮蔽名教而有所谓"仄陋"不可以明扬，因此催陷廓清于名教方有"士无遗滞，官无废业"的唯才是举。要之，建安变政不徒在于政治人事，更有借其植入社会思想以转移天下风气者。其中公然提倡"不仁不孝"之论以"转移天下风气"[⑥] 者，则于思想上"正是儒家大族之仁孝相反者也"[⑦]。此魏秉汉政之世局而行蕴其统治阶级及其思想依据的双重转移。

---

① 参见游国恩等编：《中国文学史》第三编《魏晋南北朝文学》，人民文学出版社 1979 年版。

② 顾炎武：《日知录》，秦克诚"点校"本，岳麓书社 1994 年版，第 478 页。

③ 万绳楠整理：《陈寅恪魏晋南北朝史讲演录》，黄山书社 1987 年版，第 9 页。

④ 陈寅恪《书〈世说新语·文学类〉锺会撰四本论始末条后》："东汉中晚之世，其统治阶级可分为两类人群。一为内廷之阉宦。一为外廷之士大夫。阉宦之出身大抵为非儒家之寒族，所谓'乞丐携养'之类。……主要之士大夫，出身则大抵为地方豪族，间或以小族。然绝大多数则为儒家之信徒也。"参见陈寅恪：《金明馆丛稿初编》，上海古籍出版社 1980 年版，第 41—42 页。

⑤ 《三国志》卷一《魏书·武帝本纪》。

⑥ 顾炎武：《日知录·两汉风俗》，秦克诚"点校"本，岳麓书社 1994 年版，第 469 页。

⑦ 陈寅恪：《讲义及杂稿·清谈与清谈误国》，三联书店 2001 年版，第 450 页。

公元220年，曹丕禅汉，历明帝至齐王正始（240），凡20年而权柄不出寒门，因此魏氏因循名法为治亦大体不变；其秩序建构的思想依据仍然为循名责实而一归于法的刑名思想①。易言之，正始以前的意识形态格局：刑名当涂而名教不显。然究论汉魏世转正始以前之世局本质，其实乃汉晋之间世族政权相接相承的一个历史过渡。于此过渡世局中的世族及其名教，可以说，只是处在一种历史性的政治与思想的边缘位置。申论其双重“边缘性”所开显出的过渡性隔离，即是世族政治及其儒学名教的存而不争。因其存而不争而反映出的思想吊诡，即是业儒者处其边缘而各安其习。因此，“本有济世志”而尚好《诗》《书》的阮籍可以慷慨用世以求忠义荣名而不离儒门。论阮籍早期思想，则大致可以入世而激昂之现实主义目之。

景初三年（239），明帝死而齐王即位，曹爽、司马懿辅政，魏氏政局发生变化。变化不全在于人事，关键在于曹爽、司马懿分属思想不同的两个社会阶级：“河内司马氏为地方的豪族，儒家的信徒；魏皇室谯县曹氏则出身于非儒家的寒族。”② 此不同之实质在于所属阶级及其思想之分野。因此，魏之末世不可避免其政坛斗争。齐王芳即位，翌年改元正始。究论正始政争之壁垒，以社会阶级言：寒门庶族地主阶级之曹党与豪门世族地主阶级之司马党而已；究论正始政争之壁垒，以社会思想言：世代服膺儒学遵行名教之司马党与正是儒家大族之仁孝相反者也之曹党而已。正始政争之形迹表于政治权力之争。然个中社会阶级不同及其所依托思想之对抗，抑或正为其所以冲突而有其运动之关键。此魏氏政局发生变化非仅人事，而直是魏氏名法政治及其刑名思想，业已直面世族之浸起及其名教思想逐渐走出边缘的世局变化。

正始年间，汉末清议批评之风已转进魏氏清谈致远之论，世论有才性之辩，论辩锋起分而为四，所谓四本论。《世说新语·文学》“锺会撰四本论始末”条刘注引《魏志》云：“（锺）会论才性异同，传于世。四本者，言才性同，才性异，才性合，才性离也。尚书傅嘏论同，中书令李丰论异，侍郎锺会论合，屯骑校尉王广论离。”正始才性名理，关乎人事而蕴含体用之思：才即才具，所谓治国将兵之用；性即德行，所谓忠孝仁义之体。曹氏唯才是举，取才于不仁不孝之间，其间刑名思想正是儒家大族之仁孝相反者也。故论才性异同离合四本，其实就政治分野而言，直是两党：“主才性离异者，为曹氏

---

① 《晋书》卷四七《傅玄传》载：西晋初傅玄有疏：“近者魏武好法术，而天下贵刑名”；《三国志·魏书·明帝纪》注引《魏书》曰：“（明帝）好学多识，特留意于法理”；又明帝抑黜浮华之举措，也是根据综核名实的名法思想的。

② 陈寅恪：《讲义及杂稿·两晋南北朝史听课笔记片段》，三联出版社2001年版，第469页。

之党，主才性同合者，为司马氏之党。”① 可以申论：才性异同离合各派直是名教之党与非名教之党而已。此正始中央政治两存其党而世族及其名教有隐起之形势。正始世族及其名教思想隐起，开始改变汉魏世转而世族政治及其思想双重边缘性的隔离与疏离。但这仅是魏氏政治与思想的渐变而已。缘此渐变而未曾全变之世局，正始年间的阮籍彷徨游移出入儒道而表为“至慎”②。阮籍于才性无所置辩，此间出入儒道的思想可以在世而混浊之现实主义目之。

约论魏氏名法政治，盖当始于建安五年“官渡之战”对于河北豪门世族袁绍的胜利，而终结于正始十年（249）的“高平陵事件”，实际统治50年。正始十年，司马懿借齐王曹芳及曹爽出扫明帝高平陵之机，发动高平陵事件而控制魏政。高平陵事件实为魏晋世转的转折点。这个转折点，是寒门庶族名法政治衰落的开端，是豪门世族名教政治浸起的开端。事件之后，河内司马氏公然决裂于谯县曹氏。此前则“专运阴谋，狼顾狗偷”③，隐而未发：其如正始前后司马懿，“恒戒子弟曰：‘盛满者道家之所忌，四时犹有推移，吾何德以堪之。损之又损，庶可以免乎！’”④ 复如正始年间司马师，“阴养死士三千，散在民间，至是（发难高平陵）一朝而集，众莫知所出也。”⑤ 要之，高平陵事件之前河内司马氏隐而未发，蓄势不争。故此，正始壁垒虽成形而党争亦无如正始以后之血腥；故此，正始壁垒虽两在而党争之下的思想冲突亦无如正始以后之激烈。正始年间阮籍在世而混浊的现实主义思想，或为消息其世局之反映。

高平陵事件之后，司马氏结束了魏末中央两党辅政的历史格局，遂以政敌之血“血祭”权坛：“乃收爽兄弟及其党与何晏、丁谧、邓炀、毕轨、李胜、桓范等诛之。”⑥ 进而嘉平、正元、甘露间，复以武装平息眷顾魏氏之疆臣们所发动的“淮南三叛”；其间——嘉平六年正元元年（254）——诛杀在朝名士夏侯玄、李丰，废黜齐王曹芳更立高贵乡公曹髦，则进一步引发了魏之名族的惶遽与不安⑦。可见，《晋书》阮籍本传所云之“魏晋之际，天下多

---

① 陈寅恪：《金明馆丛稿二编·逍遥游向郭义及支遁义探源》，上海古籍出版社1980年版，第89页。

② 《世说新语·德行》“晋文王称阮嗣宗至慎”条，余嘉锡“笺疏”本，第17页。

③ 《汤用彤全集》卷四《读〈人物志〉》，河北人民出版社2000年版，第8页。

④ 《晋书》卷一《宣帝本纪》。

⑤ 《晋书》卷二《景帝本纪》。

⑥ 《晋书》卷一《宣帝本纪》。

⑦ 《世说新语·贤媛》记，司马师收杀夏侯玄、李丰后，问许允：“自我收丰等，不知士大夫何为匆匆乎？”见余嘉锡“笺疏”本，中华书局1983年版，第674页。

故，名士少有全者”的世局骤变，大致是在高平陵事件之后逐次公开而尖锐化的。要之，高平陵事件确立了世族地主阶级在权力中的统治地位，世族及其名教并将由此前之蓄势待变而隐起渐变而达于全变之局。

高平陵事件，开示出曹魏与司马晋二姓权力转移的历史表象。但是，高平陵事件的历史本质却并非这姓氏转移的历史表象可以涵盖。陈寅恪先生指出：“魏为东汉内廷阉宦阶级之代表，晋则外廷士大夫阶级之代表。故魏、晋之兴亡递嬗乃东汉晚年两统治阶级之竞争胜败问题。”[①] 易言之，晋承汉乃为世族政权之复出，其相接相承而因于后汉在于世族在于名教。故申论高平陵事件之实质：一则为统治阶级之变动；二则为富含统治阶级之变动亦必牵动其相应统治思想之变动。高平陵事件实为一具有双重含义的朝市变革。曹操所以占梦“三马食槽（曹）”，而司马懿父子三人“颠覆魏鼎，取而代之，尽复（的，可谓是）东汉时代士大夫全盛之局”[②]。质言此东汉时代士大夫全盛之局，亦即世族及其名教由隐伏渐起而达于全变之局之谓。因此50年之后士大夫全盛之局的“复兴”，故其关于东京世族对于名教的标榜，乃是高平陵事件之后及至开晋政治秩序建构的必然。

总结魏氏战时名法政治所以依托者刑名，其实不过是关于东京世族名教的一个反拨。魏氏所以反拨，因为政治上“欲取刘氏之皇位而代之，则必先摧破其劲敌士大夫阶级精神上之堡垒，即汉代传统之儒家思想，然后可以成功”[③]；魏氏所以能够反拨，在于庶族地主阶级对于世族地主阶级之胜利。因此不得不反而可以恃势以反，故建安之世以及高平陵事件以前之魏之初世，凡50年而世族虽存而不亡亦不可张其名教，此则势之所定，此则寒门及其思想所控之世局所定矣！

魏末高平陵事件改变了世族与寒族的权力地位，世族名教复出有其必然。

魏末晋世世族政治最高代表人物司马炎云：“吾本诸生家，传礼来久”[④]。所谓诸生传礼，一问礼之传统何在？曰：东京世族服膺儒行之谓。再问礼为何物？曰：礼而系于律令则形为法，礼法为世族治身治国之用物。然则汉晋礼法，兼宗荀韩思孟亦本末必兼备而体用必合一，因此三问礼法之所本为何？

---

① 陈寅恪：《金明馆丛稿初编·书〈世说新语·文学类〉锺会撰四本论始末条后》，上海古籍出版社1980年版，第42页。

② 陈寅恪：《金明馆丛稿初编·书〈世说新语·文学类〉锺会撰四本论始末条后》，上海古籍出版社1980年版，第43页。

③ 陈寅恪：《金明馆丛稿初编·书〈世说新语·文学类〉锺会撰四本论始末条后》，上海古籍出版社1980年版，第43页。

④ 《晋书》卷二〇《礼志（中）》。

曰：礼法物用之本在于仁孝名教之体。礼法名教，钱锺书先生指出："'名教'乃儒家之要旨，出自周孔，形为礼法，用在约束。"[①] 所谓"'名教'亦即'礼法'"[②]。可明，礼法乃世教之现象，名教乃世教之本体。司马炎所谓司马氏诸生传礼的门风，汉晋世族形诸儒术礼法而学归儒门名教而已。因此，正始以后寒族渐失权柄而世族擅行其政，晋世取法东京而名法不用刑名淡出，其礼法名教走上政坛的前沿亦其阶级属性所必然。此魏晋易姓，世局变化根本之所在。

咸熙元年（264）三月，司马昭晋爵晋王，世族王祥、何曾、荀恺"三大孝"亦同日拜为三公[③]。司马氏推"孝"为人伦之极。此"孝"者——"内尽其心以事其亲，外崇礼让以接天下"[④] ——所谓国身通一隆礼求治而内在心性外在礼法而已；晋世"以孝治天下"[⑤]，其本乃归于儒家心性之学的名教。可以明确，咸熙"三大孝"拜公，即是司马氏结构其服膺儒学尊崇名教世族政治集团的举措。因此而一贯，咸熙二年泰始元年（265）十一月，开晋前夕的司马炎："令诸郡中正以六条举淹滞：一曰忠恪匪躬，二曰孝敬尽礼，三曰友于兄弟，四曰洁身劳谦，五曰信义可复，六曰学以为己。"[⑥] 司马炎咸熙六条结合中正而举淹滞，所劝者晋家世族忠孝友悌信义的礼法名教，所破者魏氏寒族不仁不孝而有治国用兵之术的刑名法术。一破一立，而晋世拨转其秩序建构的指导思想亦豁然。泰始六年（270）六月，晋武帝司马炎诏曰："敦喻五教，劝务农功，勉励学者，思勤正典，无为百家庸末，致远必泥。士庶有好学笃道，孝弟忠信，清白异行者，举而进之；有不孝敬于父母，不长悌于族党，悖礼弃常，不率法令者，纠而罪之。"[⑦] 至此，世族王朝以法令约束的形式推奖名教——"敦喻五教"；至此，世族王朝亦以舆论制导的形式抑压非名教的清谈——"无为百家庸末，致远必泥"。名教确然成为晋世世族构建秩序的思想宗旨。但是，泰始六年敦喻五教诏，一诏之间，抑引并举：一方面张扬礼法名教之意殷，甚明；另一方面所张扬之礼法名教未得洽世，亦消息其中。此即魏晋世转而思想上易教亦无如其政治上易姓，来得那么界限判然之迹。故此，世族秉政而名教秩序建构亦无脱其思想之争。

---

① 舒展选编：《钱锺书论学文选》第一册，花城出版社 1990 年版，第 174 页。

② 舒展选编：《钱锺书论学文选》第一册，花城出版社 1990 年版，第 173 页。

③ 《资治通鉴》卷七八"魏元帝咸熙元年（264）"："三月丁丑，以司空王祥为太尉，征北将军何曾为司徒，左仆射荀恺为司空"；三月"己卯，进晋公爵为王"。

④ 《晋书》卷三三《何曾传》。

⑤ 《晋书》卷三三《何曾传》。

⑥ 《晋书》卷三《武帝本纪》。

⑦ 《晋书》卷三《武帝本纪》。

约论汉魏魏晋一转再转之意识形态：则刑名法术，乃曹氏庶族地主阶级构建其政治秩序的根本方略；名教礼法，则司马氏世族地主阶级构建其政治秩序的根本方略。此魏晋政治及其指导思想之大别，亦汉末魏晋再转而名教复出之大概。汉晋相承即世族相承，汉晋统治阶级相因，故名教复出其实为当时政治秩序构建之必归。然而，无论魏晋政治及其指导思想取择之区别的合理性，其可以作用于当时实际政治及其秩序构建者，要在于实际之用的历史实况；进而言之，即名教与否要在于行政得人与否，用非其人，则礼法为具文名教徒为伪饰而已。此封建时代用人与行政蕴含其交相扶而政可立教可行之理，亦魏晋政治得失而关乎名教依据是否合理而不能不有所争所在。

王夫之校论魏晋政治得失："用人与行政，两者相扶以治，举一废一，而害必生焉，魏晋其验已。……曹孟德惩汉末之缓弛，而以申、韩为法，臣民皆重足以立；司马氏乘之以宽惠收人心，……崇宽弘雅正之治术，故民（引注：即世族阶级）藉以安"；"然而魏氏所任之人，自谋臣而外，如崔琰、毛玠、辛毗、陈群、陈矫、高堂隆之流，虽未闻君子之道，而鲠直清严，不屑为招权纳贿、骄奢柔媚猥鄙之行"，至于司马氏则"所用者，贾充、任恺、冯勖、荀勖、何曾、石苞、王恺、石崇、潘岳之流，皆寡廉鲜耻贪冒骄奢之鄙夫。"[①] 船山所谓"申、韩为法"，刑名也；船山所谓"宽弘雅正之治术"，名教也。是船山大较魏晋政治得失：论行政则有苛严缓弛刑名名教之二分，论用人则有"鲠直清严""寡廉鲜耻贪冒骄奢"之二分；然两校而立足名教大本论得失，船山曰：魏氏得人而失其刑名法术之苛，晋氏不失其政而失其所用非人；因此而申论魏晋行政得失而关乎名教者，船山曰：失在刑名法术之苛刻，则有魏氏"智术兴，道德坠，名世之风邈也"的名教摧陷之蔽；失在宽惠缓弛而所用非其人，则有晋氏"奖之不以其道，进之不以其诚，天下颓靡，而以《老》《庄》为藏身之固，其法虽立，文具而已"[②] 的名教具文之蔽。因是而缩论魏晋用人与行政及其与名教之关系，船山曰："夫晋之人士，荡检逾闲，骄淫懦靡，而名教毁裂者，非一日之故也。魏政之综核，而略于节义，天下以不知有名义；晋承之以宽弛，而廉隅益以荡然。"[③] 总结船山魏晋政治得失论：魏政苛严综核而直接摧陷名教，晋政宽缓失人虽推奖名教而"奖之不以其道，进之不以其诚，……其法虽立，文具而已"。要之，魏晋两阶级于名教之态度截然不同魏晋两阶级于名教之澌裂可谓异曲同工；其于晋

① 王夫之：《读通鉴论》卷一一《晋世》，中华书局 1975 年版，第 350 页。

② 王夫之：《读通鉴论》卷一一《晋世》，中华书局 1975 年版，第 351 页。

③ 王夫之：《读通鉴论》卷一二《晋惠帝》，中华书局 1975 年版，第 364 页。

氏，则晋氏名教之悖论，在于不失名教之政名而失在所用非其人，失在“奖之不以其道，进之不以其诚”；“奖之不以其道，进之不以其诚”，即名教失其根本之谓也。本末必相兼而体用必为一，道、诚为本体为心性为名教之内在性，道、诚不进奖则礼法徒为外在之封限溃而可为伪饰；故晋氏名教“所用者，……皆寡廉鲜耻贪冒骄奢之鄙夫”，晋氏名教本体澌灭之谓也。至此可以申论：魏末晋世世族的礼法名教，其外在性的行为封限与内在性的道德自觉没有在其实践中获得统一；汉末以来名实相乖而名教秩序建构内在心性的缺失，不仅没有在魏末晋世名教的标榜中得到解决且“荡检逾闲”“益以荡然”。

东京及晋世世族均以名教为治。名教为治，必形为礼法；礼法为世教现象之用，则必归于心性之体。要之，名教秩序之立要在内外相契。但是无论东京抑或魏末晋世，其名教均不能契接本体性的内在心性；不能契接内在心性而用礼法，则名教非心性本真而徒为纯然外在之人性封限，故于修齐治平一贯之道言，则失其本体而不可言治。质言之，晋世用名教，失其道、诚，“所用者，……皆寡廉鲜耻贪冒骄奢之鄙夫”，名教所以具文，在于内外对立；此即晋世名教心性自然本真与外在伪饰礼数相对的政治秩序建构实况。因此，晋汉相承晋汉名教之弊本质不变而名教何以可为政治实体大本的问题，将成为世族秉政而政治秩序构建的中心话语。

政治秩序构建，无外其思想依据与制度实体的两面。其综合两面的形上之思即是政治哲学。魏晋玄学政治哲学不同于两汉经学政治哲学者，在于它主要是基于儒道二学的开新。魏晋所以援道入儒而开新两汉独尊儒学的思想格局，切近而言，在于东京末年而下儒学名教的内在心性危机。

如所周知，先秦而下之中国思想大致呈现出一种以儒道为主的多元并存、多元发展的格局。儒家学派（发乎孔子而经由思孟易庸）侧重“人道”而贵礼法名教，虽体用兼备其实侧重在于人事。因此，作为传统政治哲学整体性思想体系内在逻辑的展开，历史上的道家学派则侧重所谓的“天道”而明心性自然，其体用之思侧重在于本数。此先秦而下儒道为主而儒道对立与互补的思想格局。是为先秦而下政治秩序构建的基本思想依据。申论汉晋张本而不能反本儒家礼法名教实践的悖论：名教形为世治则有礼法，礼法开体名教用在人事规约；但人事规约为外在，规约脱离其内在心性方面的合一，规约将走向规约的反面而礼法名教秩序的实在性构建亦面临其：合理之名教与扭曲之名教的现实的政治伦理实体的困境。因此，当内在心性本真与外在伪饰礼数相对立相冲突的汉晋政治实况出现时，心性自然与礼法名教之辩便往往成为人们考虑实在性秩序的中心话语。此汉末名教危机而有魏氏名教摧陷，亦魏晋世转名教徒饰而有魏晋自然名教之辩。

自然名教之辩，是魏晋玄学关涉政治问题的最高命题。约论其“玄”而不曾孤悬的思辩本质在于构建一种合理的秩序。约论其直入实际政治秩序考虑的阶段，则在于竹林的阮籍与嵇康（另有专文）。进入魏末，阮、嵇脱出何、王有无本体之辩而进讲自然名教关系，突出了玄学政治哲学的理论维度；所以如是，在于世族名教外在性的礼法规约与内在性的心性本真没有实践性的体用合一。

比较魏晋玄学家，诗人阮籍与哲学家王弼是有区别的。区别在于，诗人阮籍是一种更多带有现实真切感受的玄学，因此，也更为直接地反映着汉魏魏晋世局变化的历史脉络。汉魏魏晋半个多世纪的世局之变，不徒在刘曹司马的姓氏之变，而要在当时社会阶级及其思想的双重迁演。这种历史变化所内含的社会阶级及其思想的分野，具有秩序构建所有依据取择的对抗性。然而，汉晋相承而社会统治阶级不变，其实即历史本质不变而名教应然为魏末晋世政治秩序构建之必归。但高平陵事件以后，司马氏名教秩序建构的根本缺失——名教当途却丛生其病并且司马氏假名教以诛戮异己——却给出了阮籍“有疾而然”[①] 以怀疑以批判乃至超越名教的依据。魏末晋世政治秩序构建由此直面其双重对抗：世族推奖名教以为秩序构建之依归；寒族尚论自然以为秩序构建之考虑；其一体两面对抗性之历史平台，在于魏晋世转的壁垒对抗。阮籍无脱此壁垒对抗之世局，然而偏至自然以考虑名教的玄学批判——崇尚自然而反对名教并由是而二分体用而割裂自然名教——开示的则是一种诗性的超越秩序的理想主义。这种发自对现实的敏感及批判而产生出的超越现实的理想之梦，或可以超世而激进的理想主义目之，这使阮籍最终走上的是其秩序之思而择善固执的不归之路。

二

汉晋相承，阮籍生处此间，其实即生处名教秩序重构的过渡时代。但是，汉末魏晋构建秩序的应然思想依据——名教——却处在一种由边缘而中心的动态性历史复出过程中。高平陵事件以前，名教不显的思想吊诡，即是名教与自然之矛盾的不显。因此，何晏可以作《无名论》引夏侯玄语讲：“天地以自然运，圣人以自然用”；王弼注《老子》可以讲：“圣人达自然之至，畅万

① 《汤用彤全集》卷四《魏晋玄学听课笔记之一》，河北人民出版社 2000 年版，第 333 页。

物之情，故因而不为，顺而不施。”[1] 实际政治中的名教与自然，在何、王那里自有思辩上安顿，只是因为名教与自然未成为现实的对抗。要之，高平陵事件以前名教不显而何、王思辩秩序之最高命题名教与自然之矛盾亦不显，业儒者亦可以处其边缘而各安其习。故阮籍早期作《通易论》和《乐论》，大致呈示出：述儒以为秩序构建的基本旨归。阮籍在《通易论》中说：

……是以“先王以建万国，亲诸侯”，收其心也。原而积之，畜而制之，是以上下和洽，“裁成天地之道，辅相天地之宜，以左右民”，顺其理也。先王既殆，德法乖易，上凌下替，君臣不制，刚柔不和，“天地不交”，是以君子一类求同，“遏恶扬善”，以致其大……于是大人得位，明圣又兴。故先王“作乐”、“荐上帝”，昭明其道，以答天贶。于是万物服从，随而事之，子遵其父，臣承其君，临驭统一，“大观”天下。

在此关于上古世治变迁的表述中，阮籍开示的历史理性，可以说是法天道而尊先王的。在阮籍看来：上古世的秩序是“裁成天地之道，辅相天地之宜”的秩序，因其合于天道，所以“上下和洽”。这是上古世的治。至于上古世治的失坠——反映在政治秩序上即是“德法乖易，上凌下替，君臣不制”——阮籍认为：这是由于天道上的“刚柔不和”即“天地不交”。可以明确，阮籍这里讲治乱更易在于天道的认识依据：是《周易》中的“阴阳相交”天地造始而“刚柔相济”世治有序的天道观。但是，面对“德法乖易”天人交相失序的现实对立与冲突，阮籍肯定君子一类“求同”而“遏恶扬善”“以致其大”的道德作为是一种切合天道的努力；肯定这种切合天道的作为可以带来了代表天道意志的“大人”与“明圣”的复位。概言之，不曾直面名教现实矛盾的阮籍世治观点：本体在于天道，现象亦不废礼乐。礼乐名教在早期的阮籍那里可以与天道统一起来。所以阮籍说：“故立仁义以定性，取蓍龟以制情，仁义有偶而祸福分。是故圣人以建天下之位，定尊卑之制，序阴阳之适，别刚柔之节，顺之者存，逆之者亡，得之者身安，失之者身危。”再看阮籍《乐论》中所表达的秩序观。在《乐论》中，阮籍说：

刑教一体，礼乐内外也。刑弛则教不独行，礼废则乐无所立。尊卑有分，上下有等，谓之礼；人安其生，情意无哀，谓之乐。车服旌旗，宫室饮食，礼之具也；锺磬鞞鼓，琴瑟歌舞，乐之器也。礼逾其制，则尊卑乖；乐失其序，则亲疏乱。礼定其象，乐平其心；礼治其外，乐化其内。礼乐正而天下平。

阮籍论乐，核心讲：“礼废则乐无所立”——礼乐一体，不谈礼则乐论无

[1] 王弼：《老子・二十九章注》。

从质实，这是阮籍因承儒家礼乐观而强调秩序构建的一个思想。传统儒家的礼乐思想，讲礼乐一体在于治；礼与乐的形式区分，只是在于施治上的内外之分。这就是礼治其外，去确定尊卑等级的政治图式；乐和其内，去构建亲和融融的精神世界。但是，“礼废则乐无所立”——内在精神界的亲和，必须以外在政治图式的严尊卑和伦理图式的明上下为根本旨归——开示的则是阮籍所讲的“礼逾其制，则尊卑乖；乐失其序，则亲疏乱”的所谓国身通一隆礼求治秩序内涵。显然，阮籍的礼乐思想是与儒家礼乐思想相合而旨归于外在政治图式的严尊卑和伦理图式的明上下的名教秩序的；而旨归外在政治图式的严尊卑和伦理图式的明上下，其实是对儒家政治伦理实体有为德目的肯定。总的来说，阮籍早期是积极而用世的，因此通《易》论《乐》趣趋人事，关于政治秩序构建的思想考虑，亦主要是儒家的。这在思想层面，与高平陵事件以前名教不显而名教不争的思想吊诡有关。但在历史本质上，反映的则是高平陵事件以前世族蓄势不争的情势。

正始年间，魏氏中央两党辅政的人事变化，开显出魏氏名法政治及其刑名思想消退而寒族直面世族浸起及其名教思想逐渐走出边缘的历史变化。但这仅是魏氏政治与思想的渐变而已。因此渐变而未曾全变，正始世局虽壁垒两在而党争之下的思想冲突亦无如正始以后之激烈。故其间的阮籍出入儒道而表为“至慎”。

但是高平陵事件以后，魏末及晋世世局则拨转其进趋世族及其名教的双重进向：世族秉政，名教走出思想边缘成为世族政治秩序构建的中心话语——所谓：“敦喻五教，……思勤正典，无为百家庸末，致远必泥。”由此世族名教不争而世族名教凸显的变化，并随着司马氏借名教以排斥异己政治的发展——名教虚诞名教禁锢名教非自然本真而演为外在人性封限的名教与名士冲突的发展——这种现实的政治伦理实体中名教的扭曲与伪饰，遂使名教何以为秩序之本的理论置辩[①]，进入了魏晋两阶级关于秩序构建的思想对抗平台：世族而党于司马氏者均推奖名教以为秩序构建之依归；寒族而党于曹氏者则尚论自然以为秩序构建之考虑；魏晋玄学由此淡出正始有无本末的本体之辩，而转进竹林具有实在秩序考虑之义的自然名教异同离合之论。阮籍在高平陵事件后，在世混浊，“虽不拘礼教，然发言玄远，口不臧否人物”[②]。

---

① 为治而“务本”的政治学研究流行于汉魏之间。王符《潜夫论·务本》：“凡为治之大体，莫善于抑末而务本，莫不善于离本而饰末”，“故明君莅国，必崇本抑末，以遏乱危之萌。此诚治乱之渐，不可不察也。”为治而“务本”的政治学考虑进而提升为形上之思的本体现象叩问，形成于正始王弼的本末体用。参见余敦康：《魏晋玄学史》，北京大学出版社 2004 年版，第 121—122 页。

② 《晋书》卷四九《阮籍传》。

其处世“至慎”少变，但其转进玄学超世激进的“自然论”，是与高平陵事件以后世族名教当途而世族名教扭曲的历史实况有关的。因此，史云阮籍目世有其“青白”二眼。

阮籍置辩名教之本，以自然为依归；其本体自然论，约略是因于正始何、王的。这在阮籍后期的《通老论》与《达庄论》并及《大人先生传》有着集中明确的反映。在《通老论》中，阮籍曰：“道者，法自然而化；侯王能守之，万物将自化。”在《达庄论》中，阮籍曰：“天地生于自然，万物生于天地。自然者无外，故天地名焉。天地者有内，故万物生焉。当其无外，谁谓异乎？当其有内，谁谓殊乎？……天地合其德，日月顺其光。自然一体，则万物经其常。”

约论正始玄学家们所说的自然，大体是就宇宙本体、万物本然来说的；前者侧重纯理讲本体，后者趋于质实讲现象；因此而明体及用，正始玄学家们的自然本体论是无脱其秩序之思的。何晏转引夏侯玄语说：“天地以自然运，圣人以自然用。自然者，道也。”王弼说：“道不违自然，乃得其性，法自然也。法自然者，在方而法方，在圆而法圆，于自然无违也。自然者，无称之言，穷极之辞也。”何、王言自然，即纯理抽象言本体存在；何、王言自然，亦质实言天、地、人所以运用之道。正始何、王道法自然，即是体用一如讲无为以应物之本然；自然，于是在本体哲学之上与无相通而在现象展开之上与无为的相通，于此，先秦道家政治哲学的无为德目进入了魏晋玄学的自然论。这是正始玄学构建起的不同于两汉经学的政治哲学的根本观点。

置辩自然名教，在本体绝对的王弼那里有一个基本的形上思考，就是本体之无一贯于万物群有，有与无不是两截。因此，在思辩上王弼强调道之体为无，其体用之展开为无为，此即自然本体之体用。比如王弼《老子注》注“天地不仁，以万物为刍狗”句曰：“天地任自然，无为无造，万物自相治理，故不仁也。……无为于万物，而万物各适其所用”，此道体无为所以自然而本然，故能“无为而无不为也”。因此，在本体之无统举物事，即自然本体之论必涵及于名教现象之用的本体思辩上，王弼的观点就是名教因于自然。名教因于自然的本体思辩就是：万物群有反归全本之无，全本之无一贯万物群有；名教因于自然的政治哲学思辩就是：有为之名教无为之自然应然于现实秩序的共建。王弼在《老子·三十八章注》中说：

故仁德之厚，非用仁之所能也；行义之正，非用义止所成也；礼敬之清，非用礼之所济也。载之以道，统之以母，故显之而无所尚，彰之而无所竞。用夫无名，故名以笃焉；用夫无形，故形以成焉。守母以成其子，崇本以举其末，则形名俱有而邪不生。

仁德、行义、礼敬等儒家名教德目，所以能所以成所以济，在于“载之以道，统之以母”的本体自然。反本自然而不割裂体用，名教“故显之而无所尚，彰之而无所竞”。显然，正始名教——走出边缘、显而未达其全盛之局——在王弼那里是可以安顿的。可以安顿，是因为名教存而未显而名教之矛盾未显。因此而思辩汉末名教复出之大本，王弼说：“名教因于自然。”可以说，王弼的名教因于自然论，只是在思辩层面上讲一种合乎自然之性的名教本体论；这只是一种应然层面的形上思辩。至于如何建构这么一种合乎自然之性的名教——一种与道体同在的实体性的名教所以能所以成所以济——王弼提出：要在上下建立一个情性相契的“真”“信”纽带。王弼在《周易·损卦·象传注》云：“损上益下，非补不足也；损刚益柔，非长君子之道也。为损而可以获吉，其惟有孚乎”；在《老子·十七章注》云：“夫御体失性，则疾病生；辅物失真，则疵衅作。信不足焉，则有不信，此自然之道也。”处于权力伦理两端的君臣父子，实体对立而求统一，唯有不失“真”“信”之情性本真，作用君臣父子的名教才是自然的名教。但王弼没有进入实在性的名教批判，他只是在名教本体层面开出了这么一个自然名教之辩的正题。概言之，因本体绝对而复讲体用一如的王弼，建构的只是折中儒道而名教应然为秩序之用的玄学政治秩序论。

名教因于自然而名教应然为秩序之用的政治秩序论，在王弼那里做了一种思辩性的本体论证。其本体自然所以思辩的名教对象物，在正始名教存而不争故自然名教实在性矛盾亦不显的情况下，只能是东京的名教。换句话讲，王弼的名教因于自然论只是一种观念性的秩序之思。但是，正始以下世局的推进，则使这种观念性秩序之思的生成条件破灭了。竹林时期阮籍面对的名教，亦所谓御体失性而疾病丛生，亦所谓辅物失真而宗党斗争。易言之，正始所悬置的建构秩序的自然本体，即使在观念层面也无法与名教实在契合。因此实在性冲突的不可调和，阮籍乃反出王弼的形上合一之思，调整置辩自然名教的立场：认为道器有先后之分，并由此二分道器的观点，提出崇尚先天之道（自然）而反对后天之器（名教）的反名教的玄学主张。魏晋自然名教论辩由此发生竹林异数。

阮籍关于自然本体的体认，是一种混沌而不可分的无限整体。这种无限整体在时间上无先无后是非确定性的，所谓“太初如何？无后无前，莫究其极，谁识其根”；在空间上无所不包无所不含，所谓“自然者无外”，所谓“人生天地中，体自然之性”。这就是说，阮籍的自然本体，因接何、王具有一种涵全为一的本体性内涵。但是，阮籍讲自然本体与何、王讲有无本体的纯哲学趣味，是截然不同的。阮籍以自然为本体，不讲体用无论相因。阮籍以自然为本体，侧重讲自然自在而在先；因其自在而在先，自然才是天、地、人所以存在所以运用的本体："自然一体，则万物经其常"。质言之，阮籍讲自然本体不在于纯哲理思辩的有无本体论；阮籍因讲自然本体，转进在于以自然本体来做名教现象考虑的价值依据。换句话说，阮籍自然本体论淡出了何、王思辩的求"真"而趋于竹林价值的求"善"，其实是一种更为显豁的现实人事批评的玄学政治哲学论。

阮籍论自然，所以淡出何、王有无之辩的本体思路，除却政治壁垒及诗性思维的个人微观因素外，如上揭，主要是因为竹林时期突出了人的心性自然问题。因此汤用彤先生说："阮籍之学说，是讲人的，也包括万物。"[①] 要之，由天地自然而推及人事自然，最后为构建理想秩序立一价值法则，即阮籍物事一体而"讲人的"自然学说的全部意旨。物事一体，即是以宇宙的普遍秩序（天道）通贯现实社会秩序（人道）的政治哲学。因此，阮籍自然本体论，首先侧重自然状态的界说，并由此界说开示的价值肯定，立一群居和一的政治模式。那么，阮籍是如何界定自然状态的呢？反本自然且依此为最后价值旨归的阮籍主要在《庄子》的世界，说自然是天和，其本质是和谐，故"天地合其德，日月顺其光，自然一体，则万物经其常"，自然可为天地人秩序构建总法则。这种自在世界的一体和谐，就是自然无分别的秩序性，就是反出有为而自然无为的法则性。于此不难看出，反本自然的阮籍，是以自然的整体通贯性和内在和谐性来确认自然价值的。这是一种关联《庄子》的天人之学——循天自然则天人一体和谐——的思想表述。具体而言，这种价值建置的本体落脚点，就是通过自然法则的价值肯定来考虑现实政治与社会秩序的正当性与合理性。

阮籍自然论的宗旨，是讲现实中的人事。然而，现实只是名教虚诞名教禁锢名教非自然本真的现实，人事作为的失败只是澌灭心性本真的失败。此心性之不自然，即名教失其本体不可言治。于是，为庄氏之客的阮籍偏至自然以讲超越名教。这与庄子心性哲学的主旨是息息相通的。如所周知，《庄子·应帝王》借喻"混沌"以明心性自然无为。其主旨，讲心性和谐是自然无心；阮籍《达庄论》之主旨，讲秩序和谐是"圣人明乎天人之理，达乎自然之分"。庄子讲自然无心无为，则天人合一而心性和谐；阮籍讲圣人明理达分，圣人自然无为才是秩序和谐。庄子论心性曰自然无为，阮籍论秩序亦曰自然无为；庄子人生哲学的心性超越论，正是阮籍针对魏末名教失其心性本真而人的心性自然成为突出问题的政治哲学秩序超越论的认识根基。因此讲，

---

① 《汤用彤全集》卷四《魏晋玄学听课笔记之二》，河北人民出版社2000年版，第413页。

侧重于自然状态界说的阮籍自然和谐论，根亥所在乃是一种涵泳于庄氏心学而入乎现实名教考虑的玄学政治哲学。

阮籍自然论存在一个理论预设，那就是：作为自然整体一部分的人文社会应该是自然和谐的！所谓天、地、人三才“自然一体，则万物经其常”。这就进入了以自然本体考量名教现象的批判领域，亦即进入了秩序批判的历史超越。如上揭，处在名教虚诞名教禁锢名教已非自然本真而演为外在人性的封限——实然与应然冲突并及尖锐化的竹林时期——逼仄并且幻灭于不可统合之二元分裂中的阮籍，不可能予名教以思辩的安顿。易言之，现实无法说明现实、可爱而不可信的精神困境，构成了竹林时期阮籍的实处之境。因此走出并超越名教的“现实界”而进入自然的“理想国”，成了阮籍唯一的精神出路。儒者的狂狷混合道家的超越加之诗性的狂想，这一切给择善固执而壁垒归于庶族的阮籍的秩序之思带上了玄想的翅膀。

阮籍在《大人先生传》中，勾画了这么一幅泰初自然的秩序和谐图：

> 昔者天地开辟，万物并生，大者恬其性，细者静其形；阴藏其气，阳发其精；害无所避，利无所争；放之不失，收之不盈。亡不为夭，存不为寿；福无所得，祸无所咎；各从其命，以度相守。明者不以智胜，暗者不以愚败；弱者不以迫畏，强者不以力尽。盖无君而庶物定，无臣而万事理，保身修性，不违其纪，惟此若然，故能长久。

显然，这是不同于《通易论》的上古社会。阮籍讲泰初政治“庶物定，万事理，能长久”的秩序和谐，是以——“大者恬其性，细者静其形”“各从其命，以度相守”——泰初社会两极的智势无为为核心的。无为即自然，自然即道。首先讲，这是与老子讲“辅万物之自然而不敢为”而庄子讲“顺物自然”——“自然已足，为则败也；智慧自备，为则伪也”——的道家自然无为之论义一脉相承的。但是，泰初所以自然无为而和谐，在于泰初大者细者能恬静其性行。这就是说，泰初和谐不是割裂心性的人所作为，大者细者能恬静其性行的心性自足，乃是泰初自然和谐的本体。因此，讲天人总法则而“道法自然”，无论自然与社会都应该是“不违其纪”而应顺客体秩序的主体内在心性。无为即自然，自然在于大者细者能恬静之本然；圣人明乎此天人之理则世治无为而秩序和谐。这是一种发乎心性超越而转进现实超越亦即名教超越的秩序之思。

阮籍由自然和谐的价值悬置而及于泰初和谐的历史回眸，大致完成其政治哲学的本体现象论，逻辑：由心性个体的反本自然到群体和一的反本自然；宗旨：重建乱世之局的秩序本然。阮籍讲人的心性反本自然，其实是讲人的返璞归真的无所作为；讲人的返璞归真而无所作为，其实情牵于世关涉秩序构建的择善固执中，可以说已经行蕴着关于道、诚不进奖礼法徒为外在封限而为不真之伪饰的现实名教的批判了。因此重申阮籍名教批判的思想依据，我们讲，与其说是《老子》的本无之道，毋宁说是《庄子》的心性自然。庄子心性批判的喻体是混沌已死，混沌所以死，只是倏忽机心之作为；混沌之死，即是自然之死；《庄子》“寥天一”而“人间世”的心性自然论，个中莫之为而为的形上思辩，其实“系于末度”亦是内含名教作为而世治扭曲的秩序性社会批判的。这种庄子心性自然超越论内蕴的思想向度，可以说，正是阮籍秩序自然超越论的主要思想依托。阮籍为庄氏之客，阮籍非庄氏后学。因此阮籍没有正面讲自然心性——这一庄氏人生哲学的主要问题，但讲名教扭曲乃在于名教失其自然本真的心性批判重心是明确的：

今汝造音以乱声，作色以诡形；外易其貌，内隐其情，怀欲以求多，诈伪以要名；君立而虐兴，臣设而贼生；坐制礼法，束缚下民，欺愚诳拙，藏智自神；强者睽胝而凌暴，弱者憔悴而事人；假谦以成贪，内险而外仁；罪至不悔过，幸遇则自矜；驰此以奏除，故循滞而不振。

在阮籍看来，造作音、色，是诡乱声、形自然本真的作为；有为不符合物性。自然无为则自然和谐；自然，自在而有序，合其自在，就是遵循自然的法则。这是讲物理自然，并由此建构自然和谐的价值法则。本着自然和谐价值的最后肯定，并遵循天人合一的认识传统，阮籍的推论就是自然法则应是通贯天人的总法则。自然即法则，自然法则所以呈示的和谐价值亦由此构成了批判现存秩序的张力。因此，在政治伦理实体秩序不能体合自然秩序的和谐法则情况下，激进而超越的玄学自然论者便有充足理由通过自然本体的价值肯定来考虑政治与社会秩序的正当性与合理性。社会秩序正当合理与否，系于自然本真自然无为以考虑；自然本真自然无为本质何在，系于人的心性反本，此即阮籍玄学物事一体而讲秩序构建的自然法则论。

如上，政治伦理实体秩序不能体合自然本真自然无为的法则，在阮籍看来，即现实的名教：“外易其貌，内隐其情，怀欲以求多，诈伪以要名”；易隐求要，则心性非自然本真而内外失其相契，所谓自然与名教的二元分离即性体形用的分离。自然与名教性体与形用的二元分离，则易貌隐情求多诈伪世治不治，此非关名教之体而要在名教之用失却自然本真内在心性。易言之，名教不能反本，名教作为即不能构建和谐秩序。故于激进而超越的玄学自然法则论者看，则君立臣设坐制礼法的作为，所破坏的即是自然无为而自然本真的自然和谐。这就是说，社会政治的不和谐非在名教，而在于名教与自然的分离。名教与自然分离，就名教本身看，是名教之用不能体合自然心性的分离。名教不能体合自然心性，名教的作为即是一种“为则伪也”的外在性的人性封限。因此看魏末党争世像之不和谐，阮籍说："假谦以成贪，内险而外仁。"魏末晋世名教所以为具文而失其辅物之有用，在于内外分离而体用不能相契；此即晋世名教心性自然本真与外在伪饰礼数相对的政治秩序建构实况，此即阮籍自然本体所以批判名教实体的历史本质。阮籍为庄氏之客，但"有疾而然"的玄学批判，则在玄学业已构建的政治哲学框架中反出何、王的体用兼美，将庄子的心性超越自然论转化为一种现实批判的秩序超越自然论。

自然与名教，分承"人情"与"世礼"，这是魏晋人关于自然名教的一个较为流行的看法[①]。王弼注《论语·学而》"孝悌也者，其为仁之本欤"条曰："自然亲爱为孝，推爱及物为仁"；孝悌外在之礼数的名教末用，在于契合诚敬为本的仁爱之性，否则为具文。此王弼观念层面上讲名教因于自然，不失其内在情性外在礼法分承自然名教的理论框架；置于时论自然名教之异同离合，大致是属于兼美而融通的同合派。阮籍置辩自然名教，可以说分析框架不变，但结论截然不同。阮籍际处名教突显而名教失其内在心性之矛盾亦突显的魏末时期，所谓世乱而人世皆不自然，故开其独善之心，则求一自然本性之生活；故扬其群善之志，则"有疾而然"求一自然本性之秩序。因此择善归于心性自然，阮籍在"人情"与"世礼"之辩上持异离论，认为：人情不斫伐为自然；世礼用其斫伐，只是"为则伪也"的不自然。进而质实于秩序论道器，阮籍说"驰此以奏除，故循滞而不振"。这就是现世名教"自然之理不得作"而魏末党争世像之不和谐。因此失本由于逐末，故反本必须弃末反本必须崇尚自然反对名教。我们说，阮籍这个反名教崇尚自然的观点，是建立在他自然名教二分（亦即"人情"与"世礼"的二分）并且自然价值（亦即"人情"亦即心性自然）至上的认识基础之上的。所以如是，在于正始而下的世族名教失其自然本真的现实扭曲。这是对王弼名教因于自然、自然名教体用合一玄学正题的反拨。这个反拨，延续的可谓是汉末名士激扬清浊的批评精神；但依托庄氏心性超越，开示的则是竹林玄学的新方向——反名教而为秩序超越的历史本质。

阮籍并暨竹林反名教尚自然之玄学，割裂体用以批评失体之用的秩序考量，在于超越高平陵事件后名教当途而名教扭曲的历史实在。所以如是，在于正始而下魏晋迁革世局充分开示的双重对抗；由此对抗，正始名教可以安顿的观念思辩，失去了现实依据：名教御体失性则易隐怀诈而世族"荡检逾

---

① 钱锺书先生说："《全晋文》卷五七袁宏《三国名臣赞》称夏侯玄：'君亲自然，匪由名教，敬爱既同，情理兼到。'盖后天别于先天，外习别于内生，礼法别于情欲；故袁宏《赞》又曰：'岂非天怀发中，而名教束物者乎?''天怀发中'者，先天内在也。'名教'即'礼法'，观袁宏《赞》以'情'与'礼'分承'自然'与'名教'。"

闲，骄淫懦靡，而名教毁裂者，……廉隅益以荡然”；名教辅物失真则世族“诛戮名族，宠树同己”而杀戮相寻世乱无序。要之，魏末名教取代刑名而带来的世族腐化与政局动荡的历史实在，在真纯固执质实而不能超脱的阮籍看来，其实是魏末名教开体之用失却其自然本真的分离，即是为本体为心性为名教之内在性之道、诚、真、信之不进奖。因此汉晋名教相承而名教实在不能契其内在心性之对立与分离，玄学自然论者“有疾而然”如阮籍乃走其偏至以确证自然之价值，以泰初自然之秩序考量当下名教之实体，则失其本真内外对立的“礼法，诚天下残贼、乱危、败亡之术耳”，便成为阮籍超越礼法名教的逻辑结论。

总体上讲，阮籍玄学缺乏正始玄学本体哲学的思辩深度，亦缺乏正始玄学体用之思的严密精致；与哲学家王弼比较，阮籍的抽象思辩是二等的。但诗性的敏锐并及世乱中重建秩序本然的真情，则使阮籍玄学显出更为执着的人事关怀。与哲学家王弼比较，阮籍的玄学更有一种悲世的情怀，亦由此更为贴近世局迁变的脉络。

汉末魏晋的世局，乃汉晋恢复而汉晋世族名教恢复的世局，魏末竹林其过渡耳。竹林世局，行蕴着魏晋迁革而世族名教取代寒族刑名的双重走向。因此，究论竹林世局所有的历史本质，在于其统治阶级转变，其名教复出亦为当时秩序构建之必归。因此申论竹林世局，一方面使汉晋相承而应然为秩序构建的名教成为玄学思考的现实问题；另一方面亦使魏晋过渡而名教突显名教扭曲的玄学批判张力的突显。因此而不失其诗性的敏锐，因此更不失其重建秩序本然的固执，阮籍应其时选乃偏出正始玄学本体之思的抽象，切近世局迁变的脉络而表为自然名教之辩的异数。

阮籍为魏晋玄学述庄先驱之一。但兼宗庄学发乎心性超越的自然名教异离论，于阮籍则独善之求止于一自然本性之生活，群善之志则“有疾而然”更求一自然本性之秩序；因此阮籍一方面涵泳于庄周心性超越，一方面亦不满其心性超越的局蹙视野——《达庄论》曰：“且庄周之书何足道哉？犹未闻太始之论玄古之微言乎！直能不害于物而形以生，物无所毁而神以清，形神在我而道德成，忠信不离而上下平。”——阮籍非真以名教为害物①，只是因为魏末名教澌灭心性本真而不自然。要之，在世乱中重建内在心性而外在秩序之自然和谐的真情，即阮籍物事一体自然学说的全部意旨。这绝非是脱离

① 汤用彤先生以为：“嵇阮愤激之言，实因有见于当时名教领袖（如何曾等）之腐败，而他们对君臣大节太认真之故。”参见《汤用彤全集》卷四《魏晋玄学听课笔记之一》，河北人民出版社2000年版，第333页。

现实的形上之思。倘论其精神衣钵所在，可谓近接汉末乱世之名士批评而远祧战国乱世庄周之心性批评。

阮籍玄学自然论，乃超越魏末名教的自然论。但超世的激进直面不可超世的客在，思维脱离其具体实在性，阮籍亦不得不踏上其超越魏末名教秩序的不归之路。所以如是，在于汉晋相承而名教为汉晋秩序构建之必归。要之，汉晋名教可以变革而汉晋名教不可绝弃。进言之，则合理之名教与扭曲之名教的现实困境，为魏末晋世名教调适变革之课题而非为魏末晋世名教革命之任务。阮籍与嵇康同调。阮籍与嵇康的自然论，正如唐长孺先生所言："这种反名教的理论可以发展为革命的理论。"[①] 故有陈义甚高而思想不能切入实际之超越。面对择善、固执、超越的实在困境，阮籍有"率意独驾，不由径路"[②] 而途穷恸哭之哀绝，嵇康有东市临刑而长歌"广陵散"之歌绝；性情不一而结局不一，可略而不论；然同为魏末政治之弃儿则一。是阮、嵇皆执着而不能离世，其秩序之思的淑世，可归于儒家；其秩序之思的超越，可归于道家。约在玄学批判框架中而开新走《庄》之偏至，阮、嵇自然本体激进之思的问题根亥在于当时名教内在心性本真的缺失，这对于同时并及此后向、郭注《庄》而讲"内圣外王"的玄学自然论的开进，或者正具有一种辩证的展开之义。要之，魏末名教澌灭其自然本真的心性缺失，亦为庄周心性自然学说所以复兴于魏晋交替时期的助产婆；此魏末晋世世族名教之悖论，而阮籍并及嵇康自然名教之辩实为这一过程之重要环节。

（未刊稿）

---

① 唐长孺：《魏晋玄学之形成及其发展》，《魏晋南北朝史论丛》，三联书店 1955 年版，第 311 页。

② 《晋书》卷四九《阮籍传》。

嵇康玄学思想与魏晋名教政治

陈寅恪先生说："当魏末两晋时代即清谈之前期，其清谈乃当日政治上之实际问题，即其时士大大出处进退至有关系，盖借此以表示本人态度及辩护自身立场者，非若东晋一朝即清谈之后期，清谈只为口中或纸上之玄言，已失去政治上之实际性质，仅作名士身份之装饰品者也。"[①] 魏晋前期清谈既然与政治关系密切，则清谈所有论旨往往便不免隐含其政治立场。那么，在魏末时期政治党派已形壁垒的情况下，清谈家所以表出的这种政治立场往往"即当日政治党系之表现"[②]。

嵇康（223—262），处在司马氏渐移魏氏权柄的曹魏后期，属于魏晋清谈前期的人物。因此，在清谈无脱于政治的思想境况下，嵇康的清谈便与魏晋嬗替——这个当时党争的大局——汲汲相关。魏晋嬗替，"表面上看来虽为政权之转移，但实际上是两个不同集团的社会人物更替统治权"[③]。何谓两个不同集团的社会人物？曰："河内司马氏为地方的豪族，儒家的信徒；魏皇室谯县曹氏则出身于非儒家的寒族。"[④] 易言之，魏晋非儒家寒族与儒家豪族之间，既有政治的对抗也有思想的分野，此即构成了清谈前期不离政治的关系。在魏晋玄学突出其"自然名教"之辩时，清谈思想的分野，往往便集中在关于名教的态度上。一般说来："凡与司马氏合作者，必崇名教；其前朝遗民不与合

① 陈寅恪：《金明馆丛稿初编·陶渊明之思想与清谈之关系》，上海古籍出版社1980年版，第180页。

② 陈寅恪：《金明馆丛稿初编·书〈世说新语〉文学类锺会撰四本论始毕条后》，上海古籍出版社1980年版，第41页。

③ 陈寅恪：《讲义及杂稿·两晋南北朝史听课笔记片段》，三联书店2002年版，第469页。

④ 万绳楠：《陈寅恪魏晋南北朝史讲演录》，黄山书社1987年版，第1页。

作者，则竞谈自然，或阴谋颠覆。”[①] 这就是说，对于名教的态度，不仅是一个空谈玄理的问题，更重要的是它往往隐含了一种政治的立场。嵇康清谈有一个重要的命题——“越名教而任自然”；大致说来，这是援引道家自然观来对抗执政者的儒家名教的。这无疑正是眷怀魏室立场的反映。个中关键，是与嵇康社会出身及其政治壁垒，是关联的。

一

嵇康出身。唐修《晋书》综合《三国志·王粲传附嵇康》注引虞预《晋书》记并及《世说新语·德行》注引王隐《晋书》曰：“嵇康，字叔夜，谯国铚人也，其先姓奚，会稽上虞人，以避怨徙焉。铚有嵇山，家于其侧，因而命氏。”据此：嵇康先世原不居铚且不姓嵇，移徙原因在于避仇。又，《三国志》裴注引《嵇氏谱》曰：“嵇康父昭，字子远，督军粮治书侍御史。兄喜，字公穆，晋扬州刺使、宗正。”裴注索隐嵇康家世，可溯及者仅其父兄，是嵇康家族先世仕宦甚浅可明。综上，避怨仇而不得不迁徙，徙异地而不得不隐姓，参同谱牒所记仕宦之浅近，嵇康并非出于世代簪缨的豪族。嵇康出身，以当时统治阶级内部阶层的划分而言，当属于庶族寒门可明。

嵇康政治壁垒。嵇康因婚入仕，“与魏氏宗室昏，拜中散大夫”[②]。嵇康走的是一条不同于以名教治天下——孝廉秀才察举——的入仕之路。《世说新语·德行》注引《文章序录》记：“康以魏长乐亭主婿迁郎中，拜中散大夫。”长乐亭主，即曹操杜夫人所生子沛王曹林之子的女儿。《三国志·沛王林传》注引《嵇氏谱》记曰：“嵇康妻，林子之女也。”嵇康出身寒门，所娶为魏武曾孙女，置身曹氏政治联姻的婚姻圈；“而因姻戚之关系，以至影响其政治立场”[③]，亦为当时通例。要之，嵇康当即魏晋党系中所谓寒门庶族政治壁垒的人物。

嵇康联姻曹氏，官拜中散，史不明其时间。但从当时男子婚龄一般在16岁至18岁间计[④]，当在魏齐王芳正始（240—249）前后。以此推论，嵇康是在正始初际厕身曹魏寒门庶族地主阶级集团的，这是曹爽司马懿共同辅政而司马氏渐逼曹氏权柄的时期。正始十年（249），司马懿发动“高平陵事件”，

---

① 陈寅恪：《讲义及杂稿·清谈与清谈误国》，三联书店2002年版，第450页。

② 《晋书》卷四九《嵇康传》。

③ 陈寅恪：《金明馆丛稿初编·陶渊明之思想与清谈之关系》，上海古籍出版社1980年版，第182页。

④ 参见彭卫：《汉代婚姻形态·婚龄结构》，三秦出版社1988年版，第89页。

是则儒家豪族打击并取代非儒家寒族之政治进程的启动。陈寅恪先生说："魏嘉平元年（正始十年亦即公元249年），司马懿杀曹爽，此为司马氏夺政权之始。"[①] 高平陵事件迫使当时统治阶级内部的党系斗争迅速激化为武装的较量；一些眷顾曹氏的疆臣宿将，开始相续称兵向阙。嘉平三年（251），魏将王凌据淮南反；正元二年（255），魏将文欣、毋丘俭据淮南反；甘露二年（257），魏将诸葛诞据淮南反；嘉平正元甘露间的"淮南三叛"，揭开了魏末党系斗争武装冲突的一翼。此时嵇康，虽官在中散，却已出走司马氏控制下的洛阳。

出走洛阳的嵇康寓居河内之山阳县，与之游者，未尝见其喜愠之色。与陈留阮籍、河内山涛、河南向秀、籍兄子咸，琅琊王戎、沛人刘伶相与友善，游于竹林，号为七贤[②]。七贤结聚竹林，处于曹魏正元甘露年间党系斗争见诸武力较量的时期。前此一年——嘉平六年正元元年（254）——执政司马师诛杀夏侯玄、李丰，废齐王曹芳立高贵乡公曹髦的宫廷事件，爆发于洛阳，这深深引发了魏之名族的惶遽与不安。史称夏侯玄、李丰等被杀之后，司马师问许允："自我收丰等，不知士大夫何为匆匆乎？"[③] 要之，血洗名士，侵夺魏氏，正始间贵戚而在官在朝而学问事功兼之名士——如何晏如夏侯玄之迭遭杀戮正不失为嵇康等七贤避居竹林的一个动因；而正元甘露年间党系斗争兵戈相见，则不啻为嵇康等七贤避居竹林的一个背景。可以申论：嵇康对于洛阳统治中心的游离与规避，当是一种党于魏室政治立场的反映。

嵇康不仕当世，所谓避世隐逸；然究其赋诗言志并及行实，则是"逸"而不"隐"。嵇康《五言诗三首答二郭》其二有云："明戒贵尚用（鲁迅注：各本作容诗纪同），渔父好扬波。虽逸亦以（鲁迅注：二张本作已）难，非余心所嘉。"[④] 逸亦以难，余心不嘉；余心不嘉而不能自缄其口，是则处逸未隐而玄想亦无脱当时政治。

竹林七贤。陈寅恪先生出引《水经·清水注》注引郭缘生《述征记》记曰："山阳县城东北二十里，魏中散大夫嵇康园宅，今悉为田墟，而父老犹谓嵇公竹林地，以时有遗竹也"；"长泉又径七贤祠，向子期所谓山阳旧居也，后人立庙于其处。左右筠篁列植，冬夏不变贞萋。魏步兵校尉陈留阮籍、中散大夫谯国嵇康、晋司徒河内山涛，司徒琅琊王戎、黄门郎河内向秀、建威参军沛国刘伶、始平太守阮咸等，同居山阳，结自得之游，时人号为竹林七

---

① 陈寅恪：《讲义及杂稿·两晋南北朝史听课笔记片段》，三联书店2002年版，第470页。

② 《三国志·嵇康传》注引《魏氏春秋》。

③ 《世说新语·贤媛》，见余嘉锡"笺疏"本，中华书局1983年版，第674页。

④ 见《鲁迅全集》卷九《嵇康集》，人民文学出版社1973年版，第32页。

贤。”要之，所谓竹林，或因嵇康旧居筠篁列植而得名，此其一。次之，七贤因缘嵇康而聚于竹林，嵇康或为其精神之领袖。再次，七贤情尚自然简傲任诞，“时风誉扇于海内”[①]，竹林亦清谈“任自然”派抗争洛阳名教的新领地[②]。复次，“竹林地属河内郡，河内为魏氏宗室所居，隐然是洛阳以外的一个政治中心”[③]；七贤疏离而对抗司马氏的党争义蕴甚明。最后，七贤诸名士，出身不一，流品不一，归宿亦不一；以不趋炎附势阿世取荣论，则正如陈寅恪先生说：“‘七贤’之中应推嵇康为第一人，即积极反抗司马氏者。”[④] 总上，七贤结聚竹林，当与魏末党系斗争情势发展有关；明此，则进知七贤不遵礼法，含有规避抗争世主名教之意，而其处逸未隐如嵇康者之所有清谈述学及其论旨，行其政治抗争的底蕴是可以明确的。

魏晋清谈前期系于政治，清谈家必也在当日政治党系斗争中呈示其立场。魏晋政治党系，以姓氏言，曰曹氏曰司马氏；以统治阶级内部分化言，曰寒门庶族地主曰豪门世族地主。原嵇康社会出身，则处于庶族寒门；论嵇康政治壁垒，则在正始前后即以姻戚关系厕身曹魏集团。嵇康为魏晋玄学前期人物，论其清谈味其玄旨则不能不明其社会出身与党系立场。明乎此，则可进求嵇康“越名教而任自然”之玄旨，乃是“有疾而然”[⑤] 的政治宣言。此“有疾而然”，寄乎清谈，入乎时政；其清谈不离党争之世局，亦其出于魏晋党系壁垒政治之表面，而行蕴乎魏晋寒门庶族豪门世族嬗替之实际。陈寅恪先生说：“魏、晋的兴亡嬗替，不是司马、曹两姓的胜败问题，而是儒家豪族与非儒家寒族的胜败的问题。”[⑥] 要之，“有疾而然”，虚悬其理而不离其实，嵇康清谈行蕴着魏晋政治社会变动的事实，其所有的“越名教而任自然”之玄义，不仅突出了自然名教之辩的玄学旨趣的转换，亦内涵了当时豪族与寒族政治势力消长的消息。

---

① 《世说新语·贤媛》，见余嘉锡“笺疏”本，中华书局 1983 年版，第 727 页。

② 《三国志》卷二一《傅嘏传》注引《傅子》。高平陵事件后，司马氏党人傅嘏出任河南尹，“《傅子》曰：‘河南尹内掌帝都，外统京畿，兼古六乡六遂之士。……前尹司马芝，举其纲而太简，次尹刘静，综其目而太密，后尹李胜，毁常法以收一时之声，嘏立司马氏之纲统，裁刘氏之纲目以经纬之，李氏所毁以渐补之。……其治以德为本。’”

③ 侯外庐：《中国思想史纲》上册，中国青年出版社 1961 年版，第 189 页。

④ 陈寅恪：《金明馆丛稿初编·陶渊明之思想与清谈之关系》，上海古籍出版社 1980 年版，第 183 页。

⑤ 《汤用彤全集》卷四《魏晋玄学听课笔记之一》，河北人民出版社 2000 年版，第 333 页。

⑥ 万绳楠整理：《陈寅恪魏晋南北朝史讲演录》，黄山书社 1987 年版，第 1 页。

二

魏晋统治者的社会阶级并及政治思想，皆轩轾有分。出身寒门庶族的曹魏，以刑名思想支撑其战时名法政治，唯才是举，取人于“不仁不孝”之间。建安三令曰：“得无盗嫂受金而未遇无知乎？二三子其佐我明扬仄陋，唯才是举”；再曰：“士有偏短，庸可废乎？有司明思此义，则士无遗滞，官无废业矣”；复曰：“今天下得无有至德之人放在民间，及果勇不顾，临敌力战；若文俗之吏，高才异质，或堪为将守；负污辱之名，见笑之行，或不仁不孝而有治国用兵之术；其各举所知，勿有所遗。”① 此建安三令，乃曹魏变政文告，但影响世俗并及士人思想者则甚巨。西晋人而党于司马氏之傅玄曰：“近者魏武好法术，而天下贵刑名；魏文慕通达，而天下贱守节。其后纲维不摄，而虚无放诞之论盈于朝野。”② 是建安变政不徒在政治人事，而有其植入社会思想而转移天下风气者。要而言之，建安变政思想：遮蔽于名教而有所谓“仄陋”不可以明扬，因是，摧陷廓清于名教方有“士无遗滞，官无废业”的唯才是举。这是新的用人标准，其中公然所倡“不仁不孝”之论以“转移天下之风气”③ 者，则于思想上“正是儒家大族之仁孝相反者也”④。

曹魏刑名政治，约当始于建安五年（200）“官渡之战”对于河北豪门世族袁绍的胜利，而终结于正始十年（249）的“高平陵事件”，实际统治50年。高平陵事件为其转折点。这个转折，是寒门庶族名法政治衰落的开端，是世族豪门名教政治的开端。可以说，公元3世纪50年代，洛阳统治社会发生豪族与寒族之政治变动，其思想亦相应发生变动。河内司马氏代表世族豪门，世代服膺儒学遵行名教，曰“吾本诸生家，传礼来久”⑤，因是而“不虑改作之难”⑥，再行变政。司马氏变革魏政举儒门“孝”义为准绳，经纶政体者实乃名教。“‘名教’乃儒家要旨，出自周孔，形为礼法，用在约束”⑦；其要义在于君亲；而君亲之关系，则发于孝止乎忠；要在一个道德之教与正名之礼的合一。质言之，名教内含着非实体性的道德教化和实体性的礼法的制

---

① 《三国志》卷一《魏书·武帝本纪》。

② 《晋书》卷四七《傅玄传》。

③ 顾炎武：《日知录》卷一三《两汉风俗》。

④ 陈寅恪：《讲义及杂稿·两晋南北朝史听课笔记片段》，三联书店2002年版，第471页。

⑤ 《晋书》卷二〇《礼志（中）》。

⑥ 《晋书》卷一九《礼志（上）》。

⑦ 舒展选编：《钱锺书论学文选》第1册，花城出版社1990年版，第174页。

约，故所谓"'名教'亦即'礼法'"①。名教是汉代儒学独尊的产物，更是两汉孝廉察举利禄诱因的产物。由此权力支持并及选举组织，名教遂成为汉魏时代豪门世族的身份标志。陈寅恪先生说："在两汉的征辟制度下，以仁教礼让著称于乡里，是入仕的途径。取士与仁教礼让或者与德的结合，遂使名教成为豪族屡世必须奉行的圭臬与赖以自豪的门第的标志。豪族往往就是儒门。"② 名教，是豪门世族引为自识的身份标志；其中世代簪缨奕世诗书礼乐的政治权力与思想文化的垄断，遂也使名教成为寒门庶族进行政治斗争的反对者。

魏晋玄学，发端于正始清谈。在汉末儒学一统松动而刑名道墨复显的学变促动下，清谈玄学出现了援子入经，或以子逼经的新学面貌。这种新学之变，就思维路径而言，突出了形而上的思辩倾向。缘此新学原本要终之倾向并及汉末魏晋名教政治发展之实际，正始清谈遂发生"自然名教"之辩；而后魏晋人以"名教"与"自然"对待③，自然名教之辩遂成为魏晋玄学之主题。自然名教之辩，魏晋清谈举对论理之命题。此二名对待，寄形儒道二学之对待。然则清谈前期无脱政治，故寄形儒道二学对待之自然名教论，非仅学争而已；就其与当时政治并及党系关系论：大"凡与司马氏合作者，必崇名教；其前朝遗民不与合作者，则竞谈自然"④。嵇康出身寒门党于魏氏，避世不仕；然处逸而不能隐，于魏末之世多发清谈论旨，个中自然名教之辩而显豁其政治倾向者，当即是《释私论》中所提出的"越名教而任自然"：

夫君子者，心无措乎是非，而行不违乎道者也。何以言之？夫气静神虚者，心不存于矜尚。体亮心达者，情不系于所欲。矜尚不存乎心，故能越名教而任自然。情不系于所欲，故能审贵贱而通物情。物情顺通，故大道无违。越名任心，故是非无措也。是故言君子，则以无措为衷，以通物为美。

嵇康张目"君子"以论自然名教，接续的是汉末清流考索个体独立与意义的思想课题；然则张示的，大致是一种学术在野而思想"异端"的学术立场。《后汉书·党锢传序》云："匹夫抗愤，处士横议，遂自激扬名声，互相题拂，品核公卿，裁量执政，婞直之风，于斯行矣。"范氏《后汉书》，人称单数的"匹夫"并及在野自识的"处士"，揭明汉末清流思想定位是"自

① 舒展选编：《钱锺书论学文选》第1册，花城出版社1990年版，第174页。
② 万绳楠整理：《陈寅恪魏晋南北朝史讲演录》，黄山书社1987年版，第9页。
③ 舒展选编：《钱锺书论学文选》第1册，花城出版社1990年版，第174页。
④ 陈寅恪：《讲义及杂稿·清谈与清谈误国》，三联书店2002年版。

我”，“清议”政治定位是“在野”，这多少与处于与执政对立地位的嵇康境况，是相吻合的①。但是，汉末清流“清议”质实议政，只是魏晋清谈从迹而至的一种精神来源。玄者玄远，理趣幽冥。嵇康清谈入于新学，亦总是要更多地着眼形而上学的。故《释私论》推阐君子道本，曰：“夫气静神虚者，心不存于矜尚。体亮心达者，情不系于所欲。矜尚不存乎心，故能越名教而任自然。”脱落矜尚无措是非，是谓有道之君子。“是非”，礼法名教度数之谓；“矜尚”，则心性自然遮蔽之谓。因此，“夫君子者，心无措乎是非，而行不违乎道者”，在于“越名教而任自然”。自然，心性之自然。易言之，“越名教而任自然”即是“越名任心”，即是脱落世俗名教规范认识常轨而质诸主体心性。这是对庄子心学齐物逍遥核心意蕴的取法。借此“是非无措”而心性自然之义立，嵇康将其思想摧陷廓清的戈矛指向了名教。玄思之戟遂即指向现实的政治。在《答向秀难养生论》中，嵇康讥刺世之“溺名”者曰：“凡若此类，上以周孔为关键，毕诚一志。下以嗜欲为鞭策，欲罢不能。驰驱于世教之内，争巧于荣辱之间，以多同自灭，思不出位。使奇事绝于所见，妙理断于常论。”遮蔽于世俗名教的常名，就无法回归心性自然的自我；“以多同自灭”者，即是以主流舆论社会认同的主体心性的戕灭者；因是，嗜欲鞭策而“驰驱于世教”的名教桎梏，乃是“君子”行违其道的现实羁绊。在《难自然好学论》中，嵇康直指名教载体——“六经”——而倡言其反对礼法名教的鲜明立场：

六经以抑引为主，人性以从欲为欢。抑引则违其愿，从欲则得自然。然则自然之得，不由抑引之“六经”；全性之本，不须犯情之礼律。固知仁义务于理伪，非养真之要术；廉让生于争夺，非自然所出也。

清谈出乎玄理。举对以论自然名教，则“自然之得，不由抑引之‘六经’；全性之本，不须犯情之礼律”，礼法名教之“抑引”与心性自然之天放是二分而对待的；而二分对待，礼法名教“非自然所出”，心性自然是置上而本源的。这是嵇康“越名教而任自然”论旨的基本推阐，开示了嵇康“儒道离”而执庄以论自然的理论立场。魏晋清谈为新学，其新旧转移学变之内涵，诚如晋人干宝《晋纪·总论》所曰：“学者以老庄为宗而黜六经，谈者以虚薄为辩而贱名检”；魏晋学变黜经升子，抑亦诚如晋人葛洪《抱朴子·汉过》所

① 参见余嘉锡《世说新语笺疏·品藻》“谢遏诸人共道竹林优劣”条案：“叔夜人中之龙，如孤松之独立。乃心魏室，菲薄权奸，卒以伉直不容，死非其罪。际正始风流之会，有东京节义之遗。”

曰："反经诡圣，顺非而博者，谓之老庄之客。"然则嵇康，"夫主张自然最激烈之领袖"①，亦若上揭，其退名教而尚自然，与其说是退周孔而进老庄，毋宁说是退周孔而进庄子。要之，反经诡圣而归为庄氏门客的嵇康，可以说，一方面在变易了正始名教自然之辩——基于本末之辩——而讲"崇本息末"以求会通儒道的"自然名教合"的玄学路径；另一方面亦打开了竹林玄学竞谈自然而自然名教二分而自然置上的"任自然"新义。然则宅心玄远，其实不能孤悬，所谓清谈"非止玄想"②。质诸魏末司马氏名教政治的现实，则嵇康寄虚庄门倡导"越名教而任自然"之论旨，亦卓然有所立而隐隐然为一种悖时"乱政的革命的理论"③。

魏晋易政，非谓姓氏之变；魏晋易政，亦非谓政变而已；魏晋非儒家寒族与儒家豪族之间，既有政治的对抗也有思想的分野，因是，魏晋易政而政学均有其对抗可明。高平陵事件以后，世主忌刻；司马氏以礼法名教治天下，而"纵情背礼"如阮籍者，"宜摒四裔，无令污染华夏"④；世族豪门政学一统是不容"异端"的，故而自然名教之是否因此不能不表出其政治壁垒的党争底蕴。魏皇室曹氏出身于非儒家的寒族，名法用世推奖刑名，所谓"魏武、魏文出身贫贱，故反对世家大族之名教"⑤。如上揭，嵇康出身寒门且与曹氏有姻娅乡党之谊，党于曹氏壁垒甚明；值此曹氏日颓司马氏日兴，而世主礼法用世推奖孝义之际，嵇康公然反对名教而曰"越名教而任自然"，不可谓不是一种政道相左而思想有其不相谋的政治抗争。世谓"隐者多是带气负性之人"⑥。考论嵇康逸而不隐，论多刺切，则膺其选矣，逸而不隐，论多刺切，思想不离时世，所谓不能中庸而狂狷出乎中行者。不能中庸而狂狷出乎中行者，其行则必乎偏至，思则必乎出位；亦时之所谓天放自然而简傲任诞者。然则魏末"任自然"而能狂放者，亦有见逼世主而避与不避之别者。此则如钱锺书先生比较嵇康阮籍之任放，曰，"嵇、阮皆号狂士，然阮乃避世之狂，所以免祸；嵇则忤世之狂，故以招

---

① 陈寅恪：《金明馆丛稿初编・陶渊明之思想与清谈之关系》，上海古籍出版社 1980 年版，第 181 页。

② 陈寅恪：《金明馆丛稿初编・陶渊明之思想与清谈之关系》，上海古籍出版社 1980 年版，第 181 页。

③ 唐长孺论嵇、阮清谈自然名教，发端于思想怀疑进而则可有政治之反对，"这种反对名教的理论可以发展为革命的理论"。见唐长孺：《魏晋南北朝史论丛・魏晋玄学之形成及其发展》，三联书店 1955 年版，第 331 页。

④ 《晋书》卷三三《何曾传》。

⑤ 《汤用彤全集》卷四《魏晋玄学听课笔记之一》，河北人民出版社 2000 年版，第 333 页。

⑥ 朱熹论东晋隐士陶渊明语。转引自袁行霈：《陶渊明研究》，北京大学出版社 1997 年版，第 193 页。

祸”；“忤世之狂则狂狷、狂傲，称心而言，率性而行”，忤世之狂则“狂而刺切”；“狂而刺切”[①]，清谈不能脱世之谓。嵇康称心率性反对世家大族礼法名教，曰：“越名教而任自然”，正是一种忤逆世族豪门的庶族寒门政治立场的表出。参观嵇康《与山巨源绝交书》戟指世俗，曰“必不堪者七，甚不可者二”；菲薄往圣，曰“非汤武而薄周孔”，其蹈虚之义断于名教而质实之行绝交于司马氏，参同比较可谓愈明。

嵇康为魏末主张自然最激烈之清谈领袖，而魏末世主忌刻亦不容菲薄名教之“异端”。嵇康无讳时忌，倡言“越名教而任自然”，斯其清谈入于实际问题而表示政治立场之论。故其不仕当世竞谈自然新义，最终无脱世主忌刻之难。嵇康之难，发端于吕安之狱。吕安，嵇康意趣相同之挚友。吕安庶兄吕巽党于司马氏，为锺会亲近。干宝《晋纪》记，吕安妻貌美，吕巽怀不轨之意；但行事败露，反诬，致使吕安下狱。吕安下狱之后，“辞相征引”[②]而牵连嵇康。嵇康系狱，锺会出对执政司马昭说：“嵇康，卧龙也，不可起，公无忧天下，顾以康为虑耳。”此泛言嵇康逸而不隐，可以耸动视听。此下，便是罗织罪名，曰：“嵇康欲助毋丘俭，赖山涛不听。昔齐戮华士，鲁诛少正卯，诚以乱时害政，故圣贤去之。康、安等言论放荡，非毁典谟，帝王者所不宜容。宜因衅除之，以淳风俗。”[③] 要之，嵇康罪名有二：一是“嵇康欲助毋丘俭，赖山涛不听”，此事涉及正元二年淮南毋丘俭反案；但“赖山涛不听”，嵇康涉案，只是一个莫须有的动机罪罪名。二是嵇康“言论放荡，非毁典谟”，此则直指并可联及清谈中表出的“越名教而任自然”的玄旨：因此必须援引往圣先贤不容“异端”的做法，这是必须“因衅除之，以淳风俗”的思想罪。这样，嵇康就被推上了名教的断头台。史为尊者讳，诡称司马昭“既昵听信会，遂并害之”[④]。

思想尤行为之形影。反观嵇康之死以究论其玄学思想与魏晋名教政治之关系，可进明其“越名教而任自然”之玄旨，终究只是反对司马氏名教的政治宣言。这种托言玄虚左袒自然的玄学新义，其实非止空谈而终究只是“魏武、魏文出身贫贱，故反对世家大族之名教”的政治同调。这种逸而不隐寄

① 舒展选编：《钱锺书论学文选》第3册，花城出版社1990年版，第200—201页。

② 《晋书》卷四九《嵇康传》。

③ 《晋书》卷四九《嵇康传》。

④ 《晋书》卷四九《嵇康传》。又，陈寅恪先生说：“夫主张自然最激烈之领袖嵇康，司马氏以不孝不仕违反名教罪名杀之（俞正燮癸巳存稿书文选幽愤诗后云：‘乍观之，一拟司马氏以名教杀康也者，其实不然也。’）寅恪案，司马氏实以当时所谓名教杀康者，理初于此未能完全了解。”见陈寅恪：《金明馆丛稿初编·陶渊明之思想与清谈之关系》，上海古籍出版社1980年版，第184页。

客庄氏的清谈论义，其实“有疾而然”，终究只是与豪门世族的名教政治正成反调，而要在“乱时害政”摧陷了司马氏“自作家门”的权力大防。魏晋嬗替，非谓姓氏而已，要在统治阶级内部有其变动；因此根本之变动而新主之治统道统归诸礼法名教，嵇康忤世刺切而清谈自然，党争之见寄诸玄义而最终罹难。此嵇康玄学思想与魏晋名教政治之关系，亦可以互见魏末政治势力之消长。

（原载《江淮论坛》2004 年第 5 期）

嵇康《明胆论》“英雄”义论

嵇康《明胆论》讲人才论明、胆，其中行蕴汉末东京“裁量执政”“清议”刺世之风。然论随世转，时世移则论变其形而为学有其转移。汉末“清议”入魏入晋亦不能不逸出质实人物之议而“变为假设问题抽象学理之讨论”①。此“清议”变“清谈”，汉魏间学术转移而魏晋玄学兴焉。嵇康《明胆论》，魏末一“假设问题抽象学理”之清谈，其非风气之创，托始所在在于刘邵《人物志》。然论旨缩于明、胆，趣舍归诸英、雄，思想倾向政治态度亦不同于刘邵《人物志》。凡此关诸汉魏间及魏世后期政治迁移与士人出处进退诸问题，或为前贤方面之诸论未及详阐；试论之，以就教于方家同好。

一

魏晋诸家谈旨，刘邵《人物志》“则名家之选”②。原名家，章太炎曰：“《七略》记名家者流出于礼官。古者名位不同，礼亦异数。孙卿为《正名》篇道后王之成名，‘刑名从商，爵名从周，文名从礼，散名之加诸万物者，则从诸夏之成俗曲期’。即礼官所守者，名之一端，所谓爵名。”③ 名家异流，荀子论其四端而“刑名、爵名、文名，皆有关于政治”④。“爵名从周”论政，则所谓鉴别贤不肖之“文王官人之术”。章太炎曰：“自吕氏患刑（原注：当

① 陈寅恪：《金明馆丛稿二编·〈逍遥游〉向郭义及支遁义探源》，上海古籍出版社1980年版，第83页。

② 傅杰编校：《章太炎学术史论集·论中古哲学》，中国社会科学出版社1997年版，第262页。

③ 傅杰编校：《章太炎学术史论集·原名》，中国社会科学出版社1997年版，第218页。

④ 章太炎：《国学讲演录·子学》，华东师范大学出版社1995年版，第228页。

作形）名异充，声实异谓，既以若术别贤不肖矣；其次刘邵次《人物志》、姚信述《士纬》、魏文帝著《士操》、卢毓论《九州人士》，皆本文王官人之术，又几反于爵名。”① 是刘邵《人物志》，或远祧所谓“爵名”所谓人论鉴识而推之于人事政治一流。此其一。

其二，刘邵《人物志》，“本为鉴人序材之书”②。鉴人序材不能不推其形名品目，推其形名品目则不能不论其形名关系。形名犹名实：一则儒家正名之教；一则法家检名之术。综合正名检形之旨而推诸人事政治，刘邵《人物志》是神之于儒而用之于法的。汤用彤先生曰：“（刘邵）重考课、修刑律，其学虽合于儒名，而法家精神亦甚显著也。”③ 章太炎说：“《传》曰：‘刑名从商，文名从礼。’故儒学常以礼律相扶。”④ 刘邵《人物志》名学谈旨，会通儒法而形诸礼律名例，名法相依，乃其形名清谈归诸官人实际政治之表现。故可曰：“本于文王官人之术，又几反于爵名。”

其三，刘邵《人物志》，乃魏世清谈名理之书。甄察名理原始要终，盖亦推求于道家“无名”之域。刘邵《人物志》曰：“老子以无为德，以虚为道。”乃其援引《老子·四十一章》“道隐无名”并及《庄子·知北游》“道不当名”形上义讲君德配天政治论；虚无道德，上应天道之极而总归于内圣外王之政，故君无名亦道之体。此参同先秦道家“无名”论列人君之德，立本之道，亦其形名清谈不离官人政治理论之要害。易言之，刘邵《人物志》原于道家“无名”，亦其体用合本末一，以论其官人之政治。此渐启一时本末体用清谈之风，然要在论政。汤用彤先生指出：“就政治说，君德配天，上应天道，故君亦无名，不偏，而能知用众材，百官则有名而材名有偏至。器以道为本，君亦臣之主。此合虚无名分为一理，铸道德形名于一炉也。”⑤

综上，刘邵《人物志》一书，可谓合儒法道而清谈形名；正名检形推原道德而质诸人事政治，亦表出魏初学人清谈入“理”讨论政治问题，尝试进行形而上学分析的致思方向的转变。

刘邵，字孔才，约略生于汉灵帝建宁（168—172）年间，卒于魏齐王正始（240—249）年间。刘邵明礼数能教化，通变礼法度数；魏明帝太和初年，

---

① 傅杰编校：《章太炎学术史论集·原名》，中国社会科学出版社 1997 年版，第 218 页；又章氏举书，大略其名，《隋志·子部》记名家：“梁有《士纬新书》十卷，姚典撰，又《姚氏新书》二卷，与《士纬》相似；《九州人士论》一卷，魏司空卢毓撰。”

② 《汤用彤全集》卷四《读〈人物志〉》，河北人民出版社 2000 年版，第 18 页。

③ 《汤用彤全集》卷四《读〈人物志〉》，河北人民出版社 2000 年版，第 16 页。

④ 傅杰编校：《章太炎学术史论集·论中古哲学》，中国社会科学出版社 1997 年版，第 267 页。

⑤ 《汤用彤全集》卷四《读〈人物志〉》，河北人民出版社 2000 年版，第 19 页。

受诏命作《新律》十八篇，著有《律略论》。明帝青龙中（233—237），“以才学见称”[①] 的夏侯惠举荐刘邵称：“性实之士服其平和良正，清静之士慕其玄虚退让，文学之士嘉其推步详密，法理之士明其分数精比，意思之士知其深沉笃固，文章之士爱其著论属辞，制度之士贵其化略较要，策谋之士赞其明思通微”[②]。要之，青龙中（233—237）刘邵已为朝野瞩目之名士。其“平和良正”，“自谓出于儒教”[③]；其“清静玄虚”善于“清谈”[④]，应为老氏之客；其“分数精比”“化略制度”，可谓习于法家之术；其“著论属辞”“推步详密”，长于名家之辩，此刘邵才学范围大概。景初中（237—239），刘邵受诏作《都官考课》七十二条，复作《说略》一篇。《通鉴》胡注曰：“《说略》者，说考课之大略也。”[⑤] 是《说略》当与《律略论》同，亦为刘邵清谈律法名例的名理之作。正始中，步入晚年的刘邵唯执经讲学。史称著述甚丰：“凡所撰述，《法论》、《人物志》百余篇。”[⑥] 总刘邵行年大概，可谓学问政事当以明帝一朝为主。

刘邵，明帝太和（227—232）初参与魏法《新律》制作[⑦]，作有《律略论》；青龙中复以谈士名著朝野，推测其合儒法道而清谈形名的《人物志》当为太和中作。太和中，汉魏变政而世治趋平时期，亦可谓世望太平而拨乱反正之过渡峙期[⑧]。过渡何在？魏氏大业创基者曹操曰：“治定之化，以礼为首；拨乱之政，以刑为先。”[⑨] 治乱不同，治乱之法亦必有其转移；治乱之法转移，亦所谓更新政治则必有其思想转移。礼法度数，名教；刑律名例，刑名；系

① 《三国志》卷九《魏书·夏侯渊传》注引《文章叙録》。

② 《三国志》卷二一《魏书·刘邵传》。

③ 《汤用彤全集》卷四《读〈人物志〉》，河北人民出版社2000年版，第15页。

④ 《三国志》卷二一《魏书·刘邵传》。

⑤ 《资治通鉴》卷七三“魏明帝景初元年（237）”。

⑥ 《三国志》卷二一《魏书·刘邵传》。

⑦ 《资治通鉴》系魏法《新律》制作于“魏明帝太和三年（229）”。

⑧ 汉魏间由乱趋平而世治转移，当隐发于魏蜀吴三国间大规模的统一战争的结束，其编年标志盖呈之于三国相继称帝。王夫之曰：“汉、魏、吴之各自帝也，在三年之中，盖天下称兵者已尽，而三国相争之气已衰也。”（见《读通鉴论》卷一〇《三国》）三国称帝，外求其固而内求其治，汉末群雄争鼎的战争时代于是转移；而魏经黄初入于太和，政治亦有其变化；太和四年（230），魏明帝有诏：“世之质文，随教而变。兵乱以来，经学废绝，后生进趣，不由典谟。岂训导未治，将进用者不以德显乎？其郎吏学通一经，才任牧民，博士课试，擢其高第者，亟用；其浮华不务本道者，皆罢退之。”又，景初元年（237），“有司奏：武皇帝拨乱反正，为魏太祖，乐用武始之舞。文皇帝应天受命，为魏高祖，乐用咸熙之舞。（明）帝制作兴治，乐用章斌之舞。”（《三国志》卷三《魏书·明帝纪第三》）凡此劝学进德并及三祖享庙乐舞拨乱、受命、兴治之定位，约略可见时人对于当时世治将移的意见。

⑨ 《曹操集·以高柔为理曹掾令》。

于二者之转移而宗旨正名检形的礼法刑名思辩，即名理新学。刘邵《人物志》，本在鉴人序材经世致用方面，所谓文王官人之术政治书。其际遇治乱转移之世变，望太平而求官人政治之清明，应是其旨。但是，入于魏世北方政学转移的历史环境，刘邵亦以“抽象学理”出之。刘邵《人物志》，名理论政之论书，故其论人物亦“分别才性而详其所宜”[①]。刘知己曰：“五常异秉，百行殊执，能有兼偏，知有长短，苟随才而任使，则片善不遗，比求备而后用，则举世莫可，故刘邵《人物志》生焉。”[②]

人秉气生而性分有殊，性分有殊而检形正名，方可有名实相宜、名位相称的官人政治的清明。刘邵《人物志》检形正名实非望虚之论，所要解决的问题正是汉末以来名实相乖的流弊。其《材能篇》曰：“或曰人材有能大不能小，犹函牛之鼎不可以烹鸡，愚以为其非名也”；此言名实必当，相乖即非名。《效难篇》复详其义曰：“名犹（汤用彤引注曰：疑由字。甚当。）口进，而实从事退”，“名由众退，而实从事章”；“前者名胜于实，众口吹嘘，然考之事功，则其名败。后者实超于名，众所轻视，然按之事功，具真相显。二者均月旦人物普遍之过失也。”[③] 此即葛洪《抱朴子·汉过篇》所揭：“柔媚者受崇饰之裕，方棱者蒙讪弃之患。”汉末名实相乖政俗败坏之现象。题品乖谬演于汉末，亦如葛洪《抱朴子·宾篇》所云：“汉末之世，灵献之时，品藻乖滥”；而流弊及于官人之道世风政俗亦正如赵翼所指出：“盖当时荐举征辟，必采名誉，故凡可以得名者，必全力赴之，好为苟难，遂成风俗。”[④] 要之，汉末“月旦”“清议”实有其双刃之利弊，而弊端及于官道及于名教无疑正是汉魏间名理学兴而魏晋玄学“陂陀从迹以至”[⑤] 之社会历史之因。明此，或可申论：刘邵究论望太平官人政治而清谈人物名理，乃出之于汉末名实相乖的弊俗。

刘邵曰：“夫名非实，用之不效。”官人政治清明效用之本在于名实相当，官人政治清明更是治平之世的政治基础。刘邵是以治乱转移而世政转移的新精神清谈其官人之学的。易言之，刘邵是以治平世的思想清谈其官人之学的。“分别才性而详其所宜”，鉴别才性题品名目而求其适宜，是其欲求官人政治

① 《汤用彤全集》卷四《读〈人物志〉》，河北人民出版社 2000 年版，第 4 页。

② 《史通·自叙》，见浦起龙《史通通释》本，上海古籍出版社 1978 年版，第 291 页。

③ 《汤用彤全集》卷四《读〈人物志〉》，河北人民出版社 2000 年版，第 11 页。

④ 赵翼：《廿二史劄记》，见王树民《二十二史校证》本，中华书局 1984 年版，第 102 页。

⑤ 傅杰编校：《章太炎学术史论集·五朝学》，中国社会科学出版社 1997 年版，第 264 页。又，汤用彤先生曰：“名理之学为汉人清议之进一步，玄学亦为名理之学之更进一步，故名理之学可谓准玄学。”参见《汤用彤全集》卷四《魏晋玄学听课笔记之一》，河北人民出版社 2000 年版，第 310 页。

清明效用的第一步。刘邵才性品目，总曰十二目，皆鉴人序材“以名目之所宜，应名分（名位）之所需”[①] 所谓“偏至”受用之材。那么，际于望太平，其“偏至”受用之材的管钥何在？即文王官人之术纲领何归的问题？这是必须回答的一个根本问题。刘邵曰：“情性之理甚微而玄，非圣人之察，其孰能究之哉！”汉魏官人，基于人伦鉴识；人伦鉴识，出于才性观察；而人之才情秉性微妙玄奥，非拔出之“圣人”则不可究察；不可究察而官任之，即名目非应名分（名位）汉末品藻乖滥之谓；因此，拨乱反正致太平必归“圣人”，这就是刘邵致思于“抽象学理”的“致太平必赖圣人论”。可以说，这是刘邵《人物志》的一个核心思想。

如上揭，刘邵《人物志》，是合儒法道而清谈形名政治的。故其“致太平必赖圣人论”，亦证于君德配天的道本论。刘邵曰：“主道得而臣道得，官不易位而太平用成。”主道为纲而臣道为目，纲举目张，太平用成，此刘邵规复汉人天人合一君德配天之圣人观说。君德何以配天合道？刘邵曰：君上蕴其中庸至极之德。中庸，本儒家学说所倡。然刘邵欲证求道本则会通儒道论证于老氏。刘邵曰：“夫中庸之德，其质无名，咸而不碱，淡而不醴，质而不缦，文而不缋，能威能怀，能辩能讷，变化无方，以达为节。”中庸至德，“其质无名”，老氏“道隐无名”之谓矣；刘邵“圣人至德”于此证道矣！然证道在于明政在于官人实际之人事政治，故刘邵《人物志》论旨最终归诸儒家中庸伦理政治之实用。《中庸·第十一章》曰：“君子依乎中庸，……唯圣人能成之。”圣人中庸何谓？《中庸·第六章》曰：“子曰：舜其大知欤！舜好问而察迩言，隐恶而扬善，执其两端，用其中于民，斯其以为舜乎！”执中用民而适性，斯其为先王太平官人之治欤！允厥其中而无偏，斯其为先圣太平官人之道欤！“择乎中庸而不能期月守”[②]，斯其为常人难进乎“圣人至德”欤！此刘邵《人物志》圣人中庸至德至上所以本，而其政统与道统一一归诸儒家伦理政治之所在。故其《人物志》序曰：“是故仲尼不试，无所援升。犹序门人以为四科，泛论众材以辨三等。又叹中庸以殊圣人之德，尚德以劝庶几之论，训六弊以戒偏材之失，思狂狷以通拘抗之材，疾悾悾而无信以明为（汤用彤引注曰：应作依。甚当。），拟之难保。”圣人中庸，训六弊偏至，教；通狂狷拘抗，术；疾貌伪依拟，治；圣人中庸而官人，曰：执中不偏而名目名分（名位）相宜，以是则名实符合太平可致。会通儒道的道本论以证成儒家“圣人”中庸伦理政治，是刘邵“致太平必赖圣人论”的最终归宿。

---

① 《汤用彤全集》卷四《读〈人物志〉》，河北人民出版社2000年版，第4页。

② 《中庸·第七章》。

《后汉书·独行传（序）》云："孔子曰：'与其不得中庸，必亦狂狷乎!'又云：'狂者进取，狷者有所不为也。'此盖失之于周全之道，而取诸偏至之端者也。然则有所不为，亦将有所必为者矣；既云进取，亦将有所不取者矣。如此，性尚分流为否异适矣。"不得中庸，即入乎狂狷；狂狷进取不为，两造皆不能执中而流为"偏至"之材；此六朝人论才性一流行观点。"偏至"虽"天下国家可均也，爵禄可辞也，白刃可蹈也，中庸不可能也"①。所谓中庸至德统帅"偏至之端"之材，中庸至上。刘邵赞明此义："出尤之人，能知圣人之教，不能究之入室之奥也。"要之，"偏至之端"人材可缘其性尚分流而居于"均天下国家"之"智"、"辞万石爵禄"之"仁"、"蹈性命白刃"之"勇"之儒门"三达德"，但究竟不可究及中庸至德堂奥。中庸至德的道本至上性以及孔子"又叹中庸以殊圣人之德"的圣人中庸非常论综合起来，就是才性合体用一的"圣人"可以官天下的"圣人政治论"②。中庸为至德，在于架乎"偏至之端"而中和；圣人为至治，在于"至治贵万物得所而不失其情"③。职是，圣人至德圣人政治可以拨乱反正而归世于太平。明此，或可申论刘邵序列人物而首列"圣人"的核心旨趣应在恢复先圣之教，即重整名教以平章太平政治。易言之，在魏世太和中政治趋平景况下，刘邵出其官人论书《人物志》乃在于为太平世"圣人政治"的建构作一政治哲学的探讨。

刘邵《人物志》论形名，综合儒法道而要在解决官人之术，建构他冀望太平的"圣人政治"。故综归其宗旨曰："致太平必赖圣人。"但治乱更替，先在拯乱。拯乱者何？汉末历史曰"英雄"。因此，生处汉魏间治乱更代之世的刘邵，提出"创大业则尚英雄"以为"致太平必赖圣人"之历史对待。然则二名对待，举前名实为立后名之推阐；"创大业则尚英雄"只是"致太平必赖圣人"治乱移而政治因革的推阐。要之，刘邵"创大业则尚英雄"，行蕴的只是汉末乱世而有英雄人物崇拜的精神遗绪，礼赞的或亦是曹魏拨乱而有英雄创业的不世之功。时势异，人物易，国政因革，张弛而已。刘邵际会风云而鉴识时代人物，曰乱世"英雄"，曰太平"圣人"；形名当实之论，虽恢廓于历史变化之大局，然要在不离其太和中"致太平必赖圣人"——这一"圣人政治"的现实问题。

刘邵《人物志》论"英雄"，著有专篇，曰："夫草之精秀者为英，兽之

---

① 《中庸·第九章》。

② 关于刘邵"才性合"，陈寅恪《〈逍遥游〉向郭义及支遁义探源》曰："据其《人物志》上'体别篇'，'偏材之性，不可转移矣。'之语，及刘炳'固守性分，闻义不徙'之注，则其说或与士季（引注：即锺会）才性合略有近拟处。"此不详论。

③ 袁弘：《后汉纪》，转引自《汤用彤全集》卷四《读〈人物志〉》，河北人民出版社 2000 年版。

特群者为雄，故人之文武茂异，取名于此。是故聪明秀出谓之英，胆力过人谓之雄。此其大体之别名也。若校其分数，则互相须，各以二分，取彼一分，然后乃成。必聪能谋始，明能见机，胆能决之，然后可以为英。张良是也。气力过之，勇能行之，智足断之，乃可以为雄。韩信是也。体分不同，以多为目，故英雄异名。然皆偏至之材，人臣任使也。若一人之身，兼有英雄，则能长世。高祖项羽是也。""英雄异名"，聪明才智拔异者"英"，胆略决断过人者"雄"；"英、雄"单目不合，"此偏至之材，人臣任使也"。明、胆合而"兼有英雄，则能长世，高祖项羽是也。然成大业者尤须明多于胆，高祖是也"[①]。是则英雄御世，在于合明、胆而不偏；然明、胆相合"尤须明多于胆"。要之，明、胆、才、性，刘邵主其合而尚其明、才，是为御世英雄。明、才，即英。英，《礼记·礼运》曰："大道之行也，与三代之英。"郑玄注曰："英，俊选之尤者"；《汉书·叙传》曰："浮英华，湛道德"；《文选·任（昉）彦升诗》"王佐俟民英"，《注》曰："立德蹈礼谓之英"；是聪明秀出俊选之尤之英，斯其不能逾礼德之门之谓欤！礼德之门，君臣大防；逾之为枭杰，守之为英雄。王夫之曰："所谓雄桀（英雄）者，虽怀不测之情，而固可以名义（名教）驭之……曹操可驭者也"[②]；名义（名教）可驭者，仍不失为英雄，故曹操至死犹曰："若天命在吾，吾为周文王矣。"[③] 明乎此义，或可申论：刘邵论"英雄"，明、胆合而右明，斯其"创大业则尚英雄"亦不出名教欤！斯其礼赞英雄创业世功亦望其不逾君臣大防欤！

刘邵《人物志》特别表出《英雄篇》，为汉末社会"英雄"崇拜思潮的反映；而"英雄""圣人"对待，所谓史局反转以为推阐。然所论析张目聪明才智胆略决断二目以为"英雄"论义之范畴，从目前及见之汉魏人物品题文献看，当即是嵇康《明胆论》人才论明、胆、英、雄所以托始。

二

嵇康《明胆论》，以明、胆论人物，形式上接引刘邵《人物志》形名学理探讨之类。然嵇康瞩目明胆，所以隐发的"英雄义"，论旨已非关官人政治

---

① 《汤用彤全集》卷四《读〈人物志〉》，河北人民出版社 2000 年版，第 8 页。

② 王夫之：《读通鉴论》卷九《三国》，中华书局 1975 年版，第 272 页。

③ 《资治通鉴》卷六八"汉献帝建安二十四年（219）"；又，曹操为"英雄"，《志》载时人评论甚多，及六朝亦多以其并论于汉高刘邦。《世说新语·规箴》："小庾（庾翼）在荆州，公朝大会，问僚佐曰：'我欲为汉高、魏武何如？'"英雄创业，含与世更始义。庾翼妄语即含此义。关于汉魏"英雄"诸义，此不详论。另有文。

的名实论。明者，英；胆者，雄；刘邵《人物志·英雄篇》曰“兼有英雄，则能长世”，曰“创大业则尚英雄”，亦其由乱入治综论世局变化而有“致太平必赖圣人”之历史对待，故可说，刘邵“英雄义”，回眸历史变局之名实论。嵇康《明胆论》于魏之末世，无论“英雄”与“圣人”之对待，而究论英雄明胆才性之离合；故其中隐发的“英雄义”，可谓托始于名学的名目而隐隐抒发其人生哲学并及政治立场之表现。

嵇康（223—262），年辈晚于刘邵，其清谈处在曹魏后期；魏世清谈人物才性异、同、离、合“四本论”已出。《世说新语·文学》记：“锺会撰《四本论》，始毕，甚欲使嵇公一见。置怀中，既定，畏其难，怀不敢出，于户外遥掷，便回急走。”刘注云：“《魏志》曰：‘会论才性同异，传于世。’四本者：言才性同，才性异，才性合，才性离也。尚书傅嘏论同，中书令李丰论异，侍郎锺会论合，屯骑校尉王广论离。”此锺会所撰《四本论》，形名家书。《三国志》本传记：“会尝论《易》无互体，才性同异。及会死后，于会家得书二十余篇，名曰《道论》，而实刑名（应为形名）家也，其文拟会。”汤用彤先生指出：“夫论以道名而内容为形名，其故何在，颇堪深索。”[①] 我们以为，形名冠道，就汉魏学变而言，当是才性四本蕴其儒道异、同、离、合的表现[②]。“才性四本”，是正始时期清谈的一个重心。嵇康明习才性四本，清谈预流，故论明胆英雄，理趣多瞩目正始才性义理[③]而非关太和名实论。

嵇康《明胆论》设“吕子”而置辩发论：

有吕子者，静义味道，研核是非。以为人有胆可无明，有明便有胆。嵇先生以为明胆殊用，不能相生。论曰：“夫元气陶铄，众生禀焉。赋受有多少，故才性有昏明。唯至人特锺纯美，兼周内外，无不必备。降此以往，盖阙如也。或明于见物，或勇于决断。人情贪廉，各有所止。譬诸草木，区以别矣。兼之者博于物，偏受者守其分。故吾所谓明胆异气，不能相生。明以见物，胆以决断。专明无胆，则虽见不断，专胆无明，则违理失机。故子家软弱，陷于弑君，左师不断，见逼华臣；皆智及之而决不行也。此理坦然，非所宜滞。故略举一隅，想不重疑。

魏晋人清谈辩理，好举对以论异同离合；如“自然名教”之异同离合，

---

① 《汤用彤全集》卷四《读〈人物志〉》，河北人民出版社2000年版，第16页。

② 陈寅恪：《金明馆丛稿二编·〈逍遥游〉向郭义及支遁义探源》，上海古籍出版社1980年版，第83页。

③ 侯外庐等先生说：“嵇康的《明胆论》当是《才性四本论》的继续发展。”参见侯外庐等著：《中国思想通史》卷三《魏晋南北朝思想》，人民出版社1957年版，第171页。

如"才性明胆"之异同离合均是。嵇康《明胆论》举"吕子"明胆义为对象。"吕子"明胆义："以为人有胆可无明，有明便有胆"，此举对明胆而曰明胆相依"有明便有胆"，论义约略通于刘邵明胆才性合而尚明尚才之"英雄义"①。嵇康认为："明胆殊用，不能相生。""见物之明"之明与才与"决断之胆"之胆与性，二者对待而"异气""殊用"不能相生，主张明胆才性二分；其理由是，兼周外内之"至人"不再，故无论特锺纯美之明胆才性合，此其一而取则于庄子"至人"为理想。次之，嵇康认为："明以见物，胆以决断。专明无胆，则虽见不断，专胆无明，则违理失机。故子家软弱，陷于弑君；左师不断，见逼华臣；皆智及之而决不行也"；此两论明胆，而曰聪明才智备而胆略决断不及，"故子家软弱，陷于弑君；左师不断，见逼华臣"；明才胆性二分，胆性自独而，而明才及胆性乏，不能决断而"英雄"无以用成；明、胆、英、雄偏至异名，嵇康《明胆论》尚胆而右雄②，此其二而以才性偏致之辩论"英雄义"者。综合上揭二端，可明嵇康设论对于"吕子"明胆义，实则讲才性二分胆性为尚抗辩于刘邵《人物志》的"英雄义"。

"明胆异气"，偏受者二分；二分者异名，曰明胆英雄。嵇康说"明以阳耀，胆以阴凝"③，刘邵曰"聪明秀出谓之英，胆力过人谓之雄"；刘邵明胆径自指称英雄不出名学名实之论，嵇康明胆转辞阴阳亦称英雄，但"寻所受之始终"④，已经入于汉人元气生成论。王充《论衡·率性篇》曰："禀气有厚薄，故性有善恶也。残则受仁之气泊，而怒则禀勇渥也。"嵇康《明胆论》无论才性善恶，但其明胆才性禀气而生的思想因袭于汉人，是可以明确的。才性禀气，气化阴阳，于是"明胆异气"而二分。嵇康《太师箴》曰："浩浩太素，阳耀阴凝，二仪陶化，人伦肇兴"；人生原于元气造化，元气衍而为阴阳；于是禀受二分才性偏至，人乃或有"明（才）"人乃或有"胆（性）"。参见嵇康明胆开论所曰："夫元气陶铄，众生禀焉。赋受有多少，故才性有昏明"，可知嵇康《明胆论》以才性议论英雄，所谓明即才即英，所谓胆即性即雄，明才英胆性雄。是异辞而等义互通可明。复参见《明胆论》所曰："或明

① 《明胆论》载"吕子"复难嵇康曰："汉之贾生，陈切直之策，奋危言之至。行之无疑，明所察也。忌鵩作赋，暗所惑也。一人之胆，岂有盈缩乎？盖见与不见，故行之有果否也。子家左师，皆愚惑浅弊，明不彻达，故惑于暧昧，终于丁祸，岂明见照察而胆不断乎？"见《鲁迅全集》卷九《嵇康集》，人民文学出版社1973年版，第94页。

② 《明胆论》载嵇康复答"吕子"曰："本论二气不同，明不生胆。欲极论之，当令一人播无刺讽之胆，而有见事之明，故当有不果之害。非中人血气无之，而复资之以明二气，存一体，则明能运胆，贾谊是也。贾谊明胆，自足相经，故能济事。谁言殊无胆，独任明以行事者乎？"

③ 《明胆论》，见《鲁迅全集》卷九《嵇康集》，人民文学出版社1973年版，第96页。

④ 《明胆论》，见《鲁迅全集》卷九《嵇康集》，人民文学出版社1973年版，第95页。

于见物，或勇于决断。人情贪廉，各有所止。譬诸草木，区以别矣。兼之者博于物，偏受者守其分。故吾所谓明胆异气，不能相生。”可进知嵇康明胆才性英雄义，是主张明胆才性英雄二分的。综上而参见《明胆论》，“故子家软弱，陷于弑君；左师不断，见逼华臣；皆智及之而决不行也”，可申论指出：嵇康明胆才性英雄义，是尚胆性而右雄的。

约略概括，汉魏品目，“英雄义”均有明胆二属性，在刘邵那儿是名实合一而右“英”，在嵇康则是才性二分而尚“雄”。刘、嵇《志》《论》同论明胆英雄，刘劭为明论，嵇康为隐发而已。但刘邵名学重在以名实论“英雄”，嵇康清谈重在以才性论“英雄”；大较二者之不同，则名实清谈多在政治人事，而才性清谈多在人生况味。清谈况味人生，则其生命精神之意愈显而人事政治之义渐靡。嵇康《明胆论》，明才英胆性雄等义互通；所谓明胆二分，即才性二分即英雄二分；英雄二分而右雄，尚其胆略决断之精神，斯其即为嵇康《明胆论》“英雄义”欤！此“英雄义”非关于官人政治之术，复何关于嵇康人生哲学并及政治立场，试论略于次。

三

魏晋清谈人物才性异同离合“四本论”，为玄谈渊薮所在①。玄学清谈，要在汉魏间先秦道家浸起而儒道二学并行；其并行，非谓无涉，而或沟通为同合之论，而或辩难为离异之义。此魏晋间学术变化之内涵，亦诚如侯外庐等先生所指出：“如果我们沿用魏晋‘才性四本’的题旨而说明儒道思想，则我们大可以为古人归结出一条线索，也姑名之为‘四本’，那就是儒道同、儒道异、儒道离、儒道合。”② 人物才性名理之异同离合，亦即儒道二学之异同离合。此即清谈家谈旨所以行蕴之学术分野。更论之，这种儒道二学之异同离合，非仅为学术意见之不同，亦为清谈家谈旨所以表出之政治立场的表现。以“自然名教”之异同离合论，“自然”，道家宗旨；“名教”，儒家至论；其异同离合；“然则当时诸人与自然主张互异即是自身政治立场之不同”③，亦诚如陈寅恪先生所言。那么，儒道异同离合之思想阵营，嵇康何归？侯外庐等先生指出：“我们以为刘伶阮籍嵇康才是真正主张‘儒道离’的。”④ 这里，

---

① 《南齐书·王僧虔传》载其“诫子书”曰：“才性四本，声无哀乐，皆言家口实。”

② 侯外庐等：《中国思想通史》卷三《魏晋南北朝思想》，人民出版社 1957 年版，第 197 页。

③ 陈寅恪：《金明馆丛稿初编·陶渊明之思想与清谈之关系》，上海古籍出版社 1980 年版，第 182 页。

④ 侯外庐等：《中国思想通史》卷三《魏晋南北朝思想》，人民出版社 1957 年版，第 199 页。

暂且不论刘伶阮籍，嵇康曰“越名教而任自然”曰“越名任心”，其自然名教二分而自然置上是判然而明的。因此二分而尚自然之“儒道离”，故嵇康为“积极反抗司马氏者”[①] 的政治立场亦极为明确。

汉魏间世变而后有学变，学变而后则渐起学争，所谓儒道之异同离合；而儒道之异同离合，所谓主张互异即是政治立场不同。此即“清谈在东汉晚年曹魏季世及西晋初期皆与当日士大夫政治态度实际生活有密切关系”[②] 的表现。尽管我们不详嵇康著述《明胆论》的具体时间，然其清谈总处于此一时段，故其虽以才性玄理论明胆英雄，非关官人政治；但脱不开一种政治立场，是可以明确的。这首先表现在嵇康论才性明胆对于儒道二学的采择和态度上。魏晋玄学，就其与先秦道家的文本关系而言，太和名士述老者居多；正始而下至于嵇康阮籍之清谈，则述庄渐盛。嵇康学兼儒道而心仪老庄，庄子思想尤为突出。嵇康《明胆论》由才性清谈英雄义，对于“性”义的阐释多本之于庄子的逍遥齐物思想[③]，然对于“才性”义则主要依傍汉人的性、情对待论论之[④]。性之义，汤用彤先生指出：“自汉以来，性有二义；董子《春秋繁露》：‘身亦两，有贪仁之性。’此性包括情言。又云：‘身之有性情也，犹天之有阴阳也。’此性与情对待而言。”[⑤] 性情对待义，汤用彤先生指出：“《礼·乐记》：‘人生而静，天之性也，感于物而动，性之欲也。’此为最早从动静说性情。很显然本为道家之说。”[⑥] 汉人性情对待“犹天之有阴阳”，为道家学说。参见汉人集道家思想之大成《淮南子·要略篇》所云：“欲一言而寤，则尊天而保真，欲再言而通，则贱物而贵身，欲参言而究，则外物而反情。”可知，究竟性情对待而贵情正是道家尤其是庄子人生哲学的一个要义。一般说来，名家名实才性不讲性情论，因其学说旨趣主在伦理政治。道家自然才性讲性情对待，意趣主要在于人生。嵇康《明胆论》理趣发于正始才性义，而正始才性义论在形名亦多通于道；故嵇康好庄而况味人生，亦主要采择庄子人生哲学论其“英雄义”。

---

① 陈寅恪：《金明馆丛稿初编·陶渊明之思想与清谈之关系》，上海古籍出版社 1980 年版，第 183 页。

② 陈寅恪：《金明馆丛稿初编·陶渊明之思想与清谈之关系》，上海古籍出版社 1980 年版，第 194 页。

③ “嵇康、阮籍之学说非自老子而来自庄子”。见《汤用彤全集》卷四《魏晋玄学听课笔记之一》，河北人民出版社 2000 年版，第 335 页。

④ 嵇康论才性转辞情性，《明胆论》复“吕子”：“夫论理情性（鲁迅注：各本作性情）”云云。

⑤ 《汤用彤全集》卷四《魏晋玄学听课笔记之一》，河北人民出版社 2000 年版，第 327—328 页。

⑥ 《汤用彤全集》卷四《魏晋玄学听课笔记之一》，河北人民出版社 2000 年版，第 328 页。

从动静说情性，已接近名学性者本才者用之义[①]。《明胆论》曰："夫论理情性。"亦从道家情性对待说才性，然则缩于明胆才性二分，则转辞必有"明以阳耀，胆以阴凝"而推崇性、胆之说义。明胆即才性，二分对待则转辞以论情性，则明、才为阳耀之情而胆、性为天然之性。此嵇康"英雄义"二分而尚"雄"，转辞情性论才性而归诸道家自然哲学，亦已表出其明才情等义互通，胆性自然转辞互借之义。如所周知，道家自然哲学，衍至庄子亦多谈人生。庄子齐物逍遥之人生哲学核心意义，在于超越分别而任逍遥，在于脱落桎梏而反本天性自然。嵇康说："宁如老聃之清净微妙，守玄而抱一；将如庄周之齐物变化，洞达而放逸乎！"[②]。可见，嵇康的"自然观"，主要是一种人生哲学意义上的"自然观"，而不是自然哲学意义上的"自然观"。汤用彤先生概括指出："其人生哲学之要点：（1）超越世界之分别；（2）即超越分别，故得放任；（3）逍遥为放任之极（神游于无名之境）。"[③] 超越分别，所谓不受礼法世教；超越分别而放任，所谓汲汲于庄子人生自然之洞达。此自然名教二分，而儒道有其相离。嵇康阮籍都是"内在顺乎自然，外则非薄名教"[④] 的。"儒道离"而尚庄子之自然，是贯串嵇康清谈的基本思想倾向；由此论明胆英雄而推崇性、胆之说义，其英雄题品中行蕴的当是庄子人生哲学的思想底蕴。这种思想采择，置诸清谈必与当日士大夫政治态度有密切关系的玄学前期看，首先表明嵇康的"英雄义"是隐含其党于曹魏的政治立场的。

嵇康以才性论明胆，隐发"英雄义"，曰："本论二气不同，明不生胆。欲极论之，当令一人播无刺讽之胆，而有见事之明，故当有不果之害。非中人血气无之，而复资之以明二气，存一体，则明能运胆，贾谊是也。贾谊明胆，自足相经，故能济事。谁言殊无胆，独任明以行事者乎？"[⑤] 虽言明胆相依而要在二分才性明胆，推崇"雄""胆"。如上揭，刘邵以名实论明胆，明发"英雄义"，曰"兼有英雄，则能长世"曰明胆相合"尤须明多于胆"，要在综合才性明胆，右尚"英""明"而卫其"英雄"之大防；故其论明胆英雄，盖不出"儒道合"的思想路径。嵇康以才性论明胆，清谈多在人生况味；《明胆论》二分才性明胆，而推尚"雄""胆"之偏至，其精髓当归于"儒道离"而非薄当世名教者。"儒道合"者，欲沟通儒道而刷新名教；"儒道离"者，多欲借道驳儒而指斥名教。此则在曹魏后期，皆为有疾而然，往往即政

① 《艺文类聚》卷二一引袁准《才性论》："性言其质，才言其用。"

② 《卜疑》，见《鲁迅全集》卷九，人民文学出版社 1973 年版，第 52 页。

③ 《汤用彤全集》卷四《魏晋玄学听课笔记之一》，河北人民出版社 2000 年版，第 335 页。

④ 《汤用彤全集》卷四《魏晋玄学听课笔记之一》，河北人民出版社 2000 年版，第 315 页。

⑤ 《明胆论》，见《鲁迅全集》卷九，人民文学出版社 1973 年版，第 95 页。

治立场之表出。“其崇尚名教一派之首领如王祥、何曾、荀恺三大孝，即佐司马氏欺人孤儿寡妇，而致位魏末晋初之三公者也。其眷怀魏室不趋附典午者，皆标榜老庄之学，以自然为宗”①。嵇康《释私论》明确提倡“越名教而任自然”之旨，为公然反抗名教政治者，故其最终无脱司马氏加害②。由此思想罪，嵇康《明胆论》隐发“英雄义”而推尚雄胆，为魏晋世转追怀曹魏创世“英雄”者，故此论虽玄虚隐发而不离实际问题，实为《释私论》所有政治思想之同调。

《明胆论》，所谓清谈出于抽象学理者。抽象虚无之理，本质不离有、无之统一；抽象虚无之理不能孤悬，总要落到实有具体之上。嵇康明胆英雄，驾天性之胆于才智聪明之上，才性离而推尚其胆略决断之雄，偏至之分所以落实，或可一言以蔽之，曰创世英雄时代已往而创世英雄之精神可以追怀。具体言之，嵇康《明胆论》尽管托言于才性虚无之理窟，其实追怀创世英雄之精神针对所在，要为两端：一则魏晋世转而世无英雄；二则魏末士林生长容迹名教委蛇于世主之颓风。

嵇康《杂诗》：“流咏太素，俯赞玄虚，孰克英贤，与尔剖符。”③ 嵇康游心恬漠而心仪创世英雄之独白。英雄何在？汉魏中明胆兼备可以御世而拔异之人物。此类英雄人物，就曹魏开国史而言，则非曹操莫属。《三国志·武帝纪》评曰：“汉末，天下大乱，雄豪并起，而袁绍虎示四州，疆盛莫敌。太祖运筹，鞭挞宇内，……终能总御皇机，克成洪业者，惟其明略最优也。”明略，聪明胆略，明胆之谓；曹操兼备最优而能行之，故汉末名士桥玄品目曹操曰：“乱世之英雄，治世之奸贼。”④ 而名士李膺子李瓒亦曰：“天下英雄，莫过曹操。”⑤ 曹操为汉魏世乱之际创大业英雄，嵇康为魏晋嬗替之际眷怀魏室党人。嵇康剖符英雄之志，明胆英雄，隐指魏武可明。嵇康怀剖符英雄之志，然则时势移人物易，所谓治世“圣人”更代创世英雄，世无英雄而世治移于“圣人”。嵇康剖符无对，而魏末世无英雄，所谓“圣人”亦忌刻，而

---

① 陈寅恪：《金明馆丛稿初编·陶渊明之思想與清谈之关系》，上海古籍出版社 1980 年版，第 182 页；又，张为纲记陈寅恪《清谈与清谈误国》文曰：“凡与司马氏合作者，必崇名教；其前朝遗民不与合作者，则兢谈自然，或阴谋颠覆。”见《陈寅恪集·讲义与杂稿》，三联书店 2002 年版，第 450 页。

② 陈寅恪先生说：“夫主张自然最激烈之领袖嵇康，司马氏以不孝不仕违反名教之罪杀之（俞正燮癸巳存稿书文选幽愤诗后云：‘乍观之，一拟司马氏以名教杀康也者，其实不然也。’）寅恪案，司马氏实以当时所谓名教杀康者，理初于此犹未能完全了解。”见陈寅恪：《金明馆丛稿初编·陶渊明之思想與清谈之关系》，上海古籍出版社 1980 年版，第 184 页。

③ 沈德潜选：《古诗源》卷六《魏诗》，中华书局 1963 年版，第 142 页。

④ 《世说新语·识见》。

⑤ 《后汉书》卷六七《党锢列传·李膺传附李瓒》。

党系斗争复推见于清谈；由此权力思想之对抗，清谈家风概遂亦淡出英雄时代之精神（质诸思想言，则有如汉末东都之“清议”）而渐生“容迹”丸转之世风。世无英雄，丸转容迹，魏晋权力嬗替之间政治、世风所以变化之所在；亦即“积极反抗司马氏者”的嵇康，《明胆论》所以托言才性虚无针对之所在。

魏末党系斗争，曰曹氏司马氏。就明胆英雄义而言，则“司马懿辈，专运阴谋，狼顾狗偷，品格更下。则英雄抑亦仅为虚名矣”[①]。因此，世无英雄而忌刻当世，故魏末党系两争中遂出其彷徨失路而“容迹”两端者。“若阮籍则不拟嵇康之积极反晋，而出之以消极之态度，虚与司马氏委蛇，遂得苟全性命”[②]；若向秀“后为散骑侍郎，转黄门散骑常侍，在朝不任职，容迹而已”[③]。委蛇而不谴是非以与世主处，亦“魏晋去就，易生嫌疑”[④]，名士不得不逃于清谈而容迹与世主之形势。然则不谴是非，非谓无明乏才；容迹世主，其实性胆敛矣。性胆敛，则蹈险履危之际而不能决断，英雄二义而“雄”之精神收矣[⑤]。魏末，司马氏忌刻当世而摧抑士气，亦移人之国夺其国士之气；而眷怀魏室，或抗或隐固其气节者，嵇康其选矣！世谓“隐者多是带气负性之人”[⑥]，嵇康避世山阳，言行任放形近乎庄生，不啻其情性天放而睥睨“容迹”可以入乎人物雄胆精神之域也。嵇康与曹氏有姻娅乡党之谊，党于曹氏，意气轩然而不能稍假于两端[⑦]。其《与山巨源绝交书》曰：“阮嗣宗（阮籍）口不论人过，吾每师之，而未能及。……吾以不如嗣宗之资，而有慢弛之阙；又不识物情，无万石之慎，而有好尽之累”，“意气所托，亦不可夺也。”不可夺而好尽，非言明才之智，其实张目情性之胆矣！此嵇康清谈，任放天然情性而无讳当世之忌刻，所谓“狂者进取”取诸偏至之端者。故而钱锺书先生比较嵇康阮籍之“狂”指出：“嵇、阮皆号狂士，然阮乃避世之狂，所以避祸；嵇则忤世之狂，故以招祸”，“忤世之狂则狂狷、狂傲，称心而言，率性

---

① 《汤用彤全集》卷四《读〈人物志〉》，河北人民出版社 2000 年版，第 8 页。

② 陈寅恪：《金明馆丛稿初编·陶渊明之思想与清谈之关系》，上海古籍出版社 1980 年版，第 185 页。

③ 《晋书》卷四九《向秀传》。

④ 《晋书》卷九四《孙登传》。

⑤ 此可参观汉末袁隗事。汉末袁隗，初事何进，复依董卓而终至于族灭。王夫之以儒家廉耻义论曰：“故夫有耻者，非以智也，而智莫智于有耻。知耻而后己，知有己而后知物之轻；知物之轻，而后知人之不可居，而事自不可以不断。”（王夫之：《读通鉴论》卷八《汉灵帝》）是则袁隗非谓无明才之智，其实在于缺乏胆性而不能断，亦即缺乏其“知耻而进乎勇”之精神矣！此船山廉耻义论人物，而尚人物胆略决断精神之论。大致亦仿佛《明胆论》“英雄义”。

⑥ 此朱熹论陶渊明语。转引自袁行霈：《陶渊明研究》，北京大学出版社 1997 年版，第 193 页。

⑦ 《颜氏家训·勉学》论列魏晋玄学诸人，曰：“嵇叔夜排俗取祸，岂和光同尘之流。”

而行"，忤世之狂则"狂而刺切"[①]。"狂而刺切"不能离世，高亮任性而不予世教之谓；其入于自然名教清谈，则有嵇康《释私论》中"越名教而任自然"的政治宣言；其入于明胆才性清谈，则有嵇康《明胆论》中二分"英雄"而推尚雄胆的偏致之辞。两论皆为嵇康称心率性之言，两论皆表嵇康党系壁垒之志；前者则明发其义，后者则暗抒其志；明发者则显示名教虚伪而左袒自然义，暗抒者则讥刺容迹丸转而隐隐然抒发其世无英雄义，二论先后所发，要在一一归诸所谓"有疾而然"[②] 而指斥世主之政治立场而已。

嵇康《明胆论》，隐发英雄义；隐发伏玄，由于世变，所谓世无英雄士林"容迹"则不得不婉转其辞。《明胆论》，亦魏晋人物品目不能不逸出质实之表而暗转为"假设问题抽象学理之讨论"。然则抽象不离具体，玄虚质于有实，嵇康明胆英雄必蕴涵其"意气所托"；明其所托，方始不失其忤世情性之所归。体其追志创世英雄之情性，方始进知其眷怀魏室之精神依托，方始进知其坦然东市索琴《广陵散》而后曰："《广陵散》于今绝矣！"[③]。嵇康叹绝《广陵散》，非谓其雅音技艺之传绝；嵇康喟然叹对天下豪俊与太学诸生[④]；叹其狂狷出乎"中行"而天放不羁之"尚奇任侠"[⑤] 雄胆之义绝矣！《明胆论》曰："子家软弱，陷于弑君；左师不断，见逼华臣；皆智及之而决不行"；而今，魏氏"英雄"作古，司马氏"阴谋"移鼎，而举世无决断之雄；岂明智不及哉，胆气怯矣！明胆英雄，"疆者以决胜为雄！"[⑥] "谁言殊无胆，独任明以行事者乎?!"嵇康藉古人之酒浇自家胸中块垒而睥睨世主而刺切容迹之士矣！明胆英雄，偏至而发，嵇康追志曹魏创世"英雄"精神抗争司马氏之论。嵇康矢其名节慕其风概于曹氏，而抗言当世苟且世无英雄，任性之气概凛冽亦几合于汉末"裁量执政""清议"刺世之风。故而王夫之曰："嵇康死而清议绝。"[⑦]

汉魏世变，道家浸起，起而不可抑止，遂有参同儒道之清谈玄学。魏晋世转，司马氏对魏氏旧臣甚为忌刻，于是，眷怀魏氏者有名士有疆臣（如"淮南三叛"），而前者行其思想之抗争后者举其武装之反抗。此汉魏间学术变

---

① 舒展选编：《钱锺书论学文选》，花城出版社1990年版，第200—201页。

② 《汤用彤全集》卷四《魏晋玄学听课笔记之一》，河北人民出版社2000年版，第333页。

③ 《晋书》卷四九《嵇康传》。

④ 《世说新语·雅量》记，"（嵇）康下狱，太学生几千人请之，于时豪俊皆随康入狱"。《晋书》本传纪，"（嵇）康将刑东市，太学生三千人请以为师，弗许。康顾视日影，索琴弹之，曰：'昔袁孝尼尝从吾学广陵散，吾每靳固之，广陵散于今绝矣！'时年四十。海内之士，莫不痛之。"

⑤ 《三国志》卷二一《魏书·王粲传附嵇康传》。

⑥ 《后汉书》卷六七《党锢列传（序）》。

⑦ 王夫之：《读通鉴论》卷一二《晋惠帝》，中华书局1975年版，第364页。

化和魏晋间政治变化的大势。然则，就当时学人与政治关系而言，清谈家是无脱政治的。清谈玄学有前后二期之分，亦当正如陈寅恪先生所指出："当魏末西晋时代即清谈之前期，其清谈乃当日政治上之实际问题，即其时士大夫出处进退至有关系，盖借此以表示本人态度及辩护自身立场者，非若东晋一朝即清谈之后期，清谈只为口中或纸上之玄言，已失去政治上之实际性质，仅作名士身份之装饰品者也。"① 嵇康属于清谈前期人物，其"抗心师古"②，学尚老庄而宗极自然，"故使荣进之心日颓，任逸之情转笃"③，人生趣尚归于庄周逍遥天放，亦是明朗的。可以说从魏晋玄学初期突出其"自然名教"之辩主题时，思想的分野便往往隐含了一个党系壁垒的划分：大"凡与司马氏合作者，必崇名教；其前朝遗民不与合作者，则兢谈自然，或阴谋颠覆"④。那么，亦可以说"夫主张自然最激烈之领袖嵇康"⑤，明确其思想分野并及政治立场者，在于"自然名教"之清谈；"夫主张自然最激烈之领袖嵇康"，隐发其思想分野并及政治立场者，在于"明胆英雄"之清谈。

嵇康《明胆论》托始于刘邵《人物志》；然清谈明胆入于正始而下才性明理义，复采择老庄转辞情性而张目雄胆抒发其英雄新义，其意旨既已非关刘邵太和名学名实官人政治论，主张亦当非同正始而下"才性四本"中"儒道同""儒道合"之融通儒道论。此不同，非谓学理而已；学理背后，其实行蕴魏末党争的实际问题，故嵇康《明胆论》，表示其出处进退之意见论，表示其魏氏遗臣之意见论。要之，嵇康阮籍以下，以清谈抗争司马氏者，几于消歇；嵇康《明胆论》以下，以曹魏创世"英雄"精神抗争司马氏者，亦荡然无存。嵇康其人，明胆其论，抑或清谈与时代转折的一个标志。忤世刺切而吟唱雄胆精神之《明胆论》，或为一个"英雄时代"终结的绝响。思想犹时代之形影，思想史亦无脱社会史之基础而迭变其形态；《人物志》《明胆论》皆非虚发。是将嵇康明胆清谈置诸一时政治风云看，亦可以参观魏晋嬗替之变化矣！此或为前贤方面之论未及详阐；略论之，以就教于方家同好。

（原载《东吴哲学》2005 年卷）

---

① 陈寅恪：《金明馆丛稿初编·陶渊明之思想与清谈之关系》，上海古籍出版社 1980 年版，第 180 页。

② 《幽愤诗》，见《鲁迅全集》卷九《嵇康集》，人民文学出版社 1973 年版，第 24 页。

③ 《与山巨源绝交书》，见《鲁迅全集》卷九《嵇康集》，人民文学出版社 1973 年版，第 45 页。

④ 陈寅恪：《讲义及杂稿·清谈与清谈误国》，三联书店 2002 年版，第 450 页。

⑤ 陈寅恪：《金明馆丛稿初编·陶渊明之思想与清谈之关系》，上海古籍出版社 1980 年版，第 184 页。

裴頠的政治哲学与西晋的世族政治

裴頠著《崇有论》，辩理正始何、王的“贵无论”，虚胜玄远。然则抽象之思不能孤悬，裴頠务存高远的有无之辩亦无脱西晋世族阶层的实处之境。《晋书·裴頠传》称：“頠深患时俗放荡，不尊儒术，何晏、阮籍素有高名于世，口谈浮虚，不遵礼法，尸禄耽宠，仕不事事，至王衍之徒，声誉太盛，位高势重，不以物务自婴，遂相仿效，风教陵迟，乃著崇有之论以释其弊。”直面淡出儒术的时俗而关注当日的物务政事，力辟“贵无”的玄理及其思潮引发的政治弊端，裴頠因是自云“立言”崇有，在于“崇济先典，扶明大业，有益于时”。立论济世，裴頠的玄论其实是世族政治关怀的论书，表出的是现实政治的务实理性。然则辟无论有，寄言玄虚，《崇有论》亦为裴頠政治哲学论著，可明。

裴頠的政治哲学，是跨越魏世玄学先驱而发展到西晋时期的产物。辟无论有，是其思想链接和玄理展开的路径；密切联系西晋世族社会实际问题，以解决开晋以后——尤其是武、惠二帝转承之际——获得权力的世族国家及其统治阶级所要解决的政治哲学问题，乃是裴頠虚胜玄远之思的最后归宿。裴頠的《崇有论》出于魏晋世转而世族重新秉政之后，乃是世族政治的形上学，其中内含着政治性的社会批判和学术性的思想批判，因承转合为西晋世族政治哲学发展的一个重要关节。试述论于次以就教于方家。

一

魏晋世转而世族秉政，这是一个具有双重含义的朝市变革。

河内司马氏为门阀世族，其禅代谯国魏氏的历史变局，其实行蕴着两个本质性内容。陈寅恪先生指出："魏晋统治者的社会阶级是不同的。不同处：河内司马氏为地方上的豪族，儒家的信徒；魏皇室谯县曹氏则出身于非儒家的寒族。魏、晋的兴亡递嬗，不是司马、曹两姓的胜败问题，而是儒家豪族与非儒家的寒族的胜败问题。"[①] 易言之，魏晋政治势力消长乃至最后的权力更替，不是单纯的政治现象，在其政局变动之下其实隐含着更为深刻的社会阶级和学术思想的对峙与变化。大体说来，富含社会阶级变动的世局之变，必牵动相应的思想之变。汉魏一变，魏氏是以名法之学支撑其名法政治的；魏晋一转，司马氏则是以儒家之学支撑其名教政治的。魏晋学术思想的对峙，其在魏世，如汤用彤先生指出："魏武、魏文出身贫贱，故反对世家大族的名教。"[②] 那么，西晋世族秉政后，儒家的名教无疑将是他们的精神底色。河内司马氏，司马炎自谓："吾本诸生家，传礼来久。"[③] 所谓诸生传礼，论传统，即东京世族服膺儒行之谓。东京儒行何在？在礼，而系于律令则形为法。司马炎所谓"诸生传礼"之门风，学归儒门名教而形诸儒术礼法而已。钱锺书先生指出，"'名教'乃儒家之要旨，出自周孔，形为礼法，用在约束"[④]，所谓"'名教'亦即'礼法'"[⑤]。儒家礼法名教之要义在于君亲，总归"国身通一"的隆礼求治。礼法名教，合一儒术儒学而已。东京世族以名教治天下，整齐风俗而察举征辟，士行在于名教，士任在于名教，"曰：唯名可以胜之，名之所在，上之所庸，而忠信廉洁者显荣于世；名之所去，上之所摈，而怙侈贪得者废锢于家"[⑥]；这就是东京世族归本儒学的儒术政治，曰名教政治。名教政治，在东京政治权力的支持下，被推广为判定世族成员一切行为是否合宜的统一尺度，进而则上升为经邦治国的基本法度。此东京名教政治所以内涵政治哲学的意识形态地位，它培养维系者——东京的世族，浸久则积为世族的精神传统。河内司马氏——"诸生传礼"——属于这个以"名"为"教"的社会阶级；其政权基础所谓核心之文臣武将如琅琊王祥、陈国何曾、颍川荀恺等均为世家大族，因此，西晋政权建构并维护世族名教的传统，在所必然。

司马氏禅魏前夕的咸熙元年（264），司马昭晋爵晋王；同日，世族王祥、

---

① 万绳楠整理：《陈寅恪魏晋南北朝史讲演录》，黄山书社 1987 年版，第 1 页。

② 《汤用彤全集》卷四《魏晋玄学听课笔记之一》，河北人民出版社 2000 年版，第 330 页。

③ 《晋书》卷二〇《礼志（中）》。

④ 舒展选编：《钱锺书论学文选》第一册，花城出版社 1990 年版，第 173 页。

⑤ 舒展选编：《钱锺书论学文选》第一册，花城出版社 1990 年版，第 173 页。

⑥ 顾炎武：《日知录》，见秦克诚点校《日知录集释》本，岳麓书社 1994 年版，第 478 页。

何曾、荀恺“三大孝”拜为三公。以“孝”为人极而崇奖以隆望之位，这无疑是司马氏结构其服膺儒学尊崇名教政治集团的表征。咸熙二年八月，司马炎嗣位相国、晋王；十一月；“令诸郡中正以六条举掩滞；一曰忠恪匪躬，二曰孝敬尽礼，三日友于兄第，四曰洁身劳谦，五曰信义可复，六曰学以为己”①。咸熙六条，要在结合中正选举以恢复儒家名教忠孝友悌信义的学统地位；而一反魏氏建安三令“唯才是举”所以依托的名法思想。这是河内司马氏进一步转移魏氏统治思想，开示其服膺儒学尊崇名教的实质性举措。

司马代魏，泰始二年（266），司马炎孝服在身，力排群臣释服之议而遵循古制为文王行三年孝礼。对此，司马光作有史论，曰：“三年之丧，自天子达于庶人，此先王礼经，百世不易者也。汉文师心不学，变古坏礼，绝父子之恩，亏君臣之义；后世帝王不能笃于哀戚之情，而群臣谄谀，莫肯厘正。至于晋武独以天性矫而行之，可谓不世之贤君。”② 所谓“天性”成“孝”以至规复三年丧制的古礼，司马炎所表出的是司马氏诸生传礼的一贯门风，然而重要的是：为世族示法。葛洪《抱朴子·外篇·讥惑》云：“吾闻晋之宣、景、文、武四帝，居亲丧皆毁瘠逾制，又不用王氏二十五月之礼，皆行（二十）七月服。于时天下之在重哀者，咸以四帝为法。”可以申论，司马炎重孝成礼，不仅在于恢复先王礼经的度数形式，关键在于规复纲常名教。泰始议礼，司马炎倡导和维护的不啻世族政治“君臣之义”的大防。此即司马氏党人何曾一语点破的：司马氏“以孝治天下”③。孝行为百善之首。孝之所以可以治天下，是因为忠孝一体，孝于亲者才能忠于君。孝是世族名教的大防。咸熙泰始二三年间，魏晋禅代而世族秉政，诸生传礼的司马家频频出示其经纶政体的指导思想即礼法名教。

魏晋政权转移，行蕴着社会阶级和学术思想的双重变化，西晋世族是以儒家之学支撑其名教政治的。泰始六年（270）六月，晋武帝有诏：“敦喻五教，劝务农功，勉励学者，思勤正典，无为百家庸末，致远必泥。士庶有好学笃道，孝弟忠信，清白异行者，举而进之；有不孝敬于父母，不长悌于族党，悖礼弃常，不率法令者，纠而罪之。”④ 这是西晋世族以法令的形式，推奖名教——“敦喻五教”；这是西晋世族以舆论制导的方式，抑压玄虚的清谈——“无为百家庸末，致远必泥”。开晋文武二帝努力规复的是世家大族的名教。

① 《晋书》卷三《武帝本纪》。

② 《资治通鉴》卷七九“晋武帝泰始二年（266）”。

③ 《晋书》卷三三《何曾传》。

④ 《晋书》卷三《武帝本纪》。

但是，司马氏规复名教的世族政治实践，却在魏氏玄学批判的背景中，逐渐走向反面。

魏氏玄学，始于正始。何、王玄学务存高远，本体贵无，但不离实际，亦旨在折中儒道而用“以无为本”的本体建构来重构政治的形上学，何、王“以无为本”，一则本无即道，“道”之“混然不可得而知，而万物由之生，故曰‘混成’。不知其谁之子，故先天地生”[①]；二则体用如一，“道者，无不通也，无不由也”[②]；三则“圣人”政治，“圣人体无，无又不可训，故言必及有”[③]。总之，何、王论治道，尤其是王弼则“谈治，以因为主。‘因而不为’”[④]，结论即“以无为本”而“崇本息末”。何、王贵无，王弼讲“以无为本”而“崇本息末”，目的是为汉末以来名教的危机做出一个本体哲学的论证。这种关于政治哲学的归纳性命题，即王弼提出的“名教因于自然”。此后，竹林阮籍玄论则直接进入“自然名教之辩”而高尚“自然”，进而嵇康有“越名教而任自然”之论。嵇氏“越名教而任自然”，论本体意趣则不出“贵无”，然其明确二分名教自然，政治意趣已迥异于正始。正如汤用彤先生指出：“三国以来的学者，在‘名教’与‘自然’之辩的前提下，虽然一致推崇‘自然’，但是对于‘名教’的态度并不完全相同。我们不妨把一派称作‘温和派’，另一派名为‘激烈派’。前者虽不怎样特别看重‘名教’，但也并不公开主张废弃‘礼法’，如王弼、何晏等人可为代表。他们本出于礼教家庭，早读儒书，所推崇而且常研习的经典是《周易》《老子》。后派则彻底反对‘名教’，思想比较显着浪漫的色彩，完全表现一种《庄子》学的精神，其立言行事像阮籍、嵇康等人可为好例。”[⑤] 观以上可明魏氏玄学先驱何、王、阮、嵇相续开延玄学“贵无”之论，而于政治哲学命题——“自然名教之辩”，则有“温和”与“激烈”之分。此二派，魏氏玄学关于新政治哲学构建之大概；此二派，亦魏氏玄学关于西晋政治哲学构建影响之所在。

魏氏玄学，无论何、王抑或阮、嵇，均有综合儒道而本体“贵无”的理论特征。何、王重讲有无，偏于形上但无脱政治；阮、嵇重讲自然名教，直入政治亦无脱形上之思。如所周知，儒学名教具有浓厚的意识形态特征，道学自然开显更多的形上色彩；何、王、阮、嵇综合儒道的本体叩问，其实追

---

① 王弼《老子·二十五章注》。

② 邢炳：《正义》，引王弼《论语释疑》，转引自《汤用彤全集》卷四《王弼大衍义略释》，河北人民出版社2000年版，第58页。

③ 《世说新语·文学》。

④ 《汤用彤全集》卷四《王弼之〈周易〉〈论语〉新义》，河北人民出版社2000年版，第85页。

⑤ 《汤用彤全集》卷四《魏晋思想的发展》，河北人民出版社2000年版，第109页。

索依据的目的在于据此解决现实中的政治和人生问题。易言之，这是一种究极玄义的“天人新义”。这种务存高远的“天人新义”，在中世纪实践理念极强的传统哲学话语支配下，是必然要联系着“自然名教之辩”这一解决名教危机的政治哲学话题的。但是，无论正始“温和”的玄学批判抑或竹林“激进”的思想激进，都未能给行将问世的世族名教政治构建出一个“合理”的依据

西晋世族政权，从最初“三马食槽（曹）”侵夺魏政，到最终“一片降幡出石头”——南北统一，他们在获得政治权力的历史过程中，逐渐背离最初“厉以恭俭，敦以寡欲”的治世精神而发生着“殆于政术，耽于游宴”的深刻变化。这种政治品格的变化，一方面内含着世族政治史进程的作用。司马氏禅魏并及晋世统一的世族政治史，是一种革故鼎新九鼎归一而世族未曾经历震荡“洗礼”的历史变局，所以“骄泰之心，因斯而起”[①]。此外，这种政治品格的变化，亦富含着推动魏晋思想史进程的作用。概言魏晋思想史，则元康（291—299）之前时风众势趋于“贵无”；“贵无”思潮流行而正始竹林有其不同。然正始竹林所有不同而可以接近接续之相同者，一则有所谓“泥远”之致思，一则有所谓“贵无”之论旨。申论：“泥远”纵辩，或乖于名教治世之近思，“贵无”任诞，或乖于礼法奉身之根本；故“泥远”“贵无”广衍于晋世元康，则沦为虚诞、沦为放荡。此即起于正始迄于元康而近半个世纪的魏晋“贵无”思潮，有其三变而逐渐走向司马氏规复名教政治的反面。

司马氏君臣在自身权力的建构过程中，由于获得权力的历史性特征及魏氏玄学批判的背景，未能形成新的世族观念体系和与之相应的文化风气；世族因骄泰之志而轻骄奢靡，世族袭“贵无”之思而虚诞放荡。所谓轻骄奢靡，系于世族生活层面言；所谓虚诞放荡，系于世族思想层面言；其系于元康清谈世俗则所谓风趋“贵无”。虚诞放荡，于晋世武、惠二帝转承之际呈现为思想与秩序的双重危机。虚诞则“仕不事事”，无心世务；放荡则逾闲荡检，不守礼法。如“口不论世事，唯雅咏玄虚而已”的王衍，“妙善玄言，唯谈《老》《庄》为事”而“矜高浮诞”[②]，泥远舍近而弃却物事，将“自然名教之辩”中“温和派”之体用截为两段；其如流为末俗之贵游子弟，则“效颦狂生”直将“自然名教之辩”中“激烈派”的精神之“放”溃而为放纵越礼

---

① 《晋书》卷三《武帝本纪》。

② 《晋书》卷四三《王衍传》。又《世说新语·容止》“王夷甫容貌整丽，妙于玄谈”条，刘孝标注引《文选》卷四九“晋纪总论”注引王隐晋书曰：“王衍不治经史，唯以《庄》《老》虚谈惑世。”

“或至裸体”。要之，元康世族“贵无”于西晋世族名教政治之关系，则其泥远玄虚而虚诞者，亦已割裂体用而不能用事；其任诞为贵而放荡者，亦直接戕害名教之体，时人乐广曰：“是时王澄、胡毋辅之等皆以任放为达，或至裸体者，广闻笑之曰：名教内自有乐地，何必乃尔！”① 东晋戴逵《放达非道论》曰：“古之人未始。……害名教之体。……若元康之人可谓好遁迹而不求其本。……竹林之为放，有疾而为颦者也；元康之为放，无德而折巾者也。”总论以上，可以申论：元康玄风两翼，虚诞者不能味正始体用如一以进讲“温和派”之自然名教，放荡者不能得竹林“有疾而然”② 以进讲“激烈派”之自然名教。因此“虚诞”而与世族政治运作隔离，因此“放荡”而与世族礼法规范背离，世族政治的双重危机即是名教与礼法的双重危机。

晋世武、惠二帝转承之际呈现的世俗面貌，其实隐含着西晋世族由思想界而政治界的深刻变化。东晋干宝《晋纪·总论》曰：“武皇既崩……加以朝无纯德之才，乡无不贰之老，风俗淫僻，耻尚失所，学者以《老》《庄》为宗而黜六经，谈者以虚荡为辩而贱名检，行身者以苟得为贵而鄙居正，当官者以望空为高而笑勤恪。”六经让位于《老》《庄》，突起而势头精进的虚荡思辩挤兑着务实而致于求治的名教理性；这种“贱经尚道，以玄虚弘放为夷达，以儒术清俭为鄙俗”③ 的世风，儒道二学主流思想地位的置换，其实体现出的是世族政治思想支配界限的混乱，放浊取代节信，苟得取代了居正，望空取代了勤恪，由此而致的名教伦理原则、礼法政治秩序、道德规范约束力的消解，则直接影响了世族社会的治心、治世与治事。此即通玄理而求治世的政治型玄学人才裴頠，出而“立言崇有”以“扶明大业”的历史现实。

二

裴頠，生于晋武帝泰始三年（267），被害于晋惠帝永康元年（300）。家世奕代显宦，曾祖茂及祖潜先后为汉、魏尚书令。父裴秀，于晋武帝即位拜尚书令。裴頠为晋世高门世族。论家学近源，则裴秀出入儒道、兼达自然名教之旨而“儒学博洽，且留心政事”④，其学问政事，于裴頠深有影响。《晋书》本传记裴頠：“每授一职，未尝不殷勤固让，表疏十馀上，博引古今成败以为言，览之者莫不寒心。”论才具，裴頠青年才俊——时谓贵胜少年——

① 《晋书》卷四三《乐广传》。

② 《汤用彤全集》卷四《魏晋玄学听课笔记之一》，河北人民出版社 2000 年版，第 333 页。

③ 《晋书》卷七〇《应詹传》。

④ 《晋书》卷三五《裴頠传》。

"辞论丰博"，善言名理，理具渊博而赡于论难。《晋书》本传载，"乐广尝与頠清言，欲以理折服之，而頠辞论丰博，广笑而不言。时人谓頠为言谈之林薮"①，且当时谈宗王衍题品清谈名士亦曰："裴仆射善谈名理，混混有雅致。"② 然而，"裴頠善名理，主张不忘世务，是名教中人"③，此所谓合一政学能玄而不离儒。复论裴頠能玄，则裴頠义精在《老》而不在《庄》，其于《老》《庄》道家之学的侧重，大致亦可视为裴頠论名理然止于求治而发为政治哲学之一背景④。最后看政事政论，则裴頠既是务实的政务行政派，也是务虚的礼乐节文派，论世务之有、形、制、防而节之于礼乐，如其《崇有论》综合世务与礼制曰："贱有则必外形，外形则必遗制，遗制则必忽防，忽防则必忘礼，礼制弗存则无以为政矣。"

综上：世族裴頠，元康时期通玄理、本礼法名教而求治世者。

裴頠与世族现实政治关系密切。14 岁征为太子中庶子，迁散骑常侍；惠帝即位，转国子祭酒兼右军将军，后复迁尚书左仆射侍中如故。史称："頠虽（贾）后之亲属，然雅望素隆，四海不谓以亲戚进也，惟恐其不居位。"⑤ 要之，裴頠是集名士名宦于一身的当时政坛核心人物，并及西晋世族政治中的"民望"⑥。

世族，累代簪缨累代礼学；名教是其根本，故凡世族皆标榜周孔名教。然而，崩弛于东京之末的名教需要并在汉魏以下发生着新的论证。如上言，正始何、王有折中儒道尝试修复名教的论证，但未能为行将问世的世族政治解决名教的论证问题。原因：何、王贵无讲"以无为本"，富含强调本体绝对的理论倾向，本无绝对进而论治，王弼虽讲"崇本举末"，但最终归结于"崇

---

① 《晋书》卷三五《裴頠传》。

② 《世说新语·言语》。

③ 《汤用彤全集》卷四《魏晋玄学听课笔记之一》，河北人民出版社 2000 年版，第 358 页。又《世说新语·任诞》记裴頠王戎翁婿事："裴成公妇，王戎女。王戎晨往裴许，不通径前。裴从床南下，女儿从北下，相对作宾主，了无异色。"裴頠服膺礼教，或为裴门家风。《世说新语·任诞》记裴頠叔楷吊阮籍母丧："阮步兵丧母，裴令公往吊之。阮方醉，散发坐床，箕踞不哭。裴至，下席于地，哭吊唁毕，便去。或问裴：'凡吊，主人哭，客乃为礼。阮即不哭，君何为哭？'裴曰：'阮方外之人，故不崇礼制；我辈俗中人，故以仪轨自居。'"

④ 李泽厚《庄玄禅宗漫述》："庄与老有接近接续关系，但基本特征不相同。老子是积极问世的政治哲学；庄子则是一切超脱的形而上学。"参见李泽厚：《中国古代思想史论》，天津社会科学院出版社 2003 年版，第 167 页。

⑤ 《晋书》卷三五《裴頠传》。

⑥ 《晋书》卷三五《裴頠传》注引陆机《惠帝起居注》："頠雅有远量，当朝名士也。又曰民之望也。"此所谓"民"，世族之谓。

本息末”①。“崇本息末”，则生出王弼哲学割裂有无本末的体用矛盾。汤一介先生指出：“倘若‘崇本息末’，则‘末’‘有’几等于无用，可以否定。本体既不在‘末’‘有’之中，则‘体’必不与‘用’为一而为二。”② 本无绝对的贵无哲学，“末”“有”或可以否定，这样，政治哲学上的“温和派”王弼，即未能在其“无”名之本的天人新义中解决“有”形之迹的名教论证。王弼的“名教因于自然论”未能解决名教危机问题，至于竹林玄学，则是从有无本末之辩的本体哲学径入自然名教之辩的政治哲学。魏氏遗臣阮、嵇偏走“任自然”之庄玄新路径，对于名教则亮出“激烈派”的彻底否定之剑，如是，东京而下的名教危机非谓可以论证；反之，“全性之本，不须犯情之礼律”，“自然之得，不由抑引之六经”（嵇康《难自然好学论》）的《庄子》击“经”式的激烈批判，则为元康世族“无德而折巾者”直接戕“害名教之体”的放纵，做了一种不期然而然的历史预演。要之，世族标榜名教、世族规复名教，即在这魏氏玄学“崇本息末”的修复和“越名教而任自然”的批判背景中走向反面的。

乖离了礼法名教轨道的元康世族，时风群趋贵无，世俗陵迟风教。申论：则风俗所在之形迹，蔑弃礼法轻视世务而已；再论：蔑弃礼法轻视世务而有风教之陵迟，则其所开显者世族政治运作的形下危机，而其所行蕴者则是世族政治本根的形上危机。这种危机，其实就是“道”“器”交相失的危机。究其因缘及其内核，即是发端于贵无贱有的名教危机。故而裴頠《崇有论》曰：“虚无之言，日以广衍，众家扇起，各列其说。上及造化（引注：道也），下被万事（引注：器也），莫不贵无，所存佥同。情以众固，乃号凡有之理皆义之埤者，薄而鄙焉。辩论人伦及经明之业，遂易门肆。”建构世族政治哲学的现实困境，就是由于贵无广衍，世族已经直面“辩论人伦及经明之业，遂易门肆”的局面。因此，质诸时论——“自然名教之辩”——这一综合儒道的政治哲学命题，则元康名教之迹之崩弛亦不能不反思于本体自然之“贵无”的偏走。

晋世世族进入元康时期实处之困境的精神底蕴，或可以说，即是道家子学挤兑儒家经学的名教危机。世族标榜名教却淡出并且戕害名教——所有行政理性的败坏与世族精神的蜕化——的悖论，归结到一点，就是世族政治需要一种更为务实的支配思想的本体证明。因此，对于务实而不忘务虚的礼乐节文派的裴頠来说，要纠正当时世族“口谈浮虚，不尊礼法，尸禄耽宠，仕

① 其《老子指略》约束《老子》思想要义曰：“老子之书，其几乎可一言以蔽之。噫，崇本息末而已矣！”

② 汤一介：《郭象与魏晋玄学》，北京大学出版社 2000 年版，第 47 页。

不事事”颓风之迹，就必有一种进入探本讨原的名理之辩，以确立世族名教政治的本根。可以明确，“人事上主张‘崇有’，并为‘崇有’找根据”[①] 的裴頠《崇有论》，是裴頠面对世族及其政治实处之困境的政治哲学的探索。目的是为世族政治所需要的礼法秩序做出形上的证明。

魏晋时期政治哲学的主要线索，或可以归结为综合儒道的玄学政治哲学。这种综合儒道的玄学政治哲学，集中于“自然名教之辩”的考量；其中心话语，曰“圣人”政治；其理想模式的构建就是“自然”为体、“名教”为用的“内圣外王”。如其达于总结阶段的郭象政治哲学，汤用彤先生说：“郭象在他的《庄子注》中说明本书的宗旨是‘明内圣外王之道’，‘内圣’就是要顺乎‘自然’，‘外王’则主张不废‘名教’，主张‘名教’合乎‘自然’，‘自然’为本为体，‘名教’为末为用。”[②] 可以说，郭象是在述庄中讲“圣人”冥内外合体用的，其调和自然名教的学术资源是《庄子》。易言之，郭象为世族“礼法秩序”做的形上证明是一种参同《庄子》的玄学证明；其构建世族政治哲学的方法，或可曰：庄玄的途径。

裴頠关于“圣人”政治的理想，即其政治哲学具有鲜明的儒家名教立场。但《崇有论》不是一般意义上的儒家“经学”作品，在思维范式上，其能将先秦名家循名责实、注重逻辑分析的特点和道家区分有无、讨类探原的精神结合起来，论学形态依然是合于玄学的。裴頠昌言“崇有”，起论即曰：“夫总混群本，宗极之道也”——直陈群本即万有，万有即本体——万有自生自足而为万有存在之依据。然裴頠讨原，文字虽未及时论——“自然名教之辩”——的政治哲学话语，但思理却一一都是明确联系着人事政治的；推论理本迹有，曰“理之所体，所谓有也”。“有”，是裴頠名理核心范畴，含义不仅指客体存在的“物”，同时亦指人所作为的“事”。可以说，“物”“事”并指而讨原崇有，是裴頠主张不忘世务而论归政治哲学的显明特点。裴頠讲群本即万有，万有即本体；此“物”“有”之为本的名理，是为其“事”“有”之为本作政治哲学的本体张目的。进论所谓人所作为的“事”，即世族名教的世迹。既然“物”“事”皆为本体之“有”，“故兆庶之情，信于所习；习则心服其业，业服则谓之理然（引注：理，即迹之所以迹，即存在之依据）：是以君人必慎所教，班其政刑一切之务，分宅百姓，各授四职，能令禀命之者不肃而安，忽然忘异，莫有迁志”[③]。可见，在裴頠看来，情、习、业

---

① 《汤用彤全集》卷四《魏晋玄学听课笔记之一》，河北人民出版社2000年版，第358页。

② 《汤用彤全集》卷四《魏晋思想的发展》，河北人民出版社2000年版，第111页。

③ 见《晋书·裴頠传》所录《崇有论》，以下复引，不复注。

等世族名教的世迹之“有”与其依据之“理”是一而二、二而一的，因此无须在它们的自身之外再去找什么依据；因此“圣人”政治，也只须慎教、班刑、分宅、授职，天下即可以“不肃而安”；因此，本着群本即万有、万有即本体的本体认识论，裴頠说：“众理并而无害，故贵贱形焉。”质言之，裴頠为世族“礼法秩序”作形上证明的是儒学的立场；其辟无崇有直讲“物”“事”自本自有，通篇无假“自然”以证“有”，“有”即是世族名教礼法之世迹的本体抽象。这种直接以名教“有”构建世族政治哲学的方法，正可谓一种通玄而本儒的儒玄途径①。这种途径，与何、王讲“以无为本”、讲“名教因于自然”而尝试修复自然名教的老玄途径不同。这种途径，亦与讲“上知造物无物，下知有物之自造”、讲“自尔”“独化”合一儒道的郭象也不同。郭象虽然与裴頠同属玄学派别中本体“崇有”的一派，但他是参同《庄子》以讲“内圣外王之道”而侧重“圣人”“常游外以弘内”之义的。裴、郭均崇有，生活时代约略相同，但共谋世族政治哲学的构建却有着儒玄与庄玄的不同，此或是裴頠链接魏世贵无以讲崇有而承接魏晋政治哲学总结性阶段的郭象政治哲学的原因所在。

礼法名教，儒术儒学而已；礼法名教，相对“道”体之“无”，即世务“器”用之“有”而已。可以推论，善名理而主张不忘世务的裴頠是名教中人，其“理之所体，所谓有也”的崇有论，即是其本体论的名教政治哲学。裴頠曰：“惟夫用天之道，分地之利，躬其力任，劳而后飨；率以忠信，行以敬让；志无盈求，事无过用，乃可济乎！故大建厥极。绥理群生，训物垂范，于是乎在，斯则圣人为政之由也。”仁顺、恭俭、忠信、敬让，裴頠历数儒家名教度数讲“圣人”“有”迹之“力任”与“劳而后飨”。但是，论“有”之迹的儒家名教度数则最终上升为世族政治本体的“大建厥极”，上升为“绥理群生，训物垂范”的“圣人为政之由”。“大建厥极”即所谓世族政治的宗极本体的构建②。

魏晋玄学本体论，如汤用彤先生所概括，所谓“有无之学，亦即本末之学，亦即后人谓为体用之学也”③。有无本末，所谓务存高远的本体之思；但是，务存高远的本体之思势不能孤悬，则必有关于本末体用之社会政治形上

① 魏晋玄学，就学术范型与儒道的关系言，或有正始侧重《老子》的老玄，与竹林及竹林以下侧重《庄子》的庄玄。裴頠玄理虽也结合《老子》讲，但立场侧重于儒，故曰儒玄。

② 汤用彤先生论及王弼本体贵无说：“王弼以为天地万物皆以无为本。本者宗极（魏晋人用宗极二字相当于宋儒之本体），即其大衍义中所谓之太极（一作大极）。”见《汤用彤全集》卷四《王弼大衍义略释》，河北人民出版社2000年版，第58页。

③ 《汤用彤全集》卷四《魏晋玄学听课笔记之一》，河北人民出版社2000年版，第355页。

之探的“自然名教之辩”；“自然名教之辩”，自然为本、体、无，名教为末、用、有；这就是魏晋“贵无”思潮半个多世纪业已构建出的关于本体哲学、政治哲学的中心话语。因此，为了论证世族政治根基的名教——“有”“末”“用”——的合理性，并在形上学上立一本根以彻底瓦解世俗颓靡的根源，裴頠立言势必链接何、王“贵无”而发论。此崇有所以为贵无之反动，而有无本末不能不有其联系的内在逻辑。裴頠本体论的名教政治哲学，即是在这种辟无崇有的本体建构中证成的。

裴頠论曰：“夫至无者，无以能生，故始生者自生也。自生而必体有，则有遗而生亏也。”——直陈生者自生，本体自生——故宗极必体有；宗极必体有，建有无本末有为本体义；有为本体，则“生以有为己分，则虚无是有之所谓遗者也”；虚无是有之所谓遗者，辟有无本末以无为本义。理辩至此，弗破弗立是要害。裴頠辟无，曰“虚无是有之所谓遗者”，此所谓“有”“无”作本体对论，“无”只是“有”消失的状态，那么，“有”之所以为“有”，亦自足而无所资于“无”矣！是则何、王“无”为本根本体的宗极之“无”已经瓦解，则建极崇有之义于此“无无论”的辟无中见立。至是而不能不及于人事。接下，裴頠论曰：“故养既化之有，非无用之所能全者也；理既有之众，非无为之所能循也。”既然“无”非本根本体而“有”为“物”“事”并涵，则“既化之有”——既存之世族名教——亦始生自生已“非无用之所能全者”；是则“有”亦自生自足则“理既有之众”——一即是多，多即是一，世族名教的依据无须在它们的自身之外再去找什么依据——“非无为之所能循也”。至此，由有无本末的本体之辩而及于无为名教的政治之辩的体用推阐，裴頠论证世族名教政治“有为己分”之“大建厥极”的本体可谓完成。此以下，复以心事、匠器之关系，讲收鳞、陨禽非无知以能览，进明不可形之“物”亦为“物”，不可见之“器”之“有”亦为“有”，以辟全“有”之“无”，以立“济有皆有”之义。论曰：“心非事也，而制事者必由于心，然不可以指事以非事，谓心为无也。匠非器也，而制器必须于匠，然不可以制器以非器，谓匠非有也。是以欲收重泉之鳞，非偃息之所能获者；陨高墉之禽，非静拱之所能捷也；审投弦饵之用，非无知之所能览也。”制事必由心，心非事不可谓无；成器必须匠，匠非器不可谓非有，心事匠器相依，非有生于无而皆为“有”，故论事则不可偃息静拱，治世则不可无为无用，此即裴頠崇有之论主张不忘世务的理论结穴。《崇有论》全文作结曰：“由此而观，济有者皆有也，虚无奚益于已有之群生（引注：群生，即‘物’‘事’并涵之‘群有’）也！”

裴頠儒玄建构的本体归宿是世族的名教，是世族政治的礼法秩序。辟无崇有应对思潮，是为了建构世族政治的形上依据。建极崇有不离世事，是为了论证礼法秩序的合理性，正论："生为有之己分"；驳论："虚无是有之所谓遗者也"；结论："虚无奚益于已有之群生"——虚无虚幻世界无益现存现实世界——先王典籍礼法名教不可不尊，这就是裴頠"摘列虚无不允之征"而构建世族政治哲学的逻辑；目的是还世族名教及其礼法秩序一个根本。汤用彤先生说："虚无既为'有'之所遗，则虚无不为'有'所资，故世界上的一切无不资于'有'，除非它脱离现世界。既然脱离现世界，就可以打破一切礼教，放僻邪侈，任所欲为，然而这种世界并不是真正的世界。而要想在真正的世界中生存，则必资于'有'。此为'崇有论'最重要之动机也。"①

元康世族仕不事事、放荡越礼，即是他们脱离其世迹名教的"有遗"，即是他们脱离其"现世界"的表征。这是一个实在的政治现象。名理制辩的问题就是：他们缘何脱离？这就逐步进入了政治问题考索的形上层面。裴頠认为，这一切都是由于以幻为真：虚诞者"矜高浮诞"以"盛称空无之美"，而放荡者"效颦狂生"以"肆纵为贵"。元康世族脱出现实的"有遗"，就是"立言藉于虚无"的产物。换句话说，就是由于贵无理论的风靡及其向风者的扭曲实践，导致了世族政治理性与道德理性的荡然。世族政治理性及其道德理性的荡然，就思想观念言，即是贵无而有遗的因果链。那么，所谓世族脱出"现世界"："处官不亲所司""奉身散其廉操"，以至"遂薄综世之务，贱功烈之用，高浮游之业，埤经实之贤"，以至"放者因斯，或悖吉凶之礼，而忽容止之表，渎弃长幼之序，混谩贵贱之级。其甚者至于裸裎，言笑忘宜，以不惜为弘，士行又亏矣"的种种行为，就是作为"圣人为政之由"的世族名教的"生亏"。至此，可以讲，儒玄而追求"大建厥极"的裴頠，完成了他关于世族政治哲学构建的核心观点：所谓贵无贱有、所谓越名教任自然，其实只是一种不尊儒术的思想偏离。至此，裴頠之坚持儒家政治立场的社会批判和坚持儒家学术立场的思想批判，可谓显然。

总的看来，本体哲学上建极崇有的裴頠，在当时风趋贵无的思潮背景下，要解决世族政治中"有遗"的形迹问题，则必致思于抽象的"贵无"理论；而在政治哲学上为名教中人的裴頠，在当时虚诞放荡直接戕害名教、瓦解礼法的情况下，要解决世族政治中"贵无"的玄虚弊端，则讲"贵无"亦必为"有遗"之根由。由于"贵无"而"有遗"，由于"有遗"而世族名教及其礼法秩序"生亏"。裴頠还世族名教及其礼法秩序形上证明的名辩逻辑："贵无"→"有遗"→"生亏"；此元康世族实际政治问题——名教危机和礼法

① 《汤用彤全集》卷四《魏晋玄学听课笔记之一》，河北人民出版社 2000 年版，第 359 页。

秩序失范——所以可以溯源可以质诸魏氏“贵无”之思潮矣。因此，可以说裴頠辟无崇有，从魏晋思想进程及晋世元康世族实际角度看，都并非空穴来风的理论思辩。这是一种坚守儒家立场和儒学话语的世族政治哲学。

于思想史角度看，裴頠是一个通玄理而求治世的政治型玄学人才。旨在解决“口谈浮虚，不遵礼法，尸禄耽宠，仕不事事”① 等实际政治问题的《崇有论》，是他集中表达政治哲学观点的论书②。这种政治哲学——在本体哲学上讲辟无崇有，在批驳颓风中讲“有遗”出于“贵无”——或可曰：本体崇有的名教政治哲学。这种名教的政治哲学，在玄学上穿越了魏世而在实际上联系了元康世族社会，具有明确的“崇济先典，扶明大业”以服务于世族政治的特点。西晋世族政权的意识形态建构，不同于它所替代的曹魏，经纶政体的指导思想是礼法名教。但是，西晋世族在自身权力的建构过程中，由于获得权力的历史性特征及魏氏玄学批判的思想背景，未能形成新的世族观念体系和与之相应的文化风气而最终走向反面。世族根基——名教——在致思“泥远”的贵无中“遂易门肆”，儒道易位而礼法约束力严重失范，世族政治的思想支撑及其现实秩序出现了双重危机。裴頠建极崇有，在思辩范式上，结合先秦名家循名责实、注重逻辑的特点和道家区分有无、讨类探原的精神，并且链接正始本体之辩从而立言，在学术形态上依然是玄学的，但是立场是儒学的。裴頠讲“物”“事”为“有”而自本自根，通篇无假“自然”以证成“有”之自本自生，话语也是儒学的。裴頠本体崇有的名教政治哲学的核心观点就是：贵无贱有、任自然、越名教是世族政治不能尊奉儒术的思想偏离，由于这种思想的偏离，世族脱离了他们的“现世界”。这种内含着儒家政治立场的社会批判和儒家学术立场的思想批判，以构建世族政治哲学的方法，或可曰是一种通玄而本儒的儒玄途径。这种儒玄途径，既不同于综合老玄以解决自然名教矛盾的何、王，亦不同于参同《庄子》以调和自然名教的郭象。但在有无代兴而在理论上解决自然名教矛盾的魏晋玄学政治哲学理论——“内圣外王之道”——的发展过程中，无疑是有其地位的。

（原载《中国思想史论集·第三辑》，广西师范大学出版社 2008 年版）

① 《晋书》卷三五《裴頠传》。

② 《晋书》本传注引陆机《惠帝起居注》和《世说新语·文学》注引《晋诸公赞》所录并及孙盛《老聃非大圣论》所言裴頠“贵无”论，佚，且失考。

后梁兴亡与南北统一

发生于公元4世纪初的“永嘉之乱”，导致司马晋南渡而中国形成其第一次长时段之南北隔离。尔后，东晋南北朝近三百年的对峙遂行蕴其南北统一的历史主题。统一南北，复金瓯为一体的“大一统”政治意念，就南方而言，则自刘宋而下已不可称言此志。王夫之曰：“至于陈，而江东之生气，齐凋之，梁萎之，侯景摧之，萧詧、王琳中起而灭裂之，陈氏偷存而销铄之；刘宋吞广固、捣长安之锋颖，荡尽无余矣。”[①] 刘宋而下逐渐生成之北强南弱形势，经由梁末之乱铸为定局。故陈寅恪先生指出：“南朝梁亡已告一段落。梁末国土已蹙，扬子江北部都已丧失。梁的失败，也就是南朝的失败。陈亡不过是一个时间上的问题。”[②]

公元557年，身为南徙北人低门的陈霸先在建康禅梁，梁朝灭亡，都于长江下游的陈朝支撑起南北对峙的局面。然南朝陈地最小：“计是时，江以北尽入于北齐，西境则蜀中及襄阳俱入西魏，江陵又为萧詧所有。”[③] 陈氏始立国即失去江北淮甸要地，又不保“面施、黔，背襄、汉，西控巴峡，东连鄢、郢，环列重山，襟带大江，据上游之雄”[④]的荆部要区，形势逼仄已远非一个国土大小可论。顾炎武曰：“三国而后，海内之地分为南北，都金陵者，必备淮甸，以犄角北寇，然国之安危，系于上流而已。盖转输之利，因系于上流，屏翰之势又系于上流。南朝六姓，其强弱之势与兴亡之由，顾上流设施何如耳。”[⑤] 江左自梁末之

---

① 王夫之：《读通鉴论》卷一八《陈宣帝》，中华书局1975年版。

② 万绳楠整理：《陈寅恪魏晋南北朝史讲演录》，黄山书社1987年版。

③ 赵翼：《廿二史劄记》，见王树民《二十二史校证》本卷一二，中华书局1984年版。

④ 周振鹤编校：《王士性地理书三种》。

⑤ 顾祖禹：《读史方舆纪要》卷七五。

乱即相继失却荆益重镇，国之西门空豁，遑论“设施”，故陈的灭亡确实只是一个时间问题。

公元6世纪中期，中国南北统一的天平倾斜于北中国的政治集团。这个“倾斜”，就军事形势与格局而言，以江左政权失防江北淮甸及江汉上流之楚甸为重要因素；而江左失江汉上流则以据江陵（今湖北江陵）之后梁依附于北方王朝西魏为根本原因。

一

梁末之乱始于“侯景之乱”，而“侯景之乱”则立一南朝历史的转折界标，它导致了梁朝的灭亡并彻底摧毁了南方政权统一全国的意志。然而，具有反讽意味的则是，“侯景之乱”的产生乃导源于南方政权对于南北统一的政治欲念。

梁武帝太清元年（547），北方政权东魏缘其权臣高欢之死而发生其权力转移过程中的政局波动：拥兵十万、专制河南十四年之久，且“常有飞扬跋扈之志”① 的东魏司徒、河南大将军、大行台侯景据河南以叛。侯景先降附西魏而不得其志，旋遣使江左乞降于梁，声称“请举函谷以东，瑕丘以西，豫、广、郢、荆、襄、兖、南兖、济、东豫、洛、阳、北荆、北扬等十三州内附”②。梁武帝下其表付廷议，尚书仆射谢举等以为，“顷岁与（东）魏通和，边境无事，今纳其叛臣，窃谓非宜”③，“请拒之”④。但意在趁隙统一南北的梁武帝却以“梦中原牧守皆以其地来降”为“宇宙混一之兆”⑤，决计收容侯景。是年二月“壬午，以景为大将军，封河南王，大行台，承制如邓禹故事”⑥。三月即遣兵三万“应接侯景”⑦；六月，诏“以鄱阳王范为征北将军，总督汉北征讨诸军事，击穰城”⑧，兵援侯景而伺机北上。八月，梁武帝“下

---

① 《资治通鉴》卷一五九“梁武帝中大同元年（546）”。
② 《资治通鉴》卷一六〇“梁武帝太清元年（547）”。
③ 《资治通鉴》卷一六〇“梁武帝太清元年（547）”。
④ 《南史》卷二〇《谢举传》。
⑤ 《南史》卷二〇《谢举传》。
⑥ 《南史》卷七《梁本纪（中）第七》。
⑦ 《资治通鉴》卷一六〇“梁武帝太清元年（547）”。
⑧ 《资治通鉴》卷一六〇“梁武帝太清元年（547）”。

诏大举伐东魏”[①]，乙丑，“诸军北征”[②]。届此，“太清元年，大举北侵”[③]，梁武借侯景叛魏之机拉开其意在统一的最后一次的“太清北征”。

拥兵十万、叛起中州的侯景，一时成为南北政治关注的焦点。就北方而言，东魏欲剿灭之以绝心腹之患，西魏欲联引之又恐难以控制，故持“观变”态度。东魏高欢死后，世子高澄秉政伊始即聚兵进击侯景。侯景初乞援于西魏，未得信赖，西魏尽撤“前后所遣诸军援景者”[④]。侯景远征西魏固足中州的企图流产，遂引兵退守谯城；与此同时，萧梁北征亦受挫于东魏。太清二年，据谯城之侯景食尽势穷引带残部渡淮而南；萧梁北征之军“以东魏军渐逼”[⑤]，弃悬瓠、项城，退军淮河一线。东魏在军事取胜于梁之后，复行外交媾和策略，意在祸水南引；而梁武无视其间利害，托辞“厌兵”[⑥]，同意与东魏“重敦邻睦”[⑦]，至此，用兵轻险的“太清北征”不仅流产，亦构隙于侯景。

“南北复通，将恐微臣之身，不免高氏之手”[⑧]，萧梁与东魏复和，使侯景处困兽犹斗境地。太清二年八月，侯景据寿阳反梁；十月，侯景声东击西连下谯城、历阳，拥军大江仅有“兵八千人”[⑨]，但却“自横江济于采石”[⑩]，直赴梁都建康，石头城（今南京清凉山）守军投降，“景列兵绕台城（今南京鸡鸣山南）”[⑪]。梁武帝困居台城，“吾得无复为晋家乎”[⑫] 的亡国之忧，渐成悲剧的实景。

从太清二年（548）十月台城被围，迄于次年三月台城陷落，梁宗室及四方勤王之师进行了长达近半年的解围之战。然而“诸军互相猜阻”[⑬]，“四方征镇入援者，三十余万，莫有斗志，自相抄夺而已”[⑭]；萧梁宗室“迁延坐视，内自相图”[⑮] 的靖难之军终不能救其君父于危难之中。太清三年三月，侯

---

① 《资治通鉴》卷一六〇“梁武帝太清元年（547）”。

② 《南史》卷七《梁本纪（中）第七》。

③ 《南史》卷五二《梁宗室（下）》。

④ 《资治通鉴》卷一六〇“梁武帝太清元年（547）”。

⑤ 《资治通鉴》卷一六一“梁武帝太清二年（548）”。

⑥ 《资治通鉴》卷一六一“梁武帝太清二年（548）”。

⑦ 《资治通鉴》卷一六一“梁武帝太清二年（548）”。

⑧ 《资治通鉴》卷一六一“梁武帝太清二年（548）”。

⑨ 《资治通鉴》卷一六一“梁武帝太清二年（548）”。

⑩ 《资治通鉴》卷一六一“梁武帝太清二年（548）”。

⑪ 《资治通鉴》卷一六一“梁武帝太清二年（548）”。

⑫ 《资治通鉴》卷一六〇“梁武帝太清元年（547）”。

⑬ 《资治通鉴》卷一六二“梁武帝太清三年（549）”。

⑭ 《南史》卷七《梁本纪（中）第七》。

⑮ 王夫之：《读通鉴论》卷一七《梁武帝·简文帝·元帝》，中华书局 1975 年版。

景攻陷台城，一纸矫诏即解去都下数十万勤王之师，多少说明因难起兴的勤王之师，其意已非在“勤王”。五月，梁武帝饿死净居殿，侯景拥立其三子萧纲为帝，史称简文帝；而梁武诸子孙于此都城失陷、君父已死之权力真空状态下，开始公开其蕴蓄已久的权争用心。梁末之乱的军事斗争将由此而转入更为残酷、更为血腥的“兄弟阋墙”的内争，北中国的政治集团将缘此南进，扩大并强化“北强南弱”的对峙局面。

太清三年（549）六月，梁武七子湘东王、荆州刺史萧绎据江陵起兵讨侯景。然势力称雄于宗室的萧绎“不急莽、卓（指代侯景）之诛，先行昆弟之戳”①，师不出荆部即加兵子侄，演开权力的血祭：七月，萧绎以兵进击其侄、故昭明太子之子河东王湘州（治长沙）刺史萧誉；八月，抵御乏力的萧誉乞援其胞弟岳阳王雍州（治襄阳）刺史萧詧；九月，“（萧）詧留咨议参军蔡大宝守襄阳，帅众二万、骑二千伐江陵，以救湘州”②。昭明太子二子联手抗御其叔，荆、湘之地遂演为萧氏叔侄争夺权力的战场。“雍州（治襄阳）之于荆州（治江陵），犹若北府（治京口）之于建业”③。雍、荆相辅则为江左固国之西门，雍、荆相争则为北朝供可乘之机而贻建康上游形胜不守之厄。是雍、荆一体若唇齿、荆、扬一体若首尾之形势使然。梁氏叔侄争战荆湘，雍、荆不睦则势必给北朝以可乘之机，而“詧既与湘东王绎为敌，恐不自存，遣使求援于（西）魏，请为附庸”④，直接将一己维持与扩张权力的欲望植入北境敌国的军事支持之中，则不啻开江左西门之隙而贻下游之都建康以形势之危。

大宝元年（550），西魏应势而动，出兵义阳、随郡、安陆、竟陵，毕一役之功而尽占汉东之地。西魏兵临江陵，萧绎被迫质子求和，但仍不释其内战之手。四月，萧绎所部攻占长沙，擒杀河东王萧誉；九月，复派“舟师一万，东趣江、郢”⑤，攻打其兄邵陵王郢州（治武昌）刺史萧纶，纶兵败逃齐昌归附北齐。至是，萧绎方于境内迎击西上击荆的侯景。“巴陵之战”，萧绎击败侯景；次年三月，所部王僧辩、陈霸先光复建康，侯景于北逃中为部卒所杀。历时五年（548—552）的“侯景之乱”结束，然而与此“结束”相伴而行的是江左以来建业士族集团的结束。陈寅恪先生曰：“侯景乱梁，不仅为南朝政治上的巨变，且在江东社会史上，亦为划时代的大事。”⑥ 其社会变迁

① 《南史》卷八《梁本纪（下）第八》。

② 《资治通鉴》卷一六二“梁武帝太清三年（549）”。

③ 万绳楠整理：《陈寅恪魏晋南北朝史讲演录》，黄山书社 1987 年版。

④ 《资治通鉴》卷一六二“梁武帝太清三年（549）”。

⑤ 《资治通鉴》卷一六三“梁简文帝大宝元年（550）”。

⑥ 万绳楠整理：《陈寅恪魏晋南北朝史讲演录》，黄山书社 1987 年版。

之义，在于以高门为主要社会阶级特征的“建业士族集团”的消亡；这个“消亡”标志着江左统治中坚力量的变更，而萧绎失此依托则无望虎踞龙蟠的石头城。是年十一月，萧绎于江陵称帝，史称梁元帝，年号承圣。然梁末之乱的权力之争并未因此而中止。

承圣元年（552）四月，萧绎之弟武陵王益州（治成都）萧纪据成都称帝；八月，举兵东下赴江陵。萧绎近忧萧詧、远惧萧纪，遂遣使西魏乞魏师击蜀。届此，梁氏荆益大镇分裂而有北朝势力乘机介入，西魏权臣宇文泰大喜过望，曰：“取蜀制梁，在兹一举。”① 承圣二年初，萧绎、萧纪对峙西陵；五月，西魏“兵逼巴西”②；八月，魏师平蜀，而前此一月萧氏兄弟拼战峡口，萧纪兵败被杀，首级传江陵。萧绎内争克胜而外失益州重地，江左缘此再失上流屏障。

击败东下争权的萧纪后，萧绎及其江陵政权步入所谓的“中兴”之局。萧绎及其臣僚曾廷议返都建康。时萧绎朝廷尚书仆射王褒曰：“今百姓未见舆驾入建康，谓是列国诸王，愿陛下从四海之望”③，还迁建康。但萧绎“以建业彫残，方须修复；江陵殷盛，便欲安之。又其故府臣僚，皆楚人也，并愿即都荆郢”④，决定都江陵，而使王僧辩、陈霸先分镇建康、京口。萧绎将梁氏的统治中心移至江陵，其统治的中坚力量亦是“社会地位稍逊于洛阳胜流（引注：即南徙北人之建业士族集团）”⑤ 的所谓“楚子”，因其以江陵为政治中心舞台，或称“江陵士族集团”。此集团成员主要为南徙北人之“次门”，曾是梁武帝赖以起兴的政治力量，与陈霸先所有之南方土著豪族势力之社会特征迥然不同。萧绎在“建业士族集团”业已亡于侯景之乱后，不欲改变萧氏统治的士族性质，则只有都江陵唯“楚子”是依。但经过侯景之乱的削夺，江陵政权的统治已远逊于全梁之盛，其土宇民人窄少。《南史·梁元帝本纪》记：“自侯景之乱，州郡太半入魏。自巴陵以下至建康，缘以长江为限；荆江界北尽武宁，西拒峡口；自岭以南，复为萧勃所据。文轨所同，千里而近，人户著籍，不盈三万。中兴之盛，尽于是矣。”

梁元帝萧绎与萧詧争而失睦雍州，致令襄阳依附于西魏，复与萧纪争而尽失益州，致令西魏尽占江左上流形胜。襄阳、成都“为江陵生死所自操”⑥ 之

---

① 《周书》卷二一《尉迟迥传》。

② 《南史》卷八《梁本纪（下）第八》。

③ 《资治通鉴》卷一六五“梁元帝承圣二年（553）”。

④ 《周书》卷四一《王褒传》。

⑤ 陈寅恪：《金明馆丛稿初编·述东晋王导之功绩》，上海古籍出版社1980年版。

⑥ 王夫之：《读通鉴论》卷一七《梁武帝·简文帝·元帝》，中华书局1975年版。

战略要地，萧绎为争权而不惜拱手出其重镇于西魏，故史论其“弃地利而极矣”[①]。是江陵政权不仅地小而且失其固国之形势。承圣三年（554）三月，北朝西魏、北齐均遣使交聘于江陵，梁元帝意在携贰行权，“密与齐氏通”[②]，反而给西魏寻衅江陵留下口实。与此同时，雍州萧詧“归诚魏阙”[③] 往来频繁，亦加快了西魏出兵江陵的步伐。是年九月，西魏于谨、宇文护、杨忠等将领“将兵五万”[④] 进击江陵；十月，魏师至襄阳，“萧詧率众会之”[⑤]，于谨使宇文护、杨忠等“率轻骑先据江津（今湖北荆州市东南），断其归路”[⑥]，十一月“魏军济江”[⑦]，至是，少有唇卫御守之地的江陵已形若孤城，西魏完成其合围。是月，西魏攻陷江陵，梁元帝萧绎被俘，十二月，死于土囊闷杀之酷刑。

西魏攻陷江陵，却因当时中原政治、军事的牵制而不能取而代之。因此，立萧詧为梁主，施行“附庸”政治以实际控制江左政权的战略重镇乃成其唯一选择。“詧即皇帝位于江陵”[⑧]，追尊其生父萧统为昭明皇帝，文物制度一依梁氏之旧以示正统归于萧梁，故史称“后梁”。但是，后梁“上疏于魏则称臣，奉其正朔”[⑨]，实质则为西魏的附庸。故《北史》列后梁诸主及其臣于“僭伪附庸”类传，曰“萧詧虽云帝号，附庸周室，故从此编”云云，大致与史实相吻合。由西魏军事力量一手扶植的后梁的建立，其实标志了萧梁的灭亡。萧绎身死江陵，所部驻建康、京口的王僧辩、陈霸先即拥立其九子萧方智以奉梁正朔。然而，其对建康的梁朝亦仅是一个旗号、一个走向改朝换代的历史性铺垫；萧方智无兵无权，实为傀儡，两年后，陈霸先禅梁建陈，支起南北对峙的历史格局。梁朝的历史，其实结束于“江陵之陷”；而“后梁”的存在，其实已归于北朝的编年。

二

“江陵之陷”，落下了梁武帝子孙内争其权的悲剧之幕。然而，由这最后一幕中走出的“后梁”的附庸性，则更为深刻地昭示了东晋以来江左特有的

---

① 王夫之：《读通鉴论》卷一七《梁武帝·简文帝·元帝》，中华书局 1975 年版。
② 《周书》卷一五《于谨传》。
③ 《周书》卷四八《萧詧、萧岿、萧琮等传》。
④ 《资治通鉴》卷一六五“梁元帝承圣二年（553）”。
⑤ 《南史》卷八《梁本纪（下）第八》。
⑥ 《周书》卷一五《于谨传》。
⑦ 《资治通鉴》卷一六五“梁元帝承圣二年（553）”。
⑧ 《资治通鉴》卷一六六“梁敬帝绍泰元年（555）”。
⑨ 《资治通鉴》卷一六六“梁敬帝绍泰元年（555）”。

军事政治格局的瓦解。这一"瓦解"，进一步明朗了南北统一的形势。时萧绎旧属入使西魏而见执的庾信，在江陵陷落一纪之后作《哀江南赋》："中兴道销，穷于甲戌（江陵之陷，岁次甲戌）"，"将非江表壬气，应终三百年乎"云，已点明其势；明清之际王夫之曰："江陵陷，襄阳（指代萧詧）北折而为宇文之先驱，江左之能延数十年者，幸也。高齐未灭，关中之势未固，宇文之篡未成，故犹幸而存也。"① 是江左政权幸存于"江陵之陷"之后乃有其北朝自身政治牵制之因，非北方无力统一。因此，尝试揭"江陵之陷"事件的历史之义，或可指为北方政治集团强力拉开其统一中国历史序幕的一个行动。

由"江陵之陷"作为直接背景而建立起来的后梁，政治上依附于西魏的恶果，初植于侯景乱梁以下而萧氏叔侄的权力斗争。侯景兵围台城，梁武帝子孙不能并力解决政权危机而各怀觊觎最高权力之心。因此，各拥大镇则恃力强争，以至力有不足而假手外力与北朝的"政治结盟"。这一方面给势在南下的北方政治势力创造了机会。另一方面亦一并种下政治附庸的恶果，时论"昔江陵之中否，乃金陵之祸始。虽借人之外力，实萧墙之内起"②，堪称泣血之哀音、切中时弊之政论。彻底摧毁萧梁的梁末之乱起于侯景之乱（548）而终于江陵之陷（554），前后达 6 年之久，而梁武帝子孙之争交织于其间，其归宿抑如邵陵王萧纶所先见："夫征战之理，唯求克胜；至于骨肉之战，愈胜愈酷。"③ 梁氏王朝的灭亡，其实成于梁氏子孙相争而相倾的最后一推。其幸存者萧詧于事尽力竭之后，终究无法摆脱"外力"控扼下的傀儡命运。面对魏师监控下的江陵，有"任术而好谋"④ 之称的萧詧不禁叹曰："遂胡颜而苟免，谓小屈而或申。岂妖詧之无已，何国步之长沦。"⑤

西魏用军队将萧詧送入江陵，"仍取其雍州之地"，"资以荆州之地"⑥，萧詧失雍得荆，首先被迫丧失其雍荆相依以为江汉形势的立国之基，因为雍州有其"时平足以树根柢，时乱足以图霸功"⑦ 的军事政治地位，此其一；其二，西魏所给萧詧所谓之荆州仅"延袤三百里"⑧，且为一座空城，尔后，后梁于江陵南岸立武、巴二州，仅空挂其名而不能实有其地⑨，萧詧

---

① 王夫之：《读通鉴论》卷一七《梁武帝·简文帝·元帝》，中华书局 1975 年版。
② 《周书》卷四一《庾信传·〈哀江南赋〉》。
③ 《南史》卷五三《邵陵王纶传》。
④ 《南史》卷四八《萧詧传》。
⑤ 《南史》卷四八《萧詧传》。
⑥ 《资治通鉴》卷一六五"梁元帝承圣二年（553）"。
⑦ 《北史》卷九三《萧詧传》。
⑧ 《资治通鉴》卷一六五"梁元帝承圣二年（553）"。
⑨ 《资治通鉴》卷一六六"梁敬帝绍泰元年（555）"，胡注"正月"条。

偏促江陵，叹其“昔方千而畿甸，今七里而磐萦。寡田邑而可赋，阙丘井而求兵”[①]，确非虚语；其三，西魏于江陵设防主，以王悦“将兵居江陵西城”“留镇”，“外示助詧备御，内实防之”[②]，萧詧及其朝廷则孤居江陵东城。从夺其形势，到空其实地而复加军事监控，西魏在初立后梁于江陵之际，即有效地控制了它。这种“控制”，在北强南弱的大形势下大抵为西魏以后的北方政权所延续，这使江左在“江陵之陷”后即失去了它长江上游的江防重镇。

西魏凭借其攻陷江陵的军事胜利，获得了它剥夺江左政治文化资源的权力。史称，西魏军队进占江陵，“收其府库珍宝。得宋浑天仪，梁曰晷铜表，魏相风乌、铜蟠螭趺、大玉径四尺围七尺，及诸舆辇法物”[③]，是江陵为南朝一政治文化中心的文物表征，至此尽归北土。后梁朝廷的附庸性更显凸出，而南北统一南朝持以为骄傲的政治文化资本亦受此一打击。萧梁自武帝以来，“专事衣冠礼乐，中原士大夫望之以为正朔所在”[④]，因之形成的江左正统地位，于此亦受到一定程度的摇撼。北输中原的“舆辇法物”，无疑为北朝最后的军事统一提供了一种具有其时代普遍认同价值意义的政治文化构件。

西魏以“附庸政治”控制江陵，完成其“南清江汉”[⑤]，以为混一之基的战略意图。为确保南进统一的有利战略态势，西魏在撤兵江陵时对其进行了几近“空城”的移徙士民政策。将占领地士民迁徙至自己的统治中心，是北方统治民族一贯的“虚其腹心，以实畿甸”[⑥] 的强本政策，初衷在于占有更多的劳动人手[⑦]。然西魏于江陵的大规模移徙却有所不同，因为江陵系东晋以来渐已形成的政治文化中心城市。《通鉴》载：“尽俘王公以下及选百姓男女数万口为奴婢。”《通鉴·考异》曰：“《典略》作‘五十万’。今从《梁纪》《南史》。”是《通鉴》所记“数万口”来自《梁书》本纪及《南史》。然《周书·文帝本纪》则记，“并虏其百官及士民以归。没为奴婢者十余万，其免者二百余家”。又，《周书·于谨传》记，“虏其男女十余万”，是《周书》所记均为“十余万”。上引两载或有牴牾。但细稽《通鉴》行文“尽俘王公以下及选百姓数万口为奴婢”，则此“数万口”之数或仅指“及选百姓男女

① 《南史》卷四八《萧詧传》。

② 《资治通鉴》卷一六五“梁元帝承圣二年（553）”。

③ 《周书》卷一五《于谨传》。

④ 《北齐书》卷二四《杜弼传》。

⑤ 《周书》卷二《文帝本纪》“史臣曰”。

⑥ 《晋书》卷一一六《姚弋仲载记》。

⑦ 参见唐长孺：《魏晋南北朝史论丛·晋代北境各族“变乱”的性质及五胡政权在中国的统治》，三联书店1955年版。

为奴婢”者，其合于“尽俘王公以下”之数，则两载当无过大差异。西魏徙江陵士民当在“十余万”之数，此在战后的江陵可谓已近“空城”之数。《周书·萧詧传》曰：“既而阖城长幼被掳入关。”抑为辅证。

“江陵殷盛”[①]，曾是梁元帝萧绎舍建康而都江陵的依据。然论其“殷盛”，则不能不言及因萧绎有“居连率之长”[②] 位而能固结并招徕梁氏士族于江陵的江陵人才之盛。此即“江陵士族集团”。此集团为南渡士族的一支，“梁元帝迁都江陵，为其集团最盛的时代”[③]，侯景乱梁，建康不守而士族多奔江陵，“江陵士族集团”遂代“建业士族集团”而演为南朝士族政治最后之支撑力量。然“江陵之陷”却使这一集团受到最后一击。《隋书·庾季才传》记，“初，郢都（引注：即江陵，此史笔依战国楚都称謂）之陷也，衣冠人士多没为贱”，“俘囚楚甸，播越秦中”[④]，大批士族被没为奴婢而迁徙入关是西魏“江陵之迁”的一个特点，它从根本上摇撼了江左的士族政治，其中大多文化高门之大族被裹挟入北，则从根本上瓦解了“江陵士族集团”。

《周书·王褒传》记，“（王）褒与王克、刘瑴、宗懔、殷不害等数十人，俱至长安。太祖喜曰：‘昔平吴之利，二陆而已，今定楚之功，群贤毕至，可谓过之矣。’”《周书·刘璠传》记，刘璠入关，申徽对宇文泰曰：“昔晋主平吴，利在二陆。明公今平梁汉，得一刘璠也。”《周书·刘璠传附子祥传》记刘祥“江陵平，随例入国”。从“随例入国”到“群贤毕至”，进而从西魏君臣均以入北江陵士族比视“二陆”来看，可知“江陵之迁”的确含有大批“名重南土”[⑤] 的文化士族。《隋书·文学传（序）》称江左文风不同中原，而其北输则在江陵之陷后。“周氏吞并梁荆，此风煽于关右”；《南史·文学传（序）》曰：“自中原沸腾，五马南渡，缀文之士，无气于时。降及梁朝，其流弥盛。盖由时主儒雅，笃好文章，故才秀之士，焕乎俱集。……至有陈受命，运接乱离，虽加奖励，而向时之风流息矣。”是江陵陷没，文士北驱而有江左文风煽于关右之始，踵武其后之陈朝则无力复振昔日文运，“而向时之风流息矣”。“江陵之迁”使永嘉以来所谓“世胄华门清流文苑之选”的南徙北人中的高级文化士族大批北返，此不仅为后梁统治基础的根本丧失，亦为江左社会变迁大局所系，陈寅恪先生谓，“北方上层士族南渡之局遂因此告一结

---

① 《周书》卷四一《王褒传》。

② 《南史》卷八《梁元帝本纪》“史臣曰”。

③ 陈寅恪：《金明馆丛稿初编·述东晋王导之功绩》，上海古籍出版社 1980 年版。

④ 《周书》卷四二“史臣曰”。

⑤ 《周书》卷四二“史臣曰”。

束”[①]，抑即揭明其史眼。然复可申论者，“北方上层士族南渡之局的结束”，无疑宣告了南方士族政治的衰竭。后者无疑亦深刻影响了南北对峙的政治格局。《周书·王褒庾信合传》论曰：“既而革车电迈，渚宫云撤。尔其荆、衡杞梓，东南竹箭，备器于庙堂众矣。”南士北迁，“备器庙堂”，北强南弱之对峙格局复缘此而再有强化。

梁末“侯景之乱”，大致限于建康及三吴地区。“是时，唯荆、益所部尚完实”[②]。但梁武帝子孙争战荆益则使局面陷入更大的混乱。以西魏武装介入为背景的“江陵之陷”结束了这一混乱，后梁为其所控制，江左因此而失去江防的上流屏障，东晋，宋、齐、梁以来所形成的军政防御格局受到破坏。众所周知，东晋南朝与北中国之军事对峙，大致以长江为天然限隔，司马氏渡江因东吴之旧奠都建康，尔后宋、齐、梁均因之不改，故论其江防则上流形胜不舍荆州，下游紧要唯依扬州，已成必然选择。《通典·州郡十三》称荆州，“州郡之内，含带蛮蜑，土地辽落，称为殷旷。江左大镇，莫过荆、扬。故谓荆州为陕西也”。荆州称“陕西”，刺荆者称“分陕”[③]，是江左因其地理而拟意姬周形成的军政布局，时称“拟周之分陕”。盛弘之《荆州记》云：“以京师（引注：指建康）为根本，荆楚为重镇，上流之所总，拟周之分陕。”[④]“分陕”之事始于东晋立国江左，而衍为成制并形成以宗室驻镇为主则在刘宋，尔后齐、梁均循之不变。荆州居“上流之所总”地位，乃都建康之江左政权相依相辅以为江防之固的重镇。《宋书·何尚之传》云：“江左以来，扬州根本，委荆以阃外”，是论荆楚方城的防御之义；顾炎武《读史方舆纪要》云：“终六朝之世，荆州轻重，系举国之安危”，是论荆州为镇有江防要枢之义。在江左中央政治稳定的前提下，荆州的第一要义乃是防御北中国政治集团南下的军事大镇。这是东晋以迄南朝的基本形势。

“江左大镇，莫过荆、扬”，但荆、扬为御北之前沿大镇则不能失其唇卫拒战之地，于扬州固不能失两淮之“淮甸”，于荆州亦不能失襄、汉之“楚甸”；淮甸失则京师告警，楚甸失则荆部摇荡。因江之利以为守国之资的江左政权，势在荆、扬，势在楚甸与淮甸的支撑。萧梁武帝与北魏“争战沿淮之地十余年”[⑤]，势在淮甸之争；西魏趁梁末之乱，举兵东南，下江陵、取雍州而定汉东，亦势在楚甸之争。《隋书·地理志》记，“自晋氏南

① 万绳楠整理：《陈寅恪魏晋南北朝史讲演录》，黄山书社 1987 年版。

② 《资治通鉴》卷一六三“梁简文帝大宝元年（550）”。

③ 顾炎武：《日知录》卷三一《陕西》，岳麓书社 1994 年版。

④ 《太平御览》卷一六七。

⑤ 赵翼：《廿二史劄记》，见王树民《二十二史校证》本卷一二，中华书局 1984 年版。

迁，南郡（即荆州，治江陵），襄阳（即雍州，治襄阳），皆为重镇”，是楚甸兴大镇有其因循时势、重在军事防御的历史背景。梁末之乱，梁武帝子孙争权而先失益州；后梁之建，以雍易荆，荆部已经分散；后梁附庸更不能独立，荆州即渐次演为北方南下的战略支点；继起的陈朝“无能奋兴以决斗荆、襄”[①]，无法重构包含二甸在内的江防全线。因此，仅从军事角度看，前揭陈寅恪先生有关南北统一之判断：“梁的失败，也就是南朝的失败。”的确是鞭辟入里之见。而“梁的失败”亦当以江陵之陷为一绾结。王夫之曰：“梁失成都于宇文氏，而江陵困，湘东死，陈氏终以灭。盖江东据江、淮以北拒，而巴、蜀既失，横江而中溃，方卫首而中折其腰臂者，未有不殒者也。”[②] 江陵陷，后梁为附庸，此即江左“横江而中溃”的江防形势，战守利害皆授手于北朝，南朝焉得不亡？东晋以来，江左的军政防御格局瓦解于江陵之陷，是“江陵之陷”不仅为萧梁一姓的痛史，亦为南北对峙有以发生深刻变化的关键事件。

三

西魏以建立后梁附庸的形式，控制了它统一南北的战略支点，这是当时中原形势制约下的一种权宜举措。为了保持对后梁的有效控制，西魏及其后继的北朝政权相继于江陵以防主与总管制实施其政、军合一的全面控制。西魏恭帝三年（556），其权臣宇文泰死，是年岁末，宇文氏即禅代西魏建周。迄于周武帝保定二年（561）六月，西魏、北周于江陵实施防主制，设防主、副防主，并置换频繁。史载，西魏恭帝二年（555），以大将军郑伟为“江陵防主”[③]，而仅两年后即以大将军权景宣代之[④]。防主，为北朝镇戍重要地区的高级将领，任者多有将军、大将军衔，职任含有专制方面的意味。周武帝保定二年二月，后梁萧詧一死，武帝“命其太子岿嗣位”[⑤]，六月，“分山南荆州、安州、襄州、江陵为四州总管”[⑥]，江陵自此实行总管制。总管，系北周首创而军政系于一体的官职，其地位相当于都督，掌军事并节制属州刺史。《通典·职官十四·都督》条曰：“后周改都督诸军事为总管，则总管为都督

---

① 王夫之：《读通鉴论》卷一八《陈宣帝》，中华书局 1975 年版。

② 王夫之：《读通鉴论》卷一三《晋成帝》，中华书局 1975 年版。

③ 《周书》卷三六《郑伟传》。

④ 《周书》卷二八《权景宣传》。

⑤ 《周书》卷四八《萧詧、萧岿、萧琮等传》。

⑥ 《周书》卷五《武帝本纪（上）》。

之任矣。”江陵的总管制，设总管、副总管，多以大将军任职，置换频繁。如大将军田弘，天和二年（567）任“江陵总管”①，天和四年即为陆腾所代②。由西魏而北周，任江陵防主、副防主，总管、副总管多为其统治集团中所谓“将帅之才”③ 的军界人物，可见，北朝防主、总管制下的江陵控扼主要是军事性的，是以军事强制实现其政治羁縻目标的。

公元581年，隋禅代北周。隋王朝承接了北周平定北齐的成果而成为中原统一而强大的政权，这改变了原先北齐、北周并立而中原势分所存在的北朝政权与北境突厥对比关系中的守势状态。易言之，隋的强大改变了中原农耕民族政权与其北境游牧民族政权的对抗地位。但“周、齐抗衡，分割诸夏”④，而突厥南下抄掠的权益由此改变受到威胁，这最终使强大起来的隋王朝无法回避突厥加诸的军事压力。为了集中力量抗御北塞突厥，隋王朝对江左陈朝遂推其“交使睦邻”而“潜为经略”⑤ 的长远战略。这一战略的本质是“先北后南”而最终“将一函夏”⑥，缘此，隋初对江陵的后梁亦着意抚慰以防激成南边变端。中国南北统一的进程有所减缓，但方向与形势不变，隋王朝对于后梁仍然处于绝对控制的地位。

史载，“隋文帝既践极，恩礼弥厚。遣使赐金三百两、银一千两、布帛万段、马五百匹。开皇二年（582），隋文帝备礼纳（萧）岿女为晋王（即文帝二子杨广）妃。又欲以其子赐尚兰陵公主”⑦。赐金帛马匹并联姻后梁，隋文帝旨在抚纳。是年，隋“罢江陵总管，岿专制其国”；开皇四年，萧岿赴长安，以先秦诸侯“朝觐”之礼见隋文帝，史云：“及（北）周封萧詧梁王，迄于隋，恒称藩国，始有朝觐之仪。”⑧ 可见，隋初尽管承受着突厥的强大压力，也坚持其对后梁的宗主地位，这显然是为了南北统一的长远战略。翌年五月，萧岿居江陵而死。“隋文帝又命其太子（萧）琮嗣位”⑨，并征“自以为望重属尊，颇为不法”的萧岑入朝，“复置江陵总管以监之”⑩。

迄于开皇五年下半年，隋于西北边线大致辍兵，遂谋南下以求中国的

---

① 《周书》卷二七《田弘传》。
② 《周书》卷二八《陆腾传》。
③ 《周书》卷二八“史臣曰”。
④ 《隋书》卷八四《突厥》。
⑤ 《通鉴纪事本末》卷二五《隋灭陈》。
⑥ 《隋书》卷五二“史臣曰”。
⑦ 《周书》卷四八《萧詧、萧岿、萧琮等传》。
⑧ 《隋书》卷八《礼仪志（三）》。
⑨ 《周书》卷四八《萧詧、萧岿、萧琮等传》。
⑩ 《周书》卷四八《萧詧、萧岿、萧琮等传》。

统一。

隋废除后梁，即完成其“横江而中溃”江左江防的战略意图，遂揭去其“潜为经略”的统一战争的面纱。后梁的灭亡，点燃的是南北统一的信号。然后梁之亡，亡于始立；而南北统一的天平倾斜于北朝政治集团，当铸成于梁末之乱，其中，北朝建置后梁并借此牢牢控扼江左上流的险要，抑为此史局中一重要事件。

（原载《江汉论坛》1999 年第 4 期）

梁季江陵政权始末及江左士族社会变迁

萧梁武帝太清二年（548）八月，东魏降将侯景据寿阳反梁；十月，侯景叛军自横江济于采石掩袭梁都建康；建康告急，梁宗室诸镇起兵勤王。然“诸军互相猜阻”，“相仗不战”① 的勤王态势，已将萧梁宗室诸王觊觎最高权力的意图暴露无遗。太清三年三月，建康保卫战以侯景攻陷台城宣告结束。然而，建康沦陷，“太清之祸”却未能尘埃落定；梁室失鹿而梁宗室诸王权力之争亦迅疾展开。翌年，建康傀儡政权改元大宝，梁荆州刺史湘东王萧绎据江陵（今湖北荆州）“犹称太清四年”②。萧绎此举，揭开江陵政权创建的序幕。太清六年三月，萧绎荆州军克平建康，侯景北逃死于部属之手；十一月，萧绎据江陵改元称帝，江陵政权走上历史前台。然处在北朝军事力量窥视背景下的萧梁宗室内战，将不可避免地要面对北朝的军事力量。承圣三年（554）十月，西魏再次遣军江汉并会合萧梁雍州刺史萧詧；十一月，西魏萧詧联军攻陷江陵，江陵政权灭亡。

建康沦陷，实质是江左士族政权瓦解而士族政治淡出历史舞台的社会历史事件。江陵政权重建，一则建康士族政权之后嗣，再则6世纪中国复归统一前的最后一个士族政权。质言江陵政权兴亡，当与东晋南朝地理形势与军事政治关系甚紧，当与南朝统治阶级变动与新的中央集权制度创行关系甚紧，当与南徙北方士族所以结聚江汉而促进江陵士族社会之形成关系甚紧；次之，萧梁“分陕”制度下的权利配置，步武“太清之祸”而骤起之萧梁宗室的内

① 《资治通鉴》卷一六二“梁武帝太清三年（549）”。

② 《梁书》卷五《元帝本纪》。

争，北朝军事力量相机介入等涉及萧梁政局及南北对峙格局变迁诸因素，也在在与江陵士族政权之兴亡关系甚紧。凡此内含6世纪江左社会历史迁演变化之内容，或为同志未及详论，现述论于次。

一

荆州治所江陵军事中枢地位形成，起于三国鼎立南北交争东西抗衡时代。东晋南朝均奠都建康，其面北防线游移于江淮一带，南北交争形势固在而复夹有中央大藩之间的东西之争，形势约略等于三国，因此沿江皆为要地而江陵首膺上流重镇。荆州关系东晋南朝内外之紧要，迄于梁末江陵失陷方始“不复存在”[①]。史云：“江左以来，扬州根本，委荆以阃外”[②]，“荆州为国西门”[③]。

东晋南朝“委荆以阃外”，首先在于完成全江之守以抗御北朝。这是荆州作为江左重镇的一个方面。次之亦如《南齐书·州郡志（下）》荆州条下所云：“江左大镇，莫过荆、扬。弘农郡陕县，周世二伯总诸侯，周公主陕东，召公主陕西，故称荆州为陕西也。”是则，东晋南朝比视荆州为姬周之“陕西”，是内含着中央政权寄托藩翰的军事政治意图的。这是荆州作为江左重镇的又一个方面。东晋至梁先后四朝均视荆州为“陕西”，江陵亦称“西府”“西台”，治荆之方伯亦称“刺陕”“分陕”。概言之，居于长江上游的荆州，在南北对峙形势下，有全江之守之重；而置于东晋南朝内部而言，则西东之间复有藩翰中央根本之重。后者，于东晋南朝中央政权稳定与否关系甚紧。故南朝刘宋以下厉行“拟周之分陕”制度，集权宗室，以解决大江上下东西权力配置上的冲突。

彭成刘氏，所谓“京口楚子集团”[④]，为北来武人之豪族，与东晋立国以来的王谢高门不同，属于二流士族。为解决“东晋世族以荆州为根据地，控制上游强兵以夺取建康中央政权”[⑤] 这一问题，刘宋以荆扬“二州之重，咸归密戚”[⑥]。史称：“初，高祖以荆州上流形胜，地广兵强，遗诏诸子次第居

① 周一良：《魏晋南北朝史札记·东晋南朝地理形势与政治》，中华书局1985年版。

② 《宋书》卷六六《何尚之传》。

③ 《容斋随笔》卷八《东晋将相》。

④ 万绳楠整理：《陈寅恪魏晋南北朝史讲演录·楚子集团与江左政权的转移》，黄山书社1987年版。

⑤ 周一良：《魏晋南北朝史札记·东晋南朝地理形势与政治》，中华书局1985年版。

⑥ 《宋书》卷六六《何尚之传》“史臣曰”。

之。"[①] 寄奴诸子分镇荆州，开启刘宋削夺世家大族兵权于上流以巩固中央集权的"分陕"制度的先河。尔后，"势之所重，非亲不居"[②]。宋文帝嗣位一遵先君遗制，刺荆之任先后以宗室彭城王刘义康、江夏王刘义恭、临川王刘义庆、衡阳王刘义季、南郡王刘义宣等承之。此即盛弘之《荆州记》所结记：宋文帝"元嘉中，以京师根本之所寄，荆州为重镇，上流之所总，拟周之分陕"[③]。荆州刺史之任总揽于宗室，开启了南朝"分陕"于荆以维护中央集权的制度。此后，齐梁均因循而不变。

刘宋以下齐、梁因之的"拟周之分陕"制度，其实内含着江左士族政治变动的底蕴。自刘宋始，东晋世族政治条件下的"王与马，共天下"的皇室大族分享政权之格局渐起变化，门阀大族逐渐淡出权力斗争舞台。促进这一江左社会统治阶级的变迁：一则，握有兵权的二流士族将演为南朝王朝嬗替斗争舞台的主角；二则，统治阶级内部的矛盾斗争将进一步归结为宗室诸王之争。正如周一良先生所指出的："由于世家大族不能再控制荆扬等重要地区，军事实力大为削弱，政治上之力量亦因之而减。此所以宋齐时地方起兵夺取中央政权者，非复昔时之世家大族，而为宗室诸王，取得皇帝地位之宋齐两明帝刘彧、萧鸾，即其代表人物。而夺取宋齐两朝政权之萧道成及萧衍，又皆二流侨姓之握兵权者，既非北来之王谢大族，亦非孙吴以来之朱张高门也。"[④] 易言之，王谢高门士族息影政坛之背后隐伏着荆扬大镇易手的历史情况，而刘、萧次等士族走上政坛前沿并集权中央是以创行"拟周之分陕"制度为标志的。

"拟周之分陕"，在于集权宗室以革除荆州"窥觎"[⑤] 中央的权争之弊。但是集权亲亲的血缘性权力结构，是无法改变权力火并亦终归于亲亲的封建权力悖论的。宋、齐诸王之争以及萧梁末年"帝纪不立，悖逆萌生，反噬弯弧，皆自子弟"[⑥] 的南朝历代宗室内争史，正是这种制度"宿命"的具体的历史呈现方式。"拟周之分陕"，可以解决东晋王朝皇室与世家大族共享政权而荆扬之间不能不有其剧烈冲突的问题。但是，荆扬事权分置宗室而诸王势均必争的问题，却是这个制度所无法回避亦无法解决的。拥有荆州大镇的宗室诸王将凭借其权力资源而争夺最高权力的问题，是"分陕"制度创行与遵循者所始料不及和无法回避的。

---

① 《宋书》卷八六《武二王传·南郡王义宣传》。

② 《宋书》卷四二《王弘传》。

③ 盛弘之：《荆州记》，参见《太平御览》卷一六七。

④ 周一良：《魏晋南北朝史札记·东晋南朝地理形势与政治》，中华书局 1985 年版。

⑤ 《晋书》卷六六《陶侃传》。

⑥ 《南史》卷七《梁本纪（中）第七》。

荆州为军事政治之中心，故其治所江陵，始终为南朝长江上游之都会。在北方士族相次南徙江汉的流动中，江陵进一步发展为南朝士族政治的又一中心。西晋末年，司马失守中原，北方士族大率逾淮南徙，其南徙路线约略有二，“一至长江上游，一至长江下游”[①]。所谓长江下游者，以建康为中心而延及会稽、临海今浙东之区域，社会阶级主要为北来士族之上层，如王谢诸高门。所谓长江上游者，以江陵为中心兼及襄阳今江汉之区域，社会阶级主要为北来士族之中层，如南阳庾、宗、刘诸家。陈寅恪先生指出：徙居江陵之北人士族，“其政治社会地位稍逊于洛阳胜流如王导等者，则不必或不能移居江左新邦首都建业，而迁至当日长江上游都会江陵南郡近旁一带”[②]。他们大抵为文化士族，“其先本居南阳一带，后徙居江陵近旁地域，至江左政权之后期渐次著称”[③]。南徙江陵地区的次等士族固是江左士族社会一部分则无疑，其为江陵士族政治之中坚亦无疑；其“渐次显著”，是南朝士族政治版图的重要变化更无疑，这种变化起于齐梁之际而要在侯景之乱的爆发。易言之，侯景之乱，建康沦陷，建康士族集团的整体性衰退，是导致梁季政治中心转移于江陵、导致南朝后期士族社会中心转移于江陵的重要事件。

再则，北人南迁江汉时间较晚而侨居襄阳者，大概有两类，一类为北方次等士族，一类为流民，特征是具有武力，所谓“有战斗力之武人集团”[④]。襄阳直面北朝而紧邻江陵，“江陵去襄阳步道五百，势同唇齿，无襄阳则江陵受敌”[⑤]。襄阳实为江陵的军事性卫星城。所谓襄阳不守则江陵不立，亦如明清之际王夫之所云：“襄阳亡而江陵之亡可俟矣。”[⑥] 江、襄二镇在军事上富含相依相维之形势。是以南朝江汉区域的权力配置大多合一江襄集权宗室，目的是凭借血缘联盟巩固“国之西门”。可以申论：南朝后期，襄阳已衍为武力集团集聚地；建康沦陷后，江陵已衍为士族集团集聚地：其二镇合，或可维持江左士族政权之残局，其二镇争，则残局立溃而荆州易手于北——江左“横江而中溃”——而江左“未有不殒者”[⑦] 之势甚明。此南朝有荆州之重而江陵不能失襄阳之义。

结论上列：首先，古代中国，凡生成南北交争、东西抗衡之格局，则长

① 万绳楠整理：《陈寅恪魏晋南北朝史讲演录·晋代人口的流动及其影响》，黄山书社 1987 年版。

② 陈寅恪：《金明馆丛稿初编·述东晋王导之功业》，上海古籍出版社 1980 年版。

③ 陈寅恪：《金明馆丛稿初编·述东晋王导之功业》，上海古籍出版社 1980 年版。

④ 陈寅恪：《金明馆丛稿初编·述东晋王导之功业》，上海古籍出版社 1980 年版。

⑤ 《南齐书》卷一五《州郡志（下）》。

⑥ 王夫之：《读通鉴论》卷一七《梁元帝》，中华书局 1975 年版。

⑦ 王夫之：《读通鉴论》卷一三《晋成帝》，中华书局 1975 年版。

江上游荆州必居其军事中枢之地位，此长江限隔南北条贯东西地理形势使然。次之，南朝“分陕”制度之弊，将不免把权力斗争的焦点转移于宗室之间，这是南朝统治阶级内部斗争的一个基本特征。复次，北方士族南徙江汉侨居江陵者，衍至梁季已渐次生成为江左士族政治又一中坚力量，这是江陵所以在建康沦陷之后可以浮出水面的依据所在。最后，江、襄二镇于军事地理上富含相依相争之形势，襄阳为南徙北人有武力者，江陵士族政权视其向背为兴亡关系之所系。凡此东晋南朝而下军事地理之形势、集权体制之特征、士族社会集团变化诸关系，均构成梁季士族政权所以转移于江陵之因素。而萧梁“分陕”江汉配置宗室权力之结构，侯景乱梁瓦解建康士族集团之契机，梁氏宗室内争之起爆而北朝军事力量相机之介入，则相催相激演为梁季江陵士族政权所以兴亡之具体历史呈现方式。试述论于次。

二

萧梁的社会阶级基础与宋、齐大致相同，即南来北人之次等士族，故立国以后亦厉行“分陕”制度以维护中央集权。梁武帝第七子萧绎，梁氏宗室最后一任“刺陕”者。此后荆州实际控于北朝之手。萧绎，初牧荆州在梁武帝普通七年十月；尔后，回任中枢。太清元年，其兄庐陵王续死于任所，萧绎“徙为使持节、都督荆雍湘司郢宁梁南北秦九州诸军事、镇西将军、荆州刺史”[①]。萧绎再任荆州已接近梁季侯景之乱，其加号“使持节”，都督九州诸军事，任使之重如史论云：“时位长连率，有全楚之资。”此“分陕”体制下，梁季萧绎所具有的突出的军政地位。

萧詧，梁武帝长子昭明太子萧统第三子，梁武嫡孙，萧绎族侄。梁武中大通三年，萧詧“进封岳阳郡王”，中大同元年“除持节，都督雍梁东益南北秦五州、郢州之竟陵、司州之随郡诸军事，西中郎将，领宁蛮校尉，雍州刺史”[②]。雍州治襄阳，“（萧）詧以襄阳形胜之地，又是梁武创基之所，时平足以树根本，世乱可以图霸功，遂克己历节，树恩于百姓，务修刑政，志存绥养。……于是境内称治”[③]。

萧绎叔侄分领江、襄，本梁氏求其江汉上游藩翰巩固之意。然江陵有督

① 《梁书》卷五《元帝本纪》。
② 《周书》卷四八《萧詧传》。
③ 《周书》卷四八《萧詧传》。

府之权，襄阳有嫡孙之重，二镇各持兵权且内蕴梁武“废嫡立庶”之矛盾[①]，故江、襄之争势所不免。时东魏人杜弼曾指出：梁武“废立失所”而“兵权在外，必将祸生骨肉”[②]。太清二年，萧梁中央权力崩坏失去其制约宗室矛盾的制衡作用，“祸变”之必然遂借此契机而首先在荆湘地区先后爆发。

太清二年十一月，侯景困逼台城。萧绎以督府之权号令诸镇勤王，且自将锐卒三万发于江陵。次年正月，荆州援军“萧方等及王僧辩军至”[③] 建康。然而，无论荆州兵抑或其他勤王军皆“迁延坐视，内自相图”[④] 于建康危城之下，而悬兵于郢州武城[⑤]的萧绎亦“托云俟四方援兵，淹留不进”[⑥]。三月，侯景攻破台城；“既而有敕班师，湘东王欲旋。中记室参军萧贲曰：‘大王以十万之众，未见贼而退，若何！’”[⑦] 可见，侯景矫诏遣散勤王诸军，萧绎即不战而归，其“虚张外援，事异勤王”[⑧]，昭然若揭。四月，萧方等归镇，萧绎“知台城不守，命于江陵四旁七里树木为栅，掘堑三重而守之”[⑨]。萧绎“坐观国变”[⑩]，在建康失陷之后迅速起建江陵城防，意在内战已豁然开朗。

侯景乱梁打破了东晋南朝以来士族政治的核心基地，江左士族政治的社会历史亦将由此渐趋消竭，故其事变之义重在社会变迁之上。陈寅恪先生指出：“侯景乱梁，不仅为南朝政治上的巨变，且在江东社会史上，亦为划时代的大事。”[⑪] 所谓“社会史上划时代”，意即建康士族集团瓦解而江左士族政治趋其末路。推论：江陵重建士族政权所承继的遗产只是一种末世的遗产。

建康沦陷之后，建康士族遂将复兴的希望寄托于荆州。庾信《哀江南赋》曰：“谓荆、衡之杞梓，庶江、汉之可恃”云云。总论建康沦陷后建康士族西上者，其要如次。中原南渡高门琅琊王氏后裔王褒，所谓“地胄清华”[⑫]；萧

---

① 萧梁“废嫡立庶”之矛盾，如《通鉴记事本末·梁氏乱亡》所辑录：“梁武中大通三年四月乙巳，昭明太子统卒。五月丙申，立太子母弟晋安王纲为皇太子。朝野多以为不顺。”故“（萧）詧兄弟亦内怀不平”。《南史·梁昭明太子统传》亦云：“（梁武）帝既废嫡立庶，海内尊塌，故各封（昭明）诸子大郡，以慰其心。岳阳王流涕受拜，累日不食。”

② 《资治通鉴》卷一六〇“梁武帝太清元年（547）”。

③ 《资治通鉴》卷一六一“梁武帝太清二年（548）”。

④ 王夫之：《读通鉴论》卷一七《梁武帝》，中华书局1975年版。

⑤ 《通鉴》此条胡注曰：“荆州界尽此。”是萧绎勤王之师不出荆州可明。

⑥ 《资治通鉴》卷一六二“梁武帝太清三年（549）”。

⑦ 《南史》卷八〇《侯景传》。

⑧ 《梁书》卷五《元帝本纪》“史臣曰”。

⑨ 《资治通鉴》卷一六二“梁武帝太清三年（549）”。

⑩ 《梁书》卷五《元帝本纪》“史臣曰”。

⑪ 万绳楠整理：《陈寅恪魏晋南北朝史讲演录·梁陈时期士族的没落与南方蛮族的兴起》，黄山书社1987年版。

⑫ 《颜氏家训》卷七《杂艺第十九》，上海古籍出版社1980年版。

绎“欲待褒以不次之位。褒时犹在郡，敕王僧辩以礼发遣。褒乃将家西上”[①]。南阳庾氏，庾信《哀江南赋》云：“我之掌庾承周，以世功而为族：经邦佐汉，用论道而当官。……逮永嘉之艰虞，始中原之乏主。民枕倚于墙壁，路交横于豺豹。值五马之南奔，逢三星之东聚。彼凌江而建国，此播迁于吾祖。”庾信，中原南渡文化高门之后，“台城陷没，信奔于江陵”[②]。汝南周弘正，萧绎《金楼子》中所盛称：“余于诸僧重招提琰法师，隐士重华阳陶贞白，士大夫重汝南周弘正”；“王僧辩之讨侯景也，弘正与弘让自拔迎军……仍遣使迎之”，“及弘正至，礼数甚优，朝臣无与比者。”[③] 复考建康士族西奔江陵之概数，史载：萧绎平定侯景后，“时朝议迁都，朝士家在荆州者，皆不欲迁”，而所谓西上荆州之建康士族“皆是东人，志愿东下”[④]。萧绎会集文武四五百人，曰：“劝吾去者左袒”，“于是左袒者过半”[⑤]。于是可见，江陵朝廷中建康士族之数抑过其半。总上，建康士族望归江陵而相续西上，表明江陵政权无论在法统上抑或在精神衣钵上均为建康士族政权之后嗣。

江陵在建康沉没后浮出水面以支撑萧梁士族政治残局，就权力地位和军政资源而言，当是萧绎“时位长连率”而荆州“有全楚之资”[⑥] ——荆州具“分陕”地位而江陵有“督府”之重——对于时局溃变的必然回应。因此，在建康傀儡政权改元大宝时，萧“绎以为天子（指简文帝）制于贼臣，不肯从大宝之号，犹称太清四年”[⑦]，揭开其创建江陵士族政权的序幕。

萧绎重建士族政权大致有两个军事战线，一方面是占据建康的侯景，一方面是各拥强兵的藩镇；前者所谓复国，后者意在集权。颜之推《观我生赋》云：“襄阳阻其铜符，长沙闭其玉粒”，雍州无视调兵之符，湘州拒绝资粮之令；萧梁荆楚诸镇，在建康沦陷之后演为各擅军府而不相统一的权利冲突局面。于此，萧绎集中力量首先演绎其“萧墙兴变，体亲成敌”[⑧] 的宗室战争。此即史论所谓：萧绎“不急莽、卓（指侯景）之诛，先行昆弟（指萧纶、萧督、萧誉）之戮”[⑨] 的道德批判。江陵集权督府的战略规划首在荆湘，大致为先定湘州（治临湘，今湖南长沙），次平雍州（治襄阳，今湖北襄樊），再

---

① 《周书》卷四一《王褒传》。
② 《周书》卷四一《庾信传》。
③ 《陈书》卷二四《周弘正传》。
④ 《陈书》卷二四《周弘正传》。
⑤ 《南史》卷三四《周弘正传》。
⑥ 《梁书》卷五《元帝本纪》“史臣曰”。
⑦ 《资治通鉴》卷一六三“梁简文帝大宝元年（550）”。
⑧ 《梁书》卷二九《邵陵王纶传》。
⑨ 《南史》卷八《梁本纪（下）》“史臣曰”。

取郢州（治夏口，今湖北武昌）。荆湘诸大镇，如湘、雍、郢三州刺史均为梁氏宗室，湘州刺史誉，雍州刺史萧詧胞兄，客据郢州者的是萧绎的胞兄萧纶。这就是萧绎在既定的“分陕”体制——这一集权宗室的权力配置框架中所进行的宗室战争。

梁季权力战争，是在南北对峙的大形势下进行的。因此，战争打破的将不仅是现象上的血缘联盟，而且将从整体上削弱乃至瓦解江左防御北朝的力量。北朝，将不会无视这种内争所以提供的渔翁之利。太清三年十一月，襄阳“（萧）詧既与湘东王绎为敌，恐不能自存，遣使求援于（西）魏，请为附庸”[①]，打开了北朝军事力量介入江左的口子。西魏借机出兵江汉。次年元月，“汉东之地尽入于魏”，西魏军队乘胜“进逼江陵”。萧绎迫于形势，质子请和，“魏人许之”[②]。西魏军事力量介入江汉后，便努力实施政治控制。大宝元年，西魏执政宇文泰册命萧詧为梁王，萧詧甘受附庸“入朝于魏”[③]。至此，“襄阳北折而为宇文之先驱”[④]，江陵失其唇卫而直接暴露在西魏的军事视野之下。江、襄分裂，破毁了江左长江上游的区域安全防卫体系，北朝的军事阴影将长期笼罩这一地区直至南北统一。

南北朝后期南北对峙中北强南弱的形势已经明朗化，西魏南下江汉本应含有更高的战争目标。但是，在北朝自身问题未有解决之前——先则东西魏后则北齐北周并峙之交争，以及北部边境突厥之存在与侵扰——西魏这种志在一统中国的目标只能暂时搁置。易言之，在北中国未及统一并获得充分巩固之前，北方王朝对于江左的一切战争都只是一种战略意义上的有限战争。太清末，西魏相机耀兵江汉只是一次战略性的军事行为。因此，收揽襄阳以制约江陵，即达成其控制长江上游的战略意图。于此可以申论：西魏介入江、襄之争并确立其对襄阳的宗主关系，则使原先的江、襄之争演变为南北对峙之争，而原先梁季士族内部的权力之争将由此进入南北对峙之争的战争轨道。这种对抗对象与性质的变化威慑并制约着江陵政权的发展。大宝三年三月，萧绎属部王僧辩军收复建康，侯景北逃死于海上，江陵光启中兴之业趋于巅峰；王僧辩上表劝进。然审论形势则并非太平，史论云：“元凶克翦，社稷未宁。”[⑤] 其“未宁”，宗室并立强藩割据（岭南有萧勃，益州有萧纪）而北朝势力有以介入之不宁，个中，西魏卵翼下的襄阳尤为棘手。故萧绎斥之曰：

① 《资治通鉴》卷一六二“梁武帝太清三年（549）”。

② 《资治通鉴》卷一六二“梁武帝太清三年（549）”。

③ 《资治通鉴》卷一六三“梁简文帝大宝元年（550）”。

④ 王夫之：《读通鉴论》卷一七《梁元帝》，中华书局 1975 年版。

⑤ 《南史》卷八《梁本纪（下）第八》。

“淮海长鲸（指侯景），虽云授首；襄阳短狐（指萧詧），未全革面。太平玉烛，尔乃议之。”① 可见，一面面对光复故都的荣耀，一面面对近在咫尺的襄阳，萧绎却不能不踌躇其九五之尊的权力欲望。

梁季之争集中于宗室诸王之范围，由“王”而“帝”的权利之争是其又一突出特征。太清之祸侯景颠覆了萧梁中央政权，大宝三年三月，荆州“复国”成功。但是，这种政权再造的契机启动的却是梁氏诸王称帝的野心。大宝三年四月，萧绎八弟武陵王、益州刺史萧纪居成都称帝，并迅速“率巴、蜀大众连舟东下”②。荆、益构隙并进入交战状态。十一月，萧绎称帝并即改元承圣，奠都江陵。承圣二年（553），萧绎乞兵西魏以牵制东下的萧纪，西魏应请自散关进军益州，萧纪情牵两面败死峡口（今湖北宜昌市西长江西陵峡口）。荆益内争而萧绎借兵西魏，是江陵权力梦幻的又一个噩梦。史论荆益形势若项背之依，“北朝之于益州，得之即可拊荆州之背”③，故西魏宇文泰应请伐蜀，曰：“取蜀制梁，在兹一举。”④ 西魏袭取益州，江陵失却其“生死之所自操”⑤ 之西上屏障。

萧绎平定萧纪，梁季宗室内战趋于尾声。然而，从血缘集体征战中走出的江陵政权却不得不面临着更为严峻的北朝军事力量。西魏收揽襄阳占领成都后，在军事上已完全打破江陵所以自存的安全防御体系，江陵陷入“上流失、咽抗夺，困孤城以自毙”⑥ 的形势。承圣三年十月，西魏再次进击江汉，军队“至于襄阳，萧詧率众会之”⑦。十一月，联军渡过汉水，遂分兵占据江津（今湖北沙市东南），切断江陵东归之路。萧绎征兵于建康，“别敕僧辩云：‘黑獭（西魏执政宇文泰）背盟，忽便举斧。国家猛将，多在下流，荆陕之众，悉非劲勇。公宜率貔虎，星言就路，倍道兼行，赴倒悬也。’”⑧ 江陵武备不足而且缺少领兵之将，再现的是南朝后期士族政权所有的致命弱点。再则，设江陵为一扇面之圆心，则江津被占，江陵断其东归之扇骨；而成都襄阳西、北二端扇骨业已折断，江陵孤城之势危若累卵。是月丙寅，江陵城陷。萧绎城破被俘，死于土囊闷杀酷刑。西魏以江陵缘江三百里之地册立萧詧为

① 《梁书》卷五《元帝本纪》。

② 《梁书》卷五《元帝本纪》。

③ 万绳楠等：《中国长江流域开发史·魏晋南北朝时期长江流域经济的迅速发展与几度猝然跌落》，黄山书社 1997 年版。

④ 《资治通鉴》卷一六五“梁元帝承圣二年（553）”。

⑤ 王夫之：《读通鉴论》卷一七《梁元帝》，中华书局 1975 年版。

⑥ 王夫之：《读通鉴论》卷一七《梁元帝》，中华书局 1975 年版。

⑦ 《梁书》卷五《元帝本纪》。

⑧ 《梁书》卷四五《王僧辩传》。

梁主而取其雍州，“尽俘（江陵）王公以下及选百姓男女数万口为奴婢，趋归长安”[①]，江陵残破“寂寥井邑，荒凉原野”[②]。萧詧居江陵东城建立“后梁政权”，西魏置江陵防主驻江陵西城，“名曰助防，内实防之”[③]，实施其宗主监控。至此，江陵士族政权灭亡。萧詧被迫以雍换荆，荆州无以自立受控于北朝。梁氏内战结束而荆州江陵易手于北，可以说是萧绎叔侄内战之手共同酿制的苦果。萧绎，既是梁室最后一任“刺陕”者，亦是南朝“拟周之分陕”制度的终结者。

梁季，侯景之乱在摧毁建康政权的同时也摧毁了建康士族集团，因此，事变具有摧毁南朝统治中心和南朝统治阶级中心的双重含义。建康陷落之后，地居长江上游的荆州，凭借其“分陕”体制框架内的权力资源走上历史前台，乃是荆州暨江陵政治地理地位对于时局溃变的必然选择。江陵上升为梁季最高政治中心，并成为建康士族孑遗者的栖息地。江陵士族集聚并重建政权的战争，其显性的战线有两条，即歼灭侯景以复国、削平宗室以集权；另外一个方面就是隐性的战线，即北朝军事力量介入后可能引发的南北战争。随着显性战线的深度推进，江陵步入所谓“光启中兴”的巅峰。但是，这个巅峰的脚下却深埋着不可愈复的裂痕。江、襄之争使襄阳北折，荆、益之争使成都易手，江陵丧失了自固自存的战略要地并使自己直面强大的北朝军事力量。梁季士族内部的权力战争，由此转化为南北对峙的战争。承圣三年十一月的“江陵之陷”，使江左最终失去了长江上游战略重镇，影响深远及于南北统一，此不详论[④]。承圣三年十一月的“江陵之陷”，“尚书王褒以下，并为俘以归长安”[⑤]，集聚江陵士族的全数北迁则标志着江左200余年士族政治的终结。因此，陈寅恪先生曰：“梁末之乱，为永嘉南渡后的一大结局。”[⑥] 此结局，士族政治之结局。此后，南朝陈的建立，社会阶级基础已殊异于前。江陵政权短暂的历史呈现方式，尽管交织着梁氏宗室内战的史迹，但其实质，揭扬的只是南朝士族政治趋于末路的悲凉。作为南朝士族政权的终端，江陵的兴亡乃是江左政治、社会演变的必然结果。

（原载《安徽大学学报》2005 年第 6 期）

---

① 《资治通鉴》卷一六五“梁元帝承圣三年（554）”。

② 《周书》卷四八《萧詧传》。

③ 《资治通鉴》卷一六五“梁元帝承圣三年（554）”。

④ 王光照：《后梁兴亡与南北统一》，《江汉论坛》1999 年第 4 期。

⑤ 《南史》卷八《梁本纪（下）第八》。

⑥ 万绳楠整理：《陈寅恪魏晋南北朝史讲演录·梁陈时期士族的没落与南方蛮族的兴起》，黄山书社 1987 年版。

陈宣帝太建北伐述论

萧梁末年，北方政局变动致使东魏降将侯景入梁、乱梁事件相次爆发于江左。侯景乱梁之后的萧梁宗室之间的权力战争，则为北朝军事力量相机南下创造了条件。公元554年，北朝西魏占领成都之后攻克江陵；梁氏江陵政权消亡，致使南北对峙形势发生变化。“巴蜀失，江陵陷”①，江左失其全江之防而北强南弱的形势进一步凸显。公元557年，崛起于行伍的陈霸先于建康建立陈朝。陈氏起建，国蹙势紧，被北人视为“破亡余烬”②。清赵翼《廿二史劄记·南朝陈地最小》条曰：“晋南渡后，南北分裂，南朝之地，惟晋末宋初最大，至陈则极小矣。”陈地之小，不仅在于国土之面积，而关键于失其固国之要地；一则江防上游之巴蜀江汉，二则建康唇卫之淮、泗、彭、汴。陈氏处于江左王朝之末造，系六世纪下半叶中国南北对峙的基本态势。

陈宣帝太建初，北方王朝周、齐争战，高齐国势益衰。于是，陈相机实施太建北伐。陈氏太建北伐经营目标集中于淮、泗、彭、汴，先则江淮间重镇寿阳（今安徽寿县），再则黄淮间重镇彭城（今江苏徐州）；战争由两个阶段构成，战争对象经由高氏北齐而后宇文氏北周之变化。要之，太建北伐先取江淮而后复强争黄淮，就南北军事对峙形势而言，实已内含了它战略防御与战略进攻的双重底蕴。其总体趋势是进取性的。魏徵论曰：“（陈宣帝）扬旆分麾，风行电扫，辟土千里，奄有淮、泗，战胜攻取之势，近古

① 王夫之：《读通鉴论》卷一八《陈宣帝》，中华书局1975年版。

② 《周书》卷三一《韦孝宽传》。

未之有也。"[①] 然而，这种强劲的"近古未之有"的陈氏北伐，却在三战吕梁（彭城军事卫星城）而不克的失败后宣告结束。太建北伐始胜终败终结了东晋南朝的北伐史，不仅令陈折兵阃外再失淮、泗，其影响亦及于南北统一之进程。其中关涉南北对峙中军事要地之得失及陈氏外交与国之政略诸问题，或为同志所未揭。试述论于次。

一

自北魏瓦解东西魏之分立、北齐北周之先后禅建，统一的北中国遂演为东西相峙相争的形势。高氏东魏北齐据河洛以东届于海而临长江下游以对陈，宇文氏西魏北周据河西关陇而包长江上游以对陈；届此，南北朝以来中国南北两极对峙的格局遂开出以长江黄河为自然限隔的倒"T"形的东、西、南三足鼎立的割据态势。要而言之，中国南北对峙态势的新的演化，将要求新的统一战争首先谋求一种战略组合；无论北朝的南进，抑或南朝的北伐，任何一方的战争行为都必须首先在外交与国的政治运作中，完成其战略伙伴构建的任务；问题在于"选择"。这就是高于战略的政略，它在特定历史条件下，是确保全面战争胜负的逻辑前提。

北周，在周武帝建德（572—577）前后，逐步取得了对北齐战争的相对优势。北周开始打破东西相峙的均衡格局，北朝的政治军事天平倾斜于西部，这就促进了北周东向平齐的战争步伐。史称："建德以后，武帝志在平齐。"[②] 值此北方再度统一又一次濒临历史门槛之际，周将韦孝宽上书策论平齐。韦孝宽策论，要之有三：一则论战役配合，曰"兼与陈氏共为犄角"；二则论战略牵制，曰"宜与陈人分其兵势"；三则论战争之外交，曰"还崇邻好，申其盟约"[③] 于陈氏。究论韦孝宽平齐三策，政略核心乃在于构建联陈击齐的战略组合，而实质演绎的则是一种传统的"远交近攻"的战争智慧，即近在平齐远在平陈。平齐是第一步目标，战略组合对象是陈；平陈则是最终目标，旨在统一中国。其策论收论曰：对陈"臣谓宜还崇邻好，申其盟约。安人和众，通商惠工，蓄锐养威，观衅而动。斯则长策远驭，坐自兼并也。"[④] 韦氏"长策远驭"的战略指归在于平陈。体现了周武帝"必使天下一统"[⑤] 的政治意

① 《陈书》卷六《陈后主本纪》"史臣曰"。
② 《周书》卷三一《韦孝宽传》。
③ 《周书》卷三一《韦孝宽传》。
④ 《周书》卷三一《韦孝宽传》。
⑤ 《周书》卷六《周武帝本纪（下）》。

图。史云，北周统一战争进程，“尔后遂大举，再驾而定山东，卒如孝宽之策”[①]。

北周“联陈击齐”方略，锻造的是一柄烈马弯刀与使节玉璧并举的双刃剑。建德伊始，北周在东向作战大举推进的同时，打开了南向交聘陈氏的政治活动大门。对此，“志大意逸”而“志复旧境”[②]的陈宣帝迅疾做出响应。陈宣帝太建四年（572）七月，陈遣使北周，周武帝建德元年（572）八月，周遣使于陈[③]；两国盟使交盖于途，项庄之剑可谓已经出鞘。八月戊寅，陈宣帝颁布《班宣兵法诏》，条制凡十三科，为“师出以律”之“永准”[④]。陈氏整军备战北视江右的军事态势已届前台。太建五年（573）闰正月，陈宣帝再次遣使北周。这种战前的聘使，标志陈氏“合纵图齐”[⑤]的北伐政略已经谋定。

太建五年（573）三月，陈宣帝“分命众军北伐，以阵前将军、开府仪同三司吴明徹都督征讨诸军事”[⑥]，拉开其长达四年之久的太建北伐战争。总十余万的吴明徹北伐军，过江之后即兵分两路争战江北齐地秦郡（治今江苏六合县北）、历阳（治今安徽和县）二镇。秦郡、历阳均为北方南进迫压江左之要地[⑦]，亦即陈朝捍卫建康之重镇，高氏于梁末占之并借此临江而望建康宫阙。陈氏大军进击齐地，高氏理应驰援接战。但此时高齐，论北则受制于突厥，论西则受制于北周，兵疲于两线且内政渐坏，故不能全力接战陈氏北伐之师。史云：“齐人议御陈师，开府仪同三司王纮曰：‘官军比屡失利，人情骚动。若出顿江、淮，恐北狄、西寇，乘敝而来。’”[⑧]陈因此形势先后顺利克降历阳、秦郡，并进占皖中重镇合肥；继而兵锋直逼淮水南岸重镇寿阳。

寿阳，即战国末年楚都寿春（今安徽寿县）。“寿春者古之都会，襟带淮、汝，控引河、洛，得之者安，是称要害”[⑨]。《南齐书·州郡志（上）·扬州》条曰：“寿春，淮南一都之会，地方千余里，有陂田之饶，汉魏以来扬州刺史所治，北据淮水，《禹贡》云：‘淮海惟扬州’也。”东晋末年，晋安帝义熙“十二年（416），刘义庆镇寿春，后常为州治。抚接遐荒，捍御疆场”[⑩]。寿

---

① 《周书》卷三一《韦孝宽传》。

② 《陈书》卷五《陈后主本纪》“史臣曰”。

③ 案：《周书本纪》云，十月周使聘陈；《陈书本纪》云，八月周使聘陈。此处采《陈书本纪》。

④ 《陈书》卷五《陈宣帝本纪》。

⑤ 《资治通鉴》卷一七一“陈宣帝太建四年（572）”。

⑥ 《陈书》卷五《陈宣帝本纪》。

⑦ 秦郡，建康江北门户之地；历阳亦建康江北之门户，《晋书》卷一〇五《石勒载记（下）》记云：石“季龙自率众南寇历阳，临江而旋，京师大震。”

⑧ 《资治通鉴》卷一七一“陈宣帝太建五年（573）”。

⑨ 《陈书》卷九《吴明徹传》。

⑩ 《南齐书》卷一四《州郡志上·豫州》。

春，东晋南朝江左抗御北朝之大镇。但是，寿春复有“抚接遐荒”交接南北的地理位置，这对于南北双方来说都至为重要。关于北朝，则逾淮临江“志在用兵夺占，以拊建康之背”[①]；关于南朝，则“守江之计，必得淮南以为战地”[②]。因此，淮南为南北交争多战之地，而淮南重镇寿春则为必争之镇。此其一。次之，寿春在晋末晋级为江左沿淮大州之治，究其升格之史因，实与刘裕义熙北伐关系甚紧。《南齐书·州郡志（上）·豫州》条曰：“宋武帝欲开拓河南，绥定豫土；（义熙）九年，割扬州大江以西、大雷（即大雷戍，今安徽望江县）以北，悉属豫州，豫州基址因此而立。”是宋武帝刘裕“欲开拓河南”，而创置豫州并以其子刘义庆治寿春。寿春在晋末晋级为淮南大州之治，要在北伐。考刘裕义熙北伐，始于义熙十二年，北伐有南北两线；南线发“自淮、肥向许、洛”[③]，淮南寿春是其南线聚兵基地。是知，刘裕义熙北伐先行扩大淮甸要镇寿春，目的是以此为北伐南线用兵之基地。此寿春之地不仅有其江左“守江之计”的战略防御地位，且更具其江左北向中原的战略进攻地位之义。明乎此，则知陈氏太建北伐之寿春战役亦内涵其北向中原的战略进攻意蕴。

吴明彻“进逼寿阳，齐遣王琳将兵拒守。琳至，与刺史王贵显保其外廓。明彻以琳初入，众心未服，乘夜攻之，中宵而溃，齐兵退拒相国城及金城”[④]。陈齐交争寿阳，齐失寿阳外城而退保内城。陈军完成寿阳内城合围，吴明彻复“堰肥水以灌城，城中多病肿泄，死者十六七”。《通鉴》此条“胡注”指出：“按《水经注》：‘肥水过寿阳城而入淮。’然引流入城，交络城中，吴明彻堰之以灌城，其势顺易。”[⑤] 吴明彻以水代兵初战告捷，寿阳孤城势紧，齐遂集军30万驰援寿阳。然齐领军主将怯战，“去寿阳三十里，顿军不进”。吴明彻审其情怯，决意速战，“于是躬擐甲胄，四面疾攻，城中震恐，一鼓而克，生擒王琳”等；齐援军“惶惧遁走”，吴明彻“尽收其驰马辎重”[⑥]。陈太建五年北伐寿阳获胜，复立豫州，诏以吴明彻为都督豫、合六州诸军事，豫州刺史镇寿阳。至此，陈顺利完成其收复淮南的北伐第一步目标。

太建七年七月，陈宣帝遣使北周；八月，北周武帝遣使于陈。太建七年

---

① 万绳楠等：《中国长江流域开发史·魏晋南北朝时期长江流域经济的迅速发展与几度猝然跌落》，黄山书社1997年版。

② 顾祖禹：《郡国利病书》。

③ 《资治通鉴》卷一一七“晋安帝义熙十二年（416）”。

④ 《陈书》卷九《吴明彻传》。

⑤ 《资治通鉴》卷一七一“陈宣帝太建五年（573）”。

⑥ 《陈书》卷九《吴明彻传》。

陈周交聘，再次将双方合攻高齐的战争推向高潮。是年七月，周武帝颁下《伐齐诏》大举攻齐：八月，“周师入齐境”，九月，“降拔三十余城”①。北周东向平齐顺利推进。闰九月，陈宣帝遣吴明徹率军进击齐彭城（今江苏徐州）。吴明徹进“军至吕梁（今江苏徐州市东南）”，控制淮泗而进入黄淮；齐援兵彭城“前后至者数万，明徹又大破之”②。陈军逾淮向河，一战吕梁，旨在进克彭城以求北进。然其交战对手只是强弩之末的北齐，稍获其胜，只是乘隙而已。

陈太建九年北周建德六年（577），北周平齐统一中国北部，结束了北魏末年以来南北对峙三方并存的政治军事割据局面。北周平齐，占有山东全境，史称：“合州五十五，郡一百六十三，县三百八十五，户三百三十万二千五百二十八，口二千万六千八百六十六。乃于河阳、幽、青、南兖、豫、徐、北朔、定并置总管府。”③《通鉴》此条“胡注”曰：“徐治彭城”；又称所设总管之诸州：“或都会之地，或守御之要也。故皆置总管府。”是周平齐之后控有徐州并设总管府以治彭城。齐亡而周陈聚兵彭城。《陈书·萧摩诃传》记云：“及周武灭齐，遣其将宇文忻率众争吕梁。”这是高氏北齐灭亡之后，周陈弃盟操戈而首次为战略要地展开的军事冲突。

“自古彭城列九州，龙争虎斗几千秋”。就南北对峙形势而言，彭城之要诚如顾祖禹所论：“及晋人南渡，彭城之得失，辄关南北之盛衰。”④ 众所周知，东晋南朝均奠都建康；而建康西北行逾淮而上即彭城，占领彭城，建康及整个长江三角洲将会获得一种安全感，此“守江之计”军事防御以争彭城之需要。次之，彭城旁连泗水，泗水西北行连接汴水，东南行连接淮水，彭城居其间，北可以进，南可以下，所谓“辄关南北之盛衰”矣；而西起河南荥阳东连江苏泗水之汴泗水道，乃魏晋以下东南沿海地区通往中原重要的水运干道，占据彭城即控制汴泗水道，进即可以北上。此彭城要地内涵其江左北进中原之义，明乎此，则陈太建北伐“既克淮南，又进图彭、汴”⑤ 的军事进取之义益明。地居黄淮的彭城，北朝居之则可以南进淮南而去东南守江之屏障，南朝居之则可以藩屏京师而挥兵北上以争中原。因此形胜关涉南北，故高氏北齐灭亡之后，南北兵争彭城势所不免。

太建九年十月，“（吴）明徹军至吕梁，周徐州总管梁士彦率众拒战，明

① 《资治通鉴》卷一七二“陈宣帝太建七年（575）”。

② 《陈书》卷九《吴明徹传》。

③ 《周书》卷六《周武帝本纪（下）》。

④ 顾祖禹：《读史方舆纪要》卷二九。

⑤ 《隋书》卷二二《五行志（上）》。

徹频破之，因退兵守城，不敢复出”[①]。陈周彭城之战，北周失利，其因盖在立足未稳。但是，陈军之力亦不足以进克彭城，“士彦婴城自守，明徹围之”[②]。陈周相峙彭城。但是，北周对于“控带淮南”[③] 的彭城是不会轻易放弃的。十一月癸酉日，周武帝“遣上大将军、郯国公王轨率师”[④] 赴援彭城。太建十年二月，陈围彭城之军，“环列舟舰于城下，攻之甚急”[⑤]，旨在必夺。王轨援军进达淮泗后，不失时机抢占泗水入淮口——清口（今江苏淮阴西）。清口，淮水东部南北必争之噤喉，亦南朝江防之要害；《方舆纪要》称：“淮东要害在清口，淮西要害在涡口、颍口，欲固两淮，先防三口。”陈失清口即失其淮东之要害，而周占清口则可控扼两淮之形势。王轨用兵占先机之利，而“一旬之间，周兵益至”[⑥]，王轨遂集合诸部“合长围”，并“于要路下伏数重”[⑦]，复用铁锁贯连数百车轮沉入水底，截断清口“遏陈船归路”[⑧]。王轨以围打围的战役部署，表明周军赴战志在必歼陈军之决心；而截断清口，则可谓已置吴明徹于不归之路。陈军军心为之撼动，吴明徹自解彭城之围，集军于大船之上，冀望能由泗入淮借水路以返军淮南。但陈军“比至清口，川流已阔，水势亦衰，船舰并碍于车轮，不复得过”[⑨]。陈军一退彭城，失其军气，再困清口，复失其形势，气褫而势蹙；王轨不失战机合兵围攻，大败陈军。是役，陈军将士三万余人及主帅吴明徹并及所有军械辎重“并就俘获”[⑩]，陈全军而返归淮南者，唯骑将萧摩诃二千余骑及任忠一部。至是，周陈彭城之争结束，陈三战吕梁不能进克彭城，强争黄淮以为北伐之资的第二步战略目标宣告失败而长达四年之久的太建北伐亦宣告结束。

二

顾炎武在检讨中国割据与统一战争关系问题时指出，“以关中并天下者，必先于得河东”，故“宇文氏取晋阳而后灭齐”[⑪]。顾氏所论甚是。就解决东

---

① 《陈书》卷九《吴明徹传》。
② 《资治通鉴》卷一七三“陈宣帝太建九年（572）”。
③ 《资治通鉴》卷一七三“陈宣帝太建十一年（574）”。
④ 《周书》卷六《周武帝本纪（下）》。
⑤ 《陈书》卷九《吴明徹传》。
⑥ 《陈书》卷三一《萧摩诃传》。
⑦ 《陈书》卷三一《萧摩诃传》。
⑧ 《资治通鉴》卷一七三“陈宣帝太建十年（573）”。
⑨ 《周书》卷四〇《王轨传》。
⑩ 《周书》卷四〇《王轨传》。
⑪ 顾炎武：《日知录》卷二《西伯戡黎》，岳麓书社 1994 年版。

西割据问题而言，占据关中而志在一统者，其战略目标当首在河东。故北周欲平北齐，其战则必在河东之晋阳，其和则必在江左之陈朝，因是，北周有东西之争而定联陈之政略；是为北周政略得手而平齐所以成功。王夫之曰：陈承梁末失却巴蜀江陵之国防弱势，“立本未固”，而“陈之大患在宇文而不在高氏”[①]。王氏所论甚是。史载，“太建初，……时周氏将图江左，大造舟舰于蜀”[②]，陈防御北朝之军事紧要亦“在江、郢、庸、蜀而不在淮右”[③] 之形势极明，然陈宣帝闇于大局急于事功，结盟于周举兵向齐，“用兵三年而不能越吕梁一步，与高氏一彼一此，交敝于两淮，徒为宇文氏掣高氏之肘而利其吞噬耳”[④]；此即陈“合纵击齐”终为结盟所用而北伐终至无功之一面，是为陈朝政略失算。

复考论东西交争南北对峙战争之形势，则江淮以北东西战争，徐州非其必得之地。但是，就南北战争而言，则统一北方者将不能不有徐州。此上揭，“及晋人南渡，彭城之得失，辄关南北之盛衰”，徐州一地为北朝混一南北之要义。周武帝建德六年（577），北周平齐伊始即毁盟而力争徐州，标志其战略目标业已转移；吕梁战役全歼逾淮而战的陈军并控制徐州而直视两淮，标志其下一步战争对象将是江左陈朝。如前揭，北周平齐只是其统一战略的第一步，远交于陈之成功政略不可能使其裹足于平齐的战争结果，交陈最终只是灭陈。

太建十年（578）二月甲子，陈兵败于境外；三月甲子，陈即“分命众军以备周”[⑤]。陈京畿起警，其实是北周统一北方之后的必然结果。北方统一，“陈受周冲”[⑥]，历史表象呈显于吕梁之败。然究论其深层底蕴，则无脱于陈氏“合纵击齐”政略选择的失败。质言之，“合纵击齐”最终演绎的只是北周掣肘高氏“利其吞噬”的政略精神，加速的只是北周平齐的历史进程。陈三战吕梁而尽失其精锐，“一溃而举国之人皆靡，引领以望北师之渡而已矣”[⑦]，正是上述历史事变相催相激而归趋其必然进程的结果。北周平齐进一步强化了北朝对于南朝的总体优势，北朝统一中国的战争必将打响。这只是一个时间问题。众所周知，六世纪中叶以后的中国北部崛起了一个强劲的游

① 王夫之：《读通鉴论》卷一八《陈宣帝》，中华书局1975年版。
② 《陈书》卷三一《鲁广达传》。
③ 王夫之：《读通鉴论》卷一八《陈宣帝》，中华书局1975年版。
④ 王夫之：《读通鉴论》卷一八《陈宣帝》，中华书局1975年版。
⑤ 《陈书》卷五《陈宣帝本纪》。
⑥ 王夫之：《读通鉴论》卷一八《陈宣帝》，中华书局1975年版。
⑦ 王夫之：《读通鉴论》卷一八《陈宣帝》，中华书局1975年版。

牧民族——突厥。紫塞突厥的威胁牵制了宇文氏对于陈氏的战争。史称：周武帝“破齐之后，遂欲穷兵极武，平突厥，定江南，一二年间，必使天下一统。”[①] 于此可见，北周平齐之后的统一战争的战略规划是先北后南。是年五月，北周征突厥，周武帝猝病于途中而“诏停诸军事”[②]；六月，周武帝归京而死，北周中央权力在新的组合过程中，再次延缓了它混一中国的战略进程。但周武帝之死，没有也不可能改变六世纪中叶以来南北统一而南并于北的历史进程。

陈宣帝太建十一年周静帝大象元年（579），是年二月，北周遣使和亲于突厥，谋求其北境之安；随后，周领带徐、兖等十一州十五镇诸军事、徐州总管之韦孝宽即用兵淮南。北境粗安，北周战争之戈即迅速在江淮间广泛展开，而新败于吕梁之陈却几乎是在没有对抗的状态下进行这场战争的。周军数月之间即相继攻占黄城、广陵、寿阳等州镇，尽取陈江北之地。《陈书·宣帝本纪（下）》记，太建十二年十二月“乙丑，南北兖、晋三州，及盱眙、山阳、阳平、马头、秦、历阳、沛、北谯、南梁等九郡，并自拔归京师。谯、北徐州又陷。自是淮南之地尽没于周矣。”周陈淮南战役以后，南北大致以长江为线，可谓基本奠定了若干年后南并于北的历史结局。质言之，陈失淮南，即失其建康之都防御之郊甸，其御北之防线不得不退至沿江一线；而失却淮甸的江防是脆弱的。陈登原先生《国史旧闻·陈之所以亡》指出：“长江之险，陈时已与敌共。”可谓切中要害。立国江左者，固国必须守江，守江必须扼淮。长江之险可谓失于吕梁战败之后。赵翼《廿二史劄记·南朝陈地最小》条曰：“是时周已灭齐，宣帝欲乘乱争徐、兖，又使明徹北伐，至彭城，反为周师所败，明徹被擒，于是周韦孝宽复取寿阳，梁士彦复拔广陵，陈乃画江为界，江北之地尽入于周。故隋承周之地，晋王广由江都至六合，韩擒虎自庐州直渡采石，贺若弼自扬州直造京口，遂以亡陈也。”赵翼究论陈亡于隋而其实肇于淮甸之失、肇于太建北伐之强争徐、兖，可谓深达史家会通世运推移变迁之精髓。

史论：陈宣帝“至于纂业，万机平理，命将出师，克淮南之地，开拓土宇，静谧封疆。享国十余年，志大意逸，吕梁覆军，大丧师徒矣。江左削弱，抑此之由。”[③] 陈宣帝“志大不已，晚至吕梁之败，江左日蹙，抑此之由也”[④]。《陈书·吴明徹传》“史臣曰”论吕梁之败：“遂使蹙境丧师，金陵虚

---

① 《周书》卷六《周武帝本纪（下）》。

② 《周书》卷六《周武帝本纪（下）》。

③ 《陈书》卷五《陈宣帝本纪》“史臣曰”。

④ 《南史》卷一〇《陈宣帝本纪》“史臣曰”。

弱，祯明沦覆，盖由其渐焉。”史论一辞，陈国势逆转之关节在于吕梁之败，吕梁之败江左削弱开启了陈氏灭亡的渐进之门。由上，可见陈宣帝太建北伐最终影响南北统一进程之义。

考论陈氏太建北伐全过程，盖可分为两阶段，“战争利益期待”亦大致可分为两层：第一阶段以取江淮间军事要地寿阳为中心目标，“战争利益期待”主在谋求国家安全防御体系的战略据点；第二阶段以取黄淮间军事要地彭城为中心目标，“战争利益期待”主在谋求北进以“开拓土宇”的战略进攻据点。太建北伐进至第二阶段，其由“安边”到“拓土”的战略目标升级已经充分凸显。战略目标的升级势必引起战争规模的扩大，而战争规模的扩大则势必引起支持战争的战争资源问题。这是事关战争成败亦事关国家存亡的根本问题。易言之，陈之经济武备能否支持一场持久而大规模的北伐战争，应是陈在取淮泗之后，在战争的对手及战争的格局已经发生变化之后慎重考虑的问题。

史载，陈宣帝取淮南后即“锐意河南”，亦即将北伐主在“安边”的战争目标升级至“开拓土宇”的战略进攻层面。对此，“深达事机”[①] 的毛喜上书“呈安边之术”：“窃以为淮左新平，边氓未乂，周氏始吞齐国，难与争锋，岂以弊兵疲卒，复加深入。且弃舟楫之工，践车骑之地，去长就短，非吴人所便。臣愚以为不若安民保境，寝兵复约，然后广募英奇，顺时而动，斯久长之术也。”[②] 毛喜策论：一则，陈深入北境而军事上有“去长就短”之不便；二则，陈新取寿阳而有战略防御之地未固“边氓未乂”之不便；三则，宇文氏合一北方实力陡增而陈有“难与争锋”之不便，因此安民休战、安边保境是第一位的。毛喜“安边之术”，要在揭橥：太建北伐在战争对手改变之后，弃战求和巩固淮左恢复生气乃是陈氏高于战略拓边的国家安全需要；其中“难与争锋”欲言而止之语，可谓已经点明陈氏支持战争升级的资源动员已经匮乏。

考论战争资源，其表层构件应是军事，而根本则在经济。南北对峙，陈寅恪先生分析指出：“南北比较，经济、武备，北方远胜于南方。”[③] 这是一个横亘东晋南北朝 270 余年中的总的态势，而梁末陈初更显其强化。军事上，南北对峙至梁末丧乱而北朝相续出兵控制长江上下游后，南朝形胜之地尽失，北强南弱为铁定之局。经济上，南朝在梁末战争中摧毁殆尽。陈宣帝太建四

① 《陈书》卷二九《毛喜等传》“史臣曰”。

② 《陈书》卷二九《毛喜传》。

③ 万绳楠整理：《陈寅恪魏晋南北朝史讲演录·南北对立形势分析》，黄山书社 1997 年版。

年《分留罢任之徒住姑熟诏》曰："姑熟饶旷，荆河斯拟，……良畴美柘，畦畎相望，连宇高甍，阡陌如绣。自梁末兵灾，凋残略尽。"[①] 总上，大致可见，陈氏立国疆土弥蹙而经济不强之情况。再则，"在古代以耕织为基础的农业社会里，人口的优胜也就是经济的优胜"[②]。周陈人口经济，如《通典·食货典·历代盛衰户口》条所统计：陈至其灭亡，有户五十万，口二百万；北周至大象中，有户三百五十九万，口九百万九千六百四。据此，则陈之经济物力远不逮于北周，可谓甚明。绾束上列，可以结论，陈朝国本未固而国力积弱已久是一个基本事实，经济上是无力支持一场持久而大规模的北伐战争的；强行之，则必摇撼其国本。《隋书·五行志》记曰：陈太建北伐，"大兴师选众"，"频年北伐，内外虚竭"；因此经济虚竭，国家"帑藏虚竭"[③]，而太建十一年有"大货六铢，以一当五铢十"[④] 之劣币行世。陈朝国势贫弱而连连举兵、乃至大规模之战争动员最终招至其经济凋敝，当是一不争之事实。此即毛喜策论安边的现实依据。陈宣帝无视以经济武备为较量基础的战争规则，一意"开拓土宇"，可谓超越了陈氏扩大战争所能提供的资源限度。王夫之论陈氏吕梁之败，曰"度德量力相时"[⑤] 三因："度德"，可置而不论；"相时"，审时度势应机而动之谓，其前提在于"量力"亦无须赘言。合论船山三因，可谓国力度量之失误是陈吕梁战败的核心之因。

复就军事而言，北朝拥有组织严密而运用灵活、冲击力极强之骑兵，此南北军事之差别而北朝军备远胜于南方者；而"江南驴马极少，军运惟有走水路，水运如果不济，北伐的军队便只有'因粮于敌'。水运与因粮于敌二者，有一个做不到，南朝就难言北伐"[⑥]。毛喜所谓"弃舟楫之工，践车骑之地"，非仅谓南北争锋在兵种有其优劣高下之分，且南朝北伐不能失其水运生命线之意亦甚明。太建北伐强争徐、兖，逾淮而战发生其千里馈粮转运供给之困难。王轨截断清口而吴明彻自解彭城之围，个中水运不济补给断绝也实为一关键所在。北强南弱，在于军备在于经济；战争是经济支撑下的军事对抗。陈氏穷兵于徐、兖而争战于北周，最终败于吕梁复失淮、泗，根本在于北强南弱之形势；但陈宣帝不能审度不能节制，可谓在太建北伐政略失算之上复加其闇于知己闇于料敌的决策失误矣。此或正即战国策士张仪所云，"不

---

① 《全陈文》卷三《陈宣帝·分留罢任之徒住姑熟诏》。

② 万绳楠整理：《陈寅恪魏晋南北朝史讲演录·南北对立形势分析》，黄山书社 1997 年版。

③ 《陈书》卷六《陈后主本纪》"史臣曰"。

④ 《隋书》卷二四《食货志》。

⑤ 王夫之：《读通鉴论》卷一八《陈宣帝》，中华书局 1975 年版。

⑥ 万绳楠整理：《陈寅恪魏晋南北朝史讲演录·南北对立形势分析》，黄山书社 1997 年版。

料敌而轻战，国贫而数举兵，危亡之术”① 之征矣。

陈宣帝太建北伐，系东晋南朝北伐史上的绝响之作。北伐之战事在南北必争之军事要地，其实内涵“安边”“拓边”双重意蕴；但始胜终败以至渐启覆国之门，影响是及于南北统一之历史进程的。太建北伐始胜终败之行迹，可谓胎孕于“合纵击齐”政略之失算，而政略失算之关键则在于对于北强南弱形势之度量。申论南北对峙之形势，则南朝“至于陈，江东之生气，齐凋之、梁萎之、侯景摧之、萧詧、王琳中起而灭裂之”②；“南朝至梁亡已告一段落。梁末国土已蹙，扬子江北部都已丧失。梁的失败，也就是南朝的失败。陈亡只是一个时间上的问题”③。梁末陈初业以锁定的北强南弱形势，在周平齐统一北中国后可谓进一步强化了，这就从根本上制约着陈氏力图进取的战争行为。不能审此而定战守之策，则势不能把握战争全局而失之于烛远之明。太建北伐相时而动复取淮、泗，获功在于北朝东西交争之隙；其窥隙击敌，无疑应保持双倍之机警，以求攻势型防御之效，此即毛喜所谓安边靖民之“久长之术”，以置陈氏于战略相持阶段之拳拳之意矣。

（原载《安徽史学》2003 年第 6 期）

---

① 《史记》卷七〇《张仪列传》。

② 王夫之《读通鉴论》卷一八《陈宣帝》，案：所谓“灭裂”，即萧詧依北周居江陵而分陈上江之势，王琳依北齐而与陈有内争之战。

③ 万绳楠整理：《陈寅恪魏晋南北朝史讲演录·梁陈时期士族的没落与南方蛮族的兴起》，黄山书社 1997 年版。

后　　记

上个世纪80年代的初期，我开始逐步与中国古代历史结下不解的文字因缘。这步入史学的开端，大处说来是得益于时代的向学之风，具体而言则是得益于同门（同出于张岂之先生门下）而能得这风气之先的项贤庆师兄的启发与帮助。因此，今天这册《归园集》的形成，首先是要感谢贤庆的。

1984年，是我学术编年的重要一年。这年秋天，我负笈西行在张岂之先生门下研习中国古代史隋唐断代。由此，学始有方圆；由此，学不再栖栖遑遑而始有寸进。因此，今天这册《归园集》能够形成，是要特别致谢张岂之老师的。

此后，大约有30年的时间，我的工作虽有变动，身份亦有变化，但初心不改，丝毫不曾懈怠于所好。是此驽马十驾的不舍，是此不能忘怀的情愫，方才有了今天这册敝帚自珍的《归园集》。一句话，《归园集》只是努力做了自己乐意做的事情而已。

2014年的春天，我在年逾退休之年迁居新家，新家辟有一书屋；这书屋不大但温馨宜居，故题名归园居。归园归园，归回家的庭园；本无甚深意，更无意求雅，只是表达着一种希望返归家的安静的港湾去收获一份宁静而愉悦的心绪而已。书屋名归园居，明我向来一贯读书为学的心意；我爱我的书屋，那么，今天我的这册文章集子——是不是可以就叫它《归园集》呢？答案自然是的。

2017年的春夏之际，在校阅《归园集》清样稿的过程中，我的脑海中也随时翻动着许多同志清晰的身影，他们与我亦师亦友。他们是王子今、彭卫、葛承雍、朱玉龙、蒋国保、余秉颐、汤奇学、施立业、汪高鑫、潘正祥、王燕均……夫子曰：学而无友，则孤陋寡闻。他们是我修学广进之路上的良师益友，没有他们的种种帮助，我很难设想能有这30年笔耕生涯的坚持。走笔至此，感慨良多，一语系之：唯有一番真诚的谢意与深深的祝福——在这《归园集》出版之际——送给你们。

在这里还要特别致谢合肥工业大学出版社的领导及《归园集》的责任编辑，感谢你们为拙作出版所给予的支持以及付出的大量劳动，谢谢！

在这里还要感谢我朴实无华和大爱无私的父亲、母亲，愿你们的爱成为我永恒的遗产，愿你们的在天之灵安详幸福。

最后还要感谢我辛劳有加而默默奉献于家的妻子王惠英女士。谢谢！

2017年6月

作者记于望湖城归园居

图书在版编目（CIP）数据

归园集：王光照史学论文集/王光照著．—合肥：合肥工业大学出版社，2017.6

ISBN 978－7－5650－3379－7

Ⅰ．①归…　Ⅱ．①王…　Ⅲ．①中国历史—文集　Ⅳ．①K207－53

中国版本图书馆 CIP 数据核字（2017）第 138054 号

归园集——王光照史学论文集

王光照　著

责任编辑	章　建
出版发行	合肥工业大学出版社
地　　址	（230009）合肥市屯溪路 193 号
网　　址	www.hfutpress.com.cn
电　　话	总　编　室：0551－62903038
	市场营销中心：0551－62903198
开　　本	710 毫米×1010 毫米　1/16
印　　张	25.25　彩插　0.5 印张
字　　数	450 千字
版　　次	2017 年 6 月第 1 版
印　　次	2017 年 6 月第 1 次印刷
印　　刷	安徽联众印刷有限公司
书　　号	ISBN 978－7－5650－3379－7
定　　价	72.00 元